시간과 공간의 상호작용

한국의 새마을운동 사례

소진광

박영사

Interactions between Time and Space

The Saemaul Undong in Korea

So, Jin Kwang

Parkyoung
publishing&company

저자는
이 책을 20세기 중반 이후 시간과 공간을 빚어
대한민국을 발전시킨 국민, 특히 새마을 지도자님들께 바친다.
그 분들이 현장에서 새마을운동을 실천하지 않았더라면
세계가 부러워하는 오늘의 대한민국이 없었을 것이고,
저자가 이 책을 쓰지도 못했을 것이다.

머리말

　새마을운동이 1970년 4월 22일 국가의 중요시책으로 채택된 지도 50년이 되었다. 대한민국 외에 어떠한 나라도 새마을운동처럼 오랫동안 지속되는 정책이나 시책을 가지고 있지 못하다. 오랜 역사만큼이나 새마을운동도 많은 변화를 겪어야 했다. 역사는 시간흐름을 통해 걸러지지만 정작 시간을 본 사람은 없다. 다만 시간흐름을 외면할 수 없었던 현상들이 남긴 흔적은 세상의 모든 구석에서 발견된다. 오늘 보이는 흔적은 과거로부터 현재에 이르는 내력을 포함하고 있고, 오늘 일어나는 일들은 다가오는 미래에 또 다른 흔적으로 남아 시간이 지나갔음을 알려줄 것이다. 새마을운동이 한국의 근대화 과정을 고스란히 보여줄 것이라고 기대되는 것도 이 때문이다. 같은 맥락에서 오늘날의 새마을운동은 한국의 미래사회 일부를 포함할 것이다.

　보이지 않아도 느낄 수 있는 시간은 세상을 공평하게 만드는 속성을 지니고 있다. 시간이 지나면 오해와 편견도 풀리고, 폭발하듯 들끓던 감정도 가라앉는다. 시간이 흐르면 있던 것도 새롭게 보이고, 보이지 않던 것도 보이며, 함께하던 것들도 잊히고 보이지 않는다. 크게 보이던 빈부격차, 지역격차, 사회적 격차, 문화적 갈등조차 시간이 지나면서 뒤바뀌거나 다르게 인식되고, 혹은 작게 느껴져서 기존 관점에서라면 문제가 안 되거나, 전혀 새로운 문제로 인식된다. 이러한 현상은 단순히 변화로만 설명하기 어렵다. 인간은 시간흐름과 주변 공간의 변화에 적응하는 능력을 타고났기 때문이다.

　사람은 한정된 생애주기로 인해 상상할 수 있는 모든 것을 시간흐름으로 걸러내고, 공간 위에 만들어낼 수 없다. 그러나 인간은 시간을 관리함으로써 더 많은 것을 얻고자 시도하고, 여러 세대에 영향을 미치는 일을 도모하여 더 좋은 공간을 만들려고 노력한다. 이러한 맥락에서 시간과 공간의 상호작용은 인간이 오래 전부터 간직해온 희망의 근거가 되었고, 지적(知的) 호기심의 원천이었다. 쉽게 드러나지 않는 시간과 공간의 상호작용은 인류문명을 설명할 수 있는 인식 도구로 역사(歷史)와 지리(地理)라는 학문의 중심주제가 되었다. 따라서 동·서양을 막론하고 지혜로운 현자(賢者)를 '역사에 능통하고 지리에 밝은 사람'으로 표현하고 있다. 인류역사를 돌이켜보면 공간은 지역마다 다양하고 서로 다르게 보이는데, 시간은 어디에서나 획일적이고 누구에게나 같은 속도로 지나가는 것처럼 느껴진다. 이점이 저자의 호기심 원천이기도 하고, 이 책을 쓰게 된 배경이기도 하다.

이 저서는 2015년부터 3년간 대한민국 정부(교육부)의 재원으로 한국연구재단의 지원을 받아 수행된 연구의 결과물이다(NRF-2015S1A6A4A01014357). 물론 이 저술의 시작은 2013년 저자의 지극히 개인적인 '생각의 늪'에서 출발하고 있다. 저자는 오랫동안 지속되어 온 새마을운동에 대한 평가가 양극단을 달리는 이유를 정리하고 싶었다. '시간흐름이 새마을운동을 변화시키는지 아니면 새마을운동이 시간을 바꾸고 있는지'에 대한 지극히 소모적인 사유(思惟)에서 '시간과 공간의 상호작용'에 대한 호기심으로 이끌렸다. 이러한 호기심으로 저자는 가끔 깨달음의 희열을, 그리고 종종 인식의 한계와 무지의 절망감에 빠져 7년여를 지루하지 않게 보냈다.

시간이 흘러도 사실관계는 변하지 않아야 될 것 같은데, 동일한 사실관계에 대한 인식의 차이는 시간이 지나면서 더욱 벌어지는 경우가 많다. 처음 이 저술의 목적은 새마을운동에 대한 저간의 오해와 편견을 풀어보자는 것이었지만, 원고를 쓰면서 저자의 호기심은 '사회변화'와 '인류 집단의 진화'로 옮겨 갔다. 이러한 호기심의 전환이 오히려 이 책의 처음 의도를 더 잘 실현하리라고 기대해 본다. 국제사회가 한국의 새마을운동에 주목하면서 새마을운동을 수식하는 단어도 다양해졌다. '아직도 새마을운동?'이라든가 '그들의 새마을운동' 혹은 '우리의 새마을운동', 또는 '지구촌 새마을운동'과 같은 표현처럼 새마을운동의 시간범위와 공간범위에 대한 인식의 차이가 크고 다양하다. 시간은 사물이나 사건의 존재범위를 표현할 수 있는 인식의 틀이지, 사물이나 사건 자체는 아니다. 시간흐름으로 인식의 틀이 바뀌면 사물이나 사건이 달리 해석될 가능성은 있을 수 있다. 현재의 인식도구로 과거에 존재했거나 일어났던 사물과 사건을 바라보거나 현재의 관점에서 미래 상황을 예견하는 경우가 여기에 속할 것이다. 결국 저자의 지적 호기심은 시간과 공간의 상호작용으로 모아졌다.

시간과 공간의 상호작용은 어느 한 순간에 만들어지는 창조물이 아니다. 이러한 맥락에서 이 책은 시간과 공간의 상호작용을 진화의 관점에서 접근한다. 특정한 종(種, species)은 시간흐름에 따라 다른 모습으로 진화하더라도 동일체를 검증할 수 있는 유전자를 지니고 있다. 이 책은 이제까지 인간생활을 이해하고 설명하기 위해 사용되었던 시간좌표와 공간좌표를 결합하고 인류문명의 발전현상을 이어온 유전자를 탐색하는 작업으로부터 시작한다. 이 책은 이러한 발전현상의 사례로 1970년 한국에서 국정과제로 채택되어 현재까지 지속되고 있는 '새마을운동'을 다룬다. 이 저술의 처음 의도가 바뀐 것 같지만 결과적으로는 본래 의도로 회귀한 셈이다. 그렇더라도 이 책을 2020년에 맞춰 출간하게 된 이유는 '새마을운동' 반세기를 돌아보고 싶은 저자의 속마음에서다. 반세기는 동일한 유전자를 지닌 정책의 진화과정을 검토하기에 필요한 최소 시간흐름이다.

새마을운동은 제2차 세계대전의 종료와 함께 여러 나라에서 실시된 다양한 전후복구사업, 특히 지역사회개발사업 경험으로부터 실패요인과 성공요인을 분석하고 성공할 수 있는 유전자를 찾아 결합하면서 진화한 지역사회개발정책이다. 국제연합(UN)은 1960년대를 '개발연대'로 선포하였다. 새마을운동이 우리만의 독창적인 지역사회개발 접근논리가 아니었음을 알 수 있는 대목이다. 다만 국제사회에서 새마을운동처럼 성공한 사례로 평가받는 지역사회개발 정책은 없었다. 이러한 사실로 인해 새마을운동 접근방식이 다른 유형의 지역사회개발 방식과는 차별화된 우성의 유전자를 포함하고 있으리라고 기대되는 근거다.

인류문명의 발전현상을 설명하는 유전자는 생물진화론에서 일종의 자연선택(natural selection) 과정처럼, 인간의 생활환경 변화에 적응하며 인간사회를 진화시키고 있다. 즉, 새마을운동은 환경변화, 주민생활의 일상생활 관련 수요변화에 대응하면서 대한민국을 발전시켰다. 한국의 발전은 종종 세계인들로부터 기적(奇蹟)처럼 묘사되고 있지만, 그러한 발전을 일궈낸 한국인의 입장에서 보면 문제를 해결하고 미래에 도전하면서 얻어낸 노력의 결과였다. 기적은 누구도 따라할 수 없는 우연의 산물이지만, 노력은 누구라도 따라할 수 있는 과정을 보여주면서, 실천에 상응하는 보상으로 이어진다. 이 책은 지난 50년 모든 대한민국 국민, 특히 새마을지도자들께서 일궈낸 지역사회발전과 나라발전의 실천과정을 정리하고자 하였다. 그러나 필자는 이 책을 쓰면서 표현이 항상 사실을 충분히 담아내지 못함을 깨달았다.

이 책은 모두 세 편(Ⅰ, Ⅱ, Ⅲ)으로 구성되어 있다. 제Ⅰ편은 인류문명의 진화과정을 이해하고 설명하기 위한 논거와 이론탐색에 관한 6개 장(Chapter)으로 구성되어 있다. 제Ⅰ편의 핵심용어는 민주주의와 사회주의, 공공부문과 민간부문, 개인의 덕목인 자유와 집단의 덕목인 평등, 인류문명의 발전, 변화와 진화의 차이, 시간함수와 공간함수, 국가발전과 지역발전, 공동체인식과 공동가치, 그리고 발전을 향한 시간과 공간의 상호작용 등이다. 이들 핵심용어는 시간이 흐르면서 인류사회에 남긴 굵직한 흔적에서 추출한 알갱이에 속한다. 이들 핵심용어에 대한 인식의 차이로 우리 사회는 편을 가르고, 갈등을 겪고 있다. 아마도 새마을운동은 이러한 핵심용어를 모두 포함하고 있어서 다양한 평가로부터 자유롭지 못한 것 같다.

이 책에서 저자는 다양한 차원에서의 공동체 인식이 인류문명의 진화를 주도하는 유전자라고 정의한다. 그러나 이 책은 진화의 방향과 속도에 대한 가치판단을 배제한다. 진화의 맥락은 존재의 영역과 가능성만을 대상으로 하고 있기 때문이다. 따라서 이 책은 모든 것의 존재를 인정하고, 모든 존재의 진화를 그들이 타고난 시간과 공간의 상호작용으로 접근한다. 존재에 대한 가치판단은 결과론적인 해석이라서 과정 중심의 진화와 관련한 사실관계를 설명하기 위한 인식 '틀'로서는 적합하지 않다.

특히 저자는 이 책을 통해 어떤 사회와 집단 구성원들의 '주도권(initiatives)' 및 '주인의식(ownership)'이 해당 사회 혹은 집단의 '공동체' 진화에 큰 영향을 미치고 있음에 주목한다. 이러한 저자의 관심은 1950년대 중반 이후 세계 여러 나라에서 시도되었던 농촌빈곤퇴치 혹은 지역사회개발 관련 정책들과 새마을운동을 비교함으로써 더욱 공고해졌다. 즉, 한국의 새마을운동은 주민들의 '주도권'과 '주인의식'을 촉발하여 마을 공동체를 지속적으로 진화시키는데 기여하였고,

다른 나라 지역사회개발정책들은 그렇지 못했다. 미래에 대한 아무리 좋은 청사진도 실천 없이는 실현되지 않는다. 이러한 실천과정은 개별 구성원들의 '주도권'과 '주인의식'을 통해 만들어지고, 집단의 공동체 가치를 형성한다. 결국 지역사회발전에 대한 마을 주민들의 '주도권'과 '주인의식'이 공동의 '문제'와 '목표'를 연결하고, '마을 공동체'가 진화할 수 있도록 에너지를 공급한 셈이다.

　물론 제Ⅰ편에서 다루고자 하는 핵심용어들도 나름대로 긴 세월을 버텨온 유전자를 갖고 있다. 인간생활의 정체성을 유지하고, 표현하는 모든 유전자를 찾아내기는 어렵겠지만 저자는 이 책을 출간하면서 또 다른 긴 여정을 시작할 수 있는 거칠지만 담대한 용기를 얻는다. 이 책의 큰 줄기는 '인류사회가 시간과 공간의 상호작용과정으로 만들어진다.'는 점이다. 제Ⅰ편의 내용은 그러한 큰 줄기를 이루는 일부 세포에 불과할 것이다. 인류문명의 진화과정에서 또 다른 일부의 줄기세포는 저자의 남은 인생, 혹은 다른 동료 학자들의 지적 호기심과 같이 하리라 믿는다. 인류사회의 줄기세포가 진화하는 과정을 설명할 수 있는 유전자의 탐색은, 결코 혼자 할 수 없는, 길고 방대한 지적향연(知的饗宴)이 될 것이다.

　인류문명은 시간흐름을 통해 새로운 공간을 만들고, 공간변화를 통해 시간을 조작하는 과정에서 흥망성쇠를 거듭하고 있다. 즉, 현재의 인류문명은 시간과 공간의 상호작용 결과물이고, 다음 단계를 예측할 수 있는 근거이다. 시간과 공간의 상호작용은 개인적인 일상생활뿐만 아니라 공동체 집단생활에도 적용된다. 이 책에서 시간과 공간의 상호작용사례로 1970년 '다 함께 잘 살아보세'라는 기치로 출발한 새마을운동을 지목한 이유도 여기에 있다. 모든 발전정책 혹은 개발정책은 시간과 공간의 상호작용을 조작하는 과정으로 접근된다. 관점에 따라 달리 보이는 시간흐름을 '발전현상'에 대한 설명도구로 활용하기 위해서는 누가 봐도 공감할 수 있는 '공간현상'으로 치환할 필요가 있다.

　새마을운동이 '발전'을 지향하는 지역사회개발 접근방식이라는 점에서 '발전' 개념에 대한 논의는 매우 중요하다. '발전'의 개념이 다르면 이를 실현하기 위해 선택할 수 있는 수단도 달라지기 때문이다. 또한 한국의 새마을운동은 개인의 발전과 마을 공동체 집단의 번영을 같은 방향으로 결합한 실천논리를 내세우고 있다. 이러한 맥락에서 이 책은 그동안 인류문명을 설명하기 위해 사용되었던 시간함수 및 공간함수를 다시 검토하고 발전현상을 해석하기 위한 통합적인 시·공간 좌표를 모색한다. 이러한 시·공간 좌표는 생물학적 진화론을 사회현상에 접목한 사회진화론(社會進化論) 맥락에서 출발한다.

사회진화론은 비교를 통해 다양한 공간현상이 각각의 상황에서 우성인자를 인지하고, 선택하는 과정을 설명함으로써 공간좌표의 범위를 확장하는데 기여하였다. 특히 의사결정권을 행사하고 그로부터 당장의 편익을 우선하는 현 세대에 유리할 수밖에 없는 거대한 개발 사업은 다음세대에 부담으로 남는다. 그러나 시간좌표와 공간좌표를 확장한 사회진화론 관점에서 접근할 경우 다음 세대에 큰 부담을 전가하는 거대한 개발 사업은 시기, 규모, 내용을 조정할 수 있다. 확장된 공간좌표는 사회적 할인율(SRD, Social Rate of Discount) 결정과 관련하여 인류문명의 지속가능성을 높이는데 기여할 것이다.

생물진화의 경험을 고스란히 사회진화론에 적용할 수는 없을 것이다. 하지만 생물진화 과정은 과거로부터 현재에 이르는 경험적 교훈과 이를 근거로 현재로부터 미래에 이르는 변화와 관련한 편익과 비용을 현재 세대에게 인식시켜 주는데 기여할 수 있다. 생물진화가 종(種)의 지속성을 유지하기 위해 진행된다면 사회진화는 시대별 다양한 세대의 존재균형과 공간마다 다를 수밖에 없는 변화의 속도를 조절하는 상황균형을 동시에 유지하는 방향으로 진행된다. 존재하는 모든 것은 주변 상황으로부터 영향을 받고, 또 주변상황에 영향을 미치기 때문이다.

제Ⅱ편은 제Ⅰ편에서 탐색된 시간과 공간의 상호작용에 관한 접근논리와 지역사회 발전현상에 대한 패러다임에 근거하여 한국의 새마을운동 성과를 평가한다. 새마을운동의 성과에 관한 다양한 시각에도 불구하고 이 책은 사회진화의 우성인자(優性因子)에 초점을 두고 있다. 이러한 접근논리는 새마을운동의 긍정적 성과에 한정하기 위한 것이 아니라 새마을운동이 50년 지속될 수 있었던 진화의 과정을 설명하기 위한 것이다. 사회현상의 진화배경과 과정에는 결국 치유되고 도태된, 어둡고 그늘진 구석이 있기 마련이다. 이러한 배경과 과정을 거쳐 살아남은 현재의 모습은 그것대로 타당한 존재이유를 지니고 있다. 현재의 존재이유는 우성인자 때문이지 열성인자(劣性因子) 때문이 아니다. 그렇더라도 열성인자가 현재에도 존재한다는 사실을 부인할 수 없다. 열성인자도 우성인자에 의해 형성,

유지되고 있는 큰 줄기를 정의하고 설명할 때 유용한 보조수단이다.

이러한 관점에서 제Ⅱ편 제1장은 새마을운동이 국정과제로 채택될 시점을 전·후한 한국의 정치, 경제, 사회적 환경을 검토한다. 새마을운동을 전·후한 시대환경의 검토는 이후 새마을운동의 진화를 설명하기 위한 상황인식에 도움이 된다. 제2장은 우선 새마을운동의 태동에 영향을 미친 요인들을 검토하고, 새마을운동의 태동과 추진체계를 살펴본다. 한국 전통적인 계(楔)모임, 두레, 향약(鄕約)과 1950년대 이후 지구촌 곳곳에서 추진되었던 지역사회개발정책의 경험, 1962년 1월 시작된 전라북도의 '보고 가는 마을운동'이나 1962년 3월 시작된 경남의 '새마을 건설운동'은 1970년 국정과제로 채택된 '새마을 가꾸기 사업'의 설계에 영향을 미쳤다.

저자는 세계의 많은 국가들이 모양은 달라도 같은 방식의 삶을 이어오고 있음에 놀랐다. 아프리카, 아시아, 남미의 많은 나라에서 명칭과 겉포장만 다를 뿐 의도나 내용이 유사한 한국의 계모임이나 두레 같은 삶의 방식이 발견된다. 저자는 다양한 인류사회의 '공통점'을 '공동체 인식'에서 찾고자 한다. 새마을운동이 성공할 수 있었던 이유는 다양하게 설명될 수 있다. 하지만 그 중에서 새마을운동의 가장 큰 성공요인은 주민들의 일상생활 무대인 마을을 기본단위로 '공동체 인식'을 회복하고 활용했다는 점이다.

공동체는 구성원 모두가 협력하지 않으면 형성되기 어렵고(협동정신), 구성원 각자가 부지런하지 않으면 유지되기 어렵다(근면정신). 특히 공동체의 건강은 구성원 스스로의 노력정도에 달려있다(자조정신). 새마을운동이 근면, 자조, 협동정신을 촉발하는데 초점을 두었던 이유도 주민들의 공동체 인식을 형성, 강화, 유지하여 마을 주민들의 공유지분(commons)을 공정하고 효율적으로 관리하기 위해서였다. 새마을운동을 통해 늘어난 마을의 공유지분은 주민들의 공동체 인식을 강화하는 순환 누적적 인과율의 연결고리가 되었다. 따라서 새마을운동의 진화과정은 공동체 인식의 변화와 맞물려 있다. 이 책에서 '공동체'를 어느 사회혹은 집단의 유전자로 정의하는 이유가 여기에 있다.

결국 1970년 4월 22일 박정희 대통령은 그때까지의 다양한 지역사회개발분야 경험을 통해 배양된 '공동체'라는 유전자 중에서 주민들의 '절실함(felt-wants,

혹은 felt-needs)'이나 상황(당시의 환경)에 맞는 적정한 접근수단을 '자연 선택 (natural selections)' 방식으로 조합하여 '새마을 가꾸기'를 제안한 것이다. 따라서 한국사회의 오랜 전통인 '두레'니, 1962년 경남의 '새마을 건설운동'과 전북의 '보고 가는 마을운동' 등은 1970년 국정과제로 채택된 '새마을 가꾸기'의 모태이고, '새마을운동'으로 진화하는 시간과 공간의 상호작용 과정을 보여준다.

이와 같이 다양한 지역사회개발 경험에서 특정 유전자를 선택하는 과정은 창조의 관점보다는 진화의 관점에서 보다 잘 설명된다. 당시의 공간과 시대의 상황인식이 없었다면 박정희 대통령도 '새마을 가꾸기'를 제안하지 못했거나 안했을 것이다. 모든 정책은 주어진 여건과 문제에 대한 대응이지, 과거와 현재를 고려하지 않은 채 만들어지지 않는다. 따라서 우리에게 주어진 여건은 고려의 대상이지 부정의 대상이 아니다. 과거와 현재의 모든 존재가 존중받아야 할 이유가 여기에 있다. 현 세대가 지난 과거를 부정하거나 탓하기만 한다면 다가올 미래를 책임질 수 없고, 미래 시점에서 스스로를 부정하는 결과를 초래하게 될 것이다. 미래 인정받지 못할 일을 추진할 사람은 아무도 없다.

한국의 새마을운동이 도시와 농촌의 격차 및 전통산업(농업)과 근대산업의 부문격차와 관련한 갈등문제를 해결하고 상황변화에 적응할 수 있는 주민역량을 강화하는 성과를 거둔 것도 진화의 맥락에서 설명될 수 있다. 특히 '주민에 의한, 주민을 위한, 주민의 사업'으로 추진한 새마을운동 접근방식은 한정된 자원을 효율적으로 활용해야 하는 국가 혹은 지역사회의 특수한 상황과 여건에 대한 공동체의 반응(responses)이었다. 이러한 새마을운동 접근방식은 주민들에게 지역사회발전에 대한 '주도권'과 '주인의식'을 돌려주었고, 마을 공동체가 진화하는데 밑거름이 되었다.

새마을운동의 진화를 통해 20세기 후반 한국사회는 효율화되고 주민들의 기초생활권인 마을 단위부터 새로운 환경변화에 적응할 수 있게 되었다. 우리는 그러한 과정을 지나왔고, 남들은 우리가 지나온 길을 따르고 있다. 과거와 미래는 현재를 통해 연결되어 있어서 지나 온 길이 있었기에 나아갈 길이 보인다. 경제개발협력기구(OECD)와 국제연합 등 국제사회가 한국의 새마을운동 경험을 빈곤퇴치와 지역사회개발 '우수 사례(best practice)'로 선언하고 있음도 새마을운동 진화방향에 영향을 미쳤다. 또한 국제연합교육과학문화기구(UNESCO)는 2013년 새마을운동에 관한 22,084개의 문건을 세계기록유산으로 등재하였다. 이 방대한 문건이 한국의 빈곤탈출과정을 체계적으로 담고 있어서 모든 인류가 공유할 소중한 자산이라는 것이다. 이러한 평가는 새마을운동을 객관적으로 들여다 볼 수 있는 자료가 풍부하다는 증거다.

이와 같이 새마을운동 작동체계는 시간을 공간으로 또는 공간을 시간으로 변환시킨 기제(機制, apparatus)로서 적극적으로 (과거의 경험을 토대로) 보다 나은 환경을 만들기도 하고, 또 소극적으로 환경변화에 적절하게 대응하며 진화하고 있다. 따라서 새마을운동 접근방식은 처음부터 완벽하게 창조된 것이 아니다. 새마을운동은 다양한 지역사회개발 혹은 농촌개발 경험에서 '우성'으로 평가받은 유전자를 선택하고, 당시의 한국적 상황과 그러한 상황에 대한 주민들의 문제인식 및 대응능력에 따라 진화한 절묘한 '우량품종'이었다. 어느 특정 시점에서의 새마을운동 접근방식만을 고집하는 것은 결국 '우량품종'을 이어갈 수 있는 유전자의 작동을 부정하는 오류에 빠진다. 또한 '새마을운동'을 창조적 관점에서 접근하다보면 시대와 공간을 달리하는 상황변화에 적응해온 새마을운동의 '지속가능한 생명력'을 설명할 수 없다.

특히 이 책에서 새마을운동의 성과는 지역사회 협치(거버넌스) 구축, 사회적 자본 축적 및 이의 활용, 지속가능성 실천이라는 측면에서 재해석된다. 협치, 사회적 자본 그리고 지속가능한 발전의 연결고리 구축은 모두 마을 주민들의 공동체 인식과 관련한 성과지표에 속한다. 이러한 성과는 결국 새마을운동이 시대상황에 따라 적응하고 진화할 수 있었던 유전자에 의해 설명된다. 물론 새마을운동이 추진되는 과정에서 각종 시행착오와 부작용도 있었다. 그러나 이러한 시행착오와 부작용은 새마을운동이 전파, 확산되는 과정에서 결국 도태되고, 퇴화되었다. 하지만 아직도 새마을운동 추진과정에서의 사소한 시행착오와 부작용이 전반적인 새마을운동 성과에 대한 오해와 편견의 씨앗으로 남아있다. 이 책이 새마을운동 추진과정에서 마을 주민들이 기록한 마을지나 주민총회 회의록을 중요하게 다룬 이유는 새마을운동에 대한 오해와 편견의 근원을 밝히기 위해서다.

제Ⅲ편은 새마을운동 진화의 시·공간 좌표에 관한 내용으로 초창기부터 새마을운동에 관여한 분들과의 면담내용을 분석한 것이다. 즉, 새마을운동이 1970년 국정과제로 채택되면서 정부, 학계 및 공장새마을운동 등 관련 분야에서 책임자로 있었거나 실천업무를 담당했던 분들과의 면담내용은 새마을운동이 시대에 적응하면서 진화하고 있는 과정을 이해하는데 좋은 자료이다. 또한 국제기구에서 새마을운동을 '우수 사례'로 채택한 분, 그리고 지구촌 현지에서 새마을운동을 추진하고 관찰한 분들과의 면담내용은 새마을운동이 지구촌으로 확산되어 현지에 맞게 진화하는 과정을 이해하는데 도움이 된다.

그간 새마을운동은 탄생배경과 추진과정에서 당시의 시대상황 및 정치구도로 인해 다양한 평가를 받았다. 새마을운동에 대한 오해와 편견은 현재의 관점에서 과거를 보거나, 과거의 사실관계를 당시의 거대한 시대상황에서 보지 못하고 단편적인 관점에서 마름질하는 과정에서 비롯된다. 또한 새마을운동에 대한 오해와 편견의 상당부분은 새마을운동의 어느 한 부분만을 보고 새마을운동의 전반적인 성격과 실천과정을 제대로 파악하지 못하거나, 혹은 이를 제대로 설명할 수 있는 이론적 토대의 미비에서 비롯된다.

이 책을 저술하는 과정에서 저자는 새마을운동에 대한 오해와 편견이 사실관계를 애써 외면하려는 정치적 성향과 사회진화에 대한 인식근거의 미비에서 비롯되고 있음을 깨달았다. 따라서 이 책은 새마을운동 자체에서 정치적 색깔을 빼고, 사회진화에 대한 관점을 탐색하며, 새마을운동과 관련한 사실관계를 정리하는데 큰 비중을 두고 있다. 오해와 편견의 상당 부분은 이제까지 외면했던 실증자료를 검토하고 보완하면 풀릴 수 있다. 하지만 사회변화를 바라보는 시각의 전환은 과거를 되돌리는 것만큼이나 어렵다. 이 책이 사회변화를 측정하는 도구의 탐색에 큰 비중을 둔 이유가 여기에 있다. 저자는 사회변화에 대한 관점이 큰 차이를 보이는 원인으로 권력과 자본, 지식과 정보, 그리고 기술의 속성을 지목한다.

권력과 자본, 지식과 정보, 그리고 기술은 이를 가진 자에게 아부하도록 설계되었다. 권력과 자본 등은 인류사회의 목적이 아니라 수단이다. 이러한 수단이 목적으로 설정되면 사회 불평등이 더욱 심해지고 사회를 왜곡한다. 즉, 권력이 권력을, 자본이 자본을, 지식이 지식을, 정보가 정보를, 기술이 기술을 단순 확대재생산하기 위해서만 사용된다면 사회는 탄력성을 잃고 결국 한 쪽 방향으로 쏠려서 아집과 편견이 판을 칠 것이다. 분명한 것은 권력과 자본, 지식과 정보, 그리고 기술은 반드시 상대방이 있어야 사용 가능하다는 사실이다. 상대방이 없는 권력, 나 혼자만의 자본과 지식은 세상을 가두어 이를 가진 사람들의 존재이유까지 삼켜버린다. 따라서 이를 가진 자는 상대방을 배려하는 남다른 균형감과 다양하고 넓은 세상을 품을 수 있는 포용심을 지녀야 한다. 그렇지 않으면 권력과 자본, 지식과 정보, 기술은 활용가치를 잃고 지속될 수 없다. 저자는 상대방을 인정 혹은 배려하지 못하는 권력과 자본, 지식과 정보, 그리고 기술의 횡포가 사실관계에 대한 오해와 편견의 원인임을 이 책에 담고자 하였다.

이러한 맥락에서 저자는 원칙을 무시한 입장이 난무하고, 이 편, 저 편에 따라 입장이 갈라지는 사회를 경계하고자 한다. 즉, 편 가르기가 우선하여 편에 따라 입장이 다르고, 입장에 따라 원칙이 달라지는 사회는 과거와 현재는 물론이고 미래가 없다. 새마을운동에 대한 오해와 편견도 상당 부분 이러한 편 가르기 방식으로부터 출발하고 있음을 부인할 수 없다. 누구나 공감하고 동의하는 원칙에 근거하여 입장이 표현되고, 입장에 따라 편이 형성되는 사회가 건강하다. 편 가르기가 입장이나 원칙에 우선한다면 강력한 편으로 몰리는 모리배가 많아지고 일단·어느 편에 속하면 소속 편에 반하는 자신의 입장을 표현하지 못한다. 그리되면 진실은 왜곡되고, 허위가 판을 바꾸면서 결국 모든 '편'이 썩게 된다. 원칙이 통하지 않으면 의사소통이 불가능하여 다양성을 조화로 이끌지 못하고, 사회를 갈등의 늪으로 빠뜨린다.

남과 다른 생각을 자유롭게 표현할 수 없는 사회는 부패하기 마련이다. 사회가 썩으면 탄력성을 잃어 정의도 세울 수 없고 공정성을 유지하지 못하여 지속적으로 발전할 수 없다. 이 책이 사회발전을 바라보는 원칙과 접근논리를 탐색하는 부분에 큰 비중을 둔 이유가 여기에 있다. 진보와 보수의 대결은 사회를 건강하게 유지할 수 있는 면역력을 키운다. 그러나 진보와 보수의 가면을 쓴 진영논리는 사회를 멸망으로 유도하는 전염병과도 같다. 저자는 새마을운동에 대한 오해와 편견도 상당부분 그간 우리 사회의 편 가르기 관행에서 비롯되었다고 생각한다. 새마을운동이 어느 한 편에 치우쳐 휩쓸렸다면 이미 사라졌거나 오늘날처럼 지구촌 여러 나라의 관심을 끌지도 못했을 것이다.

이 책의 저술과 관련하여 필자는 이제까지 새마을운동을 현장에서 실천하고 연구하는데 기여한 분들께 '고마움'을 전한다. 이 저술을 가능케 한 분들은 우선 새마을운동을 현장에서 실천한 새마을지도자 및 우리 국민들이다. 이 책은 한국의 발전을 이끈 모든 국민과 새마을지도자들께서 한 일을 기록하고 해석한 것이지 저자의 창작물이 아니다. 따라서 이 책에서 견해를 달리할 수 있는 부분은 저자의 표현 미숙함 때문이지 국민과 지도자들이 실천해온 새마을운동 때문이 아니다.

이 책의 상당 부분은 저자가 그동안 발표한 다양한 연구논문을 시·공간 상호작용 관점에서 보완한 것이다. 즉, 이 책에서 인용된 필자의 논문들은 제 I 편 논의에서 도출한 접근 틀을 통해 재해석되고, 진화의 관점에서 보완되었다. 2016년 3월부터 2018년 2월까지 저자가 새마을운동중앙회 회장직을 수행하면서 만난 국내, 해외의 많은 분들이 이 책의 맥락을 형성하는데 큰 도움을 주었다. 특히 이제까지 새마을운동에 기여한 분들과의 면담내용은 이 책의 완성도를 높이는데 좋은 자료가 되었다.

이 책이 담고자하는 의미도 향후 시간함수와 공간함수의 변화에 따라 달리 해석될 수 있다는 가능성은 항상 열려있다. 이 책은 이 시대 새마을운동의 진화과정만을 대상으로 할 수밖에 없었기 때문이다. 한국에서 시작된 새마을운동 접근방식이 미래사회에 어떻게 적응하고, 미래사회가 새마을운동 접근방식을 어떻게 변형 혹은 선택할 것인가에 대한 학문적 관심을 다음 세대에 넘겨주고 싶은 마음에서 이 책을 썼다.

2020년 4월 더헤리티지 서재에서
저자 소진광 씀

차례

제2편　새마을 운동의 생태계와 성과

1편

지역발전의 시 · 공간 좌표:
사회진화를 측정하는 도구의 탐색

민주주의와 공공부문

　민주주의는 사람 중심의 사고체계이고 공공부문 운용방식이다. 사회주의도 사람 중심의 공공부문 운용을 표방하면서 출발하였다. 여기서 '사람'은 '개인으로서의 사람'과 '집단 구성원으로서의 사람'이라는 이중성을 띠고 있다. 민주주의가 '개인으로서의 사람'에 큰 비중을 두고 있는 반면, 사회주의는 '집단 구성원으로서의 사람'에 더 큰 비중을 두고 있다. 따라서 민주주의는 개별구성원 위주로 작동하고, 사회주의는 집단 위주로 작동한다. 모든 인간은 개인인 동시에 특정 집단의 구성원이다. 그러나 개인으로서 추구할 수 있는 가치와 집단 구성원으로서 추구할 수 있는 가치는 다를 수 있다. 가장 이상적인 사회에서라면 '개인의 이익'과 '집단의 이익'이 같은 방향으로 움직일 것이다. 사람은 다른 사람과 관계를 만드는 과정에서 '개인'과 '공동체의 구성원'을 넘나든다. 하지만 개인이 모여서 집단을 만들지, 집단을 나누어 개인을 만들지 못한다. 사회주의가 실천력이 떨어지는 이유가 여기에 있다.

　자본주의는 시장원리를 내세우면서 공공부문을 최소 규모로 정의한다. 이 과정에서 개인의 자유는 신장될 수 있었지만, 이로 인해 일부 계층에 쏠리기 시작한 자본의 축적이 집단의 존재영역을 제한하기 시작하였다. 여기서 집단의 존재영역이란 공동체 인식을 의미하며 인류의 모듬살이 방식과 연계되어 있다. 개인의 자유를 최대한 보장하면서 출발한 자본주의는 결국 집단의 존재영역을 축소하는 과정에서 개인과 개인, 집단과 집단의 마찰을 초래하며 사회불안을 가중시켰다. 자본주의체제에서 사회불안의 원인은 빈익빈(貧益貧), 부익부(富益富) 현상과 같이 자본의 쏠림현상에서 비롯된다. 이러한 자본주의 병폐를 비판하면서 태동한 사회주의 사상은 자본의 집단공유를 주장하였다. 그러나 사회주의는 자본의 집단공유를 관리하는데 과도한 비용을 지불하여 결국 사람 중심의 사고체계를 실천하는데 한계를 드러내게 되었다. 사회주의 역시 자본의 공유와 관련하여 많은 갈등을 초래하였고, 이러한 갈등은 자본주의 병폐보다 더 많은 비용을 수반하였다. 이와 같이 사회주의는 과중한 비용부담으로 인해 집단 구성원들이 누릴 수 있는 최종 수혜는 줄어드는 문제에 봉착하였다.

인간에게 '자유'가 특별한 의미를 가지는 이유는 인간이 사회적 동물이기 때문이다. 즉, 개별 인간의 존재를 뒷받침하는 '자유'가 '공동체의 존재영역'과 충돌하는 정도에 따라 인간의 집단사회 유형은 달라진다. 한 사람의 자유는 다른 사람의 자유와 종종 충돌하며 갈등을 유발하고 이러한 갈등해결방식이 인간집단 관리방식을 유형화하는 기준과 항목이다. 따라서 자유는 존재를 실현하기 위한 개인의 덕목이고, 평등은 사회를 형성, 유지, 관리하기 위해 필요한 집단의 덕목이다. 집단 공동의 이익을 추구하는 지역발전을 논의하기에 앞서 민주주의와 공공부문의 관계를 살펴볼 필요성이 여기에 있다.

1 민주주의와 지역발전

민주주의는 사람 중심의 사고체계이고 공공부문 운용방식이다. 사회주의도 사람 중심의 공공부문 운용을 표방하면서 출발하였다. 여기서 '사람'은 '개인으로서의 사람'과 '집단 구성원으로서의 사람'이라는 이중성을 띠고 있다. 민주주의가 '개인으로서의 사람'에 큰 비중을 두고 있는 반면, 사회주의는 '집단 구성원으로서의 사람'에 더 큰 비중을 두고 있다. 따라서 민주주의는 개별 구성원 위주로 작동하고, 사회주의는 전체 집단 위주로 작동하는 성향을 보인다.

1) 민주주의와 사회주의

민주주의는 '개인으로서의 사람'에게 집단 공동체 유지에 필요한 비용과 의무를 부과하고 있고, 사회주의도 '집단 구성원으로서의 사람'에게 개별적이고 배타적인 기본생활을 제한적이나마 허용하고 있다. 결국 민주주의와 사회주의의 차이는 '개인으로서의 사람'과 '집단 구성원으로서의 사람'의 상대적 비중에 의해서 결정된다. 따라서 민주주의와 사회주의가 주민들의 일상생활에서 극단적으로 충돌할 이유가 없다. 민주주의와 사회주의 색깔을 놓고 극단적으로 충돌해야 할 사람은 '개인으로서의 사람'과 '집단 구성원으로서의 사람'을 관리하는 소위 정치가들이다. 정치란 공동의 미래 가치를 내세워 현재 개별 구성원들을 수단으로 인식하는 성향이 짙다.[1]

<그림 1-1>과 같이 민주주의는 개별 구성원의 이익을 우선하고, 합의에 의해 공동이익을 도출하며 이를 유지, 관리하기 위해 개인이익의 일부를 거두어 체제를 유지, 관리하는 비용으로 사용한다. 반면 사회주의는 집단이익을 우선 축적하고 여기서 체제의 유지, 관리를 위한 비용을 공제한 나머지를 개별 구성원에게 분배한다. 따라서 민주주의와 사회주의를 비교하기 위해서는 다음과 같은 세 가지 질문에 답해야 할 것이다.[2] 첫째, 어느 체제가 전체적인 이익(산출물)을 더 많이 생산할 수 있는가? 둘째, 어느 체제가 개별 구성원에게 더 많은 이익을 분배할 수 있는가? 셋째, (동일한 공공재 및 공공서비스가 공급된다는 가정 하에) 어느 체제가 가장 적은 비용으로 공동의 이익을 보다 효율적으로 유지, 관리하는가?

그림 1-1 **민주주의와 사회주의 구분과 접점**

---

[1] Talcott Parsons(1902~1979)를 필두로 탄생한 소위 구조기능주의(Structural Functionalism)는 전체 사회를 하부체계로 나누는 과정에서 정치를 목표달성기능(Goal Attainment)으로 접근한다.
[2] 민주주의와 사회주의의 체제 우월성 비교는 궁극적으로 '개인의 행복감'을 통해 접근되어야 하지만, '개인의 행복감'은 기준과 측정지표에서 견해차이가 크기 때문에, 이 책에서는 경제적 관점에 국한한다.

이상의 세 질문에 대한 답은 서로 연계되어 있으면서도 그러한 연결고리가 쉽게 드러나지 않는다.

첫 질문, 즉 전체적인 산출물과 관련한 질문에 대한 답은 체제의 활력을 검토함으로서 얻어질 수 있다. 여기서 활력이란 체제 구성원들의 활동량과 관련하여 정의될 수 있다. 체제의 활력은 개인의 역량을 결집하여 사회 전체적인 공동이익을 극대화할 수 있는 촉매제에 해당한다. 개별 구성원의 역량이 아무리 뛰어나도 개인의 이익만을 도모하는데 활용된다면 전체적인 공동이익은 증대될 수 없다. 개인의 이익과 공동이익은 순환고리처럼 연동되어 있어서 전체적인 산출물을 결정한다. 공동이익은 전체 사회의 구조에 해당하는 '틀'에 해당하고 개인의 이익은 능력에 따른 기능적 역할에 의존한다. 따라서 개별 구성원의 이익이 보장되기 위해서는 일정 수준의 공동이익이 뒷받침되어야 하고, 일정 수준의 공동이익이 유지, 관리되기 위해서는 개별 구성원의 이익 일부가 희생될 수 있어야 한다. 이러한 개인 이익의 일부 희생은 합의에 의한 정당성을 근거로 가능하다. 즉, 개별 구성원의 동의 없이 개인 이익의 일부를 희생하기란 어렵다. 개별 구성원의 동의를 전제로 사회적 합의를 이끌어내는 방식이 민주주의 작동원리다.

두 번째 질문에 대한 답 역시 개인이익과 공동이익의 상호작용 과정에서 도출될 수 있다. 인간은 누구라도 체제에 관계없이 자신의 개인적 이익을 집단 공동이익에 우선한다. 따라서 전체적인 집단이익을 우선하는 사회주의 체제는 '집단 구성원으로서의 사람'을 관리하기 위한 비용을 더 많이 필요로 한다. 전체적으로 동일한 산출물을 생산하더라도 사회주의가 민주주의보다 개별 구성원의 최종 이익을 더 크게 만들기가 그만큼 어렵다. 또한 사회 전체적인 집단이익을 우선하는 사회주의 체제가 더 많은 사회갈등을 포함하고 있다. 이러한 사회갈등을 해결, 관리하기 위해서는 더 많은 공동비용이 필요하다. 사회주의 체제가 개별 구성원들의 역량을 모두 활용하기도 어렵지만 더 많은 공동비용을 필요로 하여 결국 개별 구성원에게 돌아갈 이익을 감소시킨다. 이러한 개인 이익의 감소는 곧바로 공동이익의 기반과 정당성을 훼손하여 세 번째 질문인 사회체제의 효율성에 대한 답을 도출하는 근거로 이어진다.

자본주의에서 시장(market)은 사회갈등을 이해당사자끼리의 협상에 의한 교환율로 해결한다. 따라서 그러한 이해당사자끼리의 교환율이 공정하게 형성되는 여건이 중요하다. 고전적인 자본주의체제는 시장의 실패가 집단 공동이익을 훼손하는 대공황을 경험한 바 있다. 사회주의는 시장(market)에서 발생하는 갈등을 최소화하고, 공동이익을 도모하기 위해 계획기법을 사용한다. 계획의 정당성은 제도적 절차이지, 목표의 실현 정도가 아니다. 또한 제도는 과거 사실에 근거하여 만들어진다. 게다가 계획은 수단이지 결과가 아니다. 계획은 일단 채택되면 경직되어 새로운 환경변화에 적응하기 어렵다. 수단으로서 계획이 가지고 있는 한계가 여기에 있다.

종종 계획 자체가 목표로 둔갑하여 구성원을 노예로 만드는 경우도 발생한다 (Hayek, 1944). 뿐만 아니라 계획은 집단의 공동이익을 정의하고, 공공재 및 공공서비스를 생산, 전달하는 과정에서 개별 구성원을 전체 목표에 종속적인 수단으로 간주한다. 시장경제체제에서라면 개별 구성원은 독자적 의사결정 주체이다. 따라서 계획경제를 표방하는 사회주의가 공공재 및 공공서비스를 구성원들의 실질 수요에 맞게 생산, 공급하기 어렵다.[3]

또한 효율성을 증대하기 위해서는 체제작동에 필요한 비용을 최소화 하거나 전체적인 이익을 극대화해야 한다. 자신의 노력으로 얻어낸 결과를 기꺼이 다른 사람에게 내주는 사람은 드물다. 민주주의에서 산출물은 기본적으로 개별 구성원 각자의 소유로 귀착한다. 민주주의에서 개인이 자신의 노력에 집착하는 이유가 여기에 있다. 하지만 사회주의에서의 산출은 우선 공유지분이다. 공공재 및 공공서비스를 생산, 전달, 유지하기 위해 필요한 비용을 개인으로부터 끌어내는 것과 전체의 공유지분에서 할애하는 것의 차이는 매우 크다. 공공재 및 공공서비스 수준이 동일하다면 사회주의 권력이 민주주의 권력에 비해 체제작동에 필요한 비용을 훨씬 수월하게 더 많이 공제하리라는 추측이 가능하다.

---

3 계획의 속성을 검토하면 이러한 문제를 쉽게 설명할 수 있다. 계획은 문제점을 인지하고 일정 수준의 목표를 정의하며, 그러한 목표를 달성하기 위해 수단을 마련하는 과정으로 접근된다. 여기서 문제점은 세 가지로 구분된다. 즉, 계획에서 인지하는 문제점은 과거의 논리로 현재 나타난 것, 현재의 추세대로라면 미래 나타남직한 것, 현재 상태에 만족하지 않고, 미래 시점에서 기대하는 것으로 분류된다.

사람의 '이중성'으로 인해 민주주의에서는 공동이익이 작아지는 성향을 보이고, 사회주의에서는 개인이익이 작아지는 성향을 보인다. 하지만 인류공동체가 어떠한 성향을 선호하는지는 일률적으로 판단하기 어렵다. 사회가 안정된 상태에서라면 사람은 우선 개인이익을 극대화하여 개별 존재의 자유를 최대한 보장받기를 원할 것이다. 반대로 사회가 불안하고 개인별 존재 자체가 위협받는 상황에서라면 사람들은 집단안보를 통해 개별 존재 가능성을 높이는데 동의할 것이다. 사회 전체가 어려우면 인간은 군집을 이루어 대응하고, 사회가 발전하는 과정에서는 각자 선발이익을 추구하면서 공동체가 분해되기 쉽다. 따라서 민주주의와 사회주의는 대칭적 용어이지 양 극단의 반대용어는 아니다.

어떠한 나라든 민주주의 성향과 사회주의 성향을 혼합하여 결과적으로 국민을 이롭게 해야 한다는 동일한 이상을 표방한다. 민주주의와 사회주의는 동일한 목표를 내세우면서 서로 다른 수단을 선택하고 있을 뿐이다. 그러나 미래의 목표를 향해 현재의 비용과 고통을 강조하는 체제는 항상 험난한 과정을 내세워 높은 사회적 할인율(SRD, Social Rate of Discount)을 정당화하려 한다. 따라서 누가 미래 가치에 대한 사회적 할인율을 결정하느냐는 매우 중요하다. 다수가 이러한 공동의 미래 가치를 결정한다면 사회적 할인율은 낮아지는 성향을 보일 것이고 결국 미래 가치와 현재 비용부담의 격차를 줄일 수 있다. 불특정 다수의 이해당사자에 열려있는 시장원리가 가지고 있는 장점이 여기에 있다.

시장원리에 따르면 '개인으로서의 사람'이 '집단 구성원으로서의 사람'보다 더 자유롭게 선택의 폭과 존재범위를 넓힐 수 있다. '집단 구성원으로서의 사람'은 구조화된 전체의 '틀'을 벗어나기가 어려워 개인의 자유가 작아질 수밖에 없다. 개인의 자유가 작아지면 개인으로서의 존재 범위가 축소되기 마련이다. 이에 비해 '개인으로서의 사람'은 다른 사람들과의 합의를 통해 자신들의 존재 범위를 스스로 조정할 수 있다.

2) 개인주의와 집단주의

모든 인간은 개인인 동시에 특정 집단의 구성원이다. 그러나 개인으로서 추구할 수 있는 가치와 집단 구성원으로서 추구할 수 있는 가치는 다를 수 있다. 가장 이상적인 사회에서라면 '개인의 이익'과 '집단의 이익'이 같은 방향으로 움직일 것이다. 민주주의와 사회주의 성향이 접점을 이룰 수 있는 가능성이 여기에 있다. 전적으로 개인이익만을 우선하는 체제와 전적으로 집단이익만을 우선하는 체제는 현실에서 존재하지 않는다. 사람은 사회적 동물이라서 '개인'과 '공동체의 구성원'을 넘나들기 때문이다. **하지만 개인이 모여서 집단을 만들지, 집단을 나누어 개인을 만들지 못한다.** 사회주의가 실천력이 떨어지는 이유가 여기에 있다.

다른 한편 작으나마 사람마다 서로 다른 존재영역을 가지고 있고, 존재방식도 각자 다르다. 인간의 존재영역과 존재방식의 다양성은 '사람다움'과 '사람의 도리'와도 별개의 차원이다. 민주주의와 사회주의 모두 사람 중심의 사고체계이기에 상황으로부터 자유로운 개념이다. 즉, 어떠한 상황에서도 사람 중심의 사고체계는 가능하다. 그러나 실제 생활과 관련하여 개별 인간은 주어진 상황에 종속적일 수도 있고, 새로운 상황을 파생시킬 수도 있다. 어느 경우이든 공동체 구성원으로서의 인간은 소속된 공동체 환경과 상황으로부터 완전하게 자유로울 수 없다. 개별 인간이라도 구조화된 공동체 테두리를 일탈하기가 쉽지 않다. 따라서 인류 모듬살이의 운용방식인 민주주의와 사회주의는 인간본성을 어떠한 관점에서 접근하느냐에 따라 다르게 접근할 수 있다.

인간은 누구나 '자유'와 '평등'을 누리고 싶어 하고, '박애'를 표방한다. '자유'는 생물 개체의 본능적 속성인 동시에 존재이유에 해당하며, 인간의 창의력과 발전에 영향을 미친다. 인간에게 있어 '자유'는 흔히 존재범위로 표현되고, 활동의 필요조건으로 인식된다. 따라서 '자유'와 '존재'는 따로 떼어 논의할 주제가 아니다. 자유로운 인간은 자기만의 존재영역을 주장할 수 있지만 그렇지 않은 경우 인간은 스스로의 존재를 실현할 수 없다. 집단의 존재를 우선하는 사회주의 입장에서 보면 개인의 자유는 관리대상이다. 사회주의가 집단 구성원으로서의 개인을 관리하기 위한 기준은 '평등'이다. 인류사회에서 개인의 완전한 자유와 집단의 완벽한 평등은 존재하지 않지만 두 극단의 혼합비율에 따라 공동체 관리방식은 다양하게 구분될 수 있다. <그림 1-2>와 같이 개인주의와 전체

(집단)주의는 개인의 자유와 집단 평등의 혼합비율에 따라 다양한 양상을 보인다.

개인주의는 개인의 자유와 존재영역을 우선한다. 그렇더라도 개인주의는 수단으로서의 평등을 존중한다. 하지만 전체(집단)주의는 집단의 존재영역과 결과로서의 평등을 우선한다. 개인주의에 기초한 자본주의는 시장원리를 전제하면서 공공부문을 최소 규모로 정의한다. 따라서 자본주의는 수단으로서의 평등을 노동분업을 통해 수용한다. 이 과정에서 개인의 자유는 신장될 수 있었지만, 이로 인해 일부 계층에 쏠리기 시작한 자본의 축적은 집단의 평등을 유지하기가 어렵다는 한계점을 노정시켰다. 여기서 집단의 평등은 집단의 존재영역으로 치환될 수 있고, 이는 공동체 인식 및 인류의 모듬살이 작동체계와 연동되어 있다. 개인의 자유를 최대한 보장하면서 출발한 자본주의는 결국 집단의 평등과 갈등을 초래하여 사회불안을 초래하였다. 따라서 빈익빈(貧益貧), 부익부(富益富) 현상과 같이 자본의 쏠림현상은 자본주의의 가장 큰 병폐로 지목받기 시작하였다.

이러한 자본주의 병폐를 비판하면서 태동한 사회주의 사상은 자본의 집단공유를 주장한다. 그러나 사회주의는 자본의 집단공유를 관리하는데 과도한 비용을 수반하여 결국 사람 중심의 사고체계를 실천하는데 한계를 드러냈다. 사회주의는 자본의 공유와 관련하여 집단을 정의하고 관리하는 과정에서 많은 갈등을 겪어야 했고, 그러한 갈등은 자본주의 병폐보다 더 많은 비용을 수반하였다. 즉, 사회주의는 집단을 정의하고, 관리하는 주도권을 놓고 막대한 정치적 비용과 사회적 희생을 지불한다. 그러한 주도권이 자유로운 개인의 합(合)이 아니기에 더

그림 1-2 **개인주의 성향과 집단주의 성향의 대립**

개인주의
(개인의 자유 우선,
수단으로서의 평등 존중)

전체(집단)주의
(집단의 평등 우선,
결과로서의 평등 강조)

욱 그렇다. 사회주의는 개인의 자유를 관리하기 위한 수단으로 결과로서의 평등을 강조한다. 그러나 인간은 누구나 수단으로서의 평등을 어느 정도 인정하지만 결과로서의 평등엔 거부감을 가지고 있다.

인간에게 '자유'가 특별한 의미를 가지는 이유는 인간이 사회적 동물이기 때문이다. 즉, 개별 인간의 존재를 뒷받침하는 '자유'가 '공동체의 존재영역'과 충돌하는 정도에 따라 인류 집단사회의 유형은 달라진다. 한 사람의 자유는 다른 사람의 자유와 종종 충돌하며 갈등을 유발하고 이러한 갈등해결방식이 인간집단 관리방식을 유형화하는 기준과 항목이다. 따라서 자유는 존재를 실현하기 위한 개인의 덕목이고, 평등은 사회를 형성, 유지, 관리하기 위해 필요한 집단의 덕목이다(소진광, 2016). 집단적 개념인 지역발전을 논의하기에 앞서 민간부문과 공공부문의 관계를 살펴볼 필요성이 여기에 있다.

민주주의와 자본주의는 본질적으로 차원이 다른 사고체계이다. 자본주의는 물화(物化)된 수단(재화 및 용역)을 통해 다양한 인간관계를 조정하거나 또는 갈등 혹은 긴장관계를 해결할 수 있다고 주장한다. 이에 비해 민주주의는 개별 인간의 자유와 존재영역을 우선하여 공동체를 형성, 관리하는데 초점을 둔다. 따라서 민주주의는 집단의 덕목인 평등보다는 개인 존재를 실현하기 위한 자유를 우선한다. 이러한 맥락에서 '자유민주주의'라는 용어는 집단 구성원으로서 개별 인간의 존재 근거를 강조하기 위해 동의어를 반복하여 표현하고 있다. 즉, 민주주의는 개인의 존재범위에 기초하여 작동한다.

이에 비하여 자본주의는 재화 및 용역의 생산과 거래를 개인의 선택에 의존하는 경제운용방식이다. 자본주의가 시장경제체제로 상징화 되는 이유가 여기에 있다. 시장원리는 재화 및 용역의 사유화를 통해 작동한다. 이에 비하여 공산주의는 집단적 덕목인 평등을 지향하여 자본의 공동소유를 표방한다. 공산주의가 개인의 선택을 제한하는 이유가 여기에 있다. 집단적 덕목인 평등은 일종의 사회적 합의를 통해 정의되어야 하는데, 그럴 경우 개인의 자유로운 선택이 최대한 보장되지 않으면 합의에 의한 '평등'이라는 가치는 '허상'에 불과하다. 이러한 '허상'으로서의 '평등'은 모든 구성원들에게 불편할 뿐이다. 공산주의는 '평등'으로부터 일탈을 방지하기 위해 '계획'을 앞세워 다수의 국민을 통제하는 계획경제체제를 운용한다. 따라서 시장원리를 앞세운 자본주의와 집단적 평등을 실현하기 위해 계획을 앞세운 공산주의는 서로 대립한다.

개별 '자유'를 어느 수준까지 인정하느냐는 인간사회의 가장 원초적 과제였다. 또한 개인이 누려야 할 '자유'가 타고난 능력과 신분, 인종으로부터 영향 받지 말아야 한다는 주장은 오랜 시간이 걸려서야 통설이 되었다. 다른 한편 개별 인간을 모아 인간사회를 이루듯이 개인의 '자유'를 모두 합하고 그 합(合)을 모두에게 나누어 '평등'을 이루어야 한다는 명제에는 모두가 동의한다. 그러나 그러한 평등이 작동하는 범위는 과정이나 절차에 한한다. 사람은 자신의 결과물을 남에게 나누어주는 일에는 인색하지만 같은 목표를 향해 과정을 함께하는 것에는 상대적으로 너그럽다.

이와 같이 결과로서의 평등과 과정으로서의 평등은 인간 본성과 관련하여 서로 다른 방향으로 움직인다. 인간사회에서 '자유'처럼 '평등'을 개인의 태생적 존재근거로 인정하기엔 풀어야 할 과제가 많다. '정글의 법칙'에서와 같이 '평등'은 살아남은 사람의 성과가 아니기 때문이다. 즉, '평등'은 개인이 결정할 수 없는 집단논리를 필요로 하고, 개인 혼자로서는 지킬 수 없는 구조적인 차원에 속한다. 따라서 '평등'은 집단사회의 갈등해결 기준이거나 인간사회 건강정도를 나타내는 지향점이지 일정 기간 안에 반드시 실천되어야 할 목표가 아니다. 또한 집단적 평등을 실현하기 위하여 개인의 자유를 과도하게 제한한다면 사람 중심의 사고체계와 공동체 관리방식은 실천될 수 없다. 다만 개인의 자유가 어느 정도로 보장되어야 하는지는 사회특성에 따라 다르다.

이와 같이 '평등'은 구성원끼리의 관계를 관리할 수 있는 사회집단 관점에 근거하고 있다. 따라서 '평등'은 개인 이익을 우선하고, 이해당사자의 협상에 의해 교환율을 정하는 시장원리로는 정의되거나 관리될 수 없다.[4] 고전적 '자유방임주의(laissez-faire)' 조차도 공동사회의 질서유지를 시장원리에 맡기지 않고, 국가의 기본적인 의무로 정의하고 있다.[5] 이와 같이 지극히 개인적인 '자유'와 지극히

---

4 시장원리는 상대방과의 차이점과 다른 위상을 교환할 경우에 적용될 수 있다. 따라서 평등은 교환의 대상이 아니다. 같은 것끼리의 교환, 대체가 무의미하듯, 같은 수준의 비교도 의미가 없다.

5 Adam Smith(1776: 899)는 "통치권의 첫 번째 의무는 다른 독립적 집단으로부터 (소속) 집단을 방어

집단적 혹은 사회적인 '평등'은 공존의 접점을 놓고 시대에 따라 다른 긴장관계를 유지하고 있다. 자본주의에서도 '평등'의 가치는 개인의 최대 '자유'에 의한 초과이익의 일부 공통지분(즉, 조세 등) 범위 안에서 인정된다. '평등'은 고정된 일정 수준이 아니라 시대와 상황에 따라 가변적인 범위 안에서 접근된다. 따라서 개인이익과 집단이익이 충돌하듯이 '자유'와 '평등'은 긴장관계에 있다. 그럼에도 불구하고 집단의 '평등'을 지향하는 원천이 개인의 '자유'로부터 비롯된다는 점은 명백하다.

'평등'은 이해당사자가 아닌 제3의 장치를 통해 정의되고 관리되기 시작하였으며 이의 대표적 기관이 정부(government)다.[6] 많은 나라가 이러한 '평등'의 속성을 공간 차원에서 '균형발전'으로 정의하고 대규모 국가사업을 수행해오고 있다. 이러한 지역균형 감각은 종종 지역의 차원과 관련하여 갈등으로 표출된 바 있고, 시장원리를 작동시키는 개인의 '자유'와 일종의 긴장관계를 유지하고 있다. '자유'와 '평등'의 긴장관계를 조화롭게 조정할 수 있는 장치는 '박애'다. '박애'는 서로의 입장을 존중하려는 '역지사지(易地思之)'의 실천덕목에 속한다. 따라서 '자유', '평등', '박애'는 사회적 동물에 속하는 인간이 '발전'을 추구하는 과정에서 그 배합비율을 놓고 의견을 달리하는 가장 원초적인 주제이다. 그렇지만 '박애'는 '자유'와 '평등'의 순환 매개역할을 수행하는 덕목이라서 계획을 통해 관리될 수 없다.

자유와 평등, 박애가 공동체 운영방식에서 중요한 이유는 이들이 '발전현상'에 미치는 영향 때문이다. '발전'은 시간함수와 공간함수의 복합 좌표에서 정의되고, 비교될 수 있는 '보다 나은 상태나 현상'을 의미한다. 그러한 비교는 특정 공간을 대상으로 시간좌표 상에서 접근할 수도 있고, 특정 시점에서 서로 다른 공간현상을 비교하면서 접근할 수도 있다. 그러나 그러한 비교가 시·공간 좌표에서 판별되더라도 이의 의미부여는 '자유', '평등', '박애'의 배합비율에 따라 다르다. 발전이 상대적인 현상이더라도 종종 비교하기 어려운 이유는 '자유', '평

하는 것이고, 사회가 발전하면서 이러한 의무의 비용은 점차 증대될 것이다."고 기술하고 있다.

6 향후 블록체인(blockchain)을 활용한 다양한 조직이 정부를 대신하여 개인의 자유를 보장하고, 공공재와 공공서비스를 개별 구성원의 수요에 맞게 공급하리라는 추측도 가능하게 되었다.

등', '박애'의 존재기반이 다르기 때문이다.

다른 한편, 공간현상7은 공간의 범위, 물리적 거리와 이의 극복 수단, 공간에 내재되어 있는 자원, 그리고 그 안에서 자원을 활용하는 사람들의 경제, 사회, 문화적 특성에 따라 복잡하고 다양한 유형으로 분류될 수 있다. 따라서 어느 곳도 동일한 공간현상을 보여주는 지역은 없다. 또한 공간현상은 주변과의 상호작용 관점에서 3차원 이상의 복합적 변수를 포함하고 있다. 결국 주변과의 상호작용에 따라 다를 수밖에 없는 공간현상의 절대 비교는 사실상 불가능하다. 그럼에도 불구하고 공간현상인 지역발전은 한정된 지표의 비교를 통해 인지되고, 평가된다. 특히 후기 산업사회나 정보화 시대엔 주민들의 선택기준에 따라 다양한 발전현상이 가능하다. 주민들은 일종의 가치체계에 속하는 지역발전의 의미를 정의하면서 지역발전 방향을 선택하고, 동원 가능한 자원을 고려하여 수단을 결정한다.

이러한 맥락에서 지역발전은 인간 활동분야에 따라, 지역의 규모에 따라, 주민들의 사회, 경제, 문화적 태도 및 행태에 따라 달리 해석된다. 그럼에도 불구하고 '발전'에는 방향과 속도라는 인식 '틀'이 내재되어 있어서 나름대로 이에 접근하는 관점이 구분될 수 있다. 예를 들면 지역발전을 소득증대의 관점에서 공간적으로 비교하거나, 시계열로 비교할 수도 있고, 환경의 질 관점에서 접근할 수도 있다. 즉, 지역발전을 정의하는 관점이 시대에 따라 사람에 따라 혹은 정치, 사회, 문화적 맥락에 따라 다를 수 있다.

2 공공부문과 민간부문의 구분

인간은 살면서 다양한 종류의 재화와 서비스를 필요로 한다. 이러한 재화 및

---

7 공간현상은 Haggett(1965)에 의해 체계적으로 설명된 바 있다. 그에 의하면 인간의 이동은 나름대로 목적이나 의도가 포함되어 있고, 이러한 이동(movements)이 반복되면 일종의 연결망(networks)을 형성한다. 각기 다른 목적과 의도를 충족시키는 연결망이 만나는 곳은 일종의 결절(nodes)을 이루어 두 개 이상의 목적을 충족시키기에 편리하다. 이와 같이 인간의 이동, 연결망, 결절형성까지의 과정은 모두 거리(distance)라는 물리적 척도에 의해 영향을 받는다.

서비스는 개인이 단독으로 해결할 수 있는 즉, 개인이 생산 및 소비할 수 있는 것과 반드시 집단을 통해 해결할 수 있는 것으로 분류될 수 있다. 특히 인간의 사회적 욕구를 충족시키기 위해서는 개인이 가정을 이루고, 집단화하는 과정에 주목할 필요가 있다. 이러한 과정은 전적으로 개인적 활동에 속하는 영역과 다른 사람과의 공동 관심사를 형성하는 영역으로 구분된다. 개인의 능력과 역량에 의해 관리되어도 다른 사람의 이해에 영향을 미치지 않는 영역은 공동관리가 필요 없다. 이러한 영역은 민간부문(private sector)에 속하여 공동관리의 대상이 아니다. 의사표현의 자유, 신념의 자유, 선택의 자유, 종교의 자유와 같은 기본권은 대부분 이러한 부문을 개인에 맡겨두어야 한다는 패러다임에 근거하고 있다.

자유는 개인의 존재가치를 가늠하는 기준이고, 표현하는 방식에 속한다. 그러나 개인적인 영역을 넘어 다른 사람과의 관계를 형성하는 과정에서라면 자유에 대한 인식은 달라진다. 개인끼리의 상호작용과정에서 개별 '자유'는 충돌한다. 개인의 '자유' 총량을 집단규모로 나누어 산출되는 '평등'에 근거하여 구성원의 개별 자유는 조정된다. 따라서 개인의 '자유'가 집단의 '평등'에 우선한다. '평등'은 모두가 같은 수준으로 대접받기 위한 최소한의 사회적 맥락이다. 개인의 기본적인 '자유'가 보장되지 않은 상태에서의 집단 '평등'은 아무런 의미가 없다. 결국 '평등'은 범위이지 특정 수준이 아니다. 따라서 개인 '자유'와 집단 '평등'의 간극이 사회갈등의 원천이다.

어느 사회든 갈등을 포함하고 있다. 하지만 사회갈등을 해결, 극복, 완화할 수 있는 열쇠도 개인의 자유를 통해서 얻어진다. '평등'이 지켜지지 않으면 누군가는 존재와 관련한 자유를 억압받고, 다른 누군가는 과도한 개인의 자유를 누리면서 남의 자유를 침범하게 된다. 이러한 맥락에서 '평등'은 집단의 존재를 가늠하는 기준이자, 표현하는 방식이다. '평등'에 대한 사회적 합의를 도출하는 절차나 방식이 종종 정치체제나 국가를 형성하는 원리로 인식되기도 한다. 또한 모든 구성원이 받아들일 수 있는 '평등'의 범위에 대한 인식도 중요하다. '평등'의 개념도 수단으로서의 의미와 결과로서의 의미에 따라 다양하게 정의될 수 있다.[8]

---

8 자본주의에서도 수단으로서의 평등을 거부하지 않는다. 사회 공동체 구성원으로서 개인은 능력에 따라 노동분업을 통해 각자 공동체 운용에 필요한 역할을 수행할 수 있기 때문이다. 공산주의가 표방

다른 한편 개인이 다른 사람과의 관계를 맺기 위해서는 상호 역할분담이 전제되어야 한다. 이러한 역할분담은 구성원끼리의 이해득실과 연계되어 있고, 이러한 이해득실 연계는 전적으로 역할 분담자의 관계로만 한정하는 것과 그렇지 않고 다른 사람의 이해에 영향을 미치는 것으로 구분된다. 후자의 경우 즉, 이해득실 연계가 충돌당사자뿐만 아니라 불특정 다수의 이해에 영향을 미치는 경우, 이해 충돌당사자에게 다른 사람들이 받게 될 이해득실을 전적으로 맡긴다면 그로인해 불특정 다수의 자유(혹은 권리)가 무단히 침해될 가능성이 있다. 따라서 이러한 경우는 불특정 다수의 자유와 권리를 보호하고, 피해 가능성을 줄이기 위해 현재 이해 득실관계가 분명하게 드러난 당사자가 아닌 제3자 해결방식으로 관리되어야 한다. 이러한 제3자 해결방식의 대표적인 장치가 정부(government)다.

그리고 이와 같이 인간관계에서 이해득실과 관련한 역할분담이 당사자에 국한하지 않고 불특정 다수의 사람들에게 영향을 미치는 경우를 공공부문(public sector)이라 하고 불특정 다수의 이익을 공공이익(public interest)으로 정의한다. 이에 반하여 역할분담으로 인한 영향 범위가 전적으로 역할분담 당사자에 한정되는 경우는 민간부문(private sector)에 속한다. 흔히 민간부문은 당사자와 이들의 행위영향이 제한적이고 분명하기 때문에 협상을 통해 당장의 이해당사자들끼리의 상호 교환율(the rate of exchange)을 정하더라도 다른 사람의 권리나 이익을 침해하지 않는다. 이해당사자가 협상을 통해 상호 교환율을 정하는 방식을 소위 시장원리(market principle)로 정의한다.

따라서 인간이 생활하는 정주환경은 시장원리에 의해 관리되어도 다른 사람들의 권리나 이익을 침해하지 않는 민간부문과 제3자 해결방식으로 관리되어야 불특정 다수 주민들의 공동이익을 보호할 수 있는 공공부문으로 구분될 수 있다. 그러나 이들 공공부문과 민간부문의 구분은 생활공간의 사회, 경제, 문화적 배경에 따라 다를 것이다. 이러한 양자의 구분과 함께 지역발전과 관련한 정부의 역할범위에 대한 논쟁은 산업혁명 이후 꾸준히 제기되고 있다.

하고 있는 자본의 공유는 얼핏 수단으로서의 자본을 겨냥하고 있는 것처럼 보이지만 결국 자본을 결과물로 인식하고 있어 이의 균등한 분배를 강조한다.

산업혁명은 개인의 '자유'를 광범위하게 인정함으로써 '보다 잘 살기를 원하는 욕구'를 자극하는데 성공하였다. 그러나 개인의 선택과 관련한 욕구가 커지는 만큼 다른 사람들과의 선택(자유)과 충돌할 가능성은 더 커진다. 다만 이러한 개인의 '자유'가 다른 사람들의 '자유'와 상호 충돌하면서 사회체제의 안정을 위협할 경우에 한하여 공공관리가 인정되었다. 늘어난 개인의 '자유'는 선택과 집중을 통해 노동분업을 가능하게 하였고, 이러한 노동분업은 개인의 '자유'를 통해 공동체 '평등 수준'을 증대시켰다.

그러나 산업혁명을 통한 자본주의의 성공은 사람의 성공이라기보다 자본의 성공에 지나지 않았다. 사람이 자본에 종속되는 경우가 종종 나타났기 때문이다. 이러한 현상은 Marx(1818~1883)에 의해 분석되고 정리되어 사회주의 씨앗이 되었다. 산업혁명은 생산성 증대에 매료되어 자본의 횡포를 묵과하고 있었다. 산업혁명에 동력을 제공한 시장원리는 독점과 과점으로 인한 폐해를 예방하지 못했으나 전체적인 국부(national wealth)의 증진에는 기여하였다. 또한 시장원리는 원자화된 개인의 행동을 통해 작동하기 때문에 사회 전체적인 맥락을 유지, 관리하는 데에는 한계를 지니고 있다.

이익단체 혹은 일부 생산자 및 소비자 집단화는 시장원리를 왜곡한다. 불공정한 자본의 횡포에 대항하기 위해 출범한 노동조합도 사회정의 실현에는 기여하는 측면도 있지만, 과도한 집단이익을 추구할 경우 시장원리를 왜곡할 수 있다. 자본가의 횡포나 노동조합의 과도한 집단이익 추구행위는 결국 시장원리에 반하는 결과를 초래한다. 다만 자본가의 횡포에 대항하기 위한 균형자로서의 노동조합은 필요하다. 만약 공공부문이 공정한 시장질서를 만들고 관리할 수 있다면 자본가의 결속이나 횡포가 나타나지 않을 것이고, 노동조합도 필요 없다. 그러나 사람은 '개인적 속성'과 '집단 구성원으로서의 속성'을 모두 가지고 있어서 공공부문이 사회의 모든 갈등을 방지하고, 해결할 수 없다.

한편 주로 독점과 과점으로 인한 자본의 횡포를 비판하면서 출발한 사회주의 씨앗은 산업혁명의 속도경쟁에 밀려 싹을 틔우지 못했다. 다만 1884년 1월 4일 영국 런던에서 설립된 The Fabian Society는 Marxism 이론을 자본주의 틀 안으로 끌어들여 산업혁명으로 나타난 영국의 현실문제를 해결하기 위해 노력하였다. The Fabian Society 회원들은 1900년 영국 노동당 창당에 기여했고, 회원이었던 Sidney Webb은 영국 노동당 당헌을 작성하였다. The Fabian Society가 지향했던 국가형태는 사회주의 요소가 가미된 '자본주의 복지국가'였다.

The Fabian Society는 사회정의(social justice)에 기반하여 1906년 최저임금제 도입, 1911년 보편적 보건관리체계 구축, 1917년 세습적 귀족신분제도 철폐를 제안하였다. 특히 이 협회는 Henry George의 사상적 영향을 받아 지주가 챙기는 지대(land rent)를 불로소득으로 간주하고 국유화할 것을 주장하였다. 현재에도 이 협회는 영국 노동당 조직에 큰 영향력을 행사하고 있는데, 1994년 Tony Blair 영국 노동당 당수 선출에 결정적 역할을 수행하였다. 이 협회의 추진 전략은 일반 Marxist 들과는 달리 점진적 사회주의로 평가된다.[9] '요람에서 무덤까지'라는 영국식 복지개념은 이들 협회의 노력과 맥락을 같이하며 영국에서 공공부문을 확대하는데 기여하였다.

3	지역발전 관련 공공부문의 역할

1) 시장의 실패와 공공부문의 역할 증대

정부와 시장(market)의 역할은 시대와 공동체 특성에 따라 변화를 거듭하고 있다. 정부의 시장개입은 시장의 실패를 계획적으로 방지하기 위한 공공투자사업 등 각종 개발사업으로 정당화 되었다. 1929년부터 시작된 미국에서의 대공황은 공급과잉으로 인해 상품재고가 누적되어 생산을 줄이고 종업원을 해고하면서 시장수요가 감소하고 대량실업으로 이어지는 악순환을 의미한다. 이러한 악순환의 고리를 끊기 위해 미국정부는 TVA(테네시강 유역 개발공사)를 설립하여 공공부문 고용을 창출하고 시장에서의 유효수요를 관리하기 시작하였다. 결국 시장의 실

---

9 이 협회의 이름은 로마의 Fabius Maximus 장군의 이름을 본떴다. Fabius 장군의 전략은 카르타고의 Hanibal 장군과 맞서 지구전을 펴는 것이었다. 따라서 The Fabian Society는 명칭에서부터 Marxism의 혁명이 아니라 점진적 사회개혁을 추구했음을 알 수 있다.

패로 인한 대공황은 공공부문이 시장에 개입할 빌미를 제공하였다.

당시 지역개발사업은 공공투자를 통해 시장에서의 적정한 유효수요를 관리하는 것이 1차적인 목적이었다. 하지만 지역개발사업은 경제활동의 기반시설 확충을 통한 지역경제 발전효과를 유발하면서 공공부문의 정상적 업무로 자리 잡았다. 이러한 정부의 개입은 단순한 소득재분배가 아니라 생산기반시설 확충과 유효수요를 통해 확대재생산 고리를 구축한 것이다. 따라서 정부의 지역개발사업은 단순한 이전적 소득 살포와는 근본적으로 다르다. 결과물인 소득을 향상시키기 위해서는 과정을 실천할 수 있는 수단을 활용해야지 동일 차원에 속하는 소득만을 수단으로 삼게 되면 한계가 있기 마련이다. 한정된 몫을 나누는 것보다 몫을 키우기가 훨씬 쉽고 더 효과적이다. 한정된 몫을 나누기 위해서는 갈등이 필연적이지만 전체적인 몫을 키우는 일은 합의와 협력을 이끌어내기 쉽다. 갈등도 비용이라서 한정된 몫을 나누는 일은 항상 커다란 희생이 따른다.

정부의 시장개입은 Keynes(1883~1946)의 저술, 「고용에 관한 일반이론: 이자와 화폐(*The General Theory of Employment: Interest and Money, 1936*)」에 근거하고 있다. 특히 Keynes는 당시까지 생산과 공급이 강조되던 자본주의 경제이론을 수요 측면을 추가하여 시장의 실패 요인을 분석하고, 유효수요를 창출할 수 있는 정부의 역할을 제시하며 고전적 자본주의를 수정하는데 기여하였다. 자본주의 시장체제에서 공급과 수요를 조절하리라고 기대되었던 보이지 않는 '착한 손(invisible good hands)'이 자본의 유혹에 이끌려 독점 및 담합에 의한 '악마의 손'으로 변질되기 시작한 것이다. 시장에서 '악마의 손'은 너무 탐욕스러워 '수요-공급'의 균형을 깨고 공급과잉을 초래하였으며 사재기 등 가수요를 촉발하여 결국 시장의 실패를 초래하였다.

유효 수요를 창출하기 위한 정부의 노력은 대규모 공공투자사업을 통해 접근되었는데, 이들 공공사업은 사전 계획을 통해 정당화 되었다. 이를 계기로 공공계획이 공익을 도모하기 위한 정책수단으로 도입되었고, 이러한 공공계획이 지역발전과 국가발전으로 이어진다고 믿게 되었다. 이러한 맥락에서 다양한 지역개발계획이 지역문제를 해결하기 위해 수립되고, 실천되었다. 그러나 이러한 공공계획에 대한 비판도 만만치 않았다. Hayek(1944)는 정부의 공공계획을 통한 시장개입이 어떤 악영향을 미치는지를 예시하였다. 민주주의는 개인의 자유에 근거하고 있고, 이러한 개인의 자유가 시장(market)을 자동적으로 조절하여 자원 배분의 적정화를 도모한다. 그러나 공공계획은 공익을 빌미로[10] 사회체제를 경직되게 만든다.

Hayek(1944)는 계획이 이러한 시장원리를 대체할 경우 시장에서 개인의 선택과 의사결정 자유는 박탈된다고 보았다. 그는 시장의 실패를 교정하기 위해 도입된 공공계획이 오히려 더 근본적인 민주주의 근간을 파괴할 수 있는 가능성을 제기한 셈이다. 시장원리가 개별 구성원의 자유로운 선택에 근거하고 있기 때문이다. 그의 주장이 모든 경우에 타당하다고 인정하기는 어렵지만 제도나 공공계획에 근거하여 복잡한 생산함수와 소비함수로 구성된 민간시장을 관리하는 일은 분명 한계를 지니고 있다.

공공계획은 구성원의 합의를 통해 존재 기반을 얻게 되고, 성과를 통해 정당화된다. 하지만 합의를 거친 공공계획은 합의 주체를 기속하여 노예로 만드는 결과를 초래할 가능성이 높다. 또한 원인이 분명하게 밝혀지지 않았거나, 다양한 변수끼리의 상호작용으로 예측할 수 없는 문제를 계획을 통해 접근하다보면 상황을 더욱 어렵게 만들 수도 있다. 또한 종종 공공조직은 공공계획의 한계를 인식하지 못하거나 왜곡하고, 조직의 역기능으로 권한을 강화하면서 과도한 규제로 사회를 경직되게 만든다. 거대 정부가 민주주의 작동체계와 상호 충돌할 가능성이 여기에 있다.

제2차 세계대전이 끝나자, 전후 복구사업을 빌미로 생산활동의 효율화와 이로 인한 경제성장이 오랫동안 '발전현상'을 이끌어내는 동력으로 간주되었다. 지역발전은 경제활동의 투입요소에 집착하였고, '성장(growth)'이라는 결과로 평가되곤 하였다. 지역사회에 대한 전통은 생산요소의 유입이 용이하고, 생산을 효율화하는 적정 입지로 탈바꿈하였다. 즉, 전통적인 지역사회 구성원들의 기계적 접촉이 서로의 역할로 연계된 유기적 접촉으로 탈바꿈하였다(Bernard, 1973).

그러나 경제는 지극히 개인적인 선택의 자유와 연계되어 있는 자원배분(resources'

---

10 시장의 실패는 사회안정을 저해하는 사회체계의 오작동으로 공익을 현저히 떨어뜨린다.

allocation)과 사회적 합의를 필요로 하는 소득분배(income distribution) 과정으로 작동한다.[11] 소득분배가 시대상황에 적정하지 않거나, 공정하지 못할 경우 개인의 선택에 의한 시장체계는 작동하지 않는다. 이러한 거래의 공정성은 다수가 동의하는 규칙에 근거하여 공공부문이 유지, 관리해야 할 영역이다.

또한 시장의 실패는 경제적인 요인에 의해서만 나타나지 않는다. 즉, 시장의 실패는 사회구조와도 맞물려 있다. 따라서 시장의 실패를 예방하고, 경제발전을 이끌어내기 위해서는 재화의 수요와 공급만이 정책대상이 아니다. 개인의 자유로운 선택만으로는 시장 친화적인 사회구조를 형성, 유지 및 관리할 수 없다. 이러한 관점에서 공공부문이 기본수요(basic needs) 충족, 고용 창출, 소득재분배, 환경관리, 사회복지 등을 통해 시장의 실패를 보완하고, 발전의 궁극적인 목표를 충족시킬 수 있다고 믿기 시작하였다. 그러나 이들 기본수요, 고용, 소득재분배, 환경관리, 사회복지는 구성원 다수의 이해와 관련되어 있어서 종종 민주주의 폐단인 '공공이익의 사유화'를 초래한다.[12]

이와 같이 '공공이익의 사유화'와 공공부문의 영역확대로 인한 추가 비용은 결국 공공재 시장의 실패 즉, 정부의 실패(Governmental Failure)를 초래한다. 정부의 실패는 대체로 공공부문과 민간부문의 구분이 적절하지 못하고, 공공부문과 민간부문의 상호작용을 간과한데서 비롯된다. 따라서 정부혁신은 우선 정부가 하지 말아야 할 업무를 파악하고, 반드시 해야 할 일을 챙기며, 할 일을 바르게 하고, 한 일을 끝까지 책임지는 방식으로 접근되어야 한다. 또한 정부는 하지

---

11 Samuelson(1948)은 경제학의 탐구영역을 세 가지로 구분하고 있다. 즉, 첫째는 '무엇을 얼마만큼 생산할 것인가?'이고, 둘째는 '어떻게 생산할 것인가?'이며, 셋째는 '누구를 위하여 생산할 것인가?'이다. 여기서 둘째 영역은 노동과 자본의 결합비율을 의미하는 것으로 첫째 영역과 함께 자원배분방식을 의미한다. 그리고 셋째는 생산된 재화의 수요와 자본가, 경영자, 지주, 노동자 등 생산활동에 참여한 이해당사자들의 소득분배방식을 의미한다.

12 여기서 '공공이익의 사유화'는 일부 권력자가 공익을 빌미로 특정 소수자를 지원하거나, 공익분배의 정당성을 자의적으로 왜곡하는 경우를 의미한다. 따라서 개별 구성원이 공공재 및 공공서비스 소비를 통해 얻게 되는 개인의 효용은 이 경우에 해당되지 않는다. 다른 한편 이러한 '공공이익의 사유화'가 권력을 얻기 위한, 즉, 민주주의에서 주민들의 지지를 얻어내기 위한 수단으로 전락하는 경우가 종종 발생한다. '공공이익'을 도모하기 위한 개별 구성원의 비용은 당장의 '공공이익'과 미래의 비용부담이라는 시차로 은폐되기 쉽다. 이러한 공공이익과 개별 구성원의 비용부담은 장기적으로 일치할 수밖에 없는데, 외부효과나 비용부담의 시차를 이용한 무임 승차자(free rider) 때문에 개별 구성원으로 보면 일치하지 않고, 집단의 공공이익이 왜곡되기 일쑤다.

않아도 될 일을 할 필요가 없다.

정부는 국민이 생활하면서 필요로 하는 공공재 및 서비스를 생산, 전달하는 업무를 국민들로부터 위탁받은 제도적 장치다. 따라서 정부의 활동은 국민이나 주민이 필요로 하는 일부 재화 및 서비스의 우회생산과정에 속한다. 통상 우회생산은 직접 생산 및 소비에 비하여 추가적인 비용을 수반한다. 물론 우회생산과정을 거쳐 효용이 증대하여 추가비용을 상쇄하고도 남는 경우가 많다. 치안유지나 국방 서비스의 경우가 여기에 속한다. 위에서 '정부가 하지 않아도 될 일'이란 주민들이 시장원리를 통해 필요한 재화 및 서비스를 직접 충당함으로써 비용을 줄이고, 선택을 통해 효용을 늘리는 경우를 의미한다. 정부가 '하지 않아도 될 일'을 하게 되면 불필요한 규제를 양산하여 사회의 탄력성을 떨어뜨리고 불필요한 공공비용을 증대시켜 국민 부담(조세 등)만 늘리게 된다. 결국 정부의 실패현상은 공익을 정의하는 일과 관련한 구조적 결함과 공익을 실현하는 정부의 기능결함으로 나타난다.

정부실패의 기능적 결함과 관련하여 정부는 공공부문의 관리자로서 민간부문이 주도하는 시장에서의 행위자가 되어서는 아니 된다. 시장의 실패를 방지하기 위해 공정한 규칙을 만들고, 그러한 규칙을 관리하는 업무가 정부의 고유영역으로 인정된다 하더라도 그러한 규칙을 만든 정부가 민간부문과 경합한다면 공정한 경쟁을 기대하기 어렵다. 이와 함께 정부의 실패는 정부조직의 오만과도 연결되어 있다. 즉, 정부의 오만은 한 일에 대하여 책임지지 않거나, 해야 할 일을 정당한 방법과 절차에 따라 하지 않는 경우에 해당한다. 정부라고 하여 공정하지 않아도 되는 경우는 없다. 정부도 국민과 함께 공익을 공정하게 관리해야 할 엄연한 이해당사자다.

공익과 사익의 구분은 개인과 공동체의 관계와 같다. 공동체를 위해 개인의 희생을 강요할 수 없듯이 공익을 위해 정당한 사익을 희생할 수 없다. 공동체를 위해 개인이 희생해야 한다거나, 공익을 위해 정당한 사익을 포기해야 한다는 주장은 민주주의 근본정신과도 배치된다. 결과적으로 공익은 모든 경우에 정당한 사익증진을 위한 범위로 정의된다. 공익과 사익의 구분은 생산 및 분배방식에 의한 것이다. 공동체 형성 및 운영은 개별 구성원을 효과적으로 보호하고, 삶의 질을 효율적으로 향상하기 위한 것이다.

　인간은 개인적으로 생산 및 분배가 어렵거나 비용이 많이 들고, 효용도 떨어지는 경우에 한하여 공공부문(정부)에 의한 공공재 및 공공서비스 생산방식을 택한다. 공공재 및 공공서비스는 공동체를 통한 일종의 우회생산방식의 산출물이다. 즉, 공공재 및 공공서비스는 공동생산 및 공동소비를 통해 개인의 비용부담을 줄이고, 효용을 늘린다. 공공재 및 공공서비스도 결국 개별 구성원의 소비를 통해 구성원 각자의 삶의 만족도를 높이는데 기여해야 한다. 결과적으로 정당한 사익에 도움이 되지 않는 공공재 및 공공서비스 생산은 필요하지 않고, 지속가능하지도 않다.

　물론 공익을 사익으로 전환하는 과정은 모든 구성원에게 같지 않다. 공익은 개별 구성원이 공공재 및 공공서비스를 소비하면서 구체화된다. 공익을 목적으로 생산, 전달되는 공공재 및 공공서비스는 낱개 단위로 나누기가 어렵고, 공동체 구성원 일부를 배제시키기도 어렵다. 치안서비스를 개별 주민들에게 각자의 몫으로 나누어 주기 어렵고, 같은 지리적 권역을 배경으로 형성된 공동체에서 일부 계층을 배제하고 생산하기도 어렵다.

　비록 주민 각자가 필요로 하는 공공재의 양과 질은 다를지라도 특정 공동체 집단이 생산, 전달하는 공공재 및 공공서비스는 표준화되는 성향이 있다. 하지만 지역사회 특성에 따라 공동체 단위끼리의 공공재 및 공공서비스 종류 및 양과 질은 다를 수 있다. 결국 공공부문과 민간부문의 획일적인 구분기준은 없다. 주민으로서, 또한 국민으로서 누려야 할 권한과 혜택도 나라 특성과 시대에 따라 다르다. 국가 혹은 공동체의 정치, 경제, 사회, 문화적 배경에 따라 공익의 정의도 다르고, 공공재의 특성이나 공급량이 다르다.

　정부를 유지, 관리하기 위해 많은 비용이 투입되어야 한다면 국민의 부담(각종 조세)을 늘려야 하는데, 이 과정에서 공공재 및 공공서비스의 생산과 소비를 통한 갈등도 늘어날 것이다. 그렇지만 공공부문과 민간부문의 구성비율은 상대적이라서 일률적인 기준으로 비교하거나 판단하기 어렵다. 이 과정에서 공공재 및 공공서비스에 대한 수요는 경쟁적으로 늘어나서 이의 과잉생산을 부추긴다. 이와 같이 공공재 및 공공서비스의 과잉생산 때문에 과대 정부가 출현하고, 공익을 빙자한 공공부문의 권한은 늘어난다.

권력은 매우 탐욕스러워서 관할 영역과 역할을 부풀리고, 책임질 부분을 축소한다. 정부조직의 역기능은 권력의 주기(cycle, 즉 임기가 여기에 해당함)를 초월하는 것이어서 사후 평가만 가능하다. 따라서 주민이나 국민의 지지를 바탕으로 선출된 대표들은 공공재 공급을 확대하고, 하는 일을 늘린다. 반면 주민들의 지지를 바탕으로 선출된 대표들은 당장 눈에 띄는 편익만을 내세워 자신들의 결정으로 인해 미래 나타남직한 사회적, 경제적 악영향과 추가비용을 은폐하거나 축소하는 경향이 있다. 또한 공공재 공급과잉에 수반되는 비용은 몇 번의 회계연도를 넘기고서야 주민부담으로 인지되기 때문에 당장의 더 큰 이익을 바라는 주민이나 국민들은 공공재 혹은 공공서비스 확대를 환영한다.

이러한 관점에서 정부의 채권발행이 남발된다면 공공부문을 부풀리고 미래세대에 비용을 전가하는 결과를 초래한다. 물론 미래세대까지 편익을 발생하는 사업은 적정한 사회적 할인율을 적용하여 현세대와 미래세대가 비용을 분담할 수 있을 것이다. 특히 일종의 계기성(繼起性)을 지닌 사업은 사회적 할인율이 높더라도 현세대가 수행할 필요가 있다. 다만 이와 관련한 판단을 '누가', '어떻게' 할 것인가는 또 다른 문제이다.

이와 같이 공공재의 범위, 공공부문의 상대적인 비율과 규모는 시장원리를 크게 인정하는 자본주의와 계획적 관리를 신봉하는 사회주의 사이에서 큰 차이를 보인다. 사회주의는 계획의 비탄력성[13]과 계급(class) 관리에 드는 비용이 매우 크고, 개별 구성원의 창의적이고 능동적인 책임감을 떨어뜨려 사회 전체적인 생산성을 감소시켰다. 사회주의 체제에서 모든 구성원이 공동소유로부터 기대하는 추가적인 혜택과 공동소유를 유지, 관리하기 위한 비용의 차이가 벌어지기 시작한 것이다. 특히 공동체의 범위와 규모가 커지면 개별 구성원의 평균적 관

---

13 계획은 사전에 정당화되어야하기 때문에 불확실한 미래 논리를 포함하는데 한계를 지니고 있다. 이러한 이유로 계획은 태생적으로 목표 즉, 미래 바람직한 상태를 실현하는데 많은 조건을 전제하고 있다. 이러한 조건들은 계획이나 정책의 성패에 중요한 영향을 미치는데, 정작 계획 당시에는 그만큼 세밀하게 다루어지지 못하는 경우가 많다. 일단 결정된 계획은 그러한 계획을 수립, 결정한 주체의 권력에 편승하여 경직적으로 운용될 가능성이 높아 다양한 구성원의 잠재력을 지원하기보다 이를 규제하여 사람을 계획의 노예로 만든다(Hayek, 1944).

심정도와 책임인식은 낮아진다.[14] 공공재와 공공서비스 규모를 확대하면 외부효과에 대한 구성원들의 기대로 인해 비용 마련도 어렵다. 전체주의 체제에서 공공재와 공공서비스의 만족도가 떨어지는 이유가 여기에 있다.

마찬가지로 자본주의를 표방하더라도 정부가 할 일을 부풀리면, 즉 공공부문을 늘리면 외부효과에 편승하고자 하는 무책임한 국민을 양산할 것이다. 이러한 거대정부체제에서는 결국 민간부문의 창의력이 떨어지고, 사회 전체적인 생산성도 감소한다. 자본주의도 공공부문을 확대하고, 정부 역할을 부풀리면 사회주의 몰락의 교훈을 망각하고 스스로 사회주의 결함을 답습하게 될 것이다. 그러나 다수결의 원칙으로 탄생하는 권력은 탐욕스럽고, 개인으로서 국민은 당장의 편익을 추구하며 장기적으로 자신이 책임져야 할 비용을 외면하려는 성향이 있다. 국민들의 무관심이 정치권력의 부패를 조장하는 이유가 여기에 있다.

어느 정치체제도 개인의 '자유'와 집단 공동체의 '평등'을 적정 수준에서 관리하기가 어렵다. '박애'가 인류 보편적 가치를 실현하기 위해 필요한 이유다. '자유'는 구성원의 존재방식과 관련한 개인적 덕목이고, '평등'은 공동체의 정체성을 형성, 유지 및 관리하기 위해 필요한 집단적 덕목이다. '박애'는 '자유'와 '평등'을 연계하는 선순환적 역할을 담당하도록 설계되었다. 그러나 '박애'는 자본주의체제에서 극히 제한적으로 작동하고, 계획경제체제에서는 태생적으로 작동하기 어렵다. '박애'는 '평등'을 지향하는 개인의 '자유' 범위 안에서 촉발된다. 계획경제체제에서 인간은 규격화되고, 계획의 부품화되기 때문에 '박애'가 작동하기 어렵다. 따라서 자유와 평등의 혼합비율에 따라 공공부문과 민간부문의 구분과 역할 분담이 달라질 수 있다.

고전적 자본주의 논리대로 무조건 작은 정부가 좋은 것도 아니다. 공공부문과 민간부문의 적정한 구분과 정부의 적정한 역할은 경제발전 단계, 역사, 문화적 특성, 국가안보와 사회 안전망의 실질 수요에 따라 다를 수 있다. 공공부문에서 '박애'를 작동시키려는 노력은 소위 '사회복지정책'을 통해서다. 그러나 복지

---

14 Dahl(1998: 105－108)은 공동체의 규모가 민주주의 효율성과 갖는 반비례적 특성을 설명한다. 이와 같이 지역 공동체 규모와 민주주의 작동체계와의 관계는 협치(governance) 작동범위와도 연계되어 있다.

수준과 범위를 결정하는 기준은 사회 전반적인 생산성과 체제유지 지속성, 민간부문의 창의성과 유연성, 그리고 '개인의 자유'와 '집단의 평등' 조합비율을 고려하여 접근되어야 한다. 전체 공동체의 평균적 '평등'을 강요하는 복지 범위와 수준은 이미 사회주의를 멸망에 이르게 한 혐의를 받고 있다.

복지국가를 표방했던 많은 자본주의 나라들도 공공부문이 책임져야 할 '최저수준'을 낮추고, 단순히 최종 소비를 지원했던 복지 개념을 생산성 향상을 위한 생산복지(productive welfare) 개념으로 전환하였다. 개인의 '자유'와 집단의 '평등'을 조화시키지 못하면 좋은 정치라 할 수 없다. 국가단위의 지역균형발전정책도 개인 혹은 부분의 '자유'와 나라 전체의 지역균형 범위 즉, '평등' 수준을 고려하여 접근되어야 한다(소진광, 2018). 따라서 공공부문과 민간부문의 적정 배합비율은 '자유'와 '평등'의 가치에 대한 사회적 합의에 따라 달라진다.

2) 공공관리의 효과

공공부문을 설정하고 이를 공동으로 관리함으로써 얻을 수 있는 효과와 실익은 다음과 같다. 첫째, 공공관리는 사회 안정화 장치이다. 구성원 모두의 공통분모는 일종의 관성력을 지니고 있어서 예측 가능하다. 예측이 가능한 사회 작동체계는 사회안전망의 필요조건이다. 특히 구성원 모두에게 공동으로 필요한 치안서비스, 환경관리 서비스 등은 개인별로 접근할 경우 사각지대가 나타날 수 있다. 구성원 개인별로 이들 공공서비스에 대한 이해 관심 정도가 다르기 때문이다. 그러나 사회 안정망과 같은 공통기반은 풍선과 같아서 어느 일부에서 구멍이 날 경우 전체가 쓸모없게 된다. 따라서 구성원 모두에게 필요한 안전장치는 공공관리를 통해 확보되어야 한다.

둘째, 공공관리는 비용과 관계없이 개인으로서는 불가능한 발전을 도모할 수 있다. 환경의 질 관리와 같은 분야는 개인으로서는 감당하기 어려운 큰 노력이 수반되고, 외부효과로 인해 특별한 노력이나 추가적인 비용부담에 관계없이 모든 구성원이 혜택을 받게 된다. 일반적으로 개인적인 차원에서 노력과 수혜폭이 다른 사업이나 행위는 지속가능성이 떨어진다. 하지만 외부효과가 크고, 개인으로서는 이루기 어려운 분야는 공공관리를 통해 접근함으로써 실천가능성과 지속가능성을 높일 수 있다.

셋째, 분야에 따라서는 공공관리가 공동체 전체적인 복리를 증진한다. 구성원 각자가 자신들의 자유에 근거하여 필요한 일과 재화 및 서비스를 선택할 경우 다른 사람의 자유를 침범할 가능성이 높아진다. 이와 같이 서로 충돌할 수 있는 개인의 선택영역을 공동으로 관리하면 비용을 줄이고, 충돌을 방지하여 갈등을 줄일 수 있다. 또한 이러한 공통영역은 구성원 모두에게 열려있어서 수혜자 폭도 늘어날 것이다. 구성원끼리의 이해 충돌로 인해 공공관리 대상으로 편입된 분야는 이제까지 이 분야에 접근하지 못했던 다른 사람에게도 열려있다. 따라서 공공관리는 구성원들의 접근범위를 확장한다. 결국 공공관리를 통한 공동이익의 창출은 사회 전체적으로 복리를 증진시키는 효과가 있다.

다만 공공관리 영역을 과도하게 확장할 경우, 이를 유지, 관리하기 위한 개별 구성원들의 비용부담이 늘어나고, 외부효과로 인해 구성원들의 책임의식이 약해져서 결국 공익을 지속적으로 유지, 관리하기가 어렵다. 특히 개별 구성원의 특성을 모두 만족시키지 못하는 거대한 공공관리 영역은 결국 불필요한 공공재 및 공공서비스를 양산하여 자원낭비를 초래한다. 따라서 적절한 공공관리 영역을 도출하는 과정이 매우 중요하다. 이러한 공공관리 영역에 대한 인식차이로 자본주의와 계획경제체제, 민주주의와 사회주의체제가 구분되고 공존한다. 결국 적절한 공공부문과 민간부문의 구분과 상호작용에 관한 논의는 주민들의 '삶의 터'를 발전시키기 위한 공동의 노력과 직접적으로 연계되어 있다.

지역발전 패러다임

　'발전현상'은 누구나 원하는 바 이지만 정작 '무엇이 발전인가?'에 대한 생각은 사람마다 다를 수 있다. 인간은 기본적인 생존조건에 얽매일 때도 있고, 그 이상의 만족을 위해 남의 행복 추구권과 갈등을 빚기도 한다. 발전과 관련하여 개별 구성원끼리 혹은 개인과 집단, 집단과 집단끼리 상호 충돌할 가능성이 있고 이를 해결, 완화, 극복하기 위한 공동 노력이 인류역사다. 따라서 발전을 정의하고, 그러한 발전을 접근하는 논리가 매우 중요하다. 특히 발전현상은 인간생활의 시간함수와 공간함수로 구분하여 접근될 수 있다. 이 책에서 공간함수는 인간생활에 영향을 미치는 생활터전을 구성하는 변수로, 그리고 시간함수는 변화(즉, 발전)를 측정할 수 있는 인식도구로 정의한다.

　산업화로 인한 경제활동의 다양화와 노동분업은 인간의 능력을 계량화하고, 농업사회에서 일반적으로 통용되던 균등한 '품앗이'를 거부한다. 또한 '발전'에 대한 편견과 선입견으로 양적인 성장의 긍정적 측면만 강조되어 '성장'이 곧 '발전현상'의 대표적 척도로 인식되곤 하였다. 즉, 오랫동안 '발전'의 양적인 측면만 강조되어 계량화 할 수 없는 삶의 질이 간과되었다. 종종 빠른 변화가 바람직한 발전으로 인식되기도 하였다. 어떠한 방향으로든 빨리 바뀌면 발전을 구현하는 것으로 오해될 수도 있다. 이 과정에서 발전의 편향성이 나타난다. 여기서 '발전의 편향성'이란 경제성장과 함께 소득의 재분배와 건전한 소비를 통해 구축되는 건강한 사회구조를 고려하지 못하는 경우를 의미한다.

　이 장에서는 주로 지역발전 관련 패러다임 변화를 다룬다. 지역발전 패러다임은 첫째, 내용면에서 물리적 척도와 인간 척도로 구분되고, 둘째, 인간 삶의 조건과 관련하여 경제적 관점과 사회, 문화, 환경적 관점을 포괄하면서 이들 구성요소의 가중치에 따라 다르며, 셋째, 목표를 실현하기 위해 수단을 마련하는 접근방식으로 이루어져 있다. 특히 경제적 관점으로부터 환경적 관점으로의 지역발전 패러다임 변화는 21세기 모든 공동체 운용에 큰 영향을 미쳤다. 물질균형론 (material balance approach)은 지구환경의 공동운명체를 인식시켜 주었고, 지역발전에서 기본적인 생태단위를 고려하기 시작하는데 기여하였다. 다른 한편, '발전현상'을 다루는 학계가 '과거로부터 현재에 이르는 과정에서의 문제해결능력' 보다는 '(불확실한) 미래에 적응하며 지속할 수 있는 역량'에 관심을 갖기 시작한 것도 지역개발 분야의 중요한 패러다임 변화이다.

1 지역발전의 의미와 패러다임

지역발전을 접근하는 관점은 실증적 사실관계에 더하여 가치판단의 준거를 필요로 한다. '발전'이란 용어 자체에 이미 '가치' 지향적 의미가 포함되어 있기 때문이다. 이 책에서 지역발전 패러다임은 이와 같은 공간현상의 가치판단 준거로 정의된다. 원래 패러다임은 특정 시대에 보편적으로 인정되는 신념과 가치체계를 포함한다(Kuhn, 1962). 이러한 맥락에서 지역발전은 진리와 허위의 차원이 아니라 가치판단의 차원에서 접근되어야 한다. 가치판단과 대상의 진위 여부는 별개의 것이다. 따라서 지역발전 패러다임은 자유, 평등, 박애와 같이 인간의 본유적인 가치체계 및 신념의 결합비율에 따라 변화한다. 또한 지역발전 패러다임은 지역발전의 의미, 지역발전 관련 공공부문과 민간부문의 역할분담, 지역발전 실천수단과 밀접하게 연계되어 있다.

이 장은 이와 같이 다양한 공간현상의 판단준거와 가치체계, 즉, 패러다임 변화를 검토하고, 이와 관련한 쟁점을 논의하여 새마을운동의 성과를 평가할 수 있는 인식도구를 정리하기 위한 것이다. 지역발전은 개인과 가정을 뛰어 넘는 주민들의 집단적 공간현상에 속하기 때문에 본질적으로 공공부문에 속한다. 하지만 지역발전의 혜택은 지역발전의 성분을 어떻게 정의하느냐에 따라 공평하게 분배되지 않고, 개인이 추구하는 자유와 집단이 지향하는 평등, 자유와 평등을 연계하는 박애와 반드시 일치하지 않을 수 있다. 특히 이 책은 지역발전을 변화의 방향(direction of change)과 변화의 속도(speed of change) 성분으로 구분하여 접근한다. 이 책은 변화의 방향을 연속적 시간함수로 나타나는 단위 시간당 전체 변화량 즉, 공간현상으로, 그리고 변화의 속도를 동일한 변화량을 달성하는 데 걸리는 시간으로 접근한다. 결국 지역발전은 시간과 공간의 상호작용 관점에서 설명될 수 있다.

'발전(development)'은 상대적 개념으로 비교대상과의 차이를 해석하는 과정에서 확인된다. 시차를 두고 동일 대상의 변화를 비교하든지, 같은 시대의 서로 다른 현상이나 대상을 비교하여 '발전'을 인식할 수 있다. '발전'을 시계열상에서 '나아진' 혹은 같은 시간대에서 '비교 우위' 현상으로 정의한다면 인류문명의 역사는 곧 발전의 연속으로 표현될 수 있을 것이다. 역사에서 퇴보와 실패란 없다. 간혹 퇴보와 실패로 보이는 사건이나 현상들은 그로부터의 진전과 성공을 가능하게 하는 발판이거나 혹은 이를 가늠하는 잣대, 즉, 비교기준으로 기능한다. 따라서 현 세대가 과거 세대의 가난을 탓할 수 없다. 오히려 현 세대는 과거 세대가 겪은 가난, 그리고 그러한 가난을 극복한 과거 세대의 노력을 발판으로 앞으로 나아갈 방향을 결정할 수 있다.

가장 원초적인 '발전'에 관한 논의는 '문명(civilization)'과 '야만(barbarism)'을 비교하기 시작한 4대 인류문명 발상시대로 거슬러 갈 수 있다. 고대 메소포타미아 지역과 이집트(the Fertile Crescent, Mesopotamia and Ancient Egypt)에서 발생한 문명, 중국 황하 강 유역(the Yellow River in China)에서 발생한 문명, 인도의 갠지스 강(Indo-Gangetic Plain) 유역의 고대문명 등은 문명과 비(非)문명의 비교를 통해 존재하는 실체로 인정받았을 것이다. 이 경우 '문명'은 발전현상으로, '비(非)문명' 혹은 '야만'은 낙후 혹은 지체현상으로 인식되었을 것이다. 결국 '발전'은 비교를 통해 '차이'를 만들고, 이러한 차이에 대한 가치판단을 통해 인식된다.

고대 그리스나 로마의 역사가들이 종종 '야만'을 기록했다는 것은 역설적으로 누구든, 어느 시대, 어느 곳에서든 '바람직한 상태의 지속적 유지와 관리' 혹은 '바람직한 상태로의 변화'를 바랐다는 사실을 증명하는 셈이다. 이와 같이 역사적으로 '발전'은 정복자의 승리를 통해, '야만적 상태'와의 비교를 통해 논의되기 시작하였고, 기록되었다. 야만에서 벗어나 문명의 범위에 들어온 사람은 승리한 셈이고, 여전히 야만으로부터 벗어나지 못한 사람은 다음의 승리를 위해 노력할 가치가 있는 것으로 간주되었다.

18세기 후반 영국에서 일어난 산업혁명은 원료와 상품의 국제교역을 급격하게 확대하는 계기가 되었고, 이 과정에서 원료산지와 상품생산지는 '낙후'와 '발전'을 구분하는 기준처럼 여겨졌다. 고대 인류문명 발상지와 그 주변지역과의 비교도 그랬을 것이다. 이러한 발전과 낙후의 또 다른 구분은 '근대성(modernity)'과 '전(前) 근대성' 혹은 '전통(tradition)'을 확인하는 과정으로 접근되었다. 이러한 접근은 19세기 산업화의 성과를 '근대성'으로 규정하면서 근대화이론(the modernization theory)을 탄생시켰다.

따라서 '발전'은 시간과 공간좌표에서 비교를 통해 확인된다. <표 2-1>은 1960년을 기점으로 10년 주기의 우리나라 1인당 국민총소득(GNI) 변화를 보여준다. <표 2-1>을 그림으로 나타내면 <그림 2-1>과 같다. <그림 2-1>에서 시간 축에 해당하는 1960년, 1970년, …… 2010년, 2018년의 시계열이 배제된 상태에서 이러한 변화를 발전이라고 인식하기란 어렵다. 마찬가지로 <그림 2-1>에서 연도별 1인당 국민총소득 변화의 공간단위가 동일하지 않다면 즉, 1960년대엔 A 나라의 1인당 국민총소득, 1980년대엔 B 나라의 1인당 국민총소득 수준을 나타낸다면 발전을 비교, 평가하기가 어렵다. 이와 같이 발전현상을 인지하기 위해 필요한 최소한의 좌표는 '시간 축'과 '공간 축'으로 이루어진다. 하지만 변화에 가치를 부여하기 위해서는 '시간 축'을 열어 동일한 공간(닫은 상태)을 비교하거나, '시간 축'을 닫아 즉, 동일한 시점에서의 각기 다른(혹은 열린)

표 2-1 **한국의 1인당 국민총소득(GNI per capita)** 　　　　　　　　　단위: 원

연도	1인당 국민총소득(미국 달러) GNI per capita(US$)	연도	1인당 국민총소득(미국 달러) GNI per capita(US$)
1960	10,000 (80.0)	2000	13,512,000 (11,865.3)
1970	87,000 (257.0)	2010	25,534,000 (22,105.3)
1980	1,035,000 (1,686.0)	2018	34,517,000 (31,349.4)
1990	4,612,000 (6,505.0)	2020	−

출처: 통계청, 국가통계포털(http://kosis.kr/visual/statisticTimeTour/index/index.do??mb = N)

공간을 비교하여야 한다.

공간현상은 변화로부터 자유롭지 못하고, 이러한 공간현상 변화를 바람직한 상태로 이끌기 위한 과정이 '개발'이다. 이러한 '개발'에는 특정 집단 혹은 사회의 공동목표를 실현하기 위해 개인의 존재덕목인 자유의 일부를 (합의를 통해) 공동체 논리로 조정하는 과정(통상 이를 적법 절차, Due Process of Law라 함)이 중요하다. 이와 같이 공동목표를 설정하거나 그러한 공동목표를 구현하기 위해 구성원 개인의 자유 일부를 조정하기 위해서는 가치판단이 필요하다. 이러한 가치판단의 결과는 발전과 지체 혹은 낙후로 표현된다.

<그림 2-1>에서 소득수준의 변화는 방향과 속도로 분해될 수 있다. 즉, 1960년에서 1970년까지의 우리나라 1인당 국민총소득 수준 변화는 77,000원(177달러) 증가하여 이 기간 연 평균 소득수준 증가는 7,700원(17.7달러)으로 측정될 수 있을 것이다. 마찬가지로 1970년에서 1980년까지의 우리나라 1인당 국민총소득 수준 변화는 948,000원(1,429달러) 증가하여 이 기간 연 평균 소득수준

그림 2-1 한국의 1인당 국민총소득(GNI) 변화 추세   단위: 원

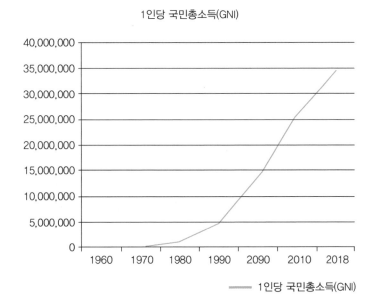

1인당 국민총소득(GNI)

― 1인당 국민총소득(GNI)

증가는 94,800원(142.9달러)으로 측정된다. 이 경우 연 7,700원(17.7달러), 94,000원 (142.9달러) 등은 같은 기간 변화의 량으로서 일종의 (발전)속도를 나타낸다.

이와 같이 특정 국가 혹은 지역에 대하여 시간 축을 열어 시계열 변화량을 비교하면 공간현상의 변화속도를 인식할 수 있다. 마찬가지로 <그림 2−1>처럼 10년간의 시간주기를 고정하고, 1960년대, 1970년대, 1980년대, 1990년대 별로 변화의 기울기를 관찰하면 변화의 방향을 도출할 수 있다. 또한 <그림 2−1>과 같이 변화지표를 소득수준으로 설정할 경우 소득수준 자체를 발전의 방향으로 인지할 수도 있다. 이와 같이 지역 혹은 국가 발전현상은 특정 지표의 변화방향과 변화속도를 통해 측정되고 인식될 수 있다.

1) 지역발전의 의미

지역발전은 '지역(region)'과 '발전(development)'의 합성어로 지역에서의 공간현상에 대한 가치판단을 포함한다. 따라서 '발전'에 포함된 가치가 변하면 지역발전의 의미도 달라진다. 특히 '발전'의 의미는 인간 거주와 관련하여 분야에 따라 다르게 정의될 수 있다. 산업혁명은 인류문명의 발전을 주로 경제성장을 통해 이해하고 설명하는데 기여하였다. 또한 산업혁명은 경제발전을 주로 생산활동 중심으로 접근하였다. 산업혁명 초기 소비는 무한정인 것처럼 여겨져, 기업가의 관심은 주로 효율적인 생산에 있었다. 그러나 '발전'은 사람들의 생활과 관련하여 복잡한 변수의 조합으로 구성되어 있다. 효율적인 생산은 '발전현상'의 일부에 지나지 않는다.

사람들의 생활은 분야별로 다른 특성을 지니고 있고, 분야별 활동이 상호충돌하거나 보완해준다. 즉, 경제와 환경은 상호 충돌할 수 있고, 사회발전과 경제발전이 전혀 다른 궤적을 그릴 수 있으며, 반대로 서로를 보완해줄 수도 있다. 경제발전이 문화발전으로 이어지는 사례는 많다.[15] 경제활동과 사회구조도 밀접

---

15 이태리 Florence 도시의 Medici 가문(family)은 금융업과 모피산업으로 축적한 부(富)를 통해 인문주의의 부활을 뜻하는 Renaissance 서막을 열었다. 메디치 가문의 창시자 격인 Giovanni de Medici(1360~1429)는 Medici Bank를 설립하여 부를 축적하고, 이러한 부를 통해 많은 예술 활동

한 관계를 가지고 있다.

이러한 맥락에서 자유방임에 근거한 고전적 자본주의조차도 사회안정을 공공부문의 핵심역할로 인정하고 있다. 즉, 공공부문(즉 정부)은 민간부문의 경제성장 과실의 일부를 조세로 거두어 사회안정을 도모해야 한다. 당시 사회안정은 각종 범죄에 국한 한 것으로 빈곤과 빈부격차로 인한 불공평한 사회구조의 문제점은 고려되지 않았다. 빈부격차가 사회안정을 저해할 수 있다는 우려는 산업혁명이 절정기에 달한 이후에 제기되었다. 과도한 빈부격차는 산업사회의 등장으로 촉발되었지만 결국 산업사회를 위협할 것이라는 우려가 제기된 것이다. 이러한 인식에서 저소득층을 위한 사회복지가 사회안정의 최소요건을 충족시켜줄 것으로 기대되었다.

경제발전도 시대와 공간특성에 따라 전혀 다른 관점에서 접근될 수 있다. 동물의 개체 수는 항상 먹이의 양에 의해 제약받아 왔다. 마찬가지로 특정 지역의 인구분포도 식량확보의 가능성과 연계되어 있었다. 이와 같이 인구규모와 식량 혹은 가용 자원과의 오랜 함수관계는 산업혁명으로 급격히 변화하기 시작하였다. 이론상으로는 자원과 재화의 양이 수용할 수 있는 인구규모를 결정하는 것이 아니라 인구규모에 맞춰 재화공급이 필요한 만큼 조절되는 새로운 사회작동체계가 등장한 것이다. 사람을 대신할 수 있는 기계장치의 활용으로 재화생산이 급속도로 증가하였고, 같은 맥락에서 농업기술의 발전이 농업생산 즉 식량생산을 증대시켰다. 항상 부족하던 재화의 공급은 산업혁명을 통해 생산을 늘리는 자극제가 되었고, 시장에서 공급은 수요를 창출하는 것처럼 보였다(Say's law).[16]

산업혁명이 인류사회에 미친 영향은 양 극단으로 갈린다. 하나의 극은 물질적 풍요와 생활 편리성을 증대시킨 점이고 다른 하나의 극은 다양한 경제활동과 노동분업을 강조하여 공동체 혹은 지역사회의 전통을 파괴시킨 점이다. 산업혁명에 대한 양 극단의 영향으로 인해 '발전'에 대한 편견과 편향성이 나타나기 시

을 지원하였다. Medici 가문의 지원을 받은 예술가들은 중세 암흑기에 금기시됐던 '신과 인간의 비교'를 자유롭게 표현했으며, 이러한 활동이 인문주의를 부활하게 된 계기를 제공하였다.

16 이를 비판한 대표적 경제학자는 John Maynard Keynes(1883 – 1946)다. Keynes는 그의 저서 *The General Theory of Employment, Interest and Money*(1836)에서 유효수요를 창출해야 한다는 논거를 제시하며 고전적 자본주의를 수정하고 시장에서의 정부개입을 정당화하는데 기여하였다.

작하였다. 다양한 경제활동과 노동분업은 한국의 농촌에서 사람 중심의 '품앗이'를 생산성 위주의 '품삯'으로 전환하였다. 모든 농촌 사람에게 균등하게 적용되었던 '하루의 품'이 노동시장의 다양화와 전문화로 인해 누구에겐 '이틀의 품'이 되었고, 누구에겐 '반나절의 품'이 되었다. 동일한 노동시간 단위가 누구에겐 10,000원이고, 다른 누구에겐 20,000원으로 환산되기 시작한 것이다.

이와 같이 경제활동의 다양화와 노동분업은 인간의 능력을 계량화하고, 농업사회에서 일반적으로 통용되던 균등한 '품앗이'를 거부한다. 또한 '발전에 대한 편견'이란 양적인 성장의 긍정적 측면만 강조하여 '성장'이 곧 '발전현상'의 대표적 척도로 인식되는 경우를 의미한다. 오랫동안 '발전'의 양적인 측면만 강조되어 계량화 할 수 없는 삶의 질이 간과되었다. 빠른 변화가 바람직한 발전으로 인식되기도 하였다. 즉, 어떠한 방향으로든 변화의 속도가 빠르면 발전을 구현하는 것으로 오해되기도 하였다. 이 과정에서 발전의 편향성이 나타나게 되었다. '발전의 편향성'은 경제발전에서 소득의 재분배와 건전한 소비를 통한 사회구조의 건전성을 고려하지 못하는 경우에 나타난다.

이러한 경제활동 관련 편향성(일종의 쏠림현상)으로 인해 시장에서는 공급과잉 현상이 나타나기 시작하였고, 주민들의 일상생활에서 사회, 문화적 측면이 간과되곤 하였다. 이 경우 고전적 자본주의는 시장작동의 필요조건을 충족할 수 없어 구조적 결함을 드러내게 된다. 즉, 노동분업과 생산성 위주의 경제지표가 사회, 문화적 여건을 반영할 수밖에 없는 경제활동 전반을 설명하지 못한다. 특히 공급과 소비에 영향을 미치는 시간함수가 달라, '수요-공급'의 일치에 의한 시장가격 형성은 가공된 현실에 불과하다. 이와 같이 시장에서의 공급과 수요의 구조적, 특히 시간적 마찰은 자원활용의 최적화와도 거리가 멀고, 노동시장을 왜곡한다. 노동시장에서의 수요는 주로 '현재의 상황'에 기초하고 있지만, 공급은 수요 인식으로부터 상당한 시차를 두어야 가능하다. 수요, 공급과 관련한 노동의 질 차이는 노동자를 육성하기 위한 교육·훈련 기간과 연동되어 있기 때문이다.

다른 한편 노동시장이 공간적으로, 그리고 노동의 질에 따라 다양한 하위시장(sub market)으로 구성되어 있어서 총량적으로 완전고용상태라 하더라도 지역에 따라 삶의 만족도와 차이를 보일 수 있다. 또한 시장에서 재화의 소비로 인한 최종 효용이 재화공급에 영향을 미치지 못하는 경우도 나타났다. 사람이 당장의 필요를 위해 재화를 소비하는 것이 아니라 미래의 소비를 위해 재화를 미리 구입하거나 재화를 소비가 아닌 거래의 수단으로 구입하는 경우가 여기에 속한다. 따라서 시장에서 현시되는 소비는 부풀려지기 시작하였고(Veblen effect), 미래 소비를 위한 구매는 재화의 효용을 유보하는 성향을 지닌다. 생산자는 이러한 가수요를 충족시키기 위해 과잉생산으로 시장원리(market principle)를 무력화 시켰다. 공급이 수요를 창출한다고 예언한 Say(19세기 프랑스의 경제학자)의 법칙도 이러한 가수요 현상을 예측하지 못했다. 기술이 고도화 되면서 노동시장도 공급과 수요의 구조적 시차로 인해 탄력을 잃고 자원배분의 적정화에 기여하지 못했다.

경제성장의 분배문제를 시장(market)에 맡길 수 없다는 주장은 이미 19세기부터 제기되었다. 영국에서 19세기 나타난 Fabian Society가 여기에 속한다. 자본주의가 사회주의 일부 장점을 도입하여 수정되어야 할 근거는 19세기 중반부터 지식인들 사이에 감지되었던 것이다. Marx(1818~1883)는 그의 저서 「자본론(Das Kapital, 1867)」을 통해 '자본'의 오작동 가능성을 기술하였다. 당시 자본축적의 마술에 걸린 다수의 생산자들은 그가 지적한 자본 오작동 경고를 믿고 싶지 않았다. 산업혁명이 성숙되면서 Marx의 일부 주장은 사실로 나타났으나 이를 시정할 수단을 마련해야 한다는 주장은 사회계몽 수준에 머물렀다. 산업혁명을 통한 경제성장에 고무되어 자본주의 명분은 생산현장에서의 갈등을 과소평가하였기 때문이다. 그러나 생산과 분배는 서로 맞물려 있어서 경제활동의 양축을 이룬다.

Marx는 '자본'의 오작동 과정을 너무 과장하여 표현하였고, 이를 근거로 노동시장에서의 갈등을 선동하여 20세기 후반 그의 추종자들(구 소련체제 등)을 멸망에 이르게 하였다. 인류 지성사(知性史)는 이와 같이 이론과 실천이 시간함수를 통해 일종의 긴장관계를 유지하고 있음을 보여준다. 20세기 후반 중국과 베트남은 Marx의 과장되고 선동적인 표현을 수정하기 위해 시장경제를 수용함으로써 (수정)사회주의 (체제)명맥을 유지할 수 있었다. 이러한 수정에 이르기까지 거쳐야 했던 시행착오는 자본주의 경우도 마찬가지다. 다만 자본주의는 유연한 시장체계를 통해 오차범위를 줄일 수 있었고, 이상적인 공동체 형성에 너무 집착한 대다수 사회주의는 탄성한계를 넘어 붕괴되었다. 사회주의 지도자들도 개인적인 유혹을 뿌리치지 못하고 권력과 자본, 정보와 기술을 독점하게 되어 자본주의 오작동보다도 더 큰 오류에 휩쓸렸다.

경제활동의 성장과 분배를 복지를 통해 연결하려는 시도는 19세기 후반부터 있었으나 20세기 초에 이르러 공식화되었다. Pigou(1877~1959)는 1920년 「복지경제학(*The Economics of Welfare*)」 출판을 통해 복지(welfare)를 정상과학에 합류시켰다. 그의 저서는 종래 실증적인 경제학에 가치판단을 도입하는데 기여하였다. 그는 '발전'의 무임승차자(free rider) 문제를 외부효과(externality) 개념으로 설명하고, 이러한 문제를 세금(a Pigovian tax)으로 해결하는 방안을 제시하였다. 이와 같이 복지문제는 국가가 시장에 개입할 이유를 추가하였다. Pigou의 외부효과 개념은 오늘날에도 환경문제의 핵심으로 자리 잡고 있고, 탄소세(carbon tax)의 근거로 활용되고 있다.

1920년대 말 'Say의 법칙'은 현실을 외면하기 시작하였고, 공급과잉으로 인한 시장의 실패(market failure)현상이 나타났다. 이러한 대공황(great depression)의 여파로 이제까지의 생산, 공급 위주의 시장경제가 소비, 수요 측면을 강조하기 시작하였다. Keynes(1883~1946)는 Say의 법칙에 내재되어 있는 오류를 지적하고 이를 극복할 수 있는 대안을 제시하였다. 수요가 공급을 창출하는 경우에 대한 관심이 고조되기 시작하였고, 시장수요의 창출이 '발전의 동력'으로 인식되게 되었다.

그러나 공급과잉으로 초래된 '생산 축소 – 해고 – 소비감소 – 재고(在庫) 누적 – 대량실업'이라는 악순환의 고리를 끊기 위해서는 공공부문(즉 정부)의 시장개입으로 유효수요를 창출해야 했다. 정부에 의한 대규모 공공투자사업이 유휴 노동력을 흡수하면서 수요가 증가하기 시작하였고, 수요가 증가하면서 민간부문에서의 고용도 늘어나 결국 시장의 실패는 어느 정도 교정되었다.[17] 이러한 일련의 과

---

17 미국은 1929년부터 대공황(Great Depression)을 겪기 시작하는데, 이의 원인은 공급과잉으로 인한 시장의 실패였다. 미국의 Franklin D. Roosevelt(1882~1945) 대통령(재임기간 1933~1945)은 대

정이 고전적 자본주의가 수정되게 된 배경이다. 시장의 실패를 예방하고, 고용을 늘려 유효수요를 관리하는 기능이 정부의 정상업무에 포함되게 된 것이다.

이를 계기로 소극적으로 정의되던 공공부문이 확대되어 정부의 적극적 보충성의 역할이 강조되기 시작하였다. 종래 야경국가에 의해 소극적으로 정의되던 공공부문의 사회안정은 복지국가에 의해 적극적 의미의 '사회구조 조화'로 전환되었다. 즉, 전체 사회의 맥락으로부터의 어떠한 일탈도 전체 사회의 '조화'를 어렵게 만들어 결국 국가나 공동체의 정체성을 훼손한다고 믿게 되었다. 국가나 지역사회 등 공동체를 유지, 관리하기 위해서는 치안유지뿐만 아니라 건전한 사회구조를 적극적으로 형성하고 가꾸어야 한다는 인식이 늘어나게 되었다. 이와 같이 '발전현상'에 대한 인식의 전환에도 불구하고, 제1, 2차 세계대전은 '발전'의 핵심을 생산 위주의 경제활동으로 되돌려 놓았다. 전후 복구사업이 주로 생산활동을 촉진하는 방향으로 추진되었기 때문이다.

한편 재화의 생산은 물질 변형을 초래하고 이 과정에서 변형된 물질은 인간에게 편익과 비용을 동시에 부과한다는 사실이 밝혀지기 시작하였다. 경제활동은 환경계로부터 자원을 투입하여 가공하고, 재화를 생산하는 과정을 의미한다. 즉, 자원은 에너지를 통해 소비에 충당하기 위한 재화로 전환되는데, 이 과정에서 에너지 소비는 지구환경을 변화시킨다. 또한 재화는 소비를 통해 쓰레기로 전환되고, 이의 처리방식에 따라 인간의 거주환경변화는 커다란 비용으로 다음 세대에 전가된다. 이러한 상황에서 경제활동과 환경의 상호관계가 다시 검토되기 시작하였다. 즉, 인간 삶의 만족도는 경제적인 요인에 의해서만 결정되는 것이 아니라 환경적 요인에 의해서도 큰 영향을 받는다.

공황을 타개하기 위해 New Deal 정책을 채택하고, 이를 통해 연방정부가 시장에 직접 관여하기 시작하였다. 이러한 관여의 대표적 사례는 테네시 강 유역개발공사(T.V.A, Tennessee Valley Authority)의 설치였다. TVA는 대공황의 피해가 큰 테네시 강 유역의 항해, 홍수통제, 전력생산, 비료공장 건설 및 경제개발을 목적으로 1933년 5월 발족되었다. TVA는 미 연방정부 소유의 공기업으로 Keynes 경제이론에 근거하여 대규모 공공투자사업을 통해 실업을 흡수하고 유효수요를 창출하여 시장의 실패를 교정한 사례로 종종 인용된다. 따라서 공공부문(정부)의 시장개입은 주로 지역개발사업에 대한 공공투자를 통하여 이루어졌다. New Deal 정책은 공공부문과 민간부문의 구분 기준을 크게 바꾸고, 정부를 개혁하였지만 그 성과에 대해서는 논란의 여지를 안고 있다. TVA는 막대한 공공부채 때문에 Obama 행정부에서 민간화 방안이 검토되기도 하였다.

경제활동과 환경의 질은 비용과 편익을 통해 서로 맞물려 있다. 경제를 성장시키기 위해서는 환경을 비용으로 지불해야 될 경우도 있고, 환경을 위해서는 경제를 희생해야 할 경우가 나타난다. 그러나 이러한 경제와 환경의 관계는 '시간 차이'를 두고 반응하여 경제활동의 편익 수혜자와 환경의 비용 부담자가 달라지는 경우가 종종 발생한다. 경제활동으로 인한 수혜자와 경제활동으로 유발된 환경문제의 비용 부담자가 세대 차이를 보이면서 인류공동체의 새로운 과제가 되었다. 이러한 맥락에서 지속가능성(sustainability)이 인류문명의 새로운 목표로 등장하게 되었다.

인류문명의 지속가능성도 분야에 따라 다른 의미를 지니고 있다. 즉, 인류문명의 지속가능성은 경제 분야, 환경 분야, 사회 분야,[18] 문화 분야에 따라 각기 다른 성분으로 구성되어 있다.[19] 특히 지구환경의 오염은 인류 모두에게 커다란 비용을 부과하고 편익을 위협하며 인류존재방식에 영향을 미치고 있다. 이와 같이 경제성장의 한계, 지구환경의 위기, 사회적 조화의 상실, 문화적 갈등은 모두 '발전현상'과 관련하여 새롭게 검토되어야 할 또 다른 공간현상의 '혁명'[20]에 속한다. 따라서 인류문명의 발전에 따른 편익과 비용의 적정성을 정의하고 구분하는 일이 매우 중요해졌다.

또한 지역발전은 공간규모에 따라 다른 의미를 포함한다. 1970년대 새마을운동이 한국의 발전에 크게 기여한 성과를 보여준 이유 중의 하나는 주민들의 일상생활 무대인 마을(village)을 공간단위로 추진되었기 때문이다. 마을에서는 구성원들의 접촉빈도가 높아 공동체 운영과 관련한 비용과 편익의 분담(share)과 분배(distribution)가 공정하게 이루어진다. 공동체 운영과 관련하여 비용분담과 편익분배가 공정하면 인류문명의 지속가능성에 대한 개별 구성원의 책임과 권한을

---

18 UNESCO는 1995년 세계의 11개 도시를 대상으로 "사회적으로 지속가능한 도시" 연구를 시작하였다. 이 연구의 목적은 핵심적인 지역정책을 분석하고, 공간계획과 사회적 관점의 통합을 시도하며, 도시정책을 비교하고 도시의 지속가능성을 증진하기 위한 구체적인 단계와 지침을 제시하는 것이다 (Bailly, A. S., et als, 2000: 1).

19 인류문명의 지속가능성도 다차원적이다. 즉, 지속가능성은 경제적 지속가능성, 환경적 지속가능성, 사회적 지속가능성, 문화적 지속가능성 등으로 나누어 접근될 수 있다.

20 Kuhn(1962)은 패러다임 변화를 '혁명(revolution)'으로 표현한다. 당연시 되던 패러다임이 근거를 상실하게 되는 계기는 '혁명'처럼 여겨진다는 의미를 담고 있다.

일치시킬 수 있다. 이러한 개별 구성원의 권한과 책임의 일치는 지역사회를 건강하게 형성하고, 유지, 관리하며 나라발전으로 연계하는 원동력이다.

다른 한편 경제활동 위주의 지역발전전략도 다양한 분야를 포함하여 재구성되기 시작하였고, 양적으로 표현하기 어려운 주민들의 삶의 질(QOL, quality of life)에 대한 관심이 고조되기 시작하였다. 이러한 삶의 질 향상을 도모할 수 있는 실천수단과 과정논리에 대한 관심이 고조되면서 사회적 자본(social capital)의 축적과 협치(協治, governance)체제의 구축이 지역발전의 새로운 의미로 추가되었다. 그렇다고 하여 금전과 건물 등 부동산을 포함한 전통적인 자본이 중요하지 않게 된 것은 아니다. 인간의 삶의 질을 향상하는데 있어서 전통적인 자본 외에 또 다른 수단 즉, 사회적 자본과 협치가 추가된 것이다. 인간은 여전히 전통 자본을 통해 기본적인 생계를 일정 수준 이상으로 유지할 수 있다.

따라서 전통자본, (경제적, 환경적, 사회적 및 문화적) 지속가능성(sustainability), 협치(governance), 그리고 사회적 자본(social capital)은 21세기 '발전'의 중요 성분이고, 이들끼리의 상호작용과 우선순위는 <그림 2-2>와 같다. 돈이라든가 부동

그림 2-2 **지역발전 관련 핵심용어의 계층구조**

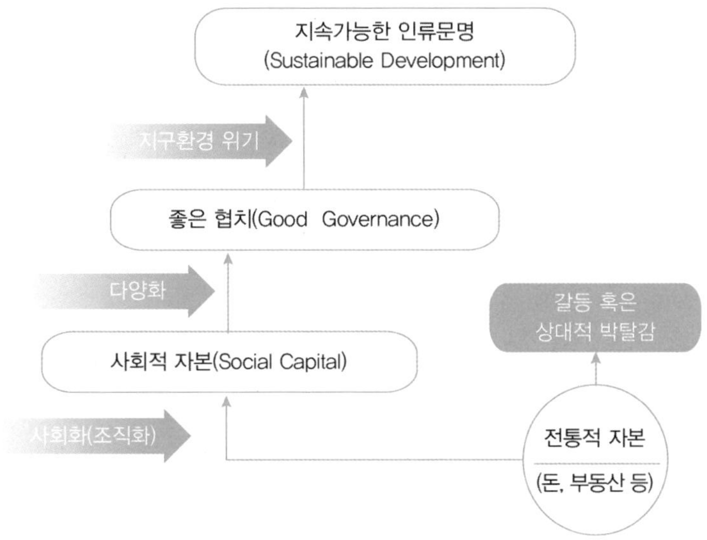

산 등 전통적인 자본은 소유의 관점에서 작동하여 갈등과 상대적 박탈감의 원천이었다. 이들 전통적인 자본의 소유 자체가 삶의 만족도를 담보하지 않는다. 특히 인간은 사회적 관계를 관리함으로써 삶의 만족도를 증대시킬 수 있다. 이와 같이 인간의 사회적 관계를 관리할 수 있는 역량은 '사회적 자본'으로 정의된다(소진광, 1999, 2004a). 사회적 자본은 소유가 아니라 활용의 관점에서 인지되고 측정된다.

또한 개인의 자유는 종종 집단 공동체의 평등과 충돌하면서 갈등을 유발하는 경우가 나타난다. 이 경우 이러한 개인이익과 집단이익의 상호 충돌 가능성은 모든 이해당사자가 의사결정 단계부터 공통기반을 마련하고, 공동의 이익을 확인하는 협치(governance)를 통해 완화, 극복, 해결될 수 있다. 개인의 이익과 집단의 이익을 일치시키지 않으면 인류문명의 지속가능성은 실현될 수 없다.

2) 지역발전 패러다임

Kuhn(1962)은 과학혁명의 구조를 논의하는 가운데, 분야별 과학집단이 공유하는 지식체계를 패러다임(paradigm)으로 정의하고 이를 '정상과학(normal science)'의 작동 범위로 인식하였다. 그는 '정상과학'을 특정 과학집단의 미래 연구활동에 기반을 제공하고 있는 것으로 인정받는 한 개 이상의 과거 과학적 업적에 근거한 연구(활동 범위)로 정의한다(Kuhn, 1962:10). 그러한 과학적 업적은 두 가지 본질적인 특성을 충족시켜야 한다. 하나는 과학활동에서 경쟁방식과는 달리 지속적으로 옹호집단을 끌어들일 수 있도록 충분히 전대미문의 특성이 인정되어야 하고, 또 다른 하나는 모든 종류의 문제해결은 같은 분야 다른 종사자들에게도 맡겨질 수 있도록 목표 개방적이어야 한다는 것이다.

이러한 두 가지 특성을 지닌 (과학적) 업적은 '패러다임'으로 불리고, 과학탐구의 특정 전통을 탄생시키는 모형을 제공한다. 패러다임은 과학탐구의 두 가지 접근방식, 즉 '발견의 맥락(the context of discovery)'과 '정당화의 맥락(the context of justification)' 중에서 후자에 의해 유지, 관리된다. 따라서 패러다임은 일종의 관성력을 가지고 있어서 보수적 성향을 띠고 있다(Bernard, 1973:9). 패러다임 변화는 '발견의 맥락'에 근거한 과학혁명(Scientific Revolution)을 통해 일어난다. 과학혁명은 종래의 패러다임을 거부할 수 있는 새로운 발견으로 시작하고 종래의 패러다임으로 설명할 수 없는 영역, 부문, 현상으로 정당화된다. 따라서 과학혁명은 패러다임의 지속성에서 일종의 변곡점과 같다.

지역발전 관련 패러다임은 지역발전의 의미를 정의하는 맥락과 지역발전을 추구하기 위해 실천수단을 마련하는 맥락으로 구분될 수 있다. 여기서 지역발전 의미와 관련한 패러다임은 다시 '지역(region)'의 크기 혹은 계층 및 차원과 관련한 논의(Dickinson, 1964; Haggett, 1965; Boudeville, 1966; Soja, 1971; Glasson, 1974; Gore, 1984)와 '발전(development)'의 의미요소에 관한 논의(U.N. Expert Report, 1951; Morse, 1970; Kneese & D'arge, 1970; Sachs, 1974; Haq, 1995; Sen, 1999)로 구분하여 접근될 수 있다.

또한 지역발전의 실천수단과 관련한 패러다임은 특정 지역의 현실문제와 지역발전 목표를 연결하는 도구적 논리(the logic of instruments)에 관한 것이다. 지역발전을 도모하기 위한 공공부문(주로 정부)의 적정 역할에 관한 논쟁(Dierwechter and Thornley, 2012; Friedmann and Weaver, 1979; Mannheim, 1954; Hayek, 1944; Mumford, 1938, 1961), 상향식 혹은 하향식 접근방식(Stöhr & Taylor, 1981), 각종 지역개발의 계획전통(Faludi, 1973; Taylor, 1998) 등이 이러한 도구적 논리를 다루고 있다.

지역발전 관련 패러다임은 우선 실증적 분석을 통해 공간현상에 대한 정확한 이해와 사실관계로부터 문제점을 도출하고, 이의 해결, 완화, 극복 방안을 마련하는 과정에 영향을 미친다. 따라서 패러다임이 바뀌면 지역문제의 정의도 달라지고, 이에 대한 처방도 달라진다. 결국 지역발전 패러다임은 지역의 발전현상에 대한 '다양한 이론의 묶음' 혹은 현재로서는 논쟁의 대상이 되지 않는 관점과 사고의 틀로 정의될 수 있다. 소득증대를 위해 토지이용계획을 세우거나, 환경보전을 위해 공간 상호작용을 조절하기 위한 정책수단을 선택하는 일은 다양한 관련 이론을 융합하여 이루어지기 때문에 시대나 나라별로 다를 수 있다. 하지만 토지이용에 따라 지역의 경제활동이 달라진다거나 공간활용이 환경보전에 어떠한 영향을 미칠 것인가는 동일한 패러다임 맥락에서 논의될 수 있다.

지역발전 패러다임에서 소득증대 혹은 환경보전은 지역의 발전현상에 대한 다양한 요소들을 인지하고, 요소들끼리의 중요도 차이를 인식하는 관점으로, 지역발전 관련 패러다임의 표현인자에 해당한다. 소득증대를 위한 지역발전 패러다임에는 수출기반이론(North, 1955), 경제성장 단계이론(Rostow, 1959), 산업입지에 관한 다양한 이론(Isard, 1956; Smith, 1966; Healey & Ilbery, 1990) 등을 포함한다. 같은 맥락에서 환경보전 관련 지역발전 패러다임도 생태중심개발 등 다양한 이론을 포함하고 있다. 이와 같이 패러다임은 논리실증주의(logical positivism) 관점에서 분석의 틀을, 규범지향적 관점에서 가치판단의 준거를, 그리고 실천지향적 관점에서 문제와 목표의 연결수단을 포함한다.[21]

결국 지역발전도 다차원적이고 계층적이라서 지역단위 크기 혹은 수준별로 패러다임이 상호 충돌할 가능성을 안고 있다. 마을(village) 단위에서의 소득증대와 도(道, province) 단위에서의 소득증대는 분명 대상과 수단이 달라질 수 있다. 또한 전국 수준에서 도(province) 단위끼리의 균형발전을 도모하다 보면 특정 도(道) 안에서 시·군끼리의 균형발전이 간과되고 상호 충돌할 수 있다. 따라서 지역발전 패러다임은 공간의 규모에 따라 달라질 수 있다. 종종 지역개발(regional development)과 지역사회개발(community development)이 목표와 수단을 달리하는 이유가 여기에 있다. 특히 지역발전 패러다임은 차별화된 공간현상에 열려있어야 하고, 다양한 경제주체 혹은 생산요소를 수용하여 일종의 '다발 혹은 묶음'으로 존재한다. 낙후된 지역이라고 하여 앞서 발전한 모든 지역의 발전경험을 그대로 따라할 수 없다.

---

21 학문은 다양한 기준에 의해 분류될 수 있지만 발생학적 관점에서 규범지향적 학문, 실증지향적 학문, 실천지향적 학문으로 구분될 수 있다. 이러한 구분은 인식론적 판단에 근거하고 있다. 학문은 인간존재와 이에 영향을 미치는 주변환경에 대한 지적 호기심으로부터 출발한다. 인간의 지적 호기심은 인류 지성사의 맥락을 이루고 있고, 인식론적 판단을 통해 정리되어 학문진화의 단초를 제공한다. 인간의 호기심에 대한 인식론적 판단은 도덕적(혹은 가치) 판단, 사실적 판단, 논리적 판단으로 구분된다. 도덕적 판단과 논리적 판단을 결합하여 접근하면 규범지향적 학문, 사실적 판단과 논리적 판단을 동시에 충족시키면 실증지향적 학문, 그리고 규범지향적 학문으로 도출한 바람직한 상태(목표)를 실증지향적 학문에서 검증된 수단으로 실현하려는 노력은 실천지향적 학문으로 정의된다. 따라서 실천지향적 학문은 도덕적 판단과 사실적 판단 그리고 논리적 판단 모두를 융합하여 진화한다.

2 | 지역발전 패러다임의 변천

지역발전은 공간현상의 바람직한 변화를 의미하는 것으로 이의 패러다임은 첫째, 공간현상과 관련한 내용의 변화를 인식하는 관점, 둘째, 변화를 관리하기 위한 수단 선택과 관련한 관점으로 구분하여 검토될 수 있다. 공간현상은 주로 지역발전의 내용에 관한 것으로 인간의 '삶의 방식'에 다양하게 영향을 미치고 있는 경제, 환경, 정치, 사회, 문화 등 분야(sector)와 이들 분야끼리의 상호작용, 배합비율과 관련되어 있다. 지역발전에서 변화를 관리하기 위한 수단 선택은 발전의 주체, 추진조직, 자원투입방식과 발전혜택의 분배방식 등과 관련되어 있다. 공간현상은 경제발전, 환경개선, 사회·문화발전, 그리고 척도(scale or measure)와 지향점을 포함한다. 변화를 관리하기 위한 수단 선택과 관련한 지역발전 패러다임 논의는 상향식과 하향식, 협치(거버넌스), 주민 역량과 공간정의에 대한 접근논리, 균형발전과 불균형발전 등을 포함한다.

1) 발전현상의 인식과 관련한 지역발전 패러다임 변천

지역발전과 관련한 공간현상은 인간의 어떠한 활동에 기준을 두고 접근하느냐에 따라 다양한 의미를 담고 있다. 예를 들어 주민들의 발전 혹은 번영을 경제활동에 초점을 두고 인식하는 것과 지역사회 환경의 질을 중심으로 인식하는 것은 각각의 목표와 수단이 확연히 다르다. 경제적으로 발전한 지역이 환경 측면에서는 낙후될 경우도 있을 수 있다. 이러한 발전의 공간현상은 지역특성과 밀접한 연관성을 지니고 있어서 문제와 해답 역시 지역특성에 따라 달라야 한다. 또한 지역발전의 공간현상에 영향을 미치는 중요한 요소는 척도(scale or measure)에 따라 달라질 수 있다. 즉, 물리적 척도(physical scale)로 접근할 경우 각종 공공시설 및 기반시설이 중요한 공간현상으로 인식될 것이고, 인간 척도(human scale)로 접근할 경우 취업 등 경제활동기회, 사회적 자본(social capital), 삶의 질, 행복지수 등이 중요한 공간현상으로 인식될 것이다.

우선 지역발전과 관련한 공간현상에서 가장 중요시 됐던 분야는 경제였다.

경제성장은 곧 '발전'의 동의어처럼 여겨졌다. 그러나 경제성장은 재화의 생산 측면만 강조하여 소비 측면을 간과하였다. 지역에서의 경제활동을 기반활동(basic activity)과 비(非)기반활동(non-basic activity)으로 구분하고 지역발전을 기반활동으로만 설명하던 '틀'은 경제발전의 반쪽만 다루고 있는 셈이다. 소비활동이 지역발전에 기여하는 맥락은 사람 중심의 경제논리에 근거하고 있다. 생산시설 측면을 강조한 장소의 번영(place's prosperity)이 경제활동 주체인 주민의 번영(people's prosperity)과 분리되어 검토되기 시작한 것이다. 외부자본에 의존한 지역발전정책은 장소를 그럴싸하게 변화시킬 수는 있어도 정작 그곳에 살고 있던 주민들을 번영시키기에는 한계를 지니고 있다. 반면 내부자본에 의한 지역발전은 내부자본의 주체인 주민들이 소망하는 바를 충족시키면서 그들의 번영에 도달할 수 있다.

다른 한편 경제발전, 사회발전 등은 물리적 척도와 인간 척도 모두를 아우른다. 그러나 경제발전이 경제활동 공간조건과 시설 위주로 접근되고 측정된다면 경제활동 주체인 사람은 이들 물리적 지표에 종속되는 결과를 초래한다. 이와 같이 지역발전이 주로 물리적 척도(physical scale) 관점에서 접근되다보니 발전의 최종 수혜자와 관련하여 다양한 의문점이 제기되기 시작하였다. <그림 2-3> 과 같이 지역경제의 성장은 인간의 경제활동과 공간의 상호작용을 통해 지역의 특성에 맞는 생산요소 특히 자본, 노동, 정보, 기술과 같은 유동적 생산요소를 끌어들임으로써 가능하다(소진광, 2006: 5). 따라서 지역경제 성장정책은 이들 유동적 생산요소의 흐름방향을 조작하기 위한 수단선택과 관련되어 있다.

인구, 자본, 기술 등 유동적 생산요소는 배합비율에 따라 지역의 경제활동 내용을 달리할 것이고, 이러한 경제활동은 기존 공간조건(입지인자)에 의해 영향 받고, 다른 한편 새로운 경제공간을 형성하게 될 것이다(Healey and Ilbery, 1990: 3). 새로운 경제공간은 유동적 생산요소의 흐름방향과 속도에 영향을 미쳐 또 다른 경제활동을 촉진하거나 기존 경제활동을 변화시킬 것이다. 이 과정에서 지역의 생산요소가 외부로 유출되기도 하고, 외부의 생산요소가 지역으로 유입되기도 할 것이다. 이러한 지역발전의 개념은 지역 안에서의 전체적인 자본축적 관점에서 혹은 생산의 극대화 관점에서 접근한 것이다.

그림 2-3 지역경제의 작동체계

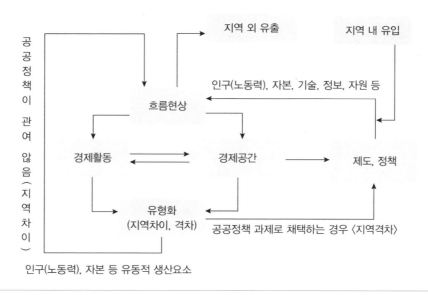

출처: 소진광(2006: 5)에서 보완.

Kneese, Ayres & D'arge(1970)는 지구환경의 순환체계를 물질균형(material balance) 관점에서 접근하고, 지구상에서 물질 총량은 변화가 없으며 단지 변형되어 인간환경에 다른 영향을 미친다고 주장한다. <그림 2-4>는 이러한 지구환경의 물질순환을 물질균형론 관점에서 보여주고 있다. 즉, 인간사회는 경제계와 환경계로 구분되고, 다시 경제계는 생산의 주체인 기업, 소비주체인 가계(households), 재활용 단위로 구성되어 있다.

기업은 환경계로부터 자원을 채취하여 경제계로 유입하고(Rn), 생산활동에 투입하여 재화(g)를 생산한다. 이 과정에서 자원의 일부는 경제적 가치를 상실하고 환경계로 버려진다(Wf). 기업에서 생산된 재화(g)는 소비주체인 가계로 팔려서 소비되고, 남는 쓰레기의 일부는 재활용(Rh)되며, 일부는 경제적 가치를 부여받지 못하고 환경계로 버려진다(Wh). 소비활동 결과로 남는 일부는 재활용 단계를 거치는데, 수거된 폐자원의 선별과정에서 일부는 경제적 가치를 인정받지 못하고 환경계로 버려지고(Wr), 나머지는 다시 생산활동에 재활용자원으로 투입된다(Rr).

그림 2-4 **지구환경과 물질 균형론**

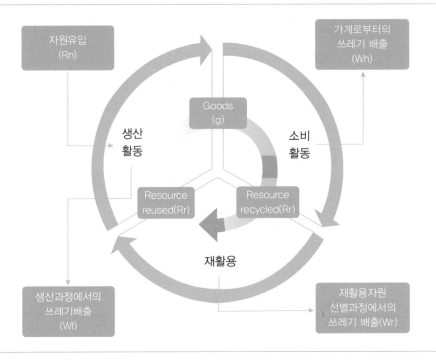

자료: Kneese, Ayres and D'arge(1970: 7-15) 내용을 저자가 그림으로 나타냄.

이러한 물질순환과정에서 경제적 가치가 인정되는 환경계로부터 유입되는 자원의 양(Rn), 재화(g), 재활용 자원(Rh, Rr)의 합(合)은 각 나라별로 경제성장의 결과(GNP)와 같다. 따라서 경제성장은 자원투입, 경제계 내부에서 순환하는 재화, 재활용 자원의 순환속도와 양에 의해 결정된다. 만약 사용하고 남은 재화의 찌꺼기를 재활용 자원으로 연결하는 고리가 미약하다면 재화를 생산하기 위해 기업은 환경계로부터 자원투입량(Rn)을 늘려야 한다. 문제는 경제계의 세 주체 즉, 기업, 가계, 재활용은 각각의 활동(생산활동, 소비활동, 재활용 과정)에 투입되는 자원의 양과 밖으로 배출하는 재화(g), 재활용 자원(Rh, Rr), 쓰레기(Wf, Wh, Wr)의 양이 균형을 이룬다는 점이다.

이러한 맥락에서 기업이 생산활동에 투입하는 자원(Rn, Rr)의 양은 생산과정에서 환경계로 배출하는 쓰레기(Wf)의 양과 생산활동 결과 가계(household)로 판매되는 재화(g)의 양을 합한 것과 동일하다(<식 2-1>).

$$Rn + Rr = g + Wf \quad\text{...} \quad <식\ 2-1>$$

마찬가지로 소비주체인 가계에서도 기업으로부터 사들인 재화(g)의 양은 소비하고 환경계로 버린 쓰레기(Wh)의 양과 재활용 자원(Rh)의 양을 합한 것과 같다(<식 2-2>).

$$g = Wh + Rh \quad\text{...} \quad <식\ 2-2>$$

지구환경 관점에서 중요한 단계는 자원의 재활용이다. 재활용 자원의 원천은 소비하고 남은 결과물이다. 가계에서 소비하고 남은 결과물의 상당 부분은 곧바로 환경계로 배출되어(Wh), 환경오염의 원인을 제공한다. 소비하고 남은 일부는 재활용 단계를 거치는데, 재활용을 위해 수거한 것도 선별과정을 거치면서 일부는 환경계로 버려지고(Wr), 일부는 다시 생산활동에 투입된다(Rr). 즉, 재활용 단계에서 <식 2-3>의 함수가 성립한다.

$$Rh = Rr + Wr \quad\text{...} \quad <식\ 2-3>$$

<식 2-1>, <식 2-2>, <식 2-3>에서의 Rn, Rh, Rr, g, 그리고 Wf, Wh, Wr의 단위는 모두 물질의 질량을 나타낸다. 따라서 세 개의 함수식을 합하면 <식 2-4>의 결과가 도출된다.

$$Rn = Wf + Wh + Wr \quad\text{...} \quad <식\ 2-4>$$

<식 2-4>는 지구상의 모든 생산주체, 소비주체, 재활용 활동을 합한 지구환경 안에서의 물질순환과정을 보여준다. <식 2-4>는 환경계에서 경제계로 유입되는 자원의 총량(Rn)은 경제계로부터 환경계로 배출되는 쓰레기 양의 합계(Wf, Wh, Wr)와 같음을 보여준다. 따라서 재활용 없이 경제성장을 도모하고자 하면 환경계로부터의 자원투입량(Rn)을 늘려야 할 것이고, 환경계로부터 경제계로 투입된 자원의 양이 늘어나면 경제계로부터 환경계로 배출되는 쓰레기의 양 또한 늘어난다.

또한 환경계로부터 경제계로 유입될 수 있는 자원의 양은 제한적이다. 일부 자원은 재생 가능하더라도 재생에 필요한 시간을 감안하면 사용 가능한 자원의 총량은 한계를 지니고 있다. 결국 물질균형론은 경제성장이 자원고갈과 환경오염으로 이어진다는 경고 메시지를 담고 있다. 단시간의 풍요 추구가 인류문명의 멸망을 초래할 수 있다는 논리적 증거는 자원의 재생기간과 인간 생애주기의 차이를 통해 분명하다. 이들 '경제성장', '자원고갈', '환경오염'이 공간적으로 쏠리게 되면 지역갈등 혹은 국제분쟁이 나타나고, 이러한 지역갈등과 국제분쟁은 지속가능한 인류문명을 저해한다. 발전의 방향이 발전의 속도보다 더 중요한 이유가 여기에 있다.

이러한 물질균형론에 근거하여 '발전'의 의미가 경제와 환경을 동시에 고려하기 시작하였다. 즉, 원래 어족자원의 고갈과 관련한 문제를 논의하기 위해 사용되기 시작한 지속가능성(sustainability)은 인간의 경제발전과 거주환경에도 그대로 적용될 수 있음이 밝혀졌다. 독일의 폭스바겐재단(the Volkswagen Foundation)이 후원하고, 로마클럽(the Club of Rome)이 기획한 인류문명의 미래에 대한 연구 결과물은 1972년 「성장의 한계(*The Limits of Growth*)」라는 제목으로 출간되었다. 이 연구는 Donella H. Meadows 교수가 주도하고 Dennis L. Meadows, Jørgen Randers, William W. Behrens III 등이 참여하여 수행되었다. 이 연구를 종합하면 경제활동의 자원투입 특성이 조만간 경제성장의 한계를 초래할 것이다. 뿐만 아니라 이러한 경제성장의 한계는 물질변형을 통해 인간환경에도 악영향을 미칠 것이라고 경고한다.

국제연합(UN)은 1972년 6월 5일부터 스웨덴 스톡홀름에서 '하나밖에 없는 지구'라는 주제로 '인간환경에 관한 UN회의'를 개최하고, 「인간환경선언」(Declaration on the Human Environment)을 채택하였다. 이는 지구환경에 관한 최초의 국제 환경선언으로 환경 관련 권리와 의무, 천연자원 보호와 대량 살상무기 파기 등 26개 항목으로 구성되어 있다. 이와 같이 경제와 환경의 상호작용 관계가 밝혀지면서 종래 인간 중심의 발전현상에 관한 관점도 바뀌기 시작하였다. Sachs(1974)는 인간의 거주환경에 미치는 다양한 환경변수를 포함하는 생태중심발전(eco-development)을 대안으로 제시하였다. Sachs(1974)가 주장한 발전의 대안은 Kneese, Ayres &

D'arge, (1970)의 물질균형론 연구결과와 맥락을 같이 한다.

다른 한편 제2차 세계대전 이후 산업혁명의 유전자(DNA)는 규모의 경제(scale economies)를 통해 빠르게 전파되고 있었다. 1920년대 말부터 서구사회가 겪은 대공황은 공공부문의 관리기술 진전으로 더 이상 나타날 것 같지 않았다. 유연생산방식(flexible production)의 도입으로 시장에서의 공급과잉 현상도 반복될 것 같지 않았다. 표준품의 대량생산은 곧 시장에서 살아남기 위한 경쟁방식이었으나 이 역시 자본의 또 다른 횡포였다. 그러나 규모의 경제(scale economies)는 생산을 효율화하는 이론이지 재화 소비를 통한 효용을 설명하는 논리가 아니다. 한계효용 체감의 법칙(Law of diminishing marginal utility)은 생산의 효율성과 소비의 효용성이 전혀 다른 차원에서 작동하고 있음을 보여준다.

또한 시장에서 경쟁자를 배제하고 특권을 차지하기 위한 특허권(patent right) 경쟁이 치열해졌다. 특허경쟁으로 기술의 진전은 가속도가 붙었고, 이로 인해 첨단기술이 폭주하게 되었다. 기술의 첨단화가 곧 미래 경제성장의 필요조건처럼 여겨졌다. 그러나 첨단기술과 공급측면에서의 규모의 경제는 자원낭비를 부추기는 속성을 지니고 있다. 이에 대해 Schumacher(1911~1977)는 그의 저서 「작은 것이 아름답다(Small is beautiful, 1973)」에서 적정기술(appropriate technology) 개념을 도입하고 기술의 첨단화와 규모의 경제 이론으로 간과되었던 자원낭비[22]와 기술 사용자의 수준을 고려하기 시작하였다.

경제는 생산과 소비로 구성되어 있는데도 여전히 생산자의 역할과 능력이 중요시되고 있다. 첨단기술의 개발과 활용은 '공급이 수요를 창출한다.'고 주장한 고전 경제학자 Jean-Baptiste Say(1767~1832)의 법칙을 부활시키는 것처럼 보였다. 특히 생산과 부(富)의 축적, 기반시설의 형성에만 관심을 두었지 소득의 재분배와 문명의 찌꺼기를 해체하는 측면은 간과되고 있었다. Seers(1967)는 '발전

---

22 흔히 대규모 장치와 체계는 사용자의 측면에서 일부의 '불필요성'을 포함하고 있다. 다기능 첨단장비도 마찬가지로 사용자가 사용하지 않는 기능은 사장되어 자원의 낭비와 같은 결과를 낳는다. Fordism 생산 방식도 표준품의 대량생산을 가능하게 한 측면도 있지만 그러한 생산장치는 일단 구축되면 이의 수선이나 변경과 관련한 비용은 매우 크다. 특히 개발도상국 기술지원 프로그램과 관련하여 그들 개발도상국 수준과 여건에 맞는 적정기술을 지원하지 않으면 지원 후 관리비용을 감당하지 못하거나 운영능력이 모자라 무용지물이 되는 경우가 많다.

의 새로운 의미(The New Meaning of Development)'라는 연구를 통해 발전의 의미를 경제성장 위주에서 사회적 측면으로 전환하였다.

Seers가 제시한 새로운 발전의미는 첫째, 가계소득이 가족의 기본수요(의식주 등)를 충족시키기에 적당하여야 하고, 둘째, 모든 가족에게 일자리가 제공되어야 하며, 셋째, 교육을 받을 수 있어야 하고, 문해력(literacy)이 증진되어야 하며, 넷째, 일반 국민들도 정부활동에 참여할 수 있어야 하고, 다섯째, 다른 나라가 내정에 간섭하지 않는 수준의 개별 국가 독립성이 보장되어야 한다는 내용을 포함하고 있다. 국제노동기구(ILO)가 주창한 기본수요(basic needs), 고용 지향적 성장 등의 발전전략은 정치적 선전 문구처럼 선언되었지만 발전의 공간현상을 새롭게 조명해야 된다는 필요성을 인식시키는데 성공하였다. 즉, 발전현상은 Maslow(1943)의 인간욕구 5단계설처럼 '더 나은 삶에 대한 동기'에 따라 분야별 가중치를 달리한다.23 발전현상도 상황에 따라 일종의 순차적 위계를 포함한다. 이러한 위계는 사회적 할인율과도 연동되어 있다.

경제와 환경은 모두 물리적 지표를 통해 감지되는 인간 삶의 여건에 지나지 않는다. 즉, 자본과 좋은 환경 등은 수단이지 인간 삶의 궁극적인 목표가 아니다. 삶의 만족도는 주관적이라서 동일한 물리적 여건에 처해 있다고 하여 동일한 수준으로 평가되지 않는다. 이러한 차이는 인간의 사회적 속성에서 비롯된다. 재화나 화폐가 시장을 통해 소비로 이어지고, 그러한 소비가 효용과 연계되듯이 인간의 사회적 관계에서 재화나 화폐와 달리 삶의 만족도를 높이는 또 다른 수단에 대한 탐색은 학계의 호기심을 자극하였다. 양적인 재화와 자본으로 설명할 수 없는 삶의 만족도는 단순히 '삶의 질(quality of life)'이라는 가치 지향적 용어만으로 실천되지 않는다(소진광, 1998).

'삶의 질'은 모든 인류가 집단생활을 통해 추구하는 구조화된 가치로서 공공부문의 존재이유와 관련되어 있다. 그러나 '삶의 질'은 지극히 주관적이라서 공공부문의 정책목표로 표현되기엔 한계를 지니고 있다. 특히 '삶의 질'은 인간의

---

23 Maslow(1943)는 인간의 욕구가 위계적으로 구성되어 있다는 동기이론을 주장한다. 그에 따르면 인간의 가장 낮은 단계 욕구(needs)는 생리적(physiological) 욕구, 그 위에 안전(safety)의 욕구, 그리고 사랑(love)받고 소속감(belonging)과 관련한 사회적 욕구, 인정(esteem)받고 싶은 욕구, 그리고 최 상위에 자아실현(self-actualization) 욕구가 자리 잡고 있다.

정주방식과 상황에 따라 구성요소를 달리하고, 실천수단도 다르다. 시대에 따라 '발전현상'을 접근하는 관점도 바뀌었다. 전통적인 자본이 삶의 만족도와 연계되는 과정은 매우 복잡하여 획일적인 설명이 불가능하다. 인간의 모듬살이 방식이 동일하지 않듯이 동일한 수준의 자본이라고 하여 항상 같은 교환율로 거래되지 않기 때문이다. 따라서 전통적인 자본과 달리 사람과 사람의 상호작용 관계를 관리할 수 있는 사회적 자본(social capital) 개념이 대두되었다(Putnam, 1993; 소진광, 1999, 2004a).

인간의 사회적 관계를 관리할 수 있는 역량 즉, 사회적 자본의 구성요소는 이제까지 정책방향만 제시하던 '삶의 질'을 구체적이고 단계적인 실천수단과 연계하는데 기여하였다. 이러한 실천수단은 변화의 속도와 관련되어 있어서 변화의 방향을 포함하여 온전한 지역발전을 설명하기 위해 반드시 필요한 성분이다. 발전현상을 설명하기 위해서는 실천될 수 있는 새로운 개념이 필요했고, 이러한 과정에서 '사회적 자본' 개념이 탄생한 것이다.

Putnam(1993)은 이탈리아의 남·북 경제발전격차에 호기심을 갖고 지방자치가 도입되기 시작한 1970년대부터 이탈리아의 다양한 이해 집단을 대상으로 면접조사를 실시한 바 있다. Putnam은 오랜 기간의 조사결과를 분석하는 과정에서 고전적 경제학이 설명할 수 없는 새로운 공간현상에 주목하였다. 종래의 전통 경제학은 경제현상을 경제요소만으로 설명할 수 없다는 분명한 사실을 간과하고 있었다. 경제활동의 주체는 인간이기 때문에 생산요소의 배합비율과 소비의 선택, 그리고 입지의 선택이 반드시 경제원리만으로는 설명되지 않는다. 경제활동의 주체 즉, 사람끼리의 주관적이고 상대적인 관계가 생산요소의 흐름방향과 속도에 큰 영향을 미치고 있기 때문이다. 따라서 종래 생산요소의 경제적 배합과 공간선택에 중요한 영향을 미쳤던 전통적인 자본(traditional capital)처럼 인간의 '사회적 관계를 관리할 수 있는 역량'은 경제현상에 영향을 미치고, 나아가 발전현상을 설명할 수 있는 또 다른 수단이다(소진광, 1999, 2004a).

사회적 자본의 일부 구성요소가 공공부문에 도입되면서 종래의 정부독점 방식도 변화하게 되었다. 모든 이해당사자가 공익이라는 공동 목표를 정의하고 실현하는데 함께 할 수 있는 과정논리를 필요로 한 것이다. 이러한 과정에서 협치

(協治, governance)라는 용어가 사용되기 시작하였고, 이를 통해 공익추구는 더 이상 정부의 전유물이 아니라 모든 이해당사자를 포함한 공동노력의 대상이 되었다. 따라서 협치는 공공부문과 민간부문의 전통적인 경계를 허물고, 공익의 최종 수혜자를 이해당사자로 정의하면서 출발한다. 협치 개념은 모든 이해당사자를 공동 생산자(co-producer)인 동시에 공동 소비자(co-consumer)로 전환하는데 기여하였다(소진광, 2007a).

다른 한편 개인의 주관적 만족도가 인류 공동의 이익을 담보하지 않는다는 주장이 설득력을 얻기 시작하였다. 이러한 관점에서 경제와 환경의 맞물림 현상으로 인해 인류문명의 지속가능성(sustainability)에 대한 관심이 커졌다. 특히 이러한 인류사회 공동이익은 실천되지 않으면 실현될 수 없다. 지구환경의 관점에서 인류문명의 지속가능성은 어느 특정 지역과 주민들에게만 국한한 과제가 아니다. 따라서 공동이익을 실현하기 위해서는 모든 이해당사자가 역할을 분담하고, 실천할 것이 요구된다. 이러한 실천은 협치(協治)를 통해 가능하다. 이와 같이 21세기 '발전'의 핵심용어는 협치(governance), 사회적 자본(social capital), 그리고 지속가능성(sustainability)으로 요약될 수 있다. 인류문명의 지속가능성은 공동이익과 부합하는 최종 목표에 해당하고, 협치는 그러한 최종 목표를 실현하기 위한 실천수단이며, 사회적 자본은 실천수단의 동력(에너지)에 해당한다.

발전현상을 물리적 척도로부터 인간척도(human scale) 중심으로 전환하는 데에는 파키스탄의 경제학자 Mahbub ul Haq(1934~1998)와 인도의 경제학자 Amartya Sen(1933~)의 기여가 컸다. Haq는 1985년부터 1988년까지 파키스탄 정부의 제13대 재무장관을 역임하고, 1988년부터 미국에 위치한 UNDP의 특별자문관으로 활약하면서 인간발전지수(HDI, Human Development Index)를 개발하였다. UNDP는 매년 세계 각국의 인간발전지수를 측정하여 발표하고 있는데, 인간발전지수는 건강하고 오랜 생애(long and healthy life), 지식(knowledge), 인간다운 생활수준(a decent standard of living) 등 세 가지 핵심적인 지표들로 구성되어 있다. 이러한 HDI는 발전의 주체와 수혜자를 장소와 물리적 시설로부터 인간으로 되돌려 놓았다. 특히 Haq(1995: 14)는 발전의 궁극적인 목적을 '주민의 선택을 확대하는 것'으로 정의하고 있다. 따라서 부(富), 장소와 시설 등은 사람들의 선택 대상이지 사람들을 평가하는 지표가 아니다.

Sen은 1998년 노벨 경제학상을 수상하였고, 복지경제학, 사회선택이론, 경제 및 사회정의 분야 발전에 크게 기여하였다. Sen은 그의 저서 「빈곤과 굶주림 (*Poverty and Famines: An Essay on Entitlement and Deprivation, 1982*)」에서 기근은 식량부족 뿐만 아니라 식량분배체계에 내재되어 있는 불평등 때문이기도 하다고 주장한다. Sen(1982)은 임금하락, 실업, 식량가격상승, 취약한 식량분배 등 사회, 경제적 요인이 기아(starvation)에 영향을 미친다고 진단하였다. 특히 Sen(1999)은 개발도상국 경제발전과 관련하여 역량강화의 접근방식(capabilities approach)을 강조한다. 역량강화의 접근방식이란 종래 경제학에서 당연시 했던 불간섭(non-interference)에 근거한 소극적 자유(negative freedom)가 아니라 개인의 가능성에 기초하여 능력발휘를 극대화할 수 있는 긍정적 자유(positive freedom)를 강조하는 발전의 실천수단이다. Sen의 '긍정적 자유'는 발전에 대한 인간의 주도권을 의미하는 것으로 Haq와 함께 지역발전 관점을 물리적 척도로부터 인간척도로 전환하는데 크게 기여하였다.

한국은 1962년부터 경제개발 5개년계획을 통해 산업화를 본격적으로 추진하였는데, 통상 산업화는 기반시설이 어느 정도 갖춰져 있는 도시를 중심으로 일어나서 도시와 농촌의 격차를 확대하였다. 이러한 도·농간의 격차가 과도하게 벌어지면 도시과밀과 농촌의 상대적 박탈감이라는 이중의 공간문제가 발생한다. 또한 분야별 격차 혹은 공간격차는 민주주의 체제에서 정권을 창출하고 유지하는데 많은 비용을 수반한다. 이러한 정치적 비용은 고스란히 국민의 부담으로 이전되고 이로 인한 사회 생산성 저하 역시 국민생활수준의 쇠락과 연동되어 있다.

1970년 우선 농촌빈곤문제를 해결하고자 출발한 한국의 새마을운동은 주민들의 의식개혁을 통해 긍정적 자유를 촉발하고, 역량을 강화하여 농촌, 농업의 문제뿐만 아니라 도시와 공장 및 직장의 업무 효율화에 기여하였다. 특히 새마을운동은 주민의 역량에 근거하여 공동이익을 창출하는 과정에서 분야별로 진화를 거듭하고 있다. 새마을운동은 초기 경제공동체를 형성하여 빈곤문제를 해결하였고, 사회공동체와 문화공동체를 형성하여 삶의 질 향상에 기여하였으며, 환경공동체와 지구촌 공동체를 통해 인류문명의 지속가능성을 모색하고 있다. 공장새마을운동은 작업반별로 분임조 토의(group discussion)를 통해 제품의 불량 원인을 찾아내고, 이를 시정하기 위한 해법을 스스로 찾아, 실천함으로써 한국 제품의 불량률을 현저히 낮추고 품질을 향상하는데 기여하였다.

한국의 새마을운동은 이미 1970년대 마을 단위의 협동사업을 통해 사회적 자본을 축적하고, 주민들이 주도적으로 사업을 결정하고 추진하여 협치, 즉 거버넌스를 구축하였다. 한국의 새마을운동은 세계가 지구환경에 대한 관심을 촉구하고 있을 무렵 환경정화운동, 자연보호운동, 산림녹화사업을 통해 인류문명의 지속가능성을 확보하기 위한 방안을 주민들의 일상생활 무대인 마을 단위에서 만들고 실천하였다. 뿐만 아니라 새마을운동 추진체계는 정부와 민간 주민조직의 상호작용을 통해 형성된 민·관협력(PPP, Private-Public Partnership)에 기초하고 있어서 공공부문과 민간부문의 역할을 조화시켜 상호 신뢰를 증진시켰다. 주민들이 마을 단위에서의 공익증진을 도모하는 새마을사업을 계획하고, 추진하는 과정에 참여하고 사유재산인 토지, 현금, 노동력 등을 기증한 사례가 이를 증명해준다.

환경변수의 중요성을 강조한 지속가능성 관련 지역발전 패러다임 변화는 도시개발과 농촌개발 등 지역개발 실천에도 영향을 미쳤다. 미국에서는 도시의 외연 확장에 따른 토양오염과 대기오염을 방지하고, 도심 공동화를 방지하기 위해 스마트 도시(smart city) 개발이 나타나기 시작하였다. 이탈리아에서는 사회적 자본 훼손을 방지하고, 사회적 지속가능성을 실현하기 위해 느린 도시(slow city) 관리방식이 도입되었다. 또 다른 한편, 미국의 실리콘 밸리(Silicon Valley) 성공에 고무되어 첨단산업단지 조성이 국가의 미래발전 동력으로 여겨지게 되었다.

그러나 첨단산업단지는 국가와 지역의 복잡한 기술생태계와 맞물려야 원래 설계목적대로 작동한다. 이러한 첨단산업단지 기술생태계는 시설, 공간구조 및 환경과 같은 물리적 여건만으로 구성되어 있지 않다. 기술생태계는 기술진화를 주도할 수 있는 인력과 이러한 고급인력이 능력을 발휘하고 생활할 수 있는 경제, 사회, 문화 및 환경적 복합요소들을 포함한다. 단순히 물리적 지표만을 모방한 첨단산업단지가 성공하기 어려운 이유가 여기에 있다.

2) 변화관리방식과 관련한 지역발전 패러다임 변천

지역발전 관리방식과 관련한 패러다임 변화의 하나는 '하향식'으로부터 '상향식'으로의 전환을 들 수 있다. Stöhr & Taylor(1981)는 지역발전 관련 두 가지 서로 다른 접근 패러다임을 비교하였다. 하나는 고전 경제학 맥락에서 지역발전 관련 권한이 계층적으로 행사되는 '위로부터의 발전(development from above)', 즉 하향식 접근(Top down approach)이고 다른 하나는 주민들로부터 의사결정이 이루어지고 권한이 행사되는 '밑으로부터의 발전(development from below)', 즉 상향식 접근(Bottom up approach)이다.

하향식 접근은 현장에서 주민들의 '긍정적 자유'를 촉발하기 어려워 내부자원을 동원하는데 한계를 지니고 있고, 편익분배 과정에서 갈등을 초래할 가능성이 많다. 반면 상향식 접근은 Batten(1974: 58)이 지적한 주민들이 스스로 느낀 절실함(felt-wants)에 근거하고, Sen(1999)이 강조한 주민들의 역량강화를 통해 문제해결과 지역사회 발전을 도모하기 때문에 내부자원을 동원할 수 있다. 즉, 발전은 변화를 관리할 수 있는 역량의 결과물이고, 이러한 역량을 강화하는 것은 긍정적 자유의 신장이다. 이러한 상향식 접근은 주민들의 합의에 근거하고 있기 때문에 발전의 공간단위마다 비용과 편익을 일치시키기가 상대적으로 쉽다. 결국 상향식 접근은 민주주의 작동에 기여하고 Hayek(1944)가 지적한 계획의 부작용을 어느 정도 예방할 수 있다.

지역발전의 변화와 관련한 패러다임에서 가장 두드러진 것은 협치(協治, governance)개념의 도입이다. 지역발전은 분석단위가 기본적으로 일정 공간규모 이상의 공동체이기 때문에 공동이익의 증진에 목적을 두고 있다. 따라서 지역발전의 관리주체는 정부 등 공공기관에 속한다. 이러한 맥락에서 지역발전과 관련한 문제점의 확인, 대상의 수준과 관련한 목표의 정립과 지역의 제약요인 확인, 대안의 형성과 비교 및 최적 대안의 선택에 이르는 일련의 과정은 모두 정부를 포함하는 공공기관의 활동에 속한다. 그러나 민주주의에서 지역발전의 주체인 정부의 구성은 주민이나 국민의 다수 지지에 의존하고 있기 때문에 정부가 지역발전 최종 수혜자인 주민과 국민의 요구를 무시하기 어렵다.

주민과 국민의 지역발전 요구는 공공재정 혹은 공급능력을 초과하여 발생하는 경향이 있어서 거대 정부(giant government) 출현을 부추긴다. 이와 같이 공공수요를 부풀려 출현한 거대 정부는 결국 주민과 국민 부담을 가중시켜 실패할 가능성이 높다. 특히 정부가 중앙집권적으로 운영될 경우 '평균적 평등'은 가장 편리한 국민 설득기준이 된다. 이러한 '평균적 평등'은 국민 누구도 만족시키지 못하는 내부적 결함을 지니고 있어서 재원의 낭비, 기회의 낭비, 자원의 낭비를 초래한다. 또한 많은 경우 외부로부터 추가로 확보된 (외생)자원을 빌미로 수행되는 지역개발사업은 공익의 사유화를 부추길 가능성이 높고[24] 공동체의 사회적 할인율을 왜곡한다.

따라서 지역발전을 실현하기 위한 변화의 방향설정과 변화속도를 적절한 범위 안에서 관리하기 위해서는 지역문제의 확인과 지역발전 목표의 설정, 지역이나 국가가 안고 있는 제약요소의 확인과 미래예측, 목표를 충족시킬 수 있는 대안의 형성 및 최적 대안의 선정에 이르는 일련의 계획과정을 모든 이해당사자가 공유할 필요가 있다. 이러한 계획과정의 공유는 주민이나 국민들에게 지역발전과 관련한 비용분담 및 편익분배의 공정성을 이해시키는 효과도 지니고 있다.

이러한 맥락에서 협치는 공공재 공급과잉 현상을 방지하고, 자원의 최적배분을 가능케 해줄 것으로 기대된다. 이에 비해 중앙정부가 지역발전을 중앙집권적으로 추진할 경우 이로 인한 혜택의 최종 수혜자인 주민이나 국민은 외부효과에 편승하여 비용부담은 줄이고 편익의 분배 몫을 늘리려 할 것이다. 이러한 상황에서라면 정부의 재정건전성은 유지될 수 없고, 사회적 할인율은 높게 책정되며, 이로 인해 누적된 부채는 다음 세대로 전가될 것이다. 이러한 과정에서 우선은 경제적 지속가능성이, 그리고 장기적으로는 환경적 지속가능성이 실천되지 못할 것이다.

결국 가장 근본적인 인류 공동의 목표이고, 인류문명의 대전제에 속하는 지

---

24 주민에 의해 선출된 대표는 당장의 주민 부담으로 표현되지 않는 재원을 외부(주로 중앙정부 혹은 차상위 정부)로부터 재원을 추가로 확보하여 일부 계층이 제기하는 민원을 해결함으로써 자신의 역량을 과시하려 한다. 이 경우 추가 재원은 주민 전체의 절실함 보다는 일부 한정된 주민들의 민원성 문제 해결에 사용될 가능성이 높다. 특히 이러한 경우 추가로 확보된 재원의 사용과 관련한 의사결정은 통상적 공공재 생산과정과는 달리 폐쇄적인 경우가 많다.

속가능성은 모든 이해당사자가 의사결정 단계부터 참여하고 과정에서의 권리와 책임을 일치시킬 경우에 실현 가능하다. 이러한 맥락에서 공동이익의 추구는 정부독점방식이 아닌 또 다른 방식 즉, 모든 이해당사자가 결정하고 과정을 공유하는 협치(governance)방식을 통해 접근되어야 한다. 협치를 구축하기 위해서는 권한과 책임을 일치시키기 위해 이해당사자를 정의하는 단계가 중요하다. 이해당사자가 적절하게 정의되지 않는 협치는 실천력을 담보하지 못한다. 또한 특정 사안과 관련하여 이해당사자를 바르게 정의하지 못하면 분배정의는 왜곡된다.

지역발전을 실천하기 위해서는 추진조직과 추진방식에 대한 명확한 개념이 필요하다. 여기서 추진조직은 조직형태, 지도층 구성, 조직가치, 조직의 공동목표 관점에서 정의될 수 있다. 한편 지역발전 추진방식은 관련 권한의 행사방식, 의사결정방식, 정보생산능력, 시민의 역할, 그리고 자원조달체계의 관점에서 정의될 수 있다. 협치가 종래의 정부독점방식과 다른 특성은 이들 지역발전 관련 추진조직 및 추진방식의 차이점 비교를 통해 분명해진다. 제Ⅱ편 제3장은 협치방식과 정부독점 방식의 차이를 보다 상세하게 다룬다.

공간규모에 따른 균형과 불균형의 의미 차이도 중요한 지역발전 관련 패러다임 변화에 속한다. 전국적 차원에서의 균형도 일부 지역 안에서는 불균형을 포함하고 있고, 전국 단위에서의 불균형 상태도 일부 단위 지역에서는 균형상태를 보여줄 수 있다. 즉, 지역발전의 공간단위를 어느 규모로 획정하고 접근하느냐에 따라 집단 공동의 '평균적 평등' 수준은 달라진다.

이러한 맥락에서 특정 지역에 투자가 집중되는 현상은 국가 전체적으로 투자의 효율성을 높여줄 것이지만 당장은 지역격차를 심화시키고, 일부 지역의 자원활용을 제한할 수 있다. 공간형평성을 높이기 위해 이러한 집중현상을 시정하기 위한 조치가 필요할 수도 있는데, 문제는 이러한 지역불균형에 대한 정부개입의 적절한 시기를 결정하기가 쉽지 않다는 것이다. 전체적인 효율성 증대방안이 장기적으로는 공간 형평성 제고에 기여할 수 있다고 보는 견해도 있다(Gore, 1984: 51).

또한 지역발전은 특정한 물리적 현상으로 접근하는 경우와 그러한 물리적 조건을 활용하는 사람들의 관점으로 접근하는 경우에 따라 다른 수단을 필요로 한다. 즉, 지역발전은 물리적 척도(physical scale)로 접근하면 장소의 번영(place's prosperity)으로 인지되고, 인간 척도(human scale)로 접근하면 주민의 번영(people's prosperity)으로 인지된다. 장소의 번영은 각종 생산시설이나 편의시설이 특정 장소에 들어서는 자체를 발전현상으로 여기는 것이고, 주민의 번영은 실제 생활하는 사람들의 생활 만족도에 관심을 두고 있다. 동일한 물리적 조건이라고 하여 그 안에서 생활하는 주민들의 만족도가 모두 같은 것은 아니다. 주민들의 역량을 발휘할 수 있는 기회의 창출, 생계유지 및 향상을 위한 일자리 창출 등은 주민의 번영을 측정할 수 있는 중요지표들이다.

물리적 시설 구축이 주민들의 경제활동과 상호작용하기 때문에 장소의 번영이 주민의 번영으로 이어질 수도 있다. 그러나 동일한 물리적 조건이라도 생활주체의 욕구와 필요에 따라 다른 수준의 삶의 만족도를 보여준다. 이 과정에서 생활주체의 반사적 반응은 주관적이라서 조건과 결과를 단선적으로 연결하지 않는다. 하지만 특정 장소에 입지한 생산시설이나 편의시설의 혜택이 주민들에게 미치는 영향은 어느 정도 측정 가능하다. 따라서 장소의 번영이 주민의 번영을 촉진할 수도 있고, 주민의 번영에 전혀 기여하지 못할 수도 있다. 주민들의 내부자원과 노력에 기초한 장소의 번영은 상당부분 주민의 번영으로 연계될 것이고, 외부자원에 의한 지역개발은 주민들의 실질적인 혜택을 증진하기 어렵다.

<표 2-2>는 지역발전 관련 투입자원의 속성과 지역수요 반영 정도에 따라 달라질 수 있는 장소번영과 주민번영의 상관관계를 보여준다. 지역수요를 반영한 지역발전의 혜택은 주민들의 만족도를 높여줄 것이기 때문에 주민의 번영을 증대할 것이고, 지역수요와 무관한 지역발전은 주로 외부수요에 의존할 것이기 때문에 장소의 번영에 그칠 가능성이 높다. 마찬가지로 주민들의 내생자원 위주로 접근한 지역개발 혜택은 주로 주민들에게 분배될 것이기 때문에 주민 만족도를 높여줄 것이고, 외생자원(주로 외부로부터의 자본) 투입에 의한 지역개발은 그로 인한 발전과실을 외부로 유출할 가능성이 높아 장소의 번영에 그칠 수 있다.

성장거점이론(growth center theory)은 우선 집중 투자된 지역으로 일자리를 찾

표 2-2 **장소의 번영과 주민의 번영**

구 분		지역개발 투입자원 속성	
		내생자원 투입 증대	외생자원 투입증대
지역수요반영정도	커질 경우	주민의 번영 극대화	장소+주민 번영
	작아질 경우	주민+장소의 번영	장소의 번영 극대화

아 이동하는 인구이동을 정당화하였다. 반면 정주권 전략(settlement strategy)은 주민들의 실제 거주공간에서 일자리를 창출해야 한다고 주장한다. 따라서 성장 거점이론은 불균형발전 접근방식으로, 정주권 전략은 균형발전 접근방식으로 분류된다. 불균형 성장전략은 자원이 부족하고 투자재원이 제한적일 경우에 유용하고, 균형 성장전략은 낙후지역에 대한 정부의 적극적 보충성 원칙을 실현할 경우에 유용하다.

다른 한편 지역발전과 관련한 근본적인 문제는 하나의 공간단위로서 지역 자체의 발전과 관련한 것과 지역끼리의 상호작용과 관련한 것으로 구분하는 일이다. 전자의 경우는 지역을 하나의 고립된 폐쇄사회(closed society)로 보는 견해이고, 후자의 경우는 지역을 열린사회(open society)로 접근하는 견해이다. 지역구분을 어떻게 하더라도 국경 안에서의 공간현상은 노동력, 자본, 정보, 기술, 의사결정 등 유동적 생산요소로 인해 열려있다.[25]

정도의 차이는 있겠지만 지역 단위의 폐쇄적 성격은 완전히 무시될 수 없는 현실이다. 지방자치를 실시하고 있는 상황에서의 지역발전정책은 관할 구역을 하나의 독립된 공간단위로 간주하여 수립, 수행될 것이기 때문이다. 네트워크 공간현상에서도 특정 도시의 자족성이 강조되고 있는 이유가 여기에 있다. 또한 공간현상을 주도하는 유동적 생산요소도 거리(distance)라는 물리적 마찰로부터 자유롭지 않고, 이러한 유동적 생산요소의 이동은 사람의 의사결정을 통해 방향

---

25 나라마다 제도와 관습이 달라 재화의 이동은 국경을 통해 걸러진다. 하지만 나라 안에서 재화나 자원의 이동은 상대적으로 자유롭다. 이와 같이 한 나라 안에서의 지역과 지역은 서로 열려있다. 그러나 지방자치를 실시하고 있는 나라에서는 지방정부 구역끼리 다소 폐쇄적인 부분이 나타날 수 있다.

과 속도가 정해진다. 또한 사람의 의사결정도 공간의 위치와 면적으로부터 자유롭지 않다.

이러한 맥락에서 공간정의(spatial justice)가 공간활용의 효율성과 상호 충돌하는 경우도 발생한다. 여기서 공간효율성은 투입과 산출의 비율, 그리고 공간단위의 규모에 따라 달라진다. 공간정의도 산출물의 분배방식에 따라 달리 해석될 수 있다. 효율적인 공간활용은 국가 전체의 성장률을 최대화 하는 관점에서 접근할 수 있고, 공간정의 혹은 균등한 공간활용방식(equitable spatial pattern)은 소득의 공정한 분배 측면에서 접근될 수 있다(Gore, 1984: 50). 같은 관점에서 공간정의(산출물의 공정한 분배)와 효율적인 공간활용의 상호관계는 <표 2-3>과 같이 요약될 수 있다.

결국 지역개발 공간단위가 커지면 분배의 공정성은 감소하는 성향을 띠고, 투자의 효율성은 증대된다. 반대로 지역개발 공간단위가 작아지면 분배의 공정성은 증대되고, 투자의 효율성은 감소한다. 이러한 관점에서 지역개발의 공간단위(혹은 계획지역)는 분배의 공정성과 투자의 효율성에 대한 집단 의사결정에 따라 달라야 한다. 일상생활을 공유하는 생활터전(예를 들면 농경사회에서의 마을 단위)을 하나의 사업단위로 접근할 경우 주민의 번영은 극대화될 것이고, 사업수행을 위한 자원동원과 편익분배와 관련한 갈등이 최소화될 것이다. 아무리 교통수단이 발달하고, 정보·통신기술이 발달해도 매일 얼굴을 맞대고 더불어 사는 일상생활 터전의 중요성은 변함이 없을 것이다.

표 2-3 공간규모에 따른 공간정의와 공간활용도

구 분	공간규모(단위)	
	커질 경우(광역 경제권)	작아질 경우(마을, 지역사회)
분배의 공정성(공간정의)	감소함	증대됨
투자의 효율성(공간활용)	증대됨	감소함

지역발전 관련 패러다임 변천의 함의

　이 장은 지역발전 관련 패러다임을 정의하고 이의 변천을 검토하였다. 이 장에서 지역발전 관련 패러다임은 '다양한 이론의 묶음' 혹은 현재로서는 관련 분야 전문가들이 이의를 제기하지 않거나 최소한 묵시적으로 동의하여 논쟁의 대상이 되지 않는 '관점과 사고의 틀'로 정의된다. 이러한 맥락에서 이 장은 지역발전을 공간현상의 변화로 간주하고 이의 패러다임을 첫째, 공간현상을 발전으로 인식하는 (내용의) 관점, 둘째, 변화과정에 접근하는 (수단적) 관점으로 구분하여 검토하였다. 공간현상은 주로 지역발전의 내용에 관한 것으로 인간 삶의 방식에 다양하게 영향을 미치고 있는 경제, 환경, 정치, 사회, 문화 등 분야(sector)와 이들 분야의 상호작용 혹은 배합비율과 관련되어 있다. 지역발전에서 변화와 관련한 패러다임은 도구적 수단에 관한 것으로 발전의 주체, 추진조직, 자원투입방식과 발전혜택의 분배방식 등과 관련되어 있다.

　이 장에서 검토된 주요 지역발전 관련 패러다임 변화는 다음과 같다. 내용적 측면에서 지역발전 패러다임 변화는 첫째, 종래 물리적 척도 중심으로부터 인간 척도 중심으로 전환하였고, 둘째 경제적 관점 위주에서 사회, 문화, 환경적 관점을 추가하는 방향으로 바뀌었다. 이들 사회, 문화적 요인이 강조되면서 지역발전의 양적인 성장은 사람들이 살면서 느끼는 만족도, 즉, 질적인 효용으로 관점을 바꾸어 접근되고 있다. 특히 경제로부터 환경으로의 지역발전 패러다임 변화는 21세기 모든 공동체 운용에 큰 영향을 미쳤다. 물질균형론(material balance)은 지구환경의 공동운명체를 인식시켜 주었고, 지역발전에서 기본적인 생태단위를 고려하기 시작하는데 기여하였다.

　지역발전의 변화 관리수단(도구)과 관련한 패러다임 변천은 상향식과 하향식, 협치(거버넌스) 방식과 정부독점 방식, 균형발전과 불균형발전, 장소의 번영과 사람의 번영, 주민 역량을 통한 접근방식과 외부자원 투입에 의한 접근방식, 공간투자의 효율성과 발전과실의 분배정의 등의 관점에서 검토되었다. 하향식으로부터 상향식으로의 지역발전 접근방식 전환은 공동체 운용에 있어서 개별 구성원의 권리와 책임을 일치시키는데 기여하였다. 지역발전에서 협치 개념의 도입은 지역발전과 관련한 공동이익을 실현하기 위한 비용분담 기준을 명확히 하고 주민역량을 강화하는데 기여하였다. 또한 균형발전과 불균형발전은 분석대상인 공간규모에 따라 전혀 다른 의미를 지니고 있고, 공간정의(spatial justice)의 범위에도 영향을 미친다. 결국 지역발전 패러다임은 장소 중심에서 사람 중심으로 전환하고 있고, 생태중심, 주민역량과 공동노력을 통해 인류 공동체의 지속가능성을 확보하는 방향으로 진화하고 있다.

이와 같은 지역발전의 패러다임 변화는 언제나 '발전'을 추구하는 인류사회에 근본적인 의구심을 제시한다. 즉, '발전'이나 이를 접근하는 패러다임이 변화하고 있다면 현재의 발전 과실이 미래의 발전 맥락에서 비용 혹은 부담으로 바뀔 가능성이 있다. 이러한 상황에서 인류사회가 직면하고 있는 의구심은 다음과 같이 요약된다. 첫째, 변화로부터 자유로운 통시적(通時的) 즉, 과거, 현재, 미래의 시간흐름으로부터 자유로운 '발전현상'을 정의할 수 있는가? 둘째, 당대의 발전을 실현하기 위해 인류가 제한된 자원을 현재 방식대로 활용하는 것이 도덕적으로 합당한가? 셋째, '발전현상'과 관련하여 변화의 속성을 도출하고 이를 관리할 수 있는가?

이러한 의구심은 현재 인류사회가 해결해야 할 과제와 직접적으로 연계되어 있다. 이 중에서도 첫 번째와 두 번째 의구심은 개별 인간의 인식한계 및 인류 공동체의 지속가능성과 밀접하게 연계되어 있고, 세 번째 의구심은 인간의 사고 체계 및 실천논리와 관련하여 새로운 집단이성을 요구하고 있다. 인류문명의 지속가능성과 관련한 문제는 현재 학계의 중심과제이다. 하지만 세 번째 인류사회의 의구심과 관련하여 변화의 속성을 밝히고, 이러한 속성을 인위적으로 관리하려는 시도는 많은 전제조건과 선결 과제를 안고 있다. 이 책은 '발전현상'을 추구하는 과정에서 제기되는 세 번째 인류사회의 의구심과 관련하여 변화의 속성을 밝히기 위한 조그만 시도에 불과하다. 따라서 이 책의 다음 장에서는 '변화'를 설명하기 위한 분석 '틀'로 시간과 공간의 상호작용을 다루고자 한다.

4   지역발전의 시·공간요소

발전현상은 시간요소와 공간요소로 구성되어 있다. 공간요소는 인간의 경제, 환경, 사회, 정치, 문화 등 다양한 생활과 관련하여 인지되고, 추구되기 때문에 주관적이기도 하고, 일부 물리적 척도로 계량화 혹은 비교의 대상이기도 하다. 인간의 경제, 환경, 사회, 정치, 문화활동이 개인의 영역을 넘어 다른 사람과 공동체를 이룰 경우, 이들 분야별 변화는 비교되고, 측정될 수 있다. 이와 같이 다양한 발전현상을 의도적으로 도모하기 위한 노력이 '개발'이다. 개발단위는 개발의 목표와 내용, 그리고 개발 주체와 개발에 필요한 자원의 속성에 따라 다르다. 이러한 개발단위도 시간요소와 공간요소로 구분된다. 특히 개발목표는 변화의 방향과 일정한 기간으로 구체화된다. 목표달성에 필요한 일정한 기간은 곧 변화관리방식에서 속도를 의미한다.

개발의 공간단위는 공동체 관리방식 혹은 제도와 밀접하게 연계되어 있다. 개발의 단위가 국가이면 '국가개발'이고, 지역이면 '지역개발'이며, 마을이면 '마을개발'이다. 국가, 지역, 마을은 단순히 물리적 거리함수가 아니라 인간집단 공동관리 주체라는 점에서 정치적 공간단위라 할 수 있다. 또한 국가의 하부조직으로서 지역을 어떻게 구분하고, 마을을 어떻게 조직하느냐는 공간단위별 자원투입의 효율성 및 발전과실 분배의 공정성 측면에서 중요한 의미를 지닌다.

발전현상의 두 가지 성분은 '방향'과 '속도'이다. 발전현상의 방향은 공간요소의 구성(혹은 조성)이나 결합 형태로 설명될 수 있고, 속도는 공간요소별 변화의 폭 혹은 양(量)으로 나타낼 수 있다. 따라서 특정 발전현상을 설명하기 위해서는 서로 다른 시간척도와 공간척도의 상호작용관계를 검토하여야 한다. 공간현상은 변화로부터 자유롭지 못하다. 따라서 정책대상으로서의 지역이나, 특정 공간을 관리하기 위해서는 공간속성의 변화를 분석하여야 하는데, 이러한 변화 역시 '방향' 성분과 '속도' 성분으로 이루어져 있다. 이 경우 공간속성의 변화속도는 시간좌표에 의해, 변화방향은 공간좌표에 의해 설명된다. 시간좌표란 시간함수에 의한 설명 '틀'을, 공간좌표란 공간함수에 의한 설명 '틀'을 의미한다.[26]

---

26 여기서 함수란 두 가지 이상의 변수끼리 상호작용 관계를 의미한다. 특히 시간흐름의 인지나 공간

시간과 공간의 상호작용에 관한 관점은 인간과 거주환경의 관계에 따라서도 다르다. 거주환경은 시간흐름의 산물이고, 인간은 주어진 시간범위 안에서 활동한다. 또한 환경은 공간현상이고, 인간은 주어진 공간을 활용하면서 진화한다. 이 경우 진화는 시간함수로 확인되고, 공간적응 과정을 포함한다. 누구에게나 동일한 물리적 시간이라 하더라도 이를 활용하기에 따라 변화의 폭(즉, 발전의 속도감)은 다르다. 따라서 인간이 수동적 입장에서 물리적 시간흐름과 공간변화에 순응하면서 생활하는 것과 공간변화를 적극적으로 도모하고, 유도하는 것은 크게 다르다.

이러한 관점에서 개발은 시간흐름과 공간현상을 의도한대로 변화시키려는 인간의 적극적 행위로 정의될 수 있다. 즉, 개발은 현재 상황으로부터의 문제의식에 기초하여 일정한 시간흐름을 전제하고, 지향하는 목표와 그러한 목표를 실현하기 위한 수단으로 이루어져 있다. 개발과정에서 '시간흐름'은 개발의 '속도'를, 그리고 '지향하는 목표'는 개발의 '방향'을 나타낸다. 결국 '개발'은 '발전'을 도모하기 위한 인간의 적극적 노력으로 '속도'와 '방향'으로 이루어져 있는데, 속도는 시간 축으로, 방향은 공간 축으로 나타낼 수 있다.

이렇듯 인간의 개발행위는 능동적으로 시·공간 범위를 확대하는 과정으로 진행되고 있다. 즉, 인간의 활동은 시·공간 축을 통해 접근될 수 있고, 표현될 수 있으며, 설명될 수 있다. 개발과 관련하여 주어진 시간 범위는 제약(constraints)으로 인식될 수도 있고, 새로운 변화를 도모할 수 있는 기회(혹은 잠재력)로 인식될 수도 있다. 마찬가지로 동일한 공간현상도 인간의 진화에 '제약'과 '기회'라는 두 가지 상반된 조건으로 작용할 수 있다. '제약'은 시간과 공간의 상호작용을 일정한 틀 범위로 가두는 속성을 지니고 있고, 반면 '기회'는 적극적으로 새로운 가능성을 탐색하며 시간차원과 공간차원을 확대하는 속성을 의미한다. 주민들의 역량은 이러한 '제약'을 '기회'로 전환하고, 이를 통해 바람직한 공간현상을 실현하는 적극적 노력으로 평가된다.

이러한 맥락에서 개발에 투입되는 자원은 크게 시간적인 것과 공간적인 것으

현상의 변화는 함수관계에 있다.

로 구분된다. 시간적인 자원은 사업의 우선순위 선택 및 (선택된 사업의) 적정한 진행 순서(sequences)[27]와 관련되어 있다. 특히 사업의 우선순위는 공간현상에 따라 다른 사회적 할인율(SRD, Social Rate of Discount)이[28] 적용되기 때문에 국가마다, 지역마다 다르다. 또한 시·공간 자원의 투입은 의도된 '변화'의 방향 및 속도와 함수관계에 있다. 의도된 변화의 폭(변화의 방향과 속도의 합)이 크면 시·공간 자원의 투입을 늘려야 하는데, 이 경우에도 시간 자원과 공간 자원은 서로 상쇄관계(trade off)에 있다. 즉, 시간 자원을 많이 투입하면 공간 자원을 절약할 수 있고, 공간 자원을 많이 투입하면 시간을 단축시킬 수 있다.

대체로 인간 삶의 기본적인 여건이 조성되지 않은 경우, 즉, 빈곤상태라든가 낙후 정도가 심한 경우엔 사회적 할인율이 커서 미래의 자원과 기회가 당장의 수요를 충당하기 위해 헐값으로 판매 혹은 사용되기 쉽다. 예를 들면 개발도상국에서 통용되는 이자율은 선진국의 그것에 비해 상대적으로 높다. 대체로 가난은 미래보다는 현재의 문제에 집착하는 경향이 있어서 시계열상 악순환의 굴레를 벗어나기 어렵다. 개발도상국가는 미래 더 유용할 수 있는 공간자원을 헐값으로 외국에 판매하거나 당장의 기본적인 수요를 충족시키기 위해 급하게 사용하려는 성향을 보인다.

'개발'은 두 시점 간의 비교를 전제로 구상, 계획되고, 자원투입 등 수단을 선택한다. 따라서 시간과 공간은 개발과정을 통해 서로 교환된다. 결국 '발전현상'은 시간과 공간의 상호작용으로 표현될 수 있다. 이 책은 시간과 공간의 상호작용 관점에서 지역발전 패러다임 변화를 탐색할 수 있는 '분석틀'을 검토하고, 이러한 분석틀에 따라 새마을운동의 진화과정을 설명하기 위한 것이다.

---

27 선택된 사업의 적정한 진행순서는 인과관계(causal relation)에 근거한 순차(順次)를 의미한다. 인과관계를 고려하지 않고 사업의 순차를 정하다보면 비용이 많이 들거나, 하지 않아도 되는 일을 하거나, 혹은 한 일을 다시 원상태로 돌려놓아야 할 경우가 발생한다.
28 사회적 할인율은 두 가지 맥락에서 결정된다. 하나는 다양한 일(사업) 중에서 다급한 정도에 따라 결정되는 맥락이고, 다른 하나는 일의 연속된 순서(successive sequences) 혹은 전·후 연계성에 따라 정해지는 맥락이다.

지역발전의 시간함수

존재하는 모든 물체는 변한다. 그러나 변화 자체에는 실체(substance)가 없다. 변화를 정의하기가 어려운 이유가 여기에 있다. 다만 변화의 주체가 존재방식을 바꾸거나 존재형태를 달리할 경우에 변화가 있었음을 느낄 수 있다. 학문은 인간 삶에 영향을 미치는 모든 존재의 변화에 대한 의구심(inquiry)으로부터 출발한다. 인간은 이러한 의구심에 답을 추구하면서 지식을 축적하고 문명을 일구어 왔다. 모든 지식과 문명은 변화하기 때문에 소중하다. 인간은 변화하지 않는 사물이나 현상에 대해서는 호기심과 관심을 갖지 않는다. 존재하는 모든 사물이나 사건은 그 원인(혹은 조건)과 결과를 이어주는 설명(explanation)을 통해 질서와 명칭이 주어진다.

변화과정에서 발견되는 질서와 분류를 통해 부여되는 명칭은 인간 생활에서 긴장(tension)을 줄여주고 예측을 가능하게 해준다. 이 과정에서 인간은 가치를 생산하고, 집단 혹은 사회를 유지, 관리할 수 있는 '틀' 즉, 제도와 조직을 만든다. 사물이나 사건이 어디서, 언제 존재하는가는 인간의 삶과 생활환경에 대한 설명의 기초를 이룬다. 존재하는 모든 것은 무한정한 부(不)존재 영역과 비교하면 극히 일부에 지나지 않아 '특별한 것'이어서 특정한 '시간'과 '공간'을 점유한다. 따라서 동일한 차원에서의 어떤 사물이나 사건은 '시간'과 '공간'의 상호작용 관점에서 서로 배타적이다. 즉, 동일한 차원에서라면 어떠한 사물이나 사건도 동시에 같은 공간을 점유하지 않는다.

이에 반하여 인류는 공간과 시간으로부터 자유로운 보편성(universality)을 추구해왔다. 보편성은 다양한 존재들을 인식함에 있어서 통일된 정체성을 발견하는 방식으로 접근될 수 있다. 보편성의 평가기준이 '어디에서나', '언제나' 가능한 성질의 발견과 확인에 있기 때문이다. 결국 인간이 추구하는 지식은 1차적으로는 시간과 공간의 배타적 관점에서 개별 '특수성(uniqueness)'을 인식하는 것이고, 2차적으로는 개별 '특수성'의 공통적인 성질과 성분을 추출하여 '보편성'을 확인하는 것이며, 3차적으로는 현재까지의 '보편성'을 미래의 '바람직한 상태'로 연결하기 위한 '타당성(validity)'을 검증하는 단계로 이루어져 있다.

　개별 특수성은 존재 자체와, 보편성은 존재의 가능성과, 타당성은 그러한 존재의 상호작용 혹은 역할(기능성)과 관련되어 있다. 인간의 인식체계에서 보면, 특수성은 차이점을 통해, 보편성은 공통점을 통해, 그리고 타당성은 지속가능성을 통해 확인된다. 이러한 관점에서 이 장은 바람직한 지역의 변화, 즉, 지역발전에 내재되어 있는 시간함수의 속성을 다룬다. 지역발전은 방향과 속도를 통해 정의될 수 있다. 특히 지역발전의 속도는 사회적 할인율을 통해 미래를 현재로 맞바꿀 수 있기 때문에 매우 중요하다. 이 과정에서 사회적 할인율에 대한 현 세대만의 자의적 판단이 미래세대에 대한 폭력으로 이어질 수 있다.

1　시간좌표의 개념과 접근방식

　바람(wind)은 사람의 눈으로는 그 존재가 확인되지 않는다. 그러나 바람의 존재를 부인하는 사람은 없다. 다만 바람은 움직임(movement)이라서 정형화된 실체를 가지고 있지 않을 뿐이다. 바람이 낙엽을 몰고 간다고 하여 낙엽 자체를 바람의 구성성분이라 하지 않는다. 낙엽은 바람의 영향을 받아 움직일 뿐, 바람의 존재를 구성하지 않는다. 그렇더라도 바람과 낙엽은 일정 범위의 공간과 시간을 공유하면서 서로에게 영향을 미치리라고 짐작된다. 따라서 일정 범위의 공간에서 일어나거나 존재하는 사물이나 사건은 모두 상호작용하리라는 추측이 가능하다. 이러한 상호작용은 변화의 순서로 이루어져 있고, 시간흐름을 통해 인지된다.

1) 시간의 개념

　인간이 인식하는 모든 존재는 인간 삶에 영향을 미친다. 또한 존재하는 물체는 모두 변한다. 인간도 변화로부터 자유롭지 않다. 그러나 변화 자체에는 실체

(substance)가 없다. 변화를 정의하기가 어려운 이유가 여기에 있다. 다만 변화의 주체가 존재방식을 바꾸거나 존재형태를 달리할 경우에 변화가 있었음을 느낄 수 있다. 그럼에도 불구하고 변화를 설명할 수 없다면 인간 삶에 가치를 부여하기 어렵고, 인류의 지속가능성도 이해하기 어렵다. 변화를 설명할 수 없다면 인간의 삶과 생활환경은 혼돈 그 자체일 것이다. 이와 같이 학문은 인간 삶에 영향을 미치는 모든 존재의 변화에 대한 의구심(inquiry)으로부터 출발한다. 인간은 이러한 의구심에 답을 추구하면서 지식을 축적하고 문명을 일구어 오고 있다. 모든 지식과 문명은 변화하기 때문에 소중하다. 인간은 변화하지 않는 사물이나 현상에 대해서는 호기심과 관심을 갖지 않는다.

존재하는 모든 사물이나 사건은 동일 차원에서 그 원인(혹은 조건)과 결과를 이어주는 설명(explanation)을 통해 질서와 명칭이 주어진다. 원인과 결과의 연계는 설명할 수 있는 변화를 통해서 가능하다. 변화과정에서 발견되는 질서와 분류를 통해 부여되는 명칭은 인간 생활에서 긴장(tension)을 줄여주고 예측을 가능하게 해준다. 이 과정에서 인간은 가치를 생산하고, 집단 혹은 사회를 유지, 관리할 수 있는 '틀' 즉, 제도와 조직을 만든다. 사물이나 사건이 어디서, 언제 존재하는가는 인간의 삶과 생활환경에 대한 설명의 기초를 이룬다. 존재하는 모든 것은 무한정한 부(不)존재 영역과 비교하면 극히 일부에 지나지 않아 '특별한 것'이어서 특정한 '시간'과 '공간'을 점유한다. 따라서 어떤 사물이나 사건은 동일한 '시간'과 '공간'의 상호작용 차원에서 서로 배타적이라서 같은 공간을 점유하지 않는다. 서로 다른 사건이나 사물은 반드시 존재하는 시간 범위가 다르거나 공간형태를 달리한다.

이에 반하여 인류는 공간과 시간으로부터 자유로운 보편성(universality)을 추구해왔다. 보편성은 다양한 존재들을 인식함에 있어서 통일된 정체성을 발견하는 방식으로 접근될 수 있다. 보편성의 평가기준이 '어디에서나', '언제나' 가능한 성질의 발견과 확인에 있기 때문이다. 결국 인간이 추구하는 지식은 1차적으로는 동일 차원에서 개별 '특수성'을 인식하는 것이고, 2차적으로는 개별 '특수성'의 공통적인 성질과 성분을 추출하여 '보편성'을 확인하는 것이며,[29] 3차적으로

---

29 인간이 보편성을 추구하는 과정은 결과적으로 공통된 부분의 발견이지만 이 과정에서 서로 구분되

는 현재까지의 '보편성'을 미래의 '바람직한 상태'로 연결하기 위한 '타당성(validity)'을 검증하는 단계로 이루어져 있다. 즉, 개별 특수성은 동일 차원에서, 보편성은 다양한 차원의 치환을 통해, 그리고 타당성은 다차원의 상호작용 관점에서 접근된다. 개별 특수성은 존재 자체와, 보편성은 존재의 가능성과, 타당성은 그러한 존재의 상호작용 혹은 역할(기능성)과 관련되어 있다. 인간의 인식체계에서 보면, 특수성은 차이점을 통해, 보편성은 공통점을 통해, 그리고 타당성은 지속가능성을 통해 확인된다. 이 세상에 아무런 역할이나 기능이 없는 존재란 없다. '보편성'은 그 자체로서 정당하고(존재 자체를 정당성으로 인지하는 경우가 많음), '타당성'은 미래 기대치의 범위 안에서 작동한다.

　　일관된 '원인(혹은 조건)과 결과'로 이어지는 일련의 계기적 연계성(successive sequences)은 변화를 설명할 수 있는 논리(logic)를 포함한다. 그러나 역설적으로 인간이 탐색하는 논리는 변화로부터 상대적으로 자유롭다. 논리는 변화하는 사물이나 사건의 보편성과 타당성의 판별기준이라서 그 자체가 쉽게 변화하지 않기 때문이다. 논리가 쉽게 변화한다면 사물이나 집단의 정체성을 확인할 수 없고, 생각하는 바를 다른 사람과 교환하기도 어렵다. 존재의 보편성과 존재방식의 타당성은 합리성(rationality)을 통해 확인 가능한데, 합리성은 이성(理性, reason)에 의한 논리연계로 정당화 된다. 감성(sense)은 주관적이라서 사물이나 사건의 존재를 표현하는 기준으로서는 부적합한 것으로 여겨졌다. 사물이나 사건의 '진실한 이치(곧 진리, truth)'를 밝히는 학문의 관점에서 보면 이성에 근거한 논리 탐구방법만이 제한된 시간범위 안에서 타당한 설명을 가능하게 해준다. 따라서 합리성은 학문의 영역을 확인하는 인식도구이다.

　　그러나 과학철학자 Meyerson(1930)의 주장대로 "합리성을 추구하는 과학이 점점 더 시간변화(variation in time)를 억제하는 경향을 띠고 있었다."[30] 즉, 과학자들은 다양한 개별 구성요소의 독특한 존재를 자신들이 만들어낸 '인식 틀' 안에 집어넣으려고 했고, 그러한 '인식 틀'로 설명할 수 없는 존재를 무시하는 결

는 차이점도 동시에 확인된다. 따라서 보편성은 '서로 다르지 않음'을 확인하는 과정이라고 정의할 수도 있다.

30 이 부분은 Whitrow(1980:3)에서 재인용하였다.

과를 초래한 셈이다. 이러한 관점에서 Simon(1957)은 인간의 인지능력 한계로 인해 제한된 합리성(bounded rationality)만을 추구할 수밖에 없음을 밝히고 있다. 존재하는 모든 것은 변하고 있는데, 이러한 변화를 통제하려는 과학적 노력이 오히려 존재를 설명하지 못하는 경우를 만들고 있다.

사물이나 사건의 일정한 정태적 존재방식은 공간 점유형태(크기, 모양, 색깔, 무게, 질감 등)로 기술(記述)된다. 하지만 크기, 모양, 색깔, 무게, 질감 등으로는 변화하는 동태적 과정을 설명할 수 없다. 시간은 이러한 사물이나 사건의 동태적 변화를 설명하기 위한 인식도구이다. 즉, 시간은 다른 사물이나 사건의 존재를 설명하는 '도구'이지 존재하는 실체가 아니다. 바람과 시간의 차이가 여기에 있다. 바람은 공기 압력의 차이나 낙엽 등의 움직임으로 감지되는 현상으로서 실제 존재하지만, 시간은 다른 사물이나 사건의 존재를 표현하는 좌표로서 인식될 뿐, 그 자체는 존재하지 않는다.

이와 같이 시간은 변화를 인지하고 평가하는데 매우 유용한 기준이고 척도이다. 변화란 기준 시점과 비교 시점 사이의 특정 사물이나 사건의 존재방식 및 속성을 비교한 결과물이다. 변화를 인식하는데 시간이 중요한 이유는 변화 자체가 시간의 함수이기도 하지만 변화의 속도(speed)가 인간생활방식에 큰 영향을 미치기 때문이다. 시간 자체가 변화속도의 척도는 아니다. 하지만 변화의 양(量) 혹은 폭(幅)은 시간의 경과를 측정할 수 있는 기준이 되고 이들 시간경과를 통해 사물이나 사건의 변화를 비교함으로써 속도를 도출할 수 있다.[31] 특히 서로 다른 사물이나 사건의 변화를 비교할 경우 시간은 중요한 인식척도로서 설명력을 높여준다.

2) 시간 단위

그러나 이러한 속도를 도출하기 위해서는 누구에게나, 언제나 '동일함'을 증명할 수 있는 고정된(fixed) 인식단위가 필요하다. 즉, 속도는 사물과 사건의 변화량으로 환산이 가능한데, 이러한 변화량을 판별할 수 있는 객관적 척도가 필

---

31 특히 서로 다른 사물이나 사건의 변화를 비교할 경우, 시간은 각각의 변화속도를 산출하는 기준이다.

요한 것이다. 이러한 객관적 척도는 모두에게 동일한 천체(즉, 우주, universe) 움직임의 반복적 규칙성을 통해 얻을 수 있다. '해가 떠오르고 지는 사건'이라든지, '겨울이 가고 봄이 오는 계절의 경과 혹은 연속성'을 인식한다면 이를 누구에게나 설명이 가능한 객관적인 시간경과로 대응시킬 수 있게 된다. 시간은 지적 의장(mental construct)으로서 일 년, 한 달, 하루, 시·분·초의 설계가 일종의 사회적 약속에 해당된다. 따라서 인간이 다른 사람들과 전혀 관계를 만들지 않고 독자적인 생물적 존재형태만 유지할 경우 시간은 다르게 설정될 수 있고, 이러한 시간 단위 자체가 필요하지 않을 수 있다.

인간은 사회적 동물로서 '어디서' 활동하는가도 중요하지만, 언제, 어느 시대에 활동하는가도 역시 중요하다. 인간에게 '어디서'라는 공간특성과 '언제'라는 시간적 좌표는 다른 사람과의 관계를 형성하는 기반이자 수단이다. '어디서'라는 공간특성은 지리적 연고성(즉, 지연관계)을 형성하는 기반이 되고, '언제'라는 시간좌표는 변화에 관한 사고체계의 맥락을 이루는 중요요소이다. 흔히 호남인맥과 영남인맥 등은 지연(地緣)관계의 중요성을 인정하는 분류항목처럼 사용되고 있고, 전후세대와 출산전성기 세대(baby boomer generation) 등은 시대적 상황이 사회구조 변화와 밀접하게 연계되어 있음을 반영한 시대좌표 혹은 시대감각(the sense of times)의 설정이다.

인간의 삶과 관련하여 생애주기의 생물학적 시간(biological time)이 있을 수 있고, 또 사물이나 사건의 중요도에 따라 주관적으로 느껴지는 심리적 시간(psychological time)도 있을 수 있다. 문제는 이러한 시간개념을 다른 사람과의 의사소통에 활용하는 경우에 나타난다. 동일한 시간단위를 설정하고 이를 다른 현상에 적용할 경우, 전혀 다른 차원의 설명이 가능하다. 하루에 100km를 달리고, 하루에 밀가루 20㎥을 생산하는 일은 서로 다르지만 하루라는 시간에 할 수 있는 일의 양을 설명하기엔 매우 편리하다. 하지만 인간의 일생과 개미의 일생이 다르듯이 같은 인간이라 하더라도 누구에겐 일생이 100년일 수 있고, 또 다른 누구에겐 80년이 될 수도 있다. 물리적으로 같은 주기(cycle)에 속하는 3년이라도 누구에겐 노년기로 인지되고, 누구에겐 유년기로 인식될 수도 있다. 이와 같이 상황인식이 서로 다른 사람과의 원활한 의사소통을 위해 누구에게나 동일한 반복적 규칙성에 근거하여 시간단위가 만들어졌다.

시계가 시간을 측정하는 기준이 아니라 우주(cosmos) 혹은 물체에서 반복적으로 형성된 규칙성이 시간의 기준이다. 인간은 사물 혹은 사물끼리의 반복적이고 규칙적인 움직임을 나누어 시간단위를 만들고 이를 측정하고 표현하기 위해 시계를 발명하였다. 시계가 멈췄다고 시간이 정지되는 게 아니다. 또 시계 바늘을 빨리 돌렸다고 하여 시간이 빨리 지나가는 것도 아니다. 시간은 변화를 만들지 못하고, 변화가 시간을 인지하는 대상이다. 이와 같이 시간은 구체적인 실체도 아니고, 조작할 수 있는 대상도 아니다.

하루, 1년, 5년 등은 우주현상에서 읽혀지는 천문(天文, 즉 우주의 언어, language of heaven)에 속하고, 이러한 천문이 공간에 영향을 주어 자연환경, 생태계의 변화를 초래한다. 예로부터 지혜(智慧)의 높은 경지를 "천문(天文)에 밝고 지리(地理)에 능통하다."로 표현했던 이유도 결국 인간사회에서 시간과 공간의 상호작용을 잘 이해할 필요성을 인정했기 때문이다. 동양의 고전인 시경(詩經)의 왕풍(王風)편에 실려 있는 '채갈(采葛, 칡을 캐다)'이라는 시(詩)는 객관적인 계절경과를 주관적 심리변화로 묘사하고 있다.

> 彼采葛兮, 一日不見, 如三月兮 (*피채갈혜, 일일불견, 여삼월혜*)
> 彼采蕭兮, 一日不見, 如三秋兮 (*피채소혜, 일일불견, 여삼추혜*)
> 彼采艾兮, 一日不見, 如三歲兮 (*피채애혜, 일일불견, 여삼세혜*)

위 채갈(采葛)이라는 시는 우주의 반복적 규칙성인 계절의 변화를 사람의 습관적 행태(采葛; 칡을 캐다, 采蕭; 대쑥(나물)을 캐다, 采艾; 약쑥을 뜯다)로 표현하고 누구에게나 동일한 기준(하루를 못 보면)을 설정하여 주관적인 시간경과(석 달, 3년, 3세대의 느낌)를 점층법으로 표현하고 있다. 따라서 시간은 현상과 인간의 사고체계를 이어주는 인식근거이다. 또한 주관적으로 느끼는 시간의 경과 자체가 사람의 정서를 반영하고 있다.

결국 시간은 특정 현상이나 활동(움직임)의 반복적 주기(cycle)로부터 의제된 인식 '틀'로서 인간활동을 설명하는데 유용한 좌표이다. 원시경제는 물물교환으로 특징지어진다. 즉, 이러한 원시경제에서는 '쌀 엿 말을 베 한 필로 맞바꾸는 식'의 물물교환이 이루어졌을 것이다. 또한 원시사회에서 인간활동 혹은 이의 빈도(頻度)는 '태양이 두 번 뜨고 지는 사이' 등으로 누구에게나 동일한 현상이나 기준에 빗대어 그 크기를 설명했을 것이다. 즉, '태양이 뜰 때부터 태양이 질 때까지 스무 이랑의 밭을 갈았다.'와 같이 누군가의 하루 일과가 설명되었을 것이다.

그러나 시장경제가 활성화되면서 화폐라는 편리한 교환수단을 등장 시켰던 것처럼, 특정 현상 혹은 사실관계의 반복적 주기성으로 표현하던 의사소통수단이 '시간' 개념이라는 단위를 도입하여 대체되기 시작하였다. '해가 떠서 질 때까지 세 번의 식사'와 같은 인간활동을 표현하는 방식이 '4월 중순 낮 13시간 동안 세 번의 식사'라는 표현으로 대체되어 보다 객관적인 의미를 전달할 수 있게 되었다. 이와 같이 시간단위로 설명되는 인간의 행동은 주기와 속도로 분해될 수 있어서 다른 사람의 그것과 비교되기 쉽고, 비교를 통해 차이를 발견하기 쉽게 되었다. 이러한 차이는 시간과 인간활동의 상호관계를 보다 명확하게 전달해준다. '차이의 발견'이 구체적이고 객관적일수록 설명력을 높여주고, 인지결과는 다른 사람과의 의사소통을 쉽게 만들어 인간의 활동범위를 넓혀준다. 즉, 시간의 발명[32]은 의사소통의 큰 혁명을 초래하였다. 고대문명은 나름대로 고유한 달력(calendar)을 개발하여 사용했었다.

지구환경에 가장 큰 영향을 미치는 것은 우주(혹은 천체) 움직임의 반복적 규칙성이다. 계절은 태양 주위를 지구가 동일한 주기로 공전하면서 반복적으로 나타난다. 천체의 움직임을 관찰하여 이를 인간활동과 연계 짓기 시작한 것은 매우 오래된 일이다. 초기 점성술은 천체의 움직임이 인간생활의 길흉화복(吉凶禍福)을 결정한다고 믿는데서 비롯되었다. 점성술에서의 예측은 인간의 삶에 미치는 많은 영향요소를 천체의 움직임과 관련한 사물, 혹은 사물끼리의 상대적 관계에서 찾는다. 개별 인간의 삶의 방식은 자연환경으로부터 자유롭지 못하고, 자연환경은 천체 움직임으로부터 파생된 결과물로 간주되었던 것이다.

동아시아에서 인간의 일생을 예측하는데 오래전부터 사용해오던 사주(四柱)는 천체와 지구의 상호작용으로 나타나는 거주환경이 인간의 삶을 결정짓는다고 믿는데서 출발한다. 태양과 달(moon)의 움직임은 지구환경에 가장 큰 영향을 미친

---

32 시간은 존재하지 않기 때문에 이의 인지는 '발명'이라는 표현이 더 어울린다.

다. 특정 사람이 태어날 때 태양과 달의 상대적 위치와 움직임은 그 사람의 일생에 큰 영향을 미치는 프로그램을 이룬다. 인간이 태어날 때의 연도(year), 달(month), 일(day), 시간대(time zone)는 그 사람의 일생을 떠받치고 있는 네 기둥(四柱)에 해당한다. 따라서 사주(四柱)는 출생 시점의 환경만을 해당 인간의 삶을 예측하는 근거로 수용하여 태어난 이후의 환경변화를 반영하지 못하는 논리적 결함을 지니고 있다.[33]

　시간단위가 실제 존재하는 현상이 아니라 지적 의장(mental construct)에 불과하다는 사실은 두 행성의 각기 다른 반복적 규칙성의 주기를 비교하면 분명하다. 지구가 태양 주위를 한 바퀴 공전하는 동안 365번 자전하면서 낮과 밤을 반복한다. 이러한 태양과 지구의 상대적 움직임의 규칙성으로 인간은 하루와 1년을 의제할 수 있었다. 낮과 밤의 반복은 인간생활에 가장 큰 영향을 미친다. 다음으로 인간생활에 큰 영향을 주는 것은 계절의 반복적 변화이다. 따라서 인간은 낮과 밤이 반복적으로 교차하는 하루를 가장 기본적인 시간단위로 인지하였고, 계절의 반복적 주기(약 365일)를 통해 1년을 설정하였다. 또한 인간은 하루를 나누어 시간단위를 정의하였으며, 한 시간을 분(分) 단위와 초(秒) 단위로 구분하고 있다. 처음부터 초(秒), 분(分), 시간 단위를 만들고 하루를 정한 것이 아니다.

　화성의 공전주기는 지구에서의 687일에 해당한다. 태양계에서 지구와 화성의 시간좌표는 각각의 공전주기와 자전주기에 따라 다르다. 지구의 공전주기는 화성의 공전주기보다 짧아서 지구에서의 1년은 화성 1년의 53.13%에 해당한다. 지구의 자전주기는 낮과 밤의 반복적 규칙성에 근거하여 24시간으로 구분되고 있는데, 이러한 지구의 시간좌표로 화성의 자전주기(하루)를 측정하면 24시간 37분으로 지구에서보다 길다. 이와 같이 시간 개념은 다른 사물이나 사건의 존재를 표현하기 위한 인식좌표이지 존재하는 실체가 아니다. 따라서 물리적 시간

---

33 포도주의 품질은 원료(포도) 산지의 자연환경 조건(토양, 일조량, 강우량 등)에 의해 크게 다르다고 한다. 그러나 원료의 생육조건이 포도주 품질 전부를 결정하지 않는다. 포도주 품질은 포도의 발효과정에 따라 크게 다를 수 있기 때문이다. 그렇더라도 포도의 생육조건은 인위적으로 조작이 어려워서 인간에겐 매우 중요한 포도주 품질 결정인자로 인식된다. 마찬가지로 자연환경의 조작이 어려웠던 농경사회에서 사주(四柱)는 인간 삶에 중요한 영향인자로 인식되었다. 그러나 동일한 사주를 타고난 사람이 2차적인 환경변화와 자신들의 노력에 따라 크게 다른 삶을 영위한다.

(physical time) 혹은 천문시간(天文時間, universe time) 단위는 어느 사물(천체) 혹은 사건(공전 혹은 자전)의 반복적 규칙성에 근거하여 설정되느냐에 따라 달라진다. 지구를 중심으로 달의 공전주기에 맞춘 달력이 음력이고 태양을 중심으로 지구의 공전주기에 맞춘 달력이 양력이다.

2 시간좌표의 유형

시간좌표의 설계에 따라 동일한 존재의 변화도 다양한 의미로 해석될 수 있다. 시간좌표는 하루, 한 시간, 17분 등 시간 단위로 구성되어 있는데, 시간 단위 또한 지적 의장으로서 다양하게 설계될 수 있다. Parkes and Thrift(1980:36-107)는 시간(time)의 다면적 속성을 소개하면서 시간의 유형을 크게 우주의 반복적 규칙성에 근거한 천문시간(universe time)[34]과 인간생활의 보조수단으로서의 준(準)시간대(paratimes)로 구분하였다. 인간생활의 보조수단으로서 준(準)시간대는 다시 생애(life-times)와 사회적 시간대(social times)로 구분될 수 있다. 이러한 시간의 유형은 인간활동의 분류체계와 밀접한 관계를 가지고 있다. 특히 시간은 반복적 규칙성으로 인해 인간생활을 설명할 수 있는 '분석틀'이고 '인식 틀'이다.

다른 한편 Whitrow(1980)는 시간의 유형을 보편적 시간(universal time), 인간시간(human time), 생물적 시간(biological time), 수리적 시간(mathematical time), 상대성 시간(relativistic time), 시·공간과 천문시간(space-time and cosmic time)으로 구분한다. 이러한 구분은 각기 차원이 다른 시간유형을 확인한 것이지만 나름대로 시간과 인간의 생활을 이해하는데 유용하다. Whitrow(1980: 33-41)는 인간이 일상에서 보편적으로 인지하는 시간을 다시 절대시간(absolute time), 상대시간(relational time), 주기적 시간(cyclic time)으로 구분한다. 특히 그는 시간과 공간의 상호작용을 Kant(1781)의 저서 「순수이성비판(Kritik der reinen Vernunft,

---

34 Whitrow(1980)는 Parkes and Thrift(1980)의 'universe time' 대신에 'cosmic time'이라는 용어를 사용하고 있다. 따라서 Whitrow(1980)의 보편적 시간(universal time)은 Parkes and Thrift(1980) 의 천문시간(universe time)과 다르다.

Critique of Pure Reason)」으로부터 인용하고 있다.

Kant(1781)는 「순수이성비판」에서 모든 사건들은 나름대로 원인을 가지고 있다는 '인과율의 원리(Law of Causality)'와 어떠한 변화에도 불구하고 변하지 않는 실체가 존재한다는 '실체 고정성의 원칙'을 형이상학의 인식대상으로 삼는다. Kant는 이러한 인식을 경험이나 습관에 근거한 '연상법칙'의 산물로부터 분리하여 '선험적(a priori, 先驗的) 종합판단'으로 구분한다. Kant는 이어서 '선험적 종합판단'을 접근할 수 있는 두 축으로 '시간'과 '공간'을 언급하고 이 둘을 인간이 대상을 느낄 수 있는 선험적 형식으로 인식한다.

따라서 Kant에게 '시간'과 '공간'은 존재하거나 인간의 인식대상인 사물이나 사건의 속성이 아니라, 인간의 인식능력과 관련한 '주관적인 조건'에 해당한다. 인간이 인지하는 현상은 이러한 인식주관의 조건에 의존한다. 즉, 인간이 느끼는 모든 대상들은 선험적으로 시간과 공간에 의해 규정되는 '현상'이지 이를 인식하는 인간과 상관없이 존재하는 사물이 아니라는 것이다(서울대학교 철학사상연구소 편, 「순수이성비판」).

Kant(1781)의 이러한 주장은 '현상'의 이해와 관련하여 서로 상반된 의구심을 초래한다. 즉, 현상이 '인식의 틀'인지 아니면 '인식의 대상'인지에 대한 의구심이다. 이 책에서 저자는 '공간현상'은 인간의 '인식 대상'으로, '시간'은 '인식의 틀'로 상정한다. 공간은 변화하는 다양한 실체의 집합체로서 공간 구성요소와 이들의 상호작용에 의해 시간 축에서 특정한 '현상'을 만들어 내고 있기 때문에 이들 '현상'의 기본적 성분을 포함한다고 보아야 할 것이다. 이에 반해 시간은 사물, 사건 혹은 현상을 '변화'의 관점에서 인식하는 도구이지, 인간이 인식해야 할 대상이 아니다. 이 책의 제목도 이러한 관점에서 시간과 공간의 상호작용에 초점을 두고 있다. 이 책에서 시간과 공간의 상호작용은 동일한 공간현상을 가변적인 시간함수로 인식하는 접근방식을 의미한다.

1) 천문시간에 의한 시간좌표 단위

우선 천문(天文) 단위로서의 시간은 하루, 3일, 1년, 7년 혹은 (음력) 한 달, 또는 1년 석 달 23일 2시간 57분 32초 등으로 표현될 수 있다. 만약 화성에서의 천문시간이라면 시간단위 또한 지구에서의 시간단위와 다르게 설계되었을 것이다. 결국 우주(혹은 천체)의 반복적 규칙성도 이를 관찰하는 입장에 따라 다르다. 화성의 1년, 하루는 지구에서의 1년 혹은 하루와 다르다. 따라서 화성에서의 계절별 태양의 영향과 지구에서의 계절별 태양의 영향도 다르고, 이러한 반복적 규칙성에 따라 생활하도록 적응한 생물체(화성에도 생물체가 존재한다면)의 존재행태나 존재방식 또한 다를 것이다.

지구에서도 반복하여 나타나는 하루라는 온전한 자전주기를 10진법으로 나누어 시간, 분, 초 단위를 설계했다면 인류의 천문 시간단위 표기도 달랐을 것이다. 하루는 열 시간, 한 시간은 10분, 1분은 10초 등등 ····· 결국 재설계된 시간 단위는 인간의 생활방식에도 영향을 미쳤을 것이고, 또 현재와는 다른 인간사회가 형성되었을 것이다. 지적 의장도 현실 세계를 가장 잘 표현하는 방식으로 만들어지는 것이라서 일단 규격화되면 또 다른 인간행동 양식을 만들어낸다. 결국 시간좌표를 어떻게 설계하고, 인식하는가는 인간사회를 설명하는데 매우 중요하다. 따라서 시간좌표는 인간의 인식대상이 아니라 인식도구이다. 이러한 인식도구는 인간의 행동양식과 상호작용관계에 있다.

천문단위로서의 시간좌표라고 해서 완벽한 것은 아니다. 인간의 인식한계로 인해 우주의 전체 크기와 범위를 모를 경우 한정된 천체 범위에서 움직임을 파악할 수밖에 없다. 천체 움직임의 반복적 규칙성 또한 제한된 범위로 한정할 수밖에 없어서 이들 움직임의 기준점에 따라 반복성과 규칙성은 달라질 수 있다. 이 경우 천체의 움직임에서 도출되는 일련의 계기적 연계성 또한 달라져서 변화를 설명할 수 있는 논리도 변한다. 태양계 범위에서의 움직임 규칙성과 은하계에서의 그것은 다를 수 있고, 우주 전체를 대상으로 파악되는 반복성과 규칙성 또한 달라질 수 있다. 따라서 우주의 전체를 파악하지 못한 상태에서의 천문시간 단위도 절대적이라 할 수 없다. 다만 인간에게 가장 큰 영향을 미치는 태양계의 반복적 주기적 움직임이 시간설계에 매우 중요하다는 사실은 인정된다.

2) 준(準)시간대에 의한 시간좌표 단위

인간생활과 관련한 보조 인식도구로서의 준(準)시간대(paratimes)는 문화와 경제, 사회적 맥락에 따라 달리 설정되고, 인식된다. 이와 같이 준(準)시간대를 구성하는 시간좌표의 단위에는 인간의 기대수명, 인간생활에 필요한 제품의 생애주기(Product Life Cycle), 기술혁신주기(Technological Innovation Cycle) 등이 있다.

(1) 인간의 기대수명

준(準)시간대에서 가장 중요한 지표는 기대수명(life expectancy at birth in years)이다. <표 3-1>에서와 같이 한국인의 기대수명은 시대별로 늘어나서 생애주기(life cycle)를 달리하고 있다. 이러한 생애주기의 증가는 곧 생활방식도 변화시킨다. 시간좌표는 인간의 생활방식을 이해하기 위한 (실제로는 존재하지 않는) 창(window)에 해당한다. 창(window)은 대상의 인지범위를 결정한다. 따라서 인간의 기대수명은 경제, 교육, 사회 구성 및 미래 사회에 대한 적응력 등에 영향을 미쳐서 인간이 인식해야 할 대상 자체를 변화시킨다.

인간의 기대수명은 영양상태, 공중보건, 개인위생, 사회활동과 관련한 기회균등, 생활태도, 경제활동, 문화인식 등 인간의 생활양식 모두를 표현하는 시간좌표의 중요 구성요소이다. <표 3-1>은 새마을운동이 중요 국정과제로 채택된 1970년 이후의 한국인 기대수명 변화를 보여준다. 1970년 한국인의 기대수명은 62.3세에 불과하였으나 20년 뒤인 1990년도엔 71.7세로 늘어났고, 다시 20년 뒤인 2010년도엔 80.2세로 늘어났다. 이와 같이 기대수명이 늘어나면서 한국인의 연령대별 인구구조도 달라졌고, 노인인구의 증가로 사회복지체계도 달라졌다.

한국사회에서 사람이 태어나 만 60세가 되는 해의 생일은 환갑(還甲)이라고 해서 새로운 인생을 사는 의미를 지녔다. 환갑을 맞이한 사람은 주변 친지들을 초대하여 특별한 잔치를 베풀었고, 주변으로부터 축하를 받았다. 당시 한국사회에서 사람이 태어나 60세를 사는 것이 특별했던 것이다. 그러나 한국사회에서 기대수명이 <표 3-1>처럼 늘어나서 사람이 태어나 60년을 사는 것이 흔해졌다. 요즘 환갑잔치를 벌이는 한국 사람이 거의 없다. 예전 같으면 60세를 넘기고 새로운 직장과 새로운 인생설계를 하는 경우가 없었겠지만 요즘 한국사회에

표 3-1 **한국인의 연도별 기대수명 변화**

연도	1970	1980	1990	2000	2010	2018
합계	62.3	66.1	71.7	76.0	80.2	82.7
남자	58.7	61.9	67.5	72.3	76.8	79.7
여자	65.8	70.4	75.9	79.7	83.6	85.7

출처: 통계청(2019. 12. 4). 2018 생명표(보도자료)

서는 만 65세를 넘기고도 새로운 인생설계를 하는 사람들이 늘어나고 있다.

인간의 기대수명이 중요한 시간좌표의 구성요소로 해석되는 이유는 다음 두 가지로 요약된다. 첫째, 인간의 기대수명에 영향을 미치는 모든 변수가 인간의 생활양식과 생활환경 그리고 경제, 사회, 정치, 문화적 상황을 잘 반영하고 있다는 점이다. 둘째는 기대수명 자체가 생활양식과 생활환경, 그리고 경제, 사회, 정치, 문화적 상황을 설계하는 중요한 척도가 되고 있다는 점이다. 나라가 경제정책과 사회복지정책을 수립할 경우, 국민들의 기대수명은 매우 중요한 고려사항이다. 특히 인간의 기대수명과 관련하여 유아기, 청소년기, 청·장년기, 노년기와 같은 시대구분은 국가운영에서 교육정책, 고용과 경제활동, 사회복지의 범위를 설정하는데 커다란 영향을 미친다.

(2) 제품수명주기

준(準)시간대(paratimes)와 관련하여 또 다른 시간좌표는 제품의 수명주기(PLC, product life cycle)에서 찾을 수 있다. 산업기술은 대체로 제품 관련기술, 공정 관련기술, 그리고 유통 관련 기술로 크게 분류된다. 제품 관련기술이 진전되면서 이들 제품생산업자들이 보여주는 입지성향은 Vernon(1966)에 의해 정리된 바 있다.[35] Vernon(1966)은 1930년대부터 경제학 분야에서 제기된 내생적 혁신, 새로운 제품기술의 전개과정과 정보의 중요성 그리고 공급 및 수요인자를 분석하기 위해 제품의 수명주기 모형을 고안하였다.

---

35 R. Vernon(1966) 이전에도 PLC개념을 제시한 학자들이 여럿 있었지만, 처음으로 입지함의를 포함하여 PLC개념을 제시한 것은 Vernon(1966)에 의해서 였다 (Krumme G. and R. Hayter. 1975:339).

제품수명주기 모형의 핵심 개념은 발명 및 혁신이라는 기술진전이다. 이들 제품 관련기술의 발달은 수요 및 공급과 밀접하게 관련되어 있고, 세 단계로 진행된다. 첫째, 새로운 제품의 초기단계에서는 기술이 불안정하고 부분 적정화되어 있으며, 수요 또한 불확실하고, 제한된 범위 안에서 경쟁자를 고려하지 않고 독자적으로 가격을 결정할 수 있다. 이 단계의 제품생산은 기술이 집적되어 있는 선진 산업화 국가의 대도시지역에서 일어날 가능성이 높다.

둘째, 신제품 시장이 확대되어 수요가 증대됨에 따라 이들 제품 제조업은 성장단계로 접어든다. 이 단계에서는 부품이 표준화되고, 대량 생산체제로 전환하기 시작하며 시장점유율을 높이기 위해 생산비용을 줄이고, 판촉을 강화하는 등 경쟁이 심해진다. 이 단계부터 규모의 경제(scale economies)를 극대화하려는 노력이 중요해지고, 시장을 관리하기 위한 유통기술에 관심을 두기 시작한다. 초기단계에서 해외시장수요는 수출을 통해 충족되지만, 성장단계에서는 서서히 수출로 인한 경제성이 감소하기 시작하여, 입지변동문제가 제기된다. 즉, 성장단계에서 선진국에서는 핵심 대도시지역으로부터 주변지역으로 입지분산이 일어나고 해외생산방식(생산공장을 해외로 이전하는 경우)을 도입하여 후발국에 대한 시장공급을 확대하게 된다. 이 단계에서는 국내뿐만 아니라 해외에서도 이들 제품을 모방하고 또 개선하는 경쟁자가 나타나게 된다.

셋째, 제품의 성장단계를 거치면 표준화된 성숙단계로 접어든다. 이 단계에서는 가격경쟁이 심해지고 생산비가 가격경쟁에서 큰 비중을 차지한다. 따라서 이 단계에서는 대량생산으로 인한 경제적 이점(규모의 경제)이 더욱 중요하게 고려된다. 제품의 차별화(product differentiation)를 통한 다양한 소비자 기호를 충족시키기 위해 기본제품의 외형적인 설계변경 외엔 중요한 혁신을 시도하지 않게 된다. 결국 생산은 자본집약적으로 전환하고 생산요소별로 가중치가 달라짐에 따라 공장은 기술집적이 낮지만 다른 생산요소 가격이 저렴한 후발국가, 혹은 후발지역에서도 입지가 가능해진다.

넷째, 제품수명주기의 쇠퇴단계에서는 생산규모를 줄이고, 경쟁이 줄어들면서 단순 노동력이나 비숙련공에 의한 생산이 강조된다. 원래 Vernon(1966)의 모형에서는 제 품수명의 초기, 성장, 성숙이라는 세 단계별 입지변화를 다루고 있었으나 후에 Auty(1984)가 최종 쇠퇴단계(eclipse)를 추가하여 설명의 폭을 넓혔다. 이와 같이 제품생애주기 모형은 국제적 차원에서 발명 및 신제품의 혁신이라는 기술변화가 산업입지의 방향과 속도를 결정하게 된다는 기술결정론(technological determinism)입장에 있다.

또한 Watts(1987: 79-80)는 Vernon(1966)의 제품수명주기 모형 단계별로 개별 생산요소의 중요성이 달라지고 있다고 주장한다. 제품수명의 초기단계에서는 과학, 공학적 지식과 외부경제가 중요하고, 성장단계에서는 경영능력과 자본규모가 상대적으로 중요하게 되며, 성숙단계에서는 비숙련공과 자본이 중요하다고 보았다. 결국 제품수명주기 모형은 제품관련 기술혁신 단계별로 개별 생산요소의 중요도가 다르고, 이에 따라 입지조건도 변화하여 공간 활용방식이 달라지는 과정을 설명하는데 유용하다. 지역발전의 접근논리가 제품수명주기에 주목하고 있는 이유가 여기에 있다.

다른 한편 제품수명주기 이론이 시간좌표의 중요한 구성요소로 다루어져야 하는 이유는 제품수명이 인류문명의 진행속도와 관련되어 있기 때문이다. 제품도 관련 기술의 적용 수준에 따라 세대가 구분된다. 초기 진공관 라디오 세대와 트랜지스터, 집적회로 라디오 세대는 인류문명의 진화를 설명할 수 있는 제품수명주기의 좋은 사례다. 이러한 제품의 세대구분은 인류사회를 이해할 수 있는 새로운 인식 '틀'에 해당한다. 인간이 활용하는 문명의 이기(利器)도 적용 기술에 따라 세대를 달리한다. 이와 같이 생산공정 관련 기술의 단계와 소비시장 여건에 따라 산업기술을 초기단계, 성장단계, 성숙단계, 쇠퇴단계 등의 생애주기로 구분하면 인간사회를 이해하기 쉽다.

한편 제품수명주기가 짧아지면서 산업혁명의 진행에 가속도가 붙기 시작하였다. 제1세대에 속하는 진공관식 라디오의 수명주기가 50년, 제2세대 트랜지스터 라디오의 수명주기는 30년, 집적회로를 적용한 제3세대 라디오의 수명주기는 10년이라고 가정하면 이들 제품수명주기가 10년, 50년 등의 천문시간보다 인류문명을 설명하는데 더 중요한 변수임을 알 수 있다. 즉, 두 나라 사이의 '30년 발전격차'보다 '라디오 2세대 차이'가 발전현상을 이해하는데 더 적실하다. 이와 같이 동일 항목의 제품이 세대를 달리하며 진화하는 속도가 빨라져서 동일 시장에 여러 세대의 제품이 동시에 거래되는 경우도 발생할 수 있다.

<표 3-2>는 한국정부의 중소기업벤처기업부가 '중소기업기술혁신촉진법' 제8조에 의거하여 2017년도 매출액 5억 원을 초과하는 기술개발 수행 중소기업 62,092개 기업 중에서 추출한 3,800개 표본에 대해 면접조사한 업종별 제품수명 주기 결과에서 중요 업종만 선별한 내용이다. 제품수명주기는 제품개발 속도에 따라 달라지는데, 제품개발은 ① 기술적 특성이나 용도가 기존 제품과 확연히 다른 신제품개발과 ② 기존 제품의 성능을 현저히 향상시킨 기존제품개선을 포함한다. <표 3-2>에서와 같이 유행에 민감한 섬유제품의 경우 수명주기가 비교적 짧게 나타났고, 유행보다는 기능에 민감한 전기장비, 자동차 및 트레일러는 상대적으로 제품수명주기가 길게 나타났다. 유행과 기능 모두 제품판매에 영향을 미치는 가구의 경우 제품수명주기는 짧은 것과 긴 것이 양극단으로 갈리고 있다.

이와 같이 업종별 제품수명주기가 다른 이유는 제품에 대한 시장수요가 다르

표 3-2 **한국의 업종별 제품수명주기(%)**

업종구분	1년 미만	1~2년	2~3년	3~5년	5~7년	7~10년	10년 이상
섬유제품	11.3	16.1	12.1	19.9	11.6	14.1	15.0
화학물질 및 화학제품	8.0	15.7	10.9	14.5	21.3	11.3	18.1
의료용 물질 및 의약품	3.9	18.1	26.1	19.3	8.4	5.6	18.6
고무제품 및 플라스틱 제품	2.2	7.8	14.6	25.1	15.6	14.6	20.1
1차 금속 제품	2.8	8.7	8.3	30.1	15.7	15.8	18.6
금속가공제품	1.6	6.8	3.0	28.9	29.1	13.8	16.8
전자부품, 컴퓨터, 영상, 음향 및 통신장비	1.1	7.5	9.6	28.6	18.4	16.6	18.1
전기장비	3.4	7.4	15.6	13.5	14.2	11.5	34.5
자동차 및 트레일러	2.2	11.2	7.9	21.0	11.7	14.3	31.7
가구	9.0	8.3	4.6	14.1	18.8	11.0	34.1

자료: 중소벤처기업부. (2019). 「중소기업기술통계조사(2017년)」에서 저자가 발췌

기 때문이다. 시장수요가 급속히 변하는 업종일수록 연구개발 필요성이 증대되어 새로운 제품개발이 빨라질 것이고, 시장수요가 쉽게 변하지 않는 업종의 제품수명주기는 길어질 것이다. <표 3-2>에서 시장수요가 빠르게 변하지 않는 고무제품 및 플라스틱 제품과 1차 금속제품, 금속가공제품, 전기장비 제품은 수명주기가 비교적 길게 나타났다. <표 3-2>와 같이 제품수명주기는 제품별 시장수요를 반영하여 세대별로 다른 양상을 띠고 있어서 경제활동의 또 다른 시간좌표를 형성한다.

다른 한편 국가별 산업화 정도를 제품수명주기와 관련한 세대구분으로 접근할 경우 착시현상이 나타날 수 있다. 소비시장에서의 제품수명주기로 인한 착시현상은 다음과 같이 설명될 수 있다. 제1세대 제품의 소비시장은 상대적으로 오랫동안 유지되어 선진국과 개발도상국의 제품 세대차이가 크게 보이지 않는다. 하지만 기술이 빠르게 진전되어 제품 세대 간 수명주기 시간단위가 줄어들면 선진국과 개발도상국 상품시장에서 취급되는 제품 세대 차이는 벌어진다. 선진국 시장에서 제4세대 제품이 팔리고 있는데, 개발도상국에서는 제2세대 제품이 거래되는 것과 같다.

그렇더라도 제품수명주기가 짧아져서 천문(天文)단위의 시간좌표로는 제1세대 제품시장에서보다 제4세대 제품시장에서 선진국과 개발도상국의 기술격차는 줄어든 것처럼 보인다. 제1세대 제품시장에서 30년의 제품수명주기가 제4세대 제품시장에서의 3년 제품수명주기에 해당한다고 가정하고, 제1세대 제품시장에서의 15년 기술격차가 제4세대 제품시장에서 3년의 기술격차로 바뀌면, 마치 기술격차가 5분의 1로 줄어든 것처럼 보일 수 있다. 사실은 제1세대 제품시장에서의 0.5세대 차이가, 제4세대 제품시장에서는 한 세대 차이로 바뀐 것이기에 기술격차는 오히려 두 배로 늘어났다고 보아야 한다.

이와 같이 제품수명주기는 발전현상을 비교할 경우에 중요한 인식도구이다. 또한 제품의 수명주기에 따라 공장의 입지성향이 변화하기 때문에 제품수명주기에 의한 시간좌표는 시장관리정책, 국토이용, 지역개발, 지역발전정책 형성에 중요한 시사점을 제공한다. 결국 제품수명주기에 의한 시간좌표는 공간정책을 형성하거나 인간의 경제활동 특히 재화의 생산과 소비 변화를 설명할 경우에 유용하다.

(3) 기술혁신 주기

준(準)시간대(paratimes)에 속하는 또 다른 시간좌표는 기술혁신에서 찾을 수 있다. 기술혁신이 경제활동을 매개로 하여 공간화되는 과정은 기술의 개념을 어떻게 정의하느냐에 따라 다를 것이고 그러한 기초개념에 근거하여 기술을 어떠한 유형으로 나누느냐에 따라 달라질 것이다. 발전의 동태적 맥락에서 기술의 유형화와 관련한 논의의 가치는 각각의 기술유형이 어떠한 방향과 얼마만한 속도로 공간화 되는지를 설명하는데 있다. 즉, 동일한 생산조직, 생산체계라 하더라고 어떤 기술을 채택, 사용하느냐에 따라 공간의 필요조건을 달리 할 것이다.

Shepherd(1990: 142-144)는 기술발달을 설명하기 위해 다음과 같은 몇 가지 기초개념을 정의하고 있다. 우선 새로운 공정(process)과 새로운 상품을 시장에 내놓는 과정을 발명(invention), 혁신(innovation) 그리고 모방(imitation)이라는 세 단계로 나누고 있다. 발명은 새로운 사고의 창출로서, 그 행위는 지적이며 실제 활용하기 위해 정련된 창의적 사고를 포함한다. 이에 비해 혁신은 새로운 생각을 실제 활용할 수 있도록 전환시키는 것으로 혁신자는 생산시설을 설립하여 새로운 제품이나 공정을 시장에 내놓게 된다. 모방은 혁신보다는 용이하고 안전하지만 통상 보상이 작고, 앞서 발전한 현상을 따라가기 위해 부득이 거치는 단계이다. 이러한 세 가지 일련의 단계는 각기 다른 응용기술과 자원을 필요로 하며, 동기 또한 다르다.

다음으로 공정혁신과 제품혁신에 대한 개념구분이다. 공정혁신은 단순히 기존제품의 제조방식을 변경하는 것이고, 제품혁신은 새로운 재화를 시장에 내놓는 것이다. 일부 성능의 개선이나 설계변경도 제품혁신에 속한다. 이러한 두 가지 종류의 기술구분은 개념적으로는 분명하지만 실제에 있어서는 종종 혼합되어 나타난다. 즉, 제품의 성능개선과 새로운 제품의 상품화는 곧 생산공정의 변형을 수반하기 때문이다.

마지막으로 기술의 자생적 변화와 유발적 변화의 구분이다. 자생적 기술변화는 지식과 기술의 흐름으로부터 자연적으로 발생하는 일종의 계기성(繼起性)을 지니고 있다. 자생적 발명 또한 순전히 창조적 천재의 호기심으로부터 나타난다. 이와는 대조적으로 유발적 발명은 돈을 벌겠다는 기대로부터 비롯되며 상당수의 상업적 연구, 개발활동이 이 유형에 속한다. 많은 발명은 이러한 자생적 속성과 유발적 속성을 모두 가지고 있다. 지식의 진전은 그러한 자생적 발명과 유발적 발명을 불가피하게 하지만 금전적 자극은 발명을 좀 더 빠르게 앞당길 수 있다.

한편 혁신은 "이전에 경험하지 못한 제품에서나 공정에서의 기술변화(Nelson & Winter, 1977: 36-76)", 혹은 "경제생활 영역 안에서 다른 방법으로 일을 처리하는 것(Schumpeter, 1939)" 혹은 "독특하고 또 어느 정도 전례가 없는 지적 의장의 창작,⋯ 그 무엇을 새롭게 만드는 창의의 산물"로 정의할 수 있다. Kok & Pellenbarg(1987)는 혁신의 개념을 분명히 정의하기 위해 혁신에 내재되어 있는 네 가지 차원을 구분하고 있다. 즉, 모든 경제에 일반적으로 충격을 가져다주는 완전히 새로운 기초적 혁신(basic innovation), 기초적 혁신과 관련된 혁신적 개발로서 세상에서 새로운 것으로 여겨지는 1차적 혁신(primary innovation), 전적으로 새로운 것은 아니지만 특정 지역에서는 새롭게 느껴지는 2차적 혁신(secondary innovation) 및 그 지역에서 이미 존재하거나 운용되고 있는 기술을 개조, 개량하는 제3차적 혁신(tertiary innovation)이 그것이다.

이러한 혁신의 유형은 Shepherd(1990)가 기술발달단계를 설명하기 위해 제시한 발명, 혁신, 모방의 개념과 대비된다. 즉, Shepherd(1990)의 발명은 Kok와 Pellenbarg(1987)의 기초적 혁신과, 그리고 Shepherd의 혁신은 Kok와 Pellenbarg의 관점에서 1차적 혁신 및 2차적 혁신의 일부, Shepherd의 모방은 Kok와 Pellenbarg의 2차적 혁신일부와 3차적 혁신에 상응하게 된다.

기술변화와 관련한 기초개념에 대한 Shepherd(1990)의 설명은 공간발전의 매개물로서의 기술을 유형화하는데 유용하다. 즉, 발명, 혁신 및 모방이라는 세 가지 기술변화단계는 그러한 기술의 대상이 되는 생산공정 및 제품과 교차 분석될 때 다양한 기술유형을 파생시킨다. 이러한 기술유형은 시간축을 근거로 접근된다. 기술의 공간화 과정에서 보면 이들 기술유형은 각기 다른 방향과 속도의 입지성향을 가지게 될 것이다. 기술의 입지성향은 곧 지역발전의 특성과 연계되어 있다. 전통산업과 첨단기술산업의 입지성향은 분명 다르다.

한편 어떠한 유형의 기술을 도입하고, 실용화 하느냐에 따라 기업의 입지결정이 달라진다. 기술혁신의 속도와 주기(cycles)는 인간의 경제활동을 설명할 수 있는 시간좌표를 구성한다. 그러나 기술유형이 생산체계와 생산조직의 변화와 연동되어 있다면 기술유형별로 입지 가능한 공간범위가 달라질 수 있다. 즉, 기술 유형별로 생산조직, 생산체계와 상호작용하고 이러한 생산조직 및 생산체계는 또 다른 차원에서 공간구조와 상호작용하고 있음을 밝힌다면 기술발달주기도 공간함수로 치환될 수 있다. 따라서 시간과 공간은 기술발달주기나 속도를 통해 서로 상호작용한다.

3 시간좌표의 유용성

사물이나 현상, 사건의 변화는 시간좌표를 구성하는 시간단위를 통해 분석, 평가되고 의미를 지니게 된다. 인간활동의 공간적 속성은 시간좌표 없이는 정태적이라서 계획이나 정책의 대상이 될 수 없다. 과거로부터 현재에 이르는 변화는 현재로부터 미래를 향한 희망의 원천이다. 인간은 변화하지 않는 사물이나 현상에 공들이지 않으려 한다. 모든 인간은 욕망을 타고 났고, 이러한 욕망으로 인해 현재와 다른 미래의 바람직한 변화를 갈망한다. 시간좌표는 사물이나 현상의 변화를 인식하고, 평가하는 창구인 셈이다. 특히 정태적인 것으로 보일 수 있는 사물과 현상은 시간좌표로 인해 확연하게 구분되고 동태적 변화를 겪게 된다. 시간좌표의 관점에서 어제의 A와 오늘의 A는 분명 다른 좌표 값을 갖는다. 어제와 오늘을 구분하는 근거가 바로 시간좌표이기 때문이다.

시간좌표는 인간을 이해하고 설명하는데 유용하다. 이러한 유용성은 구체적으로 다음과 같다. 첫째 인간은 시간좌표를 통해 변화량(量)과 변화의 폭(幅)을 측정하고, 이를 관리할 수 있는 인식도구를 갖게 되었다. 시간이 지나지 않는다면 인간은 아무런 문제도 겪지 않는다. 인간은 변화과정에서 문제점을 발견하고, 바람직한 상태(what ought to be)를 상정할 수 있다. 인간이 겪고 있는 문제점으로부터 미래 어느 시점에서 바람직하다고 여기는 목표를 실현하는 과정은 한정된 자원의 시차적 배분을 통해 접근될 수 있다. 한정된 자원의 시차적 배분은 사회적 할인율(SRD, Social Rate of Discount)을 통해 정당화된다.

과거와 현재를 설명할 수 있는 시간좌표를 통해 현재 인식하는 문제는 현재로부터 미래 특정 시점으로의 변화를 통해 해결, 완화, 극복될 수 있다. 시간단위가 문제해결의 수단은 아니지만 수단은 시간단위를 통해 정당화되고, 작동한다. 결국 시간좌표가 없다면 사물이나 현상의 변화도 인식할 수 없고, 따라서 문제도 없으며, 미래 바람직한 상태를 정의할 수도, 또 이를 달성하기 위한 수단을 동원할 수도 없다. 결국 시간좌표는 인류문명의 지속가능성을 계획하고, 실천할 수 있는 중요한 인식도구이다.

둘째, 시간좌표는 인간의 사고체계를 정형화하고, 객관화하여 다른 사람과의 의사소통을 가능케 한다. 시간좌표가 설정되어 있지 않으면 존재를 설명할 수 없다. 시간좌표 자체는 실제 존재하는 것이 아니라 사물과 현상의 변화량(量)과 폭(幅)을 측정하는 인식단위이다. 사물과 현상의 존재방식도 변화한다. 이러한 변화의 속도가 인류문명의 역사이고, 새로운 미래를 창출하는 동력이다. 결국 사회적 합의로 규격화된 시간좌표는 인간의 생활환경과 활동 변화를 인식하는 도구로 다른 사람과의 의사소통을 가능케 해준다. 사물이나 사건을 다른 사람에게 설명하려할 때 적용되는 육하원칙(六何原則 즉, 언제, 어디서, 누가, 무엇을, 왜, 어떻게) 중에서 시간좌표에 해당하는 '언제'와 공간좌표에 해당하는 '어디서'라는 요소는 존재방식 및 존재범위와 관련되어 있는 기본적인 좌표에 해당한다.

셋째, 시간좌표는 인간의 사회적 속성을 이어주는 매개변수 혹은 접착제에 해당한다. 개별 인간활동은 시간단위를 통해 다른 사람들의 활동과 상호작용하고, 시간좌표를 통해 그러한 상호작용을 인식할 수 있다. 이러한 인식에 근거하여 선택적 친화력(elective affinity)이 발생하고, 이러한 선택적 친화력이 인간의 사회적 속성을 관리할 수 있는 접착제 역할을 한다. 특정 범위의 시간좌표를 공유하는 사물과 현상은 선택적 접촉을 통해 정체성을 확보하고, 이러한 정체성에 근거하여 다양한 인류집단이 만들어진다. 한국의 동갑네 계모임은 동일한 시간좌표를 통해 선택적 친화력을 창출하는 대표적인 인간 집단이다. 결국 시간좌표는 모든 존재에 내재되어 있는 변화를 인식하고 판별할 수 있으며, 특정 집단의 정체성을 확인할 수 있는 지적 의장(mental construct)이다.

04장

지역발전의 공간함수

　인간의 활동을 이해하기 위해서는 몇 가지 방향에서의 접근이 가능한데, 그 중 하나가 '어디서'라는 장소적 특성이다. 인간의 활동이 '어디서' 일어나고 있는가에 대한 문제가 중요하게 여겨지는 이유는 그러한 활동이 그 '어디'를 중심으로 발생할 효과나 영향을 파악하기 위한 것도 있지만, 그 '어디'로부터 받게 되는 장소적 제약과 영향 때문이다. 이러한 장소적 제약과 영향은 인간에게 일종의 '도전'이고, 이에 대한 인간의 대응은 일종의 '진화'라고 할 수 있다. 인간은 미래 불확실성에 대처하기 위해 주어진 상황을 올바로 인식할 수 있는 능력과 변화하는 상황에 대응 혹은 적응할 수 있는 역량을 키워나간다. 마찬가지로 인간은 적극적으로 활동범위를 넓히기도 하고 새로운 활동을 펼치기 위한 공간을 만들기도 한다.

　공간제약을 어떻게 헤쳐 나가고 어떤 결과를 얻었는지는 인간 활동을 설명할 경우에 매우 중요하다. 인간은 소극적으로 공간제약을 극복하고, 적극적으로 바람직한 공간을 만든다. 개발의 공간단위는 공동체 관리방식 혹은 제도와 밀접하게 연계되어 있다. 개발의 단위가 국가이면 '국가개발'이고, 지역이면 '지역개발'이며, 마을이면 '마을개발'이다. 국가, 지역, 마을은 단순히 물리적 거리함수가 아니라 인간의 모듬살이로 인한 공동체라는 점에서 정치적 공간단위라 할 수 있다. 또한 국가의 하부조직으로서 지역을 어떻게 구분하고, 마을을 어떻게 조직하느냐는 공간단위별 자원투입의 효율성 및 발전과실 분배의 공정성 측면에서 중요한 의미를 지닌다.

　따라서 '발전'의 영향은 시간흐름과 공간거리 범위로 접근될 수 있다. 시간과 공간이 인간생활에 미치는 영향은 시간이 지나면서 잊히거나 새로운 것으로 대체되고, 실제 상황이나 행위가 이루어지는 '중심지'로부터 멀어짐에 따라 체감(遞減)

하는 속성을 지니고 있다. 이러한 속성으로 인해 인간사회는 시간배분과 공간이
용에 대한 끊임없는 갈등을 반복하고 있다. 이 책은 이와 관련하여 인간의 시대
감각과 지역발전을 인식할 수 있는 기준, 즉, 시·공간 좌표에 관한 논의의 시작
에 불과하다. 특히 공간좌표의 상당부분은 동일 종(種)의 배타적 존재기반이라서
모든 갈등의 원천이다.

마을단위에서의 계급구조(class structure)가 근대화를 방해하는 주요 요인으로
지목받고 있다. 풀뿌리에 해당하는 최소단위 공동체에서 사회적 계급이동이 원
활하지 않으면 전체 사회에 영양을 공급하지 못하고 썩기 마련이다. 따라서 지역
사회발전정책은 마을단위의 구조적 한계를 극복해야 성공할 수 있다. 마을단위
공간은 정치와 경제, 문화, 사회적 맥락이 모두 융합되는 가장 기초적인 주민들
의 공동 생활터전이다. 즉, 생활과 연계되지 않는 어떠한 개혁, 혁신, 발전정책도
성과를 거두기 어렵다. 결국 생활권은 지역사회발전의 대상이자, 장소의 번영과
주민의 번영을 연결할 수 있는 통로에 해당한다.

1 공간좌표의 개념과 접근방식

인간의 활동을 이해하기 위해서는 몇 가지 방향에서의 접근이 가능한데, 그
중 하나가 '어디서'라는 장소적 특성이다. 인간의 활동이 '어디서' 일어나고 있는
가에 대한 문제가 중요하게 여겨지는 이유는 그러한 활동이 그 '어디'를 중심으
로 발생할 효과나 영향을 파악하기 위한 것도 있지만, 그 '어디'로부터 받게 되
는 장소적 제약과 영향 때문이다. 이러한 장소적 제약과 영향은 인간에게 일종
의 '도전'이고, 이에 대한 인간의 대응은 일종의 '진화'라고 할 수 있다. 동일한
공간제약을 어떻게 헤쳐 나가고 어떤 결과를 얻었는지는 인간 역량을 설명할 경
우에 매우 중요하다.

인간활동이 주변에 미치는 영향은 영향을 주고받는 입장에 따라 다를 수 있
다. 영향을 주는 입장에서 보면 활동 자체의 속성(규모, 내용, 과정)에 따라 영향력
의 물리적 거리라는 도달범위가 달라질 것이고, 영향을 받는 입장에서 보면 선

택의 대상으로서 초기 활동발생에 대한 효용 혹은 친화력에 따라 이의 채택률과 거리가 달라질 것이다. 결국 단순 물리적 거리(physical distance) 개념으로 존재하던 '지역(region)' 단위는 인간의 활동범위로 환산되어 복잡하고 다양한 '공간(space)' 개념으로 전환된다.

농업시대에는 2차원적인 용도별(경작 가능성의 정도 등으로 구분 가능) 토지 면적이 부(wealth)의 보편적 척도로 인정받았지만 경제활동이 다변화된 산업사회로 진입하면서 면적 외에 '위치(location)'가 생산성의 또 다른 척도로 주목받게 되었다. 농업시대라면 서울 강남에서 논 1,000평을 가지고 있는 사람이나 호남평야에서 논 1,000평을 가지고 있는 사람은 부(富)의 수준이 동일하게 평가되었겠지만[36] 경제활동이 다변화된 오늘날 관점에서 보면 토지위치에 따라 기대할 수 있는 수익률이 크게 달라져서 커다란 부의 차이로 인식된다.

경제활동이 다양화되면 역량에 따라 생산성이 큰 차이를 보일 것이고, 인간의 경제활동은 '생산 – 가공 – 판매'의 단계에 따라 부가가치를 달리한다. 경제인은 자신의 토지를 이용하여 이러한 부가가치를 극대화하려 할 것이다. 하지만, 토지는 크기와 모양, 주변 상황이나 여건에 의해 영향 받게 되어 소유자의 희망대로 사용되지 않는다. 즉, 인간의 경제활동은 이미 다른 사람에 의해 형성된 공간조건의 영향을 받고, 다른 한편 또 다른 사람의 경제활동에 영향을 준다.[37]

이와 같이 다양한 인간활동을 담을 수 있는 토지는 단순히 규모(즉, 면적)가 중요한 것이 아니라 어떠한 내용물을 담을 수 있는지가 더 중요하다. 어떤 토지는 경작이 불가능할 수도 있고, 또 어떤 토지는 큰 건물을 지어 그 안에 생산성이 높은 인간활동을 담을 수도 있을 것이다. 이와 같이 공간이란 지역끼리의 상호작용에 의해 가능해진 지역(주로 2차원적 면적 개념)의 상대적 위상으로서 Isard (1956: 18)는 이를 "추상화된 체계 속에서 개별 단위지표들의 흐름(flow)을 통해 파악되는 일정한 상태, 즉, 분포의 안정화 특성"으로 정의한다.

---

36 지대(rent)는 생산성에 비례하기 때문이다. 농업시대에서라면 단위 면적당 비슷한 수확량으로 인해 지대 또한 위치에 거의 관계없이 비슷한 수준이었을 것이다.

37 인간의 활동은 이미 형성된 공간조건의 영향을 받아 공간파생적(space contingent)이고, 또 다른 사람들의 활동에 영향을 미쳐 새로운 공간조건을 만드는 공간형성적(space forming)인 양면성을 지니고 있다(Friedmann, J., 1972).

Isard(1956) 개념정의에 따르면 흐름의 주체인 개별 단위가 무엇이냐에 따라 공간은 다르게 인식될 수 있다. Gore(1984: 15)는 이러한 흐름주체의 개별 단위를 인간활동 분야와 관련하여 사회공간(social space), 경제공간(economic space), 개인공간(personal space), 지리공간(geographic space), 위상(位相)공간(topological space), 물리공간(physical space, 즉, 자연지형을 중심으로 인지되는 공간), 지각(知覺)공간(perceptual space), 절대공간(absolute space), 관계공간(relational space) 혹은 상대공간(relative space) 등으로 예시하였다. 이와 같이 다양한 공간유형은 공간에서 가능한 인간활동의 다차원적 속성을 반영하고 있다.

이러한 맥락에서 보면 사회가 다변화되고, 복잡해질수록 지역(region)이라는 용어보다는 공간(space)이라는 용어가 발전현상을 설명하기에 적실하다. 인간의 경제활동과 관련하여 공간속성을 잘 나타내고 있는 흐름(flow) 주체는 노동력(인구), 자본, 정보, 기술, 그리고 다양한 공간 연결망(network)을 관리하는 정책 당국이나 대기업 본사의 의사결정 등을 들 수 있다. 노동력은 저임금 지역에서 고임금 지역으로 이동(flow)한다. 자본도 역시 이윤율 혹은 이자율이 낮은 지역, 혹은 생산성이 낮은 지역에서 이윤율 혹은 이자율이 높고 생산성이 높은 지역으로 이동한다. 정보와 기술 또한 활용도 차이에 따라 지역을 선택하고, 의사결정 역시 투자나 개발과 관련하여 미래 기대되는 수익 혹은 효용에 따라 지역을 선택한다. 진화론적 관점에서 보면, 공간이 이들 흐름 주체 즉, 노동력(인구), 자본, 정보, 기술, 의사결정 등을 선택하거나 유동적 생산요소들이 각각 선호하는 공간을 선택한다. 따라서 공간구조는 인간활동(기능)과 상호작용한다.

이러한 유동적 생산요소의 장소선택, 혹은 공간의 생산요소 선택은 결국 공간 활용도의 변화를 초래한다. 노동력, 자본, 정보, 기술, 의사결정과 같이 유동적 생산요소의 장소선택은 공간흐름(spatial flow)으로 표현될 수 있다. 마찬가지로 공간에 의한 이들 유동적 생산요소의 선택은 생산요소의 흐름(the flow of production factors)으로 표현된다. 이들 유동적 생산요소는 각각 선호하는 공간조건을 가지고 있어서 흐름방향과 속도를 달리한다. 1997년 아시아의 금융위기는 자본의 국제흐름 쏠림 결과로 나타난 것이다. 따라서 발전을 도모하기 위한 정책은 유동적 생산요소의 공간선택과 관련한 공간의 유동성 관리 차원에서 접근되어야 한다. 이와 같이 지역의 공간화 과정은 제2장 <그림 2-3>과 같다.

인간은 거리를 극복하고 상황에 적응하면서 진화를 거듭하고 있다. 인간에게 유리한 환경을 선택하는 과정은 수동적으로 새로운 환경에 적응하거나, 능동적으로 기존 환경을 바꾸면서 지역의 속성을 변화시켰다. 인간이 수동적으로 환경에 적응하는 과정은 환경이 인간활동을 선택하는 것으로 해석할 수도 있다. 다른 한편 인구가 늘어나면서 동일한 터전을 놓고 서로 경합하는 경우가 늘어나서 지역의 선택에서 면적의 중요성은 감소하게 되었다. 이러한 지역의 선택은 지역의 중요 구성인자를 이동시키는 결과를 낳았다. 지역의 구성인자도 각각 선호하는 흐름방향이 있어서 지역격차를 발생하거나 지역문제를 야기한다.

이러한 지역문제의 해결수단은 이들 지역 구성인자의 흐름방향에 영향을 주기 위한 것으로 장려정책(promotion policy)과 규제정책(regulation policy)으로 구분된다. 이러한 정책수단의 대표적인 것이 용도지역제(zoning system)이다. 용도지역제는 고대 도시에도 적용되었다. 고대 성곽 도시의 경우 성 안쪽과 외곽 지역의 토지이용은 확연히 달랐다. 시장원리를 강조하면서 출발한 산업혁명은 경제활동 단위별로 토지이용의 자율성을 보장하면서 성숙되었다. 그 결과 부분적인 효율성이 전체 공간의 효율성을 감소하는 결과를 초래하였고, 각종 도시문제를 발생하였다. 이러한 상황에서 공익을 증진하기 위한 도로 등 공공용지를 확보하기 위해 개별 토지사용을 규제하기 시작하였다. 즉, 전체의 이익을 늘리기 위해 부분적인 용도지역제가 법적 근거를 갖추게 되었다.

종래 인간활동의 크기는 거리를 단위로 환산되었지만, 교통혁명에 이어 정보·통신기술의 발달로 인간의 거리극복수단이 개선되면서 인간의 활동범위는 증대되었고, 물리적 거리가 아닌 시간거리, 인식거리가 더 중요해졌다. 면적을 기준으로 하던 공간단위가 주변과의 상대적 위치와 시간거리 및 인식거리와 결합하면서 4차원으로 확대되었다. 4차원의 공간에서는 노동력(인구), 자본, 정보, 기술, 의사결정 등이 이동하지 않아도 새로운 경제공간, 사회공간, 문화공간 등 다양한 유형의 공간을 형성, 관리할 수 있다. 외부의 공간을 활용하여 내부의 공간수요를 줄이고, 비용이 저렴한 외부 공간을 활용함으로써 일부 비용을 외부화할 수 있는 공간관리방식이 가능하게 되었다(소진광, 1998). 즉, 정보·통신 기술을 이용한 가상공간(cyber-space) 활용이 가능해졌다.

한편 4차원의 공간상에서는 인구규모나 자본의 중요도가 상대적으로 낮아지고, 이들 공간 구성인자의 접촉빈도 혹은 관리방식이 더 중요해진다. 결국 2차원의 면적규모로 접근하던 지역(region) 개념이 토지용도의 다양화로 인한 영향력 및 활용도 중심의 3차원의 공간(space) 개념으로 바뀌고, 정보·통신기술의 혁명으로 외부 공간 관리방식이 크게 개선되어 가상의 현실을 담아낼 수 있는 4차원 공간이 출현하게 되었다. 4차원의 공간은 2차원의 공간을 넘나들거나 초월한다. 아무리 작은 국가도 넓은 가상 영토를 확보할 수 있게 된 셈이다. 국경을 기준으로 2차원 영토를 늘리는 것보다 3, 4차원의 공간요소를 활용하여 영향력을 키우는 것이 더 중요해졌다. 제4차 산업혁명은 이러한 3, 4차 공간의 활용과 맞물려 있다.

공간 개념도 인간활동의 변천에 따라 진화하고 있다. 인간활동은 새로운 내용을 만들면서 변화하고 있고, 이러한 새로운 내용물을 담아낼 '틀'에 해당하는 공간의 인식근거도 달라지고 있는 셈이다. 예를 들면 이동하면서 수렵채취를 기본으로 하던 원시사회로부터 일정한 장소에 정착하는 농업사회로 전환하면서 인간은 삶의 터전에 대한 인식을 달리하였다. 수렵채취활동을 기본으로 하던 원시사회에서 이동거리라는 1차원적인 움직임(movement)이 정착 농경사회에서 2차원적인 면적(area) 개념으로 진화한 것이다. 농경사회에서 토지면적은 곧 수확량과 연계되어 있고, 농산물의 수확량은 소비와 저장(저축)을 구분하는 근거가 되었다. 남는 잉여 농산물의 저장은 다른 인간에게 영향력을 행사할 수 있는 권력을 낳았고, 이러한 권력은 신분을 분화시키는 요인이 되었다.

잉여농산물과 권력도 지역이라는 '틀' 안에서 이루어지는 현상이다. 이와 같이 인류사회에서 다양한 현상만큼이나 지역도 다양한 '틀'로 인지될 수 있다. 따라서 지역은 일정한 규모나 고정된 척도로 정의될 수 없다. 즉, 지역이 자연적인 현상을 통해 객관적으로 구분, 획정될 수 있는 것인지, 아니면 인간의 특정 활동과 관련하여 주관적으로 인지되는 지적 의장(mental construct)인지에 대한 논쟁도 이러한 지역의 특성에서 비롯된다.

첫째, 지역을 객관적으로 접근하는 관점은 지역구분 자체를 목적으로 보는 시각이다. 즉, 지역에 대한 객관적 접근 시각은 지역을 확인하고 지도에 나타낼 수 있는 실체, 혹은 유기체라고 주장한다. 이러한 관점은 20세기 초까지 지배적 견해였으며 지역을 실제 존재하는 것으로 여기고 주로 자연지역의 탐색에 초점을 두고 있었다. 예를 들어 지형, 기후, 식생 및 인구밀도를 기준으로 세계를 여러 개의 자연지역으로 구분한다든지, 인간과 자연이 상호작용을 통해 객관적 지역현상으로 나타난다고 보는 견해가 여기에 속한다. 기후 특성을 기준으로 온대지역, 툰드라 지역으로 구분하는 경우가 여기에 속한다.

둘째, 지역을 주관적으로 접근하는 시각은 지역을 지적 의장(mental construct)으로 간주하고, 목적에 이르는 수단에 불과하다고 정의한다. 즉, 이 관점은 지역을 특정 목적에 따라 특정 기준에 의해 정의되는 기술적(記述的) 도구(descriptive instrument)로 정의하고 분류기준 만큼의 다양하고 많은 지역유형이 존재할 수 있다고 주장한다. 따라서 지역은 인간활동을 설명할 수 있는 도구인 셈이다. 이러한 주장에 의하면 지역분류로 인해 보다 상세한 정보를 전달할 수 있게 된다. '뉴욕은 국제금융도시에 속한다.'와 같은 지역구분이 여기에 속한다. 그러나 지역은 분석하고 해결하고자 하는 하나 이상의 문제점과 관련되어 있기 때문에 아무렇게나 임의로 구분되는 것이 아니고, 의미 있는 지표를 사용하여 그러한 지표속성의 범위로 도출된다(Isard, 1975: 1). 그럼에도 불구하고 지역이란 흔히 관찰자의 주관적 선택으로 어떤 내용을 담느냐에 따라 달리 획정될 가능성이 있다. 지역의 개념정의가 어려운 이유가 여기에 있다.

공간좌표와 관련하여 지역의 개념정의가 어려운 또 다른 이유는 지역 안에서 가능한 인간활동이 더 이상 고전적 지역 단위인 면적을 기준으로 접근할 수 없다는 데 있다. 즉, 지역은 다면적이고, 다차원적이다. 지역은 관찰자의 인지목적과 방향에 따라 다종, 다의적이라서 어떠한 속성을 지표로 수용하여 그들 간의 상호 기능적 연계라든지, 유사성 정도라든지 혹은 그들 지표 속성의 집적으로 나타나는 계층구조에 따라 존재형태를 달리 한다(소진광, 1991: 618). 따라서 이 경우 지역은 이미 4차원적 공간개념과 동일하다.

특정 지표 속성의 집적에 의한 계층구조와 관련하여 Soja(1971: 34)는 서로 배타적 공간 활용행태인 영토성(territoriality)이 정규거리체감관계(normal distance decay relationship)에 있음을 밝혔다. 이러한 영토성에 따라 서로의 공간 활용빈도가 동일하게 나타나는 지점을 경계로 하여 영토(혹은 지역) 크기(혹은 단위)가 도출될 수 있다. 이러한 접근은 인간활동의 거리극복 한계를 통해 지역(혹은 공간)의 중심지로부터 영향 받는 지리적 범위를 확인하는데 유용하다.

2 공간좌표의 설정원칙

지역 혹은 공간의 크기와 존재형태는 인지하고자 하는 지표의 속성에 따라 다르다. 광범위하게 분포되어 있는 식생지표를 기준으로 생물지역(bio-region)을 획정하면 지역의 크기가 늘어날 것이고, 극히 희소한 자원분포를 기준으로 지역을 획정하면 지역규모는 작아질 것이다. 따라서 동일 장소가 다양한 지역유형으로 중복, 중첩될 가능성이 많다. 어느 지역은 기후대를 기준으로 온대에 속하면서 농작물 분포에서 벼농사지역에 속하고 지배적인 종교를 기준으로 불교지역에 속할 수 있다.

산업사회 혹은 후기 산업사회에서의 지역 개념은 농업사회의 그것과 달리 구성요소를 중요하게 여기는 공간을 의미한다. 즉, 농업사회에서는 토지 면적과 같이 인간활동을 담을 수 있는 외형적 '틀'을 지역이라고 정의한 반면 산업사회에서 지역은 일정 지리적 범위 안에서 일어나고 있는 인간활동, 즉 구성요소의 혼합물로 인지된다. 따라서 산업사회 이후의 지역은 단순히 면적을 일컫는 것이 아니라 인간활동 구성요소와 이들끼리의 상호작용을 포함한 개념으로 인식된다. 인간활동을 형성하고 있는 다양한 요소는 공간을 이루는 구성요소 혹은 내용물을 의미한다. 공장지역, 상업지역, 관광지역 등은 인간활동의 지배적인 구성요소에 따라 구분한 지역개념이다.

인간활동과 관련한 구성요소는 다중, 복합적인 상호작용을 통해 공간 활용도를 변화시킨다. 이러한 공간의 다양한 활용도로 인해 사회통합의 필요성과 부분체계의 존재형태를 접목하기가 쉽지 않다. 통합을 위해서는 대상을 적절한 부분체계로 나눌 수 있어야 하고, 이러한 부분체계는 서로 상호작용 관계에 있어야 한다. 그러나 분류는 개별 요소의 속성파악이 선행돼야 하는데, 이로 인해 공간 내용물의 복잡한 상호작용은 그만큼 지역분류를 어렵게 만든다. 이와 같이 인간 생활과 지역현상과의 상호작용을 포함하는 공간좌표의 정의도 어렵다.

세상의 모든 목적물과 사상(事象)이 다른 어느 것과도 관련되어 있지 않고, 독 자적으로 존재할 뿐이라면 인간의 인식범위는 변화과정 특히 진화의 과정이나 창조와 허구를 포함할 수 없을 것이다. 이는 Kant(1724~1804)의 선험적 인식도 구와도 별개의 차원이다. 특히 개체의 독자적 존재만을 인정한다면 의사(意思)의 전달은 물론이고, 집단적인 지식의 축적, 문화의 전수(傳授)와 창달은 불가능하 다. 이러한 상태에서라면 개별 인간의 생활방식이나 존재형태는 공동체 형성과 괴리되어 전체적인 인간사회 맥락을 설명할 수 없다.

대체로 공간좌표 설정의 일반적인 목적은 구성요소로서 인간이 경험하는 사 상(事象)에 질서나 명칭을 부여하고 중요한 정보를 전달하는데 있다. 뿐만 아니 라 공간좌표 안에서 구성요소의 상호작용과 관련한 규칙성은 가설설정을 쉽게 만든다. 이러한 과정을 거쳐 가설이 검증되고, 일반화되면 새로운 지식이 만들 어지고 경험법칙이 도출된다. 일반화된 지식과 경험은 미래사회를 예측하고 설 명하는 근거로 활용되어 미래 인류사회에 대한 긴장과 불안감을 감소시킨다. 공 간좌표도 토지활용과 관련하여 이러한 경험법칙을 포함하고 인간의 다양한 활동 과 이들 활동끼리의 상호작용 관계를 개선하기 위한 도구로서 활용될 수 있다.

공간좌표의 설정은 두 가지 관점에서 접근이 가능하다. 하나는 공간 단위끼 리의 경계 구분이고, 다른 하나는 하나의 공간 안에 존재하는 이질적 구성요소 끼리의 기능연계와 상호작용에 의한 계층성의 확인이다. 첫 번째 관점은 어떤 특성을 공유하고 있는 지리적 범위의 확인과정을 통해 공간을 인지하는 것으로 지표의 동질성 정도에 따라 공간을 구분한다. 두 번째 관점은 지역을 인간활동 의 영향범위로 인지하고, 이러한 영향범위가 인간활동 중심지로부터 멀어짐에 따라 체감하는 현상에 주목한다. 즉, 인간활동은 일반적으로 거리에 반비례하며 공간밀도(spatial density)를 형성한다. 특정 활동이 가장 많이 집적되어 있는 중심 지의 영향이 주변에 미치는 영향정도를 분석하면 공간의 크기를 도출할 수 있 다. 이러한 영향면 도출과 관련한 공간획정은 중심성 지수(centrality index) 혹은 기능결합의 정도를 확인하는 절차에 초점을 둔다. 흔히 첫 번째 관점은 동질성의 원칙(the homogeneity principle), 두 번째의 관점은 기능결합의 원칙(the functional integration principle)으로 불린다.

다른 한편 Soja(1971: 35)는 인간 집단의 영토성(territoriality)에서 나타나는 세 가지 양상을 ① 물리적 혹은 거주의 근접, ② 경제, 사회, 문화, 정치적 지표의 동질성, ③ 사회통합의 근본적인 작동체계인 기능적 상호의존성에 대한 수요와 파생물 등이라고 하여 공간좌표에서 지리적 연접성(連接性)을 강조한다. 또한 국가의 하부체계로서 지역이 가지고 있는 문제를 해결하기 위한 국가의 권한이 수단의 효율성, 과실분배의 공정성(fairness)을 확보할 수 있는 방향으로 작동하기 위해서는 계획(공간활용과 관련한 정책)의 속성[38]을 공간좌표에 포함하여야 할 것이다.

따라서 공간좌표는 ① 특정 인간활동과 관련한 공간지표의 동질성을 확인하는 방식과 ② 특정 인간활동이 영향을 미치는 범위 혹은 공간상에 나타난 인간활동의 공간밀도 크기를 확인하는 방식, 그리고 ③ 특정 문제를 해결, 완화, 극복하기 위해 하나의 정책(혹은 계획)단위를 설정하는 방식으로 구성될 수 있다. 공간지표의 동질성은 인간활동이 공간파생적(space contingent)이고 공간형성적(space forming)이라는 측면에서 경제, 사회, 문화적 경관(cultural landscape)을 이해하는데 유용하다. 공간연계(spatial linkage)는 중심도시와 주변지역, 도시와 도시의 계층구조, 혹은 공간끼리의 상호(혹은 보완)작용을 이해하는데 유용하고, 계획단위로서의 공간좌표는 공동기반을 형성하고 공동이익을 향상시키기 위해 필요하다.

1) 동질성의 원칙

지역 혹은 공간좌표는 일정 지리적 범위 안에 분포하고 있는 구성요소의 균등성(uniform characteristics) 혹은 동질성(homogeneity) 정도에 따라 접근될 수 있

---

[38] 획의 속성이란 통상 절차의 실효성과 재원투입의 효율성, 그리고 결과의 효과성 및 과실분배의 공정성을 의미한다.

다. 이러한 접근방식은 동질성과 이질성(異質性) 혹은 유사성과 차별성의 기준과 관련하여 공간의 정체성(identity)과 연계되어 있다. 이 경우에도 어느 구성요소를 동질성의 지표로 채택하느냐는 공간좌표의 설정 목적과 관련되어 있다. Boudeville (1966)이나 Richardson(1969)의 동질지역(uniform or homogeneous region), Soja (1971)의 형식지역(formal region) 등은 모두 동질성의 원칙에 의해 획정된 지역 혹은 공간좌표에 해당한다.

Boudeville(1966)이 동질지역을 도출하기 위해 사용할 수 있다고 예시한 지표에는 생산구조(production structure), 소비유형(consumption pattern), 노동력의 직업별 분포, 천연자원의 부존상태, 지형과 지세, 기후, 사회구조, 1인당 소득수준, 경기변동 관계 등이 포함되어 있다. Richardson(1969)도 Boudeville(1966)이 예시한 지표를 모두 수용하면서 정치적 태도(political attitude)와 같은 변수를 추가하여 동질지역을 파악하였다. Berg(1978)는 생물지역주의(bio-regionalism)를 주창하면서 수역(水域), 지형, 토양, 지질(地質), 토종 동·식물, 기후 및 날씨를 포함하는 자연적인 특성이 같은 지리적 범위를 생물지역으로 정의하였다. Nourse (1968)는 미국의 SEA(State Economic Areas) 연구에서 인구밀도, 소득, 인종구성, 사망, 출생, 주산업의 노동력 구성비, 생활수준, 교통, 통신, 보건, 역사 등을 동질성의 지표로 사용한 바 있다.

동질성의 원칙에 의해 공간좌표를 도출할 경우에 중요한 과제는 다양한 공간지표 중에서 어느 것을 선택하고, 동질한 정도를 어떻게 구분하느냐와 관련되어 있다. 지표의 선택은 공간좌표의 설정 목적을 반영하겠지만, 지표분포의 특성상 같은 정도와 다른 정도를 판별하기란 쉽지 않다. 예를 들어 n개의 지표를 선정하고, 그 각각에 대해 지표의 동질성 정도를 상(동질성이 강한 상태), 중(동질성이 중간 정도의 상태), 하(동질성이 약한 상태) 세 단계로 구분한다면 이론상으로 3^n의 집합 (sets)이 도출될 수 있다. 그러나 실제 지역이나 공간좌표는 연접한 지리적 단위이기 때문에 3^n 보다 훨씬 많은 집합으로 구성될 수 있다. 또한 이러한 경우의 수(數)에 더하여 어떠한 지표를 선택하느냐에 따라 공간좌표는 다른 의미를 지닐 수 있다.

공간 구성요소의 동질한 범위 설정과 관련하여 Glasson(1978)은 분석지표의 표준편차 폭 만큼은 같은 항목 혹은 등급으로 분류될 수 있음을 예시하였다. 즉, 분석대상의 지표특성 평균치가 M이고, 표준편차가 SD일 경우, 동질성 범위는 "M±1SD" 폭 만큼 인정된다. 그럼에도 불구하고 동질한 공간좌표를 설정하기 위해 선정한 지표의 밀도수준을 어느 정도에서 동일 공간으로 대표성을 부여할 것인가는 관찰자에 따라 다를 것이다. 이 점에 있어서 Soja(1971)는 영토성 (territoriality)을 확인하는 과정에서 해답을 얻고 있다. 즉, 지역의 속성으로 선정된 지표의 밀도(density) 수준이 증가하든, 감소하든 어느 지점에서 변곡점(turning point)을 보이면 영토성이 존재하는 것으로 보고 이러한 변곡점을 연결하여 지역 혹은 공간의 경계(boundary)를 구분하는 것이다(<그림 4-1> 참조).

이와는 달리 공간의 기능적 속성은 정규거리체감곡선(normal distance decay function)을 그리기 때문에 지표의 밀도곡선에서 분절지점(breaking point)을 찾기 어렵다. 이 경우 인접한 공간 혹은 도시의 특정 지표(예를 들면 인접한 두 도시로의 통근자 수 혹은 비율)가 보여주는 지리적 분포 특성을 도출하고, 두 도시 혹은 두 공간의 기능크기가 같게 나타나는 지점(두 도시로의 통근 비율이 같은 장소)을 경계로 획정하면 도시영향권 혹은 공간단위를 설정하기 쉽다. 결국 동질성의 원칙에 의해

그림 4-1 **영토적 속성 유형**

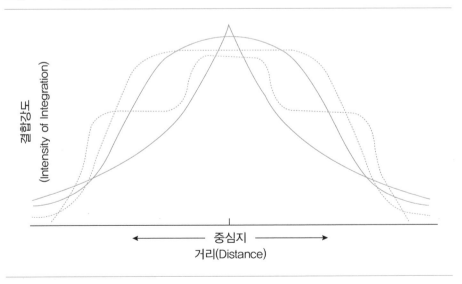

결합강도
(Intensity of Integration)

중심지
거리(Distance)

출처: Soja(1971:28)

지역이나 공간단위를 획정하더라도 목적과 필요성에 따라 우선 몇 개의 지역이나 공간단위를 도출할 것인가가 결정되어야 한다. 이러한 공간단위 경우(혹은 수)에 따라 분석지표의 상대적인 빈도크기를 집락화(clustering) 하면 공간단위 획정이 편리하다. 이렇게 도출된 공간단위가 공간현상을 보다 잘 이해할 수 있는 도구인가에 대한 검토도 공간좌표의 유용성과 관련하여 중요하다.

2) 기능결합의 원칙

Nourse(1968: 130)는 미국의 SMSA(Standard Metropolitan Statistical Area)가 기능결합원칙에 근거하여 정의된 지역(여기서는 공간 개념)이라고 전제하고, 동일한 중심결절(central node)과 관계를 가지고 있는 주변지역은 하나의 공간단위로 획정되어야 한다고 주장하였다. 이러한 기능결합의 원칙(the functional integration principle)은 특정 기능의 중심성 지수(centrality index)가 높게 나타나는 중심결절(central node)을 확인하는데 초점을 두고 있다. 다만 확인된 중심결절로부터 주변지역으로의 영향범위를 확인하기 위해 어떠한 기능지수(functional index)를 선택할 것인가도 중요하다. Nourse는 노동자의 거주행태, 통근행태, 화폐흐름, 신문배달 등을 기능지수로 사용하면 중심결절과 영향범위를 도출할 수 있다고 보았다. 그러나 Nourse의 접근방식은 행태 및 동일 기능권에 의한 동질성의 원칙과 명확한 구분을 어렵게 한다.

기능결합이 이질적인 요소의 상호작용인지, 아니면 동질적인 요소의 응집력인지에 대한 구분도 명확하지 않다. 외형상 여러 요소끼리의 상호작용과 결합은 쉽게 구분되지 않는다. 따라서 기능결합의 원칙을 활용하여 공간좌표를 설정할 경우 구성요소의 동질성과 이질성 정도를 확인하는 작업이 선행되어야 한다. 통상 이질적 요소의 상호작용은 구성요소끼리의 보충성(complement)에 근거한다. 개별 요소만으로도 독자적 역할수행이 가능하다면 부분체계로서의 보충성에 대한 필요성이 상대적으로 작을 것이다. 따라서 기능결합은 외형상 단순 통합이 아니라 구성요소의 상호역할 분담에 따른 보충적 통합을 의미하는 것으로 정의될 수 있다. 즉, 기능결합은 투입요소(inputs)의 단순 물리적 통합 이상의 산출물(outputs)로 확인 가능하다.

이러한 맥락에서 Richardson(1969: 227-228)은 ① 동일 지표의 빈도나 분포 밀도의 비슷한 수준에 따라 지역을 인지하는 것은 동질성의 원칙에 속하고, ② 질적인 성분이나 지표들의 상호 의존성 및 기능연계에 의한 활동의 집적으로 중심 결절의 계층성을 확인하고 이의 영향범위를 설정한다면 기능결합의 원칙에 속한다고 주장한다. 이와 같이 이질적인 공간요소들이 각자의 기능 혹은 역할에 따라 서로 연계되는 과정은 Haggett(1965)에 의해 설명된 바 있다. Haggett(1965: 7)는 결절(結節)지역의 공간구조요소(elements of the spatial structure of a nodal region)로 ① 움직임(movement), ② 조직과 움직임을 이어주는 연결망(networks), ③ 연결망 안에서의 상호작용과 활동을 집적시키는 결절(nodes), ④ 결절(結節)의 크기가 분화되어 나타나는 계층(hierarchy), ⑤ 이상 네 가지 성분의 밀도와 분포범위로 파악되는 영향면(surfaces)을 제시하였다.

그러나 결절이 인간정주(human settlement)의 편리성과 가능성을 축적하면서 계층화 되고(hierarchies), 결절의 계층구조 사이에 영향범위(surfaces) 차이가 나타나면서 인간의 활동은 단순히 거리나 면적 등 물리적 척도에 의해 결정되지 않는다. 물리적 척도나 면적에 의한 장소의 의미가 인간의 선택과 상호작용하면서

그림 4-2 **Haggett(1965)의 공간형성 단계**

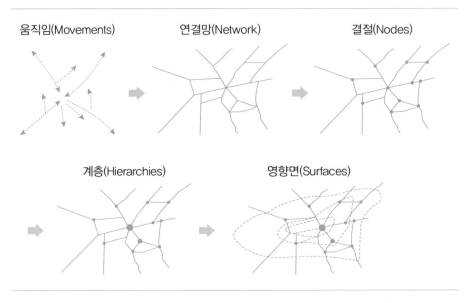

공간(space) 개념으로 전환된다. 따라서 인간의 활동이 면적이나 거리에 의해 영향 받던 농업사회와는 달리 다양한 경제활동이 가능하게 된 산업사회에서는 단순 거리나 면적보다는 주변과의 상호작용이 더욱 중요해졌다. 이러한 차이는 공간현상으로 설명될 수 있다. Haggett(1965: 7)의 공간구조요소는 단계별로 지리공간상에서 인간활동의 진화과정과 공간형성 단계를 보여준다(<그림 4-2>참조).

또한 Haggett(1965: 7)의 모형은 기능결합에 의한 공간좌표 설정이 공간단위를 구분하기 위한 경계의 확인이라기보다는 중심결절과 상호작용 관계를 확인하는데 초점을 두고 있다. Christaller(1933)는 중심지체계의 계층성을 도출하기 위해 재화 및 용역의 도달거리(즉 소비자가 특정 재화를 구매하기 위해 기꺼이 이동하려는 거리)와 이들 재화 및 용역의 공급기능이 유지되기 위한 최소 이용(소비)공간 크기를 활용하였다. 이러한 중심지체계의 계층성은 인간생활에 필요한 재화 및 용역(서비스)별 공간좌표이고, 달리 표현하면 인간의 재화 및 용역 구매활동을 설명해주는 공간좌표이기도 하다.

기능결합의 원칙에 의해 공간좌표를 설정하는 방식은 두 가지로 나누어지는데, 이질적 구성요소의 기능적 상호연계를 확인하는 것과 중심결절의 계층성과 영향범위를 분석하는 것이다. 여기서 기능적 상호연계는 구성요소의 공간흐름 방향을, 그리고 계층성과 영향범위는 구성요소의 공간흐름 속도 혹은 범위(영향 크기)와 관련되어 있다.[39] 구성요소의 공간흐름은 개별 요소가 선호하는 공간조건의 차이에서 비롯된다.

첫째, 기능적 상호연계(functional interconnections)는 지표공간상의 이질적 구성요소의 기능이 상호 보완적일 경우를 의미한다. 이러한 상호 보완성은 요소의 흐름현상으로 파악되는데, 흐름현상은 ① 지역계정체계(a regional accounting system), ② 투입-산출체계(an input-output system), 그리고 ③ Graph로 나타낼 수 있다. 이러한 공간 구성요소의 흐름은 인구이동(거주 이전 및 통근), 상품과 서비스의 교역, 통신(전화 통화량), 교통량, 상품의 도·산매량, 서비스 연계, 신문 배달권, 재정자금의 유통 등을 통해 측정 가능하다.

---

39 속도는 일정한 기간(시작과 마지막의 길이에 해당)을 전제하여 측정되는 단위로 공간상에서는 거리로 환산될 수 있다. 예를 들면 '걸어서 15분 거리'라는 표현이 여기에 속한다.

둘째는 계층적 구조(hierarchical structures)로 이는 공간상의 흐름현상이 무작위로 일어나지도 않고, 모든 지역에 걸쳐 동일한 속도나 빈도로 나타나지 않기 때문에 형성된다. 즉, 결절의 계층화는 공간 구성요소 흐름현상의 쏠림 때문에 나타난다. 이러한 결절의 계층성은 결절이나 극(pole)의 영향 크기를 측정함으로써 확인될 수 있다. 중심지 계층에 관한 연구로는 Christaller(1933)의 중심지이론(central place theory), Lösch(1954)의 일반균형입지론, Fox와 Kumar(1965)의 도매권 계층연구, Tinbergen(1968)의 중심지 규모분포에 관한 계층모델, Preston(1971)의 중심지 체계에 관한 연구 등이 있다.

3) 기타 고려사항

공간좌표는 Gore(1984)가 예시한 인간활동 분야별 다양한 공간유형을 이해하는 접근 '틀'에 해당한다. 공간단위를 설정할 경우 고려대상인 지역의 수(數)는 선택의 제약요인이고, 분석방법에 따라 결과는 다르게 나타난다. 예를 들어 국민경제를 몇 개의 하부 공간단위로 나눌 경우 국가의 하부 단위인 모든 지역은 전체에 흡수되어야 하는데, 이 조건이 충족되지 않으면 전체적인 국민경제와 하위 개별 지역경제 사이의 상호관계는 왜곡된다.

기능결합에 의하든 동질성에 의하든 하나의 공간단위가 지리적으로 단절된 상태로 정의된다면 이를 효과적으로 관리하기 어렵다. 인간활동의 크기는 '거리' 단위로 환산될 수 있고, 특정 인간활동의 영향력이 미치는 '거리'를 합산하면 하나의 공간단위가 도출될 수 있다. 따라서 '거리'는 '단절된 것'이 아닌 '이어져 있는 것'으로 이들 거리의 집합체인 공간(혹은 지역)은 연속된 영향면(continuous surfaces) 크기와 형태로 인지된다.

Soja(1971: 3)는 거리(distance)를 물리적 거리(physical distance), 시간거리(time distance), 비용거리(cost distance), 인식거리(perceived distance), 사회·문화적 거리(socio-cultural distance), 기능거리(functional distance)로 구분한 바 있다. 이들 거리는 인간의 영토성에 대해 구체적인 척도일 뿐만 아니라 인간활동의 제약요인으로 작용하여 공간단위끼리의 경계를 획정하는데 유용하다. 또한 다양한 거리는 존재의 정당성과도 관련되어 있다. 전통적인 5일장에서도 난전을 펼치면서 일정한 거리를 유지하는 경우가 여기에 해당한다. 다른 한편 지역주의(regionalism)와 관련하여 지역의 역사인식도 공간좌표 설정에 매우 중요하다. 지역주의는 지역의 정체성과 연관되어 있고, 이러한 지역의 정체성은 종종 지역구분의 목적과도 연동되어 있기 때문이다.

특히 공간좌표는 지역발전정책의 타당성을 판별할 수 있는 기준을 제공한다. 이러한 점에서 공간좌표는 미래 공동이익을 도모할 수 있는 지역발전계획의 속성을 반영하여야 한다. 계획 자체가 공간좌표 설정에 어떠한 원칙을 제공하는 것은 아니지만 이미 설명한 동질성의 원칙과 기능결합의 원칙 혹은 이들 두 원칙의 혼합방식에 의해 지역문제 해결을 위한 공간인식 근거로 활용될 수 있다.

그렇지만 계획 대상으로서의 공간단위 설정은 주로 과거로부터 현재까지의 사실관계에 초점을 두고 있는 동질성의 원칙 및 기능결합의 원칙과는 차원을 달리하여 접근된다. 계획 대상으로서의 공간단위는 현재로부터 미래를 향한 공동이익에 초점을 두고 있기 때문이다. 계획을 통해 얻고자 하는 공동이익은 동질한 공간지표뿐만 아니라 이질적인 공간지표끼리의 기능결합에 의해서도 가능하다. 이와 같이 계획 대상으로서의 공간단위를 설정할 경우에 고려해야 할 사항은 투자의 효율성을 확보하는 것과 과실의 공정한 분배를 담보할 수 있는 것으로 요약된다.

이러한 맥락에서 계획대상으로서의 공간단위는 경제적인 적정 규모의 투자결정이 가능하도록 충분한 지리적 범위를 확보해야 하고, 필요한 노동력이 내부에서 공급될 수 있어야 하며, 최소한 하나의 성장 거점을 포함하여야 한다. 또한 계획공간은 계획의 효과성을 담보할 수 있는 경제활동의 응집도가 높거나 혹은 동일한 정체성을 확보해야 하고, 내부에서 인구와 고용의 분산이 계획지표에 따라 조정될 수 있는 지리적 범위라야 한다. 결국 계획대상으로서의 공간은 투자의 효율성 측면에서 기능결합의 원칙, 계획목표 달성과 발전과실의 공정한 분배를 위한 동질성의 원칙을 계획 목표에 맞춰 혼합하는 방식으로 설정된다.

3 공간좌표의 통합모형

1) 단순 통합모형

공간인식과 공간활용은 서로 맞물려 있다. 공간현상은 해결, 극복, 완화되어야 할 지역문제를 포함하고 있고, 이러한 지역문제를 해결, 극복, 완화하기 위한 공간계획은 투자의 효율성과 과실의 공정한 분배를 담보해야 한다. 계획을 통한 투자과실의 공정한 분배를 위해서는 일정 지리적 범위 안에서 동질성을 확보하여야 하고, 투자의 효율성을 확보하기 위해서는 기능결합(서로 다른 기능의 상호 보완적 결합) 과정이 작동할 수 있어야 한다. 공정한 분배가 이루어지지 않으면 포용적(inclusive)이지 못하고, 포용적이지 못한 발전은 지속될 수 없다. 이는 경제활동의 특성으로 인해 공간단위 설정의 두 가지 원칙이 함께 적용될 가능성을 시사한다.

<그림 4-3>에서 완전한 동질성과 완벽한 기능결합은 현실적으로 존재하지 않는다. 하지만 두 원칙을 각각 세로축과 가로축으로 하는 공간좌표에서 발전현상을 설명할 수 있는 통합모형은 가능하다. <그림 4-3>에서 A는 B와 C의 방식보다 큰 동질성을 확보할 수 있는 공간좌표 설정 방식이고, C는 A와 B의 접근방식에 비하여 더 큰 기능결합을 포함하고 있는 공간좌표 설정방식이다. 따라서 공간의 변화를 인식하기 위한 공간좌표에서 A방식과 C방식은 B의 방식보다 선호된다. 즉, A는 과실분배의 공정성을 강조하는 공간좌표에 속하고, C는 투자의 효율성을 높이기 위한 공간좌표를 나타낸다.

한편 D의 방향은 A보다는 기능결합이 강해서 투자의 효율성을 증대시킬 수 있는 공간좌표 설정방식이다. 또한 D의 방향은 C보다 동질성이 강해서 발전과실의 공정한 분배가 가능한 공간좌표이기도 하다. 결국 동질성의 원칙과 기능결합의 원칙은 서로 배타적이지 않은 접점을 가지고 있어서 두 원칙의 통합좌표가 형성될 수 있다. 공간좌표의 설정은 공간 구성요소의 동질성과 기능결합의 정도를 높일 수 있는 방식으로 접근되어야 하는데, 이러한 방식은 Soja(1971)의 영토성 개념에 근거하여 도출될 수 있다. 다른 한편 공간구성요소의 동질성과 기능

그림 4-3 **공간좌표 단순 통합모형**

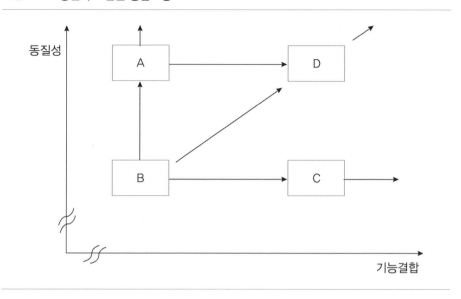

결합은 물리적(physical) 혹은 인식(perceived) 거리 등 다양한 유형의 거리와 함수 관계에 있다.

2) 생활권에 의한 공간 통합모형

생활권은 주민들의 경제, 사회, 문화적 생활방식이 공간과 상호작용하면서 도출되는 공간좌표의 대표적 통합모형에 속한다. 지역개발은 이들 기존 생활권을 변형하기도 하고, 강화하기도 한다. 새로운 도로개설이 주민들의 생활방식을 바꾸어 <그림 4-2> Haggett(1965)의 공간형성 단계를 재구성한다. 고속도로 개설로 종래 같은 생활권에 속하던 지역사회가 둘로 나누어지기도 하고, 빨대효과로 인해 고속도로 중간 지점에 위치한 도시가 쇠퇴할 수도 있다. 인간은 같은 자연환경에서 이질적인 것을 추구할 수도 있고, 서로 다른 자연환경에서 같은 가치를 추구할 수도 있다. 따라서 주민들의 생활권은 자연과 인간의 생활방식이 융합되어 나타난다.

인간활동의 크기는 거리와 함수관계에 있고, 필요한 재화 및 서비스를 획득하고 소비하는 과정에서 공간의 크기와 연계되어 있다. 인간이 매일 필요로 하는 생필품을 획득하고 소비하는 공간은 일(日) 생활권을 형성하고, 1주에 한 번씩 필요한 재화 및 서비스를 획득하고 소비하는 과정에서 주(週) 생활권이 형성된다. 인간은 일정한 주기로 특별한 재화와 서비스를 얻기 위해 이동할 수도 있고, 재화와 서비스가 반대로 이동하면서 일정한 공간범위를 그릴 수 있다. 생활권은 가장 일상적인 생활터전인 하루 생활권과 주(週) 단위로 형성되는 주(週) 생활권, 한 달을 주기로 형성되는 월(月) 생활권, 계절별로 나타나는 계절 생활권, 한 해를 주기로 공간을 활용하는 연(年) 생활권 등 다양하다(〈그림 4-3〉 참조). 따라서 생활권은 시간과 공간이 상호작용하면서 만들어진 인간의 공동 생활터전이고, 정체성을 지닌 생활방식이다.

　최근 정보·통신 기술(ICT)의 발달로 재화 및 서비스의 이동거리가 확대되어 생활권에 의한 공간좌표의 영향력은 예전 같지 않다. 그럼에도 불구하고 주민 일상생활에 필요한 시설은 전통적인 생활권을 단위로 구비될 필요가 있다. 즉, 주민들의 일상생활에서 매일 필요한 재화와 서비스를 공급하는 시설의 입지와 1년에 한, 두 번 이용하는 재화 및 서비스의 공급시설 입지는 분명 다르다.

그림 4-4 **생활권에 의한 공간 통합좌표**

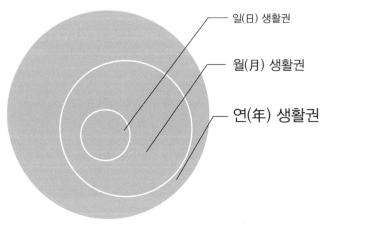

일(日) 생활권

월(月) 생활권

연(年) 생활권

출처: 소진광(2019:19)

아무리 정보·통신 기술(ICT)이 공공서비스 공급, 전달방식을 빠르게 변화시키더라도 100만 인구규모 도시에 동사무소를 하나만 설치할 수 없고, 전국에 하나의 경찰서만 운영할 수 없다. 화재를 대비하여 소방서를 분산 배치하여야 하고, 응급시를 대비하여 의료시설도 사람의 터전에 가까이 입지해야 한다. 2세 교육을 위해 학교시설도 사람 사는 곳에 가까이 입지해야 지역사회도 재생산된다. 이러한 맥락에서 Christaller(1933)는 인간생활에 필요한 재화 및 서비스 공급시설의 공간분포를 중심지이론(Central place theory)으로 설명한다.

Christaller(1933)는 공간 접근성이 모든 방향으로 동일하고, 인구분포가 균등하며, 인간의 1인당 각종 재화 및 서비스 소비방식이 동일하다는 조건에서 재화 및 서비스의 공급시설 입지를 다음과 같이 설명한다. 우선 재화 및 서비스의 도달범위(R, range)는 소비자가 최소의 노력으로 해당 재화 및 서비스를 얻기 위해 기꺼이 이동하는 거리와 일치한다. 다른 한편 그러한 재화 및 서비스의 공급시설은 균등한 인구분포를 보이는 공간상에서 최소한의 시장규모(T, threshold)를 확보해야 유지된다. 따라서 재화 및 서비스의 도달범위가 해당 재화 및 서비스의 공급시설 유지에 필요한 최소한의 시장규모에 미치지 못하면 그러한 시설은 유지될 수 없다. 반대의 경우 해당 재화 및 서비스의 공급시설은 늘어나서 서로 공간경합을 보일 것이다.

<그림 4-4>는 도시의 인구규모가 커지면서 그러한 시장규모(모든 인간이 동일한 소비행태를 보인다는 가정에서)에 어울리는 고차위 재화 및 서비스의 공급시설 입지분포 가능성을 보여준다. 즉, 해당 도시 거주 주민들이 모두 해당 도시에서 구입가능한 재화 및 서비스를 소비한다고 가정하면, 인구 1,000명의 소도시에서 입지 가능한 재화 및 서비스 공급시설은 1차위에 해당하는 생필품 가게 정도일 것이다.

그러나 인구가 늘어나서 10만 명에 달하면 그러한 시장규모(즉, 인구규모)에 알맞은 종합병원, 백화점 등 3차위 재화 및 서비스 공급시설 입지가 가능하다. 즉, <그림 4-4>에 의하면 3차위 재화 및 서비스 공급시설은 인구규모 10만 명의 도시가 최소단위 시장규모인 셈이다. 인간이 필요로 하는 재화 및 서비스는 시장규모(즉, 인구규모)가 커야 입지할 수 있는 높은 계층부터 주민들의 일상생활에

그림 4-5 재화 및 서비스 계층구조와 공간크기의 관계

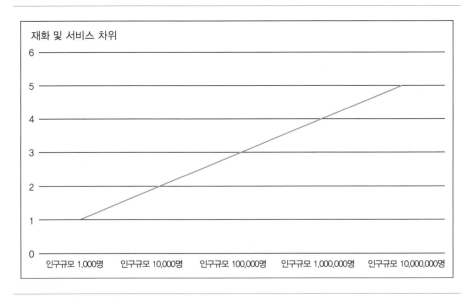

필요하여 시장규모, 인구규모가 작은 곳에서도 입지할 수 있는 저 차위 재화 및 서비스도 있다.

<그림 4-4>에서 인구규모가 100만 명에 도달한 도시에서는 1, 2, 3, 4차위의 재화 및 서비스 공급시설 모두가 유지될 수 있다. 따라서 인구규모가 1만 명인 도시 주민들은 3, 4차위의 재화 및 서비스를 얻기 위해 인접한 인구규모 10만 명 도시와 인구규모 100만 명 도시를 이용하여야 한다. 또 인구 100만 명 도시에 거주하는 시민은 5차위에 해당하는 고차위 재화 및 서비스를 얻기 위해 인구 1,000만 명 도시까지 이동하여야 한다. 이와 같이 특정 재화 및 서비스 공급시설은 입지한 해당 도시 인구규모에 더하여 주변 영향권에 있는 도시로부터의 이용인구를 합한 시장규모에서 입지, 유지될 수 있다. 따라서 고립국 상태의 100만 도시에서 불가능한 재화 및 서비스 공급시설 입지가 접근도가 높고, 주변에 열려있는 인구 50만 도시에서는 가능하다는 가설이 성립된다.

이와 같이 <그림 4-4>에서의 인구규모는 특정 도시 거주 인구규모가 아니라 주변으로부터의 이용인구를 모두 합한 시장규모를 의미한다. 이러한 경우 인구규모가 작은 도시들이 연합한다면 즉, 인구 규모가 10만 명의 도시 10개가

하나의 시장권을 형성한다면 전체 시장 규모는 100만 명 도시와 같게 되어 4차위의 재화 및 서비스 공급시설을 유치할 수 있게 된다. 인구규모가 작은 도시끼리 공간기능을 분담한다면 대도시에서처럼 고차위 재화 및 서비스를 공급받을 수 있게 되는 셈이다. 따라서 정보·통신 기술의 발달로 초연결 사회를 형성하면 인구가 작은 도시 거주 시민들도 고차위 서비스를 누릴 수 있다. 이러한 생활권 변동과 다양한 연결도 인간에게 매우 중요한 공간좌표이다.

그러나 민주주의와 시장원리는 공간규모에 따라 효과를 달리한다. <그림 4-4>에서와 같이 인구규모가 늘어나면 시장원리는 보다 효과적으로 작동하여 시장의 실패를 예방할 수 있다. 또 인구가 늘어나면 보다 고차위 재화 및 서비스에 접근할 가능성도 높아진다. 작은 도시 거주 시민과 대도시 거주 시민의 고차위 서비스 접근도는 분명 다르다. 대도시의 시민과 같은 수준의 서비스를 이용하기 위해서 작은 도시 시민들은 더 많은 노력(움직임에 따른 교통비와 교통시간 혹은 정보 탐색 등 시간비용)을 투입해야 한다. 이와 같이 시장규모가 커져서 규모의 경제가 발생하면 소비자에게도 추가적인 편익이 발생한다.

하지만 공동체 운용방식과 관련하여 민주주의 작동체계는 시장원리와 다르다. 우선 인구규모가 일정 범위를 넘어선 정치공간단위에서는 대의민주주의를 채택할 수밖에 없다. 대의민주주의가 직접민주주의보다 좋은 점은 집단 공동체의 맥락이나 정체성을 빠른 시간 안에 형성하고 관리할 수 있다는 점이다. 그렇게 형성되고 유지, 관리되는 공간의 정체성이 지역발전에 어떠한 영향을 미치고, 견고한지는 별개의 문제이다.

이러한 관점에서 Dahl(1998: 105-113)은 아무리 전자투표방식이 직접 만남에 의한 공동체 의사결정방식을 대체하더라도 정치단위로서의 공간규모와 민주주의 효율적 작동과는 반비례한다고 설명한다. 인간생활은 번거로운 직접 만남을 정보·통신 기술로 대체할 수 있는 영역과 반드시 직접 만나서 논의하고 해결해야 하는 영역 모두를 포함한다. 또 직접 만나서 공동의 문제를 논의하고 해결방법을 도출하는 방식이 갖는 장점도 크다. 그러나 공동체 규모가 커지면 직접 만나서 합의를 도출할 가능성은 낮아진다.

따라서 시민 공동체 규모가 커지면 개별 시민의 참여기회는 줄어든다.

Dahl(1998: 108)은 참가자 모두에게 발언할 기회가 주어지기 위해서는 한 회의 당 최대 참여자 수는 100명을 넘지 말아야 한다고 주장한다. 공동체 단위가 작으면 시민참여 가능성은 증대되고, 시민들이 선출한 대표에게 위임할 정부역할 관련 사항은 적어진다. 공동체 단위가 커지면 시민생활에 중요한 문제를 처리할 수 있는 역량(capacity)은 늘어나고, 시민들이 대표에게 위임해야 할 사항도 증대된다. 이와 같이 시민참여와 민주주의 효과성과의 관계는 종종 모순(dilemma)을 초래한다(Dahl, 1998: 110). 민주주의가 사람중심의 사고체계이고 공동체 관리방식이라는 점에서 '개인의 생활'과 연계시킬 수 없는 어떠한 지역개발정책도 실천하고, 성공하기 어렵다. 즉, 개인의 실생활과 연계되지 않는 공동의 목표는 실천수단을 연계하기 어렵다. 이러한 관점에서 Dahl(1998)은 마을을 가장 기초적인 정치단위로 중요시한다.

Bernard(1973: 167-169)는 마을단위에서의 계급구조(class structure)가 근대화를 방해하는 주요 요인임을 지적하면서, 이를 극복하기 위한 지역사회발전정책은 마을단위부터 변해야 성공할 수 있다고 주장한다. 마을단위 공간은 정치와 경제, 문화, 사회적 맥락이 모두 융합되는 주민들의 공동 생활터전이다. 풀뿌리에 해당하는 최소단위 공동체에서 사회적 계급이동이 원활하지 않으면 전체 사회에 영양을 공급하지 못하고 썩기 마련이다. 즉, 생활과 연계되지 않는 어떠한 개혁, 혁신, 발전정책도 성과를 거두기 어렵다. 결국 생활권은 지역사회발전의 대상이자, 장소의 번영과 주민의 번영을 연계할 수 있는 통로에 해당한다.

마을은 주민들이 일상생활을 통해 공감대를 형성할 수 있는 가장 기초적인 생활터전으로 공동생활과 관련한 문제를 직접 확인하고, 합의를 통해 이의 해결방안도 도출할 수 있는 구체적인 생활권에 속한다. 물론 마을의 규모는 전통과 관습, 사회, 문화적 맥락에 따라 다를 수 있다. 하지만 여기서 마을단위란 직접민주주의가 가능한 정도로 작으면서, 공동체 조직 및 운용과 관련하여 어느 정도의 공동비용을 감당할 수 있는 주민 200~500명 정도의 정주공간으로 접근한다.

통상 공동체 의사결정과정에서 보면 가족 단위가 가장 신뢰할만하고, 독립성이 인정되는 최소 주민집단이다. 한 가구당 평균 가족 수가 5명이고 전체 인구

500명 규모의 마을에서라면 가족대표 100명 중 70%에 해당하는 70명이 모여 회의를 통해 전체 마을의 일을 결정하더라도 민주주의 장점을 활용할 수 있을 것이다. 따라서 지역사회발전을 설명하기 위한 가장 기본적인 공간 통합좌표는 마을 등 생활권 개념으로부터 출발한다.

시간과 공간의 상호작용 모형

시간과 공간은 변화를 표현하거나 설명하기 위한 수단이다. 시·공간 축은 단순한 인식도구가 아니라 인간의 활동이 상호작용을 통해 변화 혹은 진화하는 과정을 측정할 수 있는 척도이다. 시간과 공간의 상호작용은 인간의 이동(movement)과 생활권 변화로부터 관심을 끌기 시작하였다. 인간은 오랫동안 시간과 공간을 별개의 차원으로 분리하여 논의하고 있다. 그러나 인간의 경험세계는 시간과 공간이 분리될 수 없음을 보여준다. **공간은 공존(coexistences)의 질서이고, 시간은 변화의 질서**이기 때문이다. 공존도 변화로부터 자유롭지 못하고, 변화도 공존관계를 통해 인식된다.

공간에서 인간의 이동은 목적을 띠고 있고, 이러한 목적은 학습을 통해 인간의 활동범위를 구성한다. 인간의 이동이 반복(즉, 시간함수의 누적)되면서 연결망(네트워크)을 만들고 이러한 연결망이 정주(settlement) 공간크기, 그리고 공간의 영향이 미치는 범위(surfaces)와 연결되어 있다. 이와 같은 공간화 과정은 일련의 시간함수 연속성으로 설명된다. 따라서 시간과 공간은 다양한 매개변수를 통해 상호작용한다.

시간과 공간이 상호작용하고 있음은 진화의 맥락에서 설명될 수 있다. 하지만 진화론은 결과론적 해석이라는 비판을 피할 수 없다. 어느 특정 시점에서 관찰된 자연상태는 '적자생존(適者生存)'의 결과로서 '선택된 특권'처럼 보일 수 있다. 이 경우 진화론은 **우연일 수도 있는 상황을 필연적으로 설명하는 오류**를 범할 수 있다. 특히 진화론은 존재하는 모든 것을 적자생존의 결과물로 간주해야 하는 함정에 빠질 수 있다.

생물진화론을 사회현상의 변화를 설명하기 위해 도입한 사회진화론의 경우 이러한 오류 가능성은 명백하다. 분명 특정 시점에서의 사회현상은 인정하기 싫은 '열성'과 현재의 상황에 적응하지 못하는 존재를 다수 포함하고 있다. 사회병리현상이 반복되거나 과거보다 악화되어 나타나기도 한다. 물론 인간에게 바람직하지 않은 사회현상이 전적으로 '열성'이라고 판단하기도 어렵다. 단순했던 선(善)과 악(惡)의 구분이 다양한 지표의 조합으로 복잡해지면서 결과만을 대상으로 '우성'과 '열성'을 진단하기도 쉽지 않다. 하지만 존재하는 모든 것은 선택받고 환경변화에 적응하면서 살아남은 결과물이라야 진화론의 큰 얼개를 설명할 수 있다. 그러나 현실은 반드시 그러하지 아니하다. 다른 한편 사회가 진화과정을 거쳐 누구에게나 '바람직한 상태'로 수렴될 가능성도 희박하다. 그럼에도 불구하고 사회진화론의 유용성은 시간과 공간의 상호작용 과정을 설명할 수 있는 접근논리를 제공한다는 점에 있다.

인류문명의 발전은 변화를 관리하면서 시작되었다. 변화는 '방향'과 '속도'로 이루어져 있다. 인간의 생활환경은 공간현상으로 인지되고, 이러한 공간현상의 변화도 일종의 '방향'과 '속도'를 지니고 있다. 변화의 방향과 속도를 인위적으로 조작하는 과정에서 인류문명은 차별화되고 다른 모습으로 확산된다. 따라서 **시간과 공간의 상호작용은 생물진화론에서의 '자연 선택(natural selection)'처럼 시간이 공간현상을 선택하고, 공간현상이 상대적인 시간(속도)을 조율하는 과정**으로 설명된다.

1   시간과 공간의 상호작용에 관한 접근논리

시간과 공간은 변화를 표현하거나 설명하기 위한 수단으로서 서로에게 영향을 미친다. 시·공간 축은 단순한 인식도구가 아니라 인간의 활동을 통해 상호작용하는 변화 혹은 진화의 척도이다. 시간과 공간의 상호작용은 인간의 이동(movement)과 생활권 변화로부터 관심을 끌기 시작하였다. 인간은 오랫동안 시간과 공간을 별개의 차원으로 분리하여 다루어오고 있었다. 그러나 인간의 경험세계는 시간과 공간이 분리될 수 없음을 보여준다(Yi-Fu Tuan, 1978: 7). Whitrow(1980: 37-38)는 시간과 공간이 각각 따로 떨어진 상태로 존재할 수 없음을 설명한다. 공간은 공존(coexistences)의 질서이고, 시간은 변화의 질서이기 때문이다.

공간에서 인간의 이동은 목적을 띠고 있고, 이러한 목적은 학습을 통해 인간의 활동범위를 구성한다. Haggett(1965)는 인간의 이동이 반복(즉, 시간함수의 누적)되면서 연결망(네트워크)을 만들고 이러한 연결망이 정주(settlement) 공간크기, 그리고 공간의 영향이 미치는 범위(surfaces)와 연결되어 있음을 그림으로 나타낸 바 있다(앞 장의 〈그림 4-2〉 참조). 이와 같은 공간화 과정은 일련의 시간함수 연속성으로 설명된다. 따라서 시간과 공간은 다양한 매개변수를 통해 상호작용하면서 동일한 대상을 설명할 경우에 서로 보완적 역할을 수행한다.

Friedman(1972)은 인간활동이 이미 다른 사람들의 활동을 통해 만들어진 공간의 영향을 받는 일종의 공간파생적(space contingent) 성격을 띠고 있고, 동시에 새로운 공간구조를 만들어 다른 사람들의 공간이용방식에 영향을 미치는 공간형성적(space forming) 성격을 띠고 있다고 주장한다. 즉, 공간과 시간은 상호작용 관계에 있다. 예를 들면 경제활동의 입지 선정은 과거 다른 사람들에 의해 만들어진 공간의 속성에 근거하여 영향 받지만 이러한 입지결정은 미래 또 다른 경제활동의 장소선택에 영향을 미칠 수 있는 새로운 공간구조를 만든다.

여기서 다른 사람에 의해 형성된 공간구조와 다른 사람의 공간이용방식에 영향을 미치는 새로운 공간구조 사이에는 일종의 시간함수인 일련의 연속과정(sequences)으로 연결되어 있다. 이러한 과정에서 시간함수를 고려하지 않는다면 경제활동의 집적과 분산과정을 설명하기 어렵다. 이와 같이 인간활동과 공간구조의 상호작용 관계는 시간흐름으로 설명된다. 경제공간은 인구, 자본, 정보 및 의사결정의 흐름 방향과 속도를 통해 형성되는데, 이러한 유동적 생산요소의 흐름은 방향이라는 공간적 속성과 속도라는 시간적 속성을 동시에 지니고 있다(소진광, 2006: 5).

이와 같이 시간과 공간의 상호작용은 존재하는 모든 사물과 사건의 존재방식과 형태를 설명하는데 매우 유용하다. 특히 시간은 공간변화를 설명할 수 있는 인식도구이고 척도이며, 공간은 시간함수를 통해 질서와 명칭을 얻는다. 시간과 공간의 상호작용을 설명할 수 있는 대표적인 접근방식은 1960년대 후반 시간지리학(Time Geography) 전통, 혁신확산과 관련한 이론, 그리고 진화론적 관점 등 셋으로 구분된다.

Hägerstrand(1916~004)는 1969년 덴마크의 수도 코펜하겐에서 열린 지역과학학회 유럽회의에서 "지역학에서 주민은? (What about People in Regional Science?)"라는 주제의 논문을 발표하였다. 여기서 그는 개별 인간의 미시적 행동에 관한 연구를 통해 보다 큰 규모의 집단을 이해하여야 한다고 주장하였다. 즉, 그는 전체적인 사회나 집단의 패턴만을 연구하면 현상 뒤에 숨어있는 진실을 외면할 수 있기 때문에 개별 구성원의 행동패턴을 먼저 연구하고 이를 통합하여 전체 패턴을 도출하여야 한다고 주장하였다. 따라서 공간구조는 단순히 장소적 특성이 아니라 인간활동의 결과이고, 새로운 변화의 터전인 셈이다.

개별 인간의 행동패턴은 시간과 공간의 상호작용 산물이다. Hägerstrand의 초기연구는 주로 새로운 기술의 지리적 확산, 즉 혁신확산에 관한 것이었는데, 혁신확산 역시 시간과 공간의 상호작용 결과로 나타난다. Hägerstrand의 혁신확산에 관한 관심은 시간지리학(Time-Geography)이라는 학문영역으로 발전하여 스웨덴 Lund 학파(Lund Associations)의 근간을 이루게 되었다(Pred, 1977: 208).

시간지리학은 종래 외생변수로 다루어오던 시간함수를 공간현상을 설명할 수 있는 내생변수로 전환하는데 기여하였다. 이러한 시간지리학은 Hägerstrand(1970, 1975, 1982)를 필두로 Carlstein(1973, 1975), Pred(1973), Godkin과 Emker(1976), 그리고 Lund 학파의 많은 후속연구에 의해 보다 정교한 이론적 틀을 갖추게 되었다. 이들 시간지리학의 근간은 '공간(space), 장소(place), 시간(time)이 인간 경험을 설명하기 위해 함께 고려되어야 한다.'는 점이다(Yi-Fu Tuan, 1978: 16).

<그림 5-1>에서와 같이 종축의 시간이 특정인의 생애주기를 나타낸다면 경로는 '공간 1'에서 태어난 사람의 일생동안 장소이동을 보여준다. 즉, <그림 5-1>은 '공간 1'에서 태어난 사람이 태어난 곳에서 일정 기간을 살고 '공간 2'로 이주하여 살다가 다시 '공간 3'으로 이동하였음을 보여준다. 이와 같이 일정 지리적 범위 안에서 개인의 시·공간 경로를 추적하고 이를 합산한다면 전체적인 토지이용 현황을 설명할 수 있다. 특히 시·공간 범위를 지역 혹은 도(道) 단위, 또는 국토 전반으로 확장하여 주민 혹은 국민들의 시·공간 경로를 합산

그림 5-1 (사람의 이동에 의한) 시·공간 경로

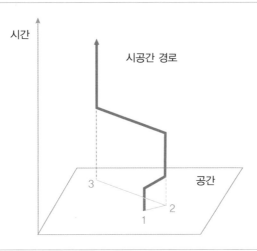

시간

시공간 경로

공간

3

2

1

출처: Hägerstrand(1982: 323).

하면 지역의 토지이용이나 국토이용 패턴을 설명하는데 유용하다.

　<그림 5-1>은 다시 특정인의 하루 일과를 시간과 공간이동의 과정으로 설명할 수 있는 '틀'이 될 수 있다. 이때 '공간 1'에서 '공간 2'로, 다시 '공간 2'에서 '공간 3'으로의 이동시간과 이동거리는 직선 기울기로 통합하여 나타나고 이러한 기울기는 이동수단에 따라 다르다. 빠르게 이동하면 시간투입이 적어 행동곡선의 기울기는 작아진다. 반대로 느리게 이동하면 많은 시간이 투입되어 기울기는 가파르게 된다. 이를 다시 혁신확산과정에 적용하면 발전현상의 전파경로를 추적할 수 있다.

3 혁신확산의 관점

　혁신의 확산은 혁신 발생자(innovators)와 이를 따르고 수용하는 추종자(followers) 혹은 혁신 채택자(adopters)를 연결하는 과정으로 진행된다. 혁신 발생자이든 이의 추종자이든 공간거리를 극복하기 위해서는 일정한 시간을 필요로 한다. 따라서 사람의 공간활용 방식이 혁신의 전파에 영향을 미친다. 혁신 추종자는 다른 사람에 의해 발생한 혁신의 필요성을 인식하는 사람이고 이러한 필요성을 충족하기 위해 혁신을 받아들이는 과정에서 새로운 공간현상, 즉 시간과 공간의 상호작용을 매개한다.

종래 혁신의 전파를 시간과 공간의 물리적 변화로만 접근하던 '틀'만으로는 공간구조의 변화과정을 설명할 수 없다. 또한 공간과 시간의 척도를 따로 분리하여 인간 생활터전(landscape)의 진화를 설명하기엔 한계가 많다(Pred, 1977: 218). 공간의 변화는 시간과 공간의 상호작용 결과물이기 때문이다. 이들 시·공간 함수관계는 진화론적 관점에서 설명될 수 있다.[40] 변화가 단순한 시간흐름 크기에 불과한 반면, 진화는 변화의 방향과 속도를 포함한다. 따라서 진화는 연속된 시간흐름과 일관된 단계로 구성되어 있다.

<그림 5−2>는 s_1에서 출발한 사람이 s_2로 이동하는 속도를 나타낸 것이

그림 5−2 **시·공간 이동과 이동 속도**

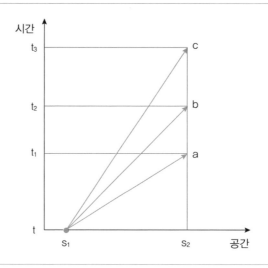

---

40 진화 역시 시간의 함수이기 때문에 일방적이다. 다양한 DNA의 혼재는 있을 수 있어도 과거 특정 시점의 상태로 돌이킬 수 없다. 진화가 시간과 공간의 상호작용 관점에서 설명 되어야 하는 이유가 여기에 있다.

다. t 시점에서 t₁ 만큼의 시간을 들여 목표지점인 s₂에 도달한 경로 a와, 경로 b, 그리고 경로 c는 각각 속도를 달리한 이동을 나타낸다. 만약 이를 혁신의 확산과정에 원용한다면 a는 빠른 확산경로를, c는 상대적으로 느린 확산경로를 보여준다. 전통적으로 이러한 혁신의 확산은 혁신채택의 유형에 따라 전염확산과 계층확산으로 접근되고 있다.

일반적으로 혁신의 확산은 시간축과 혁신 채택률로 나타낸다. <그림 5-3>과 같이 공간 'a'에서 발생한 혁신은 시간이 지남에 따라 같은 공간의 다른 사람들에 의해 채택될 확률이 높아지는데, 이러한 채택률은 시간흐름에 따라 통상 's'자 곡선 형태를 그리는 것으로 알려져 있다. 그러나 혁신채택의 후발 공간에서 혁신채택률은 급격하게 증가할 가능성이 높다. 이미 혁신발생 장소와 먼저 혁신을 채택한 공간에서 형성되고 검증된 혁신의 필요성과 실용성이 후발 공간에 그대로 전이되기 때문이다. 새마을운동과 같은 개발경험의 경우 더욱 그렇다.

또한 <그림 5-3>은 공간(혹은 도시) 'a'에서 발생한 혁신이 t₁ 시점(혁신발생시점)으로부터 시간이 경과함에 따라 채택률이 높아지고 t₄ 시점에서 포화상태에 도달하고 있음을 보여준다. 뒤늦게 혁신을 채택한 'b'는 t₂ 시점에서 혁신을 채택하기 시작하여 또 다른 경로로 혁신채택을 늘려가고 있고, 또 다른 공간 'c'는 늦게 혁신을 채택하기 시작했지만 'a', 'b'에서와는 달리 혁신채택 초기부터 채택률이 빠르게 높아지고 있음을 보여준다. 또한 후발 혁신 채택지역인 'c'는 선발지역 'a'와 'b'에서의 혁신 채택이 절정에 달했을 때 더 이상의 채택률 증가를 보여주지 않고 있다. <그림 5-3>에서 혁신채택의 비율과 크기를 달리하는 공간 a, b, c는 인구규모가 다른 경우일 수도 있고, 같을 수도 있다. 이러한 혁신확산에 관한 Lund 학파의 이론은 발생과 채택을 연결하는 과정에서 혁신의 진화(evolution)를 고려하지 못했다. 즉, 진화론적 관점에서 보면 혁신도 확산되는 과정에서 열성인자는 도태되고, 우성인자는 강화될 것이다. 개발경험이 공간적으로 확산되면서 선발주자가 겪은 시행착오를 줄일 수 있는 가능성이 크기 때문이다.

<그림 5-1>, <그림 5-2>, <그림 5-3>을 종합하면 당시 혁신적 지역사회개발 접근방식이었던 새마을운동의 확산도 개인의 시·공간 활동경로가

그림 5-3 혁신의 공간확산과 경로의 진화

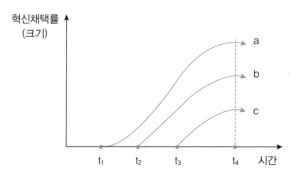

마을, 지역사회, 지역, 국가 차원으로 확대되는 과정을 보여준다. 새마을운동은 고질적인 농촌빈곤문제를 완화, 극복하는데 성공하여(권태준, 1977; 박진환, 2001) 지역사회발전 속도를 크게 변화시킨 일종의 혁신으로 평가될 수 있다. 물론 혁신은 '성공'이라는 가치 지향적 성과로부터 자유로운 용어이다. 시간지리학 관점에서 진화(evolution)는 미시적 차원에서의 경로(path)가 방향과 속도를 바꾸고 집적되어 새로운 사회작동체계를 형성하는 과정에서 발생한다.

<그림 5-4>는 혁신의 단계별 공간확산을 나타낸다. 이러한 혁신의 공간확산은 혁신발생 초기단계, 혁신확산 가속단계, 성숙단계에 따라 혁신채택의 확률이 혁신의 성격과 지역별로 다르게 나타날 것이다. <그림 5-4>의 <그림 a>는 도시 혹은 지역 'A'에서 발생한 혁신이 'B', 'C'로 전파되면서 채택률이 서로 다름을 검은색의 진한 정도로 나타내고 있다. <그림 5-4>에서 검정색깔이 진할수록 채택률이 높음을, 그리고 연할수록 채택률이 낮음을 나타낸다. 혁신발생 초기단계를 보여주는 <그림 a>에서는 혁신발생 'A'지역을 중심으로 전염확산이 이루어지고 있고, 계층확산에 의해 'B', 'C' 지역에서도 혁신채택이 시작되고 있음을 보여준다.

<그림 5-4>의 <그림 b>와 같이 혁신의 공간확산 가속단계에 이르면 'A', 'B', 'C' 지역에서의 전염확산과 기타 'D', 'E' 지역으로의 계층확산이 나타나고 있다. <그림 c>와 같은 혁신확산 성숙단계에서는 'A', 'B', 'C', 'D' 모든 지역에서 전염확산이 포화상태에 이르고, 동시에 'A'와 'D' 지역에서의 전염확산이

두 지역을 연담화하여 일종의 혁신회랑(innovative corridor)을 형성하고 있다. 물론 혁신회랑이 조성되면서 혁신발생 지점이 차지하고 있던 혁신의 중심축이 'A'로부터 'D' 지역으로 이동할 가능성과 또 다른 'F' 지역으로의 계층확산도 배제하지 않는다. 또한 공간현상은 일종의 빨대효과로 인해 상대적으로 혁신의 확산속도가 늦거나 채택률이 낮은 지역의 혁신활동을 흡수하는 경향도 보인다. 따라서 <그림 b>에서 혁신을 채택하기 시작한 'E' 지역의 혁신관련 활동이 인근 다른 지역으로 흡수되어 소멸될 가능성도 있다(<그림 c> 참조). 이러한 혁신활동의 공간흡수는 혁신채택과정에서 상황변수에 적응하는 진화의 속성을 반영하고 있다. 혁신의 공간확산은 혁신의 시장규모(market size of innovations)와 밀접하게 관련되어 있어서 혁신의 공급과 수요가 맞물려 발생한다. 제1, 2, 3차 산업혁명이 특정 기술을 중심으로 설명되어오고 있지만 제4차 산업혁명은 기술혁신의 발생, 채택 및 활용과 관련한 사회체제의 혁신으로 접근되어야 하는 이유가 여기에 있다. 혁신발생도 중요하지만 이를 받아들이고 채택할 수 있는 여건조성이 더 중

그림 5-4 **혁신의 공간확산과 경로의 진화**

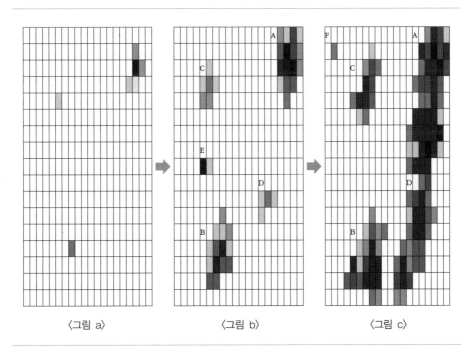

〈그림 a〉　　　　　〈그림 b〉　　　　　〈그림 c〉

요할 수 있다.[41] 따라서 혁신발생 및 수용의 생태계 변화는 사회진화과정을 보여준다.

4 사회진화론 관점: 한계와 보완

1) 사회진화론의 배경

생물진화론은 사회현상을 해석하는 데에도 큰 영향을 끼쳤다. 소위 사회진화론(Theory of Social Evolution)은 사회변동과정이 마치 생명체의 진화와 유사하다고 설명한다. 사회진화에 관한 인류의 관심은 고대사회에서도 있었다. 4,353년 전 한반도에 국가가 형성되던 상황을 구전으로 전해오는 단군신화에도 사회진화의 관점은 포함되어 있다. 단군신화는 인류가 모듬살이를 택하면서 제도나 일관된 체제를 마련하게 되는 과정을 포함하고 있다. 단군신화에 포함된 나라 세우는 으뜸의 명분은 '홍익인간(弘益人間, 널리 인간세계를 이롭게 함)'이다. '나라를 세우고', '홍익인간'에서 '널리'와 '이롭게 함'은 우리민족의 모듬살이 진화방향을 의미한다.

2,500여 년 전 서양에서의 역사학자들도 그들이 살던 시대를 기준으로 그리스와 로마의 초창기 문화를 야만상태(barbaric version)로 묘사하여 사회가 발전적으로 진화하고 있음을 암시한 바 있다. 그리스 철학자 Aristoteles(BC. 384−BC.

---

41 새마을운동은 한국 사회에서 일대 혁신활동이었다. 그러한 혁신활동이 마을 단위에서 수용되지 않았더라면 새마을운동도 성공하지 못했을 것이다. 새마을운동의 3대 정신은 근면(Diligence), 자조(Self−Help), 협동(Cooperation)으로 요약된다. 근면하지 않는 사람에겐 사회적 책임을 기대할 수 없다. 협동하지 않는 사람에게 어떠한 단체나 사회의 대표를 맡길 수 없다. 따라서 근면은 복잡한 현대사회를 책임 있게 살아가기 위한 개인의 덕목이고, 협동은 단체나 사회를 조직, 운영 및 이끌어 가는데 필요한 집단의 덕목이다. 이러한 근면과 협동정신은 자조적 노력을 통해 직면한 문제를 해결, 완화, 극복하고, 보다 나은 미래를 가꿀 수 있게 해준다. 이러한 근면, 자조, 협동정신은 1970년대 한국의 새마을운동에만 고유한 것이 아니라 언제 어떠한 상황에서도 적용될 수 있는 인류 보편적 성향을 지니고 있다. 다만 이러한 정신을 어떻게 촉발하고 또 지속시킬 것인가가 문제이다. 새마을운동 접근방식은 주민들로부터 근면, 자조, 협동정신을 촉발하고 이를 지속시킨 작동체계로 이루어져 있었기에 국제사회로부터 관심을 받고 있다.

322)는 사회가 가족 중심 체계로부터 마을 중심으로, 그리고 결국 그리스 국가로 발전한다고 생각하였다. 산업화를 경험하기 시작한 Tönnies(1887)는 사회조직의 유형이 변화하고 있음에 주목하고 있다. 이와 같이 사회진화에 대한 사고는 매우 오랜 시대부터 전해오고 있다.

Darwin(1809~882)은 19세기 중반 5년간의 세계여행을 통해 동·식물의 변화를 관찰하고, 생물의 진화론(evolutionism)을 발표하였다. 그의 연구결과는 1859년 「종의 기원(On the Origin of Species)」이라는 제목으로 출판되었다. Darwin의 주장은 당시 종교적인 이유로 상당한 논쟁을 일으켰지만, 그의 이론은 점차 일반인의 관심을 끌게 되었다. 특히 많은 변화에 직면하고 또 그러한 변화로부터 자유롭지 못한 인간에게 Darwin의 진화론은 커다란 충격을 주었다. 생물의 진화론으로 인해 인간은 신의 존재를 다시 생각하게 되었고, 종교적 신념의 한계를 넘나들었다.

진화론의 핵심은 모든 종(species)이 매우 단순한 생명체로부터 출발했다는 점이다. 즉, 모든 생명체는 같은 단세포로부터 출발했다. 이러한 진화과정은 자연선택(natural selection)을 통해 진행되는데, 선택방식에 대해서는 아직도 풀리지 않는 문제가 많다.[42] 진화론의 핵심은 첫째, 같은 종(species)에 속하는 개별 구성원들도 광범위한 변이(variation) 폭을 보여주고 있고, 둘째, 이러한 변이의 폭은 그들 유전자 차이 때문이며, 셋째, 환경에 가장 적합한 특성을 지닌 개별 구성원이 살아남고 재생산할 가능성이 높으며, 넷째, 이러한 개별 구성원들이 살아남게 해주는 유전자는 그들 후손들에게 전달된다는 점이다. 생물 종(種)의 변이는 유전자와 환경적응 과정에서 나타날 수 있는데, 유전자에 의한 변이는 다음 세대로 전달된다.

생물진화론 관점에서와 마찬가지로 고대나 현대의 사회진화론자들은 변화를 성장(growth)으로 여겼고, 진보의 과정(progress)은 자연적이고, 피할 수 없으며, 점진적이고 지속적이라고 믿었다. 약간의 차이가 있긴 하지만 사회진화론자들은

---

42 자연선택(natural selection)에 대해서는 선택의 주체와 객체를 놓고 서로 상반된 주장이 가능하다. 이를 테면 유전자가 자연조건에 따라 발현되고, 발현되지 못하는 경우에 선택의 주체와 객체는 모호하게 된다. 선택은 주체가 적극적으로 조건을 만드는 것이 아니라 주어진 조건에 소극적으로 반응하는 것이기 때문이다.

발전이 연속적이고, 정교하게 구분되는 여러 단계로 구성되어 있다고 생각한다. 또한 사회진화론자들은 원류(the origin)로부터 근원(the seeds)을 찾고, 하나의 맥락으로 정리된 기존 사회 혹은 문화적 형태를 검토하는 방식으로 사회변동을 접근한다. 즉, 사회진화론자들은 모든 사회현상이 시간흐름에 반응하며 일관된 변화방향을 유지한다고 생각하고, 이는 생물진화론에서와 같이 사회도 유전자를 갖고 있기 때문이라고 믿는다. 미래를 도모하기 위한 계획도 이러한 사회진화를 바람직한 방향으로 조작하기 위한 노력이고, 계획에서 사용되는 예측기법은 사회변화를 이끌고 있는 유전자의 존재를 전제하고 있다.

2) 사회진화론의 이론체계

사회진화론 관점의 역사는 오래되었지만 사회진화론이 학문적 체계를 갖추게 된 것은 19세기 영국의 철학자이자 생물학자인 Spencer(1820~1903)에 의해서다. Spencer는 사회진화론을 설명하기 위해 물리적 진화(physical evolution)와 생물적 진화(biological evolution)의 원리를 도입하고 있다. 물리적 진화의 원리란 '막연하고 정리되지 않는 상태(indefinite and incoherent situation)로부터 분명하고 논리 정연한 상태(definite and coherent situation)로의 이동'을 의미하며, 두 가지 상황으로 설명된다. 하나는 '단순한 상태'로부터 '복잡한 상태'로의 이동이고, 다른 하나는 '동질성(homogeneity)'에서 '이질적인 것(heterogeneity)'으로의 이동이다. 생물적 진화에서는 생존경쟁에서 환경변화에 효과적으로 적응할 수 있는 생물만이 살아남는다.

Spencer는 진화의 주체로 유기물뿐만 아니라 무기물을 포함시켰다. Spencer는 세상의 삼라만상을 '물질(matter)'과 '동작(motion)'이라는 두 가지 근본적인 요소의 인과관계를 통해 접근한다. 따라서 Spencer에게 진화는 만물을 지배하는 최상의 법칙으로 간주된다. Spencer는 이 세상에 변화하지 않는 존재는 없고, 이러한 변화는 생물진화과정을 원용하여 설명될 수 있다고 믿었다. Spencer는 진화론에 입각하여 세 가지 기본 법칙과 2차적인 네 가지 명제(propositions)를 제시하였다.

제1법칙은 힘의 지속성법칙(The law of persistence of force)으로 에너지와 힘(force)이 관성력을 갖는다는 것이다. 즉, 진화하는 과정에서 에너지와 힘(force)의 증가는 없다. 에너지와 힘이 진화의 원인이지만, 이 둘은 진화과정으로 인하여 아무런 영향을 받지 않는다. 제2법칙은 물질 불멸의 법칙(The law of the indestructibility of matter)으로 물질은 파괴될 수 없다는 것이다. 물질의 형태적인 변화는 일어날 수 있지만, 이러한 물질 형태의 변화는 진화과정 때문으로 물질의 본질적인 속성은 변하지 않는다. 이 세상의 에너지와 물질의 기본요소들은 창조되지도 않고, 파괴되지도 않으면서 보존된다. 제3법칙은 동작의 연속성 법칙(The law of continuity of motion)으로 동작은 절대 모두 소멸되지 않는다. 동작 형태의 변화는 있을 수 있지만 이는 진화과정의 단계에 불과하다. 만물은 동작을 지속한다.

Spencer가 제시한 네 가지 2차적 명제는 다음과 같다. 제1명제는 힘(force) 사이의 관계가 지속된다는 것(Persistence of the relationship between the forces)으로 이를 "모든 법칙의 조화(Harmony of all laws)"라고도 한다. 즉, 사회진화에 관한 어떠한 두 법칙도 상호 모순될 수 없다. 이 세상에서 모든 현상 사이의 관계에는 균일성과 규칙성이 존재한다. 세상은 그 자체가 구성 요소들의 질서이다.

제2명제는 형태변화와 균일성의 원리(Principle of formal changes and uniformity)를 의미하는데, 물질이나 동작은 완전히 파괴되지 않고, 단지 형태변화만 있을 수 있다. 힘과 물질 구성요소, 그리고 동작은 변화과정에서 절대로 소멸하지 않는다. 이것들은 단지 어떤 다른 사건으로 표명될 뿐이다.

제3명제는 최소 저항과 최대 인력(引力)의 원리(Principle of least resistance and greatest attraction)인데 이는 진화가 항상 최소 저항이나 최대 인력(引力) 방향으로 진행되고 있음을 의미한다.

제4명제는 점진적인 동작 원리(Principle of gradual motion)로 이는 "진화에서 동작은 기본적이고, 동작은 항상 동일한 수준에서 일어날 필요가 없음"을 의미한다. 동작은 속도가 빨라질 수도, 느려질 수도 있다. 자연의 모든 현상은 나름대로의 특정한 기간 이동 및 발전의 속도와 율동(rhythm)을 가지고 있다.

이와 같이 Spencer는 인류사회의 진화는 다른 진화현상과는 달라서 보편적으로 적용 가능한 자연법칙의 특수한 경우라고 주장한다. 궁극적으로 유기물이든 무기물이든, 사회적이든 비(非)사회적이든 우주의 모든 존재와 현상은 다소 차이는 있더라도 진화법칙으로부터 자유롭지 않다. Spencer는 Darwin(1859)이 "종의 기원"에서 설명한 '적자생존(Survival of the fittest)' 원리를 신봉하였다. 동물은 살아남기 위해 싸워야 한다. 단지 강한 생명체만이 살아남고 진화하여 발전을 이룰 수 있다. 약자는 점차 사라질 것이다. 강한 생명체는 항상 변화하는 환경조건에 적응할 수 있는 능력을 가지고 있다. 무엇이 강한 속성이고, 무엇이 약한 속성인지는 생명체에 따라 다르다.

이상과 같은 물리적 진화의 관점에서 Spencer는 모든 사회진화의 원리를 두 가지로 구분하였다. 하나는 '단순함'으로부터 '복잡함'으로의 이동이고, 다른 하나는 '동질적인 것(homogeneity)'으로부터 '이질적인 것(heterogeneity)'으로의 이동이다. 이러한 두 가지 사회진화의 원리에 따라 사회는 점차 이질적인 구조로 진화하고 있고, '명확하지 않은 상태'에서 '분명한 단계'로 옮겨간다. Spencer는 또한 생물진화의 관점에서 '변화하는 상황에 적응할 수 있는 문화'는 살아남는다고 주장한다. 결국 Spencer의 사회진화이론은 두 단계를 설정하고 있다. 우선 '단순한 사회'로부터 '복합적인 사회'로의 이동이고, 다음은 '호전적인 사회(militant society)'로부터 '산업사회'로의 변화단계이다.

진화단계에 따라 사회를 구분하면 첫째, 단순사회(simple society), 둘째, 복합사회(compound society)로 정착농업사회가 여기에 속하며, 셋째, 2중 복합사회(doubly compound societies)는 완전 정착한 상태로 구성원들의 결속력이 강화되고, 대규모, 명확한 정치구조를 띠고 있으며, 종교계층, 엄격한 신분제도 그리고 더욱 복잡한 노동분업이 일어나고 있는 사회를 의미한다. Spencer는 13세기 프랑스, 11세기 영국, 고대 페루를 중심으로 건설된 잉카제국과 과테말라를 중심으로 일어난 마야제국을 2중 복합사회 사례로 들었다. 넷째, 3중 복합사회(Trebly Compound Societies)로 고대 Assyria 제국, 근대 영국, 프랑스, 독일, 이탈리아, 러시아와 같이 위대한 문명국가가 여기에 속한다.

이러한 Spencer의 사회진화론에 대한 비판도 만만치 않았다. 이러한 비판은 우선 Spencer의 이론은 발전을 도모함에 있어서 실천력이 떨어지고, 일관성이 결여되어 있으며, 인간에게는 살아남는 것만이 전부가 아니라는데 초점을 두고 있다. 즉, 인간의 진화는 다른 생명체 종(種)의 진화와 다르다는 것이다. 무엇보다 Spencer의 사회진화론은 현재 드러난 결과에 맞춰 과정을 기술하고 있어서 '과정에 의한 결과'를 설명하는데 한계를 지니고 있다. 그럼에도 불구하고 사회진화의 단계를 구분한 Spencer의 논리는 인간사회의 변화를 이해하는데 매우 중요한 좌표를 제시해준다.

인류문명의 진화를 '적자생존의 원리'로 접근한 Spencer의 논리전개로 인해 '행위와 결과의 법칙(law of conduct and consequence)'이 도출된다. 즉, Spencer는 '행위'와 '결과'는 상응해야 하고 이러한 '상응'이 존재하는 사회를 '정의롭게' 보았다. Spencer의 정의사회에서라면 성공한 사람은 많은 이득을 챙길 수 있어야 하고, 실패한 사람은 도태되어야 한다. 이와 같이 '적자생존'이 자연스럽게 실행되기 위해서는 개인의 자유가 최대한 보장되어야 하고, 국가의 개입은 가급적 최소화 되어야 한다. Spencer는 개인의 자유를 사회진화의 유전자처럼 여겼던 것이다.[43]

3) 사회진화론 관점에서의 근대화이론

20세기 초 사회진화론 관점은 국제사회의 급격한 변화를 반영하여 국가를 최소단위로 하는 근대화이론(The Modernization Theory)으로 발전하였다. 근대화이론의 출발배경에는 몇 가지 중요한 국제사회의 변동이 있었다. 제2차 세계대전으로 영국, 프랑스, 독일이 약화되고, 대신 미국이 세계경제를 주도하게 되었다. 국제사회에서 이러한 미국의 주도권은 1948년부터 서구 유럽의 전후복구를 지

---

43 Spencer의 논리전개는 당시의 시대배경과 무관하지 않다. 그가 활동하던 영국사회는 산업혁명이 활발하게 전개되고 있어서 국가의 역할이 치안유지 등 소극적 공공질서 유지관리에 한정되어 있었다. 그가 사회진화론을 전개하면서 개인적 이해가 상호 충돌할 가능성이 점차 높아지는 진화단계를 예측하면서도 개인의 자유를 강조한 이유는 당시의 시대상황으로부터 자유롭지 못했음을 의미한다. 이와 같은 징후는 Talcott Parsons의 경우에도 마찬가지였다. 극단적 반공운동(McCarthyism)이 활발하던 시대에 활동한 Parsons는 학문활동까지 이념논쟁의 대상이었던 당시 상황에서 자본주의 장점과 서구문명의 우수성을 과장하여 표현하고 있다. 물론 공산주의는 자본주의 색채와 시장원리에 대한 사상과 학문활동을 원천적으로 봉쇄하였다.

원한 마셜플랜(The Marshall Plan)으로 상징된다.

또한 유럽 강대국의 식민지배를 받던 아프리카, 아시아, 라틴 아메리카에서 많은 신생 독립국가가 탄생하였다. 제2차 세계대전이 끝난 이후의 시대는 공산주의 운동이 전 세계적으로 확산되고 있을 무렵이었다. 마셜플랜은 자본주의 시장경제를 회복한다는 명분으로 공산주의의 확산을 방지하려는 의도도 포함하고 있었다. 공산주의운동은 민족주의와 결합하면서 강대국 식민지배로부터 분리 독립한 신생 독립국가를 유혹하기도 하였다. 유독 신생 독립국가에서 정치적 혼돈이 심했던 이유 중의 하나는 이와 같이 열린 세계경제를 표방한 자본주의와 민족주의로 포장된 공산주의 사상과의 충돌 때문이었다.

그러면서도 이들 신생 독립국가의 정치지도자들은 자국의 경제발전을 내세워 권력을 장악하고 이 과정에서 '자원민족주의(resource nationalism)'와 '근대화(modernization)'를 정책수단으로 내세웠다. 오랜 식민지배에서 해방감을 즐기던 이들 신생 독립국가들의 국민들은 '자원민족주의'와 '근대화 전략'이 충분히 조화를 이룰 수 있는 것으로 받아들였다. 그러나 '자원민족주의'와 '근대화 이론'은 전혀 뿌리가 다른 정치 구호였다. 자원민족주의는 강대국의 식민지배를 통해 자원을 수탈당했다는 경험을 되풀이 하지말자는 신생 독립국가 정치지도자들의 정치적 선동구호로 출발하였다.[44] 근대화 이론은 식민지를 잃은 강대국들이 원료 획득과 제품판매를 확대하기 위한 전략에서 신생 독립국가를 세계경제 순환체계로 끌어들이기 위한 경제발전논리였다.[45] 물론 신생 독립국가도 자국 경제를 일으키고, 정치적 독립을 강화할 필요성을 인식하고 있었다.

이러한 시대적 배경에서 역설적으로 신생 독립국가 지도자들은 한편으로는 '자원민족주의'를 내세워 정치적 기반을 확보하고, 다른 한편으로는 '근대화 정

---

44 흔히 자원민족주의 발원을 1938년 Mexico 정부가 석유회사를 국유화하고 이를 통해 자원수출가격을 국가가 통제하기 시작한 데서 찾는다. 하지만 이러한 자원민족주의 사상은 19세기 유럽 강대국들이 식민지배를 통해 자원을 수탈해가는 불공정 자원거래를 비판하면서 실천논리를 확보했다고 보아야 할 것이다. 당시 유럽 강대국들은 산업화를 추진하면서 방대한 에너지와 천연자원을 필요로 했고, 이를 확보하기 위해 강압적인 식민통치방식으로 값싼 자원확보 경쟁을 벌였다.

45 근대화이론의 이러한 배경은 1951년 5월 국제연합(UN)의 전문가집단(Group of Experts)이 2년 여의 연구 끝에 발표한 '저개발국가의 경제발전 수단(Measures for the economic development of under-developed countries)'이라는 보고서에 담겨있다.

책'을 내세워 국민과 자원을 동원하는 수단으로 삼았다. 근대화이론에서 가장 중요한 개념은 '근대사회(modern society)'이다. 근대사회는 전통사회(traditional society)와 대비되는 개념으로 보다 생산적이고, 보건위생조건이 개선되며, 주민들의 의·식·주 생활수준이 향상되고, 약자에 대한 복지가 늘어나는 특징을 갖고 있는 것으로 인식되었다. 또한 근대사회는 국가의 상태나 상황에 따라 약간의 차별적 특징과 실현 속도와 관련하여 몇 가지 단계로 계층화가 가능한 것으로 접근되었다. 이러한 인식에 따라 '근대화'라는 용어는 '발전(development)'을 정의하고, 구체화하며, 그 결과를 측정할 수 있는 정형화된 '틀'처럼 사용되기 시작하였다.

또한 근대화는, 특히 저개발 국가에서, 과거의 문제를 되풀이하는 낡은 사회구조의 개혁을 통해 달성될 수 있는 특정한 정책목표로 인식되고 있었다. 그러나 근대화이론은 유럽과 미국의 발전경험을 정리한 사례에 불과하다. 이러한 특정 사례를 세계 어느 나라에든 적용할 수 있는 일반이론으로 착각한다면 많은 부작용이 나타날 것이다.[46] 새마을운동도 우선은 한국의 특수한 상황에서 성공한 지역사회개발 사례에 불과할 수 있다. 다만 지역사회를 변화시킨 새마을운동의 접근방식에 내재되어 있는 시·공간 상호작용을 분석하고, 지역사회 진화의 유전자를 도출한다면 이를 한국과 다른 시·공간좌표의 나라에도 적용할 수 있는 가능성을 검토할 수 있을 것이다. 지구촌 새마을운동에서 한국의 성공사례를 현재화(Redesigning the past successful experiences to fit the current situation for the future goal)하고, 현지 공간좌표 특성을 반영하여 현지화(localization)하는 과정이 중요한 이유가 여기에 있다.

일반적으로 근대사회는 사회구조가 분화되고, 전문화 되며, 공공기관(정부조직을 포함)의 역할이 명확하게 설정되어 있는 것으로 상정한다. 물론 근대사회도 각종 사회문제를 안고 있지만 근대화이론은 이들 사회문제가 발전의 단계마다 나타나는 특징으로 이를 무시하거나 다음 단계로 전환하기 위한 '절차적 비용' 쯤으로 간주한다. 이러한 절차적 비용은 종종 정치, 경제, 사회, 문화 등 다양한 분

---

46 근대화이론의 대표적인 부작용은 1950년대 중·후반 남미에서 대두된 종속이론(Dependency Theory)에서 지적되고 있다.

야에서의 기회비용으로 분산되어 일종의 상쇄(trade off)관계에 있는 것으로 포장되기도 하였다. 즉, 근대사회로 전환하기 위해서는 거쳐야 할 여러 단계(혹은 관문)가 있는데, 이들 단계 중에서 어느 것은 필수적이라서 피할 수 없는 것으로 여기고 이를 통과하는 비용을 가볍게 여기는 것이다. 경제성장을 도모하기 위해서는 약간의 정치적 독재가 필요하다는 주장도 이 범주에 속한다.[47] 또한 경제성장을 위해서라면 약간의 환경오염을 감수해야 한다는 주장도 있을 수 있다.

정치적 관점에서 보면 근대사회는 세 가지 특징을 가지고 있다(Coleman, 1974). 즉, 첫째는 정치구조의 분화이고, 둘째는 평등(equality)의 관점에서 정치문화를 일반 국민들 수준으로 세속화(secularization)하는 것이며, 셋째는 사회 정치체계의 역량강화다. 이들 세 가지 근대사회의 정치적 특징은 서로 연관되어 있어서 상호 작용을 통해 일종의 인과적 연결고리(sequences)를 형성하고 있다. 정치문화의 세속화는 정치 지도자의 충원방식의 변화를 초래하고, 다수의 지지에 의한 권력이 정당화 되는 체계와 관련되어 있다. 정치체계 역량이 강화되지 않으면 정치세속화는 정부의 실패로 이어질 가능성이 높다. 따라서 근대사회는 몇 가지 단계를 설정하고 각 단계마다 특징적인 지표를 선정하여 이를 실천하기 위한 이론적 틀을 필요로 한다. 근대화이론은 이러한 근대사회를 실현하기 위한 이론적 맥락으로 설계되었다.

개발을 지향하는 근대화이론도 몇 가지 가정에서 출발한다(Reyes, 2001: 2 - 3). 첫째, 근대화는 단계별 과정이라는 점이다. Rostow(1959: 1 - 16)는 경제발전 단계를 ① 생계형 경제, 물물교환, 농업이 특징적인 전통사회, ② 전문화, 잉여생산, 기반시설 확충으로 특징되는 도약 전 단계로 과도기 단계(the transitional stage), ③ 산업화, 투자증대, 지역성장, 정치변화로 특징되는 도약단계(the take-off), ④ 다양화, 혁신, 수입의존율 감소, 투자로 특징되는 성숙 진입단계(the drive to maturity), ⑤ 소비자 주권, 내구재 생산 번영, 서비스 분야가 지배적인 높은 대중소비단계(The age of high mass consumption)로 구분하였다. 이러한 경

---

47 정치체제와 경제와의 상호작용에 대해서는 획일적인 판단기준이 없다. 정치적 독재가 언제나 경제발전으로 이어진다는 보장도 없다. Parsons(1951)를 필두로 하는 구조기능주의(Structural functionalism)는 정치체제를 목표달성(goal attainment)을 위한 공공 관리방식으로 접근하지만 정치권력구조는 당시의 상황에 대한 대처방식이지 어떠한 목표의 달성정도와는 일정한 관계를 인정하기 어렵다.

제발전 단계는 공급, 수요 및 생산방식의 동태적 과정에 뿌리를 두고 있어서 (Rostow, 1959: 1), 서로 맞물려 작동하는 전체 과정의 부분상황을 보여준다.

Rostow(1959)는 제2단계인 과도기 특징으로 서구 선진국들의 원조가 서구적 가치(Western Value)를 이들 사회에 정착시키는 점을 들고 있다. 특히 이 단계는 과학기술을 통해 농업이 개선되고, 도로를 개설하거나 도시 통신시설을 설치하는 등 기반시설을 확충하며, 서구 선진국들의 자본이 유입되어 공장이 설립되는 특성을 보여준다. 제3 도약단계에서는 경제성장이 가시화되고, 새로운 기업가 계급이 나타나며, 도시화가 발생한다. Rostow는 이 단계부터 외국으로의 상품수출이 나타나고, 새로운 산업을 통해 발생한 이윤이 모든 국민들에게 확산되어 새로운 상품시장이 확대된다고 보았다. 또한 성숙 진입단계에서는 더 큰 경제성장이 이루어지고, 교육, 매체(media), 출산 억제 등에 투자가 늘어나며, 주민들은 새로운 기회가 나타나고 있음을 실감하고 최선을 다해 잘 살려고 노력한다. 마지막으로 제5 고도 대중소비단계는 서구사회와 동일한 수준에 이르는 것으로 설계되었다.

근대화이론의 두 번째 가정은 근대화가 동질화 과정(homogenizing process)에 기초하고 있다는 점이다. 즉, 근대화 과정은 다양한 사회가 '근대성(modernity)'[48]을 실현할 수 있는 표준화된 수단을 동원하여 동질한 결과를 초래한다는 것이다. 이 점에 있어서 근대화이론은 Spencer의 사회진화론과 차이를 보인다. 즉, 사회진화론은 '동질적인 것'으로부터 '이질적인 것'으로의 이동을 진화의 과정으로 간주한 반면 근대화이론은 문명(즉, 근대성)의 동질화과정을 발전의 맥락으로 인지한다.

이와 같이 표준화된 수단은 유사한 결과[49]를 양산하게 되는데, 이의 증거는

---

48 근대성은 근대화의 표상(symbols)으로 정의되고, 이러한 표상을 실현하는 과정은 어떠한 상황에서도 일반화가 가능한 맥락 범위 안에서 접근되었다. 예를 들면 주민 소득증대를 측정하기 위해 소득계정을 만든다든가, 농산물 유통을 원활하기 위해 도로를 건설하는 것 등은 어떠한 상황에서도 적용될 수 있는 근대화의 수단으로 여겨졌다.

49 근대화 정책의 목표는 주민소득을 현재 어떠한 상태에서 목표연도에 얼마로 증대시킨다든지, 상수도 혹은 전기 등과 같은 생활편익 수준을 어느 정도로 끌어 올리는 방식으로 설계되곤 하였다. 이와 같이 표준화된 근대화의 정책수단은 '근대성'의 개념이 내생적 주민수요를 반영하여 설정된 것이 아니라 외부(주로 선진국 수준) 관점에서 정의되고 외부(특히 선진국 사례)의 경험을 통해 설계되면서 예견된 것이었다.

제2차 세계대전이 종료된 이후 근대화이론을 추종하여 개발전략을 실천한 아프리카, 아시아, 라틴아메리카 등에서 근대화의 선발지역인 주요 도시의 경관이 모두 서양의 그것과 유사하게 변하고 있는데서 찾아볼 수 있다. 예를 들면 근대화는 근대성의 표상인 유럽사회 혹은 미국사회를 닮아가는 과정처럼 여겨지게 되었고,[50] 이러한 과정에서 혁신발생 지역(선진 국가)과 혁신을 채택, 수용하는 지역(저개발 국가 혹은 개발도상국) 간의 관계가 종속적으로 고착화되고 있다는 비판이 다름 아닌 1950년대 라틴 아메리카에서 제기된 종속이론(dependency theory)이다.

세 번째 가정은 근대화의 여정이 돌이킬 수 없다는 점이다. 일단 시작한 근대화는 중단이 어렵고 결과에 상관없이 과정에 함몰되는 속성을 지니고 있다. 이러한 가정은 Spencer의 사회진화론 제1 기본법칙 '힘의 지속성법칙(The law of persistence of force)'과 같은 맥락이다. 또한 이 가정은 근대화의 수단이 자본의 힘에 의존하고 있다는 것과 관련되어 있다. 자본, 권력, 정보, 기술, 지식은 원래 가진 자에게 아부하도록 설계되어 있어서 일종의 관성력을 지니고 있다. 이러한 자본, 권력, 정보, 기술, 지식을 소유한 사람들은 이들에 한번 맛들이면 이를 거부하거나 재설계하기가 쉽지 않다. 근대화이론이 처음부터 서구 자본주의에 기초하여 설계되었고, 자본축적 및 활용에 의한 산업화 단계를 설정하면서 국가권력의 역할을 강조하고 있기 때문에 한번 시작한 근대화 전략은 태생적으로 지속될 수밖에 없다. 또 다른 한편, 제3세계 국가들이 근대화를 추진하면서 서구사회와 접촉하면, 근대화를 향한 기세를 거부하기가 어렵다는 지적도 있다(Reyes, 2001:2).

근대화이론의 네 번째 가정은 근대화가 장기적인 관점에서 필연적이고, 발전적 과정(progressive process)이라는 점이다. 이러한 가정은 세계체제이론과도 궤를

---

50 근대화이론이 서구사회의 앞선 경험을 무비판적으로 추종하고 있다는 주장의 근거는 전 근대적인 상황을 비(非) 서구적 인 것으로 정의하고 있다는데 두고 있다. 즉, 근대성에 대한 정의가 서구적 시각에 의해 일방적으로 이루어졌기 때문에 근대화를 실천하는 개발도상국 입장에서 보면 자신들의 것은 모두 전 근대적인 것으로 개혁의 대상처럼 인식되면서 근대화논리가 설계되었고, 이 과정에서 자신들의 전통을 버려야 하는 비용문제가 가볍게 여겨졌다는 것이다. 이러한 맥락에서 근대화이론은 서구화(Westernization), 유럽화(Europeanization), 미국화(Americanization)를 촉구했다는 지적이 있었다(Reyes, 2001: 2).

같이 하는 것으로 국제교류가 빈번해지면서 어떠한 국가도 열린 세계시장(world market)에 진입하지 않고서는, 국민복지를 향상시킬 수 없게 되었다. 이 경우 근대화 과정은 다른 국가들과의 공통된 협상기반(platform)을 제공하게 되는데, 이러한 협상기반에서 배제되는 경우, 발전이나 진보의 다른 대안을 찾기가 어렵다. 이러한 협상을 주도해야 할 정치체제 입장에서 보면 근대화는 전통적인 정치체제에서보다 국가의 정체성과 정통성을 확보하고, 주민참여를 촉진하며, 분배를 다룰 수 있는 역량을 강화시켜 준다(Coleman, 1974)고 여겨질 수 있다.

근대화이론의 다섯 번째 가정은 근대화가 시간이 오래 걸리는 과정이라는 점이다. 근대화가 추구하는 것은 점진적 변화이지 혁명적 변화가 아니다. 따라서 근대화는 여러 세대, 혹은 여러 세기에 걸쳐 진행된다. 근대화이론이 사회진화론 맥락에서 출발하고 있다고 여겨지는 이유가 여기에 있다. 어느 면에서 보면 근대화를 완성한다는 것은 있을 수 없다. 근대성(modernity)은 시간함수라서 일정 부분을 분리하여 고정시킬 수 없는 연속적 진행과정에 해당한다. 다만 현재 추진하는 근대화 작업이 영향을 미치는 시기는 현재로부터 상당 기간이 지나야 가시화 될 것이다. 바로 이러한 이유로 근대화를 평가할 지표나 방식을 설계하고 수단의 정당성을 검토하기가 쉽지 않다. 종종 근대화의 표상이 당초 예상치 못한 악영향을 가져와 후세에게 막대한 비용을 전가하는 경우도 나타난다.[51]

Parsons(1902~1979)는 저개발국가의 전통가치에 대해 비판적이었다. 그는 저개발국의 국민들이 신봉하는 관습, 종교의식, 생활방식 및 제도 등을 발전의 적(enemy of progress)으로 간주하였다. Parsons는 또한 전통사회에서 발견되는 광범위한 친족 및 부족체계가 국가발전에 필요한 지리적, 사회적 이동을 제한하고 있다고 비판하였다. 그가 아프리카, 아시아, 라틴아메리카에서 발전의 장애요인으로 들고 있는 전통가치란 지방에서 일자리가 능력에 관계없이 친분관계로 배분되는 배타주의(Particularism), 개인의 기회를 활용하기 보다는 소속 집단가치에 함몰되어 이로부터 헤어나지 못하는 집단주의(Collectivism), 남성 우월주의에

---

51 근대화 과정에서 사용하기 시작한 농약성분이 오랜 시간이 경과한 다음에야 순기능보다 더 큰 부작용을 초래한다는 사실이 판명되어 이를 회복하는데 막대한 비용이 수반되는 경우가 여기에 속한다. 한국에서도 1970년대 근대화의 일환으로 지붕개량을 위해 사용한 슬레이트가 한참 뒤에야 인체에 해로운 석면을 다량 포함하고 있음이 밝혀진 사례도 이에 해당한다.

근거한 가부장제도(Patriarchy), 귀속 신분(Ascribed Status)과 운명론(Fatalism)을 들고 있다. 귀속 신분은 태어날 때부터 부모 신분을 세습하여 개인의 능력에 따른 가능성을 박탈하고, 운명론은 주어진 환경에 수동적인 태도로 이어져서 혁신과 이의 수용을 통한 발전을 어렵게 한다.

이와는 달리 Parsons는 경쟁과 경제성장을 촉진하는 서구사회의 문화적 가치를 개인주의(Individualism), 보편주의(Universalism),[52] 자신의 노력을 통해 획득한 성취 신분과 능력주의(Achieved Status and Meritocracy)로 인식하고 있다. 특히 Parsons는 능력주의 원칙이 지켜지는 사회에서는 재능이 뛰어나고 열심히 노력하는 사람들이 상위 직업을 차지하고 국가경영의 책임자로 발탁되어, 이들이 경제, 사회발전을 주도한다고 생각하였다. 이어 Parsons는 저개발국가 국민들은 '기업가 정신'을 고양할 필요가 있는데, 이는 저개발국가들이 경제성장을 촉진하는 '서구 가치(Western Value)'를 더 잘 받아들일 때 가능하다고 주장한다.

이와 같이 Parsons는 근대화이론의 전파에 크게 기여하였는데, 그는 사회진화를 네 가지 하부 과정(sub-processes)으로 분류한다. 첫째는 주요 체계(main system)를 기능적으로 떠받치는 하부체계(sub-system)를 창출하는 분화(differentiation)이다. 둘째는 (사회) 체계들이 보다 효율적인 양태로 진화하게 만드는 적응(adaptation)이다. 셋째는 주어진 체계로부터 전에 배제되었던 요소들을 포용(inclusion)하는 것이다. 넷째는 점차 복잡해지는 체계를 정당화시켜주는 가치 일반화(generalization of values)이다. 이에 더하여 Parsons는 원시(primitive) 상태, 오래되어 낡은 (archaic) 상태, 그리고 근대적(modern) 상태라는 진화의 세 단계 안에서 하부과정(sub-process)을 탐색한 바 있다. 그는 또한 서구문명을 근대사회의 정점(the pinnacle)으로 간주하고 미국을 가장 역동적으로 발전한 국가로 여기고 있다.

4) 사회진화론의 한계와 유용성

Moore(1980: 119-123)는 사회진화론이 진화의 단계를 재분류하여 현상에서

---

[52] 여기서 보편주의(Universalism)는 혈연, 지연 등 연고성을 중시하는 자기중심주의(Particularism)와 상반되는 개념이다.

의 차이점에 질서를 부여하려고 시도했지만 이론적으로나 경험적으로 비판을 면치 못하고 있다고 지적한다. 이러한 비판의 첫째는 이제까지의 사회진화론은 너무나 다양한 현실을 지나치게 일반화 하려고 노력했기 때문에 설득력이 떨어진다는 점이다. 두 번째 비판은 사회진화론이 일련의 역사적 연쇄 고리(sequences)를 다루고, 현존하는 사회를 비교하려고 하여 심각한 이론적 문제에 직면했다는 점이다. 특정 시점에서 사회는 어떠한 항목에 기준을 두더라도 서로 다르게 진화하고 있는데, 이러한 차이를 어떻게 설명할 수 있는가? 사회진화론의 단초를 제공한 생물학적 진화론도 이 점에 있어서는 명쾌한 해답을 제공하지 못한다.

다른 한편 각기 다르게 변화하는 환경에 적응한다는 생각은 문화 차별화 현상을 설명하리라는 기대를 갖게 한다. 하지만 이러한 기대는 ① 환경을 적절하게 분류하고, ② 환경과 사회조직을 연계하며, ③ '낙후(backwardness)'와 '선진(advancement)'의 차이점을 설명할 경우에 충족된다. 그러나 이러한 세 가지 조건들은 어느 것 하나도 쉽게 접근될 과제가 아니다.

진화하는 과정의 척도(scales)도 사회진화론의 이론적 결함과 관련되어 있다. 설명의 편의를 위해 사회는 단순한 형태(simple form)로부터 복잡한 형태(complex form)로 진화하고, 지배적인 생산기술에 근거한 척도를 통해 사회조직의 중요한 모든 측면을 정렬시킬 수 있다고 가정할 수 있겠지만, 현실은 반드시 그렇지 않다. 비교대상의 사실 자료를 서양역사에 꿰맞추는 것과 순수하게 적응하는 과정에서의 문화 차별성을 설명하는 것, 그리고 진화과정에서 (진화) 단계를 설정할 수 있는 확실한 지표를 발견하는 것 등이 서로 복잡하게 얽혀있어서 사회진화론은 오히려 급진적 상대주의(relativism)로 빠져들고 있다(Moore, 1980: 120).[53]

사회진화론의 가장 큰 약점은 실제 존재하는 다양성을 하나의 기준으로 정렬시키려는 데서 비롯된다. 생물학적 진화과정에서 우성인자와 열성인자의 구분기준도 문제이다. 진화론 입장에서 보면 가장 최근에 나타난 유전인자는 모두 우

---

[53] 급진적 상대주의 사례는 서양가치 우월적 입장에서 접근한 근대화이론에서 종종 발견된다. 근대화이론은 시계열 흐름에 의한 전·후 비교 방식과 동일 시점에서의 서로 다른 현상을 비교하는 방식으로 구분될 수 있는데, 후자의 경우에 급진적 상대주의로 전락한 사례가 많이 발견된다. 상대성(Relativity)은 서로 관련되어 있는 모든 사물이나 현상이 존재함으로써 균형을 이루어야 가능한데, 급진적 상대주의는 이러한 존재의 균형을 부정하고, 우월적 존재와 열등한 존재를 구분한다.

성이어야 한다. 그럼에도 불구하고 다양성이 존재하는 현실에서 어느 것이 우성이고, 어느 것이 열성인지의 판별은 타당한 근거를 찾기 어렵다. 산업화로 인한 '이익사회'의 만연이 전통적인 '공동사회'를 훼손하고 있다는 Tönnies(1887)의 지적은 인류사회의 진화과정에서 가치판단이 얼마나 어려운가를 암시한다.

세계화로 인해 모든 인류는 점차 '단일 체계(a single system)'의 부품이 되어가고 있다. 그렇다고 하여 현재의 세계를 (서로 상호작용하여) 통합된 것으로 보는 견해는 상당한 차별성과 미묘한 불일치가 분명하기 때문에 논리비약이다(Moore, 1980: 122). 진화과정에서 일관된 조건과 결과의 연쇄 고리(sequences)는 인간의 기대를 충족시키는 범위에서만 발견된다. 기대하지 못하거나, 기대하지 않은 결과라 하여 인식대상이나 분석대상에서 배제한다면 실제 존재하는 '또 다른 질서' 혹은 '혼돈'을 외면하는 것과 같다.[54] 사회진화론의 이론적 얼개가 아직도 진화를 거듭하고 있는 이유가 여기에 있다.

여러 가지 논리적 얼개의 약점에도 불구하고 사회진화론은 인류사회를 설명하는데 있어서 다음과 같은 유용성을 지닌다. 첫째, 사회진화론은 인간사회를 설명할 수 있는 공간좌표와 시간좌표를 통합하는데 크게 기여하였다. 인간은 시간의 흐름을 거스를 수 없음을 깨달았고, 중요한 공간요소인 거리를 극복하는데 한계가 있음을 인식하게 되었다. 이와 같이 시간과 공간은 각각 인간에게 주어진 환경을 구성하는 중요 성분이었다. 이러한 환경이 인간의 활동을 제약하기도 하지만 다른 한편 인간은 주어진 환경에 적응하면서 새로운 능력을 확보하며 진화하였다.[55] 인간에게 발전은 시간제약과 공간한계를 적극적으로 극복하는 과정이었고, 이 과정에서 시간제약과 공간한계는 마치 생물진화의 여과장치인 '자연선택'처럼, 사회적 할인율(SRD)을 통해 상쇄 관계(trade off)를 갖게 되었다.

따라서 사회진화론은 다양한 공간현상을 시간좌표에서 비교하고, 선택함으로

---

54 자연현상에는 아직도 밝혀지지 않은 나름대로의 작동체계 혹은 원칙이 있을 수 있다. 그러한 작동체계나 원칙이 복잡하여 인간의 인식범위 안에서 쉽게 설명되지 못할 뿐이다. 사회현상도 마찬가지다 인간의 활동은 다양한 변수에 의해 영향 받기 때문에 일관성이 없고, 체계적이지 않은 것 같아도 나름대로 규칙과 원칙에 의해 촉발되고 발현될 수 있다. 현재의 인식수준에서 설명되지 않는다고 하여 그러한 대상을 '혼돈의 세계'로 인식하는 것은 합당치 못하다.

55 환경결정론(Environmental Determinism)과 환경가능론(Environmental Possibilism)이 이러한 인간과 환경의 관계를 대변한다.

써 **변화의 방향**을 설정하고, 시간제약을 공간좌표에서 비교하고 사회적 할인율(SRD)을 선택함으로써 **변화의 속도**를 조절할 수 있는 가능성을 제시한 셈이다. 이러한 사회적 할인율의 선택은 인간의 다음 행동범위에 영향을 미친다. 달리 표현하면 사회적 할인율은 ① 일의 다급한 순서에 따라 현재와 미래를 교환하는 방식과 ② 일의 순차적 연결고리에 의한 계기성(繼起性, successive order)을 확인하는 절차로 결정된다. 일의 다급한 순서는 인간의 생존조건과 밀접하게 연계되어 있고, 일의 순차적 계기성 혹은 연속성은 경제성을 반영하여 도출될 수 있다. 결국 사회진화론은 특정 시점의 공간현상을 분석하고 동일 시대 다른 공간현상과 비교하거나, 특정 공간의 역사적 변천을 분석하여, 전·후 상황을 비교하는 접근논리를 구축하였다.[56]

사회진화(social evolution)의 과정은 시간의 흐름과 공간현상을 이어주는 연쇄 고리(the chain of sequences)로 이루어져 있다. 이러한 연쇄 고리는 단선적(linear)이 아니고, '나선형(螺旋形)의 다중 복합체(a spiral multiple complexity)'라서 이를 특정 시점에 한정하여 관찰하면 존재하는 다양한 구성요소들이 서로 아무런 상관 없이 같은 공간을 우연히 채우고 있는 것처럼 보일 수 있다. 사회진화가 우성인자의 선택과 열성인자의 도태로 결국 사회 구성원들이 선호하는 '바람직한 상태'로의 수렴과정으로 이어질 것이라는 가설은 이러한 '나선형의 다중 복합체' 사회 현실을 확인함으로써 기각될 수 있다.

특히 동일 시점에서의 다양한 공간현상을 분석하면 개별 구성원마다 다양한 변화의 속도로 진화(혹은 발전)하고 있음을 발견할 수 있다. 이러한 변화의 속도 차이가 각기 다른 사회 혹은 집단의 진화를 결정하는 상대성(relativity)이다. 이러한 상대성은 현재 모든 구성원들의 고유한 존재를 인정하고 유지해주는 균형 잣대이지 존재 자체를 거래하는 '관계의 교환율'이 아니다. 이러한 관점에서 사회진화론은 존재의 가치를 비교하고 거래하는 급진적 상대주의가 아니다.

둘째, 사회진화론은 시대윤리를 인식하고 이를 실천하는데 기여하였다. 사회진화론은 생물진화론에서의 '자연 선택(natural selection)'에 해당하는 '변화의 도

---

56 이러한 접근논리가 사회진화론의 전유물은 아니다. 하지만 고대사회로부터 제기된 이러한 접근방식이 사회진화론을 별도의 사고체계로 분류하는데 기여하였다.

구(tool for change)'를 탐색하고 결정할 수 있는 논리를 제공한다. 생물진화에서 자연 선택은 변화하는 환경에 적응하려는 생명체의 반응으로 완성된다. 이러한 생명체의 반응은 자연환경 변화와 병행하는 궤적을 그리며 환경변화라는 외생변수를 내부화한다. 따라서 생물진화에 기초한 사회진화론은 영원히 미완성일 수밖에 없는 '이상적 상태'를 시대변화에 적절하게 반응할 수 있는 '적정 수준'으로 치환함으로써 시대(times)별, 세대(generations)별 책임의식을 높여준다. 결국 사회진화론은 진화(즉 발전)에 따른 세대 간 비용분담체계를 인식하는데 원용될 수 있다.

인간이 발전을 추구하면서 사용할 수 있는 '도구'는 변화의 촉매제로서 일단 사용되면 다음 세대에 영향을 미친다. 인간이 필요로 하는 변화의 양과 폭은 시대별로, 세대별로 완결되는 것이 아니라서 변화를 통해 얻게 되는 편익(benefits)과 변화의 도구를 활용하면서 지불하는 비용(costs)은 오랜 시간이 지나야 확인될 수 있다. 따라서 이러한 변화의 결산은 유한한 인간의 생애주기 관점에서 접근하기 어렵다. 그러나 사회진화론의 분석 틀은 확장된 시간좌표를 통해 변화의 혜택과 비용을 일치시키는데 기여한다.

또한 사회진화론은 비교를 통해 다양한 공간현상이 각각의 상황에서 우성인자를 인지하고, 선택하는 과정을 설명함으로써 공간좌표의 범위를 확장하는데 기여하였다. 특히 의사결정권을 행사하고 그로부터 당장의 편익을 우선하는 현세대(the current generations)에 유리할 수밖에 없는[57] 거대한 개발사업은 사회진화론 관점에서 시간좌표를 통해 접근할 경우 지구환경보존과 연계하여 시기, 규모, 내용을 조정할 수 있다. 확장된 공간좌표는 사회적 할인율 결정과 관련하여 인류문명의 지속가능성을 높이는데 기여할 수 있다.

현재의 인식체계로서는 방대한 생물진화의 경험을 고스란히 사회변화에 적용할 수 없다. 하지만 생물진화 과정은 과거로부터 현재에 이르는 경험적 교훈과 이를 근거로 현재로부터 미래에 이르는 변화의 편익과 비용을 현재 세대에게 인

---

57 개발사업은 현 세대의 수요에 근거하여 결정된다. 따라서 장기적으로 악영향을 미칠 수 있는 개발사업도 현재 당장의 필요성 때문에 추진되는 경우가 많다. 이러한 맥락에서 거의 모든 개발사업은 사회적 할인율(SRD, Social Rate of Discount)이 높을 수밖에 없다. 즉, 당장의 필요성 때문에 다음 세대가 지불해야할 비용이 늘어나는 셈이다.

식시켜 준다. 생물진화가 종의 지속성을 유지하기 위해 진행된다면 사회진화는 시대별 다양한 세대의 존재균형과 공간마다 다를 수밖에 없는 변화의 속도를 조절하는 상황균형을 동시에 유지하는 방향으로 진행된다.[58]

진화론은 결과론적 해석이라는 비판을 피할 수 없다. 어느 특정 시점에서 관찰된 자연상태는 '적자생존(適者生存)'의 결과로서 '선택된 특권'처럼 보인다. 진화론이 우연일 수도 있는 상황을 필연적으로 설명하는 오류를 범할 수 있는 경우가 여기에 해당한다. 특히 사회진화론은 존재하는 모든 것을 적자생존의 결과물로 간주해야 하는 함정에 빠질 수 있다. 그러나 분명 특정 시점에서의 사회현상은 인정하기 싫은 '열성'과 현재 상황에 적응하지 못하는 존재를 다수 포함하고 있다. 이와 같이 현 세대가 보여주고 있는 '열성'은 사회진화론이 예시하고 있는 '단순함'에서 '복잡함'으로의 진화 결과로 치부하기에는 풀어야 할 과제가 많다. 또한 사회가 진화과정을 거쳐 누구에게나 '바람직한 상태'로 수렴될 가능성도 희박하다.

그렇더라도 사회진화론의 유용성은 시간과 공간의 상호작용 과정을 설명할 수 있는 접근논리를 제공한다는 점에 있다. 인류문명의 발전은 변화를 관리하면서 시작된다. 변화는 '방향'과 '속도'로 이루어져 있다. 인간의 생활환경은 공간현상으로 인지되고, 이러한 공간현상의 변화는 일종의 '방향'과 '속도'를 지니고 있다. 변화의 방향과 속도를 인위적으로 조작하면서 인류문명은 차별화되고, 주변으로 확산되었다. **시간과 공간의 상호작용은 진화론에서의 '자연 선택(natural selection)'처럼 '시간이 공간현상을 선택하고, 공간현상이 상대적인 시간 흐름(속도)을 조율'하는 과정으로 설명된다.**

---

58 존재하는 모든 것은 아름답다. 왜냐하면 존재하는 모든 것은 나름대로 고유한 존재영역과 존재형태 및 방식을 유지하고 있고, 이러한 존재영역과 존재형태 및 방식에 고유한 평가 잣대를 가지고 있기 때문이다. 따라서 A의 평가 잣대로 B를 평가하거나, B의 평가 잣대로 A를 평가한다면 오류를 범하기 쉽다. 아름다움은 존재하는 모든 것의 개별 존재방식에 합당한 기준에 따라 인식되어야 한다. 다른 동물의 기준으로 인간의 아름다움을 평가한다면 그 결과를 인정받지 못할 것이다. 다만 A가 B와의 관계를 결정할 때에 한하여 A의 평가 잣대로 B를 평가할 수 있다. 그러한 평가가 A의 결정을 통해 A와 B의 관계를 설정한다면 그러한 A와 B의 관계는 A, B 각각의 존재영역, 형태, 방식의 일부를 이루기 때문이다. 또 이러한 경우는 B에게도 동일하게 적용되어야 한다.

지역사회 공동체의 시·공간 함수: 공동가치와 가치사슬

산업화는 도시발달을 촉진하였고, 농업 위주의 지역사회 전통 생활방식을 변화시켰다. 농업을 기반으로 했던 전통사회로부터 벗어나는 과정은 소위 근대화 (modernization)라 하여 치열한 경쟁으로 인식되게 되었다. 근대화는 새로운 기회와 일자리를 창출하면서 진행된다. 이러한 근대화 과정은 종종 모든 경쟁자에게 승리를 안겨줄 것처럼 보였다. 그러나 경쟁은 우열을 가리면서 급속한 사회변화를 부추기고 앞서가는 자와 뒤처진 자를 구분한다. 도시는 바로 근대화를 향해 경쟁하는 상징공간이 되었다. 또한 근대화는 단순히 새로움만을 도입하는데 그치지 않고 낡고 오랜 것을 폐기하는 결과를 동시에 가져왔다. 변화는 희망적이었고, 전통은 낡고 진부하여 발전의 걸림돌처럼 여겨졌다. 가끔 새로움은 자체 기능에 더하여 새롭다는 사실만으로도 추가적인 이윤을 가져다주었다. 이러한 과정에서 한계적 상황을 촉발할 수 있었던 도시공간은 항상 새로움으로 가득할 것처럼 기대되었다.

인간은 이러한 새로움을 추구하는 대가로 과거의 전통으로 유지, 관리되어 오던 공동체 가치를 잃었다. 그러나 인간은 그토록 추구하던 '새로움'이 자신의 한정된 생애주기를 통해 도달할 수 없음을 깨닫고, 지난 과거의 전통과 공동체 가치를 되찾으려 한다. 인간이 시간흐름을 돌이킬 수 없다고 깨닫는 순간은 항상 '도달할 수 없는 미래'와 '되찾을 수 없는 과거'의 중간에서다. 그래도 인간은 '현재'라는 중간에서 '과거'와 '미래'를 같은 힘으로 당기면서 균형을 유지할 수 있는 '사유의 틀'을 타고 났다. 이러한 '사유의 틀'이 '시간의 재생산'을 가능케 한다. 현재 존재하는 인간은 지난 세대가 흘려보낸 '과거'를 재활용하여 마치 '새것'처럼 사용하고 있다. 인류문명의 지속가능성에 대한 새로운 성찰이 요구되는 이유다.

인류문명의 지속가능성은 비단 환경오염으로 인한 인류서식처의 파괴만으로 위협받는 것이 아니다. 무리한 속도경쟁으로 인한 과거와의 단절, 혁신을 빙자한 새로운 요소의 과다 이입, 근본을 무시한 외래문화의 무리한 접목 등은 모두 과거와 미래를 잇는 연결고리를 훼손할 수 있다. 맥락이 유지되지 않으면 인간사회는 결국 정체성을 달리할 것이고 정체성이 유지되지 못하면 지속가능성은 부정된다. 인간사회의 정체성은 공동가치를 통해 형성되고 유지된다. 생물적인 존재의 지속만으로 인류문명의 미래를 보장할 수 없다. 그렇다고 공동가치의 보전을 위해 변화를 무조건 거부할 수도 없다. 공동가치를 형성, 유지하기 위해서는 과거와 현재, 미래를 이어주는 논리가 있어야 하고 그러한 논리를 지탱해 줄 수 있는 지속가능한 지식만을 활용할 수 있는 깊은 성찰과 배려가 있어야 할 것이다. 따라서 '공동체'는 인류사회의 진화를 주도하는 유전자에 해당한다.

1 지역사회 공동체와 가치사슬

산업화는 기존 농업에 기반을 둔 전통적인 삶의 방식에 커다란 변화를 초래하였다. 우선 토지이용에 있어서 산업사회는 농업사회와는 달리 고도로 집약된 인간활동과 연계되어 있다. 이러한 인간활동은 도시공간을 중심으로 촉발되어 주민들의 접촉빈도를 높였다. 그러나 도시에서의 이러한 주민접촉은 유기적(organic)이어서 농촌에서의 기계적(mechanic) 접촉과는 구분된다.[59] 여기서 인간의 유기적 접촉은 노동분업에 기초한 기능적 연계와 관련되어 있고, 반면 기계적 접촉은 구성원 모두에게 동질의 도덕적 신념과 연계되어 있다. 인간의 유기적 접촉은 경쟁을 통해 혁신발생의 동력으로 인식되곤 하였다.

특히 산업화 이후 도시화가 진행되면서 익명성으로 인해 일탈현상이 늘어나고, 개인의 경제활동에 비용을 추가하는 각종 공간문제가 발생하자, 서서히

---

[59] Durkheim(1960)은 도시와 농촌을 서로 다른 척도로 접근하면서 농촌에서의 기계적 결속(mechanical solidarity)과 도시에서의 유기적 결속(organic solidarity)을 구분하고 있다.

도시생활의 어두운 면에 대한 우려가 늘어났다. Tönnies(1887)는 「공동사회와 이익사회(*Gemeinschaft and Gesellschaft*)」에서 농촌에서의 집단적 공동가치와 도시에서의 개인적 이익추구행위를 대비시킨 바 있다. Tönnies의 공동사회(Gemeinschaft)는 구성원의 동질적인 기반에, 이익사회(Gesellschaft)는 구성원들의 이질적 기반에 근거하고 있다. 이러한 Tönnies(1887)의 구분은 농촌과 도시를 이분법적으로 접근하는 시각과 맞물려 인간의 공간선호(spatial preference)를 산업기술의 발달과 공동체 인식으로 설명하는데 사용되고 있다.

이와 관련하여 19세기 근대도시에 대한 반감이 나타나기도 하였다(Bernard, 1973: 107). 농업과 관련하여 지역사회를 인지하는 것은 원래 Tönnies(1887)의 공동사회(Gemeinschaft)와는 다른 차원의 것이었다. 농촌에서의 농경생활은 근본적이고, 자조적이며, 존경받는 직업과 연관되어 있는 것으로 여겨졌고, 도시에서의 경제활동은 2차적이고, 최악의 경우 파괴적인 속성으로 인식되기도 하였다. Bernard(1973)는 자본주의 산업도시를 다양한 방면에서 파괴적이고, 다른 사람들을 등쳐먹는 흡혈귀(vampire)로 묘사하고 있다. 도시는 농촌, 농업으로부터의 생산물을 2차적으로 가공, 처리하면서 유지되기 때문에 의존적이고, 새로움을 추구하여 기존 질서를 파괴한다. 이러한 상황에서 도시는 빠른 경쟁을 부추기는 한계적 상황을 양산하여 지속 가능한 발전을 추구하는 인류에게 위협적 공간이 되었다(소진광, 2005).

Fukuyama(1999)는 산업화가 사회적 자본(social capital)을 훼손하는 배경이 되었다고 하여 도시와 농촌에서의 생활방식 차이가 주민들의 삶의 질에 영향을 미치고 있음을 암시하고 있다. 기계적 접촉(mechanical contact)과 유기적 접촉(organic contact)을 통해 사회적 자본이 어떻게 차별적으로 형성되는지에 대한 검증은 쉽지 않다. 하지만 기계적 접촉이 근간을 이루는 농촌생활과, 유기적 접촉이 근간을 이루는 도시생활이 구성원들의 신뢰와 참여방식, 연계망(network) 유형에 어떠한 영향을 미칠 것인가에 대한 추론은 가능하다.

이 장은 산업화로 인해 상대적으로 피폐해진 한국의 농촌에서 1970년 시작된 새마을운동이 지역사회 공동가치를 회복하고 창출하는데 어떻게 기여했는지를 이해하기 위한 논리를 탐색하기 위한 것이다. 한국은 일본의 강점(1910~

1945), 한국전쟁(1950~1953), 그리고 1962년부터의 산업화 정책으로 인해 전통 가치에 대한 인식이 급격히 바뀌고, 타의든 자의든 지역사회의 공동가치가 상당 부분 훼손되는 과정을 경험하였다. 이러한 맥락에서 이 글의 목적은 시간과 공간의 상호작용에 의해 만들어지고 허물어지는 전통과 주민들이 일정 지리적 범위에서 함께 살아가면서 형성하는 공동체에 관한 시각을 종합하기 위한 것이다.

2 산업화와 도시화에 따른 공동체의 붕괴

산업화로 인한 도시발달이 농업사회 생활방식으로 형성된 전통가치를 변화시켰다. 농업을 기반으로 했던 전통사회로부터 벗어나는 과정은 소위 근대화라 하여 경쟁사회의 서막으로 인식되게 되었다. 도시는 바로 근대화를 향해 경쟁하는 공간현상이었던 것이다. 경쟁은 종종 한계상황(marginalities)을 차지하기 위한 노력으로 이루어져 있다. 그러나 근대화는 단순히 새로움만을 도입하는데 그치지 않고 낡고 오랜 것을 폐기하는 결과를 동시에 가져왔다. 변화는 희망적이었고, 전통은 낡고 진부하여 발전의 걸림돌처럼 여겨졌다. 특히 새로움은 자체 기능에 더하여 새롭다는 사실만으로도 추가적인 이윤을 가져다주었다. 이러한 과정에서 한계적 상황을 촉발할 수 있었던 도시공간은 항상 새로움으로 가득찰 것처럼 보였다.

이와 같이 도시성장을 하나의 발전현상으로 이해하고 이러한 발전에 따른 도시경제의 이점을 능률적으로 확보하며, 동시에 공간집적으로 인한 불이익을 최소화할 수 있는 도시규모의 적정성 혹은 적정범위를 탐색하는 연구가 1970년대 초반까지 학문적 관심을 끌었다. 그러나 도시를 총량적인 생산단위로 보고 도시성장에 따른 추가적인 비용과 편익을 정의하는 과정에서 도시규모의 적정성을 정의하기가 어렵다는 회의적 견해가 주류를 이루게 되었다. 즉, 도시규모와 관련한 비용과 편익은 단순히 기업활동에서 규모의 경제와는 달리 경제 외적인 사회, 문화 등 복합적인 성격을 띠고 있어서 동일한 기준으로 비교될 수 없다.

또한 도시규모와 관련한 비용과 편익은 분석지표에 따라 달리 접근되어 질 수 있다. 특히 도시규모의 적정성은 기존 거주인구와 신규로 전입하는 사람, 기업에 따라 달리 인식되어 이에 대한 논쟁의 실익이 없다. 기존 대도시에 거주하는 시민과 기업에게는 비용으로 느껴지는 것이, 중·소도시에서 전입하는 사람과 기업 입장에서는 상대적 추가 편익에 해당할 수 있다.[60] 시·공간 좌표에서 비용과 편익을 일관되게 표현하기도 어렵다. 어느 시점에서는 분명 비용으로 인식되더라도 다른 시점에서는 편익으로 전환될 가능성도 있다. 인간은 인식의 한계로 인해 제한된 합리성만을 추구할 수 밖에 없다(Simon, 1957). 동일한 지역사회개발사업도 중심도시 거주 시민들에게는 비용이, 주변 지역 거주 주민들에게는 편익이 우세한 것으로 인식될 수도 있다.

이러한 맥락에서 도시규모의 적정성에 관한 논의 보다는 도시운용의 체계에 관한 관심이 새롭게 강조되고 있다. 즉, '통치(統治)로부터 협치(協治)로(from government to governance)'의 패러다임 전환에 따른 새로운 접근이 그것이다. 협치체제(governance system)는 공익과 사익의 구분을 더 이상 공공재 생산주체만 결정할 사항이 아니고, 소비주체도 결정에 참여할 수 있어야 한다고 주장한다. 도시에서 협치가 작동한다면 물리적 문제의 상당부분은 사회적으로 해결, 완화, 극복될 수 있다. 인류 집단 공동체가 복잡해져서 공공재의 생산과 소비를 확연히 구분하기도 어렵게 되었다. 이제 시민도 공공재의 성격과 생산방식을 정의하고, 지역사회의 공익을 함께 만들어 가는 공공재의 공동 생산자(co-producer)로 그 역할이 바뀌고 있는 셈이다(소진광, 2007a). 도시정부에 대한 시민의 통제(citizen's control)가 강화되면 될수록 공공재의 공동 생산자로서 시민의 역할은 더욱 증대될 것이다.

이제 도시발전의 방향설정과 속도의 조절은 시민의 역량에 달려있게 되었다. 이와 같이 시민의 역할과 역량이 달라지면서 도시발전을 바라보는 시각도 달라질 것이다. 문제는 혁신발생과 관련하여 빠른 도시문화에 익숙해져 있는 시민들

---

60 공간이동에 따른 비용과 편익은 '출발점-도착점'의 상대적 위상차이이다. 소도시에서 대도시로 전입한 사람은 소도시에서의 도시화 경제(urbanization economies)보다 높은 대도시에서의 도시화 경제를 추구할 것이고, 이미 대도시에서 경제활동을 하고 있던 사람 입장에서는 해당 도시의 혼잡비용, 환경오염 등 집적 불경제를 추가적인 비용으로 여길 것이다.

이 도시관리의 주체로서 스스로의 변화방향과 속도를 얼마만큼 통제하고 조율할 수 있을까하는 의구심이다. 원자화된 개별 시민은 단지 도시변화속도에 휩쓸려 스스로 주인의식을 포기하기 쉽다. 즉, 협치체제의 당위성은 아무리 강조해도 지나치지 않지만 현실적으로 원자화되어 가고 있는 개별시민들의 행태를 그러한 협치와 연계시키는 일이 그리 간단치 않다. 흔히 성숙된 시민사회니 시민통제 혹은 시민단체의 역할을 협치와 연계시키고는 있으나 많은 경우 그러한 연계는 정부의 실패현상을 시민들의 탓으로 돌리려는 핑계에 불과할 수 있다. 따라서 개별 시민들을 조직화하는 밑으로부터의 실천논리를 포함하지 못한다면 협치체제는 허구에 불과하고, 현실을 조작하기 위한 수단으로 전락하게 될 것이다.

또한 개별 시민들을 조직화하고, 시민사회를 성숙시킨다 해도 지구적(global) 경쟁체계인 혁신발생의 속도경쟁에서 물러나 느린 도시(slow city)문화를 가꾸고 즐기기란 그리 쉽지 않다. 느린 도시의 표방은 자칫 치열한 경쟁에서의 낙오나 지역발전 동력을 포기하는 것처럼 보일 수 있기 때문이다. 지역사회 지도력의 원천이 조직화된 시민사회이다 보니 시민 조직화의 동력을 새로운 혁신발생에 둘 수밖에 없고, 따라서 세계화의 경쟁체제에서 일탈하여 스스로 고유한 도시문화를 유지하려는 노력이 실현되기 어렵다. 새로운 것을 유도하기 위한 혁신관리를 표방하지 않고서는 이 시대를 이끄는 지도자가 될 수 없게 된 셈이다. 과거의 유산이 정리되지 않은 채 현재 드러나고 있는 문제를 진단하고, 미래논리를 추구하려한다면 인류문명은 시행착오를 반복하게 될 것이다. 인류문명의 지속가능성이 의심받는 것도 이 때문이다.

인류문명의 지속가능성은 비단 환경오염으로 인한 인류서식처의 파괴만으로 위협받는 것이 아니다. 무리한 속도경쟁으로 인한 과거와의 단절, 혁신을 빙자한 새로운 요소의 과다 이입, 근본을 무시한 외래문화의 무리한 접목 등은 모두 과거와 미래를 잇는 연결고리를 훼손할 수 있다. 맥락이 유지되지 않으면 인간사회는 결국 정체성을 달리할 것이고 정체성이 유지되지 못하면 지속가능성은 부정된다. 인간사회의 정체성은 공동가치를 통해 형성되고 유지된다. 생물적인 존재의 지속만으로 인류문명의 미래를 보장할 수 없다. 그렇다고 공동가치의 보전을 위해 변화를 무조건 거부할 수도 없다. 공동가치를 형성, 유지하기 위해서는 과거와 현재, 미래를 이어주는 논리가 있어야 하고 그러한 논리를 지탱해 줄 수 있는 지속가능한 지식(sustainable knowledge)만을 활용할 수 있는 깊은 성찰과 배려가 있어야 할 것이다.

급속도로 생산되는 새로운 지식은 고부가가치로 인해 우선 활용되기 쉽다. 새로운 지식과 고안은 특허권(patent right)에 의해 보호되고, 새로운 시장을 개척할 때에도 다른 경쟁자를 의식하지 않아도 된다. 처음 시장에 등장하는 상품은 독점이윤을 챙길 수 있다. 따라서 이윤추구를 추구하는 기업은 혁신이 생명력이다. 제품의 생애주기(PLC, product life cycle) 관점에서 특허권은 혁신의 독점이윤을 보장하여 변화의 가속도를 증가시킨다. 속도 경쟁하듯이 새로운 상품이 쏟아지는 이유가 여기에 있다.

새로운 지식과 그로 인한 환경적, 사회적, 문화적, 경제적 악영향은 이미 그러한 지식이 상당 부분 우리 사회를 유지, 관리하는데 활용되고 나서야 감지될 뿐이다. 새로운 지식이 이미 우리 사회에 미친 환경적, 사회적, 문화적, 경제적 악영향은 치유하거나 원상회복이 어렵다. 그러한 악영향은 회복이 불가능한 경우가 대부분이며, 치유하거나 회복할 수 있더라도 그러한 지식을 활용함으로써 얻을 수 있었던 편익의 몇 배에 해당하는 비용이 소요된다.

결국 초기 혁신을 상품화하거나 활용하는 기업이나 개인은 환경규제로부터도 자유로운 상태다. 혁신이라는 속도경쟁이 지구환경을 저해하는 이유가 여기에 있다. 즉, 무조건 새로운 것이 좋고, 무조건 빠른 것이 낫다는 종래의 발전전략이 지역사회를 훼손시키고 있다. 혁신의 공간 집적체인 도시는 새롭고, 빠른 성장을 통해 창조적 파괴(creative destruction)의 상징이 되었다.[61] 즉, 개별 도시의 번영이 지구 전체적인 환경에 악영향을 미치고 있다.

---

61 Schumpeter(1942)는 "국내·외 새로운 시장을 개척하고 조직의 발전을 이루는 것"은 "끊임없이 내부로부터 경제구조를 개혁하고, 끊임없이 낡은 것을 파괴하며, 끊임없이 새로운 것을 창조하는 산업의 부침과 같은 과정을 나타낸다."고 하여 "창조적 파괴(creative destruction)"라는 용어를 탄생시켰다.

3   지역사회 공동가치의 구성요소

지역사회에 대한 인식은 도시와 농촌을 비교하는 관점에서 출발하는 경우가 많다. 도시와 농촌을 바라보는 시각은 첫째, 도시와 농촌을 같은 공간현상으로 보는 일원론적 입장과 둘째, 도시와 농촌을 다른 공간현상으로 접근하는 이원론적 입장으로 구분된다. 전통적인 지역사회의 공동가치와 관련하여 검토되어야 할 시각은 도시와 농촌을 다른 공간현상으로 보는 이원론적 입장이다. 이원론적 입장은 산업화로 빠르게 성장하는 도시를 경쟁, 갈등, 계약관계 및 효용성의 상징으로 보고, 전통적인 지역사회에서의 협동, 통합 및 이웃관계와 비교하고 있다. 이 입장에 있는 대표적인 사람들은 Comte(1876), Tönnies(1887), Weber(1921), Durkheim(1960) 등이다.

Comte(1876)는 성장기에 불란서혁명을 경험하며 기존 질서가 붕괴되는 현장을 목격하였다. 그는 기존질서가 붕괴되면 무정부상태가 만연될 것을 우려하였고, 곧 자유분방한 개인주의가 팽배될 것으로 생각하였다. 따라서 그에게 있어서 가장 시급한 일은 질서를 회복하는 것이었다. Comte(1876)는 불란서 혁명이전의 전통적인 공동체적 지역사회가 인간에게 있어서 가장 자연스러운 서식처라고 여겼다. 그는 공동체가 형성되면 질서가 세워지고 산업화를 주도할 수 있으며 근대화된 사회를 재건할 수 있다고 믿었던 것이다.

Durkheim(1960)은 사회적 관계가 분해되어 도덕적 무질서, 즉, 아노미(anomie)현상이 나타나는 것을 염려하였다. 여기서 아노미현상이란 이태까지 지켜오던 규범에 의한 인간의 행태를 더 이상 기대할 수 없는 상태를 의미한다. 그에게 산업화는 규범을 파괴하고 사회를 와해하는 것으로 비춰졌다. 그는 산업화의 두드러진 특징으로 기계적 결속(mechanical solidarity)에 근거한 공동체가 유기적 결속(organic solidarity)에 근거한 공동체로 전환하는 경우를 들었다. 기계적 결속이란 도덕적 사고와 사회적 가치가 모든 구성원에 의해 공유되고, 집단의 권위가 절대적이며, 그로부터의 일탈이 용납되지 않는 상태를 의미한다. 모든 사람들에게 규칙을 준수할 것이 기대되고, 또 규칙의 준수가 강요된다. 이러한 형태의 사회결속기반은 모든 사람들에게 통용되는 동질의 도덕적 신념이다.

이와는 대조적으로 유기적 결속은 사회적 차별성에 기초하고 있으며, 사회통합의 중요한 역할은 노동분업에 의해 수행된다. 이와 같이 산업화와 함께 대두된 새로운 형태의 결속은 전문 영역의 상호 의존성에 기초하고 있다. 이러한 체제아래서 규범, 규칙 및 법률은 억압에 의해서가 아니라 제도적으로 맺어진 집단이나 개인끼리의 계약을 통해 형성되고 조직된다. 안정성과 통합은 필요성에 근거하여 재구축될 것이다. 아무도 자신만의 논리에 기초해서는 새롭게 산업화되고 있는 도시세상을 살아갈 수 없다. 도시에서의 모든 구성원은 서로의 활동에 의존할 수밖에 없다. Durkheim(1960)은 이러한 새로운 형태의 결속을 '유기적(organic)'인 것으로 불렀다.

도시화 이전 단계와 도시화 단계를 분석한 또 다른 접근논리는 Tönnies(1887)에 의해 시도되었다. Tönnies는 1887년 「공동사회와 이익사회(*Gemeinschaft and Gesellschaft*)」라는 책에서 두 단계를 구분하고 있는데, 우선 공동사회(Gemeinschaft)에서 인간관계는 친밀하고 영구적이며, 사회에서 각자의 서열에 대한 분명한 이해에 기초하고 있다. 개인의 가치는 그가 해오고 있는 일보다는 그 사람 자체와 관련되어 있으며, 따라서 신분은 타고난 것이지 노력을 통해 성취되는 것이 아니다. 두 번째 단계인 이익사회(Gesellschaft)는 산업화의 특징을 반영하고 있는데, 이 단계에서는 대규모 비인칭적 인간관계가 만연하고 계약을 통한 인간관계가 증가한다. 또한 신분은 타고난 것이라기보다 노력을 통해 성취되는 것이라서 개인의 행동과 동기부여가 중요하다. 이와 같이 Tönnies는 사회조직이 한 유형에서 다른 유형으로 변천되는 것으로 보았다. 그의 저서는 산업화가 사회적 관계나 사회집단에 대해 미치는 영향을 이론화하기 위한 시도였다.

Tönnies가 분류한 사회체계 두 유형 중에서 공동사회는 동질성에 기초하고 있고, 집단 지향적이며, 전통에 의해 지배되고, 구성원 모두가 전체 공동체의 부분이라는 각 구성원의 느낌과 감수성에 의해 이끌려진다. 공동체의 구성원이 된다는 것은 각자 자신의 일을 하는 것보다 더 중요하게 여겨진다. 따라서 개인의 욕망은 보다 광범위한 집단의 공통욕구에 종속적이다. 사회의 집단적 특성이란 개인은 전문화되지 않고, 따라서 만물박사로 취급되어짐을 의미한다. 결국 1차 관계, 즉, 친구나 가까운 친척끼리 얼굴을 맞대는 관계가 가장 전형적인 공동사

회 유형이다.

이와는 대조적으로, 이익사회에서는 이질성이 보다 보편적인 사회기반이고, 개인주의 성향이 강하다. 개인은 합리성에 근거하여 사고하고 공동체나 혹은 보다 넓은 사회의 집단적 이익보다는 자신의 이익을 추구하는 방향으로 행동한다. 전문화 영역이 탄생하고 사람들은 특정 분야의 전문가가 된다. 그 결과 그들은 어떠한 일을 완성하기 위해 다른 사람들과 관계를 맺어야 한다. 이는 모든 사람을 두루 두루 아는 것 보다, 특정한 일과 관련한 관계를 일시적이고 미리 정한 틀에 의해 수행하는 것과 연계되어 있다. 어떤 일을 추진하기 위해 특정한 전문분야의 사람들이 조직되지만 일단 그러한 일이 끝나게 되면 조직의 존재이유 또한 사라진다. 이와 같이 이익사회에서의 관계는 공동사회에서의 관계보다 유동적이다.

이러한 전통에서 20세기 연구결과들은 '도시 – 농촌' 연속선상으로 알려진 보다 복잡한 사회유형을 제시한다. 여기서 농촌은 소규모이고, 통합된 사회집단으로 인식되는 반면, 도시는 대규모이고 보다 개인주의 성향이 강한 것으로 대비되게 되었다. 빠른 도시문화에 지친 사람들에게 농촌에서의 목가적이고, 느린 행동양식은 사실과 관계없이 동경의 대상이 되기도 한다. 농촌에 거주하는 사람들이 도시에서의 다양성과 문명의 혜택에 이끌리는 것과 마찬가지로 도시에 거주하며 빠른 속도경쟁에 지친 사람들은 농촌에서의 '여유'를 꿈꾼다.

그러나 '도시 – 농촌' 연속유형은 도시를 분석하기 위한 모형으로서는 많은 문제점을 안고 있다. 우선 '도시 – 농촌' 연속유형은 단지 이분법적 접근에 불과하다. 양극단인 도시 혹은 농촌은 비교적 분명하게 정의되어 있으나 이 양자의 배합비율에 의한 단계별 유형은 그렇지 못하다. 따라서 한 농촌 지역사회가 사회특성상 도시로 바뀌기 위해서는 무엇이 필요하고, 도시·농촌 간 상대적인 구성요소가 어느 정도로 배합되어야 하는지가 매우 중요하다. 그러나 이제까지 이러한 문제는 등한시되어 오고 있다. 그 결과 '도시 – 농촌'의 이분법적 모형은 본질적으로 두 시점만을 포함하는 정태적 기술에 불과하다.

'도시 – 농촌' 이분법적 접근논리의 두 번째 문제점은 분석과정에서 농촌적 요소를 선호하는 묵시적 편견이 개입되어 있다는 사실이다. 이는 주로 도시를 거부하는 인식에 기초하고 있는데, 여기서 도시는 공동체가 와해되고 이를 복구하기 위해서는 계획가 입장에서 의식적인 지역사회개발이 필요한 것으로 여겨졌다. 또한 이러한 인식은 공동체에 대한 특별한 애정을 포함하고 있는데, 즉, 공동체란 공통가치와 전통에 의해 구속받는 통합된 사회적 관계로 정의되고 있다. 현대인은 농촌 지역사회의 전통적 공동체를 동경하면서도 실제로는 도시사회의 익명성과 편리함을 벗어나지 못하는 이중성을 보인다. 정주(settlement)와 관련한 인간의 인식, 태도 및 행태의 차이가 큰 이유가 여기에 있다.[62]

'도시−농촌'의 이분법적 접근논리의 세 번째 문제점은 그러한 논리가 특정 시점에서 특정 사회, 주로 유럽사회로부터 도출되었다는 점이다. 따라서 그러한 모형이 역사적 맥락을 달리하는 사회에 대하여 어느 정도 유용한가에 관한 의문이 제기될 수 있다. 소규모, 소작농으로 구성된 농촌사회로부터 산업화된 도시사회로의 전환에 관한 개별 경험은 일반화가 어렵다. 예를 들어 식민지 정책의 일환으로 탄생한 남부 아프리카와 서부 아프리카 지역의 도시들은 초기 행정 및 정치도시로서 상품교역기능을 포함하고 있었다. 그러나 그들 도시들의 구조는 산업화의 산물이라기보다 식민지 시대 엘리트들의 권력과 문화적 가치를 반영하기 위해 만들어진 것이었다.

또한 한국전쟁(1950~1953)으로 발생한 난민들의 도시정착현상과 산업화 과정에서 농촌을 떠나 도시로 이주한 인구이동은 도시의 당김(유인) 효과(pulling effect)라기 보다는 전쟁으로 인해, 혹은 농촌에서의 밀어내기(압출) 효과(pushing effect)에 의해 나타났다. 따라서 '도시−농촌' 이분법적 접근논리는 '도시'와 '농촌'이라는 양극단의 사회유형 간 다양한 결합방식을 일반화하기에는 많은 한계점을 가지고 있다. 이러한 맥락에서 <표 6−1>은 도시와 대비되는 지역사회(주로 농촌) 공동가치 구성요소를 보여준다.[63]

전통적인 지역사회 공동가치는 도시에서의 시민 결속, 주민활동연계, 인간관계,

---

62 대부분의 현대인들은 주거지를 선택함에 있어서 '살만한 장소(可居地)'보다는 장래의 부동산 가격 상승 가능성에 더 큰 비중을 둔다. '살만한 곳'에 거주하는 것은 항상 노년의 희망이고, 대부분 사람들은 그러한 노년에 도달하지 못한 채 사망한다.

63 지역사회는 도시를 포함하여 광범위하게 정의될 수 있다. 그러나 여기서는 산업화와 대비되는 전통적인 지역사회 특성을 검토하기 위해 농업사회를 지역사회로 인지한다.

표 6-1 **지역사회 공동가치 구성요소**

구분	도시의 공동가치	지역사회(농촌) 공동가치
결속력 기반	유기적 결속 (사회적 차별성)	기계적 결속 (동질의 도덕적 신념)
활동연계	상호의존	자조
집단성격	이질성	동질성
행위	개인주의 성향	집단 지향적
지도력	합리성에 의한 지배	전통에 의한 지배
접촉수단	익명성 (대체 가능 접촉)	얼굴 맞대기 (대체 불가능 접촉)

집단성격, 행위, 집단지도력 및 구성원끼리의 주요 접촉수단 등에서 <표 6-1>과 같이 대비된다. 지역사회 공동가치는 농촌의 특성으로 구체화되고, Tönnies의 공동사회(Gemeinschaft)와 동일시되며, 도시는 Tönnies의 이익사회(Gesellschaft)와 동일시된다.

이러한 구분은 새마을운동이 어떻게 지역사회 공동가치를 도출하고, 형성하였는지를 이해하는데 도움이 된다. 특히 도시지역에서의 접촉은 사람에 의한 것이라기보다 역할에 의한 것이라서 동일한 역할을 수행하는 다른 사람으로 대체가 가능하다. 하지만 농촌지역에서의 접촉은 특정인과 특정인이 직접 얼굴을 맞대고 이루어져서 다른 사람으로 대체될 수 없다. 결국 농촌지역에서의 지도력은 전통에 의해 유지, 관리되는데 도시에서의 지도력은 다수를 설득할 수 있는 논리를 통해 유지, 관리된다.

4 공동체 가치사슬 형성

인간은 생존을 위해 필요한 조건을 형성하고 불필요한 부분을 해체하면서 진화하고 있다. 그러나 사람마다 필요 혹은 불필요한 부분은 모두 다르다. 특히 개인적으로 필요한 부분 혹은 불필요한 부분과 집단적으로 필요하거나 불필요한 부분이 다를 수 있어서 공동체의 문제인식과 공동가치가 다르다. 따라서 공동체를 형성, 유지, 관리하기 위해서는 구성원의 공동가치를 정의하고 이를 구성원 모두가 공유할 수 있는 일종의 사슬(chain)이 필요하다. 이 경우 사슬은 가치나 어떤 특성을 같은 맥락 즉 공동체로 연결하는 공유(sharing) 수단인 셈이다.

지역사회는 다양한 사람과 가치로 구성되어 있다. 이와 같이 다양한 구성원 모두가 추구할 수 있는 가치를 만들고 서로 연결할 수 있는 활동 고리가 바로 가치사슬(value chain)이다. 따라서 다양성은 가치사슬의 전제다. 다양성은 차별화의 이점에 근거하여 조화를 창출한다. 개인적인 활동으로 창출될 수 있는 가치는 서로의 이해를 이어주는 사슬을 통해 또 다른 가치를 창출하고, 전체적인 지역사회 가치 총량은 증가한다. 따라서 각 구성원들의 차별화된 장점을 지역사회 정체성 맥락으로 결합할 수 있는 공통기반을 구축하는 일이 중요하다.

산업사회는 노동분업을 통해 이러한 개인적 가치 총량을 극대화할 수 있다고 믿었고, 후기 산업사회는 구성원들의 '역할분담'을 연결하는 과정에서 가치 총량이 달라질 수 있음을 보여준다. 즉, 가치사슬은 개별 인간이 추구하는 가치를 전·후방 일의 연속성 혹은 필요조건으로 연결하여 전체의 부가가치(value added) 총량을 증대한다. 이와 같이 가치사슬을 통해 증대된 부가가치 총량은 공동체를 유지, 관리하는 일종의 동력(energy)에 해당한다. 이러한 가치사슬의 특성 때문에 지역사회와 같은 공동체는 노동분업을 통한 단순 공동 작업장과도 다르다.

1) 세대 간 공동체 가치사슬

평균수명 연장과 출산율 감소로 사회구조가 빠르게 변하고 있다. 고령화 사회로 진입하면서 사회를 유지하기 위한 세대 간 부담비율도 변하고 있다. 특히 고령화 추세와 함께 기술이 발달하여 기존방식의 전체적인 일자리가 줄어들거나, 인간의 생활방식을 변화시켜 새로운 일자리를 만들어낸다. 이제까지 추세를 종합하면 기술발달로 인해 '자본/노동' 비율이 높아져서 노동시장에서 세대 간 경합이 불가피해 보인다. 결국 연령대별로 적합한 일자리를 설계하여야 하는데, 이러한 설계가 기술발달로 인한 노동시장 구조변화를 따라잡지 못한다. 연령대별로 적합한 일자리는 생활방식 변화와 밀접하게 연계되어 있어서 사회, 문화 및 경제 등 복합적 변수를 고려하여 설계되어야 한다.

세대별로 분담할 수 있는 활동을 확인하고 이를 작업순서나 일의 연계성에 따라 배분할 수 있다면 전체적인 부가가치 창출은 늘어날 것이다. 그러기 위해서는 모든 과정이 공동으로 지향해야 할 가치, 즉, 공동가치를 정의할 수 있어야 하고, 그러한 공동가치 실현과정을 몇 개의 일 혹은 작업단계로 구분할 수 있어야 하며, 이러한 일과 작업단계가 하나의 조립과정처럼 연결될 수 있어야 한다. 또한 그렇게 형성된 가치사슬은 단계별 전·후방 연관효과를 통해 시간자원을 최적 배분하고, 거래비용을 최소화하여 전체적인 이윤을 극대화할 수 있다.

가치사슬은 모든 참여자가 공동의 목표(이익극대화)에 동의하여야 하고, 담당할 부분을 참여자 스스로 결정할 수 있어야 하며, 참여를 통해 더 큰 이익을 담보하거나 안정성을 보장할 수 있어야 가능하다. 청년층, 장년층, 노령층이 모두 참여할 수 있는 공동가치를 정의하고, 이를 실현하기 위한 단계를 설정하여, 세대별 특성과 연계한다면 세대 간 포용성장(inclusive growth)이 가능할 것이다. 따라서 고령화 사회에서도 노인들의 특성과 적성에 맞는 일자리를 창출한다면 세대 간 공동체 가치사슬을 형성, 운영할 수 있다.

2) 부문 간 공동체 가치사슬

기술이 발달하고, 인간이 필요로 하는 재화와 용역 범위가 다양해지면 기존 방식대로 산업을 분류하기도 쉽지 않다. 기술이 발달하면 새로운 산업이 출현하고 기존 산업이 도태된다. 새로운 직업이 생기고, 기존 직업의 일부는 사라진다. 이러한 상황에서는 종래 산업분류에 의한 인간활동 구분이 더 이상 경제현실을 설명하지 못한다. 진공관식 회로가 집적회로 방식으로 전환되는 것과 마찬가지로 기술은 전문화되고 있는데, 제품은 통합되고 있다. 따라서 농산물 생산과 가공, 유통이 통합되어 일종의 가치사슬을 형성하고 이들 단계별 거래비용 혹은 불확실성에 의한 비용을 줄인다면 전체적인 비용 절감효과가 나타난다.

원료(농산물)를 생산하고, 이를 가공하여 2차 제품을 만들며, 유통하는 경제활동은 각 단계마다 거래비용을 수반한다. 그러나 원료 생산부터 완제품의 유통까지 하나의 조립공정처럼 연결한다면 부문별 거래과정에서 발생하는 비용을 줄일 수 있고, 단계별 책임성을 강화하여 최종제품에 대한 시장신뢰(trust in the market)를 형성, 관리할 수 있다. 다만 이러한 부문별 가치사슬은 원료생산, 가공 및 유통관련 모든 참여자들이 공통기반을 형성하고, 공동이익을 공정하게 분배할 수 있는 공동체를 구축할 경우에만 작동한다.

통상 이러한 경제활동 부문 간 공동체 가치사슬은 생산, 가공, 판매를 아우를 경우에 전체적인 생산성을 더 높일 수 있다. 따라서 가치사슬은 전체적인 이윤을 증대하고 농산물 생산자, 제품 가공·생산자, 유통업자끼리 보다 공정한 이익분배를 가능하게 한다. 이러한 공정한 이익분배는 각 단계별 책임성을 강화하여 품질향상과 생산성 향상으로 이어진다.

<그림 6-1>과 <그림 6-2>는 가치사슬의 두 가지 효과 즉, 비용절감효

그림 6-1 **가치사슬에 의한 비용절감 효과**

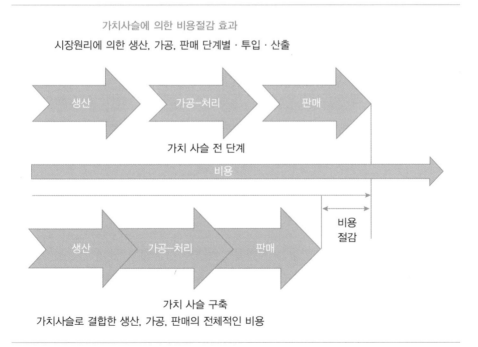

그림 6-2 **가치사슬 구축을 통한 이윤증대 효과**

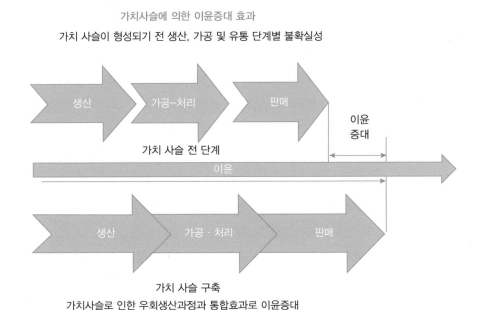

과(cost down effect)와 이윤증대효과(benefit up effect)를 보여준다. 생산, 가공, 판매의 단계가 시장원리에 의해 아무런 연계 없이 이루어질 경우 각 단계별 연결은 비용을 수반한다. 하지만 생산, 가공, 판매의 단계가 동일한 조직 혹은 공동체에 의해 가치사슬로 결합된다면 각 단계를 시장원리로 연결하는 과정의 비용을 줄이고, 각 단계별 불확실성을 효율적으로 관리하여 이윤을 늘릴 수 있다.

3) 지역 간 공동체 가치사슬

본질적으로 다를 수밖에 없는 지역특성은 가치사슬의 1차 대상이다. 지역특성을 반영한 지연(地緣) 산업을 중심으로 전문성을 강화하면 부가가치가 높아진다. 그러나 이러한 지역별 전문성 강화는 인접 다른 지역과의 교류 혹은 통합이점이 전제될 경우에 가능하다. 지역별 지연적 전문성을 공동가치 즉, 지역주의 혹은 통합적 공동체를 통해 연결하면 공간 단위의 가치사슬을 형성할 수 있다. 개별 지역사회 특성에 기초한 차별화의 이점(economies from differentiation)을 서로 연결하면 다양화의 이점(economies of diversification)을 확보할 수 있고, 지역 끼리의 공간기능 분담을 통해 규모의 경제(economies of scale)도 얻을 수 있다. 이와 같이 지역 간 가치사슬을 통해 규모의 경제를 확보한다면 전체적인 비용은 절감되고, 이윤은 증대된다.

지역별 특성을 존중하고, 그러한 지역별 특성을 활용하여 주민들의 선택의 폭을 확대할 수 있는 이점을 공유하기 위해서는 지역끼리의 '연계 – 협력'이 중요하다. 지역단위 자족성 확보를 위해 독자적인 지역정책을 고집한다면 지역마다 경쟁력이 없는 활동도 유지, 관리하여야하기 때문에 비용이 늘어나고, 편익이 상대적으로 작아질 것이다. 하지만, 인접 다른 지역과의 교류를 통해 서로 다른 장점을 공유할 수 있다면 비용은 줄어들고, 전체적인 편익은 늘어날 것이다. 따라서 지역 간 공동의 가치사슬은 지역마다 다른 잠재력과 지역자원을 서로 교환하면서 작동한다. 즉, 이질적 요소끼리의 가치사슬은 차별화의 이점에 근거한다.

다른 한편, 인간생활에 반드시 필요하지만 수요 시점과 수요량을 예측하기 어려운 공공재 및 용역의 생산, 공급, 전달의 경우, 지역끼리 연합하여 공동의 가치사슬을 구축한다면 비용은 줄어들고, 편익을 일정 수준 이상으로 유지할 수 있다. 어느 지역사회든 화재의 가능성은 있다. 그렇다고 하여 인접한 작은 지역사회마다 독자적인 소방시설 및 장비를 구비해야 한다면 비용은 많이 들게 된다. 의료시설도 마찬가지다. 지역끼리 연계와 협력이 필요한 이유가 여기에 있다.

이러한 경우에 인접한 지역사회끼리 필요한 공공재 및 용역을 공동으로 생산, 공급한다면 규모의 경제를 누릴 수 있다. 따라서 인접한 지역사회끼리의 공간기능 분담도 일종의 공동체 가치사슬에 해당한다. 이러한 공간기능 분담은 통합적 지역주의(regionalism)에 근거하여 작동한다. 결론적으로 가치사슬의 작동은 지역사회의 공동이익을 증대하고 지역사회 유지비용을 줄이는 효과를 통해 공동체 인식을 높여준다.

새마을 운동의 생태계와 성과

2_편

새마을운동의 시대배경과 공공정책 맥락

권력과 자본, 지식과 정보, 기술 등은 이를 가진 자에게 아부하도록 설계되었고, 작동한다. 물론 이를 소유하게 된 과정이 공정하다면 권력, 자본, 지식과 정보, 기술이 이를 가진 자에게 유리하도록 사용되더라도 탓할 사람이 적을 것이다. 그러나 권력과 자본, 지식과 정보, 기술 등은 모든 사람들에게 공정하게 분배되지 않는다. 그리고 이들 권력과 자본, 지식과 정보, 기술은 모두 상대방이 존재해야 효력을 발생한다. 즉, 이들 권력과 자본, 지식과 정보, 기술은 반드시 둘 이상의 상대적 위상 차이가 있을 때 작동하는데, 이러한 차이가 어느 한 방향으로 과도하게 쏠리면 사회가 경직되고, 불평등 현상이 나타난다. 결국 상대방이 없는 권력과 자본, 지식과 정보, 기술은 아무런 효용이 없다. 따라서 상대방을 고려하지 않은 권력과 자본, 지식과 정보, 기술의 사용은 불공평하고 부정의한 사회(unjustice society)를 만든다.

자본의 횡포를 방지하고 모두에게 평등한 분배를 실현할 수 있다는 믿음으로 탄생한 사회주의는 권력의 횡포와 불편한 평등으로 병들게 되었고, 자본주의는 자본의 횡포로 인한 사회 불평등 때문에 집단지성이 작동하지 않는 환자가 되었다. 속성상 평등은 매우 불안정한 일시적 현상이다. 집단지성이 작동하지 않으면 민주주의 역시 껍데기만 남는다. 냉전이 고조되면서 맹목적 반공주의(McCarthyism)가 나타났고, 자본의 횡포를 경고한 Marx의 충고에 귀를 기울이던 서양의 양심있는 학자들도 과정논리에 관계없이 결과적으로 자본주의 시장경제체제를 옹호하는데 앞장섰다.

사회주의는 약(생산성 증대)을 얻지 못해 사망에 이르렀거나 자본주의 시장에서 약을 구해(개방적인 시장경제체제 도입) 연명할 수 있었고, 자본주의는 질주본능(경쟁에 몰두하는)에 의한 진통효과에 의존하며 버티고 있다. 자본주의에 내재되어 있는 경쟁은 달리기 시합과는 달라서 관성력으로 인해 변화의 방향과 속도를 조절할수 없게 만든다. 또한 자본주의 경쟁에서 낙오자는 시장경제에서 일탈자로 전락하고 이러한 일탈자가 많아지면 경쟁에서 이기더라도 승자의 몫이 줄어든다는 가설이 세계 도처에서 사실로 검증되었다. 현대사회에서 포용성장(inclusive growth)이강조되고 있는 이유가 여기에 있다.

새마을운동은 해방 이후 한반도 상황을 이해하지 않고서는 제대로 평가되기 어렵다. 새마을운동은 특정 시점에서의 창조물이 아니라 과거 변화관리방식의 경험에 근거하여 진화해온 지역사회개발운동이기 때문이다. 이 장은 새마을운동에 영향을 미쳤으리라고 여겨지는 한반도의 상황변화를 기존 문헌을 통해검토한다. 한반도의 분단과 관련한 제2차 세계대전 종료와 한반도 정세, 한국의 대외의존 성향, 한국의 경제상황과 산업화정책, 한국의 인구·사회학적 상황변화 등을 검토하면 새마을운동의 시대배경과 성격을 이해하는데 도움이 될것이다.

1 제2차 세계대전 종료와 한반도 정세

1945년 8월 15일 낮 12시 일본의 무조건 항복으로 제2차 세계대전은 끝났다. 일본의 식민지배를 받아온 한반도는 끊임없는 항일운동에도 불구하고 주권회복의 기미가 보이지 않다가 일본의 항복으로 해방을 맞이한 것이다. 일본이제2차 세계대전을 수행하는 동안 한반도는 전쟁물자를 조달하기 위한 수탈의 대상이었다. 지하자원은 물론이고, 전쟁을 수행할 목적으로 기름을 생산하기 위해조선인을 동원하여 송진까지 채취하도록 하였다. 군인들의 식량을 조달하기 위해 각종 농산물을 수탈하여 한반도 주민들은 배고픔에 시달려야 했다.

그뿐만 아니라 전쟁터에서 군인들의 사기를 진작시킨다는 명목으로 한반도, 중국대륙, 대만 등지에서 젊은 여성들을 공출하여 '위안부' 역할을 강요하였다. 이들 '위안부'는 지역별로 강제 할당하여 모집하였고, 사실상 일본군의 성노예였다. 또한 식민지배를 받는 한반도와 기타 지역에서 남자들은 군인으로 차출되었거나 혹은 전쟁물자 생산과 수송을 위해 동원되었다.

일본의 식민지배로 한반도는 황폐화되었고, 민심까지 어지럽게 되었다. 특히 1903년 창립되고 1917년 집권에 성공한 러시아사회민주노동당(RSDWP)의 볼셰비키파 영향으로 식민지배를 받아오던 지역에서 공산주의운동이 스며들기 시작하였다. 당시 공산주의운동은 식민지배를 종식시킬 수 있는 기폭제가 될 수 있다는 희망의 불씨로 포장되기도 하였다. 특히 항일운동을 통한 독립의지와 공산주의 운동을 통한 봉건주의 타파가 혼합되어 겉으로 드러난 색깔과 안으로 숨겨져 있는 내용이 다른 경우도 많았다. 제2차 세계대전의 종료로 지하활동에 한정되어 있던 이념논쟁들이 밖으로 폭발하듯 표출하기 시작하였다.

이러한 복합적 사회분위기로 인해 한반도는 해방의 기쁨과 이념논쟁 및 권력다툼의 아수라장이 되어 혼란스러웠다. 공산주의 운동에 가담했던 여운형(1886~1947)을 중심으로 한 조선건국준비위원회가 해방 후 보름 만에 전국에 145개 지부를 설치하였고, 1945년 9월 11일 '조선인민공화국' 수립을 선언하였다. 그러나 한반도 38선 이남까지 진출한 미군은 같은 날 군정청을 설치하고 미군장교들로 내각을 구성하여 사실상 점령군 지위로 식민통치에 들어갔다. 미 군정청은 '남한의 유일한 정부'를 자처하며, '조선인민공화국' 승인을 거부하는 성명을 발표하였다. 한편 38선 이북에서는 소련군의 지원을 받은 김일성이 권좌에 올라 공산주의 정부를 수립하였다.[1]

해외에서 활동하던 대한민국 임시정부도 미국 군정청의 인정을 받지 못해 해방을 맞이했어도 '임시'를 떼지 못하고 와해되었다. 이러한 사이에 미국에서 활동하다 귀국한 이승만이 미국의 묵시적 인정을 받아[2] '독립촉성중앙협의회'를 결성하고, 지지도를 높여갔다. 1945년 12월 미국, 영국, 소련의 외무장관들이 '모스크바 3상 회의'를 개최하고, 한반도를 향후 5년간 신탁통치할 것을 결의하였다. 그러나 이승만은 이러한 신탁통치를 반대하면서 많은 지도자들을 규합할 수

---

1 소련은 일본과의 전투에 늦게 개입하여 한반도 38선 이북을 차지하였지만 38선 이남을 차지한 미국처럼 점령군 행세를 하지 못하고 김일성을 내세워 영향력을 발휘했다는 해석도 있다(남경태, 2012:457).
2 미국은 이승만이 자유민주주의를 신봉하고, 미국의 입장을 이해할 수 있는 사람으로 정권을 맡겨도 미국에 해가 되지 않을 것이라고 판단한 듯하다.

있는 기회를 얻었다.

국제연합(UN)은 1948년 1월 한국임시위원단을 구성하여 한반도에 파견하고 남북한 통합선거를 시도하였지만 무산되었고, 그해 2월 UN 소총회에서 남한만의 단독선거가 표결로 결정되었다. 이에 따라 남한에서는 1948년 5월 10일 총선거가 실시되었고, 이를 통해 제헌국회가 구성되었다. 이어 1948년 7월 17일 대한민국 최초의 헌법이 발표되었고, 그해 8월 15일 이승만은 대통령에 취임하였다. 북한에서도 1948년 8월 25일 인민회의 대의원 선거를 실시하여 9월 2일 최고인민회의를 구성하였고 9월 9일 조선민주주의인민공화국을 수립, 김일성이 수상으로 취임하였다. 한반도의 남북 분할은 강대국들의 전략적 입장에 기인한 탓도 있지만 한반도에서의 이념갈등과 지도층의 권력욕이 빚어낸 결과였다.

이와 같이 제2차 세계대전의 종료로 한반도는 북위 38선을 경계로 양분되었고, 자본주의와 공산주의 두 이념의 각축장으로 변하였다. 일본의 식민지배로 인한 수탈과 20세기 중·후반 첨예한 냉전으로 한반도는 유난히 국가, 국민, 민족의 정체성 문제가 모든 분야, 모든 현상을 지배하게 되었다. 반공, 애국, 단일민족, 민족통일, 주체사상 등은 이러한 한반도의 상황을 표현하는 핵심용어로 떠올랐다. 한국의 정치는 이념색깔로 사실을 왜곡하고, 자유민주주 혹은 민족주체성을 표방하면서 경제, 사회, 문화 등 모든 영역에서 편을 가르고 지지세력을 확대하는데 급급했다. 이념논쟁으로 유달리 정치적 성향이 강해진 한국사회는 중립적 사실관계마저도 표현할 수 없는 구조적 함정에 빠져들었다.

남북의 체제갈등은 각종 사건, 사고의 원인을 제공하였지만 겉으로 드러나지 않았고, 결과 혹은 나타난 현상은 엉뚱하게 해석되어 특정 정파의 목적을 위해 정략적 수단으로 활용되었다. 지식인들마저도 이와 같이 당초 의도가 드러나지 않은 상태에서 겉으로 드러난 결과만을 보고 사회를 평가하기를 꺼려하였다. 이러한 한국사회의 잠재적 갈등으로 인해 좋은 것이 좋게 평가받지 못하고 그른 것을 바로 잡기 어려운 경우가 많았다. 좋은 것을 좋게 평가할 경우 자칫 그 일과 관련된 정파로 몰리거나, 나쁜 것을 나쁘다고 표현할 경우 본의 아니게 오해를 받는 경우가 발생하기 때문이었다.

사실을 바로 보는 시각 자체가 '용기'로 표현되는 사회에서는 지식의 축적과 양심이 제대로 평가받지 못한다. 거대한 흐름 맥락도 사소한 부작용을 근거로 인정받지 못하는 사회도 마찬가지다. 따라서 한국사회는 유난히 내부(국내)로부터의 정당화 논리보다는 외부(외국)로부터의 피상적 평가에 의존하는 성향을 보여주고 있다. 이러한 성향은 내부로부터의 정당한 평가가 어렵기 때문이기도 하지만 내부의 평가 자체가 본질에 대한 것이 아니라 그를 둘러싼 진영논리에 불과할 것이라는 예단 때문이기도 하다. 특별히 이 책에서 한국사회의 이러한 정당화 논리의 취약점을 강조하는 이유는 이 책에서 사실관계를 다루고자 하는 새마을운동에 대한 평가도 이로부터 자유롭지 않기 때문이다.

2 한국의 대외 의존성향

한국은 한반도의 남북분단으로 국토의 절반 이상을 잃었지만, 세계 관심의 절반을 차지하는 행운을 얻었다. 북한도 마찬가지다. 자유민주주의 진영에서는 한국이 북위 38도선을 경계로 극명한 자유민주주의 색깔을 표방하고 있다는 사실 자체에 우호적이었고, 사회주의 진영에서는 북한을 그들 정치체제 방어벽으로 생각하며 지원하였다. 자유민주주의의 비교우위는 시장경제를 통해 확인되는 것으로 설계되었지만 자유민주주의 색깔은 그러한 비교우위 검증과는 별도의 대접을 받게 된 것이다. 유럽과 미국의 학계도 냉전의 고통을 외면하기 어려워서 자유민주주의를 미화하거나 과대평가하는 경향이 컸다. 소련과 중국 등 사회주의 체제의 학계는 아예 체제를 정당화하는 논리개발에 앞장섰다.

권력과 자본, 지식과 정보, 기술 등은 이를 가진 자에게 유리하도록 설계되었고, 작동한다(소진광, 2018: 9). 자본의 횡포를 방지하고 모두에게 평등한 분배를 실현할 목적으로 탄생한 사회주의 체제는 오히려 권력의 횡포와 불편한 평등으로 병들게 되었다. 다른 한편 자본주의는 자본의 횡포로 인한 사회 불평등 때문에 구성원들이 공동체 인식을 잃고 방황하는 환자가 되었다. 속성상 평등은 매우 불안정한 일시적 현상이다. 냉전이 고조되면서 맹목적 반공주의(McCarthyism)가 나타났고, 19세기 말부터 Marx(1818~1883)의 충고에 귀를 기울이기 시작한 서양의 양심 있는 학자들도 과정논리에 관계없이 결과적으로 자본주의 시장경제 체제를 옹호하는데 앞장섰다.

사회주의는 약(생산성 증대)을 얻지 못해 사망에 이르렀거나 자본주의 시장에서 약을 구해(개방적인 시장경제체제 도입) 연명할 수 있었고, 자본주의는 질주본능(경쟁에 몰두하는)에 의한 마취효과에 의존하며 버티고 있다. 자본주의에 내재되어 있는 속도경쟁은 종종 앞서가는 사람들을 오만하게 만들고 뒤처진 사람들을 상대적인 박탈감의 늪에 빠뜨린다. 또한 자본주의 속도경쟁은 관성력을 통해 변화의 방향과 속도를 조절할 수 없게 만든다. 이러한 맥락에서 자본주의 체제를 표방하는 국가는 종종 문제해결을 위한 정책과 계획을 동원하더라도 사회변화를 관리할 수 없는 상황에 빠진다. 결국 자본주의 경쟁에서 낙오자는 시장경제에서 일탈자로 전락하고 이러한 시장 일탈자가 많아지면 경쟁에서 이기더라도 승자의 몫이 줄어든다.

다른 한편 자본주의 체제로부터의 일탈자는 시장규모를 줄일 뿐, 일탈로 인해 자신의 생존율이 낮아진다는 사회진화론의 굴레에서 헤어나지 못한다. 따라서 시장경제로부터의 일탈은 일탈자나 잔류자 모두에게 이롭지 않다. 자본주의 경제체제가 계급별, 신분별, 분야별, 지역별 격차에 민감해야 하는 이유가 여기에 있다. 포용성장(inclusive growth)은 낙오자 혹은 사회, 경제적 약자에 대한 배려라기보다 낙오자 혹은 약자들까지 주류사회로 끌어들여 사회 재생산 기제(reproduction apparatus)를 강화함으로써 얻을 수 있는 추가적인 경제적 이점에 근거하고 있다.

국제사회에서도 동일한 법칙이 적용된다. 한국은 일제의 약탈적 식민지배와 이념갈등, 한국전쟁 등으로 자유주의 시장경제체제에 합류하기 어려운 상황에 놓여있었다. 시장은 경쟁을 통해 진화하는데, 당시 한국은 도대체 대외 경쟁력을 갖고 있지 못했다. 하지만 자유민주주의 시장경제는 한국을 이념적으로 감싸고, 자본주의 시장에서 일탈시키지 않기 위해 지원하기 시작하였다. 한국전쟁이 한국을 더욱 어렵게 만들었지만 이를 계기로 세계 자본주의 체제가 한국을 지원해야 한다는 근거를 확보하게 되었다. 세계의 양진영은 한국전을 통해 각자의 결속을 다질 수 있었고, 이로 인해 동·서 이념분쟁은 절정에 이르렀다. 적어도 베트남 전쟁이 일어나기 전까지는 한반도가 동·서 이념분쟁의 상징적 각축장으로 인식되고 있었다.

동·서독이 통일되고 소련이 붕괴되면서 동·서 이념분쟁은 세계인의 관심에서 멀어지는 듯 했고 한반도 역시 세계인의 시야를 빗겨가는 것처럼 보였다. 하지만 북한의 핵문제가 대두되면서 한반도는 다시 세계인의 관심을 모으고 있다. 북한의 핵문제는 종래의 이념논쟁과는 다른 궤도를 그리면서 국제사회를 재편하고 있다. 이러한 세계정치구조 변화와 국제경제 질서의 재편 과정에서 한반도는 때로는 냉전의 향수병(nostalgia)처럼, 가끔은 자본주의 체제의 비교우위를 검증하는 증거로, 그리고 지구촌 평화에 이르는 갈림 길목처럼 주목받고 있다.

이러한 상황에서 한국은 서방 선진국들로부터 물질적인 원조를 많이 받은 나라다. 미국 등 서구 선진국들은 1945년부터 1995년(무상 원조는 1982년)까지 한국에 대해 무상원조 약 70억 달러, 유상원조 약 57억 달러를 지원하였다. 무상원조의 70%는 주로 1945년부터 1960년까지 지원된 금액이었다. 국제연합(UN)은 한국을 효과적으로 지원하기 위해 1950년 12월 유엔한국재건단(UNKRA, United Nations Korean Reconstruction Agency)을 설립하였다. 한국은 이와 같이 막대한 해외 원조를 받았음에도 원조의 덫(Aid Trap)에서 탈출하였고, 1995년 세계은행의 Lending List에서 제외되었으며, 2000년에는 개발원조기구인 DAC(개발원조위원회)의 수원국에서 제외되었고 2010년 DAC회원국이 되었다.

<표 7-1>은 연도별 한국이 받은 무상원조 규모와 GDP 대비 비중(%)을 나타낸 것이다. 해방 직후부터 한국이 받은 외국의 무상원조는 정부수립(1948년)을 전후하여 갑자기 큰 폭으로 증가하였다. 또한 한국전쟁으로 인한 피해복구를 위해 외국의 무상원조는 다시 급속히 늘어나서 1953년 무상원조액 규모가 한국의 GDP 대비 14.9%를 차지하였다. 한국에 대한 무상원조는 1957년 3억 8,290만 달러로 가장 많았고, GDP 대비 비중으로는 1956년 23.3%로 가장 컸다. 1950년대 중반 이러한 무상원조액 규모와 한국의 GDP 대비 비중이 큰 이유는 한국전쟁 이후 복구사업과 무관하지 않다.

특히 새마을운동이 시작된 1970년 이후 한국에 대한 외국의 무상원조는 급

표 7-1 **한국에 대한 연도별 무상원조 실적**　　　　　　단위: 백만 달러, GDP 대비 비중(%)

연도	금액	GDP 비중	연도	금액	GDP 비중	연도	금액	GDP 비중	연도	금액	GDP 비중
1945	4.9	–	1956	326.4	23.3	1967	129.5	3.1	1978	0.2	0.0
1946	49.5	–	1957	382.9	22.5	1968	131.2	2.5	1979	0.2	0.0
1947	175.4	–	1958	321.2	16.9	1969	135.3	2.1	1980	0.4	0.0
1948	179.6	–	1959	222.2	11.7	1970	106.6	1.3	1981	0.2	0.0
1949	116.5	–	1960	245.1	12.3	1971	80.4	0.8	1982	0.1	0.0
1950	58.7	–	1961	199.2	9.5	1972	34.9	0.3	1983	–	–
1951	106.4	–	1962	232.3	10.1	1973	31.8	0.2	1984	–	–
1952	161.3	–	1963	216.5	8.0	1974	29.0	0.1	1985	–	–
1953	194.2	14.9	1964	149.3	5.1	1975	31.9	0.1	1986	–	–
1954	153.9	11.0	1965	131.4	4.4	1976	1.7	0.0	1987	–	–
1955	236.7	16.9	1966	115.4	3.2	1977	0.9	0.0	1988	–	–

자료: 한국경제 60년사 제I권(2010: 경제일반 편, p. 80)에서 일부 발췌.

격히 줄어들어 1971년부터 GDP 대비 비중이 1% 이하로 낮아졌다. 그리고 한국은 다른 저개발국가나 개발도상국과는 달리 1983년부터 외국으로부터 무상원조를 받지 않는 나라가 되었다. 한국의 경우는 외국 원조를 받던 많은 나라들이 원조의 덫(Aid Trap)에 빠지고 그로부터 헤어나지 못하고 있는 상황과는 크게 비교된다. 오히려 한국은 다른 개발도상국에 원조를 공여하는 주요 국가 중의 하나로 떠올라 많은 개발도상국가가 따라하고 싶은 경험을 갖고 있다. 한국은 어려운 시대배경과 폐허가 된 국토공간을 활용하여 발전한 우수사례로 국제사회로부터 인정받고 있다.

　　이러한 무상원조와는 달리 한국에 대한 외국인 직접투자는 제1차 경제개발 5개년계획이 시작된 1962년부터 꾸준히 늘어나는 추세다. <표 7-2>에서와 같이 1962년부터 들어오기 시작한 외국인 직접투자 규모는 산업화가 자리를 잡아가고 있던 1965년 2천만 달러를 넘어섰고, 1972년 1억 달러 수준을 넘었다. 그리고 1987년 10억 달러 수준을 넘었고, 외환위기를 맞은 1997년부터 급격히 증가하여 1999년과 2000년 150억 달러 수준을 넘었다. 1999년과 2000년에는 국내기업들이 상당부분 외국에 매각되던 때라서 외국인 직접투자규모가 절정에 달했다.

외국인 직접투자액은 한국 GDP 대비 비중이 1972년 1.1%를 기록한 것을 계기로 1973년 2.3% 수준까지 늘어났고, 그 이후 다소 침체되었다가 1997년 외환위기를 맞아 1.3%로 치솟았다. 1999년 한국 GDP 대비 외국인 직접투자의 비중은 3.4%로 정점을 기록하였다. 외환위기 여파로 GDP 대비 외국인 직접투자의 비중은 2000년 2.9%, 2001년 2.2%를 기록하였으나 2002년부터 1% 중반의 수준을 꾸준히 유지하고 있다.

표 7-2 **한국에 대한 연도별 외국인 직접투자**　　　　　단위: 백만 달러, GDP 대비 비중(%)

연도	규모	비중(%)	연도	규모	비중(%)	연도	규모	비중(%)
1962	3.58	0.2	1978	149.43	0.3	1994	1,316.5	0.3
1963	5.74	0.2	1979	191.30	0.3	1995	1,970.4	0.4
1964	0.65	0.0	1980	143.14	0.2	1996	3,203.6	0.6
1965	21.82	0.7	1981	153.16	0.2	1997	6,971.1	1.3
1966	15.62	0.4	1982	189.03	0.2	1998	8,858.0	2.5
1967	28.27	0.7	1983	269.42	0.3	1999	15,544.6	3.4
1968	25.63	0.5	1984	422.35	0.4	2000	15,264.9	2.9
1969	48.58	0.7	1985	532.20	0.5	2001	11,287.6	2.2
1970	75.89	0.9	1986	354.74	0.3	2002	9,094.6	1.6
1971	40.25	0.4	1987	1,063.3	0.7	2003	6,470.5	1.0
1972	122.97	1.1	1988	1,283.8	0.7	2004	12,795.6	1.8
1973	318.15	2.3	1989	1,090.3	0.5	2005	11,565.5	1.4
1974	152.83	0.8	1990	802.6	0.3	2006	11,242.4	1.2
1975	207.32	1.0	1991	1,396.0	0.4	2007	10,514.9	1.0
1976	79.15	0.3	1992	894.5	0.3	2008	11,710.6	1.3
1977	83.63	0.2	1993	1,044.3	0.3	2009	11,484.0	1.4

자료: 한국경제 60년사 제Ⅰ권(2010: 경제일반 편, p. 80)에서 일부 발췌.

표 7-3 **한국의 대외의존도 추이**   단위: %

연도	1970	1980	1990	2000	2010	2011	2012	2013	2014	2015
대외의존도	34.8	65.8	53.2	72.7	105.2	113.2	112.8	106.1	98.6	86.7

자료: 한국경제 60년사 제III권(2010: 63)과 파이낸셜뉴스(2017년 12월 7일 17시 30분 보도내용) 결합

한국의 대외의존 정도는 GDP 대비 수출입 비중을 검토하면 알 수 있다. <표 7-3>의 한국 대외의존도는 당해 연도 상품교역량(수출+수입)을 명목 GDP로 나누어 산출한 것이다. 한국은 비교적 국내시장 규모가 다른 주변국, 특히 경쟁 국가에 비해 작아서 수출확대를 통한 경제성장정책을 추구하였다. 한국에서 수출진흥정책이 본격화된 것은 1970년이다. 1970년 한국의 무역의존도(GDP 대비 무역규모)는 34.8%였지만 1980년에는 65.8%, 2000년 72.7%, 2010년 105.2%로 치솟았다. 한국의 대외의존율은 다시 2011년에 113.2%로 늘어나 정점을 그렸고, 2012년 112.8%, 2013년 106.1%, 2014년 98.6%, 2015년 86.7%로 감소하고 있지만 미국이나 일본이 30%대를 기록하고 있는 것과는 큰 차이가 있다.

대외의존도가 경제체질과 갖는 일관된 연관성은 없다. 네델란드, 아일랜드, 싱가폴 등은 물류 허브기지로서의 화물 적환(積換)기능 때문에 대외의존도가 높게 나타난다. 하지만 이들 국가들은 다양한 국가를 연결하며 단순 중개하는 역할을 수행하기 때문에 위험부담이 분산되어 경제체질에 미치는 큰 문제는 없다. 그러나 한국과 같이 미국, 중국 등 일부 국가에 편중된 교역구조를 가진 상태에서 대외의존도가 높으면, 이들 특정 교역 상대국의 정책에 따라 경제체질이 위협받을 가능성이 크다.

따라서 한국은 교역상대국을 다변화하여 위험을 분산시키는 전략이 필요하다. 물론 한국은 자원이 부족하고 내수시장 규모도 상대적으로 작아서 수출을 통한 경제발전을 도모할 수밖에 없다. 이러한 상황에서 한국은 1948년 정부 출범과 함께 각종 경제부흥정책을 시도하고 수출주도의 경제성장에 큰 비중을 둘 수밖에 없었다.

3   한국의 경제상황과 산업화 정책

이승만 정부의 국정기조는 독립적 정부기반 구축, 구체제 및 일제의 청산과 개혁, 자유민주주의에 기반한 법치주의 확립, 반공주의 확립이었다(박희봉, 2014: 69-74). 이러한 맥락에서 이승만 정부는 사회, 정치의 혼란에도 불구하고 경제 재건과 부흥을 주요 정책으로 내세웠다. 미국의 군정체제는 제2차 세계대전의 종료로 어수선한 사회를 안정시키는데 주력하였다. 그러나 이승만 정부는 미국 의 원조를 활용하여 경제발전의 기반시설을 확충하고, 이를 통해 빠른 경제성장 을 도모하고자 하였다. 이승만 정부는 한국의 경제운용 기반을 자본주의 시장경 제체제에 두었고, 이러한 체제운용의 두 축을 국가와 자본가로 상정하였다. 따 라서 당시 경제부흥은 (민족) 자본을 축적하고, 이를 지원할 수 있는 정부체제를 구축하는 것과 맞물려 있었다.

1953년부터 1960년 사이 한국이 외국으로부터 받은 원조규모는 정부 총 재 정수입의 72.5%를 차지할 정도로 컸다(김일영, 2006: 275). 이러한 상황에서 한국 정부가 선택할 수 있는 국가발전 정책대안은 매우 제한적이었다. 제2차 세계대 전 이후 미국은 일본을 중심으로 한 동아시아 경제권을 상정하고, 국가별 분업 을 통한 전후 복구사업을 구상하고 있었다. 미국은 이러한 맥락에서 한국의 공 업화를 반대하는 입장이었다(김일영, 2006: 273). 이와 같이 미국은 비록 일본을 전범자로 취급하면서도 일본의 잠재력을 무시하지 못했던 것 같다. 미국이 경제 적 측면에서 한국을 일본 경제권에 편입하려는 발상도 그러한 맥락과 무관하지 않다. 이승만 정부는 이러한 미국 정부를 설득하여 일본과는 관계없이 한국의 독자적인 경제발전을 도모하고자 노력하였다.

이러한 상황에서 이승만 정부는 사유재산제도를 확립하고, 농지를 개혁하였 으며, 각종 경제부흥계획을 수립하고 이를 수행할 수 있는 정부조직을 만들었다. 또한 이승만 정부는 독립적 경제체제를 구축하기 위해 복수환율제도를 운영하 였고, 수입제한정책과 수출진흥정책을 추진하였다. 이러한 일련의 정책들은 당 시 정부가 조직의 부패와 정권욕과는 다른 차원에서 국제정치 상황에 대응하 고, 국민들의 지지를 얻어내기 위한 나라발전정책을 추진하려고 노력하였음을 보여준다.

특정 정권의 정책은 이전 정권에서 추진되었던 정책과 전혀 무관하게 수립되기 어렵다. 이전 정권의 정책과 계획은 때로는 극복해야 할 문제로, 때로는 새로운 정책의 발판으로 다음 정권에 영향을 미친다. 과거는 무시하거나 청산해야 할 대상만이 아니라, 답습하고 이어가야할 유산이기도 하다. 개혁과 혁신도 과거를 모두 부정하면 성공할 수 없다. 정책은 사다리와 같아서 현재의 발판은 다음 단계에 오르기 위한 수단이기도 하지만 현재를 지탱해주는 버팀목이다. 지나온 발판 역시 현재에 이르게 한 버팀목이었다. 이러한 맥락에서 한국경제 60년사 Ⅰ권(2010: 3)은 광복 이후 1950년대 말까지 한국경제발전의 전(前) 조건(pre-conditions)을 형성한 주요 정책을 사유재산제도 확립, 농지개혁, 경제부흥계획과 원조환율관리 및 수출입 정책, 금융정책을 꼽고 있다.

이와 같은 맥락에서 <그림 7-1>은 1950년대 이후 우리나라 공공정책들이 새마을운동 태동과 연관되어 있으리라는 추론을 가능케 한다. 즉, 1950년대 이후에 실시된 농지개혁과 보편교육 강화, 1960년 전·후에 실시된 농촌개발 정책과 가족계획, 1960년대 초반에 시작한 '경제개발 5개년 계획', 1960년대 시멘트 공장 건설, 낡고 비효율적인 관행 타파, 1960년대 말 고속도로 건설, 1970년대 초 철강산업 육성정책 등이 1970년 새마을운동 태동과 성공에 영향을 미친 공공정책 맥락이었다(Lee, 2017: 3-34).

1950년대 농지개혁이 이루어지지 않았다면 새마을사업에 대한 농촌주민들의 자발적 참여를 이끌어내는데 한계가 있었을 것이고, 1960년대 경제개발 5개년계획과 낡고 비생산적인 폐습을 개혁하기 위한 공공의 노력이 없었더라면 새마을운동의 추진동력을 확보하기가 어려웠을 것이다. 과거를 부인하면서 현재를 설명할 수 없다. 미래 또한 현재를 발판으로 나타날 것이다. 이 장에서는 새마을운동에 영향을 미친 공공정책 맥락을 이해하기 위하여 사유재산제도 확립과 농지개혁, 그리고 경제발전 정책을 검토한다.

그림 7-1 새마을운동 배경으로서의 공공정책 맥락

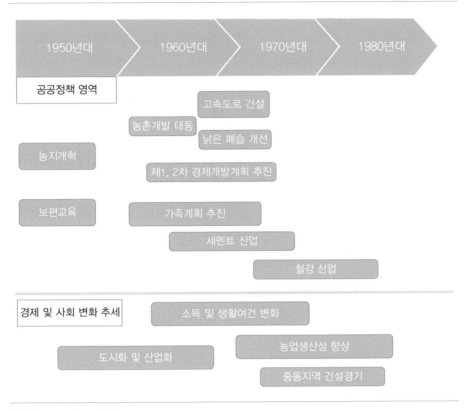

출처: Lee (2017: 24)

1) 사유재산제도 확립과 농지개혁

1945년 해방 이후 미군정은 한반도 38선 이남을 자유민주주의 체제로 만들기 위해 근대적 시장경제질서를 도입하려고 노력하였다(한국경제 60년사 편찬위원회, 2010: 3). 해방과 더불어 소위 '자주관리운동'이라 하여 전에 일본인이나 친일 조선인이 소유했던 공장을 그 공장에서 일했던 노동자들이 스스로 관리하기 시작하였다. 그러나 미군정은 1947년 5월 노동부 통첩을 통해 노동조합이 기업경영에 개입하지 못하도록 하였다. 즉, 미군정 체제는 노동자들의 '자주관리운동'을 부정하기 위해 '법령 33호'를 내세워 일단 일제가 가지고 있던 국·공유재산뿐만 아니라 일본기업 소유의 사유재산도 미군정에 귀속시켰다. 이후 미군정은 귀속

재산의 매각을 통한 사유화정책을 발표하고 일부의 기업체와 일부 농지를 불하하여 사유재산제 기틀을 만들었다. 특히 남한에서의 단독 총선을 준비하던 미군정 체제는 농민들이 공산주의 선동에 휘말리지 않도록 일제로부터의 귀속농지를 농민들에게 매각하기 시작하였다.

미군정이 끝나고 이승만 정부도 본격적으로 귀속재산을 매각하기 시작하여 한국 전쟁 중인 1951년부터 1953년 사이에 절정에 달했다. 1948년 제헌헌법은 대기업체와 광산을 국유화하도록 규정하고 있었는데, 1954년 11월의 헌법 개정으로 국·공유기업체의 범위는 축소되었다. 무엇보다 새마을운동에 큰 영향을 미친 정책은 1949년 6월의 '농지개혁법'과 1950년 2월의 '농지개혁법 개정법률'이다. 식민지 시대 일제의 토지조사사업으로 한반도에서는 지주제가 발전하여 소농이 몰락하는 결과를 초래하였다. 농지가 없는 농민들은 소작을 통해 연명해야 했고, 지주의 횡포는 심했으며, 소농과 소작인들은 마을과 지역사회에 애착을 갖지 못하였다. 1947년 남한의 농지경작형태는 농민을 기준으로 17%가 자작(自作), 39.6%는 자소작(自小作), 43.4%가 소작(小作)이었다 하니 당시 농촌의 불평등 사회구조를 알 수 있다.

농지개혁방식과 관련한 다양한 주장이 엇갈리고 있었는데, 좌파는 '무상몰수와 무상분배'를, 우파는 '유상몰수와 유상분배'를, 중도파는 '유상몰수와 무상분배'를 내세웠다. 한국정부는 자본주의 원칙에 충실하기 위해 '유상몰수와 유상분배' 방식을 택했지만, 정부가 농지를 매수하는 과정에서 강제성을 배제할 수 없어 지주들은 상대적인 손해를 감수해야 했다. '농지개혁법'은 '경자유전(耕者有田) 원칙'을 내세워 소농의 보호와 대지주의 출현을 방지하기 위한 규정을 두었다. 즉, 농지개혁법은 농지소유자격을 제한하였고, 농가 호당 3정보로 농지소유 상한제를 도입하였으며, 소작과 위탁경영을 금지하였다.

이승만 정부의 농림부는 1950년 2월 3일 '농지 소표 취급요령'을 제정하고, 전국 모든 농지에 대해, 소재지, 지번, 지목, 면적, 소유자, 가격 등을 조사하였다. 당시 농지를 분배받아야 할 전체 농민은 1,535,000명으로 이 중에는 소작인(小作人)이 921,000명(60%), 농지가 적은 자작인(自作人)이 567,000명(36.9%), 농업고용인이 47,000명(3.1%)이었다. '농지개혁법 개정법률' 제11조는 농지를 분배받을 수 있는 농민들의 순위를 다음과 같이 정하고 있다. 첫째는 현재 당해 농지를 경작하고 있는 농가, 둘째는 경작능력에 비해 농지가 적은 농가, 셋째는 농업경영 경험이 있는 순국열사 유가족, 넷째는 영농력(농사지을 수 있는 능력)을 가진 피고용 농가, 다섯째는 해외에서 귀환한 농가 순위였다.

당초 중앙토지행정처[3]가 정한 분배 농지에 대한 상환방식과 총액은 당해 농지 주생산물의 300%를 15년간 매년 20%씩 나누어 갚도록 하였으나, 1951년 4월 5일 '귀속농지 특별조치법'의 공포로 매년 귀속농지 주생산물의 150%를 5년간 매년 30%씩 분할 상환하는 것으로 농민부담을 줄였다. 분배농지에 대한 농민들의 상환액과 상환방식은 다음과 같다. 첫째, 총 상환액은 당해 농지의 주생산물 연간 생산량의 150%로 정하고 5년간 납입한다. 둘째, 상환은 5년간 똑같이 나누어 매년 납부하되 당해 토지 주생산물의 현물 혹은 대금으로 납부한다. 셋째, 농가의 희망과 정부가 인정하는 사유가 있을 경우 일시상환, 또는 상환기간을 신축적으로 조정할 수 있다.

이러한 농지개혁 방식은 당시 상황이 서양의 자본주의 시장경제체제를 그대로 고수할 수 없었음을 반영한 것이었다. 좌파와 우파의 갈등이 남아있는 상황에서 어느 한쪽 입장만 고수한다면 국민통합이 어렵겠다는 한국정부의 판단이 반영된 결과였을 것이다. 특히 북한이 사회주의체제 확립을 위해 먼저 토지개혁을 단행하고 겉보기에 토지소유로 인한 불평등 문제가 없어진 것도 한국의 농지개혁 속도에 영향을 미쳤을 것이다. 한국의 농지개혁은 이후 경제발전 및 지역사회개발 정책과 관련하여 큰 영향을 미쳤다는 평가를 받는다. 무엇보다 토지에 대한 애착이 강한 당시 한국의 농업사회 특성상 농민들이 농지를 소유하게 되었다는 사실만으로도 국민들은 독립국가에 대한 자긍심과 정부에 대한 신뢰를 느끼게 되었다.

---

3 미군정청(당시 공식명칭은 조선군정청)은 토지를 소유하지 못한 소작농민에게 전(前) 일본인 소유의 농지를 방매(放賣)하여 소작농민이 자립할 수 있도록 지원하는 '중앙토지행정처'를 설립하였다. '중앙토지행정처'는 당시 조선군정청장관 William F. Dean의 인준(1948년 3월 22일)으로 발효된 '중앙토지행정처의 설치(법령 173호)'에 따라 설립되었다. '중앙토지행정처'는 의결기구로 이사회와 집행기구인 처장으로 구성되었는데, 이사 10명과 처장 및 부처장을 모두 군정청장관이 임명하였다.

2) 경제발전 정책

이승만 정부는 1949년 '산업부흥 5개년 계획', 1951년 '부흥계획', 1954년 '종합부흥계획', 1956년 '경제부흥 5개년 계획', 1960년 '경제개발 3개년 계획' 등 5개 경제발전계획을 수립하고 추진하였다. 이러한 계획을 추진하기 위해 당시 정부는 1948년 '기획처', 1955년 '부흥부'를 설치하였다. 이러한 5개 경제발전계획은 사회간접자본의 확충, 시멘트와 철강 등 기간산업 육성, 제조업의 생산능력 확대를 목표로 내세웠다(한국경제 60년사, 2010: 5). 당시 한국정부가 추진한 일련의 경제부흥 정책의 목표는 궁극적으로 자립경제를 구축하는 것이었는데,[4] 이는 미국의 동아시아 구상과는 대치되는 것이었다.

미국은 제2차 세계대전 종료 후 일본을 중심으로 한 동아시아 재건을 구상하였는데, 이에 의하면 한반도는 일본의 종속적인 소비시장에 불과하였다. 이승만 대통령은 이러한 미국의 동아시아 구상이 일본 제국주의가 내세웠던 '대동아공영권'의 연장선상에 있다고 비판하며 한국의 자립경제 기반구축에 국정목표를 두었다(한국경제 60년사, 2010: 6). 이러한 한국과 미국의 견해 차이는 원조의 구성에서도 나타났다. 당시 미국의 원조는 한국정부의 경제발전정책에 따라 지원되는 '사업원조(project assistance)'와 민간부문의 수요물자로 구성된 '비(非) 사업원조(non-project assistance)'로 구분되었는데, 1950년대 전체 원조의 73%가 비 사업원조에 속하고, 나머지 27%는 사업원조에 속했다.

미국의 제34대 Eisenhower(재임기간: 1953~1961) 대통령은 비용이 많이 드는 군대 해외 주둔보다는 상대적으로 비용이 적게 드는 전략자산(전략 핵무기)운용을 선호하는 New Look 정책을 실시하여 한국도 그 영향을 받기 시작하였다. 원래 미국의 New Look 정책은 미국 국방성의 1955 회계연도 예산편성에 부쳐진 이름인데, 이후 미국의 우방국 지원방식에도 적용되어 한국도 영향을 받게 된 것이다. 이에 따라 한국에 대한 무상원조가 1958년부터 줄어들게 되었고(〈표 7-1〉

---

4 이원희(2014: 72)는 이승만 정부의 각종 경제부흥계획이 외국 원조를 받아내기 위한 것이었다고 주장한다. 그러나 미국이 대외 원조를 수원국 경제개발계획과 연동시킨 시점은 1955년 New Look 정책 이후로 보아야 할 것이다. 따라서 1955년 이전 이승만 정부의 각종 경제발전계획을 미국으로부터 원조를 받기 위한 시늉내기로 인식하는 것은 다소 무리다.

참조), 이에 더하여 Eisenhower 미국 행정부는 개발차관기금(DLF, Development Loan Fund)을 만들어 수원국들이 원조활용계획을 제출하게 하고 이를 심사하여 실현성이 인정되는 경우 차관을 제공하는 방식을 채택하였다. 따라서 한국정부도 개발차관기금과 같은 기관으로부터 차관을 받기 위해 경제개발계획을 수립할 필요성을 느끼게 되었다(박태균, 2014: 232).

4·19 혁명을 통해 이승만 정부는 무너지고, 1960년 8월 제2공화국인 민주당 정부가 들어섰다. 민주당 정권도 '경제개발 5개년계획(1961~965)'을 수립한 적이 있었다. 이러한 민주당 정권의 '경제개발 5개년계획'은 자유당 정권과는 달랐다. 민주당 정권의 '경제개발 5개년계획'은 불균형 성장전략을 내세워 정부의 역할을 강조한 혼합경제체제를 정책기조로 삼았다. 민주당의 '경제개발 5개년계획'은 1961년 5월 10일에 만들어졌지만 그해 5월 16일 '군부 구테타'를 통해 무용지물이 되었다. <표 7-4>는 5·16 이전에 시도된 경제개발계획을 종합한 것이다.

5·16 군사행동을 통해 들어선 새로운 군부정권은 경제발전을 통해 국민지지를 얻기 위한 정책을 수립하였다. 군부정권은 이미 축적된 <표 7-4>와 같은 경제발전 계획의 수립경험을 활용할 수 있었지만 새로운 경제개발 추진기구가 필요했다. 따라서 새로운 군부정권은 5·16 군사행동 2개월 만인 1961년 7월 22일 경제기획원을 설립하고 곧바로 '종합경제 재건계획'을 발표하였다. 1962년 3월 대통령 권한대행을 맡은 박정희는 군부정권의 정통성을 국민들이 우선 경제적으로

표 7-4 5·16 이전에 시도된 경제개발계획

경제개발계획 명칭	계획 기간	추진 주체	내용상 특성
한국경제재건계획	1953~1958	네이산 자문단	한국 경제개발계획의 효시
타스카 보고서	1953. 7.	타스카	미국의 원조정책 수립목적
경제부흥 5개년계획	1954~58.	자유당 정부	전후 경제부흥
경제개발 3개년 계획	1960~1963	자유당 정부	최초 경제개발계획, 균형성장 전략
경제개발 5개년계획	1961~1965	민주당 정부	불균형 성장전략

출처: 이원희(2014: 73)에서 저자가 일부 수정

잘 사는데서 찾으려 했다.

박정희는 5·16 군사행동을 통해 권력을 장악하고, 1963년 12월 제5대 대한민국 대통령으로 선출되어 1979년 10월 사망할 때까지 약 18년 5개월 10일간 집권하였다. 이러한 장기집권은 민주주의 운용방식과 관련하여 비판의 대상이 될 수 있지만 일관된 경제발전 관점에서는 일종의 성과배경으로 해석될 수도 있다. 박정희에 대한 평가가 양 극단을 보이는 것도 장기집권을 서로 다른 관점에서 접근하고 있기 때문이다. 민주주의와 경제발전이 일관된 상쇄관계(trade off)에 있는 것은 아니지만 민주주의 경험이 짧고, 경제상황이 어려운 상황에서는 국민들이 바라는 미래가치를 현재가치로 할인하는 과정에 주목할 필요가 있다. 외세의 침입으로 인한 전쟁에 임하여 국가의 존립을 도모해야 할 상황과 그렇지 않은 평시에 국가운용방식은 다를 수 있다.

같은 맥락에서 박정희 정부에 대한 평가도 정부의 태생적 배경, 시대적 흐름, 당시의 정치상황, 한반도를 둘러싼 국제관계, 미국 등 자유진영과의 상호작용관계, 개인의 성격, 정책 산출물 등 다양한 영향요인의 조합을 통해 이루어져야 한다. 박정희 정부를 바라보는 시각의 편차가 너무나 컸음은 제2차 세계대전 종료로부터 대한민국이 겪어온 혼돈과 질곡, 한국전쟁과 경제적 어려움, 동·서 이념 갈등의 각축장이 된 한반도 특성, 국제금융시장의 재편에 대한 인식의 차이 때문이었다. 이러한 인식의 차이는 시간과 공간의 상호작용에 영향을 미치는 각자의 주관적 사회적 할인율 때문에 나타난다.

1962년을 기준연도로 수립된 제1차 경제개발 5개년계획은 이전 다른 경제발전계획과는 달리 성공을 거둔 것으로 평가받고 있다. 이러한 경제발전계획의 실행은 경제기획원과 같은 강력한 권한과 조직력을 갖춘 추진체계 덕분이었다. 경제기획원은 1961년 7월 설립되어 1994년까지 존속하면서 경제계획 수립 및 정부 예산편성권을 주도하여 한국의 경제발전을 이끌었다. <표 7-5>는 1960년대 이후 1970년대까지 시행된 경제개발 5개년 계획을 요약한 것이다. 이후로도 한국의 경제개발 5개년계획은 꾸준히 추진되었지만 이 책에서는 새마을운동의 시간흐름을 이해하기 위하여 제4차 계획까지만 다룬다.

통상 개발연대로 불리던 1960년대부터 1980년대까지의 정책기조를 '선(先)

성장 후(後) 분배'로 통칭하는 경우가 많았다. 그러나 이 시대 추진되었던 경제개발 5개년계획의 이념과 기본목표, 중점시책을 검토하면 '성장'과 '분배'가 정책기조를 판별하는 분명한 기준이 아니었음을 알 수 있다. 특히 새마을운동은 개인과 정부가 감당하기 어렵거나, 비용이 많이 드는 공공부문에서 공익 측면을 효율적으로 관리하기 위해 주민조직과 공동체 형성으로 접근하여 도출된 절묘한 '공동문제 해결방안'이었다.[5] 따라서 새마을운동의 기본이념은 고전적 자본주의 관점에서 보면 사회주의 색채를 추가한 공유경제의 이점(the advantage of sharing

표 7-5 **경제개발 5개년계획 개요**

구분	이념과 기본목표	중점시책	당시 대통령
제1차 (1962~1966)	자립경제 기반구축	• 농업생산력 증대에 의한 농업소득의 향상 • 전력, 석탄 등 에너지 공급원의 확보 • 기간산업의 확충과 사회간접자본의 충족 • 수출증대를 주축으로 하는 국제수지 개선 • 기술의 진흥	박정희
제2차 (1967~1971)	자립경제 확립	• 식량자급과 산림녹화 및 수산개발(농가소득향상) • 화학, 철강 및 기계공업 육성을 통한 공업 고도화 기틀 마련 • 수출증대를 통한 국제수지 기반구축 • 과학 및 경영기술 진흥	박정희
제3차 (1972~1976)	성장·안정· 균형의 조화	• 농어촌 경제의 혁신적 개발 • 수출의 획기적 증대 • 중화학공업의 건설	박정희

제4차
(1977~1981)
	성장·형평·
	능률
		• 자력성장구조 실현(국제수지 균형, 산업구조 고도
		  화 등)
		• 사회개발의 촉진(소득분배, 생활환경 개선)
		• 기술혁신과 능률 향상(기술능력 확대, 경제운용
		  합리화)
			박정희,
			최규하

자료: 경제기획원(1982: 358-365)에서 발췌

---

5 사실상 새마을운동을 특정 지도자가, 특정 시기, 특정 장소에서 창안하였거나 설계한 지역사회개발 전략으로 보기 어렵다. 새마을운동은 1950년대부터 전 세계적으로 확산되었던 지역사회개발 열풍과 한국의 전통(특히 두레 등) 및 경제, 사회적 상황이 빚어낸 즉, 의제된 시·공간 관리방식이었다.

economy)을 표방한 것으로 평가될 수 있다.

　이러한 경제개발계획의 수립과 시행은 한국정부의 업무수행방식에도 영향을 미쳤다. 일련의 경제개발계획 추진을 통해 한국사회에서는 공익과 사익의 구분이 명확해졌고, 정부의 역량도 높아져서 공공부문과 민간부문의 상호작용에 대한 관심도 증대되었다. 또한 주변 국가, 특히 중국과 일본의 국가 운영방식이 긍정적이든 부정적이든 한국의 시대상황에 커다란 영향을 미쳤고, 한국사회는 이에 대응하면서 때로는 반사적 이익을, 때로는 어려운 도전을 감수해야 했다. 한국이 한창 산업화를 도모하는 과정에서 중국이 사회주의 체제를 고수하고 산업화의 경쟁국이 되지 않았던 주변 국제환경도 한국의 경제발전에 긍정적으로 작용했다는 평가(이원희, 2014: 91)도 설득력을 갖는다.

　한국정부가 추진한 경제개발 5개년계획의 성과는 다양한 관점에서 평가될 수 있다. 이들 여러 차례에 걸친 경제개발 5개년계획의 성공은 국민의 관심에 부응하기 위한 정부의 의지, 추진조직의 효율적 관리체계, 한반도 주변의 국제상황, 그리고 계획 자체의 타당성과 국민들의 정부에 대한 신뢰 덕분이었다. 특히 국민들의 정부에 대한 신뢰는 공공부문과 민간부문의 상호작용을 관리하는 과정에서 형성되고, 계획의 실천력을 통해 재생산된다. <표 7-6>은 경제개발 5개년계획의 목표와 실적을 비교한 것이다. 이러한 실적은 곧바로 정부에 대한 국민들의 신뢰로 이어진다. 정부에 대한 국민들의 신뢰는 새마을운동과 같이 주민들의 일상적 생활무대에서 공익을 증진하기 위한 에너지(동력)로 작용하였다.

표 7-6 **경제개발 5개년계획의 목표와 실적**

구분	제1차 (1962~966)		제2차 (1967~1971)		제3차 (1972~1976)		제4차 (1977~1981)	
	목표	실적	목표	실적	목표	실적	목표	실적
경제성장률	7.1	8.5	7.0	11.4	8.6	10.1	9.2	5.5
투자율	22.6	15.1	19.0	30.6	24.9	25.5	26.0	31.2
국내 저축률	9.2	6.1	11.6	15.5	21.5	23.1	26.1	22.3
해외 저축률	13.4	8.8	7.4	15.1	3.4	2.4	-0.1	8.9

자료: 한국재정 40년사 편찬위원회(제6권, 1999: 235)

<표 7-6>에서 새마을운동의 시대상황과 공공정책 맥락을 이해하기 위해서는 특히 제2차 계획의 목표와 실적을 비교할 필요가 있다. 물론 해외 저축과 국내 저축은 정부의 의지만 있다고 통제될 수 있는 영역이 아니다. 하지만 투자율과 경제성장률은 정부의 계획기제(planning apparatus)와 계획고권(planning power)의 운용실적이라서 정부역량의 성과라 할 수 있다. 이러한 정부역량은 시간함수와 관련하여 새마을운동 추진에 큰 영향을 주었다.

3) 경제성장

한국의 빠른 경제성장은 세계인의 주목을 받고 있다. 한국의 경제성장은 단순히 경제총량의 변화 때문이 아니라, 어려운 상황에서도 빠른 성장속도를 기록하였고, 또 성장관리 측면에서 구조개혁과 이와 관련한 마찰적 갈등을 극복했다는 점에서 관심의 대상이 되고 있다. 근대화이론에 근거한 경제발전 정책이 다른 개발도상국에서는 '종속의 덫(trap of dependency)'으로 이어진 반면, 한국에서는 산업구조 고도화라는 체질개선 효과를 가져왔다. Rostow(1960)의 경제발전 5단계 가설은 한국의 경제성장 과정을 설명하기 좋은 사례로 인용되기도 하였다.

<표 7-7>에서와 같이 한국의 1차 산업비중은 GDP기준 1955년 45.8%였고, 1970년 28.9%, 1980년 15.9%, 1990년 8.4%, 2000년 4.4%, 2015년 2.3%로 낮아졌다. 한편 2차 산업 비중은 1955년 14.9%에서 1970년 26.9%, 1980년 35.4%, 1990년 39.6%, 2000년 38.1%, 2015년 38.3%로 높아졌다. 그러나 주목할 것은 한국의 제2차 산업비중이 1990년 39.6%를 정점으로 미세하지만 낮아지고 있다는 점이다. 이는 한국의 2차 산업 구조개혁과 맞물려 있어서 제조공장들이 중국, 베트남 등 인접한 해외로 이전한데 기인한다. 이와 맞물려 한국의 3차 산업비중은 1950, 60년대 거품현상으로 비공식 활동까지 포함하고 있었으나, 1970년대 이후 거품현상이 빠지고, 생산성 향상으로 이어지면서 계속 증대되고 있다. 1970년 한국의 3차 산업비중은 44.3%였으나 1990년 51.9%, 2000년 57.5%, 그리고 2015년 59.4%로 커졌다.

표 7-7 한국의 연도별 산업별 비중(GDP 기준)

구분	1차사업		2차산업		3차산업	
	GDP (십 억원)	비중	GDP (십 억원)	비중	GDP (십 억원)	비중
1955	50.3	45.8%	16.3	14.9%	43.1	39.3%
1960	90.5	39.0%	42.7	18.4%	99.0	42.6%
1965	310.1	39.4%	191.6	24.4%	284.8	36.2%
1970	736.7	28.9%	684.6	26.9%	1,128.4	44.3%
1975	2,560.2	26.9%	2,770.0	29.1%	4,199.9	44.1%
1980	5,582.2	15.9%	12,432.9	35.4%	17,071.3	48.7%
1985	10,193.8	13.0%	29,130.9	37.2%	38,910.5	49.7%
1990	15,030.0	8.4%	70,725.1	39.6%	92,645.8	51.9%
1995	22,894.4	5.9%	153,569.5	39.5%	212,268.1	54.6%
2000	25,049.4	4.4%	217,211.8	38.1%	327,961.4	57.5%
2005	26,125.1	3.1%	311,245.1	37.5%	492,673.4	59.4%
2010	28,297.4	2.5%	438,235.9	38.3%	678,590.8	59.3%
2015	32,612.2	2.3%	545,739.8	38.3%	845,294.7	59.4%

자료: 통계청 홈페이지.

<그림 7-2>가 보여주듯이 지난 60년 동안 한국의 1차 산업, 2차 산업, 그리고 3차 산업비중은 크고 빠르게 변화를 거듭하고 있다. 1960년대까지 경제활동이 전(前) 근대적 내용으로 이루어진 점을 감안하면 한국의 빠른 경제발전은 양적인 성장과 질적인 구조혁신의 조화를 통해 이루어졌음을 알 수 있다. 특히 농촌에서 성과를 낸 새마을운동이 도시지역, 공장, 학교 등 모든 공간, 분야로 확산되기 시작한 1974년을 기점으로 한국의 전체 산업에서 농업이 차지하는 비중이 다른 2, 3차 산업의 비중에 비해 낮아졌음에 주목할 필요가 있다. 즉, 한국의 새마을운동은 우선은 농촌발전을 겨냥했지만 농업기반 한국사회를 산업사회로 전환하는데 기여한 셈이다.

한국경제는 1970년대까지 비공식 경제활동이 큰 비중을 차지하고 있었으나

그림 7-2 한국의 산업별 비중 변화(GDP기준)

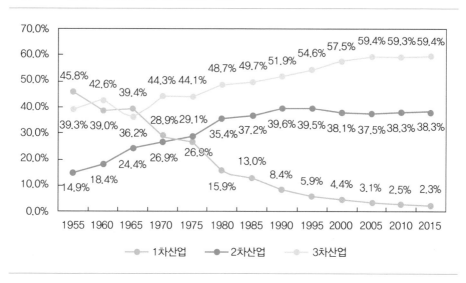

그 이후 비공식 경제활동 비중이 현저히 감소하였다. 또한 신용카드 보급과 과세 투명성이 확보되면서 생산성이 평균 임금수준을 초과하지 못하는 경제활동은 점차 도태되고, 평균 임금 수준 이상의 생산성을 확보하는 경제활동이 창출되었다. 이러한 일련의 경제활동 체질개선은 교육투자를 통한 노동력 재생산과정과 기술혁신 때문이었다.

산업구조 변천과 경제활동 체질개선은 한국의 국내총생산 및 총소득으로 이어졌다. <표 7-8>은 한국의 연도별 국내총생산과 총소득 변화를 보여준다. 1953년 13억 달러에 불과했던 한국의 국내총생산(GDP)은 1970년 82억 달러, 1980년 649억 달러, 1985년 1,000억 달러를 넘었으며, 2010년 1조 943억 달러를 기록하였고, 2017 1조 5,302억 달러로 나타났다. 이러한 경제성장은 2017년 국내총생산이 1960년에 비하여 47년 간 765배 성장률을 초과한 것으로 종종 '기적(miracle)'으로 표현되곤 한다. 그러나 한국의 경제성장은 분명 기적이 아니었다. 즉, 한국의 경제성장은 분명한 의도와 추진과정이 있었고, 외부로부터 주어진 것이 아니라 내부로부터의 추진동력이 지속적으로 투입될 수 있었기 때문에 가능했다. 기적은 모방하기 어렵지만 추진과정은 따라 하기 쉽다. 한국의 경제발전과 새마을운동이 개발도상국의 관심을 끌고 있는 이유가 여기에 있다.

표 7-8 **한국의 연도별 국내총생산 및 총소득 변화**   단위: 명목

구분	국내총생산 (GDP, 억 달러)	1인당 GDP (달러)	국민총소득 (GNI, 억 달러)	1인당 GNI (달러)
1953	13	66.0	14	67.0
1955	14	64.0	14	65.0
1960	20	79.0	20	80.0
1965	31	108.0	31	110.0
1970	82	253.0	83	257.0
1975	217	615.0	215	610.0
1980	649	1,703.0	643	1,686.0
1985	1,002	2,456.0	980	2,400.0
1990	2,793	6,514.0	2,788	6,505.0
1995	5,563	12,337.0	5,538	12,282.0
2000	5,618	11,951.3	5,578	11,865.3
2005	8,980	18,636.0	8,909	18,490.4
2010	10,943	22,083.2	10,954	22,105.3
2015	13,824	27,097.1	13,861	27,170.9
2018	16,198.0	31,370.1	16,187.3	31,349.4

자료: 통계청(http://kosis.kr/statHtm/statHtml.do? = 301&tblId = DT_102Y002, 20191230 접속)

한국의 국민총소득(GNI)도 같은 변화를 거듭하였다. 즉, 1인당 국민총소득은 1953년 67.0달러였으나 1970년 257달러, 1980년 1,686달러, 1990년 6,505달러, 2000년 11,865.3달러, 그리고 2018년 31,349.4달러로 빠르게 성장하였다. 이와 같이 1인당 국민총소득(GNI)도 1960년을 기준으로 2018년 391.9배로 늘어나 그 간 인구증가를 감안하더라도 빠른 성장을 기록하고 있다.

1) 한국의 인구변화

1949년 대한민국의 전체 인구는 22,166,756명이었다. 이 중 남성은 전체 인구의 50.52%에 해당하는 10,188,238명이었고, 여성은 나머지 49.48%에 해당하는 9,978,518명이었다. 이후 한국의 인구는 폭발적으로 증가하여 36년이 지난 1985년 전체 인구는 40,419,652명이 되었다. 이러한 인구증가추세는 계속되어 2000년의 총 인구는 1949년의 207.5%에 해당하는 45,985,289명으로 늘어났다. 그러나 이러한 인구증가 추세는 2005년부터 둔화되었다가 전후 출산 성황기 세대(baby boomer generation)의 영향으로 2010년 전체 인구가 49,706,663명으로 늘어났고, 2012년 6월 23일 한국의 전체 인구가 5,000만 명을 돌파하였다.[6]

<표 7-9>에서 한국의 총 인구와 성비(性比) 즉, 남성과 여성의 구성비(남성인구/여성인구)는 해방 직전인 1944년과 최근 2005년, 2010년, 2015년에 여성 초과현상을 보여주고 있다. 그러나 1948년 대한민국 정부 수립 이후부터 2000년까지의 남성과 여성의 성비는 남성초과현상을 보여주었다. 1944년 여성 초과현상은 제2차 세계대전이 막바지에 달하면서 일본제국이 한반도에서 젊은 남성들을 징용한 것과 관련되어 있다. 일제 강점기 제2차 세계대전 중 일제에 의해 강제 징용된 조선 남성이 약 26만 명에 달한다. 상당수 조선여성들이 강제로 혹은 '돈벌이 기회제공'이라는 일제의 의도적 기만에 속아서 '위안부'로 징용되었는데, 정확한 수는 아직도 밝혀지지 않았지만 남성 징용 숫자에 비하면 상대적으로 작을 것으로 추산된다. 따라서 1944년 여초현상은 제2차 세계대전 중 일본의 조선 남성 징용 때문이었다고 추론할 수 있다.

1955년 남초현상이 둔화된 것은 6·25 전쟁으로 인한 남성희생이 많았던 때문이고, 2005년 이후의 여초 현상은 한국 사회에서 남아선호사상이 바뀌어 여아출생에 대해 관대해진 탓으로 짐작된다. 한국은 급격한 출산율 감소와 평균수명

---

6 통계청은 2010년 인구총조사를 바탕으로 출산율, 사망률, 인구이동(국외) 등을 고려한 '인구시계'를 활용하여 2012년 6월 23일 오후 6시 36분 한국의 전체 인구가 5,000만 명을 넘었다고 발표하였다.

표 7-9 **한국의 전체 인구와 성비(남성/여성) 변화**

연도	인구수	남자(A)	여자(B)	성비(A/B)*
1940	23,547,465	11,839,295	11,708,170	101.12
1944	25,120,174	12,521,173	12,599,001	99.38
1949	20,166,756	10,188,238	9,978,518	102.10
1955	21,502,386	10,752,973	10,749,413	100.03
1960	24,989,241	12,543,968	12,445,273	100.79
1966	29,159,640	14,684,147	14,475,493	101.44
1970	31,435,252	15,779,615	15,655,637	100.79
1975	34,678,972	17,445,246	17,233,726	101.23
1980	37,406,815	18,749,306	18,657,509	100.49
1985	40,419,652	20,227,564	20,192,088	100.18
1990	43,390,374	21,770,919	21,619,455	100.70
1995	44,553,710	22,357,352	22,196,358	100.73
2000	45,985,289	23,068,181	22,917,108	100.66
2005	47,041,434	23,465,650	23,575,784	99.53
2010	47,990,761	23,840,896	24,149,865	98.70
2015	49,705,663	24,819,839	24,885,824	99.73

주: 성비는 여자 100명당 남자의 수
자료: 통계청, 인구총조사(외국인 제외)

연장으로 고령사회로 진입하였고, 머지않은 시점에서 인구절벽에 부닥칠 가능성
이 높은 것으로 전망된다. 1970년 출생아 수는 100만 명으로 당시 합계출산율
은 4.53이었다. 이러한 인구증가는 경제발전이 뒤따르지 않으면 빈곤의 악순환
이 지속될 것으로 예상됐다.

따라서 한국은 새마을운동을 통한 의식개혁을 전파하면서 '둘만 나아 잘 기
르자'라는 표어까지 내세웠다. 이러한 시대상황인식에 근거하여 새마을운동은
초기부터 건강한 사회를 만든다는 취지로 '가족계획' 홍보에 큰 비중을 두었다.
새마을운동에 의한 가족계획 홍보로 1975년 합계출산율은 3.43으로 떨어졌고,

1983년에는 2.06, 1987년 1.53으로 감소하였다. 이후의 출산율 감소는 경제, 사회의 전반적인 생활환경 변화와 맞물려 있다.

현재 한국은 초혼 시기가 늦어지고, 심리적 출산 및 육아부담이 늘어나서 출산율이 OECD 회원국 평균수준에 훨씬 미달하고 있다. 2015년 기준 OECD 회원국 평균 합계출산율은 1.68인데, 1.3 미만인 초저출산 회원국은 한국, 포르투갈, 폴란드뿐이었다. 이 중에서도 한국은 2015년 합계출산율이 1.24로 OECD 회원국 중에서 최하위를 기록하였다. 2018년 한국의 합계출산율은 0.98로 이러한 추세라면 한국의 인구정점 시기는 당초 예상했던 2031년보다 훨씬 앞당겨질 것으로 예상된다.

2) 한국의 도시화 및 농촌인구 감소

한국에서 도시거주 인구비중은 1955년 24.6%로 당시 산업구조에 비해 큰 편이었다. 이러한 상황은 당시 도시거주 인구의 상당 부분이 비공식 경제활동에 종사하였음을 시사한다. 1955년에 도시거주 인구비중이 당시 산업구조에 비해 높게 나타난 또 다른 이유는 1950년 6월 25일부터 1953년 7월 27일까지의 한국전쟁으로 인해 많은 피난민들이 도시로 유입된 때문이다. 이들 피난민들은 도심에서 비공식 분야 활동을 통해 생계를 유지하면서 주요 도시의 도심 가까이에 불량 판자촌을 형성하였고, 이로 인해 전반적인 도시경관이 열악하게 되었다.

실제 서울의 청계천 주변에는 농촌에서 일거리를 찾아 무작정 이주해온 사람들로 북적댔고, 이들이 불법 판자촌을 형성하여 도시 미관상 많은 문제점을 발생하고 있었다. 한국 정부는 수도 서울 도심의 미관을 정비하는 차원에서 1960년대 말 청계천 주변의 불량 판자촌 정비를 시작하여 이들 불량 판자촌을 철거하고 해당 거주자들을 서울 주변 현재의 성남시 구시가지 일대와 관악산 기슭 난곡 주변으로 강제 이주시켰다.

또한 한국 정부의 산업화 정책으로 도시 주변엔 많은 공장들이 들어섰고, 이들 공장은 많은 근로자를 필요로 했다. 1960년대 한국은 이들 젊은이들을 산업인력으로 전환하기 위해 기술교육에 집중 투자하였고, 이러한 기술교육과 직업

표 7-10 **한국의 연도별 도시와 농촌 거주 인구 비중 변화**

지역	총인구	도시		농촌	
		인구수	비율	인구수	비율
1955	21,424,000	5,262,778	24.6%	16,161,222	75.4%
1960	25,012,374	6,996,746	28.0%	18,015,628	72.0%
1965	28,704,674	9,286,249*	32.4%	19,418,425	67.6%
1970	31,465,654	12,953,192	41.2%	18,512,462	58.8%
1975	34,678,972	16,769,946	48.4%	17,909,026	51.6%
1980	37,436,315	21,434,116	57.3%	16,002,199	42.7%
1985	40,448,486	26,442,980	65.4%	14,005,506	34.6%
1990	42,869,283	32,308,970	75.4%	10,560,313	24.6%
1995	44,608,726	35,036,473	78.5%	9,572,253	21.5%
2000	46,136,101	36,755,144	79.7%	9,380,957	20.3%
2005	48,683,040	39,171,015	80.5%	9,512,025	19.5%
2010	49,879,812	39,822,647	79.8%	10,057,165	20.2%
2015	50,617,045	41,505,526.5	82.0%	9,111,519	18.0%

주: 1965년도 도시인구는 World bank 도시화 통계수치임
자료: 통계청(kosis.kr) UN 인구통계 성별, 도시/시골 거주지별 인구

훈련을 받은 농촌 출신 젊은이들은 도시에 정착하며 도시화율 증가에 기여하였다. <그림 7-3>은 한국의 연도별 도시거주 인구와 농촌거주 인구규모를 비교한 것이다.

<그림 7-3>은 한국의 도시거주 인구가 꾸준히 증가하였음을 보여준다. 반면 농촌거주 인구는 한국전쟁 이후 출산율이 급격히 높아진 시기에 증가했다가 1960년대 중반 이후 감소하고 있음을 보여준다. 도시거주 인구증가는 한국전쟁으로 인해 고향을 떠난 유랑민들이 당장의 생계를 유지하기 위해 대도시로 몰려들었고, 1962년부터 본격적인 산업화 정책이 실시되면서 일자리를 찾아 도시로 유입된 인구의 사회적 이동 때문이었다. <그림 7-3>에서처럼 도시거주 인구의 꾸준한 증가는 인구의 자연증가와 농촌으로부터 도시로의 사회적 이동을 모두 포함하여 1990년대 중반까지 지속된 것으로 나타난다.

이러한 농촌거주 인구변화는 당시 복잡한 시대상황을 반영하고 있다. 한국전

쟁과 도시를 중심으로 시행된 산업화정책으로 농촌거주 인구가 도시로 이전하는 현상은 어느 정도 예견된 것이었다. 인구의 도시집중은 각종 도시문제(기반시설, 주택, 일자리 등)를 가중시켰다. 또한 복잡하고 혼란스러웠던 제2차 세계대전의 종료와 일제 식민지배로부터의 해방, 한국전쟁으로 인한 많은 실향민 발생에도 불구하고, 농촌지역에서 인구의 자연증가는 농촌상황을 더욱 어렵게 만들었다. 이와 같은 도시문제와 농촌문제는 당시 한국의 '절실함(the felt-wants)'을 이해하기 위해 함께 고려해야 할 사항들이다.

그림 7-3 **한국의 도시 거주인구와 농촌 거주인구 비교**

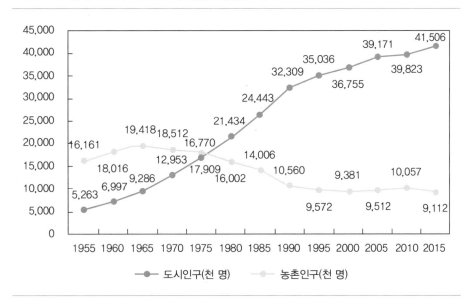

새마을운동의 태동과 추진체계

지역사회개발 접근방식도 필요성과 탄생배경에 따라 많은 변화를 겪어 왔다. 이러한 변화는 지역사회 발전에 대한 인식의 전환에 따른 대응이기도 하고, 출발할 당시와는 다른 환경변화, 혹은 초기엔 예상할 수 없었던 다른 변수의 등장으로 초래된 것일 수도 있다. 지역사회 주민들의 다양한 절실함(the felt-wants)은 기본수요(basic needs) 관점에서 우선 충족되어야 한다. 그러나 종종 이러한 절실함에 의존한 우선순위는 가난을 재생산하는 악순환의 고리를 만들었다. 따라서 지역사회개발은 주민들이 느끼는 절실함을 근거로 하되 이의 악순환 고리를 단절시킬 수 있는 전환점을 만들 수 있어야 한다. 즉, 현재의 절실함을 인식하고 미래 바람직한 목표를 설정하여 현재와 미래를 이어줄 수 있는 일종의 연결고리를 만들어야 한다. 낙후지역의 개발정책이 종래의 추세를 반전시킬 수 있는 혁신요소를 필요로 하는 이유가 여기에 있다.

필자는 지난 20여 년 동안 많은 개발도상국의 지역사회개발 현장을 돌아봤다. 여러 개발협력 관련 국제기구나 지역사회개발 활동가들이 그러한 지역사회에서 다양한 사업을 펼쳤지만 그러한 사업이 남긴 흔적은 필자에게도 많은 아쉬움을 남겼다. 다양한 원조사업들이 추진되었던 지역사회나 마을에서는 일부 부품이 고장 나서 전체 장비가 무용지물이 되어 있거나 소모품이 지속적으로 공급되지 못해 멈춰 선 장비도 많았다. 현지 주민들에게 버거운 지역사회개발사업은 이 사업에 관여한 국제기구나 외국 전문가의 실험에 불과하다. 무엇보다 현지 주민들을 구경꾼으로 만든 지역사회 개발사업은 주민들을 위한 것도 아니었고, 주민과 더불어 하는 과정은 더욱 아니었다.

이와 같이 외부 전문가나 개발기관들이 주도하는 지역사회개발 사업은 마치 인류를 위한 신약개발 과정처럼, 동물을 활용하여 최종 인체 안전성을 실험하는 것과 같다. 무모한 정책으로 주민을 실험하거나, 장점과 단점을 모두 고려하지 않고 어느 한쪽만 검토한 결과를 국민 전체의 부담으로 집행한다면 시대윤리(ethics of time)와 공간정의(spatial justice)는 지켜지지 못할 것이다. 특히 지역사회 개발은 주민들의 일상생활 터전을 대상으로 하고 있어서 종합적인 접근을 필요로 한다. 무엇보다 지역사회개발은 주민들의 주도권(initiatives)과 주인의식(ownership)에 기초하여 접근되어야 한다. 생활터전에 대한 종합적인 접근은 시·공간 좌표를 통해 설계될 수 있다.

1 지역사회개발 전통과 진화

1) 지역사회개발 전통

2차 세계대전 이후 피폐해진 지역사회를 재건하기 위한 노력이 지구상 곳곳에서 전개되었다. 전쟁은 주로 도시를 파괴했지만 그 여파로 인해 농촌은 더욱 어렵게 되었다. 국가가 주도적으로 추진했던 산업화 정책이 도시의 경제기반을 회복하는데 긍정적인 효과를 거두기 시작하면서 농촌의 상대적 박탈감은 더욱 커져갔다. 이러한 배경에서 제2차 세계대전 종료 시점부터 선진국을 중심으로 지역사회개발이 주요 정책과제로 떠올랐다. 즉, 지역사회개발은 많은 나라에서 산업화와 경제성장정책의 대칭적 보완장치로 떠올랐고 많은 나라에서 중요 정책과제가 되었다.

산업화는 도시를 중심으로 새로운 기회를 만들어 갔다. 전통적인 농업사회는 산업화로 인해 뒤처지게 되었고, 농촌, 농업, 농민은 '낙후'와 '낮은 생산성 혹은 비효율성', 그리고 '경쟁에서 뒤처진 낙오자'의 상징처럼 인식되게 되었다. 그러나 농업생산물은 인간의 가장 기본적인 수요(basic needs)에 해당하여 누구도 그 가치를 부인할 수 없다. 이러한 배경에서 19세기 후반 미국에서 일기 시작한 '4-H' 운동은 농업 생산성을 높이기 위해 농촌에 혁신요소를 도입할 필요성을 인식시켜주었다. 대체로 농민들은 농촌에 혁신요소를 도입하는데 주저하였지만 그래도 농촌의 청년층은 달랐다.

마침 미국의 여러 주(states)는 1862년 소위 '모릴 법(The Morrill Acts)'[7]에 근거하여 연방정부 토지를 넘겨받아 고등교육기관을 설립하고 있었다. 이들 토지양여(land grant) 고등교육기관들은 주변 농촌의 청소년을 대상으로 농촌과 농업을 혁신할 수 있는 교육과정을 개설하였다. 오늘날까지 지역사회개발에서 교육이 중요한 역할을 담당하는 전통은 미국의 토지양여 고등교육기관 설립배경과 운영 경험에서 유래한다. 이와 같이 토지양여에 기초하여 설립된 고등교육기관은 농촌지역에 입지하여 농업기술 축적과 주변 농촌개발에 크게 기여하였다. 이러한 미국의 농업기술 혁신과 농촌개발 경험은 제2차 세계대전 종료 후에 제3 세계와의 협력관계 구축에 중요한 수단이 되었다.

미국은 1949년 1월 20일 Truman 대통령이 취임사에서 밝힌 소위 '네 가지 역점시책(Point Four Program)'에 근거하여 제3세계에 대한 지역사회개발을 지원하기 시작하였다. 미국은 1948년부터 전후 유럽의 경제회복을 위해 마셜플랜(The Marshall Plan)을 실시하였고, 때마침 떠오르던 동·서 이념갈등에서 자유우방의 동맹을 강화할 필요성을 인식하기 시작하였다. 이러한 자유우방의 동맹은 사회주의 확산을 방지하기 위해 자본주의 비교우위에 기초하고 있었다. 더 많은 생산이 번영과 평화의 시대를 열 수 있는 열쇠인데, 이는 현대과학과 기술지식을 보다 활발하게 그리고 광범위하게 적용함으로써 가능하다(Bernard, 1973: 164). 이러한 맥락에서 미국은 산업화를 통해 축적된 산업기술 및 과학기술을 활용하여 마셜플랜으로부터 소외된 제3세계 국가들을 지원하기 시작한 것이다. Truman 미국 대통령이 취임사에서 천명한 '네 가지 역점시책(Point Four Program)' 요지는 다음과 같다.

---

7 미국 하원의원 Justin Smith Morrill(1810 – 1898)이 발의하여 1862년 제정된 법률로, '토지양여에 의한 대학설립법(Land Grant College Act)'이라고도 불린다. 이 법률의 목적은 농업 및 공업교육을 강화하는 것이었고, Morrill은 모든 계층에게 교육의 기회가 주어져야 한다는 취지로 이 법률을 제안하였다. 이후 'The Morrill Acts'는 미국의 고등교육 주요 설립기반이 되었다. 이 법률에 근거하여 즉, 토지양여에 의해 설립된 고등교육기관은 점차 교육과정을 다양화하여 대부분 종합대학교로 승격되었다. 이들 토지양여에 의해 설립된 고등교육기관은 대부분 공립이었으나 Cornell University와 MIT처럼 사립대학교도 있다. Morrill은 1855년부터 1867년까지 하원의원을 지냈고, 1867년부터 1898년까지 상원의원을 지냈다. 그가 'The Morrill Acts'를 발의할 때는 하원의원 시절이었다.

····· 미국은 산업 및 과학기술 발전과 관련하여 어떤 나라보다도 탁월한 성과를 거두었다. 다른 나라 국민들을 지원하기 위해 우리(미국)가 사용할 수 있는 물질적 자원은 한정되어 있다. 그러나 기술지식 분야에서 우리(미국)의 자원은 계속 증대되고 있고, 무궁무진하다. ····· (다른 선진국들과 함께 축적된 기술자원을 공동으로 관리하여) 세계 자유시민들이, **스스로의 노력을 통해**(*through their own efforts*), 더 많은 식량, 의류, 건축자재, 그리고 부담을 줄이기 위해 보다 많은 기계적 동력을 생산할 수 있도록 도와야 한다.

이와 같이 Truman 미국 대통령의 취임연설에서 언급된 '스스로의 노력을 통해(through their own efforts)'라는 조건은 이후 지역사회개발에서 중요한 수단인 '주민역량(people's capacity)'으로 구체화되었다. 심지어 '주민역량 강화' 자체가 지역사회발전의 성과평가 지표로 활용된다. 즉, 사람 중심의 '주민역량'은 '지역사회개발'의 핵심이고, 이에 따라 '발전(development)'을 향한 공공부문의 정책수단이 달라지기 시작하였다.

미국 농촌사회에 대한 새로운 관심이 높아지면서 '4-H' 운동도 도시로까지 확산되어 도시 거주 시민들도 농업과 농촌의 가치에 대해 새롭게 인식하기 시작하였다. 이러한 맥락에서 '4-H' 운동은 제2차 세계대전이 종료되면서 미국의 제3세계 기술지원의 전파수단으로 활용되기 시작하였다. 토지양여에 의해 설립된 미국의 많은 고등교육기관에서 축적된 농업기술은 '4-H' 조직을 통해 전 세계로 전파되기도 하였고, 이러한 농업기술의 근간이었던 농업사회가 '지역사회(the community)'의 특징처럼 인식되었다. 당시 지역사회개발이 주로 농촌을 대상으로 실시된 경험을 반영하였기 때문이다. 따라서 지역사회개발은 도시공간과 주변 농촌지역과의 상호작용을 도모하기 위한 지역개발과는 달리, 대상과 개발수단, 성과 측정 지표에서 차별화되어 접근되기 시작하였다. 지역(region)은 도시와 취락(settlement)을 포함한 포괄적 공간단위이고, 취락의 대표적인 공간단위가 농촌이다.

우선 도시문제를 해결하기 위해 물리적 시설 중심으로 접근한 지역개발과는 달리 지역사회개발은 전통적 농촌에 혁신요소를 접목하는 '사람 중심'으로 접근되었다. 사람은 공간거리 극복과 관련하여 한계를 지니고 있어서 사람 중심의 지역사회개발은 지역개발에 비하여 상대적으로 '작은 공간 단위'를 대상으로 한다. 지리학에서도 지역(region), 지방(locality), 지역사회(the community)의 계층성은 인정하지만 이들 공간단위별 일정한 공간규모는 정하지 않는다. 용어 자체로서는 국가 지역사회니, 경기도 지역사회가 언급될 수 있겠으나[8] 현실적으로 사람의 활동 범위를 대상으로 접근하는 지역사회개발 관점에서 보면 마을(village), 혹은 우리나라의 읍·면·동 단위가 적절한 '지역사회' 수준이다. 특히 지역개발이 산업단지 개발, 고속도로 건설 등과 같이 특정 요소에 초점을 두고 있는 반면 지역사회개발은 주민의 일상생활과 관련한 종합적 정주여건에 관심을 두고 있다.

지역개발과 지역사회개발은 수단과 관련하여 동원 대상 혹은 변화 대상도 다르다. 지역개발은 주로 기능결합을 통한 지역 간 교역증대, 또 이러한 지역 간 교역을 필요로 하는 공간기능 분담에 초점을 두고 있다. 하지만 지역사회개발은 사람의 기본수요(basic needs) 충족에 초점을 두어 동질성에 근거하여 접근된다. 인간 삶에 필수불가결한 기본수요는 사람마다 다르지 않다. 누구나 인간다운 삶을 영위하기 위해서 식량, 주택, 의류 등 기본적으로 필요한 것은 모두에게 일정 수준 이상으로 충족되어야 한다. 이러한 기본수요는 동질성에 근거한 공간단위로 접근될 경우 문제점의 확인, 목표의 정립, 수단 확보, 실행 및 평가가 용이하다. 따라서 지역개발과 지역사회개발은 각기 다른 공간단위와 공간좌표를 통해 접근되었다.

그럼에도 불구하고 현대사회는 교통, 통신기술의 발달로 인간의 거리극복 수단을 크게 개선시켰다. 결국 사람의 접촉은 더욱 빠른 속도로 이루어지고, 혹은 대면접촉 없이도 가능한 일들이 늘어났다. 이질적인 지표로 인해 제약받던 대면접촉(face to face contacts)의 중요성이 떨어졌고, 거리극복의 한계로 인해 강조되던 동질성의 중요도도 떨어졌다. 이질적 공간요소의 상호작용을 통해 얻을 수 있는 이점에 근거한 지역개발방식과 주민들의 '삶의 질' 향상에 초점을 두고 동질적 요소의 확인과 개선을 통해 접근한 지역사회개발의 구분이 어렵게 되었다.

---

8 국가나 도(道, province)와 같이 큰 공간단위에 지역사회를 결합하는 용어는 그러한 지리적 범위 안에서의 동질성을 강조하기 위한 목적을 띠고 있다. 이러한 목적은 같은 소속감을 지닌 사람들의 집단이라는 의미로 통한다.

오늘날 지역개발과 지역사회개발이 대상과 수단에서 같은 맥락으로 수렴되어 용어 자체도 혼용되는 경우가 늘어나고 있다.

하지만 현대문명의 이러한 추세에도 불구하고 지역사회개발은 여전히 인간의 개별행동에 무게를 둔 사회현상에 주목하고 있다. 즉, 교통·통신기술의 발달은 인간 활동무대 즉, 공간활동을 확대하는데 기여하고 있지만, 사람들의 단체나 개별 인간의 영토성이 사라지는 것은 아니다. 여행이 쉬워졌다고 하여 안락하고 평안한 가정이 필요하지 않게 된 것은 아니다. 오히려 현대 사회의 복잡성은 일상을 공유할 수 있는 작은 공간단위인 지역사회 특성을 더욱 필요하게 만들 수 있다.

이러한 맥락에서 Bernard(1973: 164)는 지역사회개발을 마을(village), 작은 도시(town), 혹은 도시(city)에서 경제, 기술, 사회변화를 의도적으로 가속화 하는 일과 연관시켜 정의하고 있다. 다른 한편, Green과 Haines(2016)는 가장 현대적인 관점에서 지역사회개발을 "삶의 질을 향상시키기 위해 주민역량을 강화할 수 있는 자산(assets)을 형성하는 계획된 노력"으로 정의한다. Green과 Haines(2016)가 지역사회개발을 정의하기 위해 언급한 자산(assets)에는 다양한 유형의 지역사회 자본(community capital)을 의미하는데, 여기에는 물리적 자본(physical capital), 인적 자본(human capital), 사회적 자본(social capital), 재정자본(financial capital), 환경자본(environmental capital), 정치자본(political capital) 및 문화자본(cultural capital)이 포함된다.

이와 같이 지역사회개발에 대한 정의가 쉽지 않은 이유는 Batten(1957, 1967, 1974)의 경험적 논의를 통해 알 수 있다. Batten(1974)은 지역사회개발을 '주민 중심 방식'에 초점을 두어야 한다고 강조하고, 물리적 시설 위주의 접근이 아니라 (삶의) 개선에 기여하는 주민들의 변화(change in people)로 정의한다. 특히 Batten(1974)은 이러한 주민들의 변화는 사전에 주민들의 입장에서 충분히 검토되고 주민들이 최종적으로 결정하는 방식에 따라 접근되어야 한다고 강조한다. Batten(1974)은 개발현장 활동가나 개발기관 입장에서 접근되었던 종래 지역사회개발 방식을 비판하면서 지시적(directive) 지역사회개발 방식을 비(非) 지시적 방식(Non-Directive Approach)으로 전환해야 한다고 주장한다. 그는 또 이러한 전환은 활동가나 주민들의 교육·훈련을 통해 가능하다고 하여 지역사회개발 전통에서 교육이 차지하고 있는 중요성을 상기시켜주고 있다.

결국 지역사회개발은 다음과 같은 특성을 지니고 있다. 첫째, 지역사회개발은 공간단위가 사람들끼리 동질성을 교환할 수 있는 정도의 일상적인 생활공간 관점에서 접근되어야 한다. 이러한 공간단위 설정은 공간요소의 동질성과 관련하여 물리적 시설지표 보다는 사회, 문화적 공간현상에 근거하여 접근될 수 있다. 한국의 경우 이와 같은 일상생활의 공유는 도시와 농촌에 따라 규모가 다소 다르겠지만 자연부락에서 가장 활발하다. 도시의 경우도 동(洞) 정도의 공간단위가 여기에 속한다. 따라서 지역사회개발은 물리적 시설 혹은 경제활동과 관련한 지표보다는 사회, 문화적 공간현상 지표를 통해 계획되고, 추진되어야 하며, 평가되어야 한다.

둘째, 지역사회개발은 주민 중심의 공동체를 통해 접근된다는 점이다. 지역사회개발이 대상으로 하는 공간현상은 속성상 사적(私的) 이익보다는 공익을 우선한다. 지역사회개발은 사람 중심으로 접근되어야 하고 여기서 사람은 개인이 아니라 조직화된 사람 즉, 공동체의 구성원으로 인지된다. 주민은 개인으로서는 시설 사용자(혹은 소비자)이지만 공동체 구성원으로서는 시설의 관리주체(혹은 생산자)이다. 따라서 지역사회개발에서는 공공 서비스의 소비자와 생산자를 일치시키는 연계논리가 중요하다. 다른 한편 지역사회개발이 주민 중심으로 추진되어야 하는 이유는 지역사회개발사업이 목적보다는 과정에 무게를 두어야 한다는데 있다. 즉, 지역사회개발은 '주민을 위한(for people)' 것이기 이전에 '주민과 더불어(with people)' 추진되어야 함을 뜻한다. 이는 주민이 지역사회변화를 관리하는 주체이지 변화의 대상이 아니라는 점을 의미한다.

이러한 맥락에서 지역사회개발은 다른 개발방식과는 달리 현지 거주 주민들이 문제점을 스스로 정의하고, 목표도 스스로 정립할 수 있어야 하며, 지역사회가 가지고 있는 잠재력과 제약요소 또한 주민들이 스스로 확인함으로써 추진되어야 한다. 외부의 관점에서 지역사회문제가 정의되고, 외부의 수준에서 지역사회개발 목표가 정해진다면 현지 주민들이 느끼는 필요성 혹은 절실함(felt-needs or felt-wants)은 왜곡되고 우선순위가 주민들의 현장 수요를 반영하지 못한다.

이 경우 지역자원이 활용되지 못하고, 전체적으로 자원이 낭비될 가능성이 높다. 특히 외부자원에만 의존할 경우 지역사회는 지속가능성을 실천하기 어렵다.

셋째, 지역사회개발은 변화를 관리하기 위한 과정논리이지, 발전과실을 나누어 갖는 결과의 분배방식이 아니다. 지역사회개발이 추구하고 있는 목표는 특정 시점에서 시장가격으로 환산될 수 없는 공익관련 지표로 구성되어 있다. 이러한 공익관련 지표는 지역사회가 끊임없이 변화하는 과정에서 작동하지 특정 시점에서 멈춰있는 상태가 아니다. 따라서 지역사회개발은 환경변화에 주민이 적응할 수 있는 여건을 마련하는데 우선순위를 두어야지 완성품을 만들 듯이 접근하면 지속가능성을 확보할 수 없다. 환경변화는 주어진 상태가 아니라 적응해야 할 대상이다. 따라서 지역사회개발은 주민 공동체의 역량을 통해 환경변화를 유도할 수 있는 과정 중심으로 접근되어야 한다.

2) 지역사회개발의 진화

지역사회개발도 필요성과 시대배경에 따라 많은 변화를 겪었다. 이러한 변화는 발전에 대한 주민들의 인식전환에 대한 대응이기도 하고, 출발할 당시와는 다른 배경의 대두, 혹은 초기엔 예상할 수 없었던 다른 변수의 등장으로 초래된 것일 수 있다. 다양한 지역사회 주민들의 절실함(the felt-wants)은 기본수요(basic needs) 관점에서 우선 충족되어야 한다. 그러나 종종 이러한 절실함에 의존한 우선순위는 가난을 재생산하는 악순환의 고리를 만들었다. 따라서 지역사회개발은 주민들이 느끼는 절실함을 근거로 하되 이의 악순환 고리를 단절시킬 수 있는 전환점을 만들 수 있어야 한다. 지역사회개발이 단편적인 관점에서 추진될 수 없는 이유가 여기에 있다. 통상 지역사회개발은 주민들의 권력구조, 경제, 사회, 문화, 환경 등 모든 분야를 고려하여 추진되기 때문에 '종합적 접근(comprehensive approach)' 성격을 띠고 있다.

필자는 지난 20여 년 동안 많은 개발도상국의 지역사회개발 혹은 지역개발 현장을 돌아봤다. 여러 개발관련 국제기구나 지역사회개발 활동가들이 그러한 지역사회에서 다양한 원조사업을 펼쳤지만 그러한 사업이 남긴 흔적은 필자에게도 많은 아쉬움을 남겼다. 다양한 원조사업들이 추진되었던 지역사회나 마을에서는 일부 부품이 고장 나서 전체 장비가 무용지물이 되어 있거나 소모품이 지속적으로 공급되지 않아 멈춰 선 장비도 많았다. 현지 주민들에게는 버거운 지역사회개발사업은 이 사업에 관여한 국제기구나 외국 전문가의 실험에 불과하다. 무엇보다 현지 주민들을 구경꾼으로 만든 지역사회개발 사업현장은 주민들을 위한 것(for people)도 아니었고, 주민과 더불어 하는 과정(with people)은 더욱 아니었다.

이와 같이 외부 전문가나 개발기관들이 주도하는 지역사회개발 사업은 마치 인류를 위한 신약개발처럼 동물을 대상으로 최종 인체 안전성을 실험하는 것과 같다. 무모한 정책으로 주민을 실험하거나, 장점과 단점을 모두 고려하지 않고 어느 한쪽만 검토한 결과를 국민 전체의 부담으로 집행한다면 시대윤리(ethics of time)와 공간정의(spatial justice)는 바로 서지 못할 것이다. Batten(1957, 1967, 1974)도 일찍이 소수의 권력자가 그들의 이익 관점에서 개발정책에 관여하여 다수의 이익을 희생시키고 있다고 비난하였다. Batten(1974)의 글은 그런 면에서 지역사회개발 진화과정을 이해하는데 도움이 되어 여기에 자세히 소개한다. 이러한 지역사회개발 진화과정은 새마을운동의 탄생배경을 이해하는데 도움을 준다.[9]

Batten(1974)은 개발기관이나 현장 개발활동가가 전반적인 개발과정과 목표를 면밀하게 검토하여 목표와 수단을 연결하는데 충실해야 한다고 주장한다. 그렇지 않으면 기관이나 개발활동가 개인의 목적과 전반적인 사업목표는 어긋나서 또 다른 문제점을 낳는다. 그는 또 모든 개발이 주민들의 번영(betterment)으로 이어져야지 사업자체의 목표에 한정되어서는 예상하지 못한 다른 부작용이 나타날 수 있다고 강조한다. 주민들의 번영은 두 가지로 요약된다. 첫째는 주민들이 생활하는 공간단위 즉, 지방(local), 지역(regional), 혹은 국가 수준의 구조변화이고 두 번째는 주민 자신들의 '삶의 질' 향상을 위한 변화이다.

첫 번째 구조적인 변화는 개발목표나 모든 개발기관의 프로그램으로 구체화

---

9 물론 Batten(1974)의 이러한 연구와 주장은 한국에서 새마을운동이 국정과제로 채택된 이후에 있었다. 하지만 Batten(1974)의 연구와 주장도 1950년대 이후 세계 도처에서 실시된 지역사회개발 정책 성과를 검토하여 도출된 것으로 새마을운동의 진화와 같은 맥락으로 이해된다.

되는데, 여기에는 학교, 진료소, 마을회관, 도서관 등 주민이 필요로 하는 시설 마련과 협동조합, 부인회, 청년회 등 주민조직을 지원하는 일이 포함되어 있다. 이 경우 중요한 것은 주민들이 그러한 시설의 이용과 지원을 가치 있게 여기고 원래 의도한 대로 사용하며 편익을 얻는 것이다. 구조변화가 새로운 기능이나 역할로 뒷받침 되지 못하면 또 다른 지역사회 문제를 발생할 수 있다.

특히 혁신을 표방한 개발사업이 지역사회 전통에 이질적인 요소를 과다하게 포함하거나 주민역량을 고려하지 않을 경우 주민들이 사업으로 조성된 새로운 환경에 적응하면서 지불해야 할 사회적, 문화적, 경제적 비용은 개발사업으로 인한 편익과는 다른 사회적 할인율로 평가될 것이다. 즉, 시간함수에서 미래 주민들이 지불해야 할 비용은 사회적 할인율이 크고, 미래의 편익은 사회적 할인율이 작아지는 경향이 있다. 따라서 현 세대는 미래 큰 비용부담을 전제로 당장의 조그만 편익을 추구한다. 지역사회개발사업에서 적정기술이 중요한 이유가 여기에 있다.

두 번째, 주민 자신들의 삶의 질 향상과 관련한 변화는 다음과 같이 설명될 수 있다. 즉, 주민들은 ① 변화에 보다 개방적일 것, ② 보다 자립적(self-reliant)일 것, ③ 스스로 결정한 것을 책임 있게 이행할 것, ④ 결정한 목표를 가장 잘 달성하기 위해 조직력과 계획능력을 갖출 것, ⑤ 자신들보다 다른 사람들의 복지향상에 더 큰 관심을 가질 것, 그리고 ⑥ 공동의 선(the common good)을 위해 기꺼이 함께 일할 수 있을 것 등이다. Batten(1974)의 이러한 주민변화는 새마을운동 지도자의 자격요건과 일치한다.

이상의 두 가지 변화는 '절실함에 근거한 이론(The felt-wants theory)'과도 연관되어 있다. 이 이론은 '주민들이 절실하게 원하지 않으면 성취할 의지가 없고, 이를 실현하기도 어렵다'는 경험에 근거하고 있다. 따라서 지역사회개발을 통해 구조적 환경변화와 주민변화를 이끌어내기 위해서는 주민들이 진정 원하는 것을 생각하게 하고, 스스로 결정하게 하며, 그들이 도출한 결정을 계획하고 조직하며 '개발 활동가'와 함께 실천하는 것이다. 이러한 지역사회개발 접근논리에 대한 언급은 Batten(1974)이 처음이 아니다. 1940년대 후반 이러한 지역사회개발 방식이 이미 Asia, Africa 농촌지역에 소개되었고, 큰 관심을 불러일으켰다. 이는 아마도 미국 Truman 대통령의 '네 가지 역점시책(Point Four Program, 1949)'에서 천명된 "그들 스스로의 노력으로(through their own efforts)"라는 방식을 구체화할 수 있는 비법(mystique)처럼 보였을 것이다.

그러나 이 방식은 지역사회개발 현장에서 오래가지 못했는데 그 이유는 주로 개발활동가나 개발기관의 성급함에서 비롯되었다. 주민들의 변화는 상당히 오랜 시간을 필요로 했는데, 이와 같이 오랜 세월이 지난 후의 주민들 변화는 개발활동가나 개발기관의 성과평가에 포함되지 않는다. 따라서 개발활동가나 개발기관은 사업기간 안에 가시적인 '그들만의 성과'에 매달린다. 이러한 과정에서 주민들의 진정한 '절실함(the felt-wants)'은 실종되고, 개발활동가 의도대로 만들어지는 '유도된 수요(induced felt-needs)'로 둔갑한다. 실제로 주민들이 자신들의 절실함을 인식하고, 이를 토대로 변화과정을 토론하며, 결론에 이르려면 이미 상당한 교육과 훈련을 받았다는 전제가 필요하다. 결국 지역사회개발을 통해 주민을 변화시키는지, 주민이 변화하는지의 구분은 주민들의 주도권과 주인의식에 달려있다.

새마을운동이 초기부터 지도자, 주민, 이해당사자 교육에 큰 관심을 기울이고, 또 분임토의(group discussion)를 중요하게 다룬 것도 이러한 경험과 무관하지 않다. 이와 같이 주민들의 주도권과 주인의식에 기초한 지역사회개발 접근방식은 많은 시간을 필요로 한다. 그렇다고 그러한 접근방식과 절차를 건너뛰고 결과만의 지역사회개발을 추진해서는 구조혁신과 주민들의 삶의 질을 향상시킬 수 없다. 따라서 새마을운동은 처음부터 실천하며 배우는 방식(learning by doing), 달리 표현하면 '일하면서 배우는' 과정을 도입하였다. '일하면서 배우는 과정'은 현장에서 진행되었기 때문에 현장의 문제를 정확하게 인식하는데 기여하였고, 이러한 인식에 근거하여 주민들은 현장에서 '절실함'을 느끼고, 문제점을 찾을 수 있었다.

Batten(1974)이 지적한대로 아시아, 아프리카의 많은 나라에서 오래 버티지 못했거나 원래 의도한 바를 실현하지 못한 지역사회개발의 실패요인은 우선 주민들의 '절실함'을 반영하지 못했거나 이를 관리할 수 있는 '주민역량의 부족'이다. 주민들의 '절실함'을 고려하지 못하고, '주민역량'이 부족하면 주민들은 지역사회개발의 주도권을 행사하지 못하고, 지역사회에 대한 주인의식도 없을 것이다. 주민들이 스스로 지역사회개발 주역으로 활동할 수 있기 위해서는 한국의 새마을운동 방식, 즉, '일하면서 배우는' 현장교육이 효과적이다. 새마을운동의 현장교육은 주민들이 인식하는 '절실함'을 명확하게 정의하고, 이를 실현하기 위해 투입되어야 할 시간자원을 상당 부분 단축시켰다. 마을 단위의 '현장'이라는 공간단위는 공동체 인식으로 '시간'을 단축시켜 새로운 시·공간 좌표의 상호작용을 유도한 셈이다. '현장'을 어떻게 접근하고, 정의하느냐에 따라 원하는 방향으로 변화를 관리하기 위해 투입되어야 할 시간은 달라진다.

특히 Batten(1957, 1967, 1974)은 개발활동가나 개발기관이 주민들의 (잠재된) 역량을 과소평가하고 있다고 비난한다. 따라서 그는 아무리 낙후되고, 무지한 주민이더라도 최종 결정은 주민들의 몫이라고 강조한다. 공무원이나 개발활동가가 주민들을 자신들이 의도하는 방향으로 유도하거나 지시하면, 아무리 좋은 목표도 실현할 수 없고, 정해진 목표가 달성되더라도 그러한 성과는 이미 주민들의 것이 아니다. 따라서 공무원이나 개발활동가 관점에서 보면 지역사회개발은 비(非) 지시적 접근방법으로 접근되어야 한다. 한국의 새마을운동은 마을 주민들의 주도권과 주인인식에 근거하여 접근하였기 때문에 한정된 자원을 효율적으로 활용할 수 있었고, 그 결과를 주민들이 공정하게 분배하고 공유할 수 있었다.

그러나 아시아와 아프리카의 많은 개발도상국들에서 종래와 같이 지시적 접근방법(Directive Approach)에 근거하여 진행된 많은 지역사회개발 현장에서 주민들의 진정한 절실함(the felt-wants)을 반영하지 못하여 개발활동가나 개발기관들이 떠난 후, 방치되거나 쓸모없게 된 시설 혹은 장비가 많았다. 오히려 개발활동가나 개발기관들은 처음부터 주민들의 '절실함'에는 관심이 없고, 자신들이 만든 '발전'이라는 기성품을 판매하는데 초점을 두고 있었는지도 모른다. 선진국에서조차 실용화가 어려운 최첨단 장비를 개발도상국가를 상대로 하는 원조사업에 투입할 경우 현지의 시·공간 좌표는 교란되어 현지 주민들의 주인인식은 사라진다. 그러한 사업의 결과는 경이로운(wonderful) 것일지 모르지만 아름다운(beautiful) 것은 아니다.

이와 같이 주민의 '절실함'을 반영하지 못하는 지역사회개발 사업은 현지 주민들을 구경꾼으로 만든다. 그렇다고 개발활동가나 개발기관들이 주인이 되는 것도 아니다. 그들도 계약 기간이 지나면 현장을 떠난다. 이와 같이 주인 없는 지역사회개발 사업이 세상을, 특히 저개발 국가와 개발도상국을 오염시키고 있고, 현지 주민들을 '기대(expectation)'라는 '주류(mainstream)'에서 일탈시켜 '떠돌이'로 만든다. 이점이 지구촌 새마을운동이 주목해야 할 대목이다. 지구촌 새마을운동의 접근방식은 1970년 이래 '주민에 의한, 주민을 위한, 주민의 사업'을 통해 자신들을 둘러싼 생활환경 변화와 주민 자신들의 변화를 동시에 이루었던 경험을 외면하면 안 된다.

이러한 맥락에서 Batten(1967)은 개발활동가나 개발기관에게 두 가지 역할을 당부한다. 첫째는 주민들이 체계적이고 논리적으로 생각을 정리할 수 있도록 도와주라는 것이고, 둘째는 주민들이 인간생활과 관련한 모든 사실을 가지고 있다고 믿으라는 것이다. 즉, 지역사회개발 대상으로서의 문제는 전문가나 개발활동가 혹은 개발기관이 가지고 있는 것이 아니라 현장에서 도출되어야 하고, 이러한 문제는 현지에서 거주하는 주민들의 생활을 통해 '틀'을 갖추어야 하며, 그러한 틀을 통해 해답도 찾아야 한다.

첫 번째 역할은 다음과 같은 사항을 검토함으로써 실천될 수 있다. ① 주민들이 필요하거나 바라는 것에 대해, 혹은 개발활동가가 논의하고자 하는 문제에 대해 동의하는지를 확인한다. ② 주민들이 (개발활동가들이 염두에 두고 있는) 단지 하나의 방식이나 사업만을 검토하도록 제한하지 말고 가능한 대안과 각 대안의 장·단점을 모두 고려하도록 한다. ③ 주민들이 사실과 관련한 가정(assumptions)이 아니라 사실(facts)에 기초하여 생각할 수 있도록 도와준다. ④ 주민들이 비생산적인 언쟁에 휘말리지 않도록 도와준다. 활동가는 주민들이 상호 충돌하는 관점의 장·단점을 평가하고 목록을 작성하는데 집중하도록 하고, 한 견해나 다른 견해에 시비를 걸지 않도록 한다. 특히 활동가가 피해야 할 일은 어느 한 편을 옹호하거나 자신이 논쟁에 휘말리는 경우다.

두 번째 역할은 다음과 같은 방식으로 접근될 수 있다. ① 주민들이 모든 관련 사실을 알아야 할 필요성에 관심 갖도록 질문하고, ② 주민 스스로 지역사회에 기여할 수 있도록 격려하며, ③ 활동가 자신은 주민들의 지역사회와 관련이 없는 사실(이것이 주민들이 토론하는데 참고사항이 될 수 있음)을 제공하되 이에 대한 자신의 의견을 표명하지 말아야 한다. 이러한 비(非) 지시적 접근방법(Non-Directive Approach)은 이제까지 지역사회개발사업 추진경험을 바탕으로 도출된 것이라서 일종의 '자연 선택(natural selection)'에 의한 지역사회개발 진화과정을 보여준다.

Batten(1967)의 이러한 제안은 지역사회개발 현장에서 흔히 일어날 수 있는 문제를 해결하는데 도움을 줄 수 있다. 그러나 Batten(1967)의 제안도 현지 주민들의 역량 수준과 관련한 제약요소를 해결해주지 못한다. 즉, 개발활동가나 개발기관이 비(非) 지시적 접근방법을 사용하더라도 주민들의 역량이 너무 낮아 이러한 접근방법에 호응하지 않는다면 Batten(1967)의 제안도 아무런 효력을 갖지 못할 것이다. 따라서 지역사회개발 분야에서는 주민교육이 매우 중요하다. 그렇더라도 지역사회개발에 관한 Batten(1967)의 문제점 지적과 대안은 한국의 새마을운동이 어떠한 배경에서 진화하고 있는지를 이해하는데 도움이 된다. 한국은 이미 1950년대부터 보편교육을 강조하여 새마을운동 추진에 필요한 여건을 조성하고 있었다. 또한 새마을운동은 처음부터 새마을 지도자에 대한 교육과 주민들을 상대로한 현장교육을 비중있게 다루었다.

2 새마을운동의 태동: 창조와 진화 사이

새마을운동은 1970년 4월 22일 당시 박정희 대통령에 의해 중요국정과제로 채택되었다. 인류문명이 그러하듯이 한 사람의 생각이나 집단의 정책은 갑자기 창조되지 않는다. 인류문명은 누군가에 의해 이전에 경험한 사례로부터 장점과 단점이 비교되고, 특정 시점에서의 상황에 따라 변형되어 보다 적절하고 유효한 것으로 진화할 뿐이다. 새마을운동도 이로부터 예외가 아니다. 새마을운동에 대한 오해와 편견의 상당부분은 새마을운동의 태동을 바라보는 시각 차이에서 나타난다. 따라서 새마을운동의 태동을 바르게 이해하기 위해서는 인류가 이전에 경험한 유사사례를 되짚어보고, 새마을운동과 같은 지역사회개발이 필요했던 당시 상황을 검토할 필요가 있다.

1) 한반도 지역사회 관리방식의 전통: 1945년 이전

한국은 지역사회 공동체 운영과 관련하여 오랜 전통을 가지고 있다. 각종 계(契) 모임, 마을 단위의 협업체인 두레, 마을보다 넓은 고을(오늘날 읍, 면에 해당) 단위에서 일부계층이 조직한 향약(鄉約) 등이 여기에 속한다. 계모임은 원래 삼한시대 각 부족의 대표들이 모여 부족끼리의 상호부조를 협의하였던 계(禊, 베어놓은 볏단)로부터 유래됐다고 전해지며, 당초 혈연중심의 조직으로부터 출발하여 뒤에 지연, 기능 중심으로 확대되었다. 계(禊)의 의미에서 추측되듯이 계(契)는 부족들이 한 해 수확물을 어떻게 분배하느냐와 관련하여 지분(持分)을 정하고, 수확한 농산물로 일종의 잔치를 벌였던 모임으로 이해된다. 1931년 한반도 전역의 1,685개 부락에 대한 계모임의 현황을 보면 이러한 계모임의 성격을 이해할 수 있다 (<표 8-1> 참조).

<표 8-1>에서와 같이 1931년 한반도 지역별 각종 계모임은 씨족끼리의 상호부조에 해당하는 사업, 조상제사를 모시기 위한 사업, 농사일과 관련된 사업, 시기에 맞춰 조세를 납부하기 위한 사업, 생활습관을 개선하기 위한 사업, 그리고 장학사업 등으로 구분, 조사되었다. 당시 모두 1,170개 계모임이 조사되었는데, 지역별로는 전남이 205개로 가장 많았고, 경북, 경남, 평남, 황해도 순으로 나타났다. 목적별로 살펴보면 조상제사와 관련된 계모임이 807건으로 가장 많았고, 씨족끼리의 상호부조를 위한 계모임이 232건으로 2위를 차지하고 있었다.

표 8-1 **계모임의 지역별 목적 사업별 현황(1931년)**

구분	합계	경기	강원	충북	충남	전북	전남	경북	경남	황해	평남	평북	함남	함북
동족상조	232	23	7	20	9	7	49	22	31	16	30	2	10	6
조상제사	807	48	23	38	64	45	141	131	86	70	70	32	44	15
농사 일	57	8	4	4		1	6	13	4	8	3	1	3	2
조세납부	14	7	1			1		2					2	1
풍습개선	26	1	1	3	6	1	9		1	2	1		1	
장 학	34							6	8	4	3	7	3	3
합계	1,170	87	36	65	79	55	205	174	130	100	107	42	63	27

자료: 내무부(1980: 38)에서 재작성.

이러한 조사결과는 당시 사회가 혈연을 중심으로 작동하고 있었음을 짐작케 한다. 기능 측면에서 농사일과 관련한 계모임은 57건, 장학사업 관련 계모임이 34건, 풍습개선 관련 계모임은 26건, 그리고 조세를 적시에 납부하기 위한 계모임이 전국적으로 14건으로 조사되었다. 장학사업 관련 계모임은 서울(당시 경성)을 중심으로 황해도를 제외하면 비교적 먼 거리에 위치한 경북, 경남, 평남, 평북, 함남, 함북에서 나타나고 있다.

이러한 계모임 중에서 지연(地緣)에 기초한 것은 농사일, 풍습개선, 장학 관련 사업으로 이루어졌는데 전체 계모임의 11.2%에 불과하였다. 이에 비해 당시 혈연(血緣) 중심 계모임인 동족상조, 조상제사 관련 계모임의 비중이 88.8%를 차지하여 상대적으로 컸음을 알 수 있다. 이러한 계모임은 1945년 해방 이후 더욱 번창하여 일종의 서민금융처럼 활용되었다. 특히 이러한 서민금융 형태의 계모임 전통은 계원(契員)끼리 혜택의 순번을 정하고, 상환액을 결정함으로써 현대금융의 확대 재생산 장점을 접목하였으며 은행 접근이 어려웠던 서민들의 생활자금, 사업자금 마련의 기회를 제공하였다. 계모임은 조직의 연대책임과 순번제를 통한 공동체 인식을 바탕으로 확대재생산 고리 혹은 승수효과를 통해 지역사회발전에 기여하였다.

우리나라 전통의 계모임을 계승한 새마을금고는 1963년 5월 경상남도 일부 지역에서 향토개발사업의 일환으로 설립되어 1965년 3월부터 마을금고 지도자 교육을 실시하였고, 새마을운동이 한창이던 1973년 3월 '마을금고연합회'를 창립하면서 발전하고 있다. 새마을금고는 1982년 12월 31일 '새마을금고법' 제정으로 다음 해 1월부터 독자적 제도권 금융기관이 되었고, 1984년 자산규모가 1조 원을 넘었으며 1998년에는 자산규모가 30조 원을 돌파하였다. 2019년 현재 전국에 설치된 마을금고는 1,301개에 달하고, 조합원수는 20,336,000명, 자산규모는 190조 4,176억 원에 이른다. 새마을금고중앙회는 국제개발사업으로 미얀마, 우간다 등 개발도상국가에 마을금고를 설립, 전파하여 제도권 금융에 접근하지 못하는 현지 주민들의 삶의 질 향상에 기여하고 있다.

새마을금고중앙회는 개발도상국 마을 지도자들을 한국으로 초청하여 마을금고 제도와 기금조성, 운영기술 등에 관한 연수를 실시하고 있다. 특히 새마을금고중앙회는 저축의 필요성, 물자절약을 통한 공동기금 조성방안 등 주민 자발적인 소액금융 전통을 세우기 위한 연수를 실시하여 외부지원에 의존하던 개발도상국 현지 주민들에게 자립의지를 심어주는데 노력하고 있다. 아프리카와 아시아의 많은 개발도상국에서 제도권 금융에 진입하기 어려운 서민들에게 이러한 순번제 소액금융제도(Revolving micro-credit finance system)의 도입은 계원 모두의 연대책임인식을 심어주어 주민역량 강화의 수단으로도 활용되고 있다.

방글라데시에서 1976년 당시 치타공대학교(University of Chittagong) 교수였던 유누스(Yunus)가 시도한 그라민은행(Grameen Bank)은 우리나라 전통의 계모임과 유사하다. 유누스 교수는 농촌 주민들이 가난을 극복하기 위해서는 대출(loans)이 자선기부(charity)보다 낫다는 생각으로 가난한 농촌의 주민들을 조직으로 연대하여 이 조직에 소액을 대출하는 방식을 적용하기 시작하였다. 주민조직은 일종의 계모임으로 순번을 정하여 대출을 받을 수 있기 때문에 연대책임의식을 갖게 되었고, 대출받은 소액은 대부분 생산적인 일에 투입되었다. 따라서 같은 조직의 구성원들은 서로의 사업이 잘되기를 바랐고, 이러한 연대책임을 통해 대출 상환율이 99%에 달하는 등 공동번영의 선순환구조를 만들었다.

그라민은행은 '농촌은행' 혹은 '마을은행'을 뜻하며 1983년 10월 방글라데시 정부로부터 정식 은행으로 인가받았다. 그라민은행은 2019년 11월 기준으로 960만 명의 회원과 방글라데시 전체의 93%에 해당하는 81,678개 마을을 관장하며 방글라데시 전국에 2,568개 지점을 가지고 있다. 그라민은행은 미국 등 선진국에도 진출하였다. 그라민은행 창시자 유누스 총재는 지구촌 가난극복에 기여한 공로로 2006년 노벨평화상을 받았다.

한편 두레는 신라시대로부터 일종의 공동생산 조직으로 운영되기 시작하였다. 원래 두레는 구성원 각자의 출자금 비율에 따라 성과를 분배하였고, 잉여 성과금은 공동지분으로 하여 마을의 필요한 시설을 설치하거나 공동의 농기계를 구입하는 데 사용되었다고 한다. 이러한 기능적 성격의 두레는 점차 마을주민 모두가 참여하는 공동체로 진화하였다. 즉, 일부 계층이 누리던 두레모임이 지연적 연대감을 통해 마을주민들의 보편적 공동체 모임으로 진화하면서 행사 혹은 축제 성격을 띠게 되었다.

두레는 공동체를 강화하기 위해 마을 단위의 기(旗)를 만들고 인접 마을과의 선의의 경쟁심을 부추기기 위해 마을 주민들끼리의 결속을 강화하는 행사를 치렀다. 두레가 마을 단위의 공동체로 진화한 이후 행사에 필요한 경비는 가구별로 능력에 따라 자발적으로 거두었다. 특히 두레행사는 농사철에 맞춰 주민 모두가 함께 모여 농사일을 하고 음식을 나누는 축제로 이어졌으며, 인접 마을과의 기(旗) 싸움 등을 통해 마을 주민들의 결속을 다졌다. 이러한 두레전통은 1960년대 산업화로 인해 소멸되긴 하였지만 두레행사를 통해 다져진 공동체인식은 1970년 새마을운동이 전국적으로 실시되면서 다시 다른 형태로 부활하였다.

다른 한편 향약(鄕約)은 지연적(地緣的) 공동체 제도로서 선택적 회원제 성격을 띠고 있었다. 향약은 사회계몽의 성격이 강하여 사회 지도층과 사회 저변을 구분하는 논리구조를 전제하고 있다. 특히 향약은 건전한 주류사회를 상정하고, 이로부터의 일탈행위를 방지하기 위한 사회적 규범(social norm)을 담고 있다. 즉, 향약의 기본이념은 화민성속(化民成俗)으로 '주민들을 교화하여 살기 좋은 풍속을 가꿈'이라는 계몽적 의미를 담고 있다. 향약제도는 이러한 기본이념을 실천하기 위해 첫째, 좋은 일을 서로 권하고 장려하는 '덕업상권(德業相勸)', 둘째, 잘못된 점은 서로 규제하는 '과실상규(過失相規)', 셋째, 예의에 맞춰 서로 교류하는 '예속상교(禮俗相交)', 넷째, 어려운 일을 서로 도와 해결하는 '환란상휼(患亂相恤)' 등 네 가지 덕목을 포함하고 있다.

향약은 중국 송나라 시대(960~1279) 염전지역에 살던 여(呂) 씨 4형제에 의해 시작되었다고 전해지는데, 우리나라에도 이와 비슷한 제도로 태조 이성계(李成桂, 1335~1408)가 함흥(咸興) 지역에서 적용하기 위해 만들었다는 향헌(鄕憲) 41조(條)가 있었다. 그 후 향헌(鄕憲) 41조(條)는 효령대군(孝寧大君)에 의해 조목이 56개로 늘어나서 향헌(鄕憲) 56조(條)로 불린다. 중국 송나라 때의 향약이 우리나라에 전해진 것은 이황(李滉, 1501~1570) 선생의 '예안향약(禮安鄕約)'으로 알려져 있다(내무부, 1980: 39). 예안향약(禮安鄕約)은 28개 조로 구성되어 있었다.

향약은 조선시대 지방마다 실정에 맞게 진화하여 다양한 형태로 발전하였다. 이이(李珥, 1536~1584) 선생은 파주향약(坡州鄕約)을 만들었는데, 이의 목적은 다음 두 가지로 요약된다. 즉, 첫째는 고을 주민들(鄕民)에게 예의를 바로 가르쳐 모든 주민들이 사회규범을 준수하도록 하고, 둘째는 고을의 공통관심사에 관해 모든 주민들이 의논하여 공명정대하게 처리하며, 고을의 건전한 규범을 형성하는 것이다. 이와 같이 향약은 오늘날 협치(governance) 개념을 실현하기 위한 일종의 사회계약에 해당하고 현대적 개념으로 사회적 자본(social capital)을 축적할 목적을 띠고 있었다.

특히 이이 선생은 향약의 기본원리를 다섯 가지로 요약하고 있는데, 즉, 인지상정을 바탕으로 하고, 천리(天理)에 순종하며, 풍속을 순화하고, 국민교화에 힘쓰며, 예의에 거슬리지 않아야 한다는 것이다. 물론 이황 선생이나 이이 선생의 향약이 오늘날과 같은 개념의 민주주의가 실천되지 않았던 당시의 한계를 벗어날 수 없었겠지만 그래도 이해당사자의 공통이익을 관리하는 사회계약의 본보기를 보여주고 있다. 그런 점에서 향약은 17세기 이후 서양의 Hobbes(1588~1679), Locke(1632~1704), Rousseau(1712~1778)의 사회계약설보다 앞선 지역사회 공통 관심사의 운용방식이었다.

향약을 일종의 사회계약설 관점에서 제도화한 사람은 안정복(安鼎福, 1712~1791)이었다. 안정복은 향약을 향사법(鄕社法)으로 발전시켰는데, 향사법은 중앙정부의 기능이 제한적이었을 당시 주민생활과 밀접한 관계에 있는 지역사회 공동이익에 대한 관리방식을 제도화한 것이다. 이 향사법은 주민조직을 규정하고 있고, 사회규범의 내용을 정의하고 있으며, 주변을 교화하는 내용을 담고 있고, 주민들이 지향해야 할 바를 포함하고 있으며 올바른 주민들의 생산활동을 장려하는 내용으로 구성되어 있다(내무부, 1980: 41).

이와 같이 향약은 주류사회를 강화하고, 건전한 풍속을 장려하며, 개별 주민들을 교화하고, 지역사회 공통기반을 형성, 관리하는 사회계약(social contract)이었던 것이다. 이와 같이 향약은 주민 공동체 인식을 강화하고, 주민들의 책무와 도리를 일깨워, 건전한 지역사회를 형성, 유지, 관리하는 방식이었다. 따라서 향약의 전통은 새마을운동의 태동과 밀접하게 연관되어 있으리라 간주된다. 일본 제국주의도 조선의 향약이 주민들의 생활터전 뿌리에 해당하는 고을(즉, 지역사회)의 주류를 형성하고, 관리하는 사회계약의 성격이 강하다는 측면에서 이를 조선에 대한 식민통치 수단(즉, 동화정책, 同化政策)으로 활용하였다(내무부, 1980: 40). 그렇더라도 한반도의 주민들은 계모임, 두레, 향약 등 공동체 전통을 일본 제국주의 식민통치 의도와는 무관하게 지키고, 유지하였다.

2) 해방 이후 1950년대까지의 지역사회개발 전통

1945년 8월 15일 해방 이후, 근대화 과정에서 전통적인 계모임과 두레, 향약은 새로운 양상으로 변화하였지만 근본 뿌리는 같았다. 이러한 전통들은 한반도의 주민자치 뿌리를 형성하며 시대에 맞게 진화해오고 있다. 해방이후 한국은 일본 제국주의의 단체자치 전통에 가까운 지방자치제도를 채택하였지만, 전통적인 두레와 계모임, 향약에 근거한 주민자치의 뿌리는 여전히 살아남았다. 전통은 짧은 시간에 형성되기도 어렵고, 또 빠르게 사라지지도 않는다. 이러한 전통으로 인해, 비록 한국의 정치는 강력한 중앙집권체제로 운영되었지만, 1970년 국정과제로 채택된 새마을운동은 주민들의 '주도권'과 '주인인식'에 근거하여 추진될 수 있었다. 이러한 주민들의 '주도권'과 '주인의식'이 전통적인 공동체를 회복하고 유지해온 힘이었다.

한국은 과거 식민지배로 인한 각종 구조적 결함과 또 1950년부터 3년간의 한국전쟁(1950. 6. 25~1953. 7. 27)으로 생산기반시설이 붕괴되어 세계 최빈국에 속해 있었다. 특히 남과 북이 이질적인 정치체제로 나누어지면서 남쪽의 대한민국은 지하자원까지 부족하여 근대화에 취약할 수밖에 없었다. 당시 국가의 존재 이유와 관련하여 시급히 해결하여야 하는 과제는 산업화의 지속적인 추진, 국가 작동체계 구축 등이었다. 1960년대까지 한국정부는 이러한 정책과제를 수행하기 위해 다각적인 노력을 시도하였다. 두 차례에 걸친 농지개혁(1948년 3월과 1950년 4월), 2중 곡가제도 도입 등 농산물 시장에 대한 정부개입, 농업협동조합의 설립(1958년) 등이 구체적인 정책사례이다.

한국정부가 새마을운동을 주요 국정과제로 추진하기 시작한 때는 산업화를 통해 급격한 도시화를 겪고, 상대적으로 농촌의 경제가 도시에 비해 낙후되던 1970년이었다. 따라서 새마을운동은 저간에 산발적으로 추진되어 오던 다양한 내용의 지역사회지원정책을 종합하고 이를 주로 주민들의 역량강화를 통해 실현하려 했던, 당시로서는 혁신적이고 종합적인 시도였다. 물론 1950년대와 1960년대에도 한국정부는 다양한 방법으로 농촌빈곤문제를 해결하고, 농업생산성을 향상시키기 위해 분야별로 노력해왔다. 하지만 재정이 약한 한국정부는 전통산업과 근대산업의 구조적 마찰과 농촌과 도시의 상호작용 관계를 조절하기 위한 정책수단이 매우 제한적이었다. 특히 한국정부는 부처별로 단편적이고 산발적인 정책수단을 운영하여 지역사회개발정책을 체계적이고 종합적으로 접근하는데 한계를 지니고 있었다.

이러한 문제점은 최종 정책수혜자인 주민입장에서 접근하면 간단하게 인식될 수 있는 것이었지만 부처별 다양한 추진체계 입장에서 보면 파악하기 어려운 것이었다. 부처별 다양한 지역사회개발사업은 주민들의 입장에서 바라보면 중복되었거나 낭비되는 경우가 드러나고, 추진주체인 정부 입장에서는 '투입'에 상응하는 '산출'을 확인하기 어렵다. 이러한 문제인식에 근거하여 한국정부는 각 부처별로 추진해오던 지역사회개발 사업을 '새마을 가꾸기 사업'으로 통합하고 이를 국가적 '투입'과 최종 수혜자인 주민조직을 통한 '변환'을 시도하기 시작하였다. 이와 같이 새마을운동은 특정 시점에서의 창조물이 아니라 시간과 공간(초창기 농촌문제)의 상호작용을 통한 '진화'의 산물이었다(소진광, 2014b: 145). 특히 계모임, 두레, 향약 등 한반도 전통적인 공동체 관리방식과 세계 여러 나라에서 1950년대부터 다양한 방식으로 추진되었던 지역사회개발운동의 경험이 한국의 새마을운동 접근 '틀'을 형성하는데 직·간접적으로 영향을 주었다.

1945년 해방 이후 새로운 국가형성과 한국전쟁의 혼란기를 거치면서 지역사회개발은 큰 관심을 끌지 못했다. 그러나 한국전쟁으로 인해 피폐해진 지역사회를 재건하지 않고서는 나라의 근대화를 이룰 수 없었다. 이러한 문제인식에서 1953년 한국정부와 국제연합 한국재건위원단(UNKRA. United Nations Korean Reconstruction Agency)은 지역사회개발사업 2개년계획을 수립하였다(내무부, 1980: 45). 1957년 6월 21일에는 한·미합동경제위원회 주관으로 지역사회개발사업 타당성에 대한 검토가 이루어졌다. 이러한 검토에는 한국의 농림부, 보건사회부, 문교부(현재 교육부), 내무부와 부흥부가 참여했고, 주한미국경제협조처에서는 지역사회개발국이 참여했다. 이러한 검토는 실무조사단이 맡았는데, 이들은 경기도 광주군을 네 개 권역으로 나누고, 각 권역에서 2개 마을을 추출하여 조사를 실시하였다. 이때 사용된 조사항목은 산업, 교육, 통신, 의료시설, 종교 등 주민 생활과 밀접한 분야를 포괄하고 있었다(내무부, 1980: 46).

이 조사결과는 다음과 같다. 첫째, 한국의 농민은 자력으로 마을을 개선할 수 있다. 둘째, 한국의 농촌사회를 발전시키기 위해서는 물자지원, 자문 등 약간의 외부지원이 필요하다. 이러한 조사결과는 당시 한국의 농촌사회에서 계모임과 두레, 향약 등 전통적인 공동체 관리경험이 살아있음을 확인하여 도출된 것이었다. 이러한 지역사회개발 타당성 검토에 근거하여 한·미합동경제위원회는 지역사회개발분과위원회를 설치하였다. 지역사회개발분과위원회는 지역사회개발 시범마을 선정, 한국·필리핀 지역사회개발회의 개최준비, 지역사회개발 중앙위원회 직원 임명, 신생활교자원(新生活敎者院)에서 직원연수준비, 미국근동재단과의 기술지원용역 계약 등의 업무를 수행하였다. 이러한 사실들은 모두 '새마을 가꾸기' 사업의 토양이었다.

한국정부 단독적인 지역사회개발사업 추진은 1958년 1월 24일 국무회의에서 결의된 '지역사회개발사업요강'을 통해서다(내무부, 1980). 1958년 '지역사회개발사업요강'의 주요 내용은 다음과 같다. 첫째, '지역사회개발사업요강'은 지역사회개발을 "일정한 지역 내의 주민이 그들 자신의 좀 더 나은 생활을 위하여 공동 또는 개개인의 난관을 발견하고, 해결하기 위하여 집단적 또는 개별적인 계획을 수립하여 그들 자신의 힘으로 또는 외부(정부 기타기관)로부터 용역이나 물자를 보급 받아 실천, 수행하는 사회개선활동의 과정"으로 정의하고 있다. 둘째, 지역개발사업에 필요한 경비는 외국의 원조물자 및 대충자금으로 충당하고, 셋째, 시범계획은 제주도를 비롯하여 4개 지역에서 실시하며, 넷째, 부흥부(復興部) 산하에 협의기구를 설치하고, 부흥부 장관을 위원장으로, 내무부, 문교부, 농림부, 보사부, 부흥부 차관을 위원으로 한다. 그리고 도(道) 혹은 군에 위원회를 구성하여 도지사 및 군수가 각각 위원장을 맡고, 위원장이 위촉하는 위원을 두어 운영한다. 다섯째, 조직운영 측면에서 농사지도, 사회복지, 보건위생, 부녀지도 등 전문분야별로 전문지도원과 대표지도원을 두고, 부락에는 부락일반지도원을 두도록 설계되었다. 이러한 '지역사회개발사업요강'이 1970년 국정과제로 채택된 새마을운동 작동체계에 큰 영향을 미쳤다.

3) 1960년대 향토개발사업

1958년 9월 2일 제1384호 대통령령의 공포로 '지역사회개발사업요강'이 시행되기 시작하였다. 대통령령 제1384호에 근거하여 설립된 중앙위원회는 1961년 5월 30일까지 지도력의 양성, 협동정신의 앙양, 봉사정신의 앙양, 대인관계지식 및 그 실천방법의 습득, 한국농촌문제에 대한 이해촉진 등 교과과정을 개발하고 교육훈련, 국제회의, 관계자 회의 등을 개최해오다 1961년 6월 7일 각령(閣令) 제9호에 따라 지역사회개발 중앙위원회는 폐지되고, 건설부의 지역사회국으로 개편되었다. 1961년 7월 22일에는 정부조직법 개정(법률 제660호)으로 지역사회국은 농림부 소속으로 이전하였고, 1962년 3월 21일 농촌진흥법(법률 제1039호)이 제정되자, 기존의 농사원(農事院), 지역사회개발 농림공무원훈련원이 농촌진흥청으로 통합되었다.

특히 1961년부터 '향토개발사업'에 대한 정부의 관심이 커지면서 지역별로 다양한 농촌개발사업이 추진되었다. 물론 이미 검토한 바와 같이 1950년대와 1960년대 세계 도처에서 실시된 다양한 방식의 지역사회개발도 1970년 한국정부가 주요 국정과제로 채택한 새마을운동과 무관하지 않다. 1960년대 초반부터 농촌지역에 대한 정부의 관심은 「한국군사혁명사」에 기록되어 있다. 물론 「한국군사혁명사」의 내용이 당시 군사혁명의 당위성을 부각시키고, 국민들로부터 지지를 얻기 위한 정책수단 마련에 초점을 두었으리라고 추측되지만 사실관계에 대한 기록만으로도 '새마을운동'의 진화과정을 추적하는데 도움이 될 것 같아 여기에 옮긴다. 1961년 6월 12일 '재건국민운동에 관한 법률(제622호)' 제정에 따라 당시 군부는 '재건국민운동본부' 발족을 위한 작업에 착수하여 각 지역을 순회하며 촉진대회를 개최하였다. 각 지역별 촉진대회를 통해 결성된 전국조직은 주로 국가시책과 정부 정책방향을 홍보하고, 근대화 정책의 필요성을 전파하는 수단으로 동원되었다.

따라서 '재건국민운동'은 주민들의 실생활과 다소 거리감이 있었고, 가시적인 성과로 이어지지 않아 지속력을 확보하는데 한계를 지니고 있었다. '재건국민운동'의 목표는 다음과 같이 제시되었다. 첫째, 국민운동기구를 민족적 역량의 결속과 국민단합의 모체가 되도록 한다. 둘째, 자립자조정신에 의한 향토개발운동을 적극 전개한다. 셋째, 동포애 발양 및 국제친선정신을 고취한다. 넷째, 건전한 국민생활과 청신한 사회기풍을 려행(勵行)케 함으로서 새로운 생활체제를 이룩한다. 이상과 같이 '재건국민운동'은 일제강점기 및 한국전쟁을 통해 붕괴된 민족정기와 흐트러진 민심을 재건하기 위한 목표로 내세우고 있다. 따라서 '재건국민운동'은 일종의 사회계몽 성격을 띠고 있어서 주민들의 실생활과 연계시키기가 쉽지 않았다.

이에 비해 1960년대 각 지역이 실시한 농촌개발 및 향토개발사업은 주민들의 구체적인 일상생활 공간단위인 부락(자연마을)을 발전시키는데 초점을 두고 있었다. 향토개발사업은 각 지역별로 이른 곳은 1961년부터, 대부분 지역은 1962년부터 실시되었다. 향토개발 명칭도 지역마다 다양해서, 경기도는 '시범부락육성', 충청북도는 '모범 리·동 육성', 충청남도는 '빛나는 마을 조성', 전라북도는 '보고 가는 마을'과 '앞서가는 마을', 전라남도는 '모범부락육성', 경상북도는 '모범부락 조성', 경상남도는 '새마을 건설'이라 칭하였다. 새마을운동과 관련하여 경상남도가 이미 '새마을' 명칭을 사용하였던 점이 주목을 끈다.

이들 1960년대 초의 지역별 농촌개발 목적은 '농촌 환경정화', '주민 문화생활 향상', '농촌경제 부흥', '농민생활 안정', '농촌 재정비', '농민복리 증진', '농민생활 향상', '균형발전' 등으로 요약된다. 이러한 목적을 실현하기 위해 각 지역이 활용한 정책 수단은 '주민노력과 자연자원', '주민 자발적 추진', '주민들의 자조, 협동 및 창의적인 재건의욕', '주민 자주·자립의 협동정신', '주민의 자조·협동·근로정신과 자발적인 애향심에 의한 지속적 경쟁심' 그리고 '주민의 협동정신과 자조·자활능력 함양' 등으로 표현되고 있다. 이러한 정책수단은 새마을운동의 '근면, 자조, 협동정신'이 과거로부터 진화하였음을 증명하는 일종의 화석(化石)인 셈이다.

특히 지역별 향토개발사업에 대한 지방행정기관의 역할은 새마을운동 사례와 유사한 점이 많다. 농촌 주민들에 대한 각종 지도사업, 그리고 재정이 수반되는 경우 지방행정기관은 기금융자 알선 및 일부 지원, 애향심에 근거한 농기구 기증운동 등으로 농촌 주민들의 자력개발을 자극하였다. 또한 마을발전을 단계별로 설정하고, 주민들의 경쟁심을 촉구한 점은 향후 새마을운동 접근방식에 직접적으로 영향을 주었다. 성과가 우수한 마을에 대한 표창과 성공한 마을 지도자를 표창하는 방식 역시 새마을운동 추진에 영향을 미쳤다. <표 8-2>는 이러한 1960년대 초반의 지역별 농촌개발사업을 요약한 것이다.

<표 8-2>와 같이 경상남도가 1962년 3월부터 실시한 향토개발사업 명칭은 '새마을 건설'이었다. 당시 양찬우 도지사는 이와 관련한 사항을 1963년 「인간 몰못트: 도지사의 수기(대도문화사 출판)」 책자로 발간하였다. 「한국군사혁명사」(1963: 1657)에 따르면 양찬우 도지사의 '새마을 건설운동'의 목표는 "낙후된 농어촌의 후진성을 정신적, 문화적, 경제적 면에서 구각을 탈피하고 주민의 자율적인 협동단결과 애향심을 고취하여 문화향상과 생산증강으로 생활향상"시키는 것이라고 적고 있다. '새마을 건설'의 사업단위는 1970년 '새마을 가꾸기'와 마찬가지로 자연부락이었다.

경상남도는 농업활동을 근대화하기 위해 지게를 없애고, 우마차나 손수레(리어카)가 다닐 수 있는 부락도로와 농로를 개설하는 사업을 실시하였다. 당초 도로 개설용지의 매입은 농로개설로 이익을 얻게 되는 주민들이 공동으로 부담하도록 계획되었지만 사업이 시작되자 용지를 무상으로 기증하는 농부가 많았다고 한다. 이와 같이 농로를 개설한 다음엔 농촌에 손수레(리어카)를 보내는 후속사업을 전개하였다.

당시 한국정부의 고위층들도 경상남도의 '농촌에 리어카 보내기 운동'에 동참했다. 이러한 성과에 고무되어 양찬우 도지사는 도내 모든 부락으로 '새마을 건설' 사업을 확대하였고, 농로 개설과 구부러진 골목길 펴기, 담장 설치, 하수구 정비, 화단 가꾸기, 유실수 심기, 변소개량, 퇴비생산 및 저장, 축사 개량사업 등을 권장하였다. 경상남도는 마을끼리 '새마을 건설' 사업에서 경쟁하도록 유도하였고, 훌륭한 성과를 거둔 마을의 성공사례는 다른 마을 주민들이 견학하도록 장려하였으며, 성과가 좋은 마을에 대해서는 상과 함께 다양한 행정지원을 해주었다. 이와 같이 경남의 '새마을 건설운동'은 1970년 국정과제로 채택된 '새마을운동'과 추진방식이나 사업내용에 있어서 유사한 점이 많다.

표 8-2 1960년대 초 각 지역별 농촌개발(향토개발) 정책

지역(명칭)	목적(수단)	내용(성과)	지방행정기관의 지원
경기도 (시범부락육성)	국민생활을 문화적으로 향상/농촌환경 정화 및 미화(주민노력과 자연자원)	농가지붕개량/변소개량/울타리 개량/농가창고/식생활 개선(138개 시범부락 선정)	각 면(面) 단위에 기와공장 설치/각 리·동에 흙벽돌 제작기 공급
충청북도 (모범 리·동 육성)	농촌경제 부흥과 농민생활 안정(강제성 배제, 주민 자발적 추진)	• 1962년 실적: 시·군 모범부락(412개 선정)/도 모범부락(211개 선정) • 1963년 상반기 실적: 도 모범부락 20개, 도 특수모범부락 3개 선정	선정된 마을에 현금과 가축, 농기구 시상
충청남도 (빛나는 마을 조성: 공무원 제안제도를 통해 채택된 과제)	낙후된 농촌발전 도모(하향식 농촌개발을 지양하고, 주민들의 자조, 협동 및 창의적인 재건의욕)	마을에서 신청서 작성 시 장, 군수를 경유하여 도에 제출, 도심사위원회 의결을 거쳐 '빛나는 마을' 지정(1963년 상반기까지 178개 마을)	각종 사업실적자금 융자 알선, 부락유공자 표창 및 시상
전라북도 (보고 가는 마을/앞서가는 마을)	농촌재정비를 통한 농민복리증진(마을발전 단계 설정)	• 제1단계: 농로개설 • 제2단계: 담장정비/퇴비장 설치/화단조성 • 제3단계: 축사/변소개량/어린이 놀이터 설치 등 • 제4단계: 공동목욕탕/공동묘포장/공동구판장/아궁이 개량 등	마을 선정 및 포상 • 보고 가는 마을: 3,810개 • 앞서가는 마을: 33개 • 전북농촌의 등불(지도자): 3,810명 선정
전라남도 (모범부락 육성)	농민의 생활수준 향상/농촌부흥(주민의 자조·협동·근로정신/애향심에 의한 지속적 경쟁심)	농로개설/농가지붕개량/농어촌 고리채 정리	• 부락진흥자금 융자 • 성과에 따라 도 특수모범부락/도 모범부락/시·군 모범부락/읍·면 모범부락 선정
경상북도 (모범부락 조성)	시범부락을 조성하여 도의 균형발전 도모(주민의 협동정신과 자조자활능력 함양)	• 농어촌 고리채 정리(90%) • 영농자금 방출 (9억 1천만 원) • 농로/차도 개설 • 개량농기구 보급/특용작물 재배 장려 • 농가지붕 개량	부락발전계획에 따라 1차 5개년계획으로 756개 모범부락에 대하여 각 12만원 무이자 대부(연 2만원씩 6년간 상환)

| 경상남도
(새마을 건설) | 낙후된 농촌을 정신적,
문화적, 경제적으로 발전
/생산증강/문화향상/생활
향상(주민의 자율적인 협
동단결과 애향심/자주자
립의 협동정신) | 마을마다 자동차와 우마차
가 다닐 수 있게 되었고, 지
게 대신 손수레(리어카) 사
용/마을 공동구판장/이발소
/목욕탕/작업장/어린이 놀
이터/농촌문고/하수구 정비
등 마을환경 개선(부락회관
3,516개/ 마을창고 1,037
개/지붕개량 12,041동/공
동구판장 1,951개/마을길
2,462.6km 등 | 표창 및 융자 알선 |

출처: 「한국군사혁명사」 제1집(1963: 1533~1678) 에서 저자가 정리.

　'새마을 건설운동'으로 박정희 대통령의 관심을 얻은 양찬우는 1963년 12월 내무부 차관으로 발탁되었고, 1964년 내무부 장관에 임명되어 1966년 4월까지 재임하였다. 이후 양찬우는 제7, 8, 9, 10대 국회의원을 지냈고, 1979년 민주공화당 사무총장을 역임하였다. 양찬우 도지사의 이러한 경력은 1970년 '새마을운동'이 국정과제로 채택된 연유와 무관하지 않을 것이다. <표 8-3>은 경상남도가 1962년 설정한 가구단위와 부락(마을)단위 '새마을 건설' 목표이다. 경상남도가 1962년 내세운 가구단위 및 부락단위 '새마을 건설' 사업 목표는 1970년 국정과제로 채택된 '새마을 가꾸기' 사업과 유사한 점이 많다.[10]

　박정희 당시 대통령도 1970년대 양찬우 당시 국회 내무위원장과의 대화에서 "내가 지금 벌이는 새마을운동은 사실 (양찬우 위원장이) 도지사 때 하던 운동이지요."라고 언급했다는 증언이 있다(정주진, 2017: 129). 박정희 대통령은 1970년 4월 22일 지방장관 회의에서 '새마을 가꾸기' 사업을 국정과제로 채택하면서 "‥‥‥ 새마을 가꾸기라고 해도 좋고‥‥‥"라고 다소 무언가를 연상하듯 언급한 어

10　경상남도 '새마을 건설'의 최초 우수 부락은 당시 주소로 경남 동래군 기장면 만화리 동서부락이었다. 양찬우 도지사의 수기(1963)에 의하면 이 마을은 간선도로에서 마을까지 850m의 부락도로를 닦았고, 53호 가구에 소 61마리, 돼지 54마리, 닭 400마리가 넘는 가축을 기르고 있었으며, 담장을 정비하여 좁은 마을 안길을 넓혀서 우마차와 리어카가 다닐 수 있게 되었단다. 또 집집마다 생나무 울타리로 둘러싼 기와집에 개량 아궁이와 찬장, 대나무로 만든 국기 게양대, 콘크리트 굴뚝을 갖추었다고 한다. 당시 53호는 마을 평균 가구 수에 해당한다.

표 8-3 **경상남도의 '새마을 건설운동' 가구단위·부락단위 목표**

순번	우리집 목표	새마을 목표
1	농어업을 개량하여 증산 목표를 달성하는 집	서로 믿고 서로 도와 재건하는 마을
2	국민 의무 다하고 국가시책 받드는 집	농어업을 개량하여 증산하는 마을
3	가계부를 마련하여 소비 절약하고 저축하는 집	가르치고 배워서 문맹자가 없는 마을
4	가족계획 이루어 화목한 집	가뭄과 풍수해를 막아내는 마을
5	기와집에 생나무 울타리로 둘러싸인 집	협동조합 이용하여 부흥하는 마을
6	개량된 변소와 퇴비사가 있는 집	반상회를 개최하여 서로 의논하는 마을
7	리어카, 개량 농기구를 사용하는 집	푸른 나무 우거진 아름다운 마을
8	과실나무가 있고 꽃밭을 가꾸는 집	목욕탕과 이발소, 공회당, 농촌문고가 있는 마을
9	부락 공동작업에 솔선 수범하는 집	리어카, 자동차가 들어오는 마을
10	우리마을 목표 달성을 뒷받침하는 집	새마을 건설작업을 계속 발전시키는 마을

출처: 「한국군사혁명사」 제1집 (1963:1658).

조를 보면 박정희 대통령이 '새마을운동'을 독단적으로 창안했다기보다 다른 선례를 연상하고 있었음을 짐작할 수 있다. 양찬우 도지사 역시 1950년대 세계 도처에서 추진되었던 지역사회개발사업에 대해 전해 들었을 가능성이 높다. 또한 양찬우 경남 도지사의 '새마을 건설운동' 가구단위, 부락단위 목표는 전라북도 김인 도지사가 1962년 1월부터 실시한 '보고 가는 마을운동'의 농가목표, 부락목표와 유사한 점이 많다.

경상남도의 '새마을 건설운동'에 앞서 전라북도 김인 도지사는 1962년 1월부터 생활환경 개선에 초점을 둔 농촌개발사업인 '보고 가는 마을운동'을 실시하였다. 이 운동은 발전목표를 4 단계로 구분하여 설정하였는데, 제1목표는 전북 농가목표, 제2목표는 전북 부락목표, 제3목표는 전북 농촌기술경영목표, 제4목표는 전북 생활개선목표였다. <표 8-4>는 전북의 '보고 가는 마을운동' 중에서 농가목표와 부락목표를 보여준다. <표 8-3>과 <표 8-4>를 비교하면 경남의 '새마을 건설'사업과 전북의 '보고 가는 마을운동' 역시 서로에게 영향을 미

표 8-4 **전북 '보고 가는 마을운동'의 농가목표와 부락목표**

순번	농가 목표	부락 목표
1	생나무 울타리로 둘러싸인 집	서로 돕는 마을
2	지붕을 기와로 올린 집	트럭이 들어오는 마을
3	장판과 도배가 되어있는 집	동네길 양편에 가로수와 과실나무가 나란히 있는 마을
4	흰 회로 바깥벽이 칠해있는 집	집집마다 우마차가 들어오는 마을
5	내핍생활로 저축하는 집	협동조합 구판장이 있는 마을
6	소 한 마리, 돼지 세 마리, 닭 열 마리를 기르는 집	공회당(마을회관)이 있는 마을
7	개량된 축사와 변소가 있는 집	깨끗한 공동우물과 마을의 빨래터가 따로 있는 마을
8	건초 저장고가 있는 집	공동목욕탕과 이발소가 있는 마을
9	개량된 아궁이와 찬장이 있는 집	뒷동산에 푸른 나무가 차있는 마을
10	지게 대신 리어카를 쓰는 집	아이들의 놀이터가 있는 마을
11	파리와 쥐가 없고 항상 깨끗한 집	공동묘포가 있는 마을
12	열 그루의 실과나무와 꽃밭이 있는 집	문맹자가 없는 마을

출처: 정주진(2017:132)

쳤을 것으로 여겨진다.

특히 전라북도는 1962년 1월부터 '보고 가는 마을운동' 네 가지 목표, 즉 농가목표, 부락목표, 농촌기술경영목표, 생활개선목표는 농사시기와 계절 등을 고려하여 다섯 단계로 나누어 추진되었다. 첫 단계는 1961년 12월 20일부터 1962년 2월 20일까지 추진한 농로개설사업이고, 두 번째 단계는 1962년 2월 21일부터 같은 해 4월 30일까지 실시한 생나무 울타리 조성, 담쌓기 사업, 퇴비장 설치, 화단조성 등이었다. 세 번째 단계는 1962년 5월 1일부터 8월 30일까지 추진한 변소개량, 축사개량 사업, 어린이 놀이터 설치, 건물 외벽 백회 포장 사업 등, 네 번째 단계는 1962년 10월 15일부터 1963년 2월 28일까지 추진한 공동목욕탕과 공동구판장 설치사업, 아궁이 개량, 공동 묘포장 운영, 부업계(契) 조성, 장판도배, 분식권장, 행주개량, 조리대 개량 등이었다. 이와 같이 전북의 '보고 가는 마

을운동' 추진 단계는 비록 단계별 기간이 매우 짧게 설계되어 있었지만 '새마을
운동'의 추진 단계와 유사한 점이 많다.

전라북도는 '보고 가는 마을' 중에서 특히 마을 주민들이 자발적으로 자치발
전책을 강구하고 있는 마을을 세부적으로 종합 심사하여 '앞서 가는 마을'로 지
정하였는데, 1963년 6월 당시로서 33개 마을이 선정되었다(「한국군사혁명사」 제1집,
1963: 1599). 특히 전라북도는 농촌진흥운동의 주체를 지역사회 자체 지도자로
정의하고, '보고 가는 마을' 지정과정에서 역량이 뛰어난 마을 지도자 3,810명을
'전북 농촌의 등불'로 선정하였다. 전라북도는 1962년 10월 29일 농촌발전촉구
대회에서 이들 '전북 농촌의 등불' 지도자를 표창하고 문패와 뱃지를 수여하였
다. 이후 이들 '전북 농촌의 등불' 지도자들은 '보고 가는 마을발전 촉구협의회'
를 결성하였다. 이러한 전라북도의 농촌개발사업 단계별 추진과 지역사회 지도
자 육성, 관리방식은 새마을운동에도 영향을 미쳤다.

또한 우리의 전통 '두레'도 새마을운동의 국정과제 채택에 영향을 미쳤을 것
이다. 1960년대까지 한국의 대부분 농촌에서는 자연부락 단위로 '두레'가 열렸
고, 그 날엔 주민 모두가 참여하여 농사일을 공동으로 하였으며, 음식을 마련하
여 모든 주민들이 함께 나누어 먹었다. '두레'를 열기 위해 필요한 돈은 이장과
주민 중에서 유사를 정하여 가가호호 방문을 통해 곡식 등 현물과 현금으로 거
출하였고, 강제 할당은 없었으나 모든 가구가 동참했다. 당시 한국의 자연부락
은 두레를 열기위해 유사(일종의 행사 집행책임자)를 선임하였고, 유사는 주민들의
결정에 따라 두레행사 경비를 거두고 두레행사를 집행하였으며, 관련 회계를 책
임졌다.

다른 한편 1962년 업무를 시작한 농촌진흥청은 지역사회개발사업의 중점목
표를 다음 세 가지로 제시하였다. 첫째, 농촌사회의 민주적 조직화를 통한 지도
력을 배양한다. 둘째, 농촌노동력과 유휴자원 활용으로 생산기반정비와 농가소
득을 증대한다. 셋째, 지역민의 자조력(自助力)을 육성하고, 정부의 지원효과를 극
대화하며, 지역사회의 안정화를 도모한다. 농촌진흥청은 이러한 중점목표를 실
천하기 위해 '부락민의 자조개발 6개년계획'을 수립하였고, 계획기간은 1966년
부터 1971년까지로 설정되었다. 이 계획은 지역사회개발사업을 "부락민의 공동

욕구를 부락민의 창의와 노력에 의해, 부락민이 계획하고, 부락민이 실천하는 사업"으로 정의하고 있다. 이러한 지역사회개발사업에 대한 개념정의는 새마을운동의 작동체계와 동일하다.

특히 '부락민의 자조개발 6개년계획'은 이전에 추진되었던 지역사회개발정책의 실패경험을 검토하고, 반영하여 설계되었다. 그때까지 대농촌(對農村) 시책은 부락민 자조능력계발을 촉진하지 못하였고, 주민들이 외부(주로 정부)의 지원에 의존하는 의타심을 조장하는 사례가 많았다. 또한 농촌을 대상으로 한 이전의 지역사회개발사업은 농업의 영세성을 극복하기 위한 협동적 생산활동에 관한 사업계획이 거의 없었고, 농촌에 부존되어 있는 자원을 효과적으로 동원하지 못하였다. 따라서 정부기관 및 단체의 대농촌(對農村) 시책은 지역사회에 효과적으로 정착하지 못했다.

이러한 실패사례를 검토하고 마련된 '부락민의 자조개발 6개년계획'은 효율적인 농촌개발활동을 추진하기 위하여 농촌의 민주화, 농촌의 과학화, 농촌의 자본형성이 필요하다고 지적하고 있다. 이 계획의 추진목표는 전국 33,100여 개 부락을 대상으로 모두 640,556개 사업을 추진하는 것이었으며 이 중에서 233,553개 사업은 (정부) 지원사업으로, 나머지 407,003개 사업은 (마을 자체의) 자조사업으로 추진하는 것이었다. 따라서 '부락민의 자조개발 6개년계획'은 이미 효율적인 지역사회개발사업을 주민역량을 통해 접근하도록 설계되었고, 1970년 국정과제로 채택된 새마을운동의 커다란 얼개를 형성하는데 기여하였다. 특히 '부락민의 자조개발 6개년계획'은 새마을운동에서와 같이 정부와 마을 주민들의 적절한 역할분담으로 주민들의 지역사회개발사업 주도권을 촉발하고, 공공부문과 민간부문의 협업(PPP, Public-Private Partnership)을 이끌어내는데 역점을 두고 있었다.

이와 같이 1970년 주요 국정과제로 채택된 새마을운동은 저간의 시행착오를 분석하고, 한국 농촌실정에 맞도록 진화한 지역사회개발운동이었다. '새마을'이라는 용어도 이미 1962년 3월부터 경상남도 일대에서 벌인 농촌개발정책에서 사용되고 있었다. 특히 1960년대 초반 지역별로 다양한 명칭으로 추진된 '향토개발사업'의 목적과 수단은 '새마을운동'에 영향을 미쳤다. 즉, 새마을운동의 목적은 농촌발전과 '잘 살기 운동'이었고, 수단은 주민들의 근면, 자조, 협동 정신이었다. 1960년대 초 향토개발사업도 지역별로 약간의 차이가 있었으나 '농촌부흥', '주민들의 문화향상', '생활개선' 등을 목표로 내세웠고, 주민들의 '자조', '협동', '노력'을 강조하면서 '상향식 접근'을 표방하고 있다. 당시 지역사회 개발 혹은 각종 농촌개발정책에서 '상향식 접근'이 강조되는 사례는 극히 이례적이었다.

이러한 맥락에서 새마을운동은 '창조적 관점'에서가 아니라 '진화론적 관점'에서 접근할 필요가 있다. 진화는 시간과 공간의 상호작용을 통해 이루어진다. 이러한 상호작용은 전혀 다른 차원처럼 보이는 시간과 공간을 시각적으로 연결하려는 지적 욕구를 자극하였다. 인류문명은 모두 시간과 공간의 상호작용을 통해 축적되고, 수정, 보완을 거듭하고 있다. 우리나라의 오랜 전통인 '두레', '계모임' 그리고 '동제'와 같은 마을의 공동의식, '향약'과 같은 사회계몽운동은 공동체를 통해 **시간흐름**과 **공간(상황)**에 적응하면서 진화하고 있는 셈이다.

이러한 전통이 없었다면 경상남도의 '새마을 건설'이나 전라북도의 '보고가는 마을운동', 충청남도의 '빛나는 마을 육성', 경기도의 '시범부락육성', 충청북도의 '모범 리·동 육성', 전라남도와 경상북도의 '모범부락육성' 역시 주민들의 호응과 수용을 이끌어내기 어려웠을 것이다. 결국 1970년 4월 22일 박정희 대통령은 그때까지의 다양한 지역사회개발 경험을 통해 배양된 유전자 중에서 주민들의 '절실함(felt-wants, 혹은 felt-needs)'이나 상황(당시의 환경)에 맞는 적정 유전자를 '자연 선택(natural selections)' 방식으로 조합하여 국정과제로 '새마을 가꾸기'를 제안한 것이다. 따라서 '두레'니, '새마을 건설운동', 혹은 '보고 가는 마을운동' 등은 '새마을 가꾸기'의 모태이고, '새마을운동'으로 진화하는 시·공간적 좌표로서 역할을 한 셈이다. 이와 같이 다양한 지역사회개발 경험에서 특정 유전자를 선택하는 과정은 창조보다는 진화를 설명하기에 더 적합하다.

한국의 새마을운동이 각종 공간격차(도시와 농촌) 및 부문격차(농업과 근대산업)와 계층격차문제를 해결하는 성과를 거둔 것도 진화의 맥락으로 접근할 수 있다. 특히 '주민에 의한, 주민을 위한, 주민의 사업'으로 추진한 새마을운동 접근방식은 한정된 자원을 효율적으로 활용해야 하는 국가작동체계의 특수성에 대한 반응(responses)이었다. 앞서 검토한 Batten(1957, 1967, 1974)의 경험적 논증도 상황에 민감하게 반응하는 인간행동의 속성을 진화과정으로 인정하고 있다. 국제사회가 한국의 새마을운동 경험을 지역사회개발 '우수 사례(best practice)'로 선언하고 있음도 거대한 진화의 흐름방향에 영향을 미칠 것이다.

이러한 새마을운동의 진화를 통해 20세기 후반 한국사회는 효율화되고 주민들의 기초생활권인 마을 단위부터 새로운 환경변화에 적응할 수 있게 되었다. 이와 같이 새마을운동 작동체계는 시간을 공간으로 또는 공간을 시간으로 변환할 수 있는 기제(機制, apparatus)로서 적극적으로 새로운 환경을 만들기도 하고, 또 소극적으로 환경변화에 적절하게 대응하며 진화하고 있다. 따라서 새마을운동 접근방식은 처음부터 완벽하게 창조된 것이 아니다.

새마을운동은 다양한 지역사회개발 혹은 농촌개발 경험에서 '우성'으로 평가받은 유전자를 선택하고, 당시의 한국적 상황과 그러한 상황에 대한 주민들의 문제인식 및 반응능력에 따라 진화한 절묘한 '우량품종'이었다. 어느 특정 시점에서의 새마을운동 접근방식만을 고집하는 것은 결국 '우량품종'을 이어갈 수 있는 유전자의 작동을 부정하는 오류에 빠진다. 또한 '새마을운동'을 창조적 관점에서 접근하다보면 시대와 공간을 달리하는 상황변화에 적응해온 새마을운동의 '지속가능성'을 설명할 수 없다.

3 새마을운동의 추진체계

새마을운동의 추진조직은 처음부터 정부와 주민의 역할분담(PPP; Public-Private Partnership)에 근거하여 구성되고, 작동하였다. 정부조직은 지역사회발전의 여건을 형성하고, 주민들의 주도권(initiative)과 주인의식(ownership)을 촉발하는데 목표를 두었다. 한편 주민들은 정부로부터 제공받은 시멘트와 철근 등 건축자재(construction materials)를 통해 자신들의 숙원사업을 추진할 수 있게 되었고, 마을 단위의 공동체 삶을 재건함으로써 삶의 질을 향상시킬 수 있었다. 이와 같이 새마을운동은 공공부문과 민간부문의 상호작용을 통해 우선 마을 단위의 공동이익을 증진하고 이를 통해 국가 전체의 이익을 확대재생산하는 과정논리를 창출하는 데 기여하였다.

1) 공공부문 추진체계

1970년 이후 한국정부는 새마을운동이라는 기제(apparatus)를 도입하여 공공조직을 재정비하였고, 산업화를 추진하는 과정에서 드러난 다양한 사회, 경제적 문제점을 민간부문과 공동으로 해결할 수 있는 정책수단을 확보하는데 성공하였다. 특히 새마을운동은 그때까지 중앙정부가 결정하고 생산하는 공공재를 단순히 전달하던 지방행정기관(local public administrative agencies)에게 새로운 임무를 부여하였고, 지역사회에서 공공부문과 민간부문이 협력할 수 있는 공통기반을 마련하였다. 이 과정에서 새마을운동은 지역사회에 사장되어 있던 한계자원(marginal resources)과 유휴노동력을 활용하여 사회작동체계를 효율화하는데 기여하였다.

이와 같이 새마을운동은 정부가 주도하던 공공부문과 주민이 주도하던 민간부문의 역할분담이 조화를 이루어 추진되었다. 즉, 새마을운동 추진조직은 공공부문과 민간부문을 결합한 관·민(官·民) 동반자 관계(PPP, Public‒Private Partnership) 특성을 지니고 있었다. 이러한 새로운 방식은 중앙정부, 지방행정기관, 지역사회를 연계하여 '수직적 거버넌스(vertical governance)'를 구축하였고, 다양한 정부 부처끼리의 역할분담, 지방행정기관 혹은 마을끼리의 열린 경쟁(open competitiveness)을 통해 '수평적 거버넌스(horizontal governance)'를 형성하였다. 이와 같이 수직적 거버넌스와 수평적 거버넌스가 서로 맞물리고 조화를 이루면서 한국사회는 '격자형 거버넌스(grid‒type governance)'를 구축하여 국가 작동체계를 효율화하였고, 이를 통해 새로운 발전 추진력을 얻게 되었다.

새마을운동 이전에 다양한 중앙정부 부처가 단편적이고 산발적으로 실시해오던 농촌·농업개발정책이 '새마을 가꾸기 사업'으로 통합되면서 부처끼리의 협의가 필요했고, 이러한 협의체는 당시 내무부를 중심으로 운영되었다. 따라서 내무부의 조직개편과 부서별 업무분장을 검토하면 새마을운동의 공공부문 추진체계를 이해하는데 도움이 된다. 1948년 11월 4일 내무부 창설 당시 1실 3국 24과 체제의 조직이 1961년 3국 16과 체제로 간소화되었지만 1971년 8월 19일(대통령령 제5755호) 내무부직제를 개정하면서 지방국의 개발과를 폐지하고, 새마을업무를 지원하기 위해 지역개발담당관을 신설하였다.

새마을운동의 출발과 더불어 내무부를 중심으로 중앙정부 및 지방행정기관의 행정기구 개편이 이루어졌다. 또한 1972년 내무부장관이 새로 구성된 새마을운동중앙협의회의 위원장을 맡아 새마을운동을 총괄하게 되었다. 1973년 직제개편에 따라 중앙부처에 '새마을' 명칭을 가지는 부서가 처음으로 등장하고 새마을운동을 효율적으로 추진하기 위한 행정체제가 갖추어졌다.

표 8-5 새마을운동 출범 전후의 내무부 조직개편 비교

1948.11.4.(창설) (대통령령 제18호)	1961.7.22. (각령 제59호)	1973.1.16. (대통령령 제6458호)	1974.12.31. (대통령령 제7505호)
1실 3국 24과	3국 16과	1실 2국 21과 14담당관 (2급7, 3급7)	1실 4국 23과 10담당관 (2급6, 3급4)
비서실(4과) 총무과/인사과/ 경리과/차량과 **지방국(4과)** 행정과/재정과/ 진흥과/선거과 **건설국(7과)** 서무과/자재과/도시계 획과/건축과/도로과/이 수과/항만과 **치안국(9과)** 경무과/보안과 등 9개 과	총무과 **지방국(3과)** 행정과/재정과/ 지도과 **토목국(6과)** 관리과/토목행정과/도 시과/도로과/이수과/증 기과 **치안국(6과)** 경무과/보안과 등 6개 과	민원담당관/공보담당 관/비상계획담당관/총 무과 **기획관리실(3담당관)** 기획예산담당관/행정관 리담당관/법무담당관 **지방국(8과 5담당관)** 행정과/관리과/주민과/ 재정과/세정과/새마을 지도과/도시지도과/주 택지도과/지방행정담 당관/지방재정담당관/ 새마을담당관/새마을 계획분석관/지방감사 담당관 **치안국** (이하 생략)	민원담당관/공보관/비 상계획관/총무과 **기획관리실(3 담당관)** 기획예산담당관/행정관 리담당관/법무담당관 **지방국(9과 4 담당관)** 행정과/관리과/주민과/ 재정과/세정과/새마을 기획과/새마을지도과/ 도시지도과/새마을교 육과/지방행정담당관/ 지방재정담당관/새마 을담당관/지방감사담 당관 **[치안본부]** (이하 생략)

자료: 행정자치부 조직변천사(1948~1977)에서 일부 발췌.

1973년 1월 15일 내무부는 직제개편을 통해 다음날인 1월 16일부로 지방국 (Bureau for Local Affairs)에 새마을지도과, 새마을담당관, 새마을계획분석관 등을 설치하였다. 또한 내무부는 1974년 12월 다시 지방국에 새마을기획과와 새마을 지도과를 비롯하여 도시지도과, 새마을교육과, 새마을담당관을 설치함으로써 새 마을운동을 추진하기 위한 조직을 확대하였고, 이 시기에 새마을운동이 도약단 계로 진입하였다. 또한 내무부는 1978년 2월 대대적인 직제개편을 실시하여 새 로이 신설된 지방행정국에 새마을기획과와 새마을지도과 및 새마을담당관을 두 었으며 1979년 9월에는 지방행정국내에 있던 농촌주택개량과를 새마을주택과로 이름을 바꾸었다. 이러한 시기는 새마을운동의 성숙단계에 해당한다.

새로운 정부 출범 이후부터 새마을운동이 본격적으로 추진되던 시기의 내무 부 조직개편은 <표 8-5>와 같다. 이러한 내무부의 조직개편에 따라 지방의

그림 8-1 **1974년 12월 31일 직제개편에 따른 내무부 조직도**

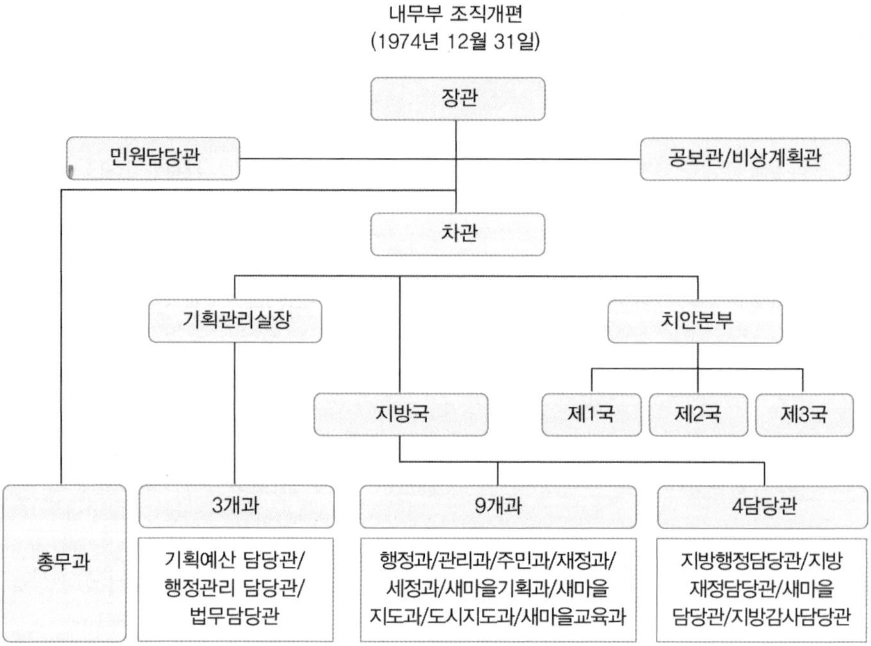

자료: 저자가 행정자치부 조직변천사(1948~1977)에 근거하여 작성.

시·도 및 시·군·구에도 유사한 명칭의 조직이 신설되거나 개편되는 지방행정 조직개편이 있었다. 이러한 지방행정조직의 개편은 새마을운동을 범 국민운동으로 추진하기 위한 공공부문의 노력으로 구체화되었다. <그림 8-1>은 1974년 12월 내무부 직제개편을 통해 강화된 새마을운동 추진체계를 보여준다.

새마을운동을 추진하기 위한 중앙부처의 조직개편으로 공무원 수도 크게 변화하였다. 국가공무원 수 증가율은 1972년, 1973년, 1975년, 1979년을 제외하고는 전체 인구증가율을 훨씬 상회하였다. 지방공무원 수도 1972년과 1979년을 제외하고는 역시 전체 인구증가율을 크게 상회하고 있다. 또한 중앙공무원 수와 지방공무원 수의 상대적 비중은 1965년 5.3:1에서 1970년 5.0:1, 1975년 3.4:1, 1980년 2.9:1, 다시 1985년엔 2.3:1로 낮아 졌다. 이는 정부조직개편으로 중앙정부와 지방정부의 업무비중이 변화하였음을 보여준다. 특히 1973년 새마을운동이 전국적으로 확산되던 시점에서 지방공무원 수가 전년에 비해 25.5% 이상 증가하였음에 주목할 필요가 있다. 이와 같은 변화는 새마을운동 추진으로 지역사회에 가까운 지방정부의 역할이 그만큼 증대되고 있음을 보여준다.

한국정부는 중앙정부 부처업무를 조정하면서 1973년 농수산부, 상공부, 문교부 등 중앙부처에 새마을운동 전담부서를 신설하였다. 이러한 직제개편은 새마을운동 추진업무를 뒷받침하고, 지역사회에 대한 공공부문 역량을 증대시키기 위한 중앙정부의 노력으로 이해된다. 이러한 중앙부처의 업무조정과 새로운 부서 신설로 부처끼리의 업무연계가 활성화되어 중앙정부 차원에서의 수평적 거버넌스(horizontal governance)가 강화되었다.

1974년 12월 31일에도 내무부는 직제개편을 통해 새마을조직을 더욱 강화하였다. 즉, 내무부는 새마을운동의 종합계획 및 교육홍보기능 강화를 위하여 새마을계획분석관을 새마을기획과로, 주택지도과를 새마을교육과로 개편하였다. <표 8-6>에서와 같이 내무부 지방국 새마을운동 관련 부서별 업무분장을 보면 중앙정부가 지역사회 개발행정을 다루고 있고, 공무원들의 지역사회개발에 대한 창의력이 반영될 수 있었음을 알 수 있다. 당시 박정희 대통령은 월간 경제동향보고 끝에 전국의 새마을운동 성공사례를 직접 해당 새마을지도자로부터 들었는데, 이러한 성공사례 발굴을 위해 내무부 새마을담당관이 현장에 가서 직

표 8-6 **내무부 지방국 새마을운동 관련 부서별 업무분장(1973. 1. 16)**

부서명	업무	
새마을지도과	• 마을운동의 단기계획 수립 • 마을사업의 지도 • 새마을지도자의 교육, 훈련	• 새마을운동 자재공급 • 새마을운동에 관한 홍보 및 기록보존
도시지도과	• 도시개발의 지도 • 시·도 종합개발의 지도	• 주거표시제의 실시제도
주택지도과	• 주택 및 지붕개량의 지도 • 취락개발의 지도	• 특수지역개발의 지도
새마을담당관	• 새마을운동에 관한 계획의 종합조정 • 전국개발계획과 지방자치단체 개발 계획의 연계조정	• 시·도 종합개발계획의 종합조정
새마을계획 분석관	• 새마을운동의 장기계획 수립 • 새마을운동중앙협의회 운영 • 새마을운동의 각 부처 업무의 종합	• 새마을운동의 평가분석 • 지역경제분석

자료: 저자가 행정자치부 조직변천사(1948~1977)에서 일부를 발췌하여 정리.

접 확인하는 등 새마을운동의 추진으로 소관 업무 담당 공무원들의 책임감이 높아졌다(고건 당시 새마을담당관의 증언, 2012).

새마을운동은 거의 모든 중앙부처 업무와 연계되어 있어서 이들 각 부처의 사업을 논의, 조정하는 협의조직을 필요로 하였다. 이러한 맥락에서 관계기관간의 새마을운동 지원업무를 협의·조정하기 위해 중앙과 지방단위에 새마을운동 종합계획협의체를 구성하였다(국가기록원, http://theme.archives.go.kr/next/semaul/time01.do). 즉, 새마을운동의 협의조직은 중앙정부 차원, 시·도 차원, 시·군 차원, 읍·면 차원 및 마을 수준 모두에서 결성되었다. 우선 새마을운동중앙협의회는 중앙정부 부처간 협의조정기구로 경제기획원, 내무부, 재무부, 문교부, 농수산부, 상공부, 건설부, 보사부, 체신부, 문공부, 과기처, 제2무임소 장관실 등 부처(ministries)와 그리고 산림청, 조달청, 농진청, 농협중앙회, 수협중앙회, 서울특별시가 참여하였다.

지방행정기관 단위에서도 새마을운동을 추진하기 위한 조직개편이 있었다. 물론 지방행정기관 단위에서 '새마을' 이름을 딴 부서가 신설되기 이전에도 새마을운동 업무가 중요하게 다루어지고 있었다. 1973년 2월에 시·도에 새마을지도과가 신설되었다. 시·군 단위 지방행정기관에서 새마을운동 전담부서가 설치된 것은 1974년 8월 1일이었다. 1975년 1월 1일 농촌의 군단위에 새마을운동을 전담하는 부군수제(Vice-Governor in charge of Saemaul Undong)가 도입되어 종래 새마을과는 폐지되고 대신 그 안에 소속했던 2개 계, 즉, 새마을계 및 개발계(Division of Saemaul and Division of Development)와 기획예산계(Division of Planning and Budgeting)가 부군수의 직접 통제 안으로 들어왔다. 그러나 1979년 7월에는 부군수가 새마을운동만을 담당하지 않고 군(郡)의 업무 전반에 대해 군수를 보좌하는 직책으로 바뀌고 다시 새마을과가 부활하였다.

1970년대는 인사(人事)에 있어 시·도 및 시·군의 새마을과에 우수한 공무원을 선발·배치하고 근무평정 가산점제, 우선 승진제 등을 실시하여 새마을 행정조직의 활성화를 도모하였다(국가기록원 자료). 이와 같이 새마을운동 관련 공무원들의 업무환경 개선 및 특권부여, 그리고 새마을운동 우수성과 관련 공무원 및 민간 지도자들에 대한 훈장(national medal) 수여로 새마을운동의 추진체계는 한국의 전체 사회를 혁신할 수 있는 동력(power)을 공급하였다. 공무원들은 새마을운동 초기엔 관련 부서 근무를 기피하였으나, 새마을운동이 성과를 거두면서 점차 관련 부서 근무를 자원하기 시작하였고, 드디어 근무경합이 나타나 새마을운동 관련 부서 '2년 근무 제한' 방안까지 등장하였다.

또한 새마을운동 추진과정에서 지방공무원들의 태도 변화는 경상북도 영일군의 두 지방공무원 역할을 분석한 엄석진의 연구(2011)에서 분명하게 나타나고 있다. 엄석진(2011)은 1970년대 두 지방공무원 면담을 근거로 당시 지방공무원을 새마을운동의 '숨겨진' 지도자로 평가한다. 즉, 당시 지방공무원들은 새마을운동 과정에서 설득, 의사소통과 같은 연성 권력(soft power)과 경제적인 유인, 강압 등과 같은 경성 권력(hard power)을 적절히 활용하여 주민들을 설득하고 내부 자원을 동원하는데 기여하였다. 지방공무원의 이러한 역할은 새마을운동이 종합적 지역사회개발 방식으로 접근되었던 것과 연계되어 있었다.

2) 민간부문 추진체계

새마을운동 접근방식은 마을, 지역사회 단위에서 공공부문과 민간부문의 상호작용을 통해 확대재생산 과정을 창출하였다. 이러한 상승작용은 공공부문에서의 강력한 추진체계 못지않게 민간부문의 추진조직 활성화에 힘입은 바 크다. 이러한 상승작용은 새마을운동 우수마을에 대한 보상제도(rewarding system)를 통해 더욱 확대될 수 있었다. 즉, 우수마을에 대한 포상성격의 추가지원으로 모든 마을 주민들은 경쟁적으로 새마을운동에 참여하였고, 내부자원을 자체 조달하였다.

또한 새마을운동은 마을단위에서 공공부문의 성격을 띤 민간 주도의 지역사회발전 접근방식으로 추진되었다. 이 과정에서 주민들은 공공성을 띤 자원의 관리방식과 절차 즉, 행정경험이 부족하였다. 이러한 주민들의 행정경험 부족은 자칫 마을 차원에서의 공공사업이 특정인 혹은 특정 집단의 이익만을 도모하는 결과를 낳을 수 있다. 이와 같이 정부의 지원으로 추진되는 지역사회발전 프로그램이 편파적 수혜를 초래할 경우 지역사회는 더욱 빠르게 파괴되었을 것이다. 하지만 지역주민들의 이러한 행정경험 부족은 지방행정기관이 적극 지원하여 새마을운동과 관련한 지역사회 신뢰를 구축하는데 기여하였다. 특히 주민들의 행정경험 부족을 공무원들이 대행한 것이 아니라 주민들의 이 분야 역량을 강화하기 위해 지원하는 방식으로 접근한 것은 향후 새마을운동의 지속적인 추진에 기여하였고, 지역사회 거버넌스를 구축하게 된 배경이 되었다.

특히 새마을운동의 전국적 확산에는 공공부문에서의 홍보지원이 크게 기여하였다. 새마을운동의 성공사례는 당시 각종 홍보매체를 통해 전국적으로 확산되었고, 성공사례에 대한 비교, 시찰을 통해 시행착오를 줄이면서 보다 정교한 실천논리로 자리 잡아갔다. 마을 지도자들은 성공한 인접 다른 마을을 견학하고 자기네 마을과 비교하게 되었으며, 이 과정에서 더 나은 방법을 모색하게 되었다. 결국 새마을운동의 성과평가는 일종의 동료평가(peer review) 방식으로 이루어졌다. 따라서 새마을운동의 마을별 성과는 객관적이고 공정하게 평가되어 사회정의를 실천할 수 있는 제도역량을 강화하는데 기여하였다.

또한 새마을운동은 마을단위에서 전통적인 농업 이외의 새로운 사업을 시행하는 프로그램이었다. 하지만 주민들은 마을 공동시설 및 생활환경 개선사업,

생산기반시설과 같이 전문성을 요구하는 분야의 경험이 부족한 실정이었다. 이러한 상황에서 마을주민들은 마을 현황을 조사하고, 공동의 문제점을 도출하며, 사업계획을 작성하고 사업을 수행하는데 한계를 지니고 있었다. 특히 마을 주민들은 전통적으로 민간부문의 영역에서 활동해왔기 때문에 지역사회 공공부문 활동과 관련하여 많은 기술적 어려움을 겪었다. 이러한 마을 주민들의 어려움은 전문성을 갖춘 지방공무원들의 지원을 통해 해결될 수 있었다. 또한 도로와 수로건설과 같이 특수한 장비를 필요로 하는 새마을운동 사업에는 지방행정기관과 군대(military forces)의 장비가 지원되었다. 이 경우 중요한 것은 각 전문분야별 공공부문의 새마을운동 지원이 주민 역량강화에 초점을 두었지, 주민들의 의사결정에 직접적으로 관여하지 않았다는 점이다.

다른 한편 새마을운동에 투입된 자원은 정부가 지원한 시멘트 등 건축자재와 각종 포상금에 국한하지 않고, 출향인사들과 각계각층의 후원금이 포함되어 있었다. 외지로 나가 성공한 출향인사들은 고향의 발전을 위해 돈을 모아 보냈고, 새마을운동을 성공적으로 추진하는 마을에 대해서는 외부의 지원이 있었다. 이 과정에서 외부 지원금에 대한 투명한 관리가 중요하게 되었다. 마을 공동기금이 투명하게 관리되지 못했다면 새마을운동에 대한 주민들의 자발적 참여는 지속되지 못했을 것이다. 이와 같이 새마을운동을 추진하는 과정에서 한국은 중앙정부로부터 지방행정기관 및 지역사회에 이르기까지 투명한 공공재 생산 및 전달체계를 구축하는데 기여하였다.

새마을운동이 중앙정부의 지속적 관심과 시멘트 등 건축자재 지원으로 촉발되었다고 하여 관주도형, 하향식 지역사회개발로 인식되는 경우가 많았다. 그러나 하향식 접근(top down approach)과 상향식 접근(bottom up approach)은 의사결정과정에서 주민들의 자발성과 사업시행과정에서 주민들의 참여행태에 기초하여 구분되어야지 외부지원의 흐름방향으로 구분할 일이 아니다. 따라서 새마을운동의 주민조직을 검토하는 일은 새마을운동의 성격을 이해하는데 매우 중요하다. 이러한 사례는 충청북도 충주시 주덕읍 제내리의 풍덕마을 기록에서 확인할 수 있다.

풍덕마을의 주민조직은 전통적인 마을이장(village chief)과 마을의 공동작업을 관장하는 개발계(resident association for village development)로 구성되어 있었다. 풍덕마을은 1970년 가을 정부로부터 지원받은 시멘트 335부대와 철근 약간을 이용해 기존 개발계를 중심으로 여러 차례의 주민총회를 개최하여 마을회관을 건립하기로 하고, 규모와 위치 및 시설을 결정하였다.[11] 주민대표들은 출향인사를 중심으로 외부 기부금을 모으고, 1971년 1월 30일 주민총회를 개최하여 이제까지의 마을회관 건립구상을 논의하였다(이세영, 2003).

여기서 결정된 마을회관 건립계획은 1971년 2월 25일 마을 주민들이 참여하여 자갈을 채취하고 운반하는 작업으로부터 시행되기 시작하였다. 풍덕마을 주민들은 1971년 3월 15일 새마을 가꾸기사업에 착수하여 같은 해 6월 9일 건평 33평의 마을회관을 완공하였다. 건물부지와 연인원 637명의 노동력은 모두 풍덕마을 주민들이 마련하였고, 주민들이 별도로 마련한 목재 2,245 단위 외에 공사에 투입된 현금 1,233,929원(100.0%)은 출향인사의 기부금 62만원(50.2%), 충청북도의 새마을운동 실적평가에 의한 포상금 15만원(12.2%), 그리고 주민들이 거둔 463,929(37.6%)원으로 충당되었다.

풍덕마을 주민들은 1971년 마을회관 건립과 작은 교량 2개소를 건설한 것 외에 더 이상의 새마을사업을 추진하지 않았다. 그러나 일부 마을 주민들이 인근 마을의 새마을사업 성과를 보고 이에 자극받아 1972년 11월 7일 주민총회를 개최하여 다시 새마을운동을 추진하기로 의결하고 새마을지도자를 선출하였다. 특히 풍덕마을은 마을회관의 성공적 건립을 계기로 기초마을(basic village)[12]로 선정되어 한국정부로부터 시멘트 700부대와 철근 1톤을 배정받아 새로운 새마을사업을 추진할 수 있는 자원을 확보하였다.

마을 주민들은 새마을운동 3차 년도인 1972년 11월 16일 주민 57명이 참석

---

11 풍덕마을은 '새마을 가꾸기 사업'이 시작되기 전인 1960년대 말부터 마을회관 신축을 추진하였으나 재원조달문제로 어려움을 겪고 있었다. 그러나 1970년 '새마을 가꾸기 사업'이 시작되어 정부로부터 시멘트 등 건자재를 지원받음으로써 풍덕마을 마을회관 신축사업은 다시 추진될 수 있었다.

12 한국정부는 1972년부터 새마을사업 추진실적에 따라 마을을 기초마을(basic village), 자조마을(self-help village), 자립마을(self-reliant village)로 등급화하여 지원을 차등화하였다. 이러한 분류체계에서 '기초마을'을 영어로 'under-developed village'로 번역한 문헌들이 발견되는데, 이는 잘못된 번역이다. '기초마을'이란 분류항목은 성과의 한 단계를 의미하는 것으로 단순한 상태만을 포함하지 않기 때문이다.

한 가운데 새마을총회를 개최하여 '새마을 사업 추진위원회'를 조직하였다. 여기서 주민들이 직접 선출한 '풍덕 새마을 사업 추진위원회'는 회장 1인, 부회장 2인, 동원반장(staff in charge of labour & fund mobilization) 4인, 섭외담당(staff in charge of public relations) 6인, 감사(auditors) 2인, 기술담당(staff in charge of technique and skill) 2인으로 구성되었다.

　1972년 12월 6일 '풍덕 새마을 사업 추진위원회'는 임원회의를 개최하여 마을진입로와 마을 안길, 작은 다리 놓기 등 사업계획을 토의하였다. 1972년 12월 22일에는 남성 49명, 여성 42명 등 모두 91명이 참석한 가운데 마을총회를 개최하여 새마을 성금 부과금액 승인, 사업기간, 사업 불참자에 대한 벌금 부과액 기준, 건축자재 공급계획 등을 논의하였다. <그림 8-2>은 충청북도 충주시 주덕읍 제내리의 풍덕마을에서 1972년 11월 16일 열린 마을주민총회를 통해 선출된 '풍덕마을 새마을 사업 추진위원회' 조직도이다. 특히 마을주민들은 다른 마을에서의 새마을운동 성공사례를 접하면서 경쟁하게 되었고, 이 과정에서 내부자원을 동원하는데 성공하였다.

그림 8-2 **풍덕마을의 새마을운동 추진위원회 조직도**

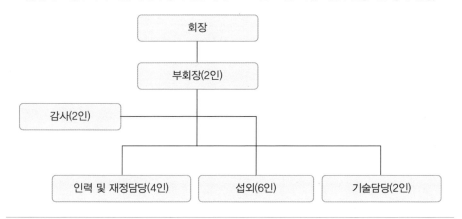

마을단위의 새마을운동 추진위원회 조직도
(충청북도 충주시 주덕읍 제내리 풍덕마을 사례: 1972년 11월 16일 마을주민총회를 통해 결성)

자료: 저자가 이세영(2003) 자료에 근거하여 작성

새마을운동의 성과

한국의 새마을운동에 관한 긍정적인 성과는 두 가지 측면에서 새로운 도전을 받고 있다. 즉, 새마을운동의 성과가 당시 한국적 상황에서만 가능했던가에 대한 물음과 이러한 성과가 특수한 시대상황에 국한하지 않고 모든 인류가 소망하는 발전을 충족시켜줄 수 있는가에 대한 의구심이 그것이다. 전자와 관련한 물음은 다른 개발도상국에서 실시되고 있는 새마을운동을 분석하여 답을 얻을 수 있을 것이고, 후자와 관련한 물음은 사회변화과정에서 새롭게 대두되고 있는 패러다임의 틀 속에서 한국의 새마을운동을 재평가함으로써 그 해답을 찾을 수 있을 것이다.

다른 한편 한국의 과거 상황에서 거둘 수 있었던 새마을운동의 성과가 현재, 상황이 다른 나라에서 여전히 유효할 것인가에 대한 물음의 답은 '진화(evolution)', '현지화' 그리고 '현재화'라는 용어를 사용하여 얻을 수 있을 것이다. 이 세상의 모든 것은 변화로부터 자유롭지 않다. 과거의 성공사례 또한 현재와 미래의 관점으로부터 자유롭지 못하다. 그러나 시간흐름과 상관없이 출발점과 현재 상태를 이어주는 맥락은 '진화의 사슬(the chain of evolution)'로 연계되어 미래를 예측하는 근거가 된다.

흔히 새마을운동을 마을회관 건립, 마을 안길 건설, 지붕개량 등 마을 공동의 기반시설을 구축하고 주거환경을 개선하는 사업으로 이해하는 사람들이 많다. 그러나 새마을운동이 그러한 물리적 시설 확보에 주력하였다면 특정 시기의 지역사회개발사업으로 한정되어 50년까지 지속되지 못했을 것이다. 새마을운동을 통해 건립된 마을 공동의 기반시설이나 소득증대 등은 산출물(Outputs)이지 성과(Outcome)라고 보기 어렵다. 새마을운동은 사업이 아니라 주민 스스로 마을 공동체를 강화하고, 공동의 문제를 해결하며, 공동의 미래를 가꾸는 지역사회발전의 접근방식이다. 이러한 맥락에서 이 장에서는 새마을운동의 성과를 지역사회 협치(governance)체제 구축, 사회적 자본(social capital) 축적, 지속가능한 마을 공동이익의 확대재생산과정 확보의 관점에서 접근한다.

1 지역사회개발의 성과 평가 접근논리

한국에서의 새마을운동은 산업화를 통해 급격한 도시화를 겪고, 농촌의 경제가 도시에 비해 지체될 무렵인 1970년에 시작되었다. 산업화는 상대적으로 기반시설이 갖추어져 있는 도시를 중심으로 생산시설의 집적을 초래하였고, 농촌인구의 도시집중을 부추겼다. 이로 인해 도시문제도 심각해졌지만 무엇보다도 농촌의 상대적 박탈감은 효율적인 국토운영을 어렵게 하고, 국가통합을 저해하는 요인으로 작용하고 있었다. 즉, 산업화가 국가전체적인 경제성장을 도모하였으나 도시와 농촌, 공업과 농업의 부조화를 초래하여 도시문제와 농촌문제를 동시에 유발하고 있었다. 이와 같이 도시와 농촌, 제조업과 농업 등 부문 간 격차는 곧바로 국가운영의 부담이 되었다. 한국 정부가 산업화를 적극적으로 추진하면서 농촌문제에 관심을 갖게 된 것도 그 때문이다.

다른 한편, 비록 새마을운동이 국민들의 삶의 수준을 높이기 위해 시작되었지만, 종종 국민들을 경제발전에 헌신하도록 몰아붙이고, 노동분쟁과 반정부 활동을 억제하기 위한 수단으로 활용되었다는 주장도 있다(Soon-Yang Kim, 2007:127).[13] 그러나 새마을운동에 관한 대다수 연구(권태준, 1977; 기우걸 외, 1987; 김승호, 부만근, 1984; 남치호, 1984; Hoybin Lee, 2003; Seong-Kyu Ha, 2005; Chang Soo Choe, 2005)들은 새마을운동의 긍정적인 성과에 초점을 두고 있다. 1970년대 새마을운동이 국정운영의 중요 과제로 다루어지다 보니 관료들의 과잉 추진으로 인한 시행착

---

13 공장새마을운동 관련 당시 실무를 맡았던 강승일(대한상공회의소 전무로서 새마을운동중앙협의회 파견근무)과의 면담(2017년 8월 2일) 내용을 보면 경영진과의 협의를 통한 공장새마을운동을 촉진하기 위해 당시 없었던 직장, 공장에 노동조합을 설립하도록 촉구한 예도 있다. 따라서 새마을운동이 노동분쟁을 억제하기 위한 수단으로 추진되었다는 주장은 설득력이 떨어진다.

오와 문제점도 나타났다. 하지만 새마을운동은 '근면, 자조, 협동' 정신을 앞세워 농촌 주민들에게 사회변화를 스스로 관리할 수 있다는 자신감을 심어주었다. 이러한 한국 국민들의 자신감은 주민역량을 제고하고, '보다 잘 살고자 하는 지역사회 공동노력'으로 이어져서 농촌빈곤을 어느 정도 해소하였다. 농촌에서 가시적인 성과를 거둔 새마을운동은 농촌과 농업으로부터 도시와 다른 산업으로 확산되어 한국사회 저변을 효율화하는데 기여하였다.

그러나 기존 연구들은 대체로 새마을운동이 주민들의 생활환경 개선, 소득증대 등에 미친 영향을 분석하고, 성공요인을 도출하는데 초점을 두고 있어서 1970년대 한국 사회의 단면을 고증하듯 정태적 논의에 함몰되어 있다. 다른 한편 새마을운동에 관한 연구가 당시 새마을운동을 촉발하고 이를 중요 국정운영 과제로 추진했던 특정 정치체제에 대한 평가와 희석되면서 본래의 지역사회개발 관점이 소홀히 다루어지고 있는 측면도 있다. 그러나 한국의 새마을운동은 한정된 자원을 효율적으로 활용하는 과정논리를 포함하고 있고, 지역사회 주민들의 역량강화를 통해 변화를 관리할 수 있는 실천력을 제고할 수 있어서 개발도상국의 농촌빈곤문제를 해결할 수 있는 모범사례(best practice)로 지목받고 있다 (www.unescap.org).

이러한 상황에서 한국의 새마을운동에 관한 연구는 두 가지 측면에서 새로운 도전을 받고 있다. 첫째 도전은 새마을운동의 긍정적 성과가 당시 한국적 상황에서만 가능했던가에 대한 물음이고, 둘째 도전은 한국에서의 새마을운동 경험이 특정의 경제발달 수준을 벗어나 발전에 관한 인류의 보편적 미래 소망을 충족시켜줄 수 있는가에 대한 의구심이다. 전자와 관련한 물음은 다른 개발도상국에서 실시되고 있는 새마을운동을 분석하여 답을 얻을 수 있을 것이고, 후자와 관련한 물음은 사회변화과정에서 새롭게 대두되고 있는 패러다임의 틀 속에서 한국의 새마을운동을 재평가함으로써 그 해답을 찾을 수 있을 것이다. 한국의 과거 상황에서 거둘 수 있었던 새마을운동의 긍정적 성과가 현재, 상황이 다른 나라에서 여전히 유효할 것인가에 대한 물음의 답은 '진화(evolution)', '현지화' 그리고 '현재화'라는 용어를 사용하여 얻을 수 있을 것이다.

이 장은 이러한 문제인식에 근거하여 한국에서의 새마을운동을 지역사회개발 패러다임 변천과 관련하여 '협치(governance)', '사회적 자본', '지속가능성' 관점에서 재평가하기 위한 것이다. 이 글의 '평가 틀'은 '통치(government)로 부터 협치로', '물리적 척도(physical scale)로부터 인간척도(human scale)로의 전환', '한정된 시간자원의 건전한 관리'라는 지역발전 패러다임 변천(소진광, 2016; So, 2019)에 근거하고 있다. 협치, 사회적 자본, 지속가능한 발전과 관련한 패러다임은 이 시대 집단 공동체 진화의 유전자에 매우 큰 영향을 미치고 있다.

21세기 지역사회개발의 패러다임은 협치를 구축하고, 사회적 자본을 축적하며, 지속가능성을 실천하는 방향으로 진화하고 있다. 이러한 맥락에서 이 장은 기존 연구에서 밝혀진 사실관계를 진화론적 관점에서 재해석하고, 과거 관심을 끌지 못했지만 현재 시점에서 그 중요성이 인식되기 시작한 사실관계를 근거로 새마을운동 성과를 검토하고자 한다. 특히 이 장은 국정과제로 채택된 지 50년이 된 새마을운동의 성과를 지역사회개발 현대적 패러다임 관점에서 조명하고자 한다. 또한 이 장의 주요 관심은 새마을운동이 국정과제로 채택되고 본격적으로 실시되었던 1970년대 한국사회에 두고 있다. 물론 한국에서 새마을운동은 여전히 진행되고 있고, 한국인의 생활혁신에 큰 영향력을 미치고 있다.

2 새마을운동과 지역사회 협치(거버넌스) 구축

1) 지역사회 협치(協治)와 시민사회

중앙집권체제의 정부조직은 주민들을 소극적이고 수동적으로 만들어 선량한 시민사회를 구축하고 유지하는데 걸림돌이 되고 있다. 시민사회에 대한 다양한 논쟁이 있어 왔지만 현실적으로 시민사회는 민주주의를 구성하고 있는 중요 성분이고, 참여적 협치(governance)의 핵심요소이다(Knight, Barry; Hope Chigudu & Rajesh Tandon, 2002: 57). 따라서 시민사회의 유형과 형태는 '협치'를 어떻게 정의하느냐에 따라 달리 분류될 수 있다.

'협치(協治)'라는 용어는 주로 국가권력이 시민사회를 형성하고 있는 국민이나 집단을 수직적으로 관리, 통제해오던 전통적인 방식과 차별화하기 위해 사용되고 있다(Mayntz, 1998). 정부가 '공동의 선(public good)'을 독점적으로 정의하고 공공재를 독점적으로 생산, 공급하던 종래의 방식에 대해 비판이 제기되기 시작하였다. 종래의 정부독점방식은 민간부문의 정보생산능력이 공공부문의 정보생산능력을 압도하고, 높은 비용을 수반할 수밖에 없는 삶의 질 향상에 대한 주민들의 욕구가 늘어나는 상황변화에 능동적으로 대처할 수 없다. 또한 그러한 방식은 전통적인 복지국가의 정책실패현상이 보편화되고 있고, 세계화로 인해 원자화된 조직구성원들이 직접 외국과 상대해야 하는 시대적 큰 흐름을 관리하기에도 한계를 지니고 있다. 규모가 큰 정부조직도 이러한 상황에서라면 정책의 실패를 반복하기 마련이다.

이러한 맥락에서 정부의 역할영역이 다시 정의되기 시작하였고,[14] 정부는 공공재와 관련된 다양한 이해당사자, 기관과 협력하여 공공재를 공동으로 정의하고 생산, 공급하게 되었다. 이와 같은 새로운 공공재의 생산, 공급방식을 흔히 '협치'라 부른다. '협치'에 대한 정의는 분야별로 학자에 따라 다를 수 있지만 '협치'가 주민들의 공동이익을 추구하기 위해 활용되는 새로운 집단의사결정방식과 집단행동이라는 데에는 이의가 없는 것 같다(Knight, Barry; Hope Chigudu & Rajesh Tandon, 2002: 131). Mayntz(2003)는 '협치'를 "국가권력이 민간부문과 협력하고, 사적 부문의 조직이 공공정책 결정에 관여하는 방식"이라고 정의한다. '협치'체제에서라면 정부도 단지 '지속 가능한 인류발전'을 도모해야 하는 이해당사자의 일부일 뿐이다.

협치는 국가와 시민사회 경계를 넘나드는 다양한 활동의 중요성을 인식함으로써 경직된 정부의 공식 제도를 보완해준다(Bevir, 2012: 5). 협치의 장점은 예측이 어려운 미래 변화를 유연하게 관리할 수 있는 절차에 있다. 그러나 '협치' 개념은 시대별로 다르게 인식되어 오고 있다. 새로운 협치 개념은 다음과 같은 특징을 지니고 있다. 즉, 협치는 기존 공공부문 행정관행에 시장논리를 접목하고,

---

14 큰 정부조직이 시장원리를 교란하고 있는 것으로 비판받아 오고 있다. 정부가 시장의 실패현상을 교정하기 위해 시장에 개입함으로써 그 역할과 권한을 키워올 수 있었던 시대적 배경을 고려할 때 큰 정부에 대한 비판은 일종의 인류문명에 내재되어 있는 자가조절 역할로 이해된다(소진광, 2005).

다중 혹은 과도기적 관할영역을 대상으로 하며, 이해당사자의 범위와 폭을 늘려가고 있다(Bevir, 2012: 5-7).

한편 '협치'는 공동체 규모가 작으면 작을수록 보다 잘 작동하고, 집단의 공동이익을 민주적으로 실현하는데 더욱 유용하다. 또한 시민사회 역시 주민의 참여기회와 가능성에 따라 그 기반을 달리한다. 일반적으로 자치의 공동체 규모가 작으면 작을수록 주민참여기회와 가능성은 증대된다. 소규모 지역사회에 '협치' 개념을 도입할 경우 시민사회가 성숙되고 주민들의 공동체 운영과 관련한 책임성이 제고될 가능성이 높다. 결국 민주성을 제고할 수 있는 시민사회의 구축은 소규모 지역사회 '협치'에 뿌리를 두고 있는 셈이다. 이러한 지역사회 '협치'는 공익실현을 위한 추진조직과 추진방식 측면에서 종래와 같은 정부 일방적인 '통치방식'과 구별된다. 공익실현을 위한 추진방식은 권한행사 방식, 의사결정, 정보생산능력 및 공공재 혹은 공공서비스 생산에 있어서 시민의 역할과 관련되어 있고, 추진조직은 조직의 형태, 지도층, 조직가치 및 공동목표의 함수이다.

우선 추진방식 측면에서 '통치'는 일반적으로 집중된 권력을 계층적으로 사용하여, '지시와 통제(command and control)'로 특징지어지는 데(Meehan, 2003) 반해, '협치'는 모든 이해당사자를 연계하고 협력체계를 구축하여 공동으로 공공재를 정의하고 생산, 공급하는 방식으로 특징지어진다(Bevir, 2012: 5). 즉, '협치'는 모든 이해당사자가 공동으로 권한을 행사하는 방식과 관련되어 있다. 또한 '통치'는 공공재의 생산자와 소비자를 엄격히 구분하는 경향이 있는데, '협치'는 공공재의 생산자와 소비자를 통합하는 경향을 보인다.

따라서 '협치'체제에서 주민은 공공재의 소비자일 뿐만 아니라 공공재를 정의하고 생산, 공급하는 일에 적극적으로 참여하는 '공동 생산자(co-producer)'인 것이다(소진광, 2007a). 이러한 주민들의 역할은 '건전한 시민사회'에 기초하고 있다. 의사결정방식에 있어서 '통치'는 다수결에 의한 지시와 통제에 의존하는 경향을 보이고, '협치'는 구성원들의 역할분담과 결과의 공유에 의한 협상으로 접근하는 경향을 보인다. 특히 주민들의 자발적 참여를 통해 구축되는 지역사회 '협치'체제는 내부자원과 외부자원을 결합하여 지역사회 발전을 도모하려할 것이고, '통치'체계는 외부자원 투입에 의존하는 경향을 보일 것이다.

추진조직측면에서 정부 주도의 '통치'체계는 집중된 형태를, '협치'는 분산된 형태를 보여준다. 또한 '통치'는 금융자본(financial capital), 물리적 자본(physical capital) 등 전통적인 산업자본[15]을 축적하는 일에 조직의 가치를 두고 있는 반면, 시민사회에 기초하고 있는 '협치'체제는 사회적 자본(social capital)을 축적하는 일에 조직의 가치를 두고 있다. 다른 한편 '통치'는 국가형성에, '협치'는 시민사회 구축에 조직의 공동목표를 두고 있다. 특히 '통치'체계에서의 지도층은 주로 정부 공무원인데 반해, '협치'체제에서의 지도층은 모든 이해당사자간 협상을 주도하는 조정자이다. 이러한 이해당사자간 협상의 조정자는 정부 공무원일 수도 있고, 시민단체 대표일수도, 혹은 전문가일 수도 있다. 결국 '협치'체제는 시민사회와 불가분의 관계에 있다.

'시민사회(civil society)'의 개념은 '시민'의 범위와 '사회'의 영역에 따라 변화해오고 있다. 종종 '시민사회'라는 용어는 강한 규범적 함의와 함께 가치함축적인 의미로 사용되고 있다. Mayntz(2003)는 시민사회를 "제도적 평등과 기본 인권을

표 9-1 '통치방식'과 '협치체제' 비교분석틀

구분		통치방식	협치체제
추진 조직	조직형태	집중형태	분산형태
	지도층	정부 공무원	이해당사자간 협상 주도자
	조직가치	전통적인 자본의 추적	사회적 자본 축적
	조직의 공동 목표	국가형성	시민사회 구축
추진 방식	권한행사방식	계층적, 일방적	모든 이해당사자간 공유
	의사결정 방식	다수결에 의한 지시와 통제	역할에 따른 다자간 협상
	정보생산능력	공공부문 > 민간부문	공공부문 < 민간부문
	공공재 생산에 있어서 시민의 역할	소비자 혹은 의뢰인	소비자인 동시에 공동 생산자 (co-producer)
	자원조달체계	외부지원에 의존	내·외생적 자원결합

출처: 소진광(2007a)

---

15 금융자본, 물리적 자본 등을 산업자본으로 부르는 이유는 이들 자본 개념이 주로 산업사회로 진입하면서 보편화되었기 때문이다.

향유하고, 사적인 목표의 추구가 오로지 다른 사람들의 동등한 권리나 시민권을 부여한 국가에 대한 의무에 의해서만 제한받는 시민공동체"로 정의하고 있다. '시민사회'가 다양하게 접근될 수 있음은 분명하나, 시민사회는 지역사회 주민들의 권리와 의무로 구성한 '사회적 의장(social construct)'으로 공익을 실현하는 일과 관련하여 시민들의 참여수준에 따라 등급화 할 수 있다는 데에는 모두가 공감하고 있다.

그러한 시민사회는 중앙권력과 대조하여 확인될 수 있고, 정책형성이나 계획수립에 있어서 상향적 방식을 통해 강화된다. 바로 이 점이 '풀뿌리 민주주의'가 시민사회를 촉진한다고 여겨졌던 이유다. 따라서 '통치로부터 협치로(from government to governance)'의 패러다임 전환은 이제까지 정부가 맡아 해오던 일 중에서 민간부문이 정부조직보다 더 잘 할 수 있는 영역이 있고, 사적 부문뿐만 아니라 공공재 영역에서 시장의 실패는 작은 정부조직으로도 교정될 수 있음을 시사하고 있다. 정부조직을 축소하게 되면 이제까지 정부가 맡아 해오던 일의 일정 부분은 다른 비정부 조직(시민사회)이 떠맡아야 한다. 이러한 맥락에서 시민사회의 조직은 강화되고, 역할이 확대되고 있다. 결국 시민사회는 민간화(privatization) 및 분권화와 함수관계를 이루고 있고, '환경적으로 건전하고 지속가능한 발전(ESSD)'과 연동되어 작동한다.[16]

민간화 추세는 정부가 너무 탐욕스러워서 자신의 존재이유까지 망각하고 있음을 암시하고 있다. 정부의 역할은 시민들의 요구와 시대배경에 따라 달리 정의되어 오고 있다. 그 과정에서 '공익'은 사적 재화와 관련된 문제까지도 치유할 수 있는 만병통치약처럼 확대 적용되기 시작하였다. 즉, 공익을 내세워 정부는 민간부문까지 간섭하게 된 것이다. 이는 전적으로 정부만이 '공익'을 정의하고 실현할 수 있다는 독단에서 비롯된 것이다. 특히 복지국가를 표방하며 더욱 커

---

16 ESSD란 '환경적으로 건전하고 지속가능한 발전'이라는 뜻으로 'Environmentally Sound and Sustainable Development'의 첫 글자를 딴 것이다. 이는 1992년 브라질 리우데자네이루에서 개최된 유엔환경개발회의(UNCED)의 '리우 지구환경 선언'이 천명한 개발과 발전의 궁극적인 목표이다. 시민사회가 ESSD와 연동되어 있다는 논거는 특히 규제를 통한 공공의 이익을 도모하려 할 때 필요하다. 시민사회는 외부효과를 추구하는 무임승차 경향을 내부화를 통한 책임인식으로 전환할 경우 특히 유용하기 때문이다. 즉, 성숙된 시민사회에선 전체 지역사회에 미치는 영향을 고려하여 구성원 개개인의 행동이 조율될 가능성이 높다.

진 정부는 비굴한 국민을 양산하는 경향을 보여 왔다. 정부의 역할에 의존하여 자신의 노력을 게을리 하는 국민들이 늘어났기 때문이다. 또한 큰 정부체제에서는 공공재의 외부효과에 무임승차하려는 국민들이 늘어나기 마련이다. 결국 이러한 추세는 정부의 실패를 초래하고, 기대와는 달리 시장질서를 교란한다. 또한 세계화 추세로 인해 정부가 감당할 수 없는 기능 일부가 민간영역으로 전환되기 시작하였다.[17]

이러한 상황변화에 대처하기 위해서는 정부부문의 역할이 다시 정의되어야 하고 이와 관련하여 시민사회 구축이 시급한 과제로 떠오르고 있다. 공익을 빌미로 정부부문의 역할범위를 확대하기 보다는 일부 공익부문을 정부와 시민사회가 공동으로 정의하고 관리할 수 있는 '협치'체제가 필요하게 된 것이다. 따라서 '협치'체제는 시민을 조직화함으로써 싹이 트고, 시민들의 적극적인 참여를 통해 성장하며, 구성원의 권리와 의무를 통해 유지, 관리된다. 결국 '협치'체제를 구축하기 위해서는 시민참여 동기를 촉발할 수 있어야 한다. 이러한 관점에서 <표 9-1>은 발전을 지향하는 국가나 사회체제에서 '통치방식'과 '협치체제'를 판별할 수 있는 분석틀을 제공하고 있다.

2) 지역사회 협치 관점에서의 새마을운동 성과

(1) 새마을운동의 추진방식과 지역사회 협치

새마을운동의 성공요인에 관한 많은 평가에서 공통적으로 지적되고 있는 것은 지도자의 역량과 지지, 정부의 지속적인 관심, 적정한 자원투입과 기술지도, 주민들의 자발적인 참여와 주인의식 등이다. 결국 새마을운동이 성공할 수 있었던 것은 지역사회(마을) 공동체 유지, 관리에 필요한 개별 요소들을 조직화하고 이를 공동의 목표를 실현하기 위한 수단으로 활용하였기 때문이었다. 새마을운동은 그 성격이 종합적이고 복합적이라서 지역사회의 내부 자원을 동원하고 구

---

17 이의 단적인 예로 세계무역기구(WTO)체제가 출범하면서 정부의 농업분야 지원이 감축된 경우를 들 수 있다.

성원들의 다양한 활동을 결집하는 과정논리를 띠고 있다.

　이러한 맥락에서 새마을운동은 특정한 상황에서 특정의 목표를 추구하는 단편적인 사업이 아니고, 어느 경우에도 적용될 수 있는 원리(principle) 혹은 접근방식(approach)인 셈이다. 따라서 1970년대와 1980년대 한국의 다양한 개발사업 추진은 대부분 새마을운동방식에 기초하여 추진되었다고 볼 수 있다. 특히 당시 상황에서 새마을운동의 추진방식 즉, 권한행사방식, 의사결정방식, 정보생산, 공공재 생산과 관련한 시민의 역할, 그리고 자원조달체계는 지역사회 협치 측면에서 다음과 같이 재해석되거나 평가될 수 있다.

① 권한행사방식

　새마을운동 추진방식의 특징은 무엇보다도 향약이나 두레와 같은 기존 한국의 마을단위 공동체의식을 정부가 촉발하고 이를 계기로 주민들의 자발적 참여를 촉진하는 과정으로 이루어졌다는 점이다. 또한 1950년대 이후 세계 다양한 국가에서 추진되었던 지역사회개발 정책도 새마을운동 접근방식에 큰 영향을 미쳤다. 새마을운동은 바람직한 변화를 도모하기 위한 과정 지향적 성격을 띠고 있기 때문에 이의 성공적인 작동에는 투입과 산출을 연계하는 변환장치가 필요했다. 정부의 촉발과 주민들의 자발적 참여가 그러한 새마을운동 변환장치의 효율성을 제고하였던 것이다. 결국 초기 정부의 적극적인 관여 즉, 동기부여와 주민들의 자발적 참여를 연계하는 추진체계의 작동이 새마을운동 성공의 관건인 셈이다. 동일한 자원을 투입했다고 하여 반드시 동일한 결과(산출)를 얻어낼 수 없고, 정부의 동일한 촉발노력이 주민들의 동일한 참여로 연계되지 않음은 자명하기 때문이다.

　새마을운동은 미래 바람직한 변화를 도모하기 위한 변환장치의 작동원리이기 때문에 한국에서는 새마을운동이 시작되기 전에 착수되었던 많은 사업들이 새마을운동 원리를 도입하여 새로운 추진력을 얻게 되었다. 즉, 학생봉사활동, 농어촌전화사업(農漁村電化事業), 이동진료 및 가족계획사업 등은 새마을운동이 국정과제로 공식 채택된 1970년 4월 22일 이전에 시작된 사업이었지만 모두 새마을운동 접근방식을 접목하여 새로운 추진력을 얻게 되었다(내무부, 1980: 151). 이러한 사실들은 새마을운동이 주민들의 '삶의 질'을 향상시키기 위한 모든 사업들을 포괄할 수 있는 종합적 접근방식이었음을 보여주는 것이다.

초기 새마을운동은 내무부와 농수산부가 주축이 되어 추진되었지만 정부 주도의 많은 사업들이 새마을운동의 작동원리와 통합되면서 거의 모든 정부부처가 새마을운동에 관여하기 시작하였다. 즉, 1970년 이후 새마을운동으로 추진되었던 사업은 내무부와 농수산부 외에 상공부, 건설부, 보사부, 체신부, 문교부, 문공부, 과학기술처, 농진청, 산림청 등과 관련되어 있었고, 이후 새마을운동이 확대되면서 정부의 모든 부처가 새마을운동 관련 사업을 기획하고 수행하였다.

이와 같이 복잡하게 얽혀있는 새마을운동의 추진체계는 조정, 협의기관을 필요로 하였고, 중앙정부측에서는 내무부가, 그리고 별도의 새마을운동중앙협의회가 조직되어 이러한 업무를 담당하게 되었다. 그러나 제한된 자원을 활용해야 하는 사업우선순위 결정과정은 마을 주민들의 몫이었다. 결국 제한적이나마 주민들은 공동자산을 형성하고 관리하기 위해 마을마다 주민 자치기구인 새마을위원회를 결성하고 관련 권한을 행사하게 된 것이다. 새마을운동이라는 동일한 정부정책의 수행과 관련하여 다양한 이해당사자가 관련되어 있었고, 이들 이해당사자가 모두 관련 권력을 공유하고 있었다. 한 예를 들면 새마을부녀회는 건전한 풍토를 조성하기 위해 마을에서 술 판매를 금지하자고 의견을 모으고 이에 관한 권한을 행사하였다.

② 주민들의 상향적 의사결정

새마을운동의 성공요인으로 빼놓을 수 없는 것은 자발적인 주민참여이다. 주민들의 자발적 참여는 사업 주도권(initiatives)과 주인의식(ownership)을 주민들에게 돌려줄 경우에 가능하다. 20세기 중·후반부터 세계 도처에서 전후 지역사회를 회복하기 위한 노력들이 시도되었음에도 불구하고 성공사례로 보고할만한 경험이 거의 없는 이유는 Batten(1974)의 지적대로 이들 지역사회개발 사업의 주도권을 개발활동가나 개발기관들이 가졌기 때문이다. 지역사회개발 사업에서 주민들의 자발적 참여는 한정된 자원의 효율적 배분을 가능케 한다.

주민들의 자발적 참여를 유도하기 위해서는 일종의 공동가치 창출과 주민들의 자발적 참여를 지원할 수 있는 정부의 지속적인 관심이 필수적이다. 마을 단위의 공동가치 창출은 혈연 중심의 전통적인 한국 지역사회 속성을 지연(地緣) 중심의 공간인식으로 전환함으로써 가능하였다(소진광, 2007a). 혈연 중심의 씨족

사회는 변화에 대해 큰 저항감을 가지고 있고 새로운 방식을 부담스러워하는 풍조를 지니고 있었다. 그러나 지연 중심의 지역사회는 공간, 환경변화에 대응하려는 공동 관심사 도출이 쉬워서 변화에 대한 저항감이 작다.

　자연재해의 피해복구를 위한 마을 공동의 노력을 촉발하여 농촌마을을 발전시키고자 출발한 새마을운동은 주민들의 물리적 생활환경 개선사업을 통해 지연적(地緣的) 공동체 인식을 심어주었다. 그 과정에서 새마을운동은 개인으로서는 불가능한 공동의 가치를 실현할 수 있는 실천논리를 포함하게 되었다. 특히 협치와 관련하여 새마을운동의 의사결정방식에 주목할 필요가 있다. 평균 53가구로 구성된 당시 마을단위는 모든 주민들이 모이기도 편하고 이야기를 주고받을 수 있는 기초생활 공간단위였다. 공동문제에 관한 의견을 서로 교환할 수 있는 작은 마을을 사업단위로 설계한 새마을운동은 주민들의 주도권(initiative)과 주인의식(ownership)을 촉발하는데 효과적이었다. 즉, '주민에 의한, 주민을 위한, 주민의 지역사회개발사업'으로 접근한 새마을운동의 작동체계는 주민들의 자발적 의사결정 방식을 정착시키는데 성공하였다.

　새마을운동이 상향적 지역사회 발전모형이었던 점은 새마을운동의 추진과정에서 의사결정 방식을 통해서 확인할 수 있다. 아무리 많은 자원을 투입하더라도 주민들의 자발적 참여를 이끌어 내지 못한다면 소기의 성과를 거둘 수 없다. 모든 혁신추진방식이 그러하듯이 새마을운동도 초기 변화의 역군(change agent)을 지도자로 내세워 동조자를 만들어야 했다. 새마을 지도자는 마을 주민들에 의해 직접 선출되어 주민을 대표하게 되었다. 따라서 새마을운동 사업우선순위, 주민부담, 수혜자 결정 등 모든 의사결정이 상향적 과정을 띠게 되었다. 이와 같이 당시 강력한 중앙정부 집권적 한국의 정부구조에서 새마을운동 관련 의사결정 만큼은 철저하게 풀뿌리 민주주의(grass root democracy)에 기반한 주민자치 전통으로 이루어졌다.[18] 이러한 경험이 한국에서 지역사회의 협치(community

---

18 새마을운동에 대한 오해와 편견의 대부분은 이러한 주민주도의 의사결정과정을 모르는데서 비롯된다. 당시 강력한 정부권력이 마을단위로 추진되었던 새마을운동 의사결정에도 적용되었으리라는 추측만으로 그 이후의 새마을운동 추진사례를 오해하게 된 때문이다. 이러한 오해는 당시 주민들의 새마을운동 추진에 대한 주민들의 기록(마을지, 주민총회 회의록 등)을 검토하면 풀릴 수 있다.

governance)를 부활 혹은 촉진하게 된 배경이다.

③ 주민들의 정보생산

새마을운동이 모든 정부 차원에서 종합적으로 추진되었음은 구체적인 사업의 성격에서 확인될 수 있다. 그러나 새마을사업의 내용은 마을마다 달랐다. 그 이유는 마을마다 주민들이 느끼는 절실함이 달랐고, 주민들이 느끼는 절실함은 의사결정에서 각기 다른 사회적 할인율로 인식되었기 때문이다. 만약 중앙정부 주도로 새마을운동이 추진되었다면 마을단위에서 연차별로 새마을사업이 같았을 것이다. 하지만 마을 주민들은 그들이 느끼는 절실함에 따라 사업의 우선순위를 정했기 때문에 마을마다 추진했던 사업내용이 달랐다. 마을마다 사회적 할인율이 달랐기 때문에 주민들의 자발적 부담, 즉, 마을 내부 자원의 동원방식도 달랐다.

마을주민들이 마을 수준에서 느낀 절실함도 주민 개인별로 다를 수 있다. 즉, 어떤 주민들은 마을회관을 먼저 짓자고 주장할 수도 있고, 다른 주민들은 마을 어귀의 개천을 건널 수 있는 교량을 먼저 건설하자고 주장할 수 있다. 이러한 의견들을 정리하여 마을별로 새마을사업 우선순위를 정하기 위해서는 마을현황에 대한 정확한 정보가 필요했다. 즉, 주민들에 의해 선출된 새마을지도자들은 주민들의 의견을 통해 사업우선순위를 정하기 위해 정확한 현황조사를 해야 했다. 이러한 마을현황은 지도에 그려져서 모든 마을 주민들이 공유할 수 있었고, 이러한 마을현황에 대한 정보는 사업우선순위를 정하는데 활용될 수 있었다.

이와 같이 마을주민들은 정부가 제공하는 정보에 의해서가 아니라 주민들 스스로 파악한 마을현황자료에 의해 그들의 절실함을 표현할 수 있게 되었다. 주민들의 마을현황에 대한 자료조사와 주민총회에서 사업우선순위를 결정하기 위해 제시된 마을현황에 관한 정보는 여러 마을지에 기록되고 있다. 이와 같이 새마을운동 접근방식은 주민들이 직접 생산한 자료와 정보에 근거하여 마을 공동의 사업 우선순위를 결정하게 하였기 때문에 마을 단위에서의 협치체제를 구축하는데 기여하였다.

④ 주민들의 공공재 생산 참여

새마을운동은 초기 기반조성단계를 거쳐 자조발전단계와 자립완성단계로 발전과정을 설정하여 추진되었기 때문에 주민들의 자발적 참여를 유도하기 위한 계획논리를 포함하고 있었다. 1971년부터 1973년까지는 34,665개 마을의 생활환경 시설 및 생산여건 조성을 중심으로 새마을운동이 추진되었다.[19] 1974년부터는 정부에서 촉발하고 지원하던 방식에서 탈피하여 점차 주민들의 참여에 의해 자조적(自助的) 새마을운동이 추진되었다. 이는 마을당 참여 연인원을 통해 확인할 수 있는데, 이러한 자조적 새마을운동은 1976년까지 이어진 것으로 평가된다. 1977년 이후 농촌새마을운동은 주민들의 참여율이 급격히 증가하여 자립완성단계로 진입하게 되었다. 이와 같이 새마을운동이 지속적으로 추진될 수 있었던 것은 새마을운동의 발전단계를 기초, 자조 및 자립단계로 설정하여 그에 상응한 추진체계를 접목시켰기 때문이었다.

한국의 전통적인 마을은 대체로 1960년대 초반까지도 같은 성씨(姓氏)끼리 모여 사는 혈연적 공동체로 운영되고 있었다. 한 마을에 3, 4개의 씨족들이 구획별로 집성촌을 이루어 사는 곳도 있었다. 소위 산업화의 영향으로 여러 성씨가 한 마을에 사는 경우가 늘었지만 농촌마을의 대부분에서는 종가를 중심으로 하는 혈연 공동체가 보편적이었다. 이러한 상황에서 마을 전체의 공동가치 창출은 어려웠고, 씨족별로 조상숭배 방식, 삶의 가치가 서로 달랐다. 혈족 중심의 마을 운영체계로 인해 마을 공간구조가 복잡하고 중심도로가 정비되기 어려웠으며, 새로운 변화를 수용하기도 쉽지 않았다.

이러한 상황에서 산업화 정책의 추진은 도시와 농촌간 삶의 방식 이질화, 소득격차의 심화로 이어지고 결국 국가사회의 통합을 어렵게 하였다. 마을에서 씨족간의 갈등도 증폭되어 농촌사회 공동체인식의 붕괴조짐이 나타나기도 하였다. 정부가 주민들의 자발적 자연재해 복구노력을 지원하기 시작하며 국정과제로 채택된 새마을운동은 혈연중심의 농촌마을을 지연적 공동체로 전환하였고 이 과정에서 자연스럽게 혈연을 초월한 구성원간 협동분위기를 창출하였다. 따라서 새마을운동은 당시 한국의 전통적인 농촌마을에서 혁신을 수용할 수 있는 분위기

---

19 새마을운동은 1970년 4월 22일 국정과제로 천명된 이후 주민조직, 지도자 선출 등의 주민협의를 거쳐 첫 사업은 농한기인 1970년과 1971년 사이의 겨울철을 이용하여 추진되었다. 따라서 새마을 운동의 첫 사업 결과는 1971년으로 표기된다.

를 만들었기 때문에 성공한 셈이다.

이러한 과정논리는 혁신을 필요로 하는 공동체에서 적용될 수 있는 보편적 패러다임으로 자리 잡게 되었다. 이와 같이 한국의 새마을운동은 마을 단위에서의 이질적 요소를 통합하여 공동가치를 창출하고 이를 실현하기 위해 지역사회 자원을 동원하기 위한 과정논리 위주로 발전하였다. 이러한 과정논리는 공공재 공급과잉을 방지하고, 공공재 생산에 소비자(즉, 주민)도 참여하는 사회작동체계를 구축하는데 기여하였다. 이러한 사회작동체계는 협치를 통해 유지, 관리될 수 있다.

⑤ 자원조달체계

초기 정부의 지원을 계기로 촉발된 새마을운동은 주민들의 '삶의 질' 향상으로 이어졌고, 이에 기초하여 주민들은 공동노력의 실익을 체감하게 되었다. 결국 주민들은 근면, 자조, 협동을 통해 발전을 도모할 수 있다는 확신을 얻게 되었고 이 과정에서 새마을운동은 상향적 지역사회 발전모형으로 자리 잡게 되었다. 이러한 상향적 지역사회 발전모형은 산업화로 인해 감소되는 것으로 알려진 사회적 자본(social capital)을 보충하여 지속적인 산업화를 가능케 하였다. 따라서 한국의 지속적인 경제성장은 새마을운동을 통해 사회적 자본을 축적하고 그러한 사회적 자본이 산업화의 추진으로 증대되던 거래비용을 줄이면서 가능하게 되었다. 새마을운동이 사회적 자본 축적을 통해 거래비용을 줄이면서 생산성 향상에 기여한 사실은 공장새마을운동 성과를 통해 확인된다.

초기 정부지원으로 촉발된 새마을운동이 자발적 주민참여를 기반으로 한 상향적 지역사회 발전모형으로 전환하게 된 경위는 새마을운동 추진과정에서 주민들의 기여를 통해 확인될 수 있다. 주민들이 마을 공동사업의 우선순위를 정했기 때문에 스스로 사업부지를 마련해야 했고, 부족한 사업비를 보충하기 위해 능력에 따라 기금을 출연하였다. 자신들이 결정한 사업이었기에 주민들은 기꺼이 노동력을 제공하였고, 이러한 과정을 거치면서 주민들은 새마을사업에 대한 주도권과 주인의식을 키워갈 수 있었다.

새마을운동을 추진하기 위한 마을 공동자금 조성에는 출향인사들의 기부금 비중도 컸다. 고향을 떠나 객지에서 산업화에 편승하면서 부를 축적한 출향인사들은 고향발전에 대해 큰 관심을 가지고 있었다. 이들은 고향 마을의 새마을운동사업에 기부함으로써 고향에 남아있는 부모님과 친척들의 위신을 높였고, 이러한 출향인사 기부금 경쟁이 마을 공동체 회복에 기여하였다. 이러한 공동체 회복으로 마을 주민들은 공동가치를 통한 개별 주민들의 삶의 질 향상을 피부로 느끼게 되었고, 마을의 공동가치를 위해 개인의 재산을 제공할 수 있게 되었다.

(2) 새마을운동의 추진조직과 지역사회 협치

새마을운동 추진조직은 총괄적인 계획, 조정 및 지원을 위한 행정조직과 주민활동을 수행하기 위한 민간조직으로 나누어 볼 수 있다. 행정조직은 다시 계통조직과 협의조직으로, 민간조직은 새마을운동중앙본부와 그 산하조직을 중심으로 지역사회 단위조직이 있었다(남치호, 1984:144). 지역사회 협치 관점에서 새마을운동의 추진조직은 <표 9-1>과 같이 조직형태, 지도층, 조직가치 및 조직의 공동 목표로 나누어 평가될 수 있다.

① 추진조직형태

한국에서 새마을운동 전담 행정조직이 탄생한 것은 1971년 8월 19일 대통령령 제5755호 내무부 직제개정을 통해서였다. 당시 지방국 밑에 있던 개발과를 폐지하고 대신 지역개발담당관, 도시개발관, 농촌개발관, 주택개량관을 신설하여 새마을운동 관련 업무를 처리하게 하였다. 1973년 1월에는 내무부직제개정을 통해 지방국 밑의 지역개발담당관이 새마을담당관으로 명칭을 변경하였고, 새마을계획분석관이 신설되었다. 또한 1971년 생겼던 농촌개발관, 도시개발관 및 주택개량관이 폐지되고 대신 내무부 지방국 산하에 새마을지도과, 도시지도과 및 주택지도과가 신설되었다.

초창기 새마을운동의 시험사업인 '새마을 가꾸기 사업'은 내무부가 주관하여 추진되었다. 1972년 3월 7일 대통령령 6104호로 중앙정부의 모든 부처가 참여하는 [새마을운동중앙협의회]가 조직되어 내무부 장관이 위원장을 맡고 새마을운동을 총괄적으로 추진하게 되었다. 새마을운동중앙협의회 위원으로는 경제기획원 차관, 외무부 차관, 내무부 차관, 재무부 차관, 국방부 차관, 문교부 차관, 체육부 차관, 농수산부 차관, 상공부 차관, 동력자원부 차관, 건설부 차관, 보건

표 9-2 **새마을운동중앙협의회 구성과 기능**

위원장	내무부 장관
위원	경제기획원 차관, 외무부 차관, 내무부 차관, 재무부 차관, 국방부 차관, 문교부 차관, 체육부 차관, 농수산부 차관, 상공부 차관, 동력자원부 차관, 건설부 차관, 보건사회부 차관, 노동부 차관, 교통부 차관, 체신부 차관, 문공부 차관, 총무처 차관, 과학기술처 차관, 정무장관실 제1 보좌관, 산림청장, 조달청장, 농촌진흥청장, 수산청장, 환경청장, 철도청장, 해운항만청장, 새마을운동중앙본부 회장
기능	중·장기 및 연도별 계획 종합, 조정/새마을운동의 체계적이고 효율적인 종합, 조정/새마을운동에 대한 계몽과 홍보활동의 종합, 조정

사회부 차관, 노동부 차관, 교통부 차관, 체신부 차관, 문공부 차관, 총무처 차관, 과학기술처 차관, 정무장관(제 1) 보좌관, 산림청장, 조달청장, 농촌진흥청장, 수산청장, 환경청장, 철도청장, 해운항만청장 및 새마을운동중앙본부 회장 등이 참여하였다. 새마을운동중앙협의회 기능은 첫째, 새마을운동의 장기, 중기 및 연도별 계획을 종합하여 조정하고 둘째, 새마을운동 추진을 체계적이고 효율적으로 종합, 조정하며 셋째, 새마을운동에 관한 계몽과 홍보활동을 종합, 조정하는 것이었다(이병동, 김일철, 1981:123).

새마을운동중앙협의회가 관장하는 업무를 효율적으로 수행하기 위하여 중앙정부의 25개 부처청(部處廳)의 주무 국장이 참여하는 새마을운동 실무협의회가 조직되어 있었고 내무부 지방행정차관보가 위원장을 맡았다. 새마을운동의 행정추진조직은 새마을운동중앙협의회를 정점으로 시·도 새마을운동협의회, 시·군 새마을운동협의회, 읍·면 새마을운동협의회가 구성되어있었고, 마을단위로는 이장이나 새마을지도자를 위원장으로 하는 리·동(里洞) 개발위원회와 주민총회가 구성되어 있었다(〈그림 9-1〉).

1972년 10월 17일 새마을운동을 국가시책의 최우선 과업으로 추진한다는 대통령의 특별선언이 있고 나서 1973년 2월엔 새마을운동 관련 시·도 행정기구개편이 이루어졌다. 이에 따라 각 시·도에 새마을 지도과가, 그리고 각 시·군에 새마을과가 신설되었다. 이러한 새마을운동 관련 지방행정조직은 사업을 통한 마을발전과 교육을 통한 정신계발이 주 임무였지만 새마을운동 홍보업무도 관장하고 있었다.

그림 9-1 **새마을운동 추진조직의 협치구조**

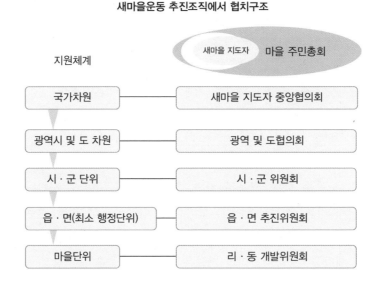

새마을운동 추진조직에서 협치구조

1975년 1월 1일을 기해 시·군에 신설된 부군수는 새마을운동 관련 업무를 관장하며 부군수 직속으로 새마을계(係), 기획예산계, 감사계가 설치되었다. 1975년 1월 15일에는 새마을운동을 국가의 최우선 시책으로 관리하고 원활한 사업추진을 위해 내무부와 시·도 및 시·군에 새마을운동 상황실을 설치하였다. 이어 1976년에는 경기도 안양시와 부천시에 새마을과가 설치되어 1974년부터 추진되어오던 도시새마을운동을 공식적으로 뒷받침하게 되었다. 특히 공무원들은 중앙부처 및 지방자치단체에서 새마을운동 관련부서는 승진을 위한 필수과정으로 인식되어 공무원들이 선호하였다.

② **주민 지도층**

새마을운동 관련 주민조직은 정부조직과는 달리 느슨한 연합체적 성격을 띠고 있었다. 즉, 지방의 조직들이 연합하여 상향적으로 중앙조직을 형성하는 과정으로 발전되었다. 1980년 12월 13일 새마을운동조직육성법이 공포되었고, 이 법에 근거하여 새마을지도자협의회, 새마을부녀회, 직장새마을협의회 및 공장새마을운동추진본부가 연합하여 사단법인 새마을운동중앙본부를 출범시켰다. 이러한 새마을운동중앙본부의 탄생은 종래 관 주도의 새마을운동 지원체계가 민·관 협력의 추진체계로 전환하였음을 의미한다. 그 후에 새마을청소년중앙연합회, 새마을문고중앙회, 새마을조기체육회가 새마을운동중앙본부로 흡수되었다. 새마을운동중앙본부는 지방조직을 결성하여 13개 시·도에 지부를 설치하였고, 각 시·군에 지회를 두었다. 이러한 조직은 새마을운동의 효율적인 수행을 가능케 하였으나 조직이 방대해지면서 정치권력과 결탁하는 부작용도 나타났다. 새마을운동중앙본부는 후에 새마을운동중앙회로 개칭되었다.

새마을지도자는 주민대표성을 띠고 있어서 지역사회 여론형성에 영향력이 컸다. 이러한 상황에서 새마을지도자는 정치권으로부터 각종 유혹을 받았을 것이다. 지역별로 우세한 정당에 따라 새마을지도자들의 성향도 달랐다. 하지만 새마을지도자들은 한국의 주류사회 뿌리에 해당하였고, 이런 연유로 정당들은 새마을지도자들을 끌어들여 자신들에게 유리한 색깔을 칠하려고 하였다. 이 과정에서 새마을운동에 대한 오해와 편견이 나타나기 시작하였다.

새마을운동 관련 지역사회 단위의 주민조직은 주민 모두가 참여하는 유형과 주민대표만이 참여하는 유형으로 나누어진다. 모든 주민이 참여하는 새마을운동 조직유형에는 주민총회, 반상회, 그리고 각종 기능별 주민자생조직 등이 있다. 주민총회는 마을단위로 개최되는 것이 일반적이지만 도시지역에서는 개별 사업과 관련한 주민들이 모여 일시적으로 개최되는 경우도 있었다. 반상회는 행정구역의 최소단위[20] 주민회의로서 대체로 가구대표가 출석하며 오늘날까지도 지역사회 공동의 가치를 창출하는데 기여해오고 있다. 반상회는 1976년부터 전국적으로 조직, 운영되었고, 한국에 있어서 가장 중요한 주민참여의 수단이자 새마을운동의 근간이기도 하다(남치호, 1984:150). 그러나 주민총회가 마치 중앙권력의 시민사회 장악수단으로 오해받기도 하였다. 그러나 주민들이 주기적으로 모여 일상의 생활정보를 교환하고 공동의 가치를 논의하는 반상회는 협치의 기본단위로서 풀뿌리 민주주의의 생명력과 같다.

---

20 반(班)은 도시지역에서는 대체로 20내지 35가구로 구성되며 가구가 흩어져 있는 비도시지역에서는 물리적 거리를 고려하여 10가구 미만으로 구성되기도 하였다. 1979년 한국에는 모두 265,718개의 반이 편성되어 있었다.

새마을운동관련 지역사회 단위의 주민조직은 대체로 새마을지도자와 마을 이장이 주관하는 주민총회를 정점으로 새마을청소년회, 새마을부녀회, 새마을영농회, 새마을금고, 새마을문고, 산림계(山林契) 혹은 어촌계(漁村契) 등 각종 자생적 조직으로 구성되어 있다. 이러한 주민조직은 새마을운동이 본격적으로 추진되기 시작한 1970년대 이전부터 한국의 전통적인 마을 단위에서 자생했던 것들도 있고 새마을운동을 계기로 탄생한 것들도 있었다. 중요한 것은 서로 다른 기능을 수행하기 위해 탄생한 주민조직들이 새마을운동이 시작되면서 상호 연대하여 하나의 총체적 공동가치를 창출하기 시작했다는 점이다. 대체로 마을이장은 장년층 이상의 연령대에서, 그리고 새마을지도자는 청년층에서 선출되는 경우가 많았는데, 새마을지도자의 선출방식은 종래의 이장 선출방식과는 다소 차이가 있었다. 새마을지도자가 어떠한 자질을 갖고 있고, 어떠한 방식으로 선출되는가는 주민참여에 큰 영향을 미쳤다(김승호, 부만교, 1984:501).

같은 자질과 능력을 가지고 있는 새마을지도자라도 주민들이 직접 선출한 경우 주민동원이나 지역사회 자원관리에 있어서 책임감이 더 강했고, 성과도 좋았다. 새마을지도자는 변화의 역군으로서 지역사회 발전방향과 변화속도에 중요한 영향력을 미치기 때문에 한국 정부는 「새마을지도자 육성지침」을 정하여 새마을지도자에게 요구되는 최소한의 능력과 자질을 제시하였다. 「새마을지도자 육성지침」에 따르면 새마을지도자 자격기준은 첫째, 마을을 실질적으로 이끌어 온 사람, 둘째, 영농에서 시범을 보인 독농가(篤農家), 셋째, 젊음을 불살라 향토개발에 앞장 선 청장년, 넷째, 계(契) 등 마을에서 큰 비중을 차지하는 자생조직의 지도자, 다섯째, 이장, 통장 등 공식의 지도자로 정의되어 있다. 그러나 새마을지도자의 선출방식은 전적으로 마을주민들이 정하기 나름이었다.

내무부의 연구보고서(1983)에 따르면 새마을지도자의 선출방식은 지역에 따라 달랐는데, 도시근교 마을에서는 마을유지나 행정기관에 의한 지명이 31.6%에서 44.7%까지로 가장 많았고, 주민들이 직접 선출한 경우는 28.6%부터 31.6%까지로 나타났다. 반면 농촌지역에서의 새마을지도자는 마을유지나 행정기관의 지명에 의해 선출된 경우가 30.6%로부터 34.5%까지로 나타났고, 주민 직선으로 선출된 경우는 54.5%로부터 64.2%까지로 나타났다. 주민들의 직선에 의해 선출된 새마을지도자는 주민들로부터 더 많은 신뢰와 지지를 얻을 수 있고 주민들의 자발적 참여를 이끌어낼 수 있었다. 한편 1982년 말 남자 새마을지도자로서 통장(농촌지역 이장에 해당)을 겸하고 있는 사람은 전체 도시새마을지도자의 47.0%를 차지하고 있었고, 농촌지역에서 이장을 겸하고 있는 새마을지도자는 전체 농촌의 10.5%로 나타났다. 이장이나 통장이 새마을지도자를 겸할 경우 행정조직을 이용하여 자원을 동원하고 행정기관과의 관계를 원만하게 유지할 수 있는 장점이 있으나 새마을운동의 혁신적 추진이 제약받을 가능성도 있다.

전라남도의 10개 시·군을 상대로 한 연구(기우걸 외, 1987)는 각각 시·군에서 1개씩의 새마을운동 우수마을, 낙후마을, 중급마을을 선정하여 설문조사를 통해 새마을사업 선정방식, 계획수립여부, 새마을조직내용을 분석하고 있다. 이 연구에 따르면 새마을사업선정방식이 우수, 중급, 낙후마을에 따라 큰 차이를 보여주고 있는데, 즉, 우수마을의 경우 총 10개 마을에서 4개 마을은 모든 주민의 의사에 따라 사업을 선정하였다고 응답하였고, 3개 마을은 지도자의 의견에 따라, 그리고 2개 마을은 마을유지 의견을 따라 선정하였다고 응답하였다.

반면 낙후마을의 경우 모두 10개 마을에서 4개 마을이 마을유지 의견을 따라 사업을 선정하였고 3개 마을은 정부기관의 사업지침에서 제시된 사업 중에서 선택하였으며 모든 주민의 의사에 따라 사업을 선정한 마을은 2개에 불과하였다. 또한 10개 우수마을 중 6개 마을은 장기발전계획을 수립하고 있었고, 10개 낙후마을 중 장기발전계획을 수립하고 있는 마을은 우수마을의 절반 수준인 3개 마을에 불과하였으며 중급마을에서 장기발전계획을 수립하고 있다고 응답한 비율은 50%인 것으로 나타났다. 특히 10개 우수마을은 모두 새마을지도자와 새마을부녀회를 가지고 있었는데, 낙후마을의 경우 새마을지도자와 부녀회가 없는 마을도 2개로 나타났다. 새마을청년회 역시 우수마을의 경우 10개 마을 중 9개가, 낙후마을의 경우는 10개 마을 중 6개 마을만이 조직되어 있는 것으로 밝혀졌다. 새마을조직에 있어서 우수마을과 중급 마을간의 차이는 나타나지 않았다.

이와 같이 새마을운동 관련 주민조직은 지역사회 특성에 따라 다르고, 또 새마을운동의 성공여부는 주민조직의 특성에 따라 달랐음을 알 수 있다. 주민들의 자발적 의사가 존중되는 마을은 새마을운동 성과도 컸고, 그렇지 못한 마을에서는 자원동원능력 및 주민조직이 활성화 되지 못했다. 이러한 사실들은 새마을운동이 단순한 특정 사업이 아니라 주민과 지역사회 자원의 조직화를 도모하는 원리임을 알 수 있게 해준다. 이와 같이 다양한 주민조직의 지도자들이 새마을운동 관련 새로운 조정자로 부상하면서 공무원이 독점하던 지도력도 분산, 공유체제로 바뀌게 되었다.

③ 조직가치와 공동 목표

새마을운동은 당시 상황에서 새로운 조직문화를 잉태한 계기를 마련해 주었다. 당시 한국정부는 총량경제 성장이 절실하여 산업화 정책에 모든 자원을 투입하고 있었다. 그러한 상황에서 농촌발전문제는 정책의 대상으로서 큰 관심을 끌지 못했다. 그러나 지속적인 산업화 정책의 추진으로 도시와 농촌간 소득 및 생활기반시설 격차문제가 결국 국가발전에 장애요인으로 등장하게 되었고, 농촌문제를 더 이상 방치할 수 없게 되었다. 문제는 정부가 투입할 수 있는 재원이 매우 제한적이었다는 현실이었다.

결국 한국정부는 주민들의 자발적 참여를 촉발하기 위해 성과위주로 지원하게 되었는데, 이 과정에서 새마을운동의 사업단위인 마을끼리의 경쟁을 부추겼다. 특히 마을끼리의 경쟁은 지연적 공동체의식을 제고하여 마을단위의 사회적 자본을 축적하게 되었다. 이러한 과정에서 새마을운동은 시민사회를 형성하는데 기여한 셈이다. 마을끼리의 경쟁은 정부에 의존하던 종래의 지역사회 운영방식과도 전혀 다른 성과로 이어졌다. 마을끼리의 경쟁은 주민들의 공동체 인식을 높여줬을 뿐만 아니라 주민들의 주도권과 주인의식을 배양하는데 크게 기여한 것이다.

3) 협치 관점에서의 새마을운동 진화

비록 초기 한국의 새마을운동은 당시 강력한 권위주의적 통치체제로부터 촉발되었지만(Soon-Yang Kim, 2007), 상부상조하는 한국 전통사회에 뿌리를 두고 시대상황에 반응하며 진화하였다. 새마을운동은 사회개발과정으로서 주민들의 태도변화 내지는 적응과정과 더불어 제도화된 지역사회 지도자를 배출하여 안정된 사회변동과정을 이끌어냈다(권태준, 1977:58-59). 이러한 과정에서 한국의 새마을운동은 정부가 아닌 민간부문이 사회 공통의 일과 관련한 정보를 생산하고 지역사회 단위에서 공공재를 정의, 생산하게 된 계기를 마련하였다. 새마을운동의 접근방식은 초기 정부의 적극적인 지원으로 추진방식 및 추진조직이 '통치'에 가까운 성격을 띠고 있었지만 새마을운동이 진행되는 과정에서 점차 '협치'체제로 전환하였다. 1970년대 중반 이후의 새마을운동은 당시 중앙정부 주도의 '통치' 방식과는 상당히 거리가 있었음을 알 수 있다. 즉, 새마을운동은 '협치'체제를 구축하여 주민 모두를 단순한 공공재의 소비자가 아닌 '공동 생산자(co-producer)'로 전환한 지역사회개발 접근방식이었다.

한국 정부는 산업화를 추진하면서 나타나기 시작한 농촌의 상대적 낙후성을 해결하기 위해 새마을운동이라는 지역사회개발정책을 통해 주민들을 공동 생산자로 끌어들이고 주민부담을 통한 지역사회 내생적 발전을 도모하였다. 주민들은 제한된 자원의 효율적 활용을 위해 사업우선순위를 스스로 결정하였고, 이 과정에서 마을 공동문제를 도출하기 위해 관련 정보를 생산하게 되었으며 이를 공유함으로써 투명하고 상향적인 의사결정 과정을 운영하게 되었다. 따라서 새마을운동의 추진방식은 지역사회 '협치'체제 구축에 기여한 것으로 평가된다. 이러한 관점에서 한국의 새마을운동은 이미 1970년대부터 지역사회 단위에서 '협치'체제의 실익을 검증한 셈이다. '통치로부터 협치로(from government to governance)'의 패러다임 전환은 이제까지 정부가 맡아 해오던 일 중에서 민간부문이 정부조직보다 더 잘 할 수 있는 영역이 있음을 반영한 것이다.

새마을운동의 주민조직 역시 역할에 따른 다초점 분극화 형태를 띠고 있었고, 모든 이해당사자간 협상을 주도하는 조정자가 지역사회 지도층으로 부상하는 계기를 제공하였으며 참여와 연계망을 형성하여 마을 단위에서의 사회적 자본 축적에 기여하였다. 이 과정에서 새마을운동은 종래 혈연 중심의 씨족사회를 지연 중심의 시민사회로 전환하는데 기여하였다. 이러한 과정으로 형성된 지연적 공동체 요소는 마을끼리의 경쟁을 통해 공동이익을 확대 재생산하는 방식으로 사회 모든 분야의 비효율을 개선하는데 기여하였다.

새마을운동은 주민들을 일방적으로 통치하기보다 주민조직과 정부가 협조하여 제3의 공공 영역을 구축하는 계기를 마련하였다. 공익을 내세워 정부부문의 역할을 확대하기 보다는 일부 공익부문을 정부와 시민사회가 공동으로 정의하고 관리할 수 있는 '협치'체제를 형성한 것이다. 따라서 '협치'체제는 주민을 조직화함으로써 싹이 트고, 주민들의 적극적인 참여를 통해 성장하며, 구성원의 권리와 의무를 통해 유지, 관리된다. 결국 '협치'체제를 구축하기 위해서는 주민참여 동기를 촉발할 수 있어야 한다. 새마을운동이 성공할 수 있었던 것은 이러한 주민참여를 지속적으로 촉발할 수 있는 추진방식과 추진조직 때문이었다.

새마을운동의 추진과정에서 문제의 진단과 한정된 자원 등 제약요소를 확인하는 작업은 주민참여를 더욱 필요로 한다. 참여 없는 책임 없고, 책임 없는 발전은 무의미하기 때문이다. 새마을운동은 이러한 과정을 주민들과 공유하였기 때문에 시작부터 강력한 추진력을 확보할 수 있었다. 이와 같이 새마을운동은 당시 한국의 정치, 사회, 경제, 문화 상황을 고려할 때 커다란 혁신이었다. 또한 새마을운동은 당시 강력한 중앙집권체제에서도 지역사회 단위에서 '협치'체제를 구축하여 풀뿌리 민주주의 유전자를 보전할 수 있었고, 지속적으로 진화할 수 있게 되었다.

3   사회적 자본 축적

1) 사회적 자본의 유용성

사회적 자본이 일상생활에서 유용하다는 인식은 그 개념에 관한 논의와는 달리 오래 전부터 있어 왔다. "백지장도 맞들면 낫다."라든가 "신용이 재산"이라는 표현은 모두 사회적 자본의 유용성을 표현하고 있다. 한국의 새마을운동은 학계에서 사회적 자본을 본격적으로 논의하던 1980년대 보다 먼저 시작되었다. 새마을운동의 실천과정에서 축적된 마을 단위에서의 자발적 주민참여, 마을 공동자산 형성을 위한 주민들의 집단노력, 마을의 공동가치 도출, 주민들의 내부자원 동원역량 등은 모두 사회적 자본 개념으로 환산될 수 있다. 마을 주민들이 공동의 문제를 인식하고, 이를 해결하기 위해 함께 모여 논의하며, 이를 실천하기 위해 마을 공동사업에 자발적으로 참여한 새마을운동 접근방식은 사회적 자본의 전형적 축적과정을 보여주었다.

사회적 자본의 필요성에 관한 증거는 일상생활에서 흔히 찾아볼 수 있다. 주민들끼리의 관계가 여러 영역에 걸쳐 문제해결능력, 만족도 혹은 성취감 등과 연계되어 있기 때문이다. 사회적 자본이 교육성취도, 경제적 성공, 건강 및 범죄로부터의 자유에 긍정적인 영향을 미치고 있다는 사례연구도 많다(Baker, 2000; Francois, 2002; Field, 2003:62). 이와 같이 사회적 자본과 관련한 생활현상은 새로운 것이 아니다. 다만 사회적 자본에 관한 논의가 새롭게 부상하고 있는 이유는 역설적으로 사회적 자본이 감소하고 있는 현대인의 생활방식에서 찾을 수 있다.

산업화로 인해 인간의 직접적 노동력을 대신하는 기계발달 혹은 기술의 진전이 강조되어 왔고, 기술발달은 사람과 사람의 직접 접촉을 대체하였다.[21] 인간의 접촉기회가 줄어들다 보니 접촉으로 인한 거래관계가 단선적으로 표준화되거나 단순하게 취급되어 사회적 자본의 중요성이 간과되어 오고 있다. 그러나 산업사회에서와 같이 표준화, 규격화로 인한 생산공정에서의 탈기능화가 새로운 소비함수를 반영하여 생산요소의 다양한 결합방식으로 대체되고 있다. 생산함수 위주의 경제논리가 생산과 소비를 두 축으로 하는 경제논리로 전환하고 있는 것이다. 이 과정에서 생산요소 결합방식만으로 설명이 가능했던 경제활동은 소비함수에 영향을 미치는 또 다른 요인의 등장과 함께 종래 방식대로 사회체제를 유지, 관리하기가 어렵게 되었다.

한편 발전현상을 설명하는데 있어서도 전통적인 자본의 한계로 인해 사회적 자본의 유용성이 더욱 중요해지고 있다(소진광, 1999a). 자본은 생산력 있는 가치의 총계를 의미하는 것으로 다른 생산요소와의 결합비율, 결합방식에 따라 이윤 크기를 달리할 수 있다. 그러나 자본에 대한 이러한 기능주의적 견해는 개별 구성요소의 합이 반드시 전체와 일치하지 않는 경우를 고려하기 시작한 구조주의

---

21 기계발달 혹은 기술진전이 사람들의 직접접촉을 대신하는지 혹은 촉발하는지에 관한 논의가 있어 왔다. 분명한 것은 기계나 기술이 인간의 노동력을 대체함에 따라 생산과정에서 사람과 사람의 접촉필요성은 감소하고 있다는 사실이다.

논리에 의해 도전 받게 되었다.[22] 부동산, 화폐 등과 같은 전통적인 자본은 구조화된 틀 범위 안에서 역할을 할 수 있지만 구조 자체를 바꾸는 일에서는 한계를 지니고 있다. 주어진 관계에서 작동하는 수단(자본)과 관계를 설계할 수 있는 수단(또 다른 자본)은 본질적으로 다르다.

Knack와 Keefer(1997)는 다른 방법이 없는 상황에서라면 개인간 신뢰가 공식적인 경제활동을 더욱 용이하게 한다고 주장하였다. 이러한 주장은 개인간 신뢰가 낮고, 또 이를 빠른 시일 내에 증진시킬 수 없는 상황에서는 신뢰할만한 계약의 집행과 신용을 얻기 위한 제도개혁이 더 중요하다는 논리와 연계되어 있다. 사회적 자본의 핵심은 사회적 연결망(social networks)이 가치 있는 자산이라는데 있다(Field, 2003:12). 사회적 연결망은 사람들로 하여금 상호이익을 위해 서로 협력할 수 있게 해주기 때문에 사회적 응집력의 기반을 마련해준다.

Putnam(2000:19)에 따르면 사회적 연대(social ties)에 관한 논쟁이 20세기 여러 차례나 있어 왔는데, 그때마다 서로 협력할 수 있는 연결망을 활용하여 사람들의 생활이 나아지고 있다는 견해가 우세했다. 이와 같이 막연한 개념으로부터 출발한 사회적 자본은 금융자본(financial capital), 물리적 자본(physical capital), 인적 자본(human capital) 등 전통적인 산업자본과는 근본적으로 다른 속성을 지니고 있으면서도 그러한 전통적 자본의 개념과 대비되면서 더욱 정교한 개념으로 발전해오고 있다.[23] 이제까지 전통적 자본은 발전현상을 '양적 삶의 수단'에 초점을 두고 설명했던 반면, 사회적 자본은 발전현상을 인간의 궁극적인 삶의 만

---

[22] 즉, 자본이 기계라든가 원료와 같은 실존 형태를 띠고 있는 것은 아닐 지라도 그러한 표현 방식에 따라 기능이 다르고 또 자본이 작동하는 사회구조에 따라 이윤 발생정도를 달리한다. 뿐만 아니라 어떠한 유형의 자본도 동일한 여건이 반드시 동일한 결과로 이어지지 않는다는 일반적인 변화의 양태를 설명해 주지 못한다(소진광, 1999a: 32).

[23] 개인적 생산력과 사회적 생산력은 각기 다른 원리에 의해 지배되고 있고 그러한 구분은 전통적인 자본의 규모에 따른 효과와는 별개의 것이다. 동일한 규모의 자본 투자에 의해서도 결과적인 이윤 발생정도가 모두 다르다. 이러한 차이는 자본을 누가, 무엇을 생산하는데 사용하는 문제와도 별개의 것이다. 누가 자본을 사용하느냐에 따라 이윤발생정도가 다른 경우는 인적 자본(human capital)개념으로 설명이 가능하고, 자본을 무엇을 생산하는데 사용하느냐에 따라 이윤 발생정도가 다른 경우는 산업구조론 측면에서 설명이 가능하다. 이는 개별 구성원을 전체 사회로 통합하는 과정에서 구성원간 상호작용에 영향을 미치는 중요한 요소를 간과하고 있기 때문이다. 즉, 개인의 사회화 과정에는 개인의 지적능력(즉, 인적 자본)이나 가치의 규모(즉, 금융자본) 외에 구성원간의 신뢰(trust)라든지 네트워크와 같은 또 다른 유형의 자본이 개입되어 있을 가능성이 있다(소진광, 1999a: 32).

족도, 즉 '삶의 질'을 통해 접근하고 있다.

　Collier(1998)는 사회적 상호작용이 외부효과를 발생하기 때문에 그러한 사회적 상호작용에 근거한 사회적 자본이 경제적으로 유익하다고 주장한다. 그에 따르면 사회적 자본은 다른 사람의 행태에 관한 정보전달을 용이하게 하여 무임승차나 기회주의 문제를 줄이고, 기술과 시장에 관한 정보전달을 쉽게 하여 정보시장에서의 실패현상을 줄여준다.[24] 결국 사회적 자본은 인류 공동체 단위의 집단거래를 용이하게 해준다. 시장원리가 개인끼리의 거래를 조절한다면 사회적 자본은 집단거래를 관리한다. 인간사회에서 집단거래는 공동체 형성과 공동가치 실현의 유용한 수단이다.

　사회적 자본의 유용성은 결국 인류 공동의 집단적 생존과 관련한 지속가능한 발전(sustainable development)의 맥락에서 접근되어야 한다(Grootaert & van Bastelaer, 2001:9). 지속가능한 발전이란 현재의 세대가 누리고 있는 만큼, 혹은 그 이상으로 미래세대가 혜택 받게 되는 과정으로 정의되어 오고 있다. 그러기 위해, 현 세대는 미래세대의 비용으로 전가되는 환경문제를 더 이상 악화시켜서는 안 된다. 전통적으로 경제발전과 경제성장은 자연자본(natural capital), 물리적 혹은 가공된 자본(physical or produced capital), 그리고 인적 자본(human capital)에 기초하여 논의되고 있다.

　그러나 이러한 유형의 자본은 경제주체가 성장과 발전을 추구하기 위해 상호작용하고 스스로를 조직하는 방식을 간과하고 있기 때문에 경제성장 혹은 경제발전의 일부 과정만을 설명할 수 있을 뿐이다. 시장(market)이 실패하게 되는 원인의 일부가 여기에 있다. 개인의 행동이 전 지구적 혹은 특정 집단의 지속 가능한 발전으로 수렴되기 위해서는 경제성장 혹은 경제발전의 모든 과정이 함께 다루어져야 한다. 개별 경제주체끼리의 상호작용과 경제활동의 조직화 과정은 사회적 자본의 종속변수이다. 따라서 인류 공동의 지속 가능한 미래를 확보하기 위해서는 배타적 속성을 지닌 금융자본, 물리적 자본 및 인적 자본만으로는 불가능하고, 포섭적 성향을 지닌 사회적 자본이 필수적이다.

24　Arrow(2000)는 사회적 자본이라는 용어를 거부하면서도 네트워크 혹은 사회적 연계가 경제적 이유 때문에 형성될 수 있다고 보고 있다. 특히 그는 사회적 네트워크가 정보의 불균형으로 발생하는 시장의 실패현상을 방지할 수 있다고 추론하고 있다.

2) 사회적 자본의 특성

금융자본이나 물리적 자본, 인적 자본 등은 모두 소유의 관점에서 접근되어 오고 있다. 그러나 소유 자체가 효용이나 행복 혹은 만족의 적실한 대용지표가 될 수 없음이 지적되면서 새로운 개념이 필요하게 되었다. 즉, 수단은 '소유' 자체로서 가치를 발휘하는 것이 아니라 '활용'되면서 새로운 가치를 재생산하는 것이다.[25] 따라서 소유 자체만을 분석단위로 하는 전통적인 산업자본은 활용으로 인한 재생산 과정에서의 효용을 나타내는데 한계를 가지고 있다. 즉, 효용을 측정하기 위해서는 얼마를 가지고 있느냐가 중요한 게 아니라 어떻게 사용하느냐가 더욱 중요하다.

그러한 맥락에서 보면, 생산요소의 다양한 결합방식이 강조되는 후기산업사회에서 사회적 자본에 대한 관심이 고조되고 있는 것도 우연은 아니다. 전통적인 산업자본은 반드시 상대방을 전제해야 사용가능하다. 이 과정에서 한정된 산업자본의 효용은 상대방과의 관계에 따라 달라진다. 그러나 사회적 자본이 사람과 사람사이에 존재한다는 사실만으로는 금융자본, 물리적 자본 등 전통 자본의 한계를 극복할 수 없다.[26]

이와 같이 사회적 자본은 존재형태로 접근되어지기보다 그 역할에 의해 정의되고 있는 셈이다. 인간이 느끼는 궁극적인 효용은 소유하고 있는 전통적인 산

---

[25] 자본(capital)이란 용어는 머리(head)를 뜻하는 라틴어 "caput"의 형용사형에서 비롯되었다. 흔히 자본은 생산요소의 하나로 다른 생산요소와 결합하여 재화의 효용을 증대시키는 것으로 알려져 있다. 이 과정에서 자본은 이자(interest)와는 달리 부채의 중요부분인 머리에 해당하는 대부금의 합계를 나타내는 것으로 "이자를 낳는 화폐의 총계"의미를 띠고 있다. Smith(1776)는 자본과 이윤의 개념을 연계시키고 자본의 두 가지 속성을 구분한 최초의 경제학자였다(Rubin, 1989: 208). 즉 경제를 국민경제와 사(私)경제로 구분할 때, 전자의 경우 자본은 그들 사회적 형태와는 관계없이 실존하는 생산수단을 의미하고, 후자의 경우 자본은 생산의 물질과정과는 구분되어 존재하게 된다. Smith는 후자의 관점에서 개인의 재산을 두 가지로 구분하고 있는데, 하나는 수입을 가져다주는 것으로 이를 자본이라 불렀고, 다른 하나는 그때그때 소비에 충당하는 것이었다.

[26] 이와 같이 사회적 자본은 사람들 사이의 수많은 일상적 상호작용으로부터 창출된다. 그런 의미에서 사회적 자본은 개인이나 혹은 사회구조 안에 있는 것이 아니라 사람과 사람 사이의 공간(space) 안에 있다(Bullen & Onyx, 1998). 조직이나 시장(market) 혹은 국가가 사회적 자본의 생산과 관련되어 있긴 하지만 사회적 자본은 특정 조직이나 시장, 혹은 국가의 전유물이 아니다(소진광, 1999a:32).

업자본을 사용함으로써 얻는다. 산업자본의 사용은 반드시 상대방과의 거래를 통해서 가능하다. 산업자본을 통해 효용을 극대화하려할 경우 상대방과의 관계가 중요한 이유가 여기에 있다. 즉, 동일한 산업자본도 상대방과의 관계를 어떻게 관리하느냐에 따라 다른 효용을 발생한다. 결국 돈을 많이 지불하여 큰 효용을 얻을 수 있는 것처럼, 상대방과의 관계를 좋게 설정하고, 잘 관리함으로써 더 큰 효용을 얻을 수 있다.

따라서 사회적 자본은 사람과 사람의 관계를 관리할 수 있는 역량으로 정의될 수 있다. Coleman(1994:302)은 사회적 자본은 단일의 실체라기보다는 두 가지 공통적인 특성을 지닌 다양한 실체들의 결합으로 보고 있는데, 두 가지 공통적인 특성이란 사회적 자본이 사회구조의 어떤 영역으로 구성되어 있고, 그러한 구조 안에 있는 개인의 어떤 행동들을 용이하게 해준다는 것이다. 결국 사회적 자본은 사회구조에 포함되어 있는 사람들의 행동을 용이하게 해준다.

경제발전의 관점에서 사회적 자본을 연구한 Francois(2002:9－17)는 사회적 자본을 '신뢰할 수 있음(trustworthiness)'으로 정의하고, 이러한 '신뢰할 수 있음'은 두 가지 입장에서 접근 가능한 것으로 보고 있다. 하나는 사회학자 혹은 문화학자의 견해로 '신뢰할 수 있음'을 타고난 개성으로 여기고 있다. 다른 하나는 경제학자들의 통상적인 견해로 '신뢰할 수 있음'을 개인이 행동하는 상황의 특징으로 접근하고 있다. Grootaert와 Bastelaer(2001:21)는 신뢰의 연결망으로 구체화되어 있는 사회적 자본은 물리적 자본이나 노동력 등 다른 생산요소와 같은 특성을 가지고 있다고 보고, 사회적 자본은 시간이 지남에 따라 축적되고 경제성과를 증진시킨다고 하였다.

3) 사회적 자본의 개념구성요소 및 측정

사회적 자본(social capital)은 다의적이고 인간의 사회적 관계만큼이나 다양해서 그 본질을 정의하기가 쉽지 않다. 사회적 자본의 개념에 대한 관심이 높아지면서 이를 측정하려는 노력도 증가하고 있다(Francois, 2002:17). 그만큼 사회적 자본의 개념은 그 측정방식과 밀접하게 관련되어 있다. 그러나 아직도 사회적 자본의 본질과 이를 측정하려는 지표개발에 관한 시각은 다양하다. 다만 사회적 자본의 개념요소를 열거함으로써 사회적 자본의 본질을 유추하려는 성향이 많다.

개념요소는 본질을 구성하는 속성으로서 요소간 상호작용이나 가중치 차이를 잘못 파악할 경우 본질을 왜곡할 수도 있다. 그만큼 본질을 정의하고 표현하기란 쉽지 않다. 결국 사회적 자본의 개념정의도 사회적 자본을 구성하리라고 기대되는 요소들을 열거하고 이들 간의 관계를 이해하는 수준에서 접근되고 있다. 사회적 자본의 개념요소를 논의하는 실익은 이들 개념요소의 표현인자를 통해 사회적 자본의 수준을 측정하고 비교할 수 있다는 데 있다.

사회적 자본이 금융자본, 물리적 자본, 인적 자본 및 환경자본과 같은 전통적인 자본만으로 설명할 수 없던 삶의 방식을 보완적으로 혹은 대안적으로 설명해준다. 그렇다고 하여 사회적 자본은 종래의 전통자본과 같은 개념요소나 표현인자로 정의될 수도 없다. 만약 전통자본과 마찬가지 방식으로 사회적 자본을 정의하려 든다면 사회적 자본은 다른 유형의 전통자본 즉, 금융자본, 물리적 자본, 인적 자본 및 환경자본으로 환산될 수 있어야 하고 그리되면 역설적으로 사회적 자본의 설명력은 제한적일 수밖에 없을 것이다. 사회적 자본의 가치는 전통적인 자본과는 존재형태, 개념요소, 표현인자 그리고 측정지표 및 분석단위가 다르다는데 있다(소진광, 2004a:94).

사회적 자본은 경제적인 관점에서 전통적인 산업자본과 관련하여 두 가지 기능을 수행하는 것으로 나누어 볼 수 있다.[27] 즉, 사회적 자본이 전통자본을 보완

---

27 사회적 자본은 전통적인 자본과 관련하여 두 가지 기능을 수행하는데(소진광, 1999a:37 – 38), 첫째는 전통적인 자본의 대체기능으로 이는 어떤 목적을 달성하기 위해 방법론을 달리할 때 나타난다. 신뢰와 동정심을 유발할 수 있는 말 한마디로 천 냥 빚을 갚을 것인지, 이해관계로 원금 천 냥과 이자를 모두 갚을 것인지는 수단선택과 관련되어 있는 사안이다. 특히 전통적인 자본축적기반이 미약한 개발도상국이나 저개발국에서 주민만족도를 높이기 위해서는 정부 정책의 자충적 효과를 제고하기 위한 제도역량을 갖추든지 신뢰사회를 구축하여 사회적 자본을 축적함으로써 삶의 질을 제고할 수 있을 것이다. 전통적 자본을 대체할 수 있는 사회적 자본기능은 소비활동에서 뿐만 아니라 협동심을 강조하는 생산현장에서도 나타난다. 둘째는 전통적인 자본과 함께 결합하여 생산성이나 만족도를 높일 수 있는 보완기능을 들 수 있다. 이는 특히 생산현장에서 기계나 체계의 효율성을 제고할 수 있는 네트워크를 구축할 경우 두드러지게 나타난다. 그런 면에서 잘 정비된 도시시설을 이용하는 시민들의 질서의식은 사회간접자본에 대한 사회적 자본의 보완기능을 보여준다. 그러나 이러한 사회적 자본의 두 가지 기능이 언제나 분명하게 구분되는 것은 아니다. 동시에 나타날 수 있고, 서로 상승작용을 할 수도 있다.

할 수 있다는 논리는 생산요소의 거래비용과 관련되어 있고, 사회적 자본이 전통자본을 대체하여 생산성이나 만족도를 높일 수 있다는 논리는 전통자본의 한계와 관련되어 있다. 효과나 결과를 같은 방식으로 표현할 수 있다고 하여 반드시 그 원인이 되는 투입요소를 동일한 차원에서 비교할 수 있는 것은 아니다. 사회적 자본의 가치는 전통자본의 미흡한 설명력을 대체할 때보다 발전현상을 설명하는데 있어서 전통자본의 결함을 보완할 때 더욱 중요하다.

Coleman(1988)은 신뢰(trust)를 사회적 자본의 핵심 성분으로 정의하고 있다. Bourdieu(1986)는 특별히 신뢰를 거론하지는 않았지만 사람들이 결혼이나 클럽을 활용하여 유용한 연계를 확보하는 재생산과정을 거친다고 주장함으로써 일종의 신뢰기반을 암시하고 있다. Fukuyama(1995:26)는 "사회적 자본은 사회 혹은 사회 일각에서 신뢰가 충만 되면서 발생하는 (지역사회의) 능력"이라고 정의하여 신뢰 자체를 사회적 자본의 기본적인 특성으로 보고 있다. Uslaner(1999:122) 역시 "사회적 자본이 가치체계, 특히 사회적 신뢰를 주로 반영하고 있다"고 주장하여 사회적 자본을 정의할 때 신뢰가 핵심적인 개념요소임을 밝히고 있다.

경제활동이나 정치, 사회에서도 신뢰는 모두 중요하게 다루어져 오고 있었다. 신뢰는 마치 윤활유와 같아서 그것이 없는 상황에서는 거래가 이루어지기 어렵고, 비용이 많이 들고 관료적이며 시간이 많이 소요된다. 즉, 신뢰가 거래비용을 줄여줄 수 있는 만큼은 경제적 효과로 환산하여 '자본'의 기능을 부여해도 될 것이다.

한편 사회적 자본을 참여나 연결망(network) 관점에서 접근하는 연구들이 있었다. 미국을 대상으로 한 Putnam의 연구(1995)는 참여나 연결망(network)의 관점에서 미국의 사회적 자본이 감소하고 있음을 보여주고 있다. Putnam은 1980년과 1993년 사이 볼링 단체는 약 40% 줄어든 데 반해 전체 볼링인구는 약 10% 정도 증가한데 관심을 갖고 연구를 시작하였다. 이와 함께 미국의 사회적 자본을 측정하기 위해 조사한 항목은 투표참여자 수, 교회신자 수, 노동조합 가입자 수, 자원봉사단체(Boy Scouts, Lions, Elks, Shriners, Jaycees, Masons, Red Cross 등) 회원 수였다. 이와 같이 참여는 공동생산의 수단으로서 동일한 투입으로 산출을 증대할 수 있고, 증대된 산출만큼의 경제적 '자본'과 동일한 기능을 한 셈이다.

특히 Putnam(2000)은 최근 사회과학자들이 "사회적 자본"의 관점에서 변화하고 있는 미국사회의 특성에 대한 관심을 표명하고 있다고 전제하고, 사회적 자본 이론의 핵심은 사회적 연결망(social networks)이 가치를 지니고 있다는 사실이라고 하였다. 즉, 회오리바람처럼 순환하면서 수준을 달리할 수 있는 물리적 자본, 혹은 대학교육과 같은 인적 자본 축적방식이 개별적이든 집단적이든 생산성을 증대시킬 수 있는 것과 마찬가지로, 사회적 접촉(social contacts)도 개인적이든 집단적이든 생산성에 영향을 미친다고 보았다. 생산성에 영향을 미치는 요소는 경제적 수단과 동일하게 '자본'의 속성을 충족시킨다.

이와 같이 Putnam(1993b:167)은 행동을 조율하여 사회의 능률성을 제고시킬 수 있는 신뢰(trust), 규범(norms) 및 네트워크와 같은 사회조직의 특징을 사회적 자본이라고 정의하고 있다. 그는 전 세계에 걸쳐 비공식적으로 운영되고 있는 순번제 융자조직(rotating credit association, 즉 우리나라의 계모임이 여기에 속한다.)을 예로 들며, 사회적 자본이 자발적 협동을 촉진한다고 보았다. 사회적 자본의 축적이 없다면 구성원끼리의 순번은 무의미하고, 신용의 확대 재생산과정도 담보할 수 없다.

개인 간, 지역사회 간 혹은 기관 간 연대(ties)의 성격과 범위를 이해하면, 사회적 자본을 통해 다양한 자원에 각기 다른 방식으로 접근할 수 있음을 알 수 있다. Paxton(1999)은 구조적이고 규범적인 차원의 네트워크를 결합하려고 시도하면서 사회적 자본을 두 가지 다른 성분으로 정의하고 있다. 즉, 개인 간 혹은 객관적인 네트워크 구조끼리의 결합수준(the level of associations between individuals or the objective network structure)과 개인끼리의 주관적인 연대(the subjective ties)가 그것이다. 여기서 Paxton은 개인끼리의 결합력이 강하고 주관적인 연대가 높을 때 사회적 자본이 존재한다고 주장하고 있다.

그러나 Field(2003:68)는 Paxton(1999)의 주장대로 반드시 개인끼리의 결합력이 강하고 주관적인 연대가 높은 경우에만 사회적 자본이 존재하는 것이 아니라, 다른 경우 즉, 개인끼리 결합력이 약하고 주관적 연대가 높은 경우, 혹은 반대의 경우 혹은 결합력도 약하고 주관적 연대도 높지 않은 경우에도 정도의 차이는 있겠지만 사회적 자본이 존재할 수 있다고 주장한다. 어찌 되었든 구성원끼리의 결합력과 주관적인 연대 또한 사회적 자본을 구성하고 있는 개념요소라는 데에는 이의가 없다.

한편 Field(2003:69)는 사람마다 사회적 자본을 활용하는 방식에 차이가 있다고 전제하고, 인간의 생애주기에 따라 다른 유형의 사회적 자본이 더욱 중요해질 수 있다고 보았다. 이러한 맥락에서 보면 연령대별로 다른 유형의 사회적 자본을 활용할 수 있는 능력은 개인의 삶의 질을 유지, 관리하는데 중요할 수 있다. 마찬가지로 지역사회마다 사회구조화의 맥락이 다르면 사회적 자본의 개념요소와 그러한 개념요소의 표현인자 또한 달라져야 한다. 사회구조화는 지역사회마다 다를 수 있는 지방적 가치의 산물이다. 지방적 가치는 특히 지역사회의 집단적 행동의 준거로서 지역사회 규범으로 표현된다. 이러한 규범은 지역사회 작동체계에 영향을 미쳐 투입요소의 경제적 산출로 이어진다. 사회적 규범 또한 중요한 지방적 자산의 구성요소인 셈이다.

Krishna(2000)는 모든 사회에 어떠한 형태로든 존재하는 신뢰(trust)와 협력(cooperation)이 사회적 자본의 핵심이라고 보고 있다. 다른 사람과의 관계에 따라 신뢰의 폭은 달라질 수 있다. 사회적 자본을 축적하는 일은 모두에게 보다 긍정적인 산출을 늘리기 위해 이전의 좁은 상호신뢰의 폭을 확대하는 데 있다. 그는 상호신뢰의 폭을 확대할 수 있는 경로를 두 가지 측면, 즉, 제도(institutions)와 규범 및 신념(norms and beliefs)으로 나누어 설명하고 있다. Krishna(2000)는 제도를 통해 구성원끼리 신뢰를 확대하고 서로 협력할 수 있는 기반을 제도적 자본(institutional capital), 규범과 신념을 통해 신뢰를 확대하고 구성원끼리 협력할 수 있는 기반을 관계적 자본(relational capital)으로 분류하였다.[28] 여기서 제도적 자본은 구조화 된 것이고, 관계적 자본은 일정한 틀이 없는 기능적인 것이다.

Krishna(2000)는 사회적 자본을 지탱하기 위해서는 제도적 자본과 관계적 자본 모두 필요하다고 보고, 양자는 서로 보완적이라고 주장한다. 그는 제도적 자

---

28 Krishna(2000)보다 먼저 Berman(1997)은 사회적 자본 형태를 제도적 자본과 관계적 자본으로 나누고, 제도적 자본은 집단행동의 기초를 "거래"에, 관계적 자본은 "관계"에 두고 있으며, 동기유발의 원천이 제도적 자본은 "역할", "규칙과 절차", "상벌"에, 관계적 자본은 "신념", "가치" 그리고 "관념"에 있다고 주장한다. 그에 따르면 동기유발의 성격도 제도적 자본은 "행태의 극대화"에, 관계적 자본은 "적정한 행태"에 있다. 제도적 자본의 사례는 시장(market), 법체계 등이며, 관계적 자본의 사례는 가족, 민족성, 종교 등이다.

본과 관계적 자본을 강(strong), 약(weak)으로 구분하고 각각의 경우를 결합하여 [2X2] 행렬식으로 사회적 자본의 형태를 유형화하였다. 즉, 제도적 자본과 관계적 자본 모두 강한 경우는 사회적 자본이 높은 상태(high social capital), 모두 약한 경우는 몰가치적이고 원자론적이며 도덕률이 형성되어 있지 않은 상태, 관계적 자본은 강하고 제도적 자본이 약한 경우는 전통적인 결사체(traditional associations), 반대로 관계적 자본은 약하고, 제도적 자본이 강한 경우는 강한 조직(strong organization)을 나타내 준다. 이러한 사회적 자본의 유형화는 사회적 자본을 축적하기 위한 처방을 가능케 하는데 그 실익이 있다.[29]

Grootaert와 Bastelaer(2001)는 이제까지의 연구에서 논의되어온 사회적 자본의 개념을 구조(structure)와 인식(cognitive)을 수평축으로 하고, 적용범위의 크고 작음(macro 혹은 micro)을 수직축으로 하는 사회적 자본의 개념좌표를 설정하고 있다. 그들은 사회적 자본의 인식론적 개념으로 적용범위가 큰 협치(governance)와, 적용범위가 작은 신뢰(trust), 지방적 규범(local norms) 그리고 지방적 가치(local values)를 들고 있고, 구조적 개념으로 적용범위가 큰 국가의 제도 및 법치(rule of law), 적용범위가 작은 지방제도 및 네트워크를 들고 있다.

Grootaert, Narayan, Jones 그리고 Woolcock(2003)은 또한 사회적 자본을 구성원끼리 연대(ties)의 관점에서 첫째, 가족, 이웃, 가까운 친구 및 직장동료와 같은 사람들의 인구특성과 관련한 인연적 사회적 자본(bonding social capital), 둘째, 공통기반을 공유하지 않은 사람들끼리의 보다 느슨한 교량적 사회적 자본(bridging social capital)으로 나누고 있다. 한편 이러한 분류에서 다룰 수 없었던 또 다른 차원의 사회적 자본의 연대, 즉, 경찰, 정당과 같은 주민대표기관과 은행과 같은 사적 기관을 이어주는 연계적 사회적 자본(linking social capital) 개념도 논의되고 있다(Woolcock, 1999).

교량적 사회적 자본은 근본적으로 수평적 결합의 성격을 띠고 있지만, 연계

---

29 즉, 사회적 자본이 높은 상태(high social capital)에서는 활동범위를 확장하고, 반면 몰가치적이고 원자론적이며 도덕률이 형성되어 있지 않은 상태에서는 구조 혹은 규범의 개발을 지원한다. 또한 전통적인 결사체(traditional associations) 상태에서는 규칙, 절차 및 기술을 도입하여야 하고, 강한 조직(strong organization) 상태에서는 정당성을 확보하며 강화하여야 한다(Krishna, 2000:79).

적 사회적 자본은 주민과 권력기관을 이어주고 있기 때문에 상대적으로 수직적 결합의 성격을 띠고 있다. 또한 인연적 사회적 자본은 필연성에 기초하고 있고, 연계적 사회적 자본은 필요성에 기초하고 있으며, 교량적 사회적 자본은 선택적 친화력에 기초하고 있다.

따라서 사회복지를 증진시키기 위해서는 주민들이 보다 쉽게 이들 연계적 사회적 자본에 접근할 수 있도록 하여야 한다. 복지자원은 가장 필요한 사람들에게 우선 배분될 때 가장 효율적이기 때문이다.[30] 특히 가난한 자에게 은행의 문턱이 높고, 사회적 약자에게 경찰 권력은 효과적이지 못하며, 교육기회가 균등하지 못한 빈곤국가에서는 이들 연계적 사회적 자본이 사회복지정책과 밀접하게 관련되어 있다(Narayan, 2000). 따라서 가난한 지역사회와 외부의 개발지원기관 혹은 사업계획을 연결할 수 있는 지방지도자 또는 중개기관은 연계적 사회적 자본의 중요한 원천이다.

어떻게 접근하든, 분명한 것은 사회적 자본이 소유의 관점에서 파악되는 저장(stock)의 개념이 아니라 활용의 관점에서 파악되는 흐름(flow)의 개념이라는 것이다(소진광, 2004a: 99).[31] 이러한 속성 때문에 사회적 자본이 "동태적인 변화의 관리방식"으로 접근되어온 지역사회 발전을 보다 잘 설명해 줄 수 있다는 추측이 가능하다.[32] 지역사회개발은 지역사회의 현실에서 문제점을 인지하고, 달성

---

30 사회복지는 정의(justice)가 작동하지 못해 발생하는 불평등의 문제를 해결하기 위한 수단이다. 따라서 복지자원은 가장 열악한 사람에게 우선 분배될 때 정의롭고, 또 그러한 경우에 복지자원의 한계효용이 극대화된다.

31 Social Capital을 '사회자본'으로 번역하는 경우도 있는데, 이는 개인에 속하는 개인자본과 대비되어 혼돈을 야기할 가능성이 있다. 사회적 자본은 개인자본의 대비개념이 아니다. Social Capital은 "특정 사회가 소유하고 있는 자본"이 아니라 "사람끼리의 사회적 관계를 관리할 수 있는 역량 즉, 수단(자본)"이라는 의미로 해석함이 옳다. 즉 사회적 자본은 사회간접자본(SOC, Social Overhead Capital)처럼 특정 집단 혹은 사회가 공유하는 소유의 관점에서 파악되는 저장(stock) 개념이 아니다. "사회적"이라 함은 "사회구조화 과정"에서 창출되는 태생적 속성을 잘 표현하고 있다.

32 사회적 자본은 흐름(flow)의 개념이기 때문에 그 안에 방향과 속도를 포함하고 있다. 사람과 사람과의 관계를 조율하는 사회적 자본은 누구로부터 누구에게(network), 무엇이(sympathy), 얼마만한 속도로(degree of trust) 전달되는가와 관련되어 있다. 저장(stock)의 개념이 변화를 설명할 수 없는 것은 아니나 반드시 둘 이상의 시점을 비교하여야 한다는 점에서 예측적 능력이 떨어진다. 따라서 지역 및 도시계획을 통해 발전현상을 도모하고자 할 경우 사회적 자본을 수단으로 수용한다면 미래예측이 가능하여 한정된 자원을 효율적으로 배분할 수 있게 된다. 전통적인 자본(금융자본, 물리적 자본 등)은 정태적이라서 변화의 방향과 속도에 대한 처방이 제한적이고, 처방과 결과의 연계

하고자 하는 목표를 세우며, 제약요소를 확인하고, 미래를 예측하며, 목표를 실현하기 위한 대안을 설정, 비교하고, 최적 대안을 선정하여 집행하는 일련의 판단작업과정으로 구성되어 있다.[33] 즉, 인류의 발전현상은 일반적인 변화와 마찬가지로 '방향'과 '속도'라는 두 가지 성분으로 접근될 수 있고, 따라서 정태적인 금융자본, 물리적 자본, 인적 자본 및 환경자본과 같은 전통 자본과는 달리 동태적인 사회적 자본이 그러한 발전현상을 보다 잘 설명할 수 있다는 추론이 가능하다.

또한 사회적 자본은 사회구조화 과정에서 활용되는 속성을 지니고 있기 때문에 그러한 과정에 영향을 미치는 지방적 가치체계, 신념체계, 활동방식과 밀접하게 관련되어 있다. 사회적 자본은 사회구조화의 단위를 어떻게 설정하느냐에 따라 달리 접근되어야 한다. 즉, 가족단위의 사회적 자본인지, 직장단위에서의 사회적 자본인지 혹은 지역사회 단위에서의 사회적 자본인지에 따라 개념요소와 표현인자를 달리 할 수 있다. 따라서 이제까지 사회적 자본에 관한 연구들은 사회적 자본의 본질을 표현하기보다는 사회적 자본에 내재되어 있는 개념요소를 도출하고 그에 적실한 표현인자를 정의하는 작업으로 이루어졌다. 신뢰와 규범, 네트워크 등은 사회적 자본의 본질이 아니라 사회적 자본의 본질을 구성하고 있는 개념요소에 불과하다(〈표 9-3〉).

결국 사회적 자본은 그 역할과 관련하여 전통적인 자본과 보완적, 혹은 대체적 관계에 있으며, 전통적인 자본과는 달리 총량적 단위로 접근하기가 어렵다. 또한 사회적 자본은 사회구조화 과정에서 활용되며 참여단체, 제도 등 구조적 성분과 신뢰, 이타적 성향 등 인지적 성분으로 표현될 수 있다. 이제까지 사회적 자본에 관한 연구결과를 종합하면 사회적 자본의 개념요소는 다음과 같이 요약될 수 있다. 즉, 사회적 자본은 첫째, 공통기반을 확인할 수 있는 신뢰, 둘째, 공

가 단선적일 수밖에 없다.

[33] 계획과정에 대한 다양한 견해가 있을 수 있다. 계획의 대상인 문제는 대체로 세 가지로 구분되는 바, 첫째는 과거로부터 비롯한 현재의 문제이고, 둘째는 현재의 논리로부터 발생할 수 있는 미래의 문제이며, 셋째는 과거와 현재의 논리가 아니라 미래 예견되는 새로운 논리로부터 발생할 수 있는 미래의 문제이다(So, Jin Kwang, 2003:183-184). 계획의 대상으로서 문제점 인식은 변화의 기준을 나타내 준다는 점에서 매우 중요하다. 따라서 계획을 통해 달성하고자 하는 목표는 문제점을 기준으로 방향이 설정되고 자원투입의 양과 결합방식으로 속도가 결정된다.

표 9-3 **사회적 자본의 구성요소와 기능**

개념요소	표현인자	기능
신뢰	• 공적 신뢰 • 사적 신뢰	공통기반 확보(공동체 형성)
참여	• 공적 참여 • 사적 참여	공동의 목표정립(공동가치 창출)
연결망 (네트워크)	• 공적 네트워크 • 사적 네트워크	이웃과 지역사회 유지
제도 및 규범 역량	• 범죄율 • 미풍양속	자원동원 및 사회안전망 확보
이타주의	• 자원봉사활동 • 나눔 수혜자	미래의 공동이익 창출

출처: 소진광(2004a:110)

동의 목표를 확인하기 위한 참여, 셋째, 이웃과 공동체를 유지할 수 있는 연결망 (네트워크), 넷째, 자원을 동원하고 안전망을 확보하기 위한 제도와 규범 역량, 다 섯째, 공동의 이익을 창출할 수 있는 이타적 성향으로 구성되어 있다.

이와 같이 사회적 자본의 개념요소를 도출하고 이들 개념요소의 표현인자를 정의할 수 있다면 사회적 자본을 측정하기가 보다 쉬워진다. 이러한 관점에서 <표 9-3>은 이상의 논의를 중심으로 사회적 자본의 개념요소와 기능, 그리 고 요소별로 표현인자를 요약한 것이다. 표현인자는 사회적 자본을 측정할 수 있는 지표와 연관되어 있다.

3) 사회적 자본 관점에서의 새마을운동 성과

(1) 주민참여

사회적 자본은 전통적인 자본 즉, 화폐나, 건물, 토지 등으로 측정되는 물리 적 자본, 정보 활용능력, 지식과 정보 및 기술 수준으로 측정되는 인적자본 (human capital)과는 달리 '소유의 관점'이 아닌 '활용의 관점'으로 접근된다. 사회 적 자본이 신뢰(trust), 참여(participation), 연결망(networks), 제도역량(institution or social norm capacity) 및 이타주의 성향(altruism) 등 다양한 요소로 구성되어 있지만 이들 사회적 자본 구성요소끼리 일종의 상호작용과정을 거치면서 서로에게 영향을 미치고 있다.

무엇보다 지역개발사업의 주도권 및 주인의식 관점에서 보면, 주민참여는 신뢰를 형성하고, 연결망을 구축하며, 제도나 사회적 규범을 준수하고, 어렵고 소외된 이웃들을 돕는 일보다 시계열상으로 우선한다. 즉, 참여 없는 책임 없고, 책임 없는 신뢰와 연결망, 제도준수 혹은 이타주의는 허상에 불과하며 지속될 수도 없다. 이러한 관점에서 새마을운동을 통한 지역사회 사회적 자본 축적은 새마을사업에서의 주민참여를 통해 확인되고 측정될 수 있다.

<표 9-4>는 1971년부터 1979년 말까지 새마을운동에 참여한 마을 수와 참여연인원을 나타낸 것이다. <표 9-4>에서와 같이 1971년 새마을운동에 참여한 마을당 참여 주민수가 연인원 216명에 불과하였으나 1972년 923명, 1973년 1,999명으로 급격히 증가하였고, 1974년부터 1977년까지는 3,000명 이상을 기록하였다. 1978년에는 마을당 연인원 7,472명이 새마을운동에 참여하여 주민참여가 절정에 달했다.

표 9-4 연도별 새마을운동 참여 마을 수와 참여인원

연 도	참여 마을(개소)	참여 연인원(천 인)	마을당 참여연인원(인)
1971	33,267	7,200	216
1972	34,665	32,000	923
1973	34,665	69,280	1,999
1974	35,031	106,852	3,050
1975	36,547	116,880	3,198
1976	36,557	117,528	3,215
1977	36,557	137,193	3,753
1978	36,257	270,928	7,472
1979	36,271	242,078	6,674
합계(9년간)	319,817	1,099,939	3,439(연 평균)

출처: 소진광(2007a:100)

이와 같이 주민들의 참여율이 늘어나게 된 이유는 초기 새마을운동이 지연적 공동체 형성을 위한 생활환경 개선사업을 중심으로 추진되었고, 이를 바탕으로 보다 나은 성과에 대한 정부지원을 신뢰하였으며, 주민들 스스로 자신들의 공동 노력에 대한 긍정적 효과에 만족하기 시작하였기 때문으로 해석된다. 따라서 '주 민에 의한, 주민을 위한, 주민의 지역사회개발 접근논리'라는 새마을운동 작동체 계는 주민들의 참여를 촉발하는데 성공한 셈이다.

결국 새마을운동 초기 정부의 지원은 최선을 다한 공동의 노력에 대한 보상 으로 작용하여 근면정신을 촉발하였다. 이 과정에서 주민들은 자신들의 성과에 긍지를 느끼기 시작하여 자조정신을 함양하였다. 또한 새마을사업을 통한 지역 사회 공동의 노력이 개인의 역량만으로는 달성할 수 없는 공동의 선(public good) 을 실현하는데 최선의 방법임을 깨닫게 해주어 협동정신의 기반을 구축하였다. 마을 공동사업에 대한 주민참여는 상호학습기회를 통해 신뢰기반을 구축하였고, 연결망을 확대 재생산하였다. 주민참여가 이루어지지 않으면 지역사회 공동목표 는 실천력이 떨어진다.

(2) 신뢰: 내부자원 동원기제

신뢰는 다양한 인간활동과 연계되어 있어서 다양한 방법으로 측정될 수 있다. 예를 들어 약속의 준수 정도라든가, 계약관계의 실천여부가 신뢰를 측정할 수 있 는 지표에 해당할 것이다. 지역사회개발 사업이 주민들의 공통기반(commonality)을 토대로 추진될 수 있다는 관점에서 신뢰는 구성원들의 내부자원 동원과 밀접하 게 관련되어 있다. 신뢰가 형성되어 있지 않은 상태에서라면 지역사회 공익을 증진하기 위해 내부자원을 동원하기란 쉽지 않을 것이다. 즉, 상호신뢰는 공동 체 형성의 기반이고, 공동체 인식은 내부자원을 동원할 수 있는 기제(apparatus) 이다.

이러한 관점에서 새마을운동 추진과정에서 연도별 주민들의 사업비 부담을 분석하면 새마을운동이 마을 공동체에 대한 신뢰를 축적하는데 어떻게 기여했는 지를 알 수 있다. 1971년부터 1979년까지의 연도별, 재원별 새마을운동 투자현 황은 <표 9-5>와 같이 정리된다. <표 9-5>는 새마을사업 추진에서 주민

부담 비중이 정부지원보다 컸음을 보여준다. 1971년 새마을운동에 투자된 총액은 122억 원이었는데 이 중에서 66.4%에 해당하는 81억 원이 주민부담이었다. 새마을운동에 대한 총 투자액 중에서 주민부담은 1972년 89.5%, 1973년 78.2%, 1974년 76.8%, 1975년 44.1%, 1976년 48.8%, 1977년 47.3%, 1978년 46.6%, 그리고 1979년 43.9%로 나타났다.

　　1975년부터 주민 부담률이 급격히 감소하게 된 이유는 새마을운동 투자재원을 마련하기 위해 제도권 금융기관으로부터의 융자방식을 도입하였기 때문인 것으로 해석된다. 이러한 융자액을 주민부담으로 전환할 경우 1979년 주민부담은 전체 투자액의 70.1%에 달한다. 마찬가지 방식으로 계산할 경우 1978년의 새마을운동 전체 투자액 중에서 주민부담이 차지하는 비중은 77.5%, 1977년 71.6%, 1976년 72.7%, 1975년 57.9%로 수정될 수 있다. 따라서 1971년과 1975년을 제외하고 1970년대 새마을운동 총 투자액 중 주민부담이 차지하는 비중은 모두 70%를 상회하였다.

표 9-5 **연도별, 재원별 새마을운동 투자상황**

연도	총계 (억 원)	지원액(억 원)			주민부담			실질주민 부담률 (%)*
		소계	국비	지방비	융자기타	부담액 (억 원)	구성비 (%)	
1971	122	41	27	14	−	81	66.4	66.4
1972	313	33	20	13	−	280	89.5	89.5
1973	984	215	125	90	−	769	78.2	78.2
1974	1,328	308	121	173	14	1,020	76.8	77.9
1975	2,959	1,653	666	579	408	1,306	44.1	57.9
1976	3,226	1,651	484	396	771	1,575	48.8	72.7
1977	4,665	2,460	599	723	1,138	2,205	47.3	71.6
1978	6,342	3,384	654	773	1,957	2,958	46.6	77.5
1979	7,582	4,252	1,258	1,010	1,984	3,330	43.9	70.1

* 융자 등 기타지원액을 주민부담으로 전환할 경우의 주민부담률
자료: 내무부 자료(1980)에서 필자가 재작성

초창기 새마을운동이 정부 주도하에 촉발되었음에도 불구하고 상향적 지역사회 발전모형으로 이해하여야 하는 이유가 여기에 있다. 즉, 새마을운동은 초기부터 주민들의 자발적 자원동원을 통해 전개되었다. 이는 새마을사업 추진과정에서 주민들끼리 서로 신뢰할 수 있는 지역사회 분위기가 형성되었음을 증명해 준다. 이와 같이 신뢰는 지역사회 자원을 동원하고, 이를 통해 미래 편익이 공정하게 분배되리라는 기대와 연계되어 있다. 이와 같은 지역사회 자원동원 기제와 미래 편익분배의 공정성은 '공통기반'에 기초하고 있다. 즉, 공통기반이 형성되어 있지 않다면 지역사회 내부 자원의 동원도 어렵다.

(3) 연결망(주민조직)

새마을운동은 개별 주민이 할 수 없는 마을의 공동이익을 실현하기 위해 주민 공동체 형성을 통해 접근한 지역사회개발 전략에 속한다. 이러한 지역사회개발은 주민조직을 통해 지속적인 동력(power)을 확보하였다. 새마을운동의 추진전략은 한국정부가 설계하였지만 이러한 전략의 실행은 마을 단위의 주민조직 몫이었다. 특히 1950년대와 1960년대 농촌개발을 위해 정부 각 부처별로 추진해오던 사업들이 새마을운동으로 통합되면서 새마을운동은 종합적인 지역사회 개발운동으로 정착되었다.

이와 같이 종합적 성격을 띠게 된 새마을운동사업을 추진하기 위해서는 사업 단위별로 전문성을 갖춘 하부 주민조직을 필요로 한다. 따라서 새마을사업의 원활한 추진을 위한 하부조직으로 마을 부녀회, 청년회, 작목반 등 다양한 주민조직이 결성되었다. 이러한 전문 분야별 하부 주민조직들은 고유한 역할을 정립하기 시작하였고, 이러한 조직은 분야별로 소위 '전문화 이익'을 창출하면서 다양한 연결망을 구축하였다. 이와 같이 새마을운동은 마을 공동이익 창출이라는 공동의 목표를 실현하기 위해 다양한 주민조직이 결합할 수 있는 기반을 구축하였다.

(4) 제도역량

새마을운동이 추진되기 전까지 제도는 정부가 독점적으로 만들고, 주민들은 이를 따라야 할 의무를 지닌 것으로 인식되었다. 한국의 전통적인 농촌사회에서는 혈연중심의 규범이 이러한 근대국가의 제도를 대신하기도 하였다. 그러나 새마을운동이 전개되면서 주민들은 일종의 사회적 약속에 해당하는 결정을 해야 했고, 이러한 주민들의 의사결정은 사회적 통념과 전통적인 규범을 재해석하는 과정을 통해 존중되기 시작하였다.

주민총회를 통한 새마을사업의 우선순위 결정과 마을 현황조사는 단순히 새로운 정보생산이나 활용에 그치지 않고 공동이익을 증진하기 위한 지역사회 규범과 제도를 정립하는 효과를 가져왔다. 주민들은 스스로 만든 약속과 규범을 지키려고 노력하였으며, 이를 따르지 않을 경우 마을에서 일종의 '배타적 눈총'이라는 비용을 감수해야 했다. 한국의 지역사회는 이와 같이 '배타적 눈총'에 의한 일탈행위에 대한 암묵적 제재를 통해 '주류'를 형성하고, 이러한 '주류'에 합류하려는 노력들이 제도역량을 높이는데 기여하였다.[34]

새마을운동 추진과정에서 마을마다 여건과 상황이 달라서 중앙정부가 획일적인 공동사업을 추진하기도 어려웠다. 이러한 상황에서 마을의 공동사업은 마을 상황을 가장 잘 아는 주민들이 마을마다 다를 수밖에 없는 사회적 할인율을 적용하여 결정하였다. 지역사회의 사회적 할인율은 주민들의 합의를 통해 도출된다. 이러한 주민합의과정은 주민부담과 연계되어 있어서 지역사회 규범과 풍습에 민감하게 반응한다. 따라서 주민부담을 수반하는 마을 공동사업의 우선순위 결정과정에서 지역사회 규범은 실행력을 얻게 된다.

(5) 이타주의

새마을운동은 산업화로 인해 개인주의 성향이 증대되면서 자신이나 가족단위의 이익만을 도모하던 주민들의 활동범위를 마을 공동이익으로 확대하는데 기여하였다. 가계(household) 단위 계정이 마을단위 계정과 혼재되면서 가족만을 고

---

34 새마을운동 관련 주민조직이 주류사회형성에 기여하였기 때문에 정당들은 새마을조직에 대한 '활용의 유혹'을 떨치기 어려웠을 것이다. 새마을지도자들이 지역사회 여론 주도층이라서 간혹 집권에 성공한 정당은 새마을조직을 그들의 지지기반으로 활용하려 했고, 집권에 실패한 야당 측은 새마을조직을 '원망의 눈총'으로 매도하는 경향이 있었다.

려하던 경제활동이 공동이익을 증대시키는 방향도 함께 다루기 시작하였다. 물론 한국 사회에서는 두레라든가, 향약을 통해 마을 공동의 이익을 위한 계정이 존재했으나 산업화로 인해 이러한 마을의 공동계정이 사라지고 있었다.

마을의 공동계정은 지역사회 자원동원을 통한 출자와 이의 활용에 의한 편익 분배의 과정으로 구성되어 있다. 일상생활을 함께 하는 마을 주민들은 그들의 공동계정이 가계별로 다른 상황을 고려하지 않으면 유지, 관리되기 어렵다는 점을 잘 알고 있다. 새마을운동 추진과 관련한 주민총회 회의록을 보면 마을 공동 계정에서 가난한 주민들을 배려하고, 어려운 이웃들을 챙기고 있었음을 알 수 있다.

이와 같이 새마을사업을 추진하는 과정에서 부족한 재원을 마련하는 결정에서는 가난한 자와 부자의 능력이 고려되었고, 이 과정에서 이타주의 성향은 증대되었다. 특히 새마을 지도자는 개인적인 희생을 감수하면서 '집단 감성'을 촉발하여야 했고, 이를 통해 주민들의 개인주의 성향을 집단의 '공동선(common good)'으로 전환할 수 있었다. 이러한 이타주의는 마을의 미래 이익을 창출하고 결국 개별 주민들의 복지향상에 기여하였다. 새마을운동은 지역사회 공동이익이 결국 개별 사적 이익을 증대시킨다는 주민들의 확신으로 이어진 것이다. 그럼에도 불구하고 새마을운동 접근방식에 동참하는 것은 당장의 개인이득을 포기하는 것으로 인식되었고,[35] 이는 당시 개인주의 성향을 누그러뜨리는데 기여하였다.

4 지속가능성 확보

1) 지속가능성 개념과 유용성

20세기 중반 이후 인류문명의 지속가능성은 환경적, 경제적 측면을 강조하여 논의되고 있었다. 즉, 1987년 '환경과 개발에 관한 세계위원회(World Commission on Environment and Development)'는 지속 가능한 발전에 근본적인 세 가지 요소로

---

[35] 즉, 마을 공동작업은 당장의 급한 개인업무를 희생해야 가능했다.

환경보호(environment protection), 경제발전(economic development) 및 사회적 형평(social equity)을 들고 있다. '환경과 개발에 관한 세계위원회(World Commission on Environment and Development)'가 채택한 보고서는 '우리의 공동미래(Our Common Future, 1987)' 또는 'The Brundtland Report(1987)'로 불리는데, 이 보고서는 '지속 가능한 발전'을 "미래 수요를 충족시킬 수 있는 능력을 훼손하지 않는 범위 안에서 현재 수요를 충족시키는 것"으로 정의하고 있다.

하지만 1990년대 들어 이들 환경적, 경제적 현상이 다른 영역, 즉, 문화적, 사회적 공통기반과 연계되어 있음이 밝혀지면서 지속가능성 논의는 사회, 문화적 차원으로 확대되었다. 즉, 인류사회의 지속가능한 발전은 단순히 물리적 여건에 국한하지 않고, 문화적, 사회적 영역을 포함하게 되었다. 이러한 맥락에서 1995년 UNESCO는 지속 가능한 도시관리를 촉진하기 위해 사회적, 공간적 정책을 고려한 장기적 '사회변화 관리(MOST, Management of Social Transformations)' 연구사업에 착수하였다.

따라서 지역사회발전의 대원칙으로 부각되고 있는 지속가능성(sustainability)은 전체사회가 그 운명에 책임을 져야하고 각각의 환경에 맞는 개발방식을 선택해야 한다는 점을 강조하면서, 선택과 참여의 범위를 개인 차원을 넘어 전체 인류사회로 확대하고 있다. 결국 지역사회발전의 덕목인 지속가능성은 본질적으로 사회규제의 자발적 형태인 사회적 자본에 의존하고 있는 셈이다(<그림 9-2> 참조).

협치체제 구축을 통해 주민참여가 활성화되면 사회적 자본의 구조적 표현요소인 사회안전망, 연계망, 신뢰기반이 구축된다. 이러한 주민조직 활성화는 궁극적으로 국가와 지역사회의 상호작용을 촉진시켜 민주주의 이념을 실현하고 상호이해를 증진시켜 사회적 자본의 기능적 요소인 구성원간 호혜적 관계와 이타주의를 촉발한다.

결론적으로 협치는 사회적 자본을 축적하여 구성원간 네트워크를 구축하고 시민사회를 성숙시키며, 산업사회에서와는 다른 각도에서 지역사회발전을 촉진하게 된다. 즉 사회적 자본은 지역사회 특성에 맞는 다양한 기회를 창출하고 지역사회 자원배분의 최적화를 가능케 하며 경제정의, 사회정의 및 환경정의를 실현할 수 있는 공통의 기반을 제공한다. 이러한 과정과 결과는 모두 협치가 지

그림 9-2 협치(거버넌스)와 지역사회발전의 지속 가능성 연계

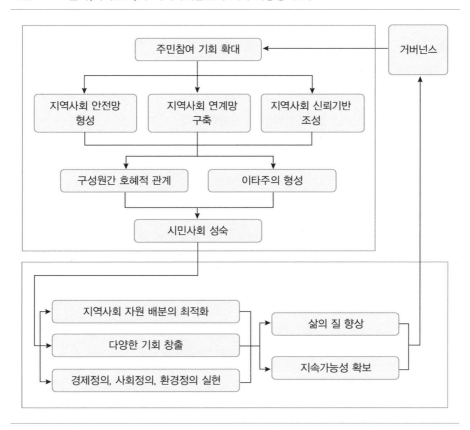

자료: 소진광(2004b: 86)

향하고 있는 지역사회 주민의 '삶의 질' 향상, 지속가능한 발전과 관련되어 있다. 따라서 사회적 자본은 협치와 지역사회발전의 지속가능성을 매개하는 변수에 속한다. 결국 21세기 지역사회발전의 지속가능성 패러다임은 경제적, 환경적, 그리고 사회·문화적 차원을 모두 포함한다.

2) 새마을운동을 통한 지속가능성 확보

한국정부는 새마을운동을 시작하면서 정부지원물자(시멘트와 철근 약간)의 활용을 전적으로 마을 공동의 사업만을 위해 주민이 스스로 결정하게 함으로써 주민

들의 적극적인 참여를 촉발하고자 하였다. 주민들은 마을공동사업을 결정하기 위해 마을 문제를 논의하기 시작하였고, 그러한 공동문제를 해결하기 위한 마을 공동사업을 스스로 결정하였으며, 마을 지도자를 선출하여 추진조직을 구축하였다. 주민들이 결정하였기 때문에 마을 주민 모두가 주도권과 책임감, 공동사업에 대한 주인의식을 갖게 되었고, 정부지원만으로는 부족한 재원을 마련하기 위해 내부자원을 주민 스스로 동원하기 시작하였다. 이러한 새마을운동의 선순환적(positive circular causation) 확대 재생산 진화과정은 <그림 9-3>과 같다.

그림 9-3 **새마을운동의 순환 누적적 인과과정을 통한 지속가능성**

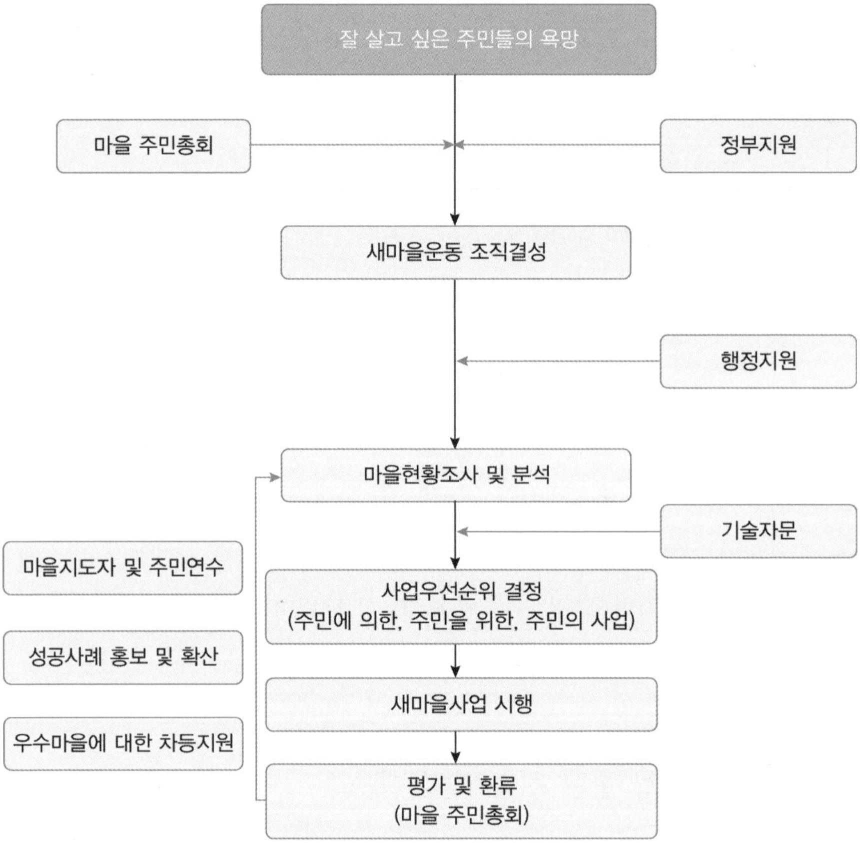

출처: So, Jin Kwang(2019:410)

<그림 9-3>은 1970년 이후 새마을운동을 진행하면서 마을 주민들이 각종 회의를 통해 주요 의사결정을 도출하는 과정을 그린 것이다. <그림 9-3>은 매년 마을마다 새마을사업의 성과평가가 이루어졌고, 그 결과는 정부의 차등지원방식에 의해 다음 연도로 환류되고 있음을 보여준다. 통상 이제까지의 지역사회 개발사업은 한 주기(cycle)에 한정하여 실시되고, 종료되었다. 하지만 새마을사업은 주민들의 역량강화를 통해 매년 반복되면서 순환 누적적 인과과정(cumulative circular causation process)을 보이고 마을 경제를 확대재생산하였다.

새마을운동은 당초 주민들이 평소에 느꼈던 '절실함(the felt-wants)' 순서에 따라 사회적 할인율을 정하고, 이를 토대로 사업의 우선순위를 결정하여 단계별로 추진되었다. 이와 같이 새마을운동 작동체계는 정부의 차등지원체계를 통해 사업주기(project cycles)를 반복하게 되었다. 특히 이러한 새마을운동의 사업주기가 선순환적으로 반복되기 위해서는 추가동력이 필요한데, 이 추가동력이 다름 아닌 성과평가에 의한 정부의 차등지원이었던 것이다. 이와 같이 반복된 새마을운동의 사업주기는 정부의 차등지원과 연계되어 '좋은 성과'가 우성의 유전자로 다른 마을에 전파되면서 지속가능성을 높였다.

10장 새마을운동을 통한 지방정부의 혁신

민간부문과 공공부문은 서로 맞물려 작동한다. 민간부문을 관리, 유지하기 위한 장치가 시장(market)이고, 공공부문을 관리하기 위해 고안된 장치가 정부(government)다. 공공부문의 역할이 필요 이상으로 커지거나 적정수준에 미달할 경우 민간부문이 위축되거나 무질서하여 시장기구(market mechanism)가 작동하지 않고, 사회가 혼란에 빠진다. 각 부문별 역할과 역할수행조직이 적정하게 맞물리지 않으면, 즉, 기능과 구조(조직)가 연계되지 않을 경우 공공부문에서는 정부의 실패현상(governmental failure)이, 민간부문에서는 시장의 실패현상(market failure)이 나타난다. 따라서 이와 같은 정부실패 및 시장실패를 예방 혹은 치유하기 위해서는 공공부문과 민간부문의 적절한 구분, 그리고 각 부문별 기능과 구조를 연계하려는 노력이 필요하다.

공공부문의 기능과 구조의 연계는 사회발전의 필요조건이지 충분조건은 아니다. 발전은 고정된 특정 수준에서의 기능과 구조의 연계가 아니라 새로운 차원에서의 기능과 구조의 조화를 통해 이루어지는 경우가 많기 때문이다. 즉, 인류문명의 발달과정은 농업사회, 산업사회 등 시대에 따라 기능과 구조의 조화를 통해서도 가능했지만, 보다 거시적인 관점에서 시대를 달리하여 농업사회가 산업사회로 진입하였듯이 새로운 차원에 적응하려는 기능과 구조의 상호작용 과정에서도 나타난다.

이러한 관점에서 미시적으로 기능과 구조가 연계되어 있지 않을 경우, 기능혹은 구조를 조정함으로써 사회발전을 도모할 수 있다. 기능에 상응한 조직을 갖추거나, 혹은 구조에 상응한 기능을 도입하는 경우가 여기에 속한다. 그러나 거시적 관점에서의 사회발전은 기능 혹은 구조를 각각 개선하고 새로운 차원 혹은 수준에서 이들 양자의 새로운 균형점을 이루기 위한 노력으로 실천된다. 특히 개혁이나 혁신(innovation or reinventing)은 새로운 차원에서의 기능을 찾아내고 이를 수행하기 위한 구조를 연계시키기 위한 노력으로 정의될 수 있다.

공공부문에서 구조와 기능을 연계하기 위해서는 다음과 같이 정부의 역할에 대한 성찰이 필요하다. 첫째, 정부는 하지 말아야 할 일을 하지 않아야 한다. 둘째, 정부는 하지 않아도 되는 일을 해서는 아니 된다. 셋째, 정부는 해야 할 일을 반드시 해야 한다. 넷째, 정부는 해야 할 일을 제대로 해야 한다. 이는 공공부문의 존재이유에 해당하는 공익의 범위설정, 역할수행의 방법과 목표에 해당하는 정의(justice)와 공정성(fairness)에 대한 인식과 실천에 달려있다. 다섯째, 정부는 한 일을 책임져야 한다. 이는 지속가능한 신뢰사회의 기반으로서 미래 세대에 대한 현 정부의 책임을 의미한다. 물론 정부가 해야 할 일과 하지 말아야 할 일을 구분하기가 쉽지 않다. 그럼에도 불구하고 주민들의 일상생활과 가까운 지방정부의 역할이 미래 세대의 삶의 터와 관련하여 매우 중요하다.

1 공공부문과 민간부문의 상호작용

인류사회는 공공부문과 민간부문의 구분과 이들 각 부문의 관리방식에 따라 다양한 특징을 지닌다. 공공부문과 민간부문은 구성원끼리의 공동이익 추구 및 상호작용 과정에서 발생하는 갈등 해결방식과 접근방식의 차이에 따라 구분된다. 자연상태에서 '사회적 동물'인 인간의 개별 이익은 상호 충돌하기 마련이고, 이러한 충돌이 당사자끼리의 협상이나 거래에 의해 해결, 조정될 수 있는 영역은 민간부문(private sector)에 속한다. 그러나 개별 이익의 상호 충돌이 당사자들만의 권리와 의무뿐만 아니라 불특정 다수의 다른 사람에게도 영향을 미친다면 그러한 충돌을 당사자들끼리의 협상이나 거래에 맡길 수 없다. 일정한 요건을 갖춘 다른 사람들의 공통이익과 관련된 특정 시·공간에서의 상호 이익충돌은 충돌 당사자만의 협상이나 거래로 접근할 경우, 담합 혹은 독점의 폐단을 초래할 수 있기 때문이다. 이러한 영역은 공공부문(public sector)으로 정의된다.

민간부문을 관리, 유지하기 위한 장치가 시장(market)이고, 공공부문을 관리하기 위해 고안된 장치가 정부(government)다. 공공부문의 역할이 필요 이상으로 커지거나 적정수준에 미달할 경우 민간부문이 위축되거나 무질서하여 시장기구(market mechanism)가 작동하지 않고, 사회가 혼란에 빠진다. 각 부문별 역할과 역할수행조직이 적정하게 맞물리지 않으면, 즉, 기능과 구조(조직)가 연계되지 않을 경우 공공부문에서는 정부의 실패현상(governmental failure), 민간부문에서는 시장의 실패현상(market failure)을 초래한다. 따라서 이와 같은 정부실패 및 시장실패를 예방 혹은 치유하기 위해서는 공공부문과 민간부문의 적절한 구분, 그리고 각 부문별 기능과 구조를 연계하려는 노력이 필요하다.

그러나 공공부문의 기능과 구조의 연계는 사회발전의 필요조건이지 충분조건은 아니다. 발전은 고정된 특정 수준에서의 기능과 구조의 연계가 아니라 새로운 차원에서의 기능과 구조의 조화를 통해 이루어지는 경우가 많기 때문이다. 즉, 인류문명의 발달과정은 미시적으로 농업사회 수준에서의 기능과 구조의 조화를 통해서도 가능했지만, 보다 거시적인 관점에서 농업사회가 산업사회로 진입하였듯이 새로운 차원에 적응하려는 기능과 구조의 상호작용 과정에서도 나타난다. 즉, 미시적으로 기능과 구조가 연계되어 있지 않을 경우, 기능 혹은 구조를 조정함으로써 사회발전을 도모할 수 있다. 기능에 상응한 조직을 갖추거나, 혹은 구조에 상응한 기능을 도입하는 경우가 여기에 속한다. 그러나 거시적 관점에서의 사회발전은 기능 혹은 구조를 각각 개선하고 새로운 차원 혹은 수준에서 이들 양자의 새로운 균형점을 이루기 위한 노력으로 실천된다. 특히 개혁이나 혁신(reforming or reinventing)은 새로운 차원에서의 기능을 탐색하고 이를 수행하기 위한 구조를 연계시키기 위한 노력으로 정의될 수 있다.

이러한 맥락에서 이 책은 새마을운동이 당시 공공부문, 특히 지방행정에 어떠한 영향을 미쳤는지를 검토하기 위한 것이다. 물론 새마을운동에 대한 평가는 관점에 따라 큰 차이를 보일 수 있다. 즉, 1970년대 이후의 한국사회 발전현상은 원래 새마을운동이 의도하지 않았던 것이었다거나 혹은 새마을운동이 추진되지 않았더라도 가능했으리라고 추정할 수도 있다. 다른 한편 새마을운동 추진과정에서 나타난 역기능이 새마을운동의 성과보다도 더 크다고 주장할 수도 있다. 또한 새마을운동이 일부 강제적인 주민동원에 의해 추진되었기 때문에 주민들의 자발적 참여에 의한 지역사회발전과는 달리 평가받아야 한다고 주장할 수도 있다. 그러나 당시 주민들이 기록한 '회의록' 및 '마을지'를 분석하면 새마을운동이 강제적인 주민동원을 통해 추진되었다는 주장은 사실관계를 외면하고 있음을 알 수 있다.

이 책은 새마을운동의 성과를 홍보하기 위한 것이 아니다. 다만 이 책은 새마을운동을 추진하는 과정에서 주민들의 행태와 기록을 인정해야 한다고 주장한다. 사실이 먼저이지 평가가 먼저가 아니다. 평가란 관점에 따라 다른 '틀'과 '지표'를 통해 마름질되기 때문에 평가결과가 종종 사실을 왜곡한다. 새마을운동의 사실관계에 관한 주민행태 및 기록은 당시 일선 지방행정기관[36]의 기능과 구조의 상호작용이 어떻게 변화하였는가를 이해하는데 매우 중요하다.

이 책은 지방행정의 혁신을 검토하기 위해 기존 문헌자료를 다양한 관점에서 재구성하고, 재해석한다. 특히 이 연구는 21세기 시대상황에서 지방행정혁신의 '접근 틀'을 제시하고, 이러한 틀을 활용하여 당시 상황을 재해석하기 위해 중앙정부에서 새마을운동을 담당했던 고위 공무원과 일선 지방행정기관을 책임졌던 고위 공무원과의 면담자료와 지방행정의 수요자인 주민들의 기록을 분석한다. 지방행정혁신의 이해당사자는 중앙정부와 주민 그리고 지방행정 공무원들이기 때문이다.

2 정부혁신의 접근 틀

1) 지방행정혁신의 관점

지방정부개혁에 관한 노력은 20세기 초부터 지속되어 왔다(Shafritz, Russell and Borick, 2007:102). 즉, 1906년 미국 New York 시정연구단(the New York Bureau of Municipal Research) 설립을 필두로 도시정부의 낭비적 재정지출에 대한

---

36 여기서 일선지방행정기관이라 함은 주로 도(道), 시(市), 군(郡)을 의미한다. 당시 한국은 지방자치를 중단한 상태로 이러한 도(道), 시(市), 군(郡)을 지방자치단체로 보기는 어렵다.

검토가 이루어지기 시작하였다. 그 이후 공공부문의 개혁노력은 꾸준히 이어져 왔는데, Osborne과 Gaebler(1992)는 정부를 효율적, 효과적으로 운영하고 기업 운영방식을 도입하여 성과 위주로 전환하기 위한 정부혁신방안을 제시하였다. Osborne과 Gaebler(1992)의 정부혁신 접근은 당시 Clinton 정부에 영향을 미쳐 연방정부성과검토위원회(the National Performance Review Commission)[37] 출범에 기여하였다(Green, 2005: 346; Shafritz, Russell and Borick, 2007:113).

미국 연방정부성과검토위원회가 작성한 보고서는 입법조치가 필요한 개혁과제를 담고 있다. 이들 개혁의 주요 네 가지 항목은 ① 관료적 권위주의(red tape) 타파, ② 고객(시민) 우선, ③ 공무원들의 역량을 강화하여 결과를 성취하도록 지원하는 것, 그리고 ④ 불필요한 공공 서비스를 줄이고, 사용료 부과를 늘려 공공부문 관리비용을 낮추는 것이었다. 실제로 미국 의회는 연방정부성과검토위원회 권고안과 관련하여 36개 법률을 통과시켰다(Green, 2005:349). 미국 연방정부성과검토위원회가 작성한 제1단계 보고서는 384개 권고안을 담고 있었는데, 위원회는 1993년 9월 7일 당시 Clinton 대통령에게 이 권고안을 보고하였고, Clinton 대통령은 이 보고서에 근거하여 공공 일자리 252,000개를 줄이고, 내부 규제를 절반으로 줄이라는 지시를 내린 바 있다. 이와 같이 20세기 시도되었던 정부개혁은 모두 공공부문을 다시 정의하고, 이를 효율적으로 관리하기 위한 방안에 초점을 두고 있었다.

그러나 공공부문 관리의 근본적인 목적은 '좋은 사회(A Good Society)'를 가꾸고, 유지, 관리하는 것이다. Knight, Chigudu & Tandon(2002: 63-89)은 시민의 관점에서 '좋은 사회(A Good Society)'를 구성하고 있는 세 가지 성분으로 기본수요(basic needs), 연합(association), 그리고 참여(participation)를 들고 있다. 공공부문의 근본적인 목적이 '좋은 사회'에 있다면 공공부문의 개혁 역시 시민의

---

37 미국 연방정부성과검토위원회(the National Performance Review Commission)는 1993년 3월 3일 당시 Clinton 미국 대통령의 의회연설을 통해 탄생하였는데, "보다 잘 작동하고, 비용은 적게 들며, 국민들이 관심가지고 있는 결과를 얻는 정부"를 창조하는 것이 목적이었다. 이 위원회는 당시 부통령이었던 Al Gore가 이끌었는데, 1998년 초반 정부혁신을 위한 연방정부 파트너십(the National Partnership for Reinventing Government)으로 개칭되었고, 미국 역사상 가장 성공적이고 오랫동안 지속된 정부혁신 노력으로 기록되고 있다(http://govinfo.library.unt.edu/npr/whoweare/history2.html).

기본수요를 충족하고, 시민들의 연합을 강화하며, 참여를 촉발하는데 목적을 두어야 할 것이다.

여기서 '좋은 사회'의 가장 밑바탕을 이루는 기본수요는 신체적 안전과 평안감(physical security and peace), 사회 서비스(social services), 경제적 안정(economic security)으로 이루어져있다. 시민연합은 남을 배려하고 남과 공유하는 것(caring and sharing)과 문화와 유산에 대한 존중(respect for culture and heritage)으로 구성되어 있고, 시민참여는 동등한 권리와 정의(equal rights and justice)와 서로 반응하며 포용적인 거버넌스(responsive and inclusive governance)로 이루어져있다. 따라서 '좋은 사회'의 상층부는 '거버넌스'의 핵심요소로 구성되어 있는 셈이다. Arnstein(1969)은 참여를 8개 단계로 구분하고 이들 중 가장 상층부 단계로 '시민통제(citizen control)'를 꼽았다.[38] 따라서 '좋은 거버넌스'는 시민통제를 통해 실현되는 셈이다.

결국 '좋은 사회'의 가장 이상적인 상태는 '좋은 거버넌스(good governance)'가 작동하는 사회를 의미한다. Knight, Chigudu & Tandon(2002:160)은 '좋은 거버넌스'를 실천하기 위한 정부와 시민의 역할을 제시한 바 있다. 우선 기본수요를 충족시키기 위해 정부는 이들 기본수요의 제공자(provider)가 되어야 하고, 시민은 기본수요 충족을 위해 적극적이어야 한다. 시민연합(association)과 관련하여 정부는 장려자 역할(facilitator)을 수행하여야 하고 시민은 집단행동으로 시민연합을 강화할 수 있어야 한다. 따라서 시민연합이 강화되면 건전한 시민사회(civil society)가 구축될 것이라는 연산이 가능하다.

시민연합은 사회적 자본을 통해 건전한 시민사회로 기능하고, 시민사회는 사회적 자본을 축적하여 시민연합의 책임을 강화하는 선순환이 일어난다. 책임없는 시민연합은 자칫 '정글의 법칙'을 지배하려는 모리배와 같다. 마지막으로 참여와 관련하여 정부는 촉진자(promoter)가 되어야 하고, 시민은 자신과 관련한 일에 스스로 책임지고 관여하여야 한다. 이러한 역할분담은 종래 공공부문에 대한

---

38 Arnstein(1969)이 제시한 참여의 사다리(ladder of participation)는 가장 밑바닥 단계부터 조작(manipulation), 치료(therapy), 계몽(informing), 상담(consultation), 달래기(placation), 동반자 관계(partnership), 권한위임(delegate power), 시민통제(citizen control)로 구성되어 있다.

정부의 독점을 거부한다. 결국 공공부문 관리에 있어서 정부도 이해당사자의 일부일 뿐이다(소진광, 2007a:95). 이러한 관점에서 지방행정의 패러다임은 '지방정부'로부터 '지역사회 거버넌스'로 변화하고 있다(배응환, 2005: 191).

지방행정의 혁신은 지역발전을 실현하기 위한 공동의 노력으로 결국 지방정치발전과 연계되어 있다. 다만 혁신의 방향과 속도는 한정된 자원의 효율성을 도모하고, 회복이 불가능한 시간자원을 관리하기 위해서도 정밀한 사전 검토를 필요로 한다. 이와 같이 연속된 시간차원에서 지방정부의 혁신은 특별한 상황에 직면하여 한시적으로 추진될 과제가 아니라 변화하는 지역사회에 봉사하고, 외부환경변화에 능동적으로 대처하기 위해 항상 제기되는 일상적 업무에 속한다(소진광, 2001:297). 지방정부의 혁신이 방향과 속도라는 성분으로 이루어진 점을 고려하면 현 상황에 대한 분명한 문제인식이 매우 중요함을 알 수 있다.

혁신의 방향은 주로 혁신의 질(quality)과, 혁신의 속도는 주로 혁신의 양(quantity)과 관련되어 있다. 따라서 혁신의 질을 관리하기 위해서는 '공동이익과 관련한 발전'이 먼저 정의되어야 하고, 그리고 혁신의 양을 관리하기 위해서는 속도와 관련한 자원투입을 조절할 필요가 있다. '혁신' 자체에는 가치가 포함되어 있지 않다.[39] 따라서 혁신도 좋은 결과로 이어지는 경우와 그렇지 않은 경우가 구분될 수 있다. 지방정부 혁신의 결과가 바람직한 상태로 인식되기 위해서는 다음과 같은 전제가 필요하다(소진광, 2001: 297 - 304). 즉, 지방정부 혁신을 통해 좋은 결과를 기대하기 위해서는 첫째, 해당 지방정부에 고유한 기준이 먼저 설정되어야 하고 둘째, 지방정부 역할의 우선순위가 검토되어야 하며, 셋째, 주민참여가 확대되어야 하고, 넷째, 지방정부 투명성이 확보되어야 하며, 다섯째, 지역발전 가치에 대한 주민 공감대가 형성되어야 한다.

따라서 지방행정의 혁신은 우선 현실문제에 대한 정확한 진단이 선행되어야

---

39 혁신(innovation or reform, or reinventing)은 주로 변화의 존재, 속도의 관점에서 정의된다. 혁신은 현재 상태에서 벗어난다는 의미를 지니고 있기 때문에 두 시점을 비교하고 가치의 긍정적 변화를 의미하는 발전과는 차원을 달리 한다(http://www.thefreedictionary.com/reinvent). 새로운 것이 반드시 좋은 것은 아니다. 물론 혁신의 필요성이 현재 직면한 문제인식으로부터 출발하기 때문에 '발전'을 기대하는 것은 필연적이다. 그렇다고 혁신자체가 결과로서의 '발전'과 동일시 될 수는 없다.

한다. 즉, 새마을운동과 관련하여 지방행정의 혁신을 평가하기 위해서는 당시 정치상황에 대한 정확한 문제인식이 전제되어야 한다. 새마을운동이 태동하였던 1970년대 한국의 정치체제는 소위 '유신정부'로 특징지어지는 강력한 중앙집권체제였고, 기술관료 중심의 관료제가 성행하였다. 이러한 상황에서 국가권력은 소수 엘리트가 독점하였고,[40] 다양한 시민사회가 구축되어 있지도 않았다. 또한 당시 정치권은 국민들의 수요를 반영하기 보다는 자신들의 권력을 위한 논리개발에 안주하였다.[41]

지방행정혁신을 공동의 노력이라는 관점에서 접근할 경우 공공부문과 민간부문의 적정구분과 원활한 상호작용, 공공부문에서의 중앙정부와 지방행정기관의 적정한 역할분담이 매우 중요하다. 이러한 공동의 노력은 Knight, Chigudu & Tandon(2002)이 정의하고 있는 '좋은 사회(A Good Society)'에서 시민참여를 통해 구체화될 수 있다. 새마을운동에서의 주민참여가 '자발성'에 근거하든, 아니면 일부 암묵적 '강제성'에 근거하든 주민들의 공동노력을 유도했다는 점에서는 어느 정도의 성과가 인정된다.

새마을운동 태동기인 1970년대 한국사회는 공공부문이 주도권을 갖고 있어서 민간부문이 상대적으로 위축되어 있거나 제대로 조직화 되지도 못했다. 공공부문과 민간부문의 적정한 구분과 상호작용이 절실했던 이유다. 이러한 상황에서 1970년대 한국사회는 중앙집권체제나 관료제의 병폐를 치유하기 위해서가 아니라 이러한 체제나 제도의 역기능을 최소화하기 위한 정부혁신을 필요로 하였다.[42]

결국 지방행정의 혁신은 지역사회발전을 실현하기 위한 지방행정기관의 기능 혹은 역할, 그러한 기능을 수행하기 위한 구조 혹은 조직, 그리고 지방행정의 기능과 구조를 연계하기 위한 조직문화 등 세 가지 관점에서 접근될 수 있다. 지

---

40 이러한 주장은 Robert Dahl(1961)의 관점에 근거하고 있다.
41 당시 야당 조차도 '유신체제'를 반대하면서 '민주주의 훼손'과 같은 가치체계에 한정하였기 때문에 정부의 존재이유인 공공부문 관리 및 유지, 주민들의 삶의 질과 관련한 반대논리 개발에는 소홀했다. 이러한 당시 야당의 '유신체제' 반박논리는 공공부문의 주도권 다툼으로 함몰되었다는 비판으로부터 자유롭지 못하다.
42 새마을운동은 전체 한국사회의 병폐를 치유하기 위해 시작된 것이 아니라 체제와 제도를 지속적으로 유지하는데 걸림돌이 되고 있는 일부 요인을 제거하기 위해 시작되었다는 주장(김영미, 2009)도 있다.

방행정기관의 기능은 공공부문과 민간부문의 역할 분담 측면에서 시장의 실패와 정부의 실패 등을 방지하고, 발전현상을 도모하기 위한 범위 안에서 정당화 된다. 지방행정기관의 조직 또한 공공부문의 유지, 관리 및 지역사회발전을 실현하기 위한 범위 안에서 정당화된다. 이들 지방행정의 기능과 구조가 연계되지 않을 경우 공공부문의 실패가 초래되고, 시장의 실패로 이어질 가능성이 높다. 공공부문과 민간부문은 밀접하게 상호작용하기 때문이다.

2) 지방행정혁신 분석틀

(1) 지방행정혁신에서 고려해야 할 변수

지방행정은 소극적으로 공공부문을 유지, 관리하고 적극적으로 지역사회발전을 실현하기 위한 지방단위의 공동이익 관리방식이다. 따라서 지방행정혁신을 이해하기 위해서는 공공부문과 민간부문을 어떻게 구분하고, 지역사회발전을 어떻게 정의하며, 공동의 노력을 어떻게 접근할 것인가에 대한 논의가 선행되어야 한다.

첫째, 공공부문과 민간부문의 적정한 구분은 지방행정의 기능과 역할을 정립하기 위해 필요하다. 또한 지방행정의 기능과 역할은 지역사회발전 의미와 밀접하게 연동되어야 한다. 즉, 지역사회발전과 아무런 연관이 없는 지방행정의 기능과 역할은 정당화될 수 없다. 지역사회발전은 개인의 가치와 집단 공동의 가치를 연계하여 공통기반을 구축하고, 개인의 행동을 통해 공동체 집단목표를 실현하며, 공동체의 역량을 강화하는 과정논리를 띠고 있다. 따라서 지역사회발전은 연계망(network)을 확보하고, 공동체 안전망을 유지하며, 미래의 공동이익을 도모하는 과정을 의미한다. 결국 지역사회발전은 사회적 자본(social capital)과 직, 간접적으로 연계되어 있다(소진광, 2004a: 110).

다른 한편 사회적 자본은 공공부문과 민간부문의 조화로운 상호작용을 통해 축적된다. 종래 정부가 독점하던 공공부문에 모든 이해당사자가 참여할 수 있고, 정부가 외면하던 민간부문(시장영역)에서도 적절한 정부의 역할이 이루어질 때 사회적 자본은 보다 잘 축적된다. 사회적 자본을 효율적이고, 효과적으로 축적하기 위해서는 우선 공공부문과 민간부문의 배분비율을 적정화하여야 하고, 다음으로 공공부문에서도 중앙정부와 지방정부의 역할분담비율을 적절히 조정하여야 하는데, 이 경우 가급적 지역사회 혹은 마을 단위와 근접한 작은 지방정부의 역할 증대가 필요하다.[43] 따라서 지역사회발전은 지방행정혁신을 통해 접근될 수 있다.

미래의 공동이익을 관리하기 위해 설정된 공공부문도 속성과 영향 크기에 따라 국가가 직접 처리할 영역과 작은 지방정부가 처리할 영역으로 구분될 수 있다. 공공재는 우회생산과정을 거치면서 비용이 추가되고 만족도가 떨어지는 것과 우회생산을 거칠 경우 비용도 절감되고 만족도가 높아지는 영역이 있다(소진광, 2011). 즉, 국방과 같은 공공서비스는 '개인-지역사회-지방정부-국가'를 통합하여 하나의 단위로 생산되고 관리될 경우 개인 부담은 줄어들고, 개인이 느끼는 효용은 늘어난다. 하지만 일상생활과 관련한 공공서비스는 처리과정이 우회적일수록 즉, 개인, 지역사회, 지방정부를 거쳐 국가가 이를 직접 처리할 경우 개인이 부담하여야 할 비용은 늘어나고 주민들의 만족도는 줄어든다.

따라서 지역사회발전도 공공부문과 민간부문과의 상호충돌 영역을 구분하고 이 부분을 우선 시장영역으로 되돌려 주며, 공공부문도 우선적으로 주민에게 가까운 지방정부로 하여금 처리하게 하는 방식으로 접근되어야 한다. 이러한 맥락에서 지역사회발전을 도모하기 위한 지방행정의 혁신은 지역사회의 주도권을 강화함으로써 시작된다. 이러한 지역사회 주도권은 적극적인 주민참여에 기초하고 있다. 지역사회발전을 위한 주민참여는 Knight, Chigudu & Tandon(2002)가 정의한 '좋은 사회(A Good Society)'의 주민연합(association)과 관련되어 있다.

마을은 주민 공동의 일상생활 무대인만큼 주민 스스로 공통기반을 확인하기 쉽고, 미래 공동이익을 정의하기 쉬운 공간단위이다. 따라서 지역사회발전은 주민자치 혹은 주민통제(citizen control)에 기초한 지방행정혁신을 통해 접근될 수 있다. 특히 내부자원을 효율적으로 동원하고 발전과 관련한 편익을 공정하게 분배하기 위해서는 일상생활을 통해 형성된 친밀권역을 하나의 지역사회발전 공간단위로 운영할 필요가 있다. 공간단위가 크면 자원배분의 효율성은 증대되지만 결과의 분배는 왜곡되기 쉽다. 반면 공간단위가 작으면 자원배분의 효율성은 떨

---

[43] 이러한 관점에서 사회적 자본은 적절한 지방분권을 통해 보다 잘 축적될 수 있다(소진광, 2004b). 또한 지방행정혁신은 지방분권의 전제이자 산출물이다.

어지지만 결과로서의 분배정의는 높아지는 성향이 있다(Gore, 1984: 50-52). 이러한 공간단위의 구분 실익은 중앙정부와 지방정부 간 관계에서 더욱 분명하다.

둘째, 지역사회발전(community development)을 설명하기 위해서는 우선 '발전'이란 용어에 대한 의미부여가 중요하다. '발전'은 다의적이라서 정의하기가 쉽진 않지만 여기엔 대체로 다음과 같은 핵심요소가 포함되어 있다. 즉, 발전은 의도적 노력의 결과이고, 두 시점간의 비교를 통한 가치판단을 수반한다. 또한 발전은 미래의 끊임없는 변화를 수용할 수 있어야 하고, 개인이나 집단끼리의 상대적 관계에 긍정적인 영향을 미치며, 구성원의 행동기준을 포함하는 바람직한 가치판단의 준거로 활용된다. 따라서 발전은 단순하게 시간이 경과되면서 나타난 결과가 아니라 관리되고 만들어지는 변화과정이고, 두 시점 간 비교를 통해 도출된 현상으로서 보다 나은 상태일 수도 있고, '인지적(cognitive)' 가치성향일 수도 있다. 발전에 대한 개념정의가 다양한 이유는 '인지적' 가치성향 때문이다.

또한 발전현상은 통상 '계획'과 '개발'을 통해 접근된다. 지역사회발전이 특정 시점에서의 현상에 대한 가치판단 결과라면 지역사회개발은 그러한 발전현상을 실현하기 위한 의도적 공동노력의 과정에 속한다. 종래 결과 지향적인 물리적 척도(physical scale)로 측정되었던 지역발전이 과정 중심의 인간척도(human scale)로 인식되고 있는 것도 그 때문이다. 즉, Haq(1995:14)는 발전의 궁극적인 목적을 '사람의 선택을 확대하는 것'이라고 정의한다. 이러한 관점에서 지역사회발전은 주민역량과 함수관계에 있다. 또한 주민역량은 지방행정과 상호작용을 통해 강화된다. 이 과정에서 공공부문의 기초단위(basic unit)에 속하는 마을의 공동이익을 지원하고, 민주주의 작동체계인 책임과 권한을 일치시키는 일은 지방행정의 존재이유에 속한다. 결국 새마을운동이 지속적으로 성공할 수 있었던 것은[44] 중앙정부와 지역사회, 마을주민들의 이익을 연계하는 지방행정의 혁신이 뒷받침되었기 때문이다.

---

[44] 새마을운동은 50년 동안 진화하면서 현재의 한국 국민들에게 근대화 과정에서 가장 긍정적인 역할을 가져온 동력으로 인식되고 있다. 조선일보가 2010년 전국 1,500명을 상대로 전화를 통해 조사한 '국가발전에 큰 영향을 미친 정책'으로 전체 응답자의 59.1%가 '새마을운동'을 들고 있다(인터넷 조선일보, 2010년 4월 22일 사회면).

셋째, 미국에서 1990년대 정부혁신을 주도했던 Plastrick(2001: 172-178)은 관료주의의 병폐를 치유하기 위한 정부혁신의 다섯 가지 전략을 제시한 바 있다.[45] 그러나 국가체제가 완성되지 않았거나, 정부역량이 부족한 나라에서는 정부가 공공부문을 관리할 능력이 모자라 관료제의 정착이 곧 국가운영체계의 발전으로 인식되는 경우도 있을 수 있다. 많은 경우 개발도상국은 공공부문을 관리하는데 필요한 공공재정이 열악하고, 관리체제도 갖추어져 있지 못하다. 하지만 민간부문에서의 공공서비스 수요는 증대되고, 주민들의 삶의 질에 대한 열망은 급격히 늘어나고 있는 추세다. 이들 개발도상국의 경우 선진국과는 달리 공공부문과 민간부문의 상호작용이 미흡하여 주민들은 공공부문에 의존하려는 성향을 보인다.

지역사회발전을 실현하기 위한 공동의 노력은 주민들의 자발성과 연계되어 있다. 김영미(2009: 334-336)는 새마을운동의 성격을 비교적 냉정하게 비판하는 가운데, '잘 살고 싶은 농민들의 성향'을 접목하고, '자발성과 강제성의 적절한 배합'을 통해 주체의 행위를 효과적으로 체제유지에 활용한 것, 그것이 새마을운동이 성공적인 대중동원 메커니즘으로 평가받는 이유라고 언급한다. 그러면서도 김영미(2009:344)는 새마을운동이 농촌 근대화를 빠른 속도로 앞당겼다는데 동의한다. 김영미(2009:336)의 지적대로 박정희 정부는 새마을운동을 통해 낙후된 농촌의 근대화, 정치적 위기 타개, 유신체제 지지기반 마련이라는 세 가지 목적을 동시에 추구했을 수도 있다. 그러나 이러한 지적의 또 다른 측면은 새마을운동을 통해 박정희라는 인물의 탁월한 지도력이 검증되었다는 주장과 다를 바 없다. 새마을운동을 통한 세 가지 목적 수행이 농민들의 잘 살고 싶은 마음과 근

---

45 Plastrick(2001)이 제시한 정부혁신의 다섯 가지 전략은 다음과 같다. 첫째는 핵심전략(core strategy)으로 '일을 옳게 하려고 시도하는 것이 아니라 옳은 일을 하려는 것'이다. 둘째는 성과전략(Consequences Strategy)으로 공무원들로 하여금 업무를 향상시키는데 위기와 보상이라는 인센티브를 제공하는 것이다. 셋째는 고객전략(Customer Strategy)으로 공공부문의 존재이유를 시민에게 돌려주는 방식이다. 넷째는 통제전략(Control Strategy)으로 공공부문 관리와 관련한 권력의 상당부분을 중앙정부로부터 지방정부로, 큰 공공기관으로부터 작은 공공기관으로, 상위 공공기관 으로부터 일선 공공기관으로, 공공조직으로부터 시민사회로 이전하는 것이다. 다섯째는 문화전략(Culture Strategy)으로 이는 조직문화를 바꾸는 것을 의미한다. 즉, 관료주의 문화를 바꿈으로써 정부혁신을 완성할 수 있다는 것이다.

대화에 대한 국민들의 열망을 충족시키면서 개인의 정치신념을 확고히 한 사례로 해석될 수 있기 때문이다.

또한 보다 나은 상태 혹은 가치를 추구하는 과정에서 이들 바람직한 상태를 실현하기 위한 수단의 강제성과 자발성은 가치에 대한 동조, '목표－수단'의 연결고리에 대한 선택주체를 검토하여 결정할 사항이다. 발전이 선택의 폭을 확대하는 것으로 접근될 경우(Haq, 1995), 당시 절대 가난에서 벗어나기 위한 결정은 제한된 범위 안에서 이루어질 수밖에 없었을 것이다. 정부나 국민이 선택할 수 있는 제한된 범위는 당시 권력주체가 만든 것이 아님은 자명하다.[46] 그렇다면 초기 새마을운동 추진과정에서 정부가 제시한 '선택할 수 있는 다양한 목표 실현수단'이 마을 주민들의 선택을 제한 한 것인지, 아니면 정보접근이 어려운 상황에서 선택을 도와준 것인지의 판단은 농민들의 새마을운동참여를 '자발성'과 '강제성'으로 구분하는데 매우 중요한 변수이다.

모든 개혁과 발전의 저변에는 지도자(leaders)의 인식과 따르는 자(followers)의 인식 차이가 있을 수 있다. 이럴 경우 따르는 자의 완전한 자발적 참여를 기대하기는 어렵다. 새마을운동이 아니었어도 마을 공동의 사업을 놓고 의견 차이가 있을 수 있고, 이 경우에 외부의 조력자가 제시한 객관적 기준이 마을 전체의 의사결정에 중대한 영향을 미치는 경우도 있을 수 있다. 이렇듯 '계몽(enlightenment)' 혹은 '발전'에는 지도자와 그들을 따르는 자의 사이에 인식 차이가 존재한다. 이러한 인식 차이를 근거로 '계몽' 혹은 '발전현상' 전체가 강제적인 것으로 평가될 수는 없다.[47] 지방행정혁신을 설명하기 위한 '공동의 노력'을 인정할 수 있는 객관적 범위설정이 어려운 이유가 여기에 있다. 이는 대의민주주의의 태생적 한계이기도 하다.

---

[46] 최소한 한국의 1950년대 이후 상황은 당시 정치 지도자들이 의도적으로 만들었다고 판단할 수 없다.

[47] 실제로 이세영의 마을 기록(2003)에 의하면 새마을운동 추진과정에서 마을 사람들끼리 의견 차이가 있었고, 이러한 의견 차이를 좁히는데, 다른 마을의 사례가 종종 인용되고 있음을 알 수 있다. 당시 농촌마을은 근대화에 필요한 정보와 수단을 확보하지 못하고 있었고, 이러한 상황에서 중앙정부와 지방행정기관의 지침, 지원은 농촌주민들의 의사결정에 큰 영향을 미쳤을 것이다. 그렇다고 하여 이러한 정부의 지침과 지원에 의한 농촌주민들의 참여를 강제성에 의한 것으로 인식하기는 어렵다.

(2) 지방행정혁신 분석틀

지방행정의 혁신은 ① 공공부문과 민간부문의 적정한 구분에 의한 새로운 기능도입 혹은 업무개편, ② 지역사회발전을 도모하기 위한 지방행정의 구조 및 조직개편, 그리고 ③ 지방행정 기능과 구조의 연계를 통한 조직문화의 정착과 관련되어 있다. 첫째, 시대와 경제발전 정도에 따라 공공부문과 민간부문의 구분은 다르다. 어느 시대 어느 상황에서도 정부가 해야 할 일과 하지 말아야 할 일을 명확하게 구분하지 못하면 정부의 실패로 이어진다. 해야 할 일을 하지 않을 경우, 적정 공공서비스가 공급되지 못해 민간부문이 불안정한 상태에 빠지고, 정부가 하지 말아야 할 일을 할 경우, 불필요한 규제가 늘어나 역시 민간부문이 위축되며, 구성원들이 정부에 의존하려는 성향이 커서 민간부문의 창의성과 책임성이 줄어들 가능성이 높다. 따라서 공공부문과 민간부문의 구분이 적정하지 못하면 정부의 실패와 시장의 실패로 이어진다.

둘째, 지방행정의 기능과 업무개편은 새로운 업무의 도입과 중앙정부와 지방정부간 역할분담 조정, 그리고 지방행정기관과 지역사회의 상호작용에 근거하여 접근될 수 있다. 즉, 지방행정의 업무혁신은 공공부문과 민간부문의 역할조정 혹은 새로운 업무도입 및 민간이양 여부, 지역사회발전에 관한 권한의 지방이양 정도로 분석된다. 지방행정의 구조와 조직혁신은 새로운 제도·조직 도입 및 조직개편에 초점을 두고 업무관련 전담조직(부서) 신설, 기존 조직(부서)개편 여부를 통해 분석된다.

셋째, 지방행정의 기능과 구조의 연계혁신은 공무원들의 의식 및 태도변화, 업무처리방식의 변화, 업무중심 평가체계 도입, 평가의 공정성 확보노력, 그리고 평가에 따른 보상제도 도입여부를 통해 분석된다. 따라서 지방행정의 기능과 구조의 연계는 조직문화에 따라 달라진다. 종종 조직문화는 구조화 되는 경향을 띠어 혁신요소를 수용하는데 장애요인이 된다. 조직문화를 바꾸지 않으면 혁신이 정착되기 어렵다.

지방행정 혁신이 지향하고 있는 '좋은 사회'는 좋은 거버넌스(good governance)를 통해 가능하다. 한편 '거버넌스'는 이해당사자 범위에 민감하게 반응한다. 즉, 이해당사자 범위, 다른 표현을 빌리면 공동체 규모가 작으면 작을수록 집단의 공동이익을 민주적으로 실현하는데 더욱 유용하다. 일반적으로 자치의 공동체 규모가 작으면 작을수록 주민참여기회와 가능성은 증대되어 '거버넌스' 방식을 실천하기 쉽다. 새마을운동이 성공할 수 있었던 이유 중의 하나는 주민생활의 기초단위인 마을 수준에서 시행되어(김영미, 2009;339), 주민참여를 촉발하고 거버넌스 체제를 구축했다는 사실이다. 민주주의 토양인 건전한 시민사회의 구축은 소규모 지역사회 '거버넌스'에 뿌리를 두고 있기 때문이다.

결국 '거버넌스'체제는 중앙정부와 지방행정기관, 지방행정기관과 지역사회를 연결하는 '수직적 구조'와 마을 주민들의 공통기반을 공유하기 위한 '수평적 구조'를 동시에 포함하고 있다. 이러한 수직적 구조와 수평적 구조를 결합한 그물 모양의 '격자형 거버넌스(grid-type governance)'가 새마을운동을 지속적으로 추진하게 만든 원동력이었다. 이러한 '격자형 거버넌스'를 구축하기 위해서는 일선 지방행정기관의 지역사회발전에 대한 새로운 기능 및 업무도입이 필요하다. 이러한 지방행정의 기능과 업무는 새로운 구조와 조직을 필요로 하고, 이 과정에서 기능과 구조를 연계할 필요성이 증대된다. 특히 지방행정의 기능과 구조의 연계는 일선 지방행정기관과 마을의 상호작용을 관리하는 업무처리방식에 근거하고 있다. 이러한 관점에서 새마을운동을 추진하기 위한 지방행정혁신의 사례분석 '틀'은 <표 10-1>과 같이 나타낼 수 있다.

표 10-1 **지방행정혁신의 사례분석 '틀'**

혁신성분	분석항목	분석지표
기능(업무)	지방행정의 업무혁신	• 공공부문 역할조정(새로운 업무도입) • 중앙정부와 지방행정기관의 역할분담 • 지방행정기관과 지역사회의 상호작용
구조(조직)	지방행정의 조직혁신	• 업무관련 전담조직(부서) 신설 • 업무관련 기존 조직(부서)개편
기능과 구조의 연계 (조직문화)	지방행정 조직문화의 정착	• 공무원들의 의식 및 태도변화, 업무처리방식 변화 • 평가체계 도입 및 평가의 공정성 확보노력 • 평가에 따른 보상제도(각종 훈·포장 포함) 도입

출처: 소진광(2014a)

첫째, 새마을운동 추진과정에서 지방행정의 기능혁신은 종래 공공부문의 유지, 관리에 국한되어 있던 지방행정기관의 역할을 주민들의 생활터전인 지역사회 수준으로 끌어내리고 공공부문 일부를 지역사회 공동노력으로 전환하여 주민들을 지역사회발전에 적극적으로 참여시켰던 사실과 관련되어 있다. 이러한 지방행정 기능혁신의 분석지표는 지역사회발전과 관련하여 공공부문과 민간부문의 역할조정, 중앙정부와 지방행정기관의 역할분담, 그리고 지방행정과 새마을운동의 기본 단위인 마을의 상호작용으로 구성한다.

둘째, 지방행정의 구조혁신 성분은 새마을운동 전담조직 및 기존 조직개편과 관련한 것으로 지역사회발전을 유도하기 위한 새로운 '틀' 구축에 초점을 둔다. 지역사회발전은 공공부문 지방행정과 민간부문 주민조직의 상호작용을 통해 가능하다. 즉, 지역사회발전을 위해서는 공공부문에서의 제도정비 및 이를 지원하기 위한 추진체계 구축과 민간부문에서의 추진체계 구축 및 내부자원 동원이 필요하다. 이러한 변화를 혁신적으로 관리하기 위해서는 공공조직에 새로운 전담부서를 도입하던가, 아니면 조직내부의 기능조정을 위한 구조개편이 필요하다.

셋째, 지방행정에서 새로운 기능과 구조를 연계하기 위한 조직문화의 정착은 공공부문 업무의 효율성을 높이고 지방행정의 연속성을 담보하는 장치에 의해 분석된다. 또한 기능과 구조의 연계는 공정한 성과평가 및 성과관리에 근거하여 적정한 보상체계를 도입 혹은 운영함으로써 가능하다. 이러한 기능과 구조의 연계는 필연적으로 업무처리방식의 변화를 수반한다. 즉, 공무원들의 성과 중심 업무태도, 관련 업무 선호도 및 책임감, 기피부서와 선호부서 등의 변화는 지방행정의 구조와 기능의 연계 관점에서 해석될 수 있다. 이러한 지방행정의 혁신지표는 일선 지방행정기관 공무원들의 소극적, 관행적 자세를 적극적, 창의적 자세로 변화시켰는지 여부와도 관련되어 있다.

3 새마을운동을 통한 지방행정 혁신사례

새마을운동은 일선 지방행정기관의 조직개편을 통해 새로운 공공부문 업무를 도입하는 계기를 제공하였고, 이 과정에서 공무원들의 역할인식, 태도 그리고 업무처리방식을 전환하여 당시로서는 지방행정의 혁신을 이끌어냈다. 새마을운동의 추진과정과 각종 성과는 <표 10-1>의 항목별로 분류되고, 새로운 의미를 부여받을 경우 당시 한국의 지방행정혁신을 설명할 수 있는 준거가 될 수 있다. 특히 지방행정의 혁신은 지방행정의 공급주체인 지방행정 공무원들의 시각뿐만 아니라 중앙정부 및 지방행정의 수요자 즉, 국민이나 주민들의 시각에서도 접근할 필요가 있다. 이러한 맥락에서 이 글은 새마을운동이 지방행정혁신에 미친 영향을 당시 새마을운동 관련 업무를 담당했던 고위 공무원과의 대담자료와 주민들이 새마을운동을 추진하면서 경험한 기록(마을지)을 중심으로 <표 10-1>의 분석틀을 이용하여 접근한다.

1) 지방행정의 업무혁신

새마을운동은 지방행정의 업무내용을 크게 변화시켰다. 새마을운동 이전에도 각종 농촌개발정책이 추진되었으나, 이는 당시 중앙정부와 지방행정기관의 관점 즉, 공급자 관점에서 정의된 목표와 수단의 연계에 의한 것이었다. 그러나 일선 지방행정기관의 업무내용면에서 새마을운동 추진은 현상의 유지 및 관리가 아니라 변화를 유도하고 촉진하는 방식으로 접근되었고, 주민활동을 통제대상이 아니라 지원대상으로 전환하였다. 특히 일선 행정기관인 읍·면에도 지역의 기관장과 새마을지도자로 구성된 추진위원회를 설치하여 새마을운동을 지원하였다. 또한 마을단위에서도 이장(里長)과 새마을지도자를 대표로 하는 마을총회와 리·통 개발위원회를 중심으로 지역사회개발이 추진되었다. 지방행정기관의 새마을운동 지원은 공공재산의 공여, 중앙정부 지원물자의 전달, 마을의 새마을운동을 지원하고 지켜보았던(monitoring) 책임 공무원 담당제를 실시함으로써 이루어졌다.

새마을운동 추진과정에서 지방정부의 마을에 대한 지원내용은 세 가지 유형으로 이루어졌다. 첫째는 주민역량 강화와 행정지원으로 새마을운동 사업수행과 관련한 행정절차의 간소화를 들 수 있고, 둘째는 기술지도 및 물자와 장비지원이며, 셋째는 우수사례 발굴 및 홍보업무이다. 당시 마을 단위에서 주민들이 새마을운동을 주도적으로 추진하면서 겪은 애로사항은 행정경험의 미비, 전문기술과 장비의 부족, 자원 및 재원 부족, 그리고 성공에 대한 자신감의 부족이었다.

(1) 주민들의 역량강화 및 행정지원

1970년대 충청북도 중원군의 풍덕마을(현재는 충청북도 충주시 소재)의 새마을운동 추진기록(이세영, 2003)은 새마을운동과 관련하여 지방행정기관의 업무혁신을 잘 보여준다. 일선 지방행정기관이 마을 주민들의 역량을 강화하고 새마을운동 추진과 관련한 행정을 지원함으로써 공공부문과 민간부문(마을주민)의 상호작용은 이전의 관행을 뛰어넘는 혁신을 잘 보여준다. 풍덕마을의 이세영 새마을지도자는 다음과 같이 기록하고 있다(이세영, 2003:305).

> "(1973년 5월 4일) 괴산군 연풍면 신풍마을이 5월의 (청와대)경제동향 보고마을로 될 것 같다는 중원군으로부터의 전갈이 왔다. 결국은 (풍덕마을이) 신풍마을과 대결하게 되었다. 이 소식을 들은 마을분들과 부녀회원들은 더욱 더 적극적으로 열성적으로 새마을사업을 추진하기에 이르렀다."

또한 새마을운동을 추진하는 과정에서 시멘트 등 건자재가 중앙정부 의사결정을 통해 마을까지 투명하게 전달되었던 것은 한국 지방행정의 일대 혁신이었다. 이러한 전달체계는 공공부문의 노력뿐만 아니라 이미 산업화를 통해 축적된 민간기업의 운송체계를 활용하여 구축되었다. 즉, 새마을운동을 추진하는 과정에서 공공부문과 민간부문이 상호협력하고, 다양한 이해 당사자가 참여하는 '거버넌스'가 구축된 셈이다. 이에 대한 이재창 당시 경기도 평택 군수(2009년 3월부터 2013년까지 4년간 새마을운동중앙회 회장 역임)의 증언(2013년 1월 21일)은 다음과 같다. 이재창 회장은 새마을운동이 한창 확산되던 1972년 9월 1일부터 1974년 3월까지 평택 군수를 역임하였다.

> "당시 건자재는 '대한통운'에 일괄 위탁하여 전달하도록 하였습니다. 대한통운은 전국적 네트워크를 구축하고 있어서 전국적 배송망과 경험을 가지고 있었고, '관물'에 대해 각별한 관심을 가지고 임하여 단 한 건의 문제도 발생하지 않았습니다."

새마을운동 초기단계에서 주민들은 공공성을 띤 자원의 관리방식과 절차에 관한 행정경험이 부족하였다. 이러한 주민들의 행정경험 부족은 자칫 마을 차원에서의 공공사업이 특정인 혹은 특정 집단의 이익만을 도모하는 결과를 낳을 수 있다. 이와 같이 정부의 지원으로 추진되는 지역사회개발사업이 편파적, 불공정 수혜를 초래할 경우 지역사회는 더욱 빠르게 파괴될 것이었다.

하지만 지역주민들의 이러한 행정경험 부족은 지방행정이 적극 지원하여 새마을운동과 관련한 지역사회 신뢰를 구축하는데 기여하였다. 특히 주민들의 행정경험 부족을 공무원들이 대행한 것이 아니라 주민들의 이 분야 역량을 강화하기 위해 지원하는 방식으로 접근한 것은 향후 새마을운동 경험을 통해 지역사회 거버넌스를 구축하게 된 배경이 되었다. 이는 풍덕마을의 기록(이세영, 2003:293)에서 다음과 같이 확인된다.

> "(1973년 3월 15일) 중원군청 김낙웅 새마을과장, 김홍해 새마을계장, 리세영이 마을을 두루 살피면서, 전체농가 개즙, 한데 변소 철거, 담장개량, 마을 진입로에 대해 의견 교환. 마침 내가 새마을설계도면을 만드는 것을 보고는 ……(칭찬하며)…… 풍덕마을의 저력을 발휘해서 자립마을로 육성해보자고 종용하면서 …… 감탄하는 눈치였다."

(2) 기술지도 및 장비지원

새마을운동은 마을단위에서 전통적인 농업 이외의 새로운 사업을 시도할 수 있는 프로그램이었다. 따라서 주민들은 마을공동 시설 및 생활환경 개선사업, 생산기반시설과 같이 전문성을 요구하는 분야의 경험이 부족한 실정이었다. 이러한 상황에서 마을주민들은 마을 현황을 조사하고, 공동의 문제점을 도출하며, 사업계획을 작성하고 사업을 수행하는데 한계를 느꼈다. 이에 대한 풍덕마을의 기록(이세영, 2003:294)은 다음과 같다.

> "(1973년 3월 17일) 중원군 새마을과장 김낙웅씨 내방하여 리세영, 리자호를 데리고 이류면 마치마을의 국도변과 주덕면 대곡리 지방도변의 조경사업을 구경케하고 이런 식으로 풍덕마을을 가꾸자고 권유하다."

특히 마을 주민들은 전통적인 민간부문에서 활동해왔기 때문에 지역사회 공공부문 활동과 관련하여 많은 기술적 어려움을 겪었다. 이러한 마을 주민들의 어려움은 전문성을 갖춘 지방공무원들이 지원하였다. 또한 도로 및 수로건설과 같이 특수한 장비를 필요로 하는 새마을운동 사업에는 지방행정기관의 장비가 지원되었다. 이러한 과정은 당시 새마을운동을 추진하면서 지방행정기관과 지역사회의 상호작용 관계를 보여준다. 이에 대한 풍덕마을의 기록은 다음과 같이 전한다.

> "(1971년 4월 11일) 이상용 중원군수는 불도저가 풍덕에 왔는지를 확인하기 위해서 내방하여 회관건립에 격려를 해주다(이세영, 2003:262)."
> "(1973년 3월 17일) 충청북도 도로과 시설계장 이종익씨 내방하여 다음 사항을 지도하다. ……강모래와 강자갈 채취, 콘크리트 양생, 농로 측구 등…… (이세영, 2003:294)."

(3) 우수사례 발굴 및 홍보지원

초기 중앙정부의 정책과제로 출발한 새마을운동은 가장 기초적인 주민들의 생활 무대인 마을 현장에서 추진되면서 한국 국민들의 생활방식으로 자리 잡게 되었다. 매달 개최되었던 국무회의에는 새마을운동 추진과 관련한 안건이 거의 전부였다. 따라서 대통령은 새마을운동 추진과정에서 간혹 발생할 수 있는 부처 간 이견을 직접 조정할 수 있었다. 특히 매월 대통령이 주재하는 월간 경제동향 보고회에는 새마을운동 성공사례가 발표되어 현장 업무가 직접 국정 최고책임자에게 전달되었다. 이에 대한 고건 당시 새마을 담당관의 증언(2012년 11월 11~15일)은 다음과 같다.

> "(대통령이 주재하는 월간경제동향보고회에서 발표할) 2개 마을의 성공사례는 각 도(道)에서 추천한 22개 마을 중에서 11곳을 선정하고, 이 중에서 대, 여섯 군데를 내가 직접 현지에 가서 보고 2개 마을로 압축하여 성공사례를 다듬고 시나리오를 직접 작성해주었습니다. 해당 군수도 참석했지만 마을 지도자가 직접 박 대통령 앞에서 성공사례를 발표했습니다. 딱딱한 경제동향보고를 듣다가 감성 어린 새마을운동 성공사례를 들으며 대통령이 치하하고 새마을훈장도 달아주었습니다."

이와 같이 새마을운동 추진과 관련하여 정부와 마을 단위 새마을운동 추진조직과의 상호작용은 당시로서는 새로운 공공부문 업무였다. 정부가 새마을사업의 우수사례를 발굴하고 이를 전국적으로 전파함으로써 새마을운동은 모든 국민들의 공통 관심사로 자리매김하게 되었다. 중앙정부 차원에서도 마을 단위에서 추진되고 있는 새마을운동을 직접 지원하기 시작하였는데, 이에 대한 충주시 풍덕마을의 기록(이세영, 2003)은 다음과 같다.

> "(1973년 4월 24일) 내무부 새마을과 경제기획원 직원 2명이 경제동향보고 마을선정 답사차 내방하다(이세영, 2003:302)."
> "(1973년 5월 3일) 내무부 김형배 새마을과장이 경제동향 보고마을 선정차 내방하다(이세영, 2003:305)."

특히 거의 모든 각급 공공기관들은 새마을운동에 대해 관심을 갖기 시작하였는데, 이러한 관심은 당시 공공기관의 정부정책 호응도로 인식되었기 때문에 나타난 결과였다. 이렇듯 새마을운동은 중앙정부의 강력한 관심을 배경으로 모든 공공기관의 홍보자료로 활용되었다. 이러한 공공부문의 새마을운동에 대한 관심은 농촌 마을주민들의 공동노력을 촉발하는 효과를 가져왔다. 이에 대한 풍덕마을의 기록은 다음과 같이 전한다.

> "(1973년 3월 27일) 국방대학원생 12명이 내방하여 부락현황을 설명 듣고 마을을 둘러보고 리자호 지도자와 리상을 이장에게 기념품을 선사하고 마을에는 일금 1만원을 희사하다(이세영, 2003:297)."
> "(1973년 4월 2일) 충청북도 기획관리실 통계담당관실 농업통계계장 유권종, 오창환 씨 내방하여 풍덕마을과 자매결연을 맺고 삽 5자루 주고 가다(이세영, 2003:298)."

또한 정부와 언론의 홍보지원은 새마을운동 성공사례를 전국적으로 확산하는 데 크게 기여하였다. 새마을운동의 성공사례는 당시 각종 홍보매체를 통해 전국적으로 확산되었고, 성공사례에 대한 비교, 시찰을 통해 새마을운동은 시행착오를 줄이면서 보다 정교한 실천논리로 진화하였다. 새마을사업 성과에 대한 외부의 관심은 마을 주민들의 자발적 참여를 촉발하는 계기를 마련해주었다. 이에 대한 풍덕마을의 기록은 다음과 같다.

"(1973년 2월 23일) 청주문화방송 취재진이 와서 새마을 사업실적과 앞으로의 진행 등을 녹음하여 가다. 중원군 김홍해 새마을계장이 동행하다(이세영, 2003:290)."

"(1973년 8월 2일) 청와대 새마을 사진반 풍덕마을 촬영차 내방하다(이세영, 2003:316)."

마을 지도자들은 성공한 인접 다른 마을을 시찰하고 자기네 마을과 비교하게 되었고, 이 과정에서 더 나은 방법을 모색하게 되었다. 따라서 마을의 새마을운동 성과는 객관적이고 공정하게 평가되어 지역사회의 공정성 혹은 정의(justice)를 인식시키는데 기여하였다. 또한 보다 좋은 성과를 거둔 마을의 새마을사업은 새마을 지도자들에게 일종의 교육장이었다. 이에 대한 풍덕마을의 기록은 다음과 같다.

"(1973년 4월 4일) 노은면 각 이동장과 새마을 지도자 40명이 새마을 사업장 견학차 내방하다(이세영, 2003:298)."

2) 지방행정의 조직개편

새마을운동의 출발과 더불어 내무부를 중심으로 중앙정부 및 지방행정기관의 조직개편이 이루어졌다. 한국정부는 1971년 8월 19일(대통령령 제5755호) 내무부 직제를 개정하면서 지방국의 개발과를 폐지하고, 새마을업무를 지원하기 위해 지역개발담당관을 신설하였다. 또한 1972년 내무부장관이 새로 구성된 새마을운동중앙협의회의 위원장을 맡아 새마을운동을 총괄하게 되었다. 1973년 직제개편에 따라 중앙부처에 '새마을' 명칭을 가지는 부서가 처음으로 등장하고 새마을운동을 효율적으로 추진하기 위한 행정체제가 갖추어졌다. 즉, 1973년 1월 15일 내무부는 직제개편을 통해 1973년 1월 16일부로 지방국(Bureau for Local Affairs)에 새마을지도과, 새마을담당관, 새마을계획분석관 등을 설치하였다.

이러한 중앙정부의 조직개편에 따라 지방행정기관에도 새마을운동을 추진, 지원하기 위한 전담부서가 설치되기 시작하였다. 즉, 1973년 2월 시·도는 새마을지도과를, 시·군·구는 새마을과를 신설하였다. 1975년 1월에는 군의 경우 새마을운동을 전담하는 부군수제를 도입하였으나 1979년 7월에는 부군수가 새마을운동만을 담당하지 않고 군(郡)의 업무 전반에 대해 군수를 보좌하는 직책으로 바뀌고 다시 새마을과를 부활하였다. 이와 같이 새마을운동을 추진하기 위한 지방행정기관의 조직개편은 시·도 단위와 시·군·구 단위 모두에서 이루어졌다.

(1) 시·도 단위 조직개편

한국정부는 1973년 2월 2일 전국 모든 시·도 단위에 새마을지도과를 신설하고, 그 산하에 새마을계와 개발계를 두어 시·군·구 단위의 새마을운동을 지원하였다. <표 10－2>에서와 같이 경상북도는 1976년 6월 새마을지도과에 교육홍보계를 신설하여 새마을운동 추진조직을 강화하였고, 1979년 9월에는 다시 자연보호계를 신설하여 새마을운동을 확대하기 위한 조직을 정비하였다.

경상북도는 1989년 새마을지도과를 국민운동지원과로 개칭하여 새마을운동 성격을 민간분야 위주로 전환하였다. 그러나 경상북도는 지방자치가 실시되던 1998년 10월 19일 종전 새마을운동 관련 업무를 담당하던 '사회진흥과'를 '새마을과'로 개편하여 새마을운동의 중흥을 도모하기 시작하였다. 경상북도는 21세기에 들어 새마을운동의 중흥을 도모하면서 2003년 '새마을과'를 '새마을자원봉사과'로 바꾸고, 인터넷 새마을운동업무를 추가하였다.

특히 경상북도는 한국국제협력단(KOICA)의 지원으로 아프리카 Ethiopia, Rwanda, Tanzania 등 국가에 자원봉사자들을 파견하여 그곳 주민들과 함께 현지에서 새마을운동을 실시하였다. 새마을운동의 현지화를 보다 쉽게 실현하기 위해 경상북도는 미리 정한 대상 마을의 지도자를 한국으로 초청하여 새마을운동의 경험과 상대방 개발도상국 적용방안에 대한 교육 및 연수를 실시하고, 이 과정에서 한국의 자원봉사자들과 상호학습기회를 마련하였다.

표 10-2 **경상북도의 새마을운동 관련 조직개편 약사**

연도(연, 월, 일)	추진조직 변천 내용	비고
1973. 02. 02	새마을지도과 설치(새마을계, 개발계 신설)	새마을지도과('새마을' 이름을 딴 조직 최초 탄생)
1976. 06. 04	새마을지도과에 교육홍보계 신설	
1979. 09. 13	새마을지도과에 자연보호계 신설	새마을운동 확대
1989. 03. 06	'새마을지도과'를 '국민운동지원과'로 명칭 변경	국민운동지원과
1993. 07. 09	'국민운동지원과'를 '사회진흥과'로 명칭 변경 (새마을계를 사회진흥계로 명칭 변경)	사회진흥과('새마을' 이름을 딴 조직명칭 사라짐)
1996. 02. 17	사회진흥계를 새마을계로 명칭 변경	'새마을' 이름을 딴 조직 부활
1997. 02. 05	건전생활계 폐지, 새마을계로 업무 이관	'새마을계' 업무확장
1998. 10. 19	'사회진흥과'를 '새마을과'로 명칭 변경('계'를 '담당'으로 명칭 변경하고, 민간협력담당 신설)	새마을과 부활
2003. 03. 03	'새마을과'를 '새마을자원봉사과'로 명칭 변경(민간협력담당을 자원봉사지원담당으로 명칭 변경하고, 인터넷 새마을운동 업무를 추가)	새마을자원봉사과(민간 새마을운동 지원 기능 강화)
2004. 03. 22	'새마을자원봉사과'와 '민방위과'를 '새마을민방위과'로 통합	새마을민방위과
2005. 01. 27	'새마을민방위과'를 '새마을봉사과'로 명칭 변경(민방위비상대책담당과 경보통제소 업무를 민방위재난관리과로 이관하고, 비상대비업무를 기획관실 평가비상대책담당으로 이관)	새마을봉사과
2006. 09. 14	담당제를 폐지하고, 새마을봉사과 업무를 조정(자원봉사지원업무를 인적자원, 자원봉사로 분리하고 민원업무는 새마을봉사과로 이관. 자연보호업무를 제외한 지역진흥, 경관조성업무는 균형개발과, 해양정책과, 농촌개발과로 이관)	새마을봉사과
2008. 09. 22	고객만족 CS행정업무, 민원제도개선, 행정서비스헌장제 운영, 경상북도 인·허가 대상업무를 새마을봉사과로 이관	새마을봉사과

자료: 경상북도 홈페이지에서 저자가 발췌하여 재작성.

(2) 시·군 단위 조직개편

시·군 단위 지방행정기관에서 새마을운동 전담부서가 설치된 것은 1974년 8월 1일이었다. 당시 농촌지역 군단위의 공공조직은 시·도지사가 임명하는 군수를 책임자로 하여 2실(1 문화공보실과 민원실), 6 과(즉, 5개 계로 구성된 내무과, 2개 계로 구성된 새마을과, 3개 계로 구성된 재정과, 6개 계로 이루어진 산업과, 2개 계로 구성된 수산과, 그리고 3개 계로 구성된 건설과)로 조직되어 있었다. 특히 신설된 새마을과는 새마을계와 개발계를 두고 있어서 마을 단위의 새마을운동을 지원하였다.

그러나 불과 4개월 만인 1975년 1월 1일 농촌의 군단위에 새마을운동을 전담하는 부군수제가 도입되어 종래 새마을과는 폐지되고 대신 그 안에 소속했던 새마을계와 개발계 등 2개 계와 기획예산계가 부군수 직접 관할 업무로 들어왔다(<그림 10-2>). 새마을운동이 새로운 국면으로 접어든 1981년 7월 1일 부군수가 직접 챙기던 새마을운동 지원업무는 일반 다른 부서와 마찬가지로 새마을과로 바뀌고, 그 밑에 새마을계, 개발계, 그리고 주택계를 두었다. <그림 10-3>은 1981년 당시 지방행정체제가 지역 특성에 따라 각기 다른 조직으로 발전하였음을 보여주고 있다. 그럼에도 불구하고 모든 군청엔 마을 단위의 새마을운동을 지원하기 위한 동일한 조직과 기구를 두고 있었다.

그림 10-1 **군청의 조직도(1974년 8월 1일 기준)**

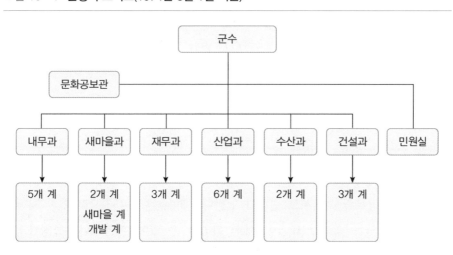

그림 10-2 **군청의 조직도(1975년 1월 1일 기준)**

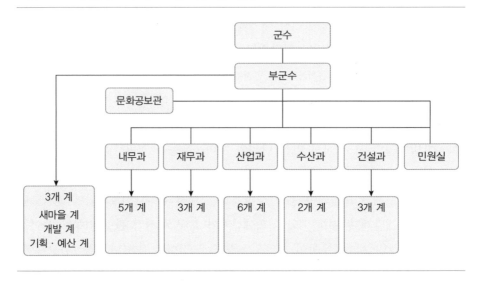

그림 10-3 **농촌지역 군청의 조직도(1981년 7월 1일 기준)**

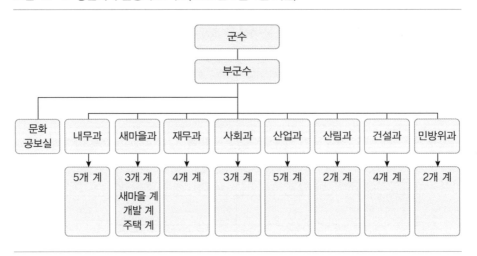

　　새마을운동을 추진하기 위한 시·도 단위에서의 조직개편과 함께 추가된 업무를 수행할 공무원 수에서도 변화가 있었다. 새마을운동 추진으로 인한 지방공무원 수의 변화는 <그림 10-4>에서 확인할 수 있다. 예를 들면 충청남도와 경상북도의 전체 인구는 1965년 이래 거의 정체상태였으나 그럼에도 불구하고

1970년대 충청남도와 경상북도의 공무원 수는 꾸준히 증가하였다. 이러한 현상은 산업화 정책으로 한국의 공공부문이 증대되고 있었기 때문이기도 하지만 새마을운동과 관련하여 공공부문과 민간부문의 상호작용을 담당할 공무원 수요를 반영한 것이기도 하다.

　　1960년대 시작된 산업화 정책으로 한국사회에서는 농촌인구가 급격히 도시로 유출되었다. <그림 10-4>는 농촌지역인 부여군과 청도군에서 1965년 이후 매년 인구가 감소하고 있음을 보여준다. 하지만 이들 농촌지역의 공무원 수는 늘어나고 있다. 이러한 현상은 행정근대화를 통해 중앙정부의 업무가 지방행정기관으로 이관된 탓도 있지만 농촌발전을 위해 현장에 가까운 일선 지방행정기관의 조직규모가 상대적으로 커지고 있음을 반영한 것이다.

그림 10-4 **충남 부여군과 경북 청도군의 연도별 공무원 수**

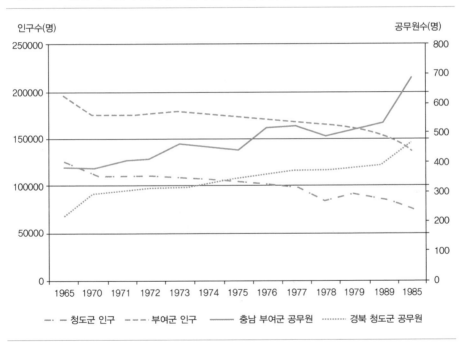

3) 지방행정의 조직문화 정착

지방행정에서 조직문화의 정착은 업무수행방식의 혁신을 통해 가능하다. 즉, 지방행정의 기능과 구조를 연계하기 위해서는 사람을 바꾸거나 아니면 업무처리 방식을 전환하여야 한다. 새마을운동을 추진하는 과정에서 지방행정은 새로운 업무를 도입하였고, 그러한 업무를 수행하기 위한 전담부서를 설치하였다. 그러나 새로운 업무와 전담부서가 조화롭게 연계되지 못한다면 지역발전정책을 수행하기도 어렵고, 지방행정의 발전도 기대하기 어렵다.

지역발전정책을 효과적으로 수행하고, 지방행정이 발전하기 위해서는 지방행정의 새로운 업무와 조직을 연계하기 위한 새로운 조직문화의 정착이 필요하다. 이러한 조직문화는 내부적 요인과 외부적 요인에 의해 영향을 받는다. 내부적 요인은 지방행정에 종사하는 공무원들의 업무인식 및 태도변화로 확인 가능하고, 외부 요인은 공공부문 업무처리와 관련한 각종 평가 및 보상제도 등으로 구성된다. 공공부문에서의 기능과 구조의 연계는 업무중심 평가체계 도입, 평가의 공정성 확보노력, 평가에 따른 보상제도(각종 훈·포장 포함) 도입 등을 통해 가능하다.

(1) 내부적 요인에 의한 업무수행방식 혁신

새마을운동은 일선 지방행정공무원의 업무인식 및 태도변화에도 큰 변화를 가져왔다. 우선 초창기엔 지방공무원들이 새마을운동 관련 부서에 근무하기를 기피했지만 새마을운동 추진실적이 점차 공무원 능력과 연계하여 평가되면서 새마을운동 관련 부서를 선호하게 되었다. 1970년대는 공무원 인사(人事)에 있어 시·도 및 시·군의 새마을과에 우수한 공무원을 선발·배치하고 근무평정 가점제, 2년 근무 연한제, 우선 승진제 등을 실시하여 새마을 행정조직의 활성화를 도모하였다(소진광, 2012: 508). 또한 일선 지방행정기관이 지역사회개발이라는 새로운 업무를 도입하고, 종래와는 달리 현장 중심의 업무수행방식을 채택하였다. 이에 대한 이재창 당시 평택 군수의 증언(2013년 1월 21일)은 다음과 같다.

"새마을운동이 시작되기 전과 후를 비교하면 다음과 같습니다. 첫째, 새마을운동이 시작되기 전에는 지방행정도 사무실행정이어서 공무원들이 마을을 찾아가지 않았는데, 새마을운동의 시작으로 행정이 현장 중심으로 바뀌었어요. 둘째, 행정의 성격 측면에서도 새마을운동 이전에는 규정에 의한 관리행정이었는데, 새마을운동 이후엔 개발행정으로 바뀌었고, (지방행정이) 구체적인 성과위주로 접근하기 시작하였습니다. 셋째, 전달체계 측면에서도 새마을운동 이전엔 지방행정이 중앙정부나 상급기관의 지시를 계통을 밟아 전달하는 하향식이었으나 새마을운동이 전개되면서 주민의견을 청취하고 주민들의 생각이나 의식을 전환하는 방식으로 전환하였습니다. 즉, 새마을운동을 추진하는 과정은 주민들의 의견을 듣고 개선방안을 모색하는 주민참여형 행정으로 뒷받침되었다고 할 수 있습니다."

다른 한편 새마을운동 추진과정에서 지방공무원들의 태도 변화는 경상북도 영일군의 두 지방공무원 역할을 분석한 엄석진의 연구(2011)에서 분명하게 나타나고 있다. 엄석진(2011)은 1970년대 지방공무원을 지낸 두 사람과의 면담을 근거로 당시 지방공무원을 새마을운동의 '숨겨진' 지도자로 평가한다. 지방공무원의 이러한 역할은 새마을운동이 종합적 지역사회개발 방식으로 접근되었던 것과 무관하지 않다. 특히 담당 마을의 성과가 자신의 인사에 반영되었기 때문에 지방공무원들은 새마을운동 추진에 적극적이었다.

새마을운동 추진과 관련한 대통령 및 중앙정부의 각별한 관심은 지방행정 공무원들의 인식과 태도변화에 크게 기여하였다. 일선 지방행정기관에 근무하는 공무원들의 의식 및 태도변화와 지원, 그리고 주민들의 자발적 참여를 통해 마을끼리 경쟁하면서 새마을운동은 전국적으로 확산되었다. 공무원들이 자기가 담당하고 있는 마을의 새마을운동 성과에 집착하게 되고, 성과가 분명한 새마을 담당 부서에 근무하기를 원했다. 처음 새마을 담당 부서가 생겼을 땐 일이 많고, 새로운 부서에 대한 일종의 불안감 때문에 공무원들이 근무하기를 꺼려하는 성향이 있었다. 이에 대한 이재창 당시 평택 군수의 증언(2013년 1월 21일)은 다음과 같다.

"공무원들은 당시 새마을지도과는 일이 많고, 신설된 부서라서 향후 영전, 승진에 대한 불안감으로 기피하는 풍조가 있었으나 새마을과장을 내무과장으로 영전시키다 보니 새마을 관련 부서에 근무해야 영전할 수 있다는 기대감으로 새마을운동 성과에 크게 관심 갖기 시작하였습니다."

물론 이 과정에서 공무원들이 종종 자기가 담당하고 있는 마을의 성과를 부풀리기 위해 새마을운동 사업에 무리하게 개입한 경우가 없진 않았다. 그러나 대체로 새마을운동은 주민 주도로 지역사회에서 공공부문과 민간부문의 상호조화를 창출하는데 성공하였다. 지방공무원들의 승진이나 인사고과에 담당 마을의 새마을운동 성과를 반영하다 보니 마을 담당 공무원이 새마을운동 성과를 부풀리거나 무리하게 새마을운동을 추진하는 사례가 있었다. 이에 대해 이재창 당시 평택군수는 다음과 같이 증언(2013년 1월 21일)하고 있다.

"다만 경쟁이 심할 때, 마을역량 이상으로 새마을운동 실적을 올리려고 일부 공무원들이 무리하게 사업을 독려(일부에선 강제시행 유도)한 사례가 있었지요. 당시 전통 마을은 '동티' 날까 봐서 날을 잡아 지붕을 잇거나 땅을 팠는데, 일부 공무원들은 이에 개의치 않고 성과나 실적만 올리려고 주민들과 무리하게 마찰을 빚기도 하였지요."

(2) 외부적 요인에 의한 업무수행방식 혁신

새마을운동이 시작되면서 사무실 책상에서 업무를 보던 종래 공무원들의 근무방식이 마을 현장 중심으로 바뀌었다. 공무원들의 업무공간이 읍·면 소재지 사무실에서 지역사회와 마을 수준으로 확대된 셈이다. 공무원들이 사업 현장과 사무소를 번갈아 오가면서 공공부문과 민간부문의 상호작용이 활성화되었고, 주민들의 자조, 자립정신이 높아졌다. 이에 대한 이재창 당시 평택 군수의 증언(2013년 1월 21일 기록)은 다음과 같다.

"과거 관청 분위기는 권위주의적이었으나 새마을운동 이후의 관청은 새마을지도자에 대해 언제라도 환영한다는 식으로 개방되기 시작하였습니다. 지방행정이 주민에게 일방적 지시가 아니라 주민의견을 듣고, 어려운 점을 묻는 쌍방향 소통으로 전환되었습니다. 새마을운동이 시작한 이후엔 군수, 공무원이 아침 일찍 먼저 마을 현장에 나가 사업 추진현황을 살펴보고, 사무실로 출근하여 기획, 지원방안을 구상하고 다시 퇴근하면서 마을 현장을 점검하였습니다."

또한 새마을운동의 평가 역시 투명하고, 객관적으로 실시되어 주민들의 경쟁심을 촉발하는 계기를 마련하였다. 마을단위에서 조직되는 새마을위원회에는 주민들이 직접 선출한 감사제도가 있었다. 또한 새마을운동의 성과는 1차적으로 마을 담당 공무원들의 보고에 근거하여 이루어지고, 2차적으로 군청이나 시청의 총무과에서 각 마을의 성과를 비교하고 현장을 방문하여 확인하는 절차를 통해 투명하고 객관적으로 평가되었다. 이에 대한 이재창 당시 평택 군수의 증언(2013년 1월 21일)은 다음과 같다.

> "성과 위주로 마을을 비교하다 보니 우열이 저절로 가려지게 되었습니다. 상호 교차 평가를 통해 공무원 능력을 객관화할 수 있게 되었던 것이지요. 또한 (성과 위주로 공무원 승진, 인사고과를 운영하다 보니) 편파적 인사가 줄어들게 되었습니다. 새마을운동이 잘 된 마을을 교차 방문하여 문제해결과정, 각종 사업수행과정(부지확보와 내부자원 동원과정 등)을 비교, 검토하는 가운데 성과가 드러났습니다."

군수와 일선 지방행정기관장, 공무원들은 마을 현장을 직접 방문하여 사업추진에 따른 애로사항을 주민들로부터 듣고, 이를 해결하고, 사업을 지원하기 위해 노력하였다. 당시 일선 지방행정기관의 업무가 마을 단위의 현장 중심으로 바뀌고, 현상의 유지, 관리가 아니라 더 나은 상태를 실현하기 위한 주민들의 노력을 지원하는 방식으로 바뀌고 있었다. 공무원들과 마을 주민과의 잦은 접촉으로 인해 공공부문과 민간부문의 상호작용이 활성화되었고, 이 과정에서 지역사회발전을 위한 이해당사자의 역할 재정립, 쌍방향 의사소통에 의한 책임과 권한의 접점을 찾을 수 있게 되었다. 이러한 지방행정기관의 새로운 조직문화 정착은 충청북도 당시 중원군 주덕읍 제내리의 풍덕마을 기록(이세영, 2003)에서도 확인할 수 있다.

> "(1973년 3월 30일) 충청북도 서무과 박계장과 중원군 새마을과장 내방하여 새마을 사업장을 둘러보고 새마을 현황을 듣고 가다(이세영, 2003:298)."
> "(1973년 5월 7일) 비가 내리는데도 군 새마을과장 이하 직원들은 어김없이 풍덕마을로 출근을 해서 임원들과 사업진행 협의를 하다(이세영, 2003:306)."

이와 같이 지방공무원들이 새마을운동을 적극적으로 지원하게 된 배경은 두

가지로 설명된다. 하나는 상급기관과 감독관청의 새마을운동에 대한 큰 관심에 부응하기 위한 것이었고, 다른 하나는 자신이 담당하고 있는 마을의 새마을운동 성과가 곧 자신의 성과로 인식되고, 승진 등 인사에 반영되었기 때문이었다. 새마을운동은 현장 중심으로 추진되었기 때문에 공무원과 주민들 모두 직접 눈으로 그 성과를 확인할 수 있었다. 즉, 새마을운동을 통해 중앙정부와 지방행정기관, 공공부문과 민간부문의 상호작용이 활성화되고, 이 과정에서 지역사회가 공동이익을 창출하기 위한 기업처럼 작동하게 된 것이다. 즉, 새마을운동은 마을 기업의 효시인 셈이다.

지방행정기관의 조직개편과 함께 새마을운동 관련 부서에 근무했던 공무원은 업무성과가 가시화되기 쉬워서 승진하는데 유리했고, 1974년 5월에는 "새마을운동론"이 공무원 시험과목으로 추가되었다. 또한 읍·면사무소에 근무하는 지방행정 공무원은 1개 마을의 새마을운동을 책임지고 지도, 방문하여 그 성과에 따라 각종 포상을 받기도 하고, 승진에 유리한 근거자료를 마련할 수 있게 되었다. 새마을운동 이전에도 일선 지방행정기관, 특히 읍·면사무소의 공무원은 각자 담당하는 마을을 배정받았으나 이는 마을의 통제와 관리차원에서 접근한 것으로, 특정 사업의 성과를 현장 중심으로 챙기기 위한 배치가 아니었다. 이에 대한 이재창 당시 평택 군수의 증언(2013년 1월 21일)은 다음과 같다.

"정량적으로나 정성적으로 새마을운동 성과를 담당 공무원 인사고과에 반영하는 system은 없었습니다. 그러나 군수, 읍면장이 회의를 소집하고 이 회의에서 마을별로 새마을운동 추진현황을 점검하는 가운데, 어느 공무원이 마을 주민들을 설득하고, 주민들의 의견을 이끌어내는데, 얼마나 노력했는지를 알 수 있었고, 마을을 지원하는 공무원들의 능력이 나타나게 된 것입니다. 이러한 과정에서 성과가 좋은 마을 담당 공무원(군청 과장, 계장 및 읍면 마을 담당 공무원)이 인정받게 되었습니다."

"1973년 전남 광주시에서 제1회 전국새마을지도자대회가 열렸는데, 그 이전에 잘 하는 마을을 가려내야 하니까 상호 교차 평가하게 되고 그 결과가 공무원들의 역량으로 반영되게 되었던 것이지요. 새마을운동 성과를 공무원 인사고과에 반영하기 위한 지표나 평가표, 혹은 체크리스트 등은 없었습니다. 새마을운동 성과는 마을마다 비교를 통해 객관적으로 접근되었기 때문에 공무원 승진, 영전의 기초자료로서 정확하였습니다."

또한 새마을운동은 대통령, 각 중앙부처, 시·도 및 시·군, 읍·면과 각 마을 현장이 직접 연결되어 추진되었다. 이 과정에서 종래 일방적으로 중앙정부의 정책의지나 지시가 지방행정기관으로 전달되던 방식이 쌍방향 상호 조정과정을 거치게 되었다. 이와 같이 동일한 장소와 동일한 시점에서 동일한 현장 사업을 놓고 쌍방향 의사소통을 함으로써 한국의 지방행정체계는 투명하고 체계적으로 정비되었다. 이러한 새마을운동 추진방식은 소위 '수직적 거버넌스(vertical governance)'로 평가된다.

다른 한편 새마을운동에 투입된 자원은 정부가 지원한 시멘트 등 건자재와 각종 포상금에 국한하지 않고, 출향인사들과 각계각층의 후원금이 포함되어 있었다. 이 과정에서 외부 지원금에 대한 투명한 관리가 중요하게 되었다. 이와 같이 새마을운동의 추진과정은 한국의 중앙정부로부터 지방정부 및 지역사회에 이르기까지 투명한 공공재 생산 및 전달체계를 구축하는데 기여하였다. 이러한 증거는 풍덕마을의 새마을운동 기록(이세영, 2003)에서도 확인된다.

> "(1973년 4월 4일) 주덕면 총무계장 새마을 사업장 확인차 내방하다(이세영, 2003:298)."
> "(1973년 8월 23일) 청와대 민정담당 비서 복차사업 확인차 내방하다(이세영, 2003:318)."
> "(1973년 9월 21일) 내무부 감사반 내방하여 새마을 성금 사업 관계 감사하다. 내무부 감사반 2명, 김낙응 새마을과장, 김흥해 새마을계장, 충북도 새마을과 직원 내방하다(이세영, 2003:320)."

다른 한편 새마을사업의 평가는 지방행정 공무원과 마을 주민들이 참여하는 가운데 이루어졌다. 무엇보다 평가기준을 미리 제시하고, '새마을 가꾸기 사업'을 시행함으로써 평가 자체가 새마을운동 성과를 높이는데 기여하였다. 이에 대한 증거는 충북도 당시 중원군의 풍덕마을 기록(이세영, 2003)에서 나타난다.

> "(1973년 7월 17일) 중원군 각 면 총무계장 합석하여 중간 평가교육 및 풍덕마을 새마을 평가를 풍덕회관에서 가졌다(이세영, 2003:314)."

새마을운동 추진과정에서 성과에 대한 포상제도는 공무원들의 인식 및 태도변화에 큰 영향을 미쳤다. 당시 새마을운동 관련 각종 훈·포장 제도는 한국사회 전반에 걸쳐 공공부문과 민간부문의 상호작용을 활성화한 촉매수단이었다. 1971년부터 새마을훈·포장 제도가 탄생한 1973년까지 새마을운동과 관련한 훈장 수훈자[48]는 1971년 24명, 1972년 42명(산업훈장 4명 포함)이었다. 그리고 새마을훈·포장 제도가 도입된 1973년엔 모두 65명이 새마을운동 관련 훈장을 받았다(제도도입 이전 12명과 이후 53명 포함). 이후 새마을훈장 수훈자는 계속 늘어나서 1974년 81명, 1975년 87명, 1976년 82명, 1977년 96명, 1978년 113명, 그리고 1979년 117명이었다. 새마을포장도 매년 늘어나서 1973년 4명에서 1974년 34명, 1975년 30명, 1976년 35명, 1977년 51명, 1978년 66명, 그리고 1979년엔 77명으로 늘어났다.

새마을 훈·포장 수상자의 직업별 분포는 <표 10-3>과 같다. 1973년부터

표 10-3 **새마을훈·포장 수상자의 직업별 분포(1973~1980)**

구분	합계	새마을훈장						새마을포장
		소계	자립장	자조장	협동장	근면장	노력장	
새마을지도자	502	370		5	115	131	119	132
공무원	77	40			3	12	25	37
기업인	128	82			18	32	32	46
교육자	48	38	1		18	15	4	10
언론인	12	6			1	5		6
금융인	18	8			1	4	3	10
종교인	5	4			3	1		1
군인	10	4			1	2	1	6
단위조합원	16	15			7	6	2	1
농민	53	32			1	17	14	21
기타	69	40			8	11	21	29
합계	938	639	1	5	173	238	222	299

자료: 내무부(1980:378)

---

48 1973년 새마을훈·포장 제도 도입 이전의 새마을운동과 관련한 훈·포장은 국민훈·포장과 산업훈·포장, 그리고 근정훈장이 있었다.

1980년까지 새마을 관련 훈장을 받은 사람은 모두 639명이었는데, 이 중에서 새마을 지도자는 57.9%인 370명이었고, 기업인이 12.8%인 82명이었다. 이러한 훈장수여는 새마을운동의 추진과정에서 지도자 역할과 또 지역사회와 기업의 상호작용이 중요하게 인식되었음을 나타낸다.

특히 새마을운동 관련 각종 훈장과 포장을 받은 사람들의 직업분포를 보면 새마을지도자, 기업인, 공무원, 교육자, 언론인, 농민, 군인, 종교인, 금융인 등 다양한데, 이는 당시 새마을운동이 모든 분야에 걸쳐 다양하게 추진되었음을 의미한다. 따라서 새마을운동은 지방행정 혁신을 통해 한국 사회 전반적인 작동체계에 영향을 미쳤음을 알 수 있다. 또한 이러한 훈·포장 제도는 새마을운동을 범 국민운동으로서 가치를 부여하는데 기여하였고, 새마을운동의 지속적인 확대 재생산체계 구축에 동력을 제공한 것으로 평가된다.

4   새마을운동을 통한 공공부문 혁신의 함의

이 장은 1970년대 새마을운동이 당시 한국의 지방행정혁신에 기여한 바를 검토하였다. 물론 지방행정의 혁신은 나라와 지역마다 다른 관점에서 접근될 수 있다. 이 글은 지방행정혁신의 사례를 분석하기 위한 혁신성분을 공공부문의 기능(업무), 구조(조직) 및 기능과 구조를 연계하기 위한 조직문화로 구분하여 접근하였다. 이 글은 이러한 지방행정의 혁신성분을 검토하기 위해 지방행정의 이해당사자인 당시 중앙정부의 새마을운동 담당 고위 공무원과 지방행정기관의 책임자와의 대담을 통해 확인된 자료와 지방행정의 수요자 즉 마을 주민들의 기록을 분석하였다.

이 책에서 사용한 지방행정의 혁신성분은 크게 기능 즉, 업무혁신, 구조 즉, 조직혁신 그리고 기능과 구조를 연계하기 위한 조직문화의 정착이다. 업무혁신은 새마을운동을 통한 공공부문의 역할조정, 새마을운동 추진과 관련한 중앙정부와 지방행정기관의 역할분담 그리고 지방행정기관과 지역사회의 상호작용 등을 분석지표로 도입하여 검토되었다. 조직혁신은 업무관련 새로운 전담조직 신설과 기존 조직의 개편을 분석하여 검토되었다. 기능과 구조의 연계 측면에서 조직문화 정착은 공무원들의 인식 및 태도변화, 업무처리방식의 변화, 평가체계 도입 및 평가의 공정성 확보노력 그리고 평가에 따른 각종 보상제도의 도입을 분석하여 검토되었다. 분석결과 새마을운동은 당시 한국의 지방행정을 혁신하는 데 크게 기여한 것으로 나타났다.

새마을운동을 추진하는 과정에서 당시 중앙정부의 하부 행정기관에 불과했던 시·도, 시·군 등 일선지방행정기관 등은 세 가지 새로운 업무(missions)를 부여받았다. 첫째는 새마을운동을 추진하는 과정에서 지역사회가 겪고 있는 행정경험의 부족을 보충하기 위한 주민들의 역량강화 및 행정지원이었고, 둘째는 마을 주민들의 기술 및 장비부족을 지원하는 것이었으며, 셋째는 성과관리 측면에서 우수사례를 발굴하고, 이를 홍보하여 다른 지역으로 전파하는 것이었다. 이들 새로운 업무는 각 마을의 새마을 사업성과를 평가하고 이를 중앙정부에 보고하며, 평가결과에 따라 마을 및 지도자를 선발하여 포상하는 방식과도 연계되었다. 이러한 지방행정 업무는 새로운 조직혁신을 필요로 하였고, 공공부문의 조직문화를 새롭게 정착시키는데 기여하였다.

이러한 과정에서 지방행정기관은 중앙정부와 주민들을 연계하는 수직적 거버넌스(vertical governance) 체제를 구축하게 되었고, 각 마을의 사업성과를 평가하고 결과를 비교하는 과정에서 수평적 거버넌스(horizontal governance)를 구축하게 되었다. 당시 한국은 지방자치를 실시하지 않고 있었음에도 불구하고, 마을 수준에서의 새마을운동을 전개하면서 가장 기초적인 생활터전에서 주민자치 개념을 도입한 셈이다. 이와 같이 지방행정에서의 수직적 거버넌스와 수평적 거버넌스 체제는 새마을 사업의 확대재생산 과정과 연계하여 사회작동체계(social operating mechanism)의 지속가능성(sustainability)을 높여주었다. 특히 새마을운동 관련 각종 훈·포장 제도는 다양한 부문을 모두 포함하여 새마을운동이 범 국민운동으로 정착하고, 사회발전의 확대 재생산과정을 구축하는데 기여하였다. 또한 이러한 새마을운동 관련 각종 훈·포장 제도는 당시 한국사회에서 공공부문과 민간부문의 상호작용을 촉진하는 매개수단이었다.

결론적으로 새마을운동은 당시 산업화정책으로 인한 도시와 농촌의 과도한

격차를 줄이고, 농촌빈곤문제를 해결하기 위해 추진된 나라운영의 정책수단이었지만, 이를 추진하는 과정에서 지방행정이 혁신되었고, 이러한 접근방식을 통해 새마을운동은 확대 재생산되었다. 즉, 새마을운동을 통한 지방행정의 혁신은 지역사회발전을 실현하기 위해 공공부문과 민간부문의 적정한 역할분담 및 선순환적 상호작용을 창출하고, 이 과정에서 수직적 거버넌스와 수평적 거버넌스를 구축하는데 기여하였다.

새마을운동의 초기 한국정부는 지역사회(마을 수준) 발전정책을 공공부문으로 끌어들였고, 이를 지원하기 위해 중앙정부 및 지방행정기관의 조직을 개편하였으며, 업무추진방식을 사무실 중심에서 현장 중심으로 전환하였다. 새마을운동의 정책가치 전달과 물자지원과정에서 중앙정부와 지방정부 및 마을의 수직적 거버넌스가 구축되고, 새마을운동의 확산단계에서 부처(서)간 업무조정 및 협조, 그리고 마을끼리의 경쟁을 통한 수평적 거버넌스가 형성되었기에 새마을운동은 성공할 수 있었다. 중앙정부와 지방정부, 그리고 마을 공동체가 새마을운동을 추진하는 과정에서 구축한 이러한 '격자형 거버넌스(grid-governance system)'는 새마을운동의 확대 재생산 요체이고 당시 지방행정혁신의 성과였다.

11장

새마을운동을 통한 마을 공간구조 변화

새마을운동에 대한 국제사회의 관심이 늘고 있다. 그러나 국제사회는 새마을운동의 성과를 주로 농촌빈곤문제 관점에 한정하고 있어서 새마을운동의 추진과정의 역동성에 관한 관심이 적고, 이에 대한 연구도 등한시되었다. 또한 이제까지 새마을운동 성과에 대한 연구도 주민 생활의 여건이나 공간조건 형성과정에 대해서는 큰 관심을 두지 못했다. 인간활동과 공간은 서로 맞물려 있어서 상호작용한다. 따라서 인간활동을 이해하기 위해서는 이를 매개하고 제약 혹은 촉진하는 공간구조 변화에 대한 이해가 선행되어야 한다. 마을 단위에서 새마을운동을 통한 공간구조의 변화는 주민들이 스스로의 노력에 대한 보상과 책임에 대한 가치를 인식하는 근거가 되었다. 특히 새마을운동을 통한 마을 공간구조의 변화는 산업화로 인해 사라지기 시작한 지역사회 공동체 인식을 회복하는데 기여하였다.

새마을운동을 통한 마을의 점(點), 선(線), 면(面) 등 공간요소 변화는 주민들의 집단활동을 촉발하고 이를 매개, 전파하여 마을 전체적인 영향력을 증대하는 효과를 가져왔다. 즉, 새마을운동은 마을의 환경이나 특성을 반영하여 우선 주민 개개인의 활동과 관련되어 있는 점(點)적인 공간요소를 대상으로 추진되었다. 이와 함께 새마을운동 사업은 점적인 공간요소 변화를 이어주기 위해 선(線)에 해당하는 도로 등 공간요소를 구축하고 정비하는 사업으로 이어졌다. 이러한 공간요소들은 주민과 주민, 개인과 집단, 집단과 집단을 이어주어 공동체인식을 강화하였고, 결국 자원흐름과 의사전달을 원활하게 해주었다. 새마을운동은 연결망을 통해 마을을 기본단위로 하는 지역사회의 건강한 순환체계를 구축하였고, 이를 기반으로 지역발전, 국가발전에 기여하였다.

특히 새마을운동 접근방식에 의한 마을 공간구조 변화는 주민들의 공통기반을 확인하고 개별 주민들의 역할과 책임을 인식시키는데 기여하였다. 마을 단위에서의 기반시설 구축은 눈으로 확인하기 쉬워서 그로 인한 편익이 구성원 모두에게 구체적이고 분명하여 주민들의 권한과 책임을 정의하기 위한 기준이 되었다. 결국 새마을운동을 통한 마을 공동체의 상징인 마을회관 건립, 개별 가구의 혁신적 상징이었던 지붕개량, 공동작업과 정보교환의 공간으로 사용되던 공동 빨래터 정비, 마을환경 개선과 관련한 축사개선, 생활환경 개선과 관련한 부엌개량, 변소개량, 주택개량 등 점(點)에 해당하는 공간요소 변화는 마을 안길, 마을 진입로, 농로, 소하천, 하수구 등 선(線)을 통해 이어지고, 상호작용하여 마을을 마치 하나의 기업처럼 전환하였고, 전체적인 마을 공동체(面)의 작동체계를 개선하는데 기여하였다.

1 마을 공간구조 변화의 접근 틀

마을의 공간구조는 주민생활을 설명할 수 있는 '틀'에 해당한다. 공간구조의 형성과정은 인간활동의 속성과 밀접하게 연계되어 있다. Hagget(1966)는 인간의 개별 움직임(movement)이 겹치는 부분에서 결절 즉, 점(點, point)이 생기고, 이러한 점과 점을 잇는 선(線, networks)이 형성되며, 이러한 네트워크의 영향 혹은 세기에 따라 결절의 크기가 달라지는 공간형성 과정을 그림으로 나타낸 바 있다. 곧 공간은 점(點, point), 선(線, networks), 및 면(面) 혹은 영향면(surface)으로 발전한다.

새마을사업을 통한 마을공간구조 개편도 시설의 설치 및 이동과 관련한 점 (point)의 관점, 움직임을 이어주는 선(networks)의 확장과 연장, 그리고 인간활동의 범위 및 세기와 관련한 영향면(surface)의 확대로 접근될 수 있다. 새마을 사업을 통해 전에 없던 마을회관이 건립되고, 창고, 작업장, 축사, 새마을공장의 신설과 같이 소득증대 시설기반이 구축되는 등 '점(點)의 변화'가 현저하였다. 이러한 점의 형성 및 변화는 곧 혁신의 상징처럼 여겨졌다. 과거와 차별화되면서 긍정적인 변화는 항상 새로운 기운에 대한 기대감으로 혁신역량을 촉발한다.

새마을운동을 통한 점(點)적인 혁신은 선(線)을 통해 확산되어 인간활동의 공간이용범위(面)를 확대하는데 기여하였다. 마을 안길을 넓히고, 직선화하여 활용가치를 높이고, 소규모의 다리를 건설하거나 마을 전화사업(電話事業), 마을통신사업을 통해 소통을 원활히 하며, 농로, 둑, 수로를 건설하여 소득증대기반을 구축하는 사업은 문제의 근원과 목표를 이어주는 선(線)의 개념으로 접근될 수 있다. 선은 단순히 점을 이어주는데 그치지 않고 또 다른 점을 촉발하거나 다른 점을 이으면서 인간의 활동을 입체화한다. 따라서 점은 인간활동의 근거를 만들고, 선은 인간활동을 연결하여 공동체를 확장한다. 결과적으로 공간구조의 변화는 곧 인간활동의 크기와 영향으로 치환된다.

다른 한편 마을 전체의 토지이용방식에 영향을 미치는 취락구조 개선사업과 소도읍 가꾸기사업, 마을조림사업과 소규모 저수지 개설은 모두 인간활동 범위를 확대하는 영향면(面)의 변화에 속한다. 새마을운동의 역동성은 이러한 일상생활 조건들이 '점 – 선 – 면 – 영향크기'로 발전하는 과정에서 확인될 수 있다. 이러한 공간의 입체구조는 인간활동 재생산의 '틀'을 형성하며 지역사회 발전을 촉진하였다. 이를 도식하면 <그림 11 – 1>과 같다.

이 장은 새마을운동이 마을 단위의 공간구조와 주민생활과의 상호작용에 미친 영향을 중심으로 접근한다. 즉, 이 글은 인간활동은 공간파생적(space contingent)이고 다른 한편 공간형성적(space forming)이라는 관점에서 출발한다. 또한 이 글은 공간구조 변화가 인간활동을 다른 방식으로 전개하리라고 가정한다. 이러한 맥락에서 <그림 11 – 1>은 새마을운동을 통한 공간요소 변화를 점(points), 선(networks), 영향면(surface)의 관점에서 접근하기 위한 '틀'이다.

이중환의 택리지(1751?)나 독일 지리학자 Ratzel(1844~1904)로 대표되는 환경결정론(environmental determinism) 관점은 공간구조나 공간기능이 인간활동에 중요한 영향을 미친다는 논리를 정리하고 있다. 그러나 환경이 인간생활에 영향을 미치리라는 생각은 인류문명사를 진화론 관점에서 접근하고 있는 인식 '틀'로서 이중환(1690~1752)이나 Ratzel보다도 역사가 더 오래다. 다만 이중환은 살만한 곳을 판별할 수 있는 기준으로 지리(地理), 생리(生利), 인심(人心), 산수(山水)를 도입함으로써 환경과 인간활동의 상호작용 가능성을 열어놓았다. 택리지에서 살

그림 11-1 마을 공간구조 개편의 접근논리

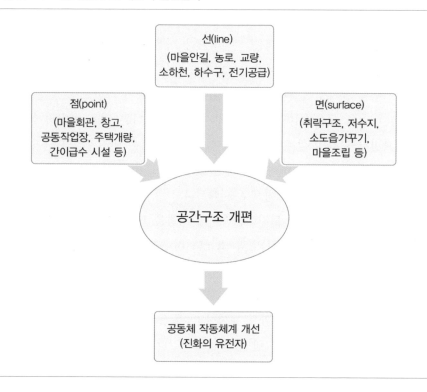

만한 곳의 판별기준으로 제시된 지리(地理), 생리(生利), 산수(山水)는 환경결정론의
준거를, 그리고 인심(人心)은 환경가능론의 준거를 의미한다. 어찌되었든 새마을
운동을 통한 마을 공간구조의 변화는 새롭게 형성된 마을의 점, 선, 면을 통해
새로운 인간활동을 촉발하고, 마을 주민들의 활동을 통해 새로운 점, 선, 면을
재구조화한다.

2 새마을운동과 마을 공간구조 변화

새마을운동의 태동으로 종래 한국정부 각 부처가 진행해오던 각종 농촌개발
사업들이 '새마을 가꾸기 사업'으로 통합되었다. 1970년대 초 한국정부의 내무부

표 11 - 1 새마을운동 주요 사업별 추진실적('71~'80)

공간 요소	사업명	단위	목표 (1971년설정)	실적 (1980년말)	실적 (%)
점	마을회관	채	35,608	37,012	104
	창고	채	34,665	22,143	64
	작업장	개소	34,665	6,263	18
	축사	개소	32,729	4,476	14
	주택개량	천 채	544	225	42
	간이급수시설	개소	32,624	28,130	86
	새마을공장	개소	950	717	75
선	마을안길 확장	km	26,266	43,558	166
	농로개발	km	49,167	61,797	126
	소규모 다리	개소	76,749	79,516	104
	둑(제방)	개소	22,787	31,625	139
	수로 건설	km	4,043	5,161	128
	소하천 정비	km	17,239	9,677	56
	하수구시설	km	8,654	15,559	179
	농어촌 전화사업 (電化事業)	천 호	2,834	2,777	98
	마을통신사업	마을	18,633	18,633	100
면	취락구조 개선	마을	당초 계획없음	2,747	—
	소규모 저수지	개소	10,122	13,327	132
	소도읍 가꾸기	개소	1,529	843	55
	마을 조림사업	ha	967,362	642,804	66

출처: 소진광·김선희(2010:48)

는 '새마을 가꾸기 사업' 이름으로 농촌주민들 스스로 일상 생활무대인 마을을
발전시키도록 농촌개발을 지원하였다. 내무부는 당시 '새마을 가꾸기 사업' 등 4개
사업, 소득증대부문에서 '우수 새마을 특별지원 사업', 복지환경부문에서 '농촌주
택개량사업' 등 12개 사업, 정신계발부문에서 '새마을금고육성사업' 등 5개 사업,

그리고 도시새마을운동 등 모두 23개 사업을 관장하였다.

농수산부는 '농업기계화 사업' 등 17개 사업을, 보건사회부는 '이동진료사업' 등 7개 사업, 문교부는 '상설 새마을학교 운영' 등 5개 사업, 상공부는 '새마을공장 건설사업' 등 2개 사업, 동력자원부는 '농어촌전화사업(農漁村電化事業)', 건설부는 '새마을회관 건립' 등 2개 사업, 교통부는 '새마을로선 개설사업' 등 4개 사업, 체신부는 '자석식 전화시설사업' 등 2개 사업, 문화공보부는 '새마을 홍보방송' 등 6개 사업, 재무부는 '금융인 새마을교육사업' 등등 정부의 거의 모든 부처가 새마을운동 관련 업무를 수행하고 있었다. <표 11-1>은 1970년부터 1980년까지 마을 공간구조 개편과 관련한 새마을운동의 사업별 추진실적을 보여주고 있다.

다만 새마을운동으로 추진되었던 사업의 성격은 초기와 성숙기에 따라 약간의 차이를 보여주고 있다. <표 11-1>에서와 같이 1980년 말을 기준으로 1971년 설정한 10년 목표치를 초과달성한 사업은 마을안길 확장, 농로개발, 하수구 시설정비, 소규모 저수지 건설, 제방건설, 수로건설, 마을회관 건립, 소규모 다리건설 등 주로 생활환경 개선사업이었다. 한편 축사, 창고, 작업장, 새마을공장 등 직접적인 생산활동과 관련한 사업의 추진실적은 상대적으로 저조했다. 이와 같이 전개시점에 따라 새마을운동 사업의 성격이 변화하고 있음은 새마을운동이 마을의 공동가치를 우선하면서 추진되었음을 보여준다. 이는 새마을운동 초기 정부의 역할과도 관련되어 있다.

3 새마을운동을 통한 마을 공간구조 개편 사례

새마을사업을 통한 마을 단위의 공간구조 개편은 새마을운동의 성과와 맞물려 있다. 이 책에서 검토 대상의 마을은 저자와의 접근성, 마을의 공간구조 개편과 관련한 자료의 구득 가능성을 고려하여 선정되었다. 사례연구의 대상 마을의 선정에서 특히 중요한 것은 주민들의 의사결정에 관한 기록이다. 마을 공간구조 개편과 관련한 주민들의 의사결정에 관한 기록들은 주민들의 상황인식과 그러한

표 11-2 **공간구조 개편 사례마을 선정 일람**

마을이름	위치	인구규모 및 가구(1980년 기준)	
		인구(명)	가구(호)
선리마을	경기도 광주시 동부읍 선리	565	99
덕들마을	경기도 이천군 마장면 덕평 1리	518	111
외리 3구	충남 부여군 규암면 외리 3구	740	128
영양 1리	충남 청양군 운곡면 영양 1리	510	83

상황인식에 대한 대응방식을 이해할 수 있는 근거이기 때문이다.

이러한 관점에서 선정된 사례 마을은 당시 경기도 광주군(현 광주시) 동부읍에 위치한 선리마을, 경기도 이천군(현 이천시) 마장면 덕형 1리의 덕들마을, 충남 부여군 규암면 외리 3구 마을, 그리고 충남 청양군 운곡면 영양 1리 마을이다. 이 글에서는 사례 마을별로 점(點), 선(線), 면(面)의 공간요소가 어떻게 변화했는지를 문헌연구와 실증연구를 병행하여 분석하였다.

현장 접근성, 기록관리 등을 고려하여 이 책에서 검토대상으로 선정된 사례연구 대상 마을은 <표 11-2>와 같다. <표 11-1>의 모든 공간요소에 대한 개편 경험을 가진 사례 마을은 사실상 없다. 다만 공간구조가 개편되더라도 대부분 지적 정리가 기록으로 남아 있지 않아 개편 전후 위치와 제원을 비교할 수 없었다.

1) 선리마을(현재, 경기도 광주시 동부읍 선리)의 공간요소 변화

(1) 일반현황

선리마을은 서울과 당시 경기도 광주군(현재 경기도 광주시)의 경계에 위치하고 있으며, 군청으로부터 15km 지점에 있다. 선리마을은 도시근교에 위치해 있으면서도 당시 한강 홍수로 사질토가 쌓여 농업생산도 빈약하였다. 특히 1971년 서울시 도시계획으로 철거당한 이주민들이 이 마을에 정착하면서 주민들끼리 서로 시기하는 풍토가 조성되기 시작하였다. 1980년 당시 총 99가구에 565명이 거주하였는데, 이 중 농가는 49호, 비농가가 50호였다. 이 마을의 전체인구 565

명 중 남자가 283명, 여자가 282명으로 성비가 균형을 유지하고 있었다.

1980년 당시 이 마을의 경지면적은 모두 41.4ha로 밭이 19.2ha, 논이 22.2ha를 차지하고 있었다. 인구 565명의 교육수준은 당시로서도 비교적 낮은 편에 속하여 대학 이상의 학력수준(재학 포함)이 4명, 고등학교 학력이 46명(재학 포함), 중학교 학력이 110명(재학 포함), 국졸이 405명이었다. 새마을운동을 시작한 지 10년이 되는 1980년 당시 문화시설은 비교적 잘 구비되어 있었는데, 99개 모든 가구에 전기가 공급되고 있었고, 냉장고 58대, 텔레비전이 88대, 전화기 16대, 재봉틀 62대, 차량 3대, 동력 이륜차(autobicycle)가 14대, 전축 11대, 신문 구독 가구가 40호에 달했고, 마을문고는 모두 506권의 서적을 보유하고 있었다.

그러나 1970년 이전만 하더라도 이 마을은 초가집 30여 호가 불결한 생활환경에서 살고 있었다. 이 마을은 농업에만 전적으로 의존하고 있었으며 가구당 평균소득은 1970년 당시 37만 2천원에 불과하였다. 우물도 몇 개 되지 않아 집집마다 한강물을 퍼다 걸러 마시는 경우가 많았다. 특히 총 99가구 중 30가구를 제외한 나머지 가구가 외지로부터 유입된 상황에서 주민들끼리의 관계가 긴밀하지 못했다. 따라서 이 마을은 주민들의 공동체 인식이 약하여 새마을운동과 같이 공동의 지역사회개발을 추진하기에 적합하지 않았다.

(2) 선리마을의 새마을사업 의사결정 과정

선리마을은 1970년 8월 10일 주민총회를 열고 원래 이곳에서 태어났으나 16년 동안 외지 생활을 청산하고 들어온 전용대씨를 마을이장 겸 새마을지도자로 선출하면서 새마을운동을 시작하였다. 다른 마을에 비해 다소 늦은 새마을운동의 출발이었다. 새마을사업을 선정하기 위한 주민총회와 특정 사업을 추진하기 위한 주민총회가 병행하여 개최되었는데, 당시 회의록(내무부, 1981, 영광의 발자취: 마을단위 새마을운동 추진사 제4집)을 검토한 결과 새마을운동이 이 책 제9장 <표 9-1> 이 제시하고 있는 지역사회 거버넌스 관점에서 추진되었음을 알 수 있다.

당시 광주군 동부읍 선리마을의 새마을운동 추진을 위한 주민총회 주요회의록을 정리하면 <표 11-3>과 같다. 주민총회 회의록(1971년 8월 22일, 주민 42명 참석)을 보면 소하천 정비를 위해 별도의 추진위원회가 구성되었고, 한 가구당

1명씩의 노동력을 제공하여 사업을 진행하도록 결정하고 있다. 또한 새마을사업을 선정하기 위해 개최된 1974년 2월 8일의 주민총회(37명 참석)에서는 마을환경을 개선하기 위해 하수구를 설치해야 한다는 의견과 소득증대를 위해 도수로를 먼저 설치해야 한다는 서로 다른 의견이 검토되었다.

표 11-3 광주군 선리마을 주요 새마을운동 주민총회(선별) 회의록 일지

일시	장소	안건	참석 인원	주요 토의내용
1971. 8.22.	이장댁	소하천정비 사업추진	42	• 추진위원 3명 선정 • 사업일정 확정 • 가구당 1명의 노력 봉사
1974. 2.8	이장댁	새마을 우선사업 선정	37	• 하수구 설치, 도수로 설치, 간이급수시설 설치 등 3안건에 대해 투표를 실시. • 최다 득표를 한 간이급수시설 설치로 의견을 모음.
1975. 2.19	이장댁	마을회관 건립	43	• 마을회관 건립 필요성 논의 • 마을회관 규모 결정 • 총 사업비 250만원 중 정부지원은 16만원이고, 나머지 사업비를 주민들이 부담하기로 결정. • 추진위원회 구성: 이장, 지도자, 부녀회장, 반장, 개발위원 전원.
1976. 2.24	마을 회관	하수구 설치사업	43	• 하절기 마을에 악취를 풍기는 하수구 설치 필요성 논의 • 규모(100m), 사업비(33만 7천원) 결정. • 시멘트와 철근은 정부지원, 모래와 자갈 채취 및 노동력은 주민 부담으로 추진 • 전 가구가 격일제로 참석하여 한 달 소요(부녀회에서 사업기간 중 식사제공하기로 함)
1980. 5.26	마을 회관	진입로 포장사업결산	46	• 사업규모 500m, 정부지원은 시멘트 500부대와 철근 2톤 • 주민부담은 시멘트와 자갈 179만 2천원과 노동력 600명(171만 원).
1980. 6.4.	마을 회관	퇴비증산	40	• 퇴비 생산목표량 결정(704톤 1ha당 17톤) • 공동 생산결정(오전 6시에서 8시까지 매일 2시간씩 공동 작업추진)

자료: 내무부(1981)에서 저자가 발췌하고 요약

이러한 상황에서 <표 11-3>의 1974년 2월 8일 회의록은 당장 시급한 간이급수시설을 설치하기로 주민투표를 통해 의견을 모으는 과정이 기록되어 있다. 특히 1975년 2월 19일 회의록에는 새마을지도자가 마을회관 건립을 새마을운동 방식으로 추진하자고 제안한 것으로 기록되어 있다. 당시 추산된 마을회관 건립 전체 사업비가 250만원 인데 비하여 정부지원이 고작 16만 원 이었음을 고려한다면 새마을운동이 '주민에 의한, 주민을 위한, 주민의 사업'으로 추진되었음을 알 수 있다. 이와 같이 1970년대 중반 무렵엔 한국사회에서 '새마을운동방식'은 곧 '주민들의 주도권과 책임'을 의미하는 용어로 이해되고 있었다. 마을 주민들의 기록은 상향식 의사결정과 '거버넌스' 구축이 새마을운동 작동체계였음을 보여준다.

결국 선리마을 주민들은 전체 사업비의 93.6%를 마련하기 위해 새마을운동 방식을 선택했고, 이 과정에서 새마을운동방식이란 '주민에 의한, 주민을 위한, 주민의 사업수행'을 의미하며 주민들의 근면, 자조 및 협동정신에 근거한 공동, 확대 재생산 과정으로 통용되고 있었다. 이는 새마을운동이 시작된 지 불과 5년 만에 마을 주민들의 역량강화를 확인할 수 있는 대목이다. 이후 한국사회에서 공동의 어려움을 해결하는 방식으로 종종 '새마을운동 방식'이 거론되는 것도 이러한 새마을운동의 작동체계가 어떠한 도전도 헤쳐 나갈 수 있다는 주민 공동체 역량에 근거하고 있음을 보여주는 증거다.

선리마을에서 새마을사업을 추진하기 위해 개최되었던 마을주민총회 회의록은 대체로 사회자(새마을 지도자)가 미리 안건을 상정하고 사업규모, 사업비, 주민 부담비율 결정, 추진위원 선정과 추진방식을 결정하는 순서로 기록되어 있다. 특히 사업 우선순위를 결정함에 있어서 주민투표를 실시한 사례는 당시 새마을운동 접근방식이 지역사회 거버넌스(governance) 구축에 기여했음을 보여주는 증거다. 이러한 새마을운동 의사결정 과정은 <그림 11-3>과 같이 나타낼 수 있다.

그림 11-2 선리마을 새마을사업 의사결정과정(하나의 단위 사업을 대상으로)

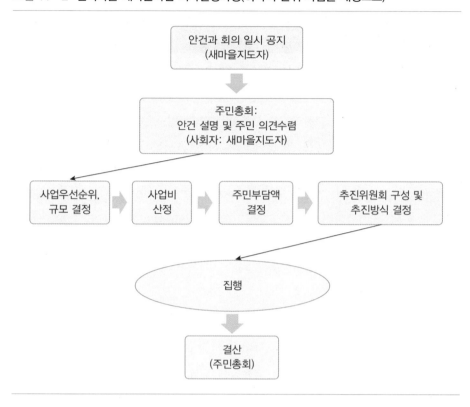

(3) 선리마을의 공간요소 변화

선리 마을은 1970년과 1971년 사이의 겨울철 새마을운동의 첫 사업으로 정부가 지원한 시멘트 335부대로 교량 1개소 5m, 150m의 소하천을 정비하였다. 선리 마을의 첫 새마을사업은 이질적인 주민구성으로 화합이 어려웠던 상황을 공동작업을 통해 반전시킨 계기가 되었다. 선리에서 교량과 소하천 정비는 단순히 사람이 오가고 물길이 트인 것 이상으로 주민 전체의 소통과 화합을 위한 계기를 만들었다. 이와 같이 공동작업을 통한 마을 공간구조 개편은 물리적 시설여건 개선에 국한하지 않고 주민 공동체 형성에 기여하였다. 선리마을의 공간요소별 변화를 점, 선, 면으로 구분하여 요약하면 다음 <표 11-4>, <표 11-5>, <표 11-6>과 같다.

표 11-4 **선리마을 점(點)의 공간요소 변화(1971~1980)**

연도	지붕개량 (동)	담장개량 (m)	주택 개량(동)	간이급수 (호)	마을회관 (개소)	축사 (동)	부엌 (개소)	변소 (개소)
1971	2	50						
1972	7							
1973	8	140	3					
1974	7	500		43				
1975	19	2,700			1 (33평)			
1976		520					24	
1977		635	3			2		17
1978						2		
1979		140					12	15
1980			3					
합계	43	4,685	9	43	1	4	36	32

이러한 새마을사업은 마을끼리 경쟁하고 경쟁결과가 정부의 차등지원으로 이어지는 과정에서 우선순위를 달리하기도 하였다. 즉, 기초마을에서 자조마을로 한 단계 올라서기 위해서는 자조마을 지정요건에 들어있는 사업의 우선순위가 상대적으로 높아지기 마련이다. 새마을운동의 성과평가기준이 마을주민들에게 중요하게 인식됨으로써 마을에서 사업 우선순위를 의논할 때 이들 평가기준이 중요하게 영향을 미쳤기 때문이다.

그러나 모든 평가가 그러하듯이 정부가 새마을사업비의 차등지원을 통해 새마을운동을 전국적으로 확산하고자 했던 의도로 인해 간혹 역기능이 나타나기도 하였다. 마을지도자나 군청과 일선 행정기관의 특정 마을담당 직원이 높은 평가를 받기 위해 무리하게 새마을사업을 독려하는 경우가 있었다. 예를 들면 자조마을, 자립마을 지정요건에서 지붕개량비율 등 사업실적 등이 반영되면서 지도자의 과도한 명예욕(훈장 및 표창 등)이나 마을 담당 공무원들의 승진과 같은 개인적 필요성에 따라 다소 무리한 새마을운동사업(지붕개량) 추진이 보고되기도 하였다.

표 11-5 **선리마을 선(線)의 공간요소 변화(1971~1980)**

연도	교량(m)	소하천 (m)	전기 (호)	마을안길 (m)	농로정비 (m)	하수구 (m)	도수로정비 (m)	진입로 포장 (m)
1971	5	150						
1972			64					
1973		250		1,300				
1974		1,500						
1975		470						
1976		700		300	1,500	100		
1977				50			200	
1978				60	250		250	
1979							100	
1980				120				150
합계	5	3,070	64	1,710	1,870		550	150

<표 11-5>와 같이 선리마을의 선(線)의 변화는 주로 물적 연결망(networks)의 성격을 띠고 있었으나 주민들의 행위를 이어주는 역할을 통해 공동체인식을 전파하고 공동 작업을 촉진하는데 기여하였다. 이러한 선(線)의 공간구조 변화도 연도별 자조마을, 자립마을 지정 요건과 연계되어 있다. 따라서 정부의 새마을운동에 대한 차등지원 근거가 되었던 자조마을, 자립마을 지정요건은 주민들이 새마을사업의 우선순위를 결정할 때 중요한 기준으로 고려되었을 것이다.

다른 한편 새마을운동에서 마을 공간요소 중 하나인 면(面)에 해당하는 사업은 취락구조개선사업, 소규모 저수지 조성과 정비사업, 소도읍 가꾸기 사업 및 마을조림사업을 들 수 있는데, 이러한 면의 공간요소 변화를 초래하는 사업은 1970년대에는 드물었고 1980년 이후 본격적으로 실시되었다. 즉, 취락구조 개선사업과 소도읍 가꾸기 등 대규모 종합적인 지역사회개발 방식이 새마을사업과 결합하게 된 시기는 주로 1980년대 이후로 1971년부터 1980년대까지 새마을사업에서는 찾아보기 어렵다.

다만 1970년대에도 마을 공간특성에 따라 소규모 저수지와 마을조림사업이 이루어지기는 했지만 선리의 공간특성상 면(面)에 해당하는 사업은 이루어지지 않았다. 단, 마을 공동수익사업으로 1972년 양묘장이 설치되었다. 양묘장은 정부가 새마을운동을 지원하기 위해 마을 단위의 공동체를 지원한 복차사업(일종의 순환－확대 재생산 과정에 근거)이었다. 이러한 복차사업은 마을 공동체에 정부의 사업을 위탁하는 방식으로 추진되었다. 즉, 정부는 산림녹화사업을 추진하면서 필요한 묘목을 시장에서 구입하는 대신 마을 새마을운동 조직에 묘목생산을 맡겼다.

복차사업은 우선 참여한 주민들의 소득증대로 이어졌고, 이러한 주민소득 증대 일부가 마을 공동기금으로 적립되게 하여 전체적인 마을 공동사업으로 이어지도록 설계되었다. 즉, 복차사업에 참여한 마을 주민들의 임금 일부(대체로 50%)는 마을 공동기금으로 적립하여 새로운 마을공동사업을 진행할 수 있는 종자돈으로 활용되었다.[49] 따라서 복차사업은 1차적으로 참여 주민들의 소득증대로 이어졌지만 결국 마을 주민 모두가 혜택을 받는 과정으로 설계 되었다. 따라서 새마을운동의 복차사업은 일종의 마을기업처럼 추진되고, 운영되었다.

1970년대 양묘장 이외에 이러한 면(面)의 공간요소 변화가 거의 없었던 이유는 정부의 차등지원 근거가 되었던 자조마을, 자립마을 지정요건과 무관치 않다. 기초마을, 자조마을, 자립마을의 지정요건은 주로 점(마을 회관, 지붕개량 등), 선(마을 안길 확장 및 포장, 소규모 교량 연결 등), 그리고 마을공동기금 등이었다. 즉, 면(面)의 공간요소에 해당하는 사업들이 자조마을, 자립마을 지정요건에 포함되었다면 상황은 달라졌을 것이다. 특히 당시 농촌마을 특성상 면(面)에 해당하는 공간요소의 변화를 주민들이 스스로 관리할 수 있는 여건은 성숙되지 않았다. 새마을운동을 통해 마을 전체적인 생활환경이 나아지기는 했지만 그러한 면(面)적인 공간구조의 개선은 개별 새마을사업의 결합과 조화에 의한 것이었지, 주민들이 처음부터 단위사업으로 계획을 수립하고 수행한 것은 아니었다.

---

49 복차사업에 참여한 주민들의 임금 일부가 마을 공동기금으로 적립된 사례를 바라보는 시각도 다양할 수 있다. 즉, 참여 주민 임금일부를 마을 공동기금 명목으로 착취했다고 비판할 수도 있을 것이다. 하지만 당시 한국의 농촌에서는 돈 벌 기회가 없었고, 일하기 이전부터 자유로운 계약에 의해 복차사업이 추진되었기 때문에 '임금 착취'라는 평가는 합당하지 않다.

2) 덕들마을(경기도 이천군 마장면 덕평 1리)

(1) 일반현황

1970년대 당시 경기도 이천군에 속했던 덕들마을(현재 이천시 소재)은 자연재해가 거의 없었기 때문에 붙여진 이름이다. 송림산(松林山) 자락 앞에 자리 잡은 덕들마을(행정구역 명칭은 덕평리)은 1953년 행정구역 개편에 따라 덕평 1리와 2리로 분리되었다. 행정명칭으로 덕평 1리가 덕들마을이다. 덕들마을은 들 복판을 복하천(福河川)이 흐르고 있어서 용수공급이 원활하고, 영동고속도로가 마을을 관통하고 있어서 비교적 교통이 좋은 편이다.

1980년 당시 덕들마을의 주민 수는 모두 518명이었고, 가구 수는 111호였다. 덕들마을 전체 111 가구 중에서 농가는 60호, 비농가가 51호로 이는 당시 농촌 평균에 비해 비농가 비율이 높은 편에 속한다. 덕들마을의 총 경지면적은 83.3 ha로 호당 평균 경지면적은 0.75ha 정도로 전체 경지면적 중 밭이 31ha, 논이 52.3ha를 차지하고 있었다. 덕들마을에는 임야도 8.8ha 정도 있었다.

1980년 덕들마을 문화시설로는 냉장고 23대, 텔레비전이 76대, 전화기 14대, 재봉틀 64대, 자동차 2대, 동력 이륜차가 7대였고, 신문구독 부수는 28부였다. 1980년 당시 마을공동자산으로는 논 한 필지 262평, 마을회관 1개 동 25평, 창고 1개동 53평, 축사 1개동 43평, 그리고 작업장 1개소 10평과 영양센터 1개동 5평이 있었다. 덕들마을 씨족구성은 이(李)씨가 31가구, 김(金)씨가 24가구, 박(朴)씨가 11가구, 최(崔)씨가 8가구, 홍씨 4가구, 임(林)씨 3가구, 지(池)씨 3가구, 그리고 임(任)씨, 정(鄭)씨, 조씨, 류(柳)씨, 오씨가 각각 2가구씩, 기타 성씨가 17호였다.

덕들마을의 주택환경은 당시 전국 평균에 비해 열악한 편이었고, 마을 안길과 마을 진입로는 협소하여 지게로만 짐을 나를 수 있었다. 덕들마을엔 장리쌀 등 고래대금업이 성행하였고, 1970년 당시 호당 평균소득은 32만 원 정도였다. 전기가 공급되지 않아 야간활동이 제약받았으며, 집은 거의 모두 초가였고, 방바닥은 볏짚이나 보릿짚을 엮은 자리를 깔아 사용하였다.

(2) 덕들마을 새마을운동 의사결정 과정

덕들마을도 1970년부터 새마을운동을 시작하여 새마을지도자로 이윤상씨가 선출되었고, 당시 청년회장 이규태씨와 개발위원들은 마을 주민들을 설득하여 새마을운동에 참여하도록 계몽운동을 펼쳤다. 다른 마을처럼 덕들마을도 새마을운동 첫 해에 시멘트 335부대를 정부로부터 지원받아 마을주민들의 숙원사업이 었던 소하천을 정비하였다. 1974년에는 청년회장 이규태씨가 새로운 새마을지도자로 추대되었다.

덕들마을의 주민총회 회의록은 당시 새마을사업 의사결정 과정을 자세히 기록하고 있다. 1970년 11월 5일 야외에서 개최된 첫 번째 주민 총회에는 모두 57명의 주민이 참석하였는데, 회의 안건은 새마을사업 계획수립에 관한 것이었다. 새마을운동이 주민 전체의견을 수렴하여 추진되었음을 보여주는 대목이다. 당시 사회자(새마을지도자 이윤상씨)가 안건을 상정하면서 '새마을 가꾸기사업'에 대해 참석 주민 한 사람은 "새마을 가꾸기 사업이 무엇입니까?"라는 질문 내용이 기록되어 있는데 이는 초창기 새마을운동을 이해하지 못한 주민들이 상당수 있었음을 보여준다. 이러한 질문에 대한 새마을지도자의 답변은 '새마을 가꾸기 사업'의 성격을 잘 표현하고 있다. 즉, "중공업 분야에 집중 투자해오던 정부가 농공병진정책을 실시하여 농촌도 도시와 같이 별 다른 불편 없이 생활할 수 있도록 근대화된 농촌을 건설하기 위해 많은 예산을 투자한다."고 기록하고 있다.

이어 새마을 가꾸기 사업의 구체적인 예로 새마을지도자는 마을 안길 넓히기, 공동 빨래터 건설, 하수구 설치, 소하천 정비, 공동 우물 보수, 교량 가설 등을 예시하고 있었다. 이어 정부가 지원하는 시멘트를 어떻게 사용할 것인지에 대한 논의가 있었는데, 이때 주민들이 안건으로 제시한 안길 넓히기 사업, 소하천 정비사업, 담장개량사업 등 3개 의제를 놓고, 거수를 통해 48명의 지지를 얻은 소하천정비 사업이 이 마을의 첫 새마을사업으로 선정되었다. 담장개량사업에 동의한 주민은 5명, 안길 넓히기 사업에는 3명의 주민이 동의하여 마을 공동사업으로 채택되지 못했다. 이어 소하천 정비사업 방식에 대한 논의 끝에 석축을 통한 사업방식이 결정되어 덕들마을 새마을 가꾸기 사업계획이 면사무소에 제출되었다. 이와 같이 주민들이 기록한 회의문서는 마을 주민들이 회의를 통해 마을 현황을 파악하고, 의사결정을 통해 공동 사업우선순위를 결정하는 등 주민들의 정보생산 역량이 강화되고 있음을 보여준다.

1972년 2월 25일 마을 이장 댁에서 개최된 주민총회에는 모두 48명의 주민들이 참석했는데, 안건은 마을회관 건립이었다. 당시 회의록은 이미 마을회관의 위치와 규모는 여러 차례 회의를 통해 결정되었고, 이번 주민총회는 마을회관의 공간배치와 주민부담을 결정하기 위한 것이었다. 마을회관에 회의실과 경로당, 창고, 영양센터(공동 취사장)를 함께 짓자는 의견이 제시되었는데, 주민들의 토론과 거수투표를 통해 회의실과 취사장 및 요리강습실로 사용할 수 있는 영양센터를 건립하자는 의견이 42명 지지를 얻어 채택되었다. 이어 자세한 계획과 주민부담내역에 대해서는 개발위원회와 청년회에 위임하고 있다. 이는 당시 새마을지도자를 중심으로 다수의 기능조직(functional group)과 이용자 조직(user group)이 역할을 분담하고 있었다는 증거다.

1973년 1월 3일 새마을회관에서 개최된 주민총회에는 모두 62명의 주민들이 참석하였고, 회의 안건은 이장, 새마을지도자, 부녀회장을 선출하는 것이었다. 이날 사회를 맡은 이장은 가정적인 사정으로 이장 직책을 사임할 뜻을 밝혔으나 주민들의 강력한 권유로 이장은 유임되고, 새마을지도자로 당시 청년회장이 추대되었다. 1975년 1월 8일의 주민총회에서는 간이급수사업을 찬성 67표, 반대 10표, 기권 5표로 확정하였다. 같은 해 2월 16일 주민총회는 군청으로부터 향도마을(leading and model village)로 선정되어 사업계획을 논의하였는데, 교량, 하수구, 안길 확장, 소하천 정비, 퇴적장 건설, 지붕개량, 조림 등 마을 종합개발 계획을 주요 의제로 다루었다.

1978년 1월 12일 개최된 주민총회엔 모두 37명의 주민이 참석하였는데, 이 회의에서는 주로 취락구조개선사업의 추진에 대해 논의가 있었다. 이 회의록은 이미 마을 개발위원회가 현지 조사를 마치고, 이해당사자인 주민들과 협의를 진행해 왔음을 기록하고 있다. 이 회의에서 소하천 정비사업을 포함하자는 의견이 나왔는데, 이 안에 대한 표결결과 비용이 많이 드는 소하천 정비사업은 절대 다수의 반대로 이번 취락구조개선사업에 포함되지 않게 되었다. 이러한 덕들마을 주요 주민총회 회의록은 <표 11-6>에 요약되고 있다. <표 11-6>에서

표 11-6 **덕들마을 주요 주민총회 회의록 개요**

일시	장소	안건	참석인원
1970.11.5	야외	새마을사업 계획수립	57
1972.2.25	이장 댁	마을회관 건립	48
1973.1.3	새마을회관	이장, 새마을지도자, 부녀회장 선출	62
1975.1.8	새마을회관	간이급수사업 확정	82
1975.2.16	새마을회관	군 지정 향도마을사업계획 수립	68
1977.12.26	마을회관	특별지원사업계획 수립	45
1978.2.6	마을회관	특별지원사업 결산보고	67
1978.1.12	마을회관	취락구조 개선사업 추진	37
1978.3.9	이찬영씨 댁	취락구조 개선사업 추진방안	18

1978년 취락구조개선사업 관련 회의 참석 주민수가 현저히 낮은 이유는 이 사업의 이해당사자를 중심으로 회의가 소집, 진행되었기 때문이다.

(3) 덕들마을 공간요소 변화

덕들마을의 1970~1971년 첫 새마을 가꾸기 사업은 정부에서 지원받은 시멘트 335부대로 소하천을 정비하는 것이었다. 이러한 사업은 마을 공동의 생활환경을 개선하는 효과를 가져왔고, 동시에 주민들의 참여를 통해 공동체를 회복하는데 기여하였다. 소하천정비 사업은 주민들의 공동작업으로 이루어졌는데, 주민들의 호응이 좋아 단 15일 만에 사업을 끝낼 수 있었다. 이 첫 사업을 계기로 덕들마을 주민들은 협동심을 키울 수 있었고, 결과에 대해 자부심을 느끼게 되었다. 덕들마을이 새마을운동을 통해 개선한 공간요소별 실적은 <표 11-7>, <표 11-8>, <표 11-9>와 같다.

<표 11-7>에 포함되지 않은 덕들마을 점(點)의 공간요소 변화로는 국기게양대 설치(1971), 퇴적장 설치(1975), 부속사 정비(1975, 1979, 1980), 굴뚝개량(1975), 장독대 개량(1976, 1979, 1980), 공동창고(1977), 지붕도색(1978), 어린이 놀이터(1978) 등을 들 수 있다. 1978년 공동축사 1개동 사업은 43평 규모로 총

표 11-7　덕들마을 점(點)의 공간요소 변화(1971~1980)

연도	지붕개량 (동)	담장개량 (m)	주택개량 (동)	간이급수 (호)	마을회관 (개소)	축사 (동)	부엌 (개)	변소 (개)	빨래터 (개)
1971	17								
1972	10				30평(1) 영양센터 포함				15평 (1)
1973	10	400							
1974		400							
1975	33	3,330		75		42	57	53	
1976									
1977	5								
1978		1,065	21	25		1	21	21	
1979		1,602	20					22	4평(1)
1980		410	1				8	10	
합계	75	7,207	42	100	30평(1)	43	96	106	19(2)

사업비 218만 원(100.0%) 중 정부지원액은 100만 원(45.9%)이었고, 나머지는 주민부담(54.1%)으로 추진되었다. 이는 새마을운동이 초기 정부의 사업지침이나 사업계획이 없이 전적으로 주민들의 수요를 충족시키는 방식으로 추진되었음을 의미한다.

특히 새마을운동이 마을 특성을 살려 다양한 사업을 수행하였음은 내생적 지역개발방식으로 접근하여 자원의 낭비를 방지하고, 환경관리 체계상 오염유발자와 오염으로 인한 피해자간 간격을 좁히는데 기여한 과정을 보여준다. 주민들의 책임 있는 행동은 결국 마을환경을 스스로 가꾸고 보전하는 환경공동체 형성에 기여하였다. 다른 한편 <표 11-8>은 1970년부터 1980년까지 11년간 덕들마을 선(線)의 공간요소 변화를 나타낸다.

<표 11-8>에서 1970년 진입로 개설 사업은 기존 진입로 정비 150m와 새롭게 개설한 200m를 포함한 실적이며, 총 사업비 475천원 모두 주민들의 부

표 11-8 덕들마을 선(線)의 공간요소 변화(1970~1980)

연도	교량(m)	소하천(m)	전기(호)	마을안길(m)	농로정비(m)	하수구(m)	도수로정비(m)	진입로개설(m)
1970								350
1971		60			120			
1972								
1973				150				
1974						400	60	
1975	6	150		400		200		
1976					200			120
1977					300			
1978		284			200	514	80	264
1979	3	100		108		200		210
1980				120				
합계	9	594		778	820	1,314	140	944

담(100.0%)으로 이루어졌다. 1978년 소하천 정비사업은 두 개 사업을 합한 실적을 나타내주고 있다. 편의상 마을 안길 확장과 포장은 같은 공간요소 변화로 다루었다. 1979년과 1980년 마을 안길 사업은 포장관련 사업으로 모두 13,434천원의 사업비가 투입되었는데, 이 중 67.7%인 9,100천원은 정부지원으로 충당되고, 나머지 사업비는 주민부담(32.3%)으로 이루어졌다. 이와 같이 새마을사업도 유형별로 정부 지원이 달랐는데, 대체로 공동의 시설사업에는 정부지원 비율이 컸고, 개인 주거환경 관련 사업은 전적으로 주민 부담으로 이루어졌다.

새마을운동에서 마을 공간요소 중 면(面)에 해당하는 사업은 취락구조개선사업, 소규모 저수지 조성 및 정비사업, 소도읍 가꾸기 사업 및 마을조림사업을 들 수 있는데, 덕들마을의 경우 1975년 7,950본의 마을 조림사업, 1977년 750평 규모의 마을농장 조성, 1978년 3,275평 규모의 택지매입과 1,871평 규모의 공공용지매입, 1979년 6,390평 규모의 공공용지 매입, 1980년 1,498평 규모의 마을농장 조성사업이 여기에 포함된다.

표 11-9 **덕들마을 면(面)의 공간요소 변화(1971~1980)**

연도	취락구조 개선	소규모 저수지	소도읍 가꾸기	마을조림 사업(본)	마을농장 조성(평)	공공용지 매입(평)
1971						
1972						
1973						
1974						
1975				7,950		
1976						
1977					750	
1978				742		5,146
1979						6,390
1980				100	1,498	

<표 11-9>에서와 같이 덕들마을 새마을사업은 대단위 면(面)에 해당하는 공간요소 변화가 없었고, 다만 마을 공동자산에 해당하는 조림사업과 마을 공동 농장 조성사업, 그리고 택지와 공공용지 매입 등이 이루어졌다. 덕들마을 주민들은 이같이 마을 공동의 자산을 늘려감으로써 협동정신과 자립정신을 키울 수 있었고, 이를 매개로 주민 활동범위가 넓어져서 덕들마을 주민들의 공간활용 범위는 확대될 수 있었다.

3) 외리 3구(충남 부여군 규암면 외리 3구)

(1) 일반현황

부여군 규암면 외리 3구 마을은 조선시대 태종 때부터 천을면 외리마을로 불렸는데, 1961년 10월 1일 지방자치법 개정으로 오늘과 같이 부여군 규암면 외리 3구 마을로 불리기 시작하였다. '외리'라는 명칭은 백마강변에 위치한 평야지대로 백제시대 당시 수도 소부리항에 들어오는 모든 외항 선박이 이 마을 입구에서 마지막 검열을 받았다고 하여 부쳐진 이름이다.

외리 3구 마을은 백마강변에 위치하여 매년 홍수로 인한 피해가 컸고, 당시 제방이 축조되지 않아 강변 황무지엔 갈대가 무성했다고 한다. 1950년대 이곳 강변에 제방이 축조되면서 도처에서 이곳으로 인구가 유입되어 황무지를 개간하고 농사를 짓기 시작하였는데, 당시 작황이 좋지 않아 감자를 주로 재배하다가 1980년대 들어 고급채소를 재배하여 고소득을 올리기 시작하였다. 이곳의 홍수 피해가 얼마나 컸던지 옛날엔 이곳을 '딴 펄(즉, 다른 들녘)'로 불렀다. 외리 3구 마을은 새마을운동이 시작되면서 고소득 작물재배로 성공을 거두어 '딴 펄'이 아닌 '돈 펄'로 바뀌었다고 소문이 났다.

외리 3구 마을은 1980년 당시 총 128가구에 740명 주민이 살았다. 128가구 중 비농가는 31가구이고, 나머지 97가구가 농가였다. 경지면적은 모두 105.1ha 로 이 중 63.8ha는 밭으로 이용되고 있었고, 나머지 41.3ha는 논으로 이용되고 있었다. 따라서 외리 3구 마을은 호당 경지면적이 평균 0.8ha로 낮아 전통적인 농업만으로는 잘 살기 어려운 공간특성을 보여준다. 1980년 말 당시 주민들의 교육수준은 학교에 전혀 다닌 적이 없는 사람이 109명이었고, 국졸 233명, 미취학이 123명, 중학교 졸업 혹은 재학 중인 사람은 216명, 고등학교 재학 중이거나 졸업자는 43명, 그리고 대졸자가 11명, 대학에 재학 중인 사람이 5명이었다.

마을의 문화시설로는 1980년 당시 128호 모두에 전기가 공급되고 있었고, 냉장고 29대, 텔레비전이 108대, 전화 8대, 재봉틀이 124대, 차량 1대, 동력 이륜차가 23대, 전축 45대 그리고 신문구독 가구 수가 26호였고, 마을문고는 도서 574권을 보유하고 있었다. 마을 공동자산으로는 논 2,000평, 63.5평 규모의 단무지 공장 1동, 40평 규모의 마을회관 1개동, 35평 규모의 구판장 1개동, 20평 규모의 야채 하차장 1개동, 60평 규모의 공동창고 1개동, 4.5톤 화물차량 1대가 있었다. 이러한 마을 수준은 1970년 이후 새마을운동을 통해 가꾸어진 결과였다. 외리 3구 마을은 김씨 성을 가진 가구가 34호, 고씨 가구가 26호, 박씨 가구는 13호, 최씨 가구가 10호, 조(趙)씨 가구가 6호, 성(成)씨 가구가 5호였고, 기타 성씨 가구가 34호였다.

1970년 새마을운동이 시작되기 직전 이 마을의 호당 연평균 소득은 겨우 25만원으로 매우 낮았고, 백마강에서 조개와 민물고기를 잡아 장에 내다파는 일이 유일한 농외 소득원이었다. 1970년 이전 이 마을엔 곳곳에 악취가 풍기고, 외지에서 들어와 황무지를 개간하고 사는 주민들이 많아 마을 공동체 기반도 약했으며, 주민들끼리 화합도 이루어지지 않았다. 새마을운동이 시작된 이후 이 마을에서는 고급 채소재배 등 작목반 활동이 활발하게 이루어져서 온통 온실농장(비닐하우스)이 대부분을 차지하고 있었다.

(2) 외리 3구 마을의 새마을운동 의사결정 과정

외리 3구 마을은 다른 마을에 비해 새마을운동을 늦게 시작하였다. 외지에서 들어온 사람들이 많아 주민들끼리 의사소통 기회가 적었고, 공동의 목표인식도 약했기 때문이었다. 당시 예비군 소대장을 맡고 있던 박재원씨가 예비군 인맥과 젊은 사람들을 규합하여 다른 마을에서 추진되고 있던 새마을운동을 외리 3구 마을에 소개하기 시작하였다. 새마을운동의 첫 사업으로 1972년 마을진입로 확장사업을 선정하였으나 토지확보가 제대로 이루어지지 않아 어려움을 겪었다. 박재원씨는 주민들을 끈질기게 설득하여 700m의 진입로 확장공사를 완성할 수 있었다. 이 첫 사업은 주민들에게 단합과 화합의 효과를 실감하게 하였고, 이를 시작으로 마을 주민들은 마을 소득원 개발에 힘을 모으게 되었다. 외리 3구 사례는 새마을운동이 '주민에 의해, 주민을 위해, 주민의 사업'으로 추진되고, 주민들의 공통기반에 의하여 접근되었던 상향적 기제(機制)였음을 보여주는 증거다.

두 번째 새마을사업은 농업소득을 증대시키기 위해 2.5km에 달하는 농로를 개설하는 것으로 이 사업을 통해 주민들은 지게를 벗고, 손수레(리어카)와 우마차를 이용할 수 있게 되었으며 농업생산성을 향상시킬 수 있었다. 주민들은 이러한 사업을 통해 새마을운동의 근면, 자조, 협동정신이 단순히 정신계몽에 그치지 않고, 실질적인 소득 및 삶의 질을 향상시키는데 필요하다고 인식하게 되었다. 이러한 사업성과는 외리 3구 주민들의 새마을운동 주민총회 회의록에서도 그대로 나타나고 있다.

1973년 1월 12일 이장댁에서 개최된 주민총회는 모두 76명이 참석하였는데, 안건은 이전 회의에서 운영위원회에 일임하여 작성된 새마을사업 세부계획에 대한 주민 동의를 묻는 것이었다. 이의 구체적인 사항은 농로개발 및 마을 진입로 확장에 관한 것이었는데, 회의 중 농로와 마을 진입로에 편입되는 토지보상문제에 대해 많은 의견이 오갔으나 결국 무상으로 해당 토지 소유주가 희사하자는 결론에 도달하였다. 이러한 논의과정은 주민들의 공동생활 토대인 마을에 대한 문제인식이 마을 구성원들의 책임감을 높여주고 있음을 보여준다. 주민들의 상향적, 열린 의사결정과정이 없었다면 마을 공동사업을 위한 주민들의 토지 무상공여는 불가능했을 것이다.

1974년 10월 20일 주민총회는 새마을지도자 댁에서 37명이 참석한 가운데 개최되었고, 안건은 마을 공동구판장을 건립하는 것이었다. 이 마을 총회에서는 정부가 지원한 시멘트 300부대와 철근 1톤만으로는 공동구판장을 건립할 수 없어 부족한 재원을 보충하는 문제가 집중 거론되었다. 주민들은 논의 끝에 결국 부지 값을 마련하기 어려워 도로 옆 둠벙(작은 저수지)을 메우고 젊은 층이 솔선하여 직접 벽돌을 만들어 공동구판장을 건립하기로 결의하였다.

1975년 1월 10일엔 새마을 지도자(박재원) 사회로 1974년 12월 완공된 마을회관에서 81명의 주민이 참석한 가운데 새마을 가꾸기 사업계획을 의제로 주민총회가 개최되었다. 이 회의는 1975년 새로운 사업을 결정하는 주민총회였는데, 주민들이 제안한 사업을 놓고 투표를 통해 사업우선순위를 결정하였다. 이 회의에서는 제안된 사업별로 투표를 통해 야채하치장 건립(27표), 마을 하수구 설치와 공동 건조장 건설사업(20표), 공동변소 건립(18표), 구판장 확대운영사업(15표) 순으로 우선순위를 결정하였다. 이 회의록에 의하면 당시 외리 3구 주민들은 한 달에 2회 정도의 주민총회를 개최한 것으로 기록되어 있다.

1975년 1월 20일 주민총회는 역시 새마을지도자 사회로 110명의 주민들이 참석한 가운데 마을회관에서 개최되었고, 안건은 정부로부터 받은 특별지원금으로 마을에서 추진할 사업을 선정하는 것이었다. 즉, 외리 3구 마을이 정부로부터 우수마을로 선정되어 받은 150만원의 특별지원금을 활용하여 새로운 새마을 사업을 발굴하는 것이 이 회의의 취지였다. 이미 마을 개발위원회에서 특별지원금 활용방안을 논의했지만 정부 취지는 마을주민들이 직접 참여하여 결정하는 방식에 따르라는 것이라며 주민총회 결과에 따라 사업내용이 달라진다고 사회자(새마을지도자)는 강조하였다. 이러한 기록은 당시 새마을운동 추진과정에서 협치

표 11-10 **외리 3구 마을 주요 주민총회 요약**

일자	장소	참석인원	주요 안건	결정사항
1973.1.12	이장댁	76	농로개발 및 진입로 확장	편입 토지를 주민들이 무상으로 희사키로 결정
1974.10.20	지도자댁	37	마을공동 구판장 건립	노동력 확보 및 사업시기 결정
1975.1.10	마을회관	81	새마을 가꾸기 사업계획	사업우선순위 투표로 결정(야채하치장 건립하자는 제안이 채택됨)
1975.1.20	마을회관	110	특별지원금 사업 결정	주민투표를 통해 단무지공장을 건립하자는 제안이 채택됨

가 강조되고 있었음을 보여준다.

이 회의에서 개발위원회는 단무지공장 건립을 제안하였고, 주민들은 공동창고 건립, 건조기 구입을 제안했는데, 주민 투표결과 단무지공장 건립안이 50표를, 공동창고 건립안이 29표, 그리고 건조기 구입안이 31표를 얻어 최종 단무지공장을 건립하기로 의견을 모았다. 이러한 투표결과는 이미 개발위원회에서 만들어진 사업계획이 주민들의 지지를 받을 만큼 마을현실을 잘 반영하고 있었음을 의미한다. 이번 회의에서는 사업 우선순위만 결정하고 단무지공장 건립장소는 추후 회의를 통해 다시 결정하기로 하였다. 외리 3구 마을의 주요 주민총회 회의록은 <표 11-10>과 같이 요약될 수 있다.

(3) 외리 3구의 공간요소 변화

외리 3구 마을의 공간요소 변화에 대한 기록은 앞에서 사례로 든 다른 마을에 비해 자세하지 않다. 외리 3구 마을은 다른 마을에 비해 새마을운동을 늦게 시작하였고, 사업내용도 간단하다. 우선 점(點)의 공간요소 변화는 1973년 담장개량을 필두로 1974년 다목적 마을회관이 건립되었고, 1975년 단무지공장이 우수마을에 대한 정부의 특별지원금으로 건립되었으며, 1975년부터 지붕개량이 시작되었다. 외리 3구 마을의 새마을사업을 통한 점(點)의 공간요소 변화내역은 <표 11-11>과 같다.

표 11-11 **외리 3구 마을 점(點)의 공간요소 변화(1973~1980)**

연도	지붕개량 (동)	담장개량 (m)	주택개량 (동)	마을회관 (개소)	창고 (동)	부엌 (호)	변소 (호)	마을공장 (개)
1973		420						
1974				1(65평)				
1975	68		(22)			30		1(63평)
1976							17	
1977	100				1(60평)			
1978			24(12)					
1979								
1980							12	
합계	168	420	24(34)	1(65평)	1(60평)	30	29	1(63평)

<표 11-11>에서와 같이 외리 3구 마을의 점(點)에 해당하는 공간요소 변화는 1973년부터 일어났다. 특이한 사항은 이들 점(點)에 해당하는 공간요소 변화가 주로 주민들의 소득증대 기반과 연계되어 있다는 점이다. 즉, 외리 3구 마을은 1974년 다른 마을에 비해 마을회관을 크게 건축하였고, 1975년 정부 특별지원금으로 마을 공동의 단무지 공장을 건립하였으며, 1977년 마을 공동창고도 다른 마을에 비해 크게 지었다.

다른 한편 외리 3구 마을의 선(線)에 해당하는 공간요소 변화는 <표 11-12>와 같다. <표 11-12>는 외리 3구 마을의 새마을사업이 다양성 보다는 선택과 집중에 의해 추진되었음을 보여주고 있다. 무엇보다도 마을이 강변에 위치하고 있어서 농로와 마을 진입로의 확보가 중요하게 여겨졌기 때문에 1972년 새마을운동의 초창기 이들 농로정비와 하수구 설치 및 마을 진입로 확장과 포장이 새마을사업으로 채택되었다. 1980년 마을진입로 사업은 기존 마을 진입로 250m에 대한 포장공사였다.

한편 외리 3구의 새마을사업을 검토한 결과 면(面)에 해당하는 공간요소 변화는 1976년 마을 공동의 논 2,000평을 조성한 외에는 찾아 볼 수 없었다. 이는 외리 3구 마을이 강변에 위치한 지형적 영향 때문인 것으로 이해된다. 주변 농

표 11-12 **외리 3구 마을 선(線)의 공간요소 변화(1972~1980)**

연도	교량 (m)	소하천 (m)	농로정비 (m)	하수구 (m)	마을진입로 (m)
1972			2,500	300	700
1973					
1974	10				
1975		100			
1976					
1977					
1978					
1979					
1980					250
합계	10	100	2,500	300	950

경지의 정리작업은 다른 사업명목으로 실시되었다. 특히 취락구조 개선과 같은 사업은 1970년 중반 이후 이 마을의 소득이 증대되면서 주민 개별로 추진되어 공동 사업 범위를 벗어났기 때문으로 해석된다. 물론 개별 가구별로 실시된 주택 개량과 마을환경 개선도 새마을운동을 통해 주민역량이 강화된 때문에 가능하였다. 하지만 구태여 이러한 생활환경 개선사업에 대한 주민들의 의사결정이 기록되어 있지 않은 이유는 이들 개별 가구단위 사업이 새마을운동의 파생사업으로 추진되었기 때문이다. 이와 같이 새마을운동은 기록 이상의 성과를 포함하고 있다.

4) 영양 1리(충남 청양군 운곡면 영양 1리)

(1) 일반현황

청양군 운곡면 영양 1리는 조선시대 북하면 영곡마을로 불려오다 1914년 행정구역 개편으로 청양군 운곡면 영양리가 되었고 1972년 다시 영양 1리와 영양 2리로 분리되었다. 영양 1리는 동쪽으로는 차령산맥이 위치하고 있고, 서쪽으로는 비교적 넓은 평야가 발달하고 있어서 전형적인 농촌모습을 보여주고 있다.

1980년 당시 영양 1리는 모두 83 가구로 형성되어 있고, 이 중 70 가구가 농가이고 나머지 13 가구가 비농가에 속한다. 총 인구는 510명으로 여성 인구가 약간 많다. 영양 1리의 경지면적은 63.1ha로 이 중 밭은 30.7ha, 논은 32.4ha에 속한다. 따라서 호당 평균 경지면적은 0.8ha다. 주민 510명 중 대학 졸업자는 5명, 대학 재학 중인 주민은 4명이고, 고등학교 졸업자는 17명, 고등학교 재학 중인 주민은 32명이다. 중졸 주민은 54명이고, 중학교에 재학 중인 사람은 63명이며, 국졸은 179명, 무학이 103명이고 당시 초등학교 재학 중인 학생 수가 53명이었다.

1980년 영양 1리 마을의 문화시설로는 전기가 공급되고 있는 가구 수는 80호(96.4%), 냉장고는 7대, 텔레비전은 57대, 전화 7대, 재봉틀이 38대, 동력 이륜차가 4대, 전축이 45대, 신문구독 수는 16부이다. 운곡면 영양 1리 씨족 구성은 83호 중 오(吳)씨 가구는 15호, 조(趙)씨 가구가 13호, 조(曺)씨 가구가 9호, 배(裵)씨 가구는 8호이며, 김(金)씨 가구가 5호, 이씨와 강씨 가구가 각각 3호, 양씨, 윤씨, 명씨, 류(柳)씨 가구가 각각 2호씩이고 기타가 19호였다.

영양 1리 주택은 1970년 이전 기와집 2채, 함석집 3채 이외에는 모두 초가집이었다. 마을 안길은 비좁았고, 농로가 전무하여 농산물과 영농자재를 지게로 운반하였다. 마을 곳곳에 축사가 어지럽게 자리 잡고 있어서 비가 오면 가축 분뇨로 악취가 마을을 진동하였다. 당시 마을 소득원은 벼재배와 보리, 콩 등 밭작물이 고작이었다. 영양 1리는 동서로 산이 위치하고 있고, 남북으로 평야가 발달한 지형구조를 띠고 있다.

(2) 영양 1리의 새마을운동 의사결정

영양 1리는 다른 마을과 달리 65년도부터 일부 독농가와 주민 홍성돈씨가 구기자를 심기 시작하여 농가소득을 높여가고 있었다. 이 마을은 새마을 가꾸기 사업이 국정과제로 채택되기 이전부터 혁신적 분위기가 조성되어 있었던 셈이다. 이 마을 주민들도 전국적으로 실시되던 새마을운동을 채택하여 마을의 공동 발전을 위해 단합하기 시작하였다. 1971년 11월 5일 주민들은 76명이 참석한 가운데 마을총회를 열고 기존 개발위원회 위원은 모두 유임시키고, 새마을지도자로 홍성돈씨를 만장일치로 선출하였다. 영양 1리의 새마을운동 의사결정은 마을 총회 회의록에 잘 기록되어 있고 <표 11-13>과 같이 요약된다.

1971년 11월 30일 이장 댁에서 홍성돈 새마을지도자 사회로 개최된 주민총회에서는 주민 72명이 참석하였다. 당시 주민총회는 마을 진입로 및 안길 확장 사업을 주요 안건으로 다루었는데 도로 확장에 필요한 토지구입 자금은 마을 주민들이 공동 출연하기로 하였고, 정부지원은 시멘트 335부대가 전부였다. 이 회의에서 주민들은 정부에서 지원한 시멘트로 마을 안길 600m를 폭 6m로 확장하고, 농로 1,500m를 폭 4m로 개설하기로 결의하였다. 영양 1리는 1972년도에 기초마을, 1973년도에 자조마을, 1974년도엔 자립마을 조건을 충족시켜 새마을운동을 성공적으로 이끈 모범 마을로 알려졌다.

영양 1리는 1973년 최우수 마을로 선정되어 정부 지원금 100만원을 받아 주민들의 자부심을 키웠고, 구기자 재배를 늘렸으며, 야산의 초지자원을 활용하여 비육우 입식사업을 시작하였다. 1973년 1월 20일 홍성돈 지도자 댁에서 개최된 마을총회에는 주민 69명이 참석하였고, 주요 안건은 새마을사업계획이었다. 이 총회에서 마을주민들은 1973년 새마을사업을 4월 30일까지 마치기로 결정하고, 각 가정에서 어른 1명씩 노동력을 제공하기로 결의하였다. 1973년 12월 15일 홍성돈 지도자 댁에서 74명이 참석하여 개최된 주민총회에서는 정부의 특별지

표 11-13 **영양 1리 마을 주요 주민총회 회의록 개요**

일시	장소	참석주민	주요안건 및 결정사항
1971.11.5	이장댁	76	새마을지도자 및 개발위원장 선출
1971.11.30	이장댁	72	마을진입로 및 안길 확장에 따른 토지대금 주민부담 결정
1973.1.20	지도자댁	69	농로개발 등 새마을사업 결정
1973.12.10	이장댁	72	특별지원금 사업으로 비육우 입식사업을 선정
1973.12.15	지도자댁	74	특별지원금 사업인 비육우 입식사업 방식 결정
1974.1.18	지도자댁	67	비육우 입식사업 결산보고
1975.2.24	마을회관	72	이웃 마을과의 협동사업인 소하천 정비사업 방식 결정
1979.1.11	이장댁	71	개발위원들이 미리 세운 새마을 가꾸기 사업 확정

원금으로 비육우 입식사업을 전개하기로 결정하고 사업규약을 채택하였다.

1975년 2월 24일 마을회관에서 개최된 주민총회엔 모두 72명의 주민이 참석하였는데, 이웃 마을과의 소하천 공동 정비사업을 안건으로 다루었다. 모두 300m에 달하는 협동권 소하천정비 사업은 소하천 통과 길이인 150m씩 두 마을이 각각 분담하여 추진하기로 결정하였다. 1979년 1월 11일 개최된 주민총회엔 모두 71명의 주민이 참석하였는데, 개발위원들이 미리 만든 새마을사업계획을 63명의 찬성으로 확정하였다. 1977년 5월 11일 홍성돈씨 후임으로 조창현씨가 새로운 지도자로 선정되었다.

(3) 영양 1리의 공간요소 변화

영양 1리의 점(點), 선(線), 면(面) 공간 요소변화는 <표 11-14>, <표 11-15>와 같다. 우선 점의 공간요소 변화는 1973년 공동우물과 지붕개량을 시작으로 1975년 마을회관 건립으로 이어졌다. 영양 1리 마을은 다른 마을과 달리 점의 공간변화가 지붕개량과, 마을회관 건립 및 공동 우물개발로 한정되어 일어났다. 선의 공간요소 변화는 1971년 마을안길 확장, 농로개발, 소교량 건설을 시작으로 1973년 하수구 개발, 1975년 소하천 주변을 돌쌓기로 정비하는 석축사업, 1976년 소하천 바로잡기 사업, 1978년 하수구 설치, 1979년 하수구 보수공사로 이어졌다.

그러나 영양 1리에서 새마을사업을 통한 면(面)에 해당하는 공간요소 변화는

표 11-14 **영양 1리 점(點)의 공간요소 변화(1971~1979)**

연도	지붕개량(동)	마을회관(개소)	공동우물(개소)
1971			
1973	35		6
1975	34	1	
1976	12		
1978			
1979			
합계	81	1	6

표 11-15 **영양 1리 마을 선(線)의 공간요소 변화(1971~1979)**

연도	교량 (m)	소하천 (m)	농로 (m)	하수구 (m)	마을안길 (m)	보설치 (m)
1971	10		2,000		600	
1973			1,000	300	300	
1975		600	1,000	200		
1976		300				60(2개소)
1978				150	200	
1979	20(2개소)			350		45(2개소)
합계	30(3개소)	900	4,000	1,000	1,100	105(4개소)

없었다. 특히 영양 1리 마을은 1960년대 중반부터 구기자 재배를 시작으로 새로운 요소를 받아들이는 풍토가 조성되어 있었기 때문에 마을 주민들의 새마을운동에 대한 인식이 빠르게 전파되었다. 따라서 영양 1리 마을의 새마을사업은 주로 주민들의 활동을 이어주는 선(線)의 공간요소 변화를 중심으로 계획되고 수행되었다. <표 11-15>는 새마을운동을 통한 영양 1리 선(線)에 해당하는 마을 공간구조 변화를 요약한 것이다.

4 사례 마을 공간요소 변화 요약 및 함의

1) 사례 마을 점(點)의 공간요소 변화 요약

4개 사례 마을 점(點)에 해당하는 공간요소 변화는 다음 <표 11-16>과 같이 요약, 비교된다. 우선 마을별로 점(點)에 해당하는 공간요소가 다르다는 점이다. 새마을사업을 통해 선리마을은 마을회관 건립, 지붕개량, 주택개량, 간이급수시설 설치, 담장개량, 축사건립, 부엌개량, 변소개량 등 8개의 점에 해당하는 공간요소를 변화시켰지만, 덕들마을은 여기에 공동 빨래터를 추가하였다. 외리 3구 마을은 강변 마을이라는 특성 때문인지 간이급수 시설 설치를 새마을사업으로 추진하지는 않았고, 창고와 마을공장 등 마을 소득증대와 연결되는 점의 공간요소를 추가하였다. 영양 1리 마을은 점에 해당하는 공간요소 변화가 단순하였는데, 마을회관과 지붕개량 및 마을 공동우물 파기사업이 전부였다.

다만 4개 마을 모두 마을회관을 건립하였는데, 마을회관은 마을 전체 주민들의 모임빈도를 늘려 마을의 공통기반을 확인하고, 공동목표를 수립하는 상징이 되었다. 또한 마을회관에서 주민들이 교환한 의견은 서로를 이해하고 신뢰를 축적하는 소재가 되었고, 이를 통해 마을 공동사회를 작동시키기에 필요한 책임감과 마을 공동이익의 공정한 분배가 가능하게 되었다. 결국 마을회관은 주민들의 근면, 자조, 협동정신을 촉진하는 상징으로 여겨졌다. 따라서 마을회관은 공동체의 상징이고, 이의 활용으로 마을의 협치(governance)가 구축되고, 사회적 자본(social capital)이 축적될 수 있었다.

특히 마을 주민들은 새마을운동 접근방식을 통해 마을회관에서 모여 직접 얼굴을 맞대고 자신들의 필요성과 문제인식을 논의하였기 때문에 주민 모두가 일상생활을 공유하고 있다는 공동체 인식을 가꾸는데 기여하였다. 이러한 공동체

표 11-16 **4개 사례 마을 점(點)의 공간요소 변화 비교**

구분	선리마을	덕들마을	외리3구	영양1리
마을회관(동)	1	1	1	1
지붕개량(동)	43	75	168	81
주택개량(동)	9	42	24	
간이급수(호)	43	100		
담장개량(m)	4,685	7,207	420	
축사(동)	4	43		
부엌(호)	36	96	30	
변소(호)	32	106	29	
빨래터(개소)		2		
창고(동)			1	
마을공장(개소)			1	
공동우물(개소)				6

인식은 경제, 사회, 문화 및 환경적 지속가능성을 깨닫고 실천하기 위한 수단으로 주민 모두가 각자의 행동에 책임질 수 있는 약속과 규범을 만들고, 준수하는데 효과적이었다. 이와 같이 새마을운동은 1960년대부터 본격적으로 추진되었던 산업화로 인해 훼손되기 시작한 한국 지역사회 공동체를 회복하고, 마을 단위에서 협치를 구축하였으며 사회적 자본을 축적하고 지속가능성을 실천한 상향적 지역사회발전운동이었다. 새마을운동이 반세기에 걸쳐 지속적으로 진화할 수 있는 이유도 이러한 공동체인식 때문이다.

2) 사례 마을 선(線)의 공간요소 변화 요약

한편 4개 사례 마을 선(線)에 해당하는 공간요소 변화는 다음 <표 11-17>과 같이 요약, 비교된다. 4개 마을 공통으로 소규모 교량을 건설하고, 소하천을 정비하였으며, 농로를 개설하고, 마을 하수구를 설치 혹은 정비하였다. 선리마을과 덕들마을에서는 도수로 정비 혹은 설치사업이 시행되었으나 영양 1리 마을은 마을 지형의 특성상 보(저수지 물을 가두기 위한 둑)를 설치하여 농경지 관개에 활용하였다. 이와 같이 새마을 사업을 통한 마을 선(線)의 공간요소 변화는 마을의 지형적 특성에 따라 다소 차이를 보여주고 있다.

마을의 새마을사업 관련 주민총회 회의록을 검토하면 사업 우선순위가 주민들의 의견을 충분히 반영하고 자유로운 토론을 거쳐 결정되었음을 알 수 있다. 이러한 과정을 거치지 않았더라면 일부 주민들의 반발과 반목으로 자칫 새마을 사업이 주민갈등을 초래했을 수도 있었을 것이다. 물론 새마을운동 초기단계에서 주민들의 의사결정이 다소 원활하지 못한 점도 발견된다. 즉, 마을의 공동문제를 인지하고 마을의 공동목표를 수립하여 이를 실현하기 위한 적절한 대안의 탐색과정 등 공동사업 추진을 위한 일반적인 계획수립절차가 온전히 지켜졌다고는 보기 어려운 점도 있다. 이와 같이 새마을운동 초기 마을 주민들의 회의운영이 다소 원활하지 못한 점은 당시 주민들의 공동체 인식이 약했고, 따라서 공동이익을 정의하기가 어려웠기 때문으로 이해된다. 그렇다고 하여 주민들의 의견 개진 기회가 개방되지 않은 것은 아니었다.

표 11-17 **4개 사례 마을 선(線)의 공간요소 변화 비교**

구분	선리마을	덕들마을	외리3구	영양1리
마을 안길(m)	1,710	778		1,100
마을 진입로(m)	150	944	950	
소규모 교량(m)	5	9	10	30
소하천 정비(m)	3,070	594	100	900
농로개설, 정비(m)	1,870	820	2,500	4,000
하수구 설치, 정비(m)	100	1,314	300	1,000
도수로 정비(m)	550	140		
전기공급(호)	64			
보 설치(m)				105

3) 사례 마을 면(面)의 공간요소 변화 요약

1970년대 새마을운동을 통한 4개 사례 마을 면(面)의 공간요소 변화는 미미했다. 선리마을의 경우 1972년 조림사업에 충당하기 위한 양묘장 설치가 고작이었고, 덕들마을의 경우는 상대적으로 활발하여 마을 조림사업, 마을 공동농장 조성사업, 공공용지 조성이 이루어졌다. 외리 3구 마을에서는 1972년 2,000평 규모의 마을 공동소유의 논을 조성한 바 있다. 회의록과 각종 기록을 검토한 결과 영양 1리 마을의 경우 이렇다 할 면(面)의 공간요소 변화를 발견할 수 없었다.

이와 같이 4개 사례 마을에서 새마을사업을 통한 면(面)의 공간요소 변화가 미미했던 점은 1970년대 새마을사업의 초기 특성 때문으로 사료된다. 즉, 새마을운동 초창기 마을 공동사업의 우선순위가 주로 활동의 발생과 혁신의 초점인 점(點), 주민들의 활동을 매개하는 선(線) 위주로 결정, 시행되었음을 시사한다. 취락구조 개선사업 등 마을 단위의 종합적 지역사회 공간구조 개편은 새마을운동의 성숙단계(1980년대 이후)에서 이루어졌다. 이를 종합하면 <표 11-18>과 같다.

결론적으로 새마을운동을 통한 사례 마을의 점(點), 선(線), 면(面)의 공간요소

표 11 - 18 **1970년대 새마을운동을 통한 4개 사례 마을 면(面)의 공간요소 변화 요약**

구분	선리마을	덕들마을	외리3구	영양1리
면(面)의 변화 관련 사업	양묘장 조성	• 마을조림사업 • 마을농장 조성 • 공공용지 매입	• 마을 공동 답(畓) 조성	해당 없음

변화는 주민들의 집단활동을 촉발하고 이를 매개, 전파하여 마을 주민들의 역량을 강화하는 효과를 가져왔다. 즉, 새마을운동은 우선 주민 개개인의 활동과 관련되어 있는 점(點)적인 공간요소를 대상으로 추진되었다. 다음 단계에서는 점적인 공간요소 변화를 이어주기 위해 선(線)에 해당하는 공간요소 즉, 마을 안길, 마을 진입로, 소하천, 하수구, 도수로, 교량, 농로를 개설, 확장 혹은 보수 및 포장하는 사업으로 새마을운동이 추진되었다. 이러한 공간요소들은 주민과 주민, 개별 주민과 집단, 집단과 집단을 이어주어 결국 자원흐름과 의사전달을 원활하게 해주었다. 결국 마을을 기본단위로 접근한 새마을운동은 건강한 지역사회 순환체계를 구축하였고, 이를 근거로 지역발전, 국가발전의 맥락을 세우며, 연결하는데 기여하였다.

자원흐름이 원활하고 의사전달이 용이하게 되면 자원이용의 최적화를 도모할 수 있고, 마을 주민총회를 통해 결정된 사항을 실천할 수 있는 토대를 마련해준다. 따라서 개별 혹은 집단활동을 촉발하기 위한 공간요소의 개선과 이를 연결하는 선(線)의 구축이 새마을운동의 접근방식과 절묘한 조화를 이루었다. 특히 초창기 새마을 가꾸기 사업이 마을회관 건립에 집중되어 있음은 새마을운동의 성과를 협치체제(거버넌스) 구축, 사회적 자본 축적 그리고 지속가능성 실천이라는 측면에서 접근할 경우 상징성이 크다. 마을회관은 직접민주주의를 실천할 수 있는 도장이고, 주민 모두에게 소속감과 안정감을 보장하는 상징공간이었으며, 공동체 인식의 산실이었다.

결국 새마을운동을 통한 마을 공동체의 상징인 마을회관 건립, 개별 가구의 혁신적 상징이었던 지붕개량, 공동작업과 정보교환의 공간으로 사용되던 공동 빨래터 건립, 마을환경 개선과 관련한 축사개선, 생활환경 개선과 관련한 부엌개량, 변소개량, 주택개량 등 점(點)에 해당하는 공간요소 변화는 마을 안길, 마을 진입로, 농로, 소하천, 하수구 등을 통해 이어지고, 상호작용하여 마을을 마치 하나의 기업처럼 전환하였고, 전체적인 마을 공동체 작동체계를 개선하는데 기여하였다. 이를 도식하면 <그림 11-3>과 같다.

그림 11-3 **마을 공간요소 변화 단계와 효과**

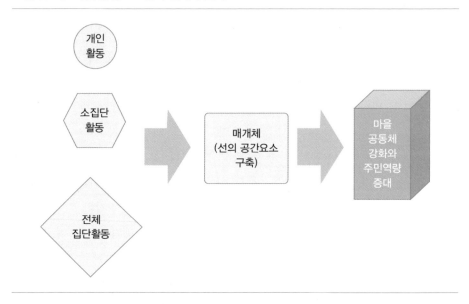

12 장

새마을운동의 지구촌 확산과 진화

한국의 새마을운동은 서구사회의 경험에 근거한 지역사회발전모형에서 탈피하고 지역사회 잠재력을 최대한 동원하여 성공한 독창적인 지역사회발전 성공사례로 평가된다. 새마을운동이 성공할 수 있었던 요인은 학자마다 다르게 지적되고 있으나 대체로 '잘 살아야겠다'는 국민적 자각, 공공부문과 민간부문의 적절한 역할분담, 일관성과 종합성을 지닌 정책의 지속성, 주민참여 동기부여, 상황에 맞는 새로운 교육제도를 통한 주민역량 강화, 신념과 야망을 지닌 지도력 등으로 요약된다.

이들 모든 요인이 마을 단위의 공동체를 형성하였고, 이러한 공동체인식이 유전자처럼 주어진 환경에 적응하고 미래에 도전하면서 새마을운동은 반세기를 넘기며 진화를 계속하고 있다. 이러한 성공요인은 새마을운동이 단순한 일회적 사업이 아니라 어떠한 상황에도 적용 가능한 변화대응 능력임을 시사한다.

새마을운동 성과는 주로 주민역량 강화와 관련한 것으로 지역사회 협치(governance) 구축, 사회적 자본 축적, 지속가능성 실천, 공공부문 혁신 등으로 요약될 수 있다. 이러한 성과를 이끌어낼 수 있었던 새마을운동의 작동체계는 대체로 민간부문과 공공부문의 적정한 상호작용, 마을 단위의 공동체 형성과 운용, 주민에 의한, 주민을 위한, 주민의 사업으로 추진된 사업주기(project cycles)의 순환체계, 그리고 경제, 사회, 문화 등 모든 분야에서의 가치사슬(value chain)을 통한 확대 재생산 과정으로 요약된다. 그러나 이러한 새마을운동의 작동체계는 종종 성과와 맞물려 '닭이 먼저인지, 달걀이 먼저인지?'라는 질문처럼 들린다. 진화의 사슬(The chain of evolution)에서는 성과와 작동체계가 교차하면서 단계별로 서로를 이어주고 받쳐주기 때문이다.

민간부문과 공공부문의 적정한 역할분담은 자칫 정부에 의존하기 쉬운 주민들의 역량을 강화하고, 지역사회에 책임질 수 있는 건전한 시민정신을 함양하는 데 기여하였다. 마을 단위에서의 공동체는 마을 공동의 문제를 인식하고, 일상생활에서 공동의 목표를 정립하며, 이러한 공동의 목표를 실현하기 위한 주민들의 자발적 노력을 통해 구축된다. 새마을운동에서의 가치사슬은 부문간, 경제활동 단계별, 계층간 전·후방 연관효과를 통해 구축되었다.

새마을운동이 시작된 1970년대엔 학계에서조차 '사회적 자본(social capital)', '협치(governance)'라는 용어가 거론되지 않았다. 그러나 1970년대 한국의 새마을운동 경험을 다양한 각도에서 재해석하면 새마을운동은 이미 이들 지역사회발전 분야의 패러다임을 앞서서 충족시키고 있음이 증명된다. '사회적 자본(social capital)'과 '협치(governance)'는 결국 물리적 척도(physical scale)에서 사람 중심의 척도(human scale)로 이 분야 패러다임이 전환하고 있음을 의미한다. 공간과 시간의 상호작용은 '사람'을 중심으로 일어나고 작동한다. 따라서 이 책은 한국의 새마을운동 경험을 사람 중심으로 접근하고 새마을운동의 성과를 시간과 공간의 상호작용 관점에서 재해석한다.

1 새마을운동의 진화 유전자

한국의 새마을운동은 서구사회의 경험에 근거한 지역사회발전모형에서 탈피하고 지역사회 잠재력을 최대한 동원하여 성공한 독창적인 지역사회 발전모형으로 평가된다. 새마을운동이 성공할 수 있었던 요인은 학자마다 다르게 지적되고 있으나 대체로 '잘 살아야겠다'는 국민적 자각, 공공부문과 민간부문의 적절한 역할분담, 일관성과 종합성을 지닌 정책의 지속성, 주민참여 동기부여, 상황에 맞는 새로운 교육제도를 통한 주민역량 강화, 신념과 야망을 지닌 지도력 등으로 요약된다.

이들 모든 요인이 마을 단위의 공동체를 형성하였고, 이러한 공동체인식이 유전자처럼 주어진 환경에 적응하고 미래에 도전하면서 새마을운동은 반세기를 넘기며 진화를 계속하고 있다. 이러한 성공요인은 새마을운동이 특정 상황에 한정한 단순한 일회적 사업이 아니라 어떠한 상황에도 적용 가능한 변화대응 능력임을 시사한다.

앞서 기술한 바와 같이 새마을운동 성과는 지역사회 협치(governance) 구축, 사회적 자본 축적, 지속가능성 실천, 공공부문 혁신, 주민들의 일상생활 효율화를 위한 마을 공간구조 변화 등으로 요약될 수 있다. 이러한 성과를 뒷받침할 수 있었던 새마을운동의 작동체계는 대체로 민간부문과 공공부문의 적정한 상호작용, 마을 단위의 공동체 형성과 운용, 주민에 의한, 주민을 위한, 주민의 사업으로 추진된 사업주기(project cycles)의 순환체계, 그리고 경제, 사회, 문화 등 모든 분야에서의 가치사슬(value chain)을 통한 확대 재생산 과정으로 요약된다. 그러나 이러한 새마을운동의 작동체계는 종종 성과와 맞물려 '닭이 먼저인지, 달걀이 먼저인지?'라는 질문처럼 들린다. 진화의 사슬(The chain of evolution)에서는 성과와 작동체계가 교차하면서 단계별로 서로를 이어주고 받쳐주기 때문이다.

민간부문과 공공부문의 적정한 역할분담은 자칫 정부에 의존하기 쉬운 주민들의 역량을 강화하고, 지역사회에 책임질 수 있는 건전한 시민정신을 함양하는 데 기여하였다. 마을 단위에서의 공동체는 마을 공동의 문제를 인식하고, 일상생활에서 공동의 목표를 정립하며, 이러한 공동의 목표를 실현하기 위한 주민들의 자발적 노력을 통해 구축된다. 따라서 지역사회 공동체는 쉽게 형성되지도 않지만 일단 형성되면 쉽게 사라지지도 않는다. 이러한 공동체는 지역사회 진화를 견인하는 유전자와 같기 때문이다.

또한 공동체는 개별 구성요소의 특성을 조화로 연결하는 다양한 가치사슬을 통해 지역사회 발전으로 이어진다. 새마을운동에서의 가치사슬은 부문간, 경제활동 단계별, 계층간 전·후방 연관효과를 통해 구축되었다. 가치사슬은 하나의 최종 소비재 생산과 전·후방으로 연결되어 있는 다양한 경제활동 단위를 하나의 종합적인 생산축(production line)으로 연결하여 비용을 줄이고, 생산성을 향상시키는 결합 혹은 융합방식으로 작동한다. 따라서 가치사슬은 협치, 사회적 자본, 지속가능성을 통해 형성되고 유지, 관리된다.

새마을운동이 한국의 1970년대 상황에 한정하지 않고, 21세기에도 여전히 활발하게 작동하는 이유는 어떠한 상황변화에도 대응할 수 있는 진화의 유전자가 작동체계에 내재되어 있기 때문이다. 이 책은 새마을운동이 어떠한 상황변화에도 적응하며 진화할 수 있었던 요인을 민·관 협력 동반자관계로 형성된 조직 특성, 다양한 공동체에 바탕을 둔 집단적 혁신과 도전, 가치사슬로 이어진 활동영역의 다변화, '주민에 의한, 주민을 위한, 주민의 사업'으로 추진된 작동체계에서 찾는다. 유전자는 어떠한 상황변화에도 적응하며 정체성의 맥락을 유지하는 일종의 '존재의 틀'에 해당한다. 결국 지역사회의 공동체가 정체성 범위를 나타내주는 '존재의 틀'이고 새마을운동의 진화를 주도하는 유전자이다.

2 새마을운동의 국내 확산

1970년 4월 22일 '새마을 가꾸기 운동'이 주요 국정과제로 채택된 이후 한국 정부는 전국 33,267개 마을에 시멘트 335부대씩 지원하면서 10개 예시사업을 제시하였다.[50] 1970~1971년 사이 겨울철 새마을운동 첫 사업에 참여한 주민은 모두 720만 명이었고 전국적으로 385,000개의 사업이 추진되었다. 1970~1971년 정부가 새마을운동을 추진하면서 마을에 지원한 금액은 모두 41억 원으로 환산되고, 주민들이 스스로 마련한 81억 원을 합하면 전체 새마을사업비는 첫 해에 모두 122억 원에 달한다.

한국정부는 33,267개 마을에 대한 1970년 하반기와 1971년 상반기에[51] 걸친 새마을운동 사업을 평가하고, 평가결과에 따라 제2차 년도에는 성과가 우수한 16,600개 마을(49.9%)에 각각 시멘트 500부대와 철근 1톤씩을 지원하고 나머지 성과가 미흡한 마을에 대해서는 정부지원을 중단하였다. 그러나 정부의 지원을 받지 못한 마을 중에서 6,108개 마을은 정부로부터 더 많은 추가지원을 받은 우

---

[50] 새마을운동 초기 한국 정부가 예시한 새마을사업들은 마을 주민들이 사업우선순위를 결정할 때 참고사항이었을 뿐 강요된 것이 아니었다. 마을 주민들은 새마을사업에 대한 정부의 지원, 즉, 시멘트 등 건축자재의 활용방식을 놓고 의견이 분분하였으나 정부의 사업 예시를 통해 대체적인 가닥을 잡아갈 수 있었다.
[51] 새마을사업은 주로 농한기(연말과 연초의 겨울철)에 집중적으로 추진되었다.

수마을에 자극받아 자력으로 새마을운동을 지속적으로 추진하였다. 1972년 농촌 마을은 모두 34,665개로 늘어났다. 1972년 새마을사업에 참여한 주민은 모두 3,200만 명으로 전국에 걸쳐 319,999개 사업을 완공하였다. 1972년 새마을운동에 대한 정부지원은 36억 원에 해당하는 것이었고, 주민부담은 280억 원이었다. 이와 같이 새마을운동 2차년도엔 전체 사업비에 대한 주민부담율이 88.6%로 늘어났다.

1973년 전국 34,665개 마을 중에서 새마을운동 추진결과에 대한 평가가 좋은 24,536개 마을(70.8%)은 정부로부터 시멘트 500부대와 철근 1톤씩을 제공받았다. 정부지원을 받지 못한 나머지 10,129개 마을 모두 정부 지원 없이 주민 자력으로 새마을운동 사업을 실시하였다. 따라서 세 번째 새마을운동 사업기간인 1973~1974년에는 전국 34,665개 마을 모두가 새마을운동에 참여한 셈이다. 이렇듯 한국의 모든 농촌 마을이 일부 정부지원과 나머지 자체 재원으로 새마을 사업을 지속적으로 추진하게 된 동기는 정부의 일관된 정책에 대한 신뢰, 공정한 사업성과에 의한 정부의 차등지원, 마을 공동체 대응으로 향상된 삶의 질, 스스로의 노력에 대한 보람 등이었다. 마을 공동체는 어떠한 상황에도 적응할 수 있는 유전자인 셈이다.

농촌사회에서 성공을 거둔 새마을운동 접근방식은 1974년부터 도시지역, 공장, 직장, 학교로까지 확산, 적용되기 시작하였다. 따라서 새마을운동은 단순히 농촌개발 접근방식이 아니라 발전을 향해 다양한 분야에서 적용될 수 있는 실천 논리로 인정받기 시작하였다. 실제 한국의 경제발전에 가장 크게 기여한 것은 공장 새마을운동이었다. 수출에 의존할 수밖에 없었던 한국은 공장 새마을운동을 통해 제품의 품질을 개선하고, 생산성을 크게 향상시켰다. 공장 새마을운동이 확대되면서 한국의 수출이 급속도로 증가하게 된 이유가 여기에 있다. 또한 도시 새마을운동은 도시 주민들의 공동체 인식을 형성하고, 도시환경을 크게 개선하는데 기여하였고, 학교 새마을운동은 자라나는 학생들의 주변 생활환경에 대한 책임감을 인식시켰다.

3 새마을운동의 지구촌 확산

새마을운동의 경험은 1970년대부터 세계의 관심을 끌었다. 특히 21세기 국제연합이 주창한 '새천년 발전목표(MDGs)'와 '지속가능한 발전목표(SDGs)'의 실천수단이 궁핍한 상태에서 한국의 새마을운동 접근방식은 국제연합(UN)과 경제개발협력기구(OECD)의 주목을 받았다. 새마을운동 접근방식에 대한 국제사회의 관심과 새마을운동 경험에 대한 개발도상국의 수요에 부응하고자 한국은 중앙정부 차원과 지방정부 차원에서 지구촌 새마을운동 혹은 새마을운동 세계화사업을 추진하고 있다.

1) 중앙정부 차원(새마을운동중앙회)에서의 지구촌 새마을운동

새마을운동의 성과에 대한 국제사회의 관심은 1973년부터다. 1973년 외국인으로는 처음으로 6명이 새마을운동에 관한 1일 교육을 받았다. 1974년 5명의 외국인이 한국의 새마을운동에 대해 1일 교육에 참여하였고, 1975년엔 새마을연수에 참여한 외국인이 59명으로 급격히 늘었다. 새마을운동에 대한 외국인 합숙교육은 1976년 87명을 시작으로 1990년까지 모두 49개 국가에서 1,187명을 대상으로 진행되었다.[52]

2003년 외국인 합숙교육이 실시되지 않았던 때를 제외하고 새마을운동에 관한 합숙교육은 꾸준히 증가하였으며, 2006년 중국의 '신농촌건설' 추진과 함께 외국인 합숙교육이 연 310명을 기록하였다. 2018년 12월 31일까지의 새마을운동 외국인 합숙교육은 127개 국가로부터 8,100명에 이르고, 1일 외국인 교육실적은 148개 국가, 52,847명에 이른다. 따라서 2018년 12월 31일까지 1일 교육을 포함한 새마을운동에 관한 외국인 연수 참여자는 모두 148개 국가로부터

---

52 현재 다른 개발도상국에서 '새마을운동' 명칭의 국제 개발협력사업을 추진하고 있는 기관은 새마을운동중앙회, 한국국제협력단(KOICA), 새마을운동 세계화재단(경상북도 설립), 그리고 각 지방자치단체 등이다. 이 책에서는 한국의 중앙정부가 새마을운동중앙회를 통해 개발도상국에서 추진하고 있는 새마을운동 시범사업과 경상북도가 새마을세계화 재단을 통해 실시하고 있는 지구촌 새마을 시범사업에 한정하여 이의 확산과 진화과정을 검토한다.

표 12-1 **새마을운동에 관한 연도별 외국인 연수현황(1973~2018)**

구분	합숙교육 인원	합숙교육 국가	1일 교육		계	합숙교육 인원	합숙교육 국가	1일 교육
총계 60,947명 (148개 국)	8,100	127	52,847명 (148개 국)	1994년	591	85	14	506
				1995년	843	46	1	797
				1996년	576	102	12	474
				1997년	325	62	19	263
1973년	6	0	6	1998년	208	95	16	113
1974년	5	0	5	1999년	240	101	24	139
1975년	59	0	59	2000년	450	109	20	341
1976년	349	87	262	2001년	212	41	6	171
1977년	442	1	441	2002년	366	39	15	327
1978년	414	66	348	2003년	542	0	0	542
1979년	329	1	328	2004년	1,005	20	1	985
1980년	275	4	271	2005년	911	90	3	821
1981년	825	134	691	2006년	1,836	310	2	1,526
1982년	853	135	718	2007년	879	128	15	751
1983년	523	92	431	2008년	1,617	89	3	1,528
1984년	725	191	534	2009년	1,044	317	44	727
1985년	518	138	380	2010년	1,731	395	54	1,336
1986년	380	131	249	2011년	2,092	842	68	1,250
1987년	289	41	248	2012년	1,800	803	68	997
1988년	256	73	183	2013년	1,387	717	74	670
1989년	337	50	287	2014년	958	424	51	534
1990년	481	43	438	2015년	1,154	545	52	609
1991년	687	37 (3)	650	2016년	798	334	51	464
1992년	415	52 (10)	363	2017년	915	525	76	390
1993년	485	26 (2)	459	2018년	633	434	60	199

*합숙교육 국가 합계(49)는 1973~1990년 구간에 해당함.

* 자료는 2018년 12월 31일까지임(새마을교육 20년사, 매년 새마을교육결과보고서, 새마을운동중앙회 매년 국제협력사업 결과보고서 등을 근거로 작성됨).
** 2000년 이후 1일 교육 숫자에는 새마을운동중앙회 숫자가 포함됨.
*** 1일 교육실적은 당시 내무부 지방행정연수원 연수에 참여한 29,008명이 포함되어 있음.

60,947명에 이른다.

이러한 새마을운동 외국인 연수참여자는 <표 12-1>과 같다. <표 12-1>의 새마을운동 외국인 연수실적을 연도별 국가별 공간확산 과정으로 나타내면 <그림 12-1>, <그림 12-2>, <그림 12-3>과 같다. 1970년대 새마을운동에 관한 외국인 연수는 미국(주로 교포), 인도, 태국 그리고 아프리카 2개국 즉, 세네갈과 부르키나파소를 대상으로 실시되었다.

<그림 12-1>과 같이 새마을운동 외국인 연수는 합숙교육만 하더라도 36개 국가로 늘어났고, <그림 12-2>에서처럼 1990년대 새마을운동 외국인 연수는 합숙교육만 하더라도 60개 국가 이상으로 늘어났다. 2000년대 새마을운동 외국인 연수에 포함된 나라는 아시아의 네팔, 대만, 동티모르, 라오스, 말레이시아, 몽골, 미얀마, 방글라데시, 베트남, 브루나이, 부탄, 스리랑카, 싱가포르, 아제르바이잔, 아프가니스탄, 예멘, 요르단, 우즈베키스탄, 이라크, 인도, 인도네시아, 일본, 중국, 카자흐스탄, 캄보디아, 키르키스스탄, 태국, 파키스탄, 필리핀 등 국가에 집중되어 이루어졌다.

그림 12-1 **1980년대까지 외국인 국가별 새마을연수 참여자 누적분포**   보기단위: 명

그림 12-2 1990년대까지 외국인 국가별 새마을연수 참여자 누적분포

≥ 201
200 ≥ 21
≤ 20
No Value

또한 2000년대 새마을운동 외국인 연수는 아프리카에서 가나, 가봉, 감비아, 나이지리아, 남아프리카공화국, 르완다, 마다가스카르, 말라위, 부룬디, 세네갈, 북 수단, 알제리, 앙골라, 에티오피아, 우간다, 이집트, 잠비아, 짐바브웨, 카메룬, 케냐, 코트디부아르, DR 콩고, 탄자니아 등 국가에 집중되었다. 한편 남·북 아메리카 대륙에서도 외국인 새마을운동 연수에 참여한 나라는 미국, 과테말라, 도미니카공화국, 에콰도르, 엘살바도르, 온두라스, 콜롬비아, 파나마, 파라구아이, 페루 등이다. 기타 지역에서 새마을운동 연수에 참여한 국가들은 주로 러시아, 키리바시, 파푸아뉴기니, 피지, 호주 등 국가였다. 이러한 연대별 새마을교육 외국인 연수 참여자 국가별 누적분포는 <그림 12-3>과 같이 공간확산 분포도로 나타낼 수 있다.

<그림 12-3>은 2006년 중국정부가 '신농촌건설 정책'을 추진하면서 중국인들의 새마을연수가 급격히 증가하였음을 보여준다. 특히 국제연합(UN) 등 국제기구가 2000년 한국의 새마을운동을 빈곤퇴치의 '우수사례(best practice)'로 지목하고, 아시아와 아프리카의 많은 나라가 한국의 새마을운동경험에 주목하면서

2000년 이후 외국인들을 대상으로 한 새마을운동 초청연수가 급격히 늘어났다. 이들 외국인 연수 참여자 상당 부분은 본국으로 돌아가 자신들의 고향을 중심으로 새마을운동을 자생적으로 실시하는 경우도 늘어났다. 국제연합 아시아·태평양 경제사회위원회(UNESCAP)는 2000년 전 세계의 지역개발사업 성공사례를 수집, 분석하고, 유일하게 한국의 새마을운동을 '우수사례'로 지목하고 준비기간을 거쳐 2003년부터 2005년까지 캄보디아, 라오스, 네팔 등 3개 국가에 새마을운동 시범사업을 추진하였다.

한편 새마을운동중앙회는 외국 지도자들에 대한 새마을운동 초청연수를 통해 새마을운동을 시범적으로 실시하고 있다. 이러한 지구촌 새마을운동 시범국가 수와 마을 수 변화는 <표 12-2> 및 <그림 12-4>와 같다. <표 12-2>와 같이 2009년 9개 국가에서 18개 마을을 선정하여 새마을운동시범사업을 전개하기 시작한 새마을운동중앙회는 2010년 11개 국가 26개 마을에 대해 새마을운동 시범사업을 실시하였고, 2012년 12개 국가 28개 마을로 확대하였다.

2013년에는 다시 13개 국가 32개 마을로 새마을운동 시범사업이 확대되었

그림 12-3 **2016년 11월 7일까지 외국인 국가별 새마을연수 참여자 누적분포**   보기단위: 명

≥ 701

700 ≥ 301

≤ 300

No Value

표 12-2 지구촌 새마을운동 시범사업 현황(2015년 12월 31일까지)

구분		아시아							아프리카					
		몽골	네팔	라오스	캄보디아	미얀마	스리랑카	필리핀	우간다	탄자니아	마다가스카르	DR콩고	코트디부아르	세네갈
합계	마을	4	3	8	2	2	4(2)	3	8	2	1	4	2	1
	지원	2,520	2,220	5,750	2,280	1,410	–	550	4,780	3,180	600	720	1,600	190
'09	마을	2	2	2	2			2	2	2		2	2	
	지원	360	360	360	460			360	360	360		180	360	
'10	마을	2	2	2	2			1	2	2				1
	지원	360	360	340	320			190	320	320	190	360		190
'11	마을	2	2	2	2				2	2	1	2		
	지원	360	360	320	320				360	640	150	180		
'12	마을	2	2	2	2	2			2	2	1			
	지원	660	360	440	760	520			760	560	260			
'13	마을	1	1	4	2	2	2		2	2			2	
	지원	320	320	1.280	600	700	620		360	620			620	
'14	마을	1	1	4	2	2	2		2	2			2	
	지원	360	360	1,300	640	640	620		720	680			620	
'15	마을	4	3	8	2	2	1		8					
	지원	100	100	1,710	800	700	30		1,620					

자료: 새마을운동중앙회 내부자료(2016. 11. 20)

보기: 마을 수(개), 지원(액) 단위는 십 만원. 스리랑카는 대상 마을 4개 중에 2개 마을은 미실시. 단, 새마을운동중앙회 시범사업에 한함.

고, 2015년에는 13개 국가에서 42개 마을로, 다시 2016년에는 14개 국가 46개 마을로 늘어났다. <표 12-3>에서 몽골의 새마을운동 시범마을은 말친박, 에르텐박, 아르젠출렌, 쵸이르 등 4개 마을, 네팔의 시범마을은 피플레 2, 피플레 6, 피플레 7 등 3개 마을, 라오스 시범마을은 학사이, 폰헤, 링산, 팍텝, 첸, 쭘, 나콩, 나케 오 등 8개이다. 캄보디아는 캄퐁트날, 소난차이 등 2개 마을에서 미얀마는 동파운지, 따낫핀 등 2개 마을에서, 필리핀은 산헤르니모, 본둘란모토, 알라비단 등 3개 마을에서, 스리랑카는 에피타와타, 카함빌리야고다 등 2개 마을에서 새마을운동 시범사업이 진행되었고, 스리랑카 2개 마을은 시범마을로 선정되었으나 사업이 집행되지 못했다.

아프리카에서는 모두 6개 국가에서 새마을운동 시범사업이 진행되었는데, 우간다는 키테무, 카타라케 등 2개 마을에서 시범사업을 종료하였고, 2015년부터 새롭게 미티아나 지방의 마왕가, 반다, 부왈라, 나발레, 차봄보, 은디라위르 등 6개 마을에서 시범사업을 추진하였다. 탄자니아는 2009년부터 은지안네, 음푸르음왐바오 등 2개 마을에서 시범사업을 추진하여 2014년 종료하였고, 마다가스카르는 2010년부터 암보 1개 마을에서, DR 콩고는 2009년부터 2011년까지 킨세다, 셀로, 라디, 킴바타 등 모두 4개 마을에서, 그리고 코트디브와르는 2009년, 2013년, 2014년 이브라, 은지다 등 2개 마을에서, 세네갈은 2010년 세비코탄 1개 마을에서 새마을운동 시범사업을 추진하였다.

이들 지구촌 새마을운동 시범사업은 주로 외국 지도자 초청연수를 통해 주민 역량이 인정되는 국가와 마을을 대상으로 실시되고 있다. 이와 함께 새마을운동

그림 12-4 **지구촌 새마을운동 시범국가와 마을 수 변화**

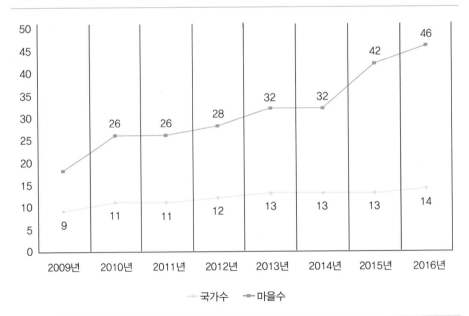

자료: 새마을운동중앙회 국제사업본부(2016. 11. 20)
** 이 자료는 새마을운동중앙회 산하 시·도 지부나 시·군·구 지회 또는 한국국제협력단과 각 지방자치단체에서 독자적으로 실시하고 있는 시범사업은 포함되어 있지 않음.

중앙연수원 초청 연수과정 수료생들을 중심으로 국가별 새마을회가 NGO 혹은 사단법인체로 조직되기 시작하였고, 이들을 중심으로 외부의 어떠한 지원 없이 자생적으로 새마을운동을 실시하는 국가와 마을이 늘어나고 있다. 즉, 지구촌 새마을운동은 자생마을을 중심으로 진화하고 있는 양상을 보여준다.

<그림 12-5>는 2016년 현재 새마을운동 시범사업이 실시되고 있는 국가와 마을 수를 나타낸 지도이다. <그림 12-5>에서 알 수 있듯이 초청연수를 통해 주민역량이 일정 수준 형성된 국가를 중심으로 시범사업이 추진되고 있고, 이러한 시범국가는 주로 아프리카와 아시아 지역에 한정되어 있었지만 최근 파라과이, 온두라스 등 남미 국가에서도 시범사업을 시작하였다. 그러나 이러한 새마을운동 시범사업은 전적으로 공급역량의 한계 범위 안에서 실시되고 있어서 자연스러운 확산과정을 보여주지 못한다. 즉, 지구촌 새마을운동 시범사업은 공급자 중심의 제한적 확산과정만을 보여주고 있다. 새마을운동 시범사업에 대한 개발도상국 수요가 폭증하고 있는 가운데 외부의 지원 없이 한국의 새마을운동

그림 12-5 **새마을운동 시범사업을 진행하고 있는 국가와 마을 수**

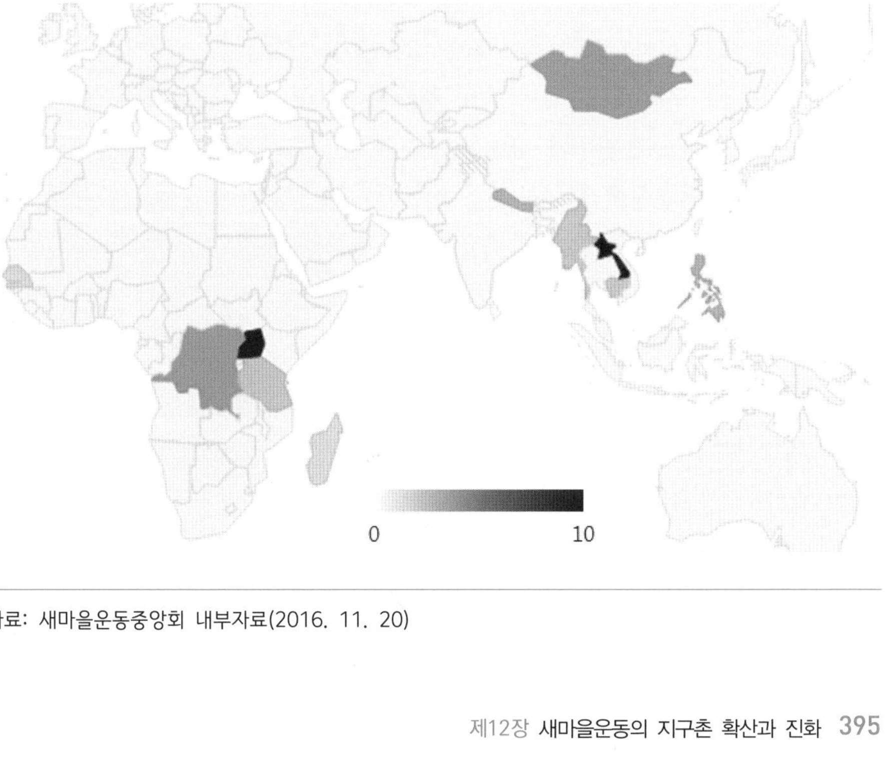

자료: 새마을운동중앙회 내부자료(2016. 11. 20)

경험을 토대로 지역사회개발사업을 추진하는 자생적 새마을운동 추진 마을이 늘어나고 있다.

2009년 13명, 2010년 10명의 우간다 공무원과 마을 지도자들이 한국의 새마을운동중앙회 초청연수에 참가하고 돌아가, 자신들의 마을에서 새마을운동을 실시하기 시작하였다. 한국의 새마을교육 초청연수에 참여한 12개 마을 지도자들은 2010년 6월 25일 460명의 회원을 규합하여 '우간다 새마을회'를 결성하고 우간다 정부에 법인등록을 마쳤다. '우간다 새마을회'는 2010년 7월 29일 발대식을 갖고 새마을운동을 우간다 전국으로 확산하고 있다. 초창기 한국에서 새마을지도자 초청연수에 참여하고 우간다에 돌아가 새마을운동을 시작한 마을은 키테무(Kitemu), 카테레케(Katereke), 나빙고(Nabbingo), 카수비(Kasubi), 키보하(Kiboha), 부산자(Busanza), 무코노(Mukono), 와키소(Wakiso), 음바라라(Mbarara), 캄팔라 1(Kampala 1), 캄팔라 2(Kampala 2) 등 수도 캄팔라에 가까운 12개 마을에 불과하였다. 그러나 새마을운동을 추진하는 마을은 수도로부터 점차 멀리 떨어진 미티아나 군(Mityana District), 음피지 군(Mpigi District) 등으로 확산되고 있다.

이와 같이 우간다에서 새마을운동을 실시하고 있는 마을이 빠르게 확산되는 이유는 한국 초청연수에 참여했던 키보하(Kiboha) 마을 출신 바로지(Barozy) 지도자와 카테레케(Katereke) 마을 출신 카용고(Kayongo) 지도자의 역할이 크다. 키보하 출신 바로지 지도자는 우간다 수도 캄팔라에서 건설업 등 사업을 통해 성공한 사업가로 한국 초청연수에 참여한 이후 자신의 고향마을(키보하)에 사재까지 투입하면서 새마을운동을 지원하였다. 이들 새마을운동 지도자들은 마을에 공동 벽돌공장을 설립하거나 마을 유휴지를 개간하고 작목반을 구성하여 농작물을 공동 생산하거나 혹은 공동 양어장을 만들어 가시적인 주민 소득증대 성과를 보여주면서 마을마다 새마을회원을 늘려갔다. 특히 이들 새마을운동 자생마을에서 공동 생산한 농작물이나 수공예품은 마을 이름과 한국의 새마을운동 문양으로 고유상표를 부착하고 판매되기 시작하였다. 한국의 새마을운동이 우간다 현지실정에 적응하면서 진화하고 있는 셈이다.

카테레케 마을의 카용고 지도자는 한국 초청연수에 참여한 뒤 자신의 마을에서 새마을회를 결성하고 회원을 모아 자발적인 새마을운동 시범사업을 시작하였다. 카용고 지도자는 한국의 새마을 지도자들처럼 마을의 공동번영을 이끌어내기 위해 헌신적으로 봉사하였기 때문에 주민들의 신망을 얻었고, 마을에서 새마을 회원이 늘어났다. 새마을운동중앙회는 카테레케 마을의 새마을운동 사업에 약간의 자금을 제공하며 주민들을 대상으로 새마을운동 전파를 지원하였다. 무엇보다 마을주민들은 새마을회원들이 공동으로 운영하는 양계장, 양돈장, 빵공장 등이 가시적인 성과를 내면서 외국의 원조에 익숙했던 타성에서 벗어나 스스로 잘 살 수 있다는 새마을운동 접근방식에 공감하게 되었다.

특히 카용고 지도자는 아프리카 특성에 맞게 휴대전화를 활용한 새마을운동 전파교육(Mobile School)을 실시하여 우간다에서 외부의 지원 없이 주민 스스로 새마을운동을 시행하는 '새마을운동 자생마을'이 늘어나는데 기여하였다. 휴대전화를 활용한 새마을운동 접근방식의 전파교육(Mobile School)은 일정 요건을 갖춘 새마을지도자를 '교사'로 위촉하여 우간다 새마을운동 활성화에 기여하고 있다.

한국국제협력단(KOICA)이 2015년부터 2018년까지 3년간 우간다의 음피지(Mpigi District)에서 실시한 '새마을운동 모델 마을 조성사업(ESMV, The Project for the Establishment of Saemaul Model Village)'은 7개 마을을 대상으로 실시되었다. 이들 '새마을운동 모델 마을 조성사업'은 마을주민들이 스스로 절실한 마을 공동수요를 발굴하고, 우선순위를 정했으며, 사업에 필요한 기자재를 지역사회 주변에서 확보하는 등 유지, 관리까지 고려하면서 추진되었다. 이러한 추진방식은 주민들의 주도권과 주인의식을 일깨워 주민역량 강화에 기여하였다. 이러한 주민역량은 마을 공동수요를 충족시키면서 지속가능성을 실천할 수 있는 모델이 되고 있다.

이 사업은 은사무(Nsamu), 키우무 A(Kiwumu A), 쿰비아(Kumbya), 루콘게(Lukonge), 롸우이바(Lwaweeba), 코로로(Kololo), 티리보고(Tiribogo) 등 7개 마을을 대상으로 마을 공동시설 구축과 소득증대사업을 중심으로 실시되었다. 티리보고 마을에서는 마을 공동 상수도 시설을 설치하여 주변 마을 주민들과 함께 혜택을 나누었다. 티리보고 마을 주민들은 새마을운동을 통해 증대된 농가소득 특히 양돈과 양계 농가에 대한 외부로부터의 도둑을 방지하기 위해 마을 입구에 공동의 철재 보안대문을 설치하고 월급제의 문지기를 고용하고 있었다. 이는 새마을운동으로 잘살게 된 시범마을이 주변으로부터 부러움의 대상이 된 증거다.

쿰비아 마을 주민들은 커피 과일을 수확하는 즉시 중간상인들에게 판매하던 종래의 방식에서 벗어나 새마을운동 접근방식대로 커피재배 농민들이 작목반을 형성하고 커피 과일의 건조, 껍질 벗기는 작업까지 통합하여 일종의 '가치사슬'을 형성하기 시작하였다. 여기서 생산된 커피는 '쿰비아 적도 커피(Kkumbya Equator Coffee)'라는 마을 상표를 부착하여 팔리고 있다. 한국의 새마을운동 경험이 우간다의 환경을 고려하여 '현지화' 되고 있다는 증거다.

2) 지방정부 차원에서의 새마을운동 세계화 사업: 경상북도 사례

경상북도는 2000년대에도 여전히 1970년대와 같은 새마을운동 지원조직을 유지하고 있는 광역자치단체다. 경상북도는 국내 새마을운동과 함께 개발도상국의 새마을운동 경험 전수요청에 적극적으로 대응하고 있다. 2005년 경상북도는 외국인 초청 새마을운동 연수사업을 시작으로 새마을세계화사업에 착수하여 아프리카, 아시아 개발도상국을 대상으로 한국의 새마을운동 경험과 접근방식을 전파하고 있다. 경상북도는 2010년 한국국제협력단(KOICA)과 새마을운동해외봉사단 파견과 관련한 협약을 맺고, 2010년 9월 제1기 '경상북도-KOICA 새마을리더 해외봉사단' 파견을 시작으로 2018년까지 11개국 32개 마을에 모두 481명을 파견하였다. 새마을리더 해외봉사단 파견은 2018년 글로벌 청소년 새마을지도자 파견사업으로 변경되어 2019년까지 6개국 19개 마을에 모두 38명을 파견하였다.

경상북도는 2012년 11월 새마을세계화재단을 설립하여 지구촌 개발도상국에 새마을운동 접근방식을 전파할 수 있는 새로운 체제를 구축하였다. 새마을세계화재단이 추진하고 있는 새마을세계화사업은 현지 주민들의 역량강화, 생활환경개선, 소득증대를 주요 목표로 삼고 있다. 새마을세계화재단은 2015년 8월 새마을운동 경험과 접근방식을 요청한 아프리카 세네갈을 시작으로 2019년까지 모두 9개국(세네갈, 인도네시아, 스리랑카, 필리핀, 베트남, 캄보디아, 르완다, 라오스, 코트디부아르)

에 현지 사무소를 개설하고 있다. 경상북도 새마을세계화재단이 2010년부터 추진하고 있는 새마을시범마을조성사업은 2019년까지 16개국 56개 마을에 이른다. 이들 새마을시범마을조성사업의 국가별 마을 현황은 <표 12-3>과 같다.

경상북도는 2005년부터 외국인을 대상으로 새마을운동 초청연수사업을 시작하여 2019년까지 모두 91개국 8,065명에 대한 연수를 실시하였다. 외국인 초청 새마을운동 연수사업은 아시아 28개국으로부터 4,427명, 아프리카 36개국으로부터 2,553명, 기타 중남미 등 27개국으로부터 1,085명이 참여하였다. 경상북도(새마을세계화재단)의 외국인 초청 새마을운동 연수사업실적은 <표 12-4>와 같다.

특히 새마을세계화재단은 2018년부터 2022년까지 아프리카개발은행(AfDB), 국제농업개발기금(IFAD) 등 국제기구와 새마을운동과 관련한 협력사업을 추진하고 있다. 즉, 아프리카개발은행과는 토고의 카라지역 10개 마을을 대상으로 아그로폴사업을 공동 추진하고 있는데, 이 사업의 목적은 주민역량강화, 생활환경개선 및 소득증대이다. 국제농업개발기금과의 협력사업은 코트디부아르 농민생산자조직을 대상으로 농산물 생산 및 판매지원을 목적으로 추진되고 있다.

표 12-3 **경상북도 새마을세계화재단의 새마을시범마을조성사업(2010~2019)**

대륙 구분	대상 국가(마을 수)	마을 합계
아시아 (9개국)	필리핀(3), 우즈베키스탄(1), 베트남(13), 스리랑카(5), 인도(1), 인도네시아(4), 라오스(3), 캄보디아(3), 키르기스스탄(연수사업)	33
아프리카 (7개국)	에티오피아(6), 르완다(4), 탄자니아(4), 카메룬(2), 세네갈(4), 코트디부아르(2), 나이지리아(1)	23

자료: 경상북도 새마을세계화재단 홈페이지(2020)

표 12-4 **경상북도의 외국인 대상 새마을운동 초청연수사업실적(2005~2019)**

대륙구분	참여 국가 수	참여인원(명)
아시아	28개국	8,056
아프리카	36개국	2,553
기타(중남미 등)	27개국	1,085

자료: 경상북도 새마을세계화재단 홈페이지(2020)

4 마을공동기금 조성과 복차사업을 통한 승수효과

1970년 겨울과 1971년 봄까지 농한기에 걸쳐 실시된 제1차 '새마을 가꾸기' 사업은 한국정부가 모든 농촌마을 33,267개를 대상으로 시멘트 335 부대와 철근 반 톤을 제공함으로써 시작되었다. 시멘트 등 정부의 건축자재지원은 마을 공동사업을 추진하는데 사용되도록 설계되었기 때문에 공동체 인식을 회복하는데 기여하였다. 새마을 가꾸기 사업을 통한 마을 공동자산의 형성은 주민 공동체를 유지, 관리하는데 중요한 역할을 수행하였다. 새마을운동을 통해 형성된 마을 공유자산은 단순히 마을회관, 마을안길, 공동 작업장, 교량 등 물리적 시설에 그치지 않고, 공동체 인식과 같은 정신적 자산과 마을공동기금과 같은 금융자산도 포함되어 있었다.

마을공동기금은 주민들이 결정한 사업을 수행하기 위해 주민들 스스로 출연한 것이 대종을 이루었지만 출향인사의 기부금, 새마을 가꾸기 사업의 우수한 성과에 주어진 각종 포상금, 사회단체 혹은 기관의 성금 등으로 구성되었다. 이들 마을공동기금은 마을발전을 등급화 즉, 기초마을, 자조마을, 자립마을로 구분하는 기준으로 활용되면서 마을마다 경쟁적으로 조성되었다. 특히 새마을 가꾸기 사업을 통해 주민들의 역량이 인정되는 마을은 종래 정부가 도급(都給)업자에 맡겨 하던 사업을 복차사업(復次事業) 이름으로 수행할 수 있게 되었다.

복차사업은 소하천 가꾸기 사업, 국토 가꾸기 사업, 다목적 소류지 조성사업, 양묘장(養苗場) 사업 등 주로 인건비 위주의 지방재정사업 일부를 대상으로 실시되었다. 종래 한국 정부는 외부 도급업자로부터 묘목을 구입하여 산림녹화를 시행하였으나 새마을운동 성과가 우수한 마을로 하여금 주민들이 양묘장을 설치하고 묘목을 가꾸어 이를 주변 산림녹화에 활용하는 방식으로 전환하였다. 녹화 대상인 조림지(造林地)에서 가까운 마을에서 자란 묘목은 현지 토양과 기후에 알맞아 뿌리도 잘 내리고, 자연생태계 적응능력도 우수하여 산림녹화 효과를 높이는데 기여하였다. 이와 같이 복차사업은 지방재정을 주민들의 소득증대와 연계하여 운영하는 복지재정(福祉財政) 관점에서 시작되었다(김종호, 1977).

복차사업은 종래 도급업자에 맡겨 하던 재정사업일부를 주민들에게 맡겨 시행했던 일종의 노임살포(勞賃撒布) 방식으로 추진되었다. 복차사업에 참여한 주민들은 노임의 절반을 마을공동기금으로 기부하는 방식으로 자신의 소득 일부를 마을 전체 주민들과 공유하였다. 당시 농촌 주민들은 농번기를 제외하면 소득활동기회가 거의 없어서 노동력이 남아돌았고, 따라서 복차사업에 참여한 주민들은 자신이 받은 임금의 절반을 마을공동기금으로 기부하더라도 상당한 소득증대 효과를 누릴 수 있었다.

복차사업은 공공기관과 마을 대표와의 도급계약으로 추진되었고, 주민들도 임금의 절반을 마을공동기금으로 내놓는 조건으로 복차사업에 참여하였다. 복차사업을 유치한 마을은 주민총회와 복차사업 추진위원회를 통해 복차사업 운영규칙을 정하고, 참여주민 요건과 조건을 만들어 추진하였기 때문에 복차사업 참여를 놓고 주민갈등이 나타나지 않았다. 이러한 마을공동기금은 마을 전체 주민회의를 통해 또 다른 마을 공동사업에 재투자되어 승수효과(乘數效果)를 거두었다.

특히 마을 공동기금은 주민들이 절실하게 필요한 사업을 우선적으로 해결하는데 사용되어 '투입-산출'의 순환주기가 짧았다. 따라서 새마을운동 방식을 통한 마을 공동기금 조성과 활용은 생산기반 구축 등 승수효과가 큰 '순환 누적적 인과율'을 통해 마을경제를 빠르게 활성화하는데 기여하였다. 또한 마을공동기금은 주민들의 공동체 인식을 강화하여 새마을운동의 진화를 이끌었다. 이러한 마을공동기금은 마을을 하나의 사업장으로 전환하여 마을기업의 효시를 이루었다.

5 새마을운동의 시·공간 함수

새마을운동은 초창기 농촌 지역사회 문제를 해결하기 위해 국정과제로 채택되었지만 주민들의 공간 활용범위를 도시로까지 확대하였고, 전통과 '새로움'을 조화시키는 과정에서 주민들의 기대를 촉발하여 과거 종속적 시간인식을 미래지향적으로 전환하였다. 이와 같이 새마을운동은 초기단계부터 혁신요소를 포함하여 확산되었고, 다양한 생활공간에서의 파급효과로 인해 한국사회의 작동체계를 효율화하였다. 특히 시간인식은 주민들의 의지와 밀접하게 연계되어 있어서 근대화 과정에서 경험한 '발전'과 '낙후'라는 공간인식을 전파하는데 기여하였다. 이와 같이 새마을운동의 확산은 룬트 학파(Lund School)를 중심으로 정립된 일반적인 확산이론과는 다른 특성을 보여주고 있고, 개발단위(마을)의 상황에 적응하면서 진화의 속성을 보여준다.

이러한 맥락에서 주민들의 일상생활 터전인 마을을 새롭게 변화시킨 한국의 새마을운동 사례를 진화의 관점에서 시간함수와 공간함수의 상호작용으로 접근하면 다음과 같은 학문적 함의를 도출할 수 있다. 첫째는 새마을운동 성과의 확산은 인간생활에서 외생변수로 취급되던 시간함수를 내부화할 수 있는 실천 지향적 학문의 도구화에 기여할 수 있다. 특히 이러한 시간과 공간의 상호작용과정은 지역사회개발, 지역개발, 국토개발, 지리학, 사회학, 경제학 등 다양한 분야에서 주요 연구대상인 공간격차를 이해하는데 있어서 매우 유용하다. 즉, 공간함수에서 '발전'과 '낙후'의 격차는 시간 차이로 변환이 가능하다.

둘째, 새마을운동을 통한 시간과 공간의 상호작용은 인간에게 주어진 천문학적 시간함수를 인간의지로 달리 해석할 수 있는 경험사례를 제공한다. 이러한 시간함수의 통제는 인간의 오랜 소망이었고, 의지와도 연계되어 있다. 즉 새마을운동은 과거로부터 연유한 빈곤문제를 해결하기 위해 '혁신요소'를 투입하였고, 바람직한 미래를 설계하기 위해 '도전'하였다. 이와 같이 새마을운동에 내재되어 있는 혁신과 도전은 경쟁체제와 맞물려 시대별 상황변화에 적응하고, 직면한 문제를 해결하면서 진화하고 있다. 경쟁은 우열을 가리면서 '자연선택'에 해당하는 승자와, 도태에 해당하는 패자를 구분한다. 인간사회는 경쟁과 도전을 외면하면서 발전할 수 없다.

셋째, 새마을운동 사례에서 도출된 시간과 공간의 상호작용 관계는 국가 혹은 사회 작동체계를 효율화할 수 있는 도구적 학문발전에 기여할 수 있다. 특히 상황이 다른 여건에서 성공한 사례를 실천, 공유하려 할 때 진화론적 관점에서 시간과 공간의 상호작용과정을 검토하는 것은 매우 중요하다. 새마을운동의 해외 확산과정은 종래 혁신확산과는 달리 환경변화에 적응하면서 새로운 양태로 진화하고 있음을 보여준다. 새마을운동은 일방적 모방과 답습에 의한 공간 확산방식으로 지구촌 다른 나라에 전파되는 것이 아니라 현지 실정과 적응하면서 현재 드러난 문제점으로부터 해답을 구하는 방식으로 진화하고 있다. 즉, 새마을운동에서의 시간과 공간의 상호작용은 동일 혁신의 반복적 수용에 의한 공간확산이 아니라 새로운 환경요소에 적응하는 진화과정으로 설명될 수 있다.

마지막으로 이러한 혁신의 진화론적 접근방식은 다양한 개발도상국에서 수요가 늘고 있는 한국의 새마을운동 경험을 보다 효율적이고 효과적으로 추진하는 데 기여할 수 있다. 마을주민들의 의사결정과 순환 인과적 사업추진방식은 동일한 사업과 사업수행방식의 반복이 아니라 혁신과 도전을 통해 사회발전과 관련한 구조와 기능 혹은 역할을 새로운 차원에서 조정 혹은 상호적응하면서 진화하고 있다. 새마을운동의 지구촌 확산은 '현지화'와 '현재화'라는 상호학습과정으로 요약된다. 이를 위해 향후 지구촌 새마을운동의 진화과정에서 한국 경험의 나라별 정합성에 관한 연구가 필요하다. 이러한 나라별 정합성은 어느 시대에 한정된 제약이 아니라 새마을운동의 유전자를 통해 혁신하고 도전해야 할 대상이기도 하다.

시간과 공간은 달라도 새마을운동은 주민들의 공동체인식을 형성, 회복, 강화함으로써 시작되었고, 주민들의 주도권과 주인의식을 통해 지속적으로 진화하고 있다. 따라서 주민들의 공동체인식은 주민역량이나 외부의 어떠한 지원보다도 우선한다. 이 책은 새마을운동 접근방식이 주민공동체를 형성, 회복, 강화하는 과정에 미친 영향을 주로 탐색하였다. 공동체의 형성, 회복, 강화 없이 개별 주민들의 역량강화에 초점을 두거나 주도권과 주인의식을 우선하여 촉발한다면 지역사회는 이권다툼으로 붕괴되었을 것이다. 즉, 공동체 인식이 무엇보다 우선이고 이러한 공동체 인식이 주민들의 주도권과 주인의식을 통해 실천되며 주민역량을 통해 확대재생산 된다. 따라서 새마을운동은 '더불어 잘 살기 위한 주민 공동의 노력'이었다.

1) 새마을운동의 진화단계

이 책은 새마을운동에 관한 기존 기록들을 분석하고 여기서 드러난 사실관계를 시간함수와 공간함수의 상호작용 관점에서 재해석하고자 하는데 목적을 두고 있다. 특히 이 책에서 새마을운동 성과의 분석도구는 끊임없이 사회체제의 변화를 추적하고 설명하기 위해 도입된 시간지리학 관점과 혁신의 공간확산에 관한 이론의 한계를 지적하면서 출발한다. 새마을운동의 다양한 성과는 곧 '스스로 진화하는 작동체계'로부터 비롯된다. 진화과정에서는 성과와 작동체계가 서로 맞물려 있다. 따라서 이 책에서 '지역사회 협치(community governance)'와 '사회적 자본(social capital)' 등 지역발전을 설명하는 핵심용어를 지역사회발전을 이끄는 공간유전자(spatial genes)에 영향을 크게 미치는 '상황'으로 인지한다. 이러한 지역사회의 상황 즉, '협치'와 '사회적 자본'은 공간유전자가 발현되는 과정에서 일종의 '도구적 성격'을 지니고 있다.

물론 새마을운동이 시작된 1970년대엔 지역사회발전 분야 학계에서조차 20세기 후반 논의되기 시작한 새로운 패러다임의 핵심용어인 '사회적 자본(social capital)', '협치(governance)'는 거의 언급되지 않았다. 그러나 1970년대 한국의 새마을운동 경험을 다양한 각도에서 재해석하면 새마을운동은 이미 이들 지역사회발전 분야의 새로운 패러다임을 충족시키고 있음이 증명된다. '사회적 자본(social capital)'과 '협치(governance)'는 결국 물리적 척도(physical scale)에서 사람 중심의 척도(human scale)로 이 분야 패러다임이 전환하고 있음을 의미한다(Haq, 1995). 공간과 시간의 상호작용은 '사람'을 중심으로 일어난다. 따라서 이 책은 한국의 새마을운동 경험을 사람 중심으로 접근하고 새마을운동의 성과를 시간과 공간의 상호작용 관점에서 재해석하고 있다.

사람을 중심으로 치환할 수 있는 시간과 공간의 상호작용은 인지단계, 태도변화 단계, 행동단계로 구분하여 접근될 수 있다. 인지단계에서 시간과 공간은 인지주체 즉, 사람마다 다를 수 있다. 태도변화 단계에서 시간은 변화의 속도로,

공간은 변화의 방향으로 전환되고, 행동단계에서 시간과 공간은 상호작용하여 '특정 시점에서의 특정 상황'으로 표현되고, 비교 가능하게 된다. 따라서 시간과 공간이 상호작용하는 행동단계는 공동체 성격과 관련되어 있어서 특정 지역의 정체성으로 나타난다.

또한 인지단계에서 시간은 '빠름' 혹은 '느림' 등 주로 기대와 현실의 차이로 표현된다. 인지단계에서 공간은 주로 환경결정론 관점에서 평가되듯 매개변수나 상황변수 또는 환경가능론 입장에서와 같이 '내생적', '외생적' 맥락으로 평가된다. 그러나 행동단계에서의 공간은 경제활동과 관련한 경제공간, 문화활동과 관련한 문화공간, 사회적 관계의 복합체인 사회공간, 정치적 함수로 표출되는 정치공간 등으로 세분된다. 이와 같이 공간은 다양한 인간활동과 연계되어 '다중—복합적' 그리고 '중첩적' 특성을 띠게 된다.

시간과 공간의 상호작용으로 치환되는 인간척도(human scale)는 같은 공간에서 발생하는 다양한 인간활동을 매개하여 공동체(community)를 형성한다. 새마을운동이 초기단계 한국의 농촌 가난을 극복하기 위해 가장 절실했던 것은 경제공동체였다. 그러나 경제성과는 단기간에 가시화하기 어려워 새마을운동 초기엔 마을환경 가꾸기를 통한 환경공동체 형성에 주력하였다(내무부, 1973:34). 생활환경 개선을 통한 주민들의 정신계발은 소득증대로 이어지는 계기성(繼起性)을 포함하고 있다. 마음을 바꾸어야 행동도 따르고 실천할 수 있기 때문이다. 즉, 새마을운동이 마을 단위의 공동체를 형성하기 위해 초기단계부터 추진한 사업은 마을환경개선사업이었다.

1980년대 한국사회가 다양화되면서 복잡한 사회문제에 대처하기 위해 새마을운동은 사회공동체로 진화하였고, 이러한 사회공동체 인식은 1986년 아시안 경기, 1988년 서울 올림픽 경기의 운영에 기여하였다. 1990년대 삶의 질에 대한 관심이 고조되면서 새마을운동은 문화공동체를 추가하면서 새로운 상황에 대응하였다. 결국 1980년대 한국사회 특성이 새마을운동의 사회공동체를 필요로 하였고, 1990년대 한국사회 특성이 새마을운동의 문화공동체를 선택한 셈이다. 새마을운동이 사업내용을 바꾸면서 그때그때 상황에 적응할 수 있었던 것은 이의 진화주체가 공동체 인식이었기 때문이었다.

이와 같이 새마을운동은 특정 시대의 특정 문제를 대상으로 시작하였지만 각 시대별 문제에 대응하는 방식으로 진화하고 있다. 즉, 새마을운동은 가난과 같은 경제적 어려움에 직면해서는 경제공동체(economic community)를, 또 생활환경 문제에 대처하기 위해서는 환경공동체(environmental community)를 형성하면서 시대상황 변화를 관리하게 되었다. 이어서 새마을운동은 사회적 문제를 해결하기 위해서는 사회공동체(social community)를, 문화적 수요를 반영하기 위해서는 문화공동체(cultural community)를 형성하면서 진화하고 있다. 이러한 새마을운동의 진화과정은 <표 12-5>와 같이 요약될 수 있다. 새마을운동의 진화를 이끌고 있는 유전자가 곧 '공동체'인 셈이다.

<표 12-5>에서와 같이 새마을운동의 초기 경제공동체 및 환경공동체는 시각적 운동이었고, 1980년대 사회공동체와 1990년대 문화공동체는 심미적(審美的) 운동으로 진화하는 과정을 보여준다. 특히 1990년대부터 한국의 발전에 주목하기 시작한 국제사회는 21세기에 접어들면서 새마을운동경험을 한국 발전의 핵심으로 이해하고 이를 공유하기 위한 다양한 노력을 기울이고 있다. 이러한 새마을운동 경험의 인류 보편적 가치는 지구촌 공동체를 통해 실천되고 있다.

새마을운동 추진체계는 1970년대 정부조직으로 구성되어 있다가 1980년 12월 1일 새마을운동중앙본부(현재의 새마을운동중앙회) 창립을 계기로 민간 주도형 추진조직으로 전환하였다. 하지만 새마을운동이 정부활동을 보완하거나 보충하는 성격을 지니고 있어서 당시 새마을운동중앙본부는 여전히 공공부문의 성격이 강한 민간조직이었다. 그러나 새마을운동은 철저하게 마을 주민들에 의해 추진되었기

표 12-5 **새마을운동의 진화과정**

새마을운동 단계	시대별 주요 문제	진화 유전자
초기(1970년대)	빈곤, 낮은 생산성/열악한 생활환경, 지역사회	경제공동체/환경공동체
중기(1980년대)	각종 사회문제 등장, 대규모 국제행사(86 아시안 경기, 88 올림픽 경기)	사회공동체
성숙기(1990년대)	삶의 질, 문화적 수요증대,	문화공동체
세계화 단계(21세기)	국제사회를 향한 한국의 책임증대, 한국발전 경험에 대한 국제사회 관심증대	지구촌 공동체

때문에 새마을운동 추진체계도 시간이 흐르면서 점차 민간부문 주도형으로 전환하기 시작하였다.

이와 같이 새마을운동 추진체계는 처음 관·민 협력기관(PPP, Public-Private Partnership) 형태로 출발하였지만 공공부문과 민간부문의 협력방식에 따라 새마을운동 사업내용도 진화하게 되었다. <표 12-6>은 공공부문 성격이 강했던 새마을운동 추진체계 시절의 특정 연대별 새마을운동 중점사업과 구체적인 사업내용을 요약한 것이다. 이러한 새마을운동 추진체계의 성격은 대체로 김영삼 대

표 12-6 **공공부문의 성격이 강했던 시대의 새마을운동 사업실적**

연도	중점 사업	사업내용	공동체 특성
1970년대	국민의식개혁/생활환경개선/생산기반시설확충/소득증대/지역사회 환경정비	새마을정신교육/마을회관 및 마을 안길 정비를 통한 공동체 기반 구축/영농기술교육 및 공장새마을운동을 통한소득증대·경제성장/지역사회 환경개선/사회부조리 개혁/마을 공동기금 조성 등	**경제공동체, 환경공동체**
1981년	민간 주도화 기반 구축/국민화합/국민교육/건전생활 및 인보/새마을 국제화	시·도 지부 및 시·군·구 지회 설치(13개 지부 및 229개 지회, 104개 유관기관)/새마을교육기관 확충/소비절약/이웃돕기/질서지키기/경로사상 고취/외국인 초청연수	**사회공동체**
1985년	새마을국민교육/농어촌 소득증대와 문화환경 조성/도시새마을운동/직장새마을운동/올림픽새마을운동/부녀새마을운동/노사협조 증진과 생산성 향상/독서생활화/국제화	영농기술교육/농어민 후계자 교육/농어촌 복지환경 조서/도서실 및 어린이 공부방 운영과 폐비닐 수거 등 생활환경 개선/건전생활 실천/국산품 애용/지역사회 방범 및 방역/민주시민교육/가정새마을운동/식생활 개선/단위 문고 육성 등	경제공동체, 사회공동체, **문화공동체**
1990년	살기 좋은 고장 가꾸기/보람찬 일터 만들기/건강한 사회구현/자랑스러운 나라건설/새마을운동 추진역량 강화	자연환경 정화/생산성 배가운동/품질관리/직장 한 가족 운동/새질서·새생활 실천/사회복지 지원사업/독서생활화 운동/해외 협력사업/새마을 국민정신교육/청소년 심성 계발/새마을 영농일지 제작, 보급	경제공동체, 사회공동체, 문화공동체

자료: 새마을운동중앙회(2010)에서 저자가 발췌

통령이 취임한 시점(1993년 2월)을 기준으로 변화한 것으로 보인다.

<표 12-6>에서와 같이 1970년대 새마을운동은 주로 경제공동체와 환경공동체를 통해 추진되었음을 알 수 있다. 특히 1970년대 새마을운동은 우선 당장 농촌 빈곤문제를 해결하고, 지역사회 환경을 정화하기 위해 경제공동체와 환경공동체를 활용하여 주로 물리적 척도 위주의 사업을 추진하였다. 물론 농촌빈곤문제를 해결하기 위해서는 국민의식 개혁이 중요하여 1970년대 새마을운동은 공동체인식을 강화하기 위한 정신운동을 병행하였다.

그러나 1980년대로 접어들면서 각종 사회문제에 대처하기 위해 그리고 1986년 '아시안게임' 및 1988년 '서울올림픽게임' 등 지구촌 행사를 지원하기 위해 새마을운동은 사회공동체 위주로 선회하고 있음을 알 수 있다. 1990년대 들어 '삶의 질'에 대한 국민들의 관심이 늘어나면서 새마을운동은 문화공동체를 활용한 '살기 좋은 고장', '건강한 사회구현' 및 '자랑스러운 나라건설'에 역점을 두고 추진되었다. 1993년 '문민의 정부'가 들어선 이후 새마을운동은 <표 12-7>과 같이 진화하였다.

<표 12-7>의 1995년도 새마을운동 추진사업은 1992년 브라질의 리우데자네이루에서 개최된 '유엔환경개발회의' 영향을 받아 환경공동체에 무게중심을 두고 있다. 즉, 1995년도 새마을운동은 '쓰레기 분리수거와 자원 재활용', '새마을 대청소 및 환경정비', '자연보호운동', '환경오염 감시활동'을 중요하게 다루었다. 따라서 새마을운동은 새로운 시대상황에 적응하기 위해 경제공동체, 환경공동체, 사회공동체, 문화공동체 등 다양한 공동체 특성을 조합하면서 진화하고 있음을 알 수 있다.

2000년도 새마을운동은 국제연합(UN)이 주창한 '새천년발전목표(MDGs)'를 실천하기 위해 지구촌 공동체를 형성하는데 무게를 두고 추진되었다. 2015년 '새천년발전목표(MDGs)' 시한이 만료됨에 따라 당시 반기문 국제연합 사무총장은 한국의 새마을운동 경험을 염두에 두고 '지속가능한 발전목표(SDGs)'를 천명하였다.[53] 한국의 새마을운동은 이러한 국제사회의 변화를 적극적으로 수용하여

---

53 반기문 전 국제연합 사무총장은 2019년 11월 12 한국정부학회와 새마을세계화재단이 경주에서 공동개최한 지구촌 새마을운동에 관한 국제세미나에서 기조연설을 통해 이같이 밝혔다.

표 12-7 **1993년 이후 민간부문 성격이 강했던 시대의 새마을운동 추진실적**

연도	중점사업	사업내용	공동체 특성
1995	도·농간 결연 활성화/환경 살리기/건강한 사회 가꾸기/새마을운동 국제화/민간 자율추진 역량 제고	농수산물 직거래/고향사랑/쓰레기 분리수거와 자원 재활용/새마을 대청소 및 환경정비/자연보호운동/환경오염 감시활동/국민의식개혁/이웃사랑/새마을문고 활성화/제7회 한·일 국제교류대회/외국인 새마을교육/새마을 봉사대 운영	경제공동체, 환경공동체, 문화공동체
2000	생활의식 개혁운동/민간사회 안전망 운동/환경보전운동/지역 활성화 운동/통일 및 국제화 새마을운동/순수 민간 자율운동 정착	질서 지키기/공동체 의식 회복/장묘문화 개선/세금 바르게 내기/독서문화운동/새마을 자원봉사자 운영/결식아동 지원/독거노인 돌봄/장애인 돕기/에너지 절약/국토청결/환경오염 감시활동/꽃길 가꾸기/농산물 직거래/북한 동포 돕기/베트남 및 연해주 협력사업 정착/제1회 한·일 지역사회개발 지도자 교류대회 개최/제14회 한·일 국제교류대회/시·도 지부 및 시·군·구 지회 법인화 추진/시·도 새마을회관 건립비 지원 지침 수립	사회공동체, 환경공동체, 문화공동체, **지구촌 공동체**
2010	Green Korea/Smart Korea/Happy Korea/Global Korea/새마을교육 및 시설개선/40주년 기념사업/조직역량 강화	저탄소 녹색성장 지원/Green 마을 육성/국토대청소/지구온난화 방지/4대강, 하천 살리기/독서문화운동/김장 담가주기/사랑의 집 고쳐주기/다문화 가족 정착지원/새마을 방역, 방범활동/개도국 공무원, 지도자 초청연수/외국 유학생 교육/글로벌 새마을포럼/지방조직 국제사업 참여	사회공동체, 환경공동체, 문화공동체, 지구촌 공동체
2016	사회공동체운동/경제공동체운동/문화공동체운동/환경공동체운동/지구촌공동체운동	나눔문화 확산, 가정새마을운동 전개/주민생활 안전망 구축/도·농교류 확대/전통시장 활성화/협동조합 설립추진/선진시민의식 함양/독서문화운동/품격사회 만들기/자원순환사회 만들기/에너지 절약실천/해외 시범마을 육성사업/새마을운동글로벌리그(SGL) 창립	사회공동체, 경제공동체. 문화공동체, 환경공동체, 지구촌 공동체
2019	생명살림/평화나눔/공경문화/지구촌 공동체/조직역량 강화	2030형 생명사회 교육장 조성/유기농 태양광 발전소 운영/생명살림운동 현장 강사 양성/강원도 산불피해 복구지원/북녘 평화의 나무심기운동 추진위원단 발족/마을 공동체 운동/재능기부 동아리 지원/국민독서 경진대회/해외 시범사업운영/외국인 초청연수/개도국 현지 교육/새마을조직 육성법 개정(국가와 지방자치단체가 새마을운동 해외 협력사업을 지원할 수 있는 규정 신설)/새마을역사관 유네스코 자료관 개편/노후 교육시설 보수	환경공동체, 사회공동체, 문화공동체, 지구촌 공동체

자료: 새마을운동중앙회(2010)에서 저자가 발췌

2016년 새로운 국제기구인 '새마을운동글로벌리그(SGL, Saemaul Undong Global League)'를 창설하였다. '새마을운동글로벌리그(SGL)'는 새마을운동 접근방식을 도입하고 있는 개발도상국과의 연대를 통해 '가치사슬'을 구축하고 회원국끼리의 '차별화의 이점'을 공유하여 '더불어 잘 사는 지구촌 건설'을 목표로 하고 있다.

2019년 새마을운동중앙회는 환경공동체와 사회공동체를 결합하고 국제사회와의 협력을 유지하는 생명살림, 평화나눔, 공경문화 사업을 추진하였다. 이와 같이 새마을운동은 시대상황에 능동적으로 대응하기 위해 '공동체'라는 유전자 특성을 적절하게 결합하여 진화하고 있다. 공동체 특성을 통해 새마을운동이 시대별로 진화하고 있는 과정은 <그림 12-6>과 같이 요약된다. 즉, 1970년대 주로 경제공동체와 환경공동체를 결합하여 추진된 새마을운동은 1980년대 사회공동체를 추가로 결합하고, 1990년대 문화공동체를 추가하면서 2000년대 지구촌 공동체로 진화하고 있다.

개발도상국에서의 새마을운동 전파는 해당국가의 정치, 경제, 문화, 사회적 다양성에 적응하면서 과거로부터 연유한 문제를 해결하고, 새로운 미래공동이익을 창출하기 위한 방식으로 진화하고 있다. 국가별로 새마을운동 조직이 다르고, 사업내용도 달라서 1970년대 한국의 새마을운동 경험이 단순, 반복적으로 확산되는데 그치지 않고, 새로운 요소를 반영하여 진화하고 있음을 알 수 있다. 특히 한국의 새마을운동 경험에 근거하여 추진된 중국과 베트남의 '신농촌건설' 정책이 중국과 베트남의 (정치)상황을 반영하여 진화하고 있는 특성을 보여준다. 중국의 '신농촌건설' 정책이 실패한 것처럼 평가되는 이유의 일부는 새마을운동 접근방식이 중국에 도입되면서 현지실정에 맞게 진화했음에도 이의 성과를 과거 한국의 사례와 비교한 때문이기도 하다. 또한 새마을운동의 접근방식이 당시 한국적 상황에 맞게 설정된 점을 고려하지 않고, 무리하게 중국 실정에 적용하였던 점도 중국 '신농촌건설' 정책의 실패요인의 하나다.

이러한 새마을운동의 진화는 추진체계에 내재되어 있는 협치(governance)와 이러한 협치에 동력을 제공했던 사회적 자본(social capital)에 근거하고 있다. 즉, 협치와 사회적 자본은 새마을운동 진화 유전자가 작동하여 긍정적 효과를 나타날 수 있도록 도와주는 촉매제와 같다. 누구에게나 잘 살고 싶은 욕망이 있기 때문

그림 12-6 **공동체 인식을 통한 새마을운동의 진화과정**

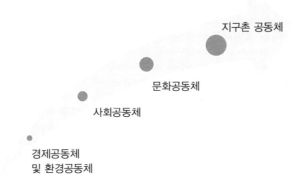

공동체 인식을 통한 새마을운동의 진화과정

지구촌 공동체

문화공동체

사회공동체

경제공동체
및 환경공동체

에, 이러한 욕망을 태도와 행동으로 실천할 수 있는 분위기를 만들고, 기회를 제공할 필요가 있다. 새마을운동 초기 정부의 적절한 지원과 주민들의 주도권 및 주인의식을 촉진하기 위한 정부의 적정한 역할이 필요했던 이유가 여기에 있다.

한국정부는 1970년 농촌빈곤문제를 해결하기 위해 '주민에 의한, 주민을 위한, 주민의 사업'을 '새마을 가꾸기 운동' 이름으로 지원하여 국가정책을 주민주도로 전환하였다. 이와 같은 '주민에 의한, 주민을 위한, 주민의 작동체계'에 초점을 둔 새마을운동은 협치(governance)와 사회적 자본을 확대, 재생산하여 지속가능성을 실천할 수 있었다. 새마을운동의 유전자인 공동체 인식은 협치와 사회적 자본을 바탕으로 지역사회 발전을 이끌고, 새로운 환경변화에 대응한다.

2) 새마을운동의 진화체계

새마을운동은 개인의 시·공간 활동경로를 종래와는 다른 방식으로 전환하여 마을 단위에서 공동체를 형성하는데 기여하였다. 이러한 미시적 차원에서의 새로운 경로(path)가 집적되어 마을 단위에서의 공동체를 이루는 과정은 제Ⅱ편 제11장에서 검토한 4개 사례마을의 회의록과 이세영(2003)의 기록, 그리고 한도

현(2010), 엄석진(2011)의 연구를 재해석함으로써도 확인될 수 있다. 특히 새마을운동의 확산과 진화는 마을마다 각기 다른 상황을 개선하는데 초점을 두고 주민들의 각기 다른 의사결정을 조정하는 과정에서 가능했다. 따라서 새마을운동의 확산은 마을 마다 독특한 사업과 추진방식을 통해 각기 다른 시·공간 경로를 보여주고 있어서 일반적인 진화(evolution)의 속성을 포함하고 있다.

물론 한국에서 1970년 국가 중요정책으로 채택되고 정부의 강력한 관심으로 추진되기 시작한 새마을운동이 '혁신'으로 정의될 수 있는지에 대한 추가적인 논의가 있을 수 있다. 그렇더라도 당시 새마을운동의 필요성은 '이대로는 고질적인 농촌 가난을 극복할 수 없다.'는 상황인식으로부터 제기되어 '함께 잘 살아보자'는 새로운 방식과 내용이라는 혁신요소를 포함하고 있었다. '함께 잘 살아보자'라는 구호는 목표와 수단을 모두 포함하고 있고, 특히 '함께'라는 문구는 '공동체'의 또 다른 표현으로 결과에 그치지 않고 과정논리까지 담겨있다.

새마을운동이 표방했던 당시의 접근방식은 그때까지 학계에서 논의되어 오던 어떠한 이론이나 경험적 사례와도 다른 것이었기 때문에 '낡은 이론이 새로운 문제에 적용되는 것(Törnqvist, 1977:153)'과도 달랐다. 하지만 새마을운동의 성격에 대한 논의를 차치하고라도 이의 확산, 채택경로는 분명 이의 추종마을, 추종국가의 발전에 대한 기대치를 반영하고 있다. 따라서 이 책은 새마을운동의 접근방식을 새로운 지역사회 생태계를 형성하는 혁신으로 정의하고, 이의 확산과정을 마을마다 다른 상황에 적응하면서 전파되는 시·공간 경로를 통한 진화의 관점에서 탐색하였다.

이 책에서 진화의 관점이란 새마을운동이 다양한 공동체를 형성, 조합하면서 마을마다 다른 경제, 환경, 사회 등 다양한 분야의 여건에 적응하였던 점에 근거한다. 특히 개발과 관련한 의도적 변화는 새로운 요소를 투입하여 바람직한 미래상황을 설계하고, 과거로부터 연유한 문제를 해결하는 과정으로 실천된다. 여기서 새로운 요소의 투입은 적자생존의 법칙(the law of the survival of the fittest)과, 그리고 과거로부터 비롯된 문제해결은 용불용설(Lamarckism, the use and disuse theory)과 같은 맥락에서 접근된다.

새마을운동은 주민들의 자발적 참여를 이끌어내고, 공간단위(마을)끼리의 상호경쟁을 촉진하기 위해 다양한 보상제도(incentive system)를 활용함으로써 공간적으로 확산되었다. 새마을운동은 마을주민들에게 주도권(initiatives)과 주인의식(ownership)을 갖도록 하여 주민들이 필요로 하는 공공사업 우선순위를 스스로 결정하게 하였다(소진광, 2014a).[54] 이 과정에서 새마을운동은 적자생존과 용불용설을 두 축으로 하는 진화체계를 확보하였다. 용불용설은 과거로부터 연유한 문제를 해결하기 위한 '혁신'과, 적자생존은 미래 바람직한 상태를 실현하기 위한 '도전'과 연계된다.

따라서 새마을운동의 전파는 단순히 시간흐름에 따른 공간 확산과정 뿐만 아니라 시간을 단축하면서 빠른 변화를 유도하기 위한 자체 적응력을 포함하고 있었다. 새마을운동의 전파과정을 단순히 혁신확산이론만으로 설명할 수 없는 이유가 여기에 있다. 즉, 다른 개발도상국으로의 새마을운동 전파는 혁신이라는 측면뿐만 아니라 미래 도전과 관련한 변화의 방향과 속도를 동시에 지니고 있다. 이러한 관점에서 새마을운동의 확산과 진화체계는 <그림 12-7>과 같이 나타낼 수 있다.

<그림 12-7>에서처럼 새마을운동은 주민에 의한, 주민을 위한, 주민의 공동이익을 창출하기 위한 공동체 형성에 초점을 두고 있다. 이러한 마을 주민들의 공동체 인식은 마을 공동이익을 확대, 재생산하기 위해 외부자원에만 의존하지 않고 주민 스스로 내부자원을 동원할 수 있는 동력으로 작용하였다. 따라서 주민 스스로의 내부자원 동원능력에 따라 마을마다 성과가 달랐다. 한국정부는 이러한 성과에 따라 마을공동사업에 대한 지원을 차등화 함으로써 마을끼리의 경쟁을 유도하였고,[55] 새마을운동의 우성인자를 다른 마을과 지역사회에 전파하였다.

---

54 2013년 6월 UNESCO가 세계기록유산(Memory of the World)으로 등재한 22,084점의 새마을운동 관련 문건에는 마을 주민들이 새마을운동을 추진하면서 기록한 회의록 등도 포함되어 있다. 한국에서 1950년대 초·중반 태어난 세대는 1970년대 초반의 정치상황과 새마을운동을 결부시켜 새마을운동에 대해 많은 오해와 편견을 가지고 있다. 하지만 새마을운동에 관한 마을주민들의 기록은 새마을운동이 당시 정치상황과는 다르게 '풀뿌리 민주주의'에 근거하여 추진되었음을 보여준다.

55 정부의 새마을운동 지원은 첫해에 전국 33,267개 마을 모두를 대상으로 한 마을에 시멘트 335부대와 철근 0.5톤을 제공함으로써 이루어졌다. 그러나 첫해의 새마을운동 성과평가를 토대로 한국정부는 우수마을엔 시멘트 500부대와 철근 1톤을 지원하고 나머지 성과가 상대적으로 떨어지는 절반의 마을에 대해서는 건축자재 지원을 중단하였다. 그러나 이러한 차등보상체계 운영은 마을끼리의 경쟁을 유발하여 정부의 지원을 받지 못하게 된 마을들도 자체 재원만으로 새마을운동에 참여하는 파급효과를 가져왔다(Goh Kun, 2014: 10).

그림 12 - 7 새마을운동의 확산과 진화체계

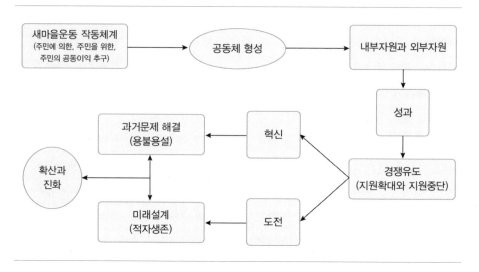

이러한 한국정부의 새마을운동 우수사례 전파노력은 새마을운동 진화의 우성인자가 공간적으로 혹은 다른 분야로 널리 확산되는데 기여하였다. 농촌지역사회를 발전시킨 새마을운동의 작동체계는 1974년부터 도시지역사회와 공장, 사무실, 학교 등 다른 분야에 적용되기 시작하여 전체 한국사회를 효율화하고, 발전시키는데 기여하였다. 또한 마을 공동체 혹은 직장 공동체끼리의 경쟁은 과거로부터 연유한 문제를 해결하기 위한 혁신과 새로운 미래를 설계하기 위한 도전으로 새마을운동 접근방식의 분야별, 혹은 공간적 확산을 촉진하였다. 새마을운동이 지속적으로 진화를 거듭하면서 다른 분야로, 혹은 공간적으로 확산되게 된 이유가 여기에 있다.

새마을운동은 특정 사업이나 기술에 국한된 변화관리방식이 아니라 새로운 단계를 형성하고 새로운 도구를 채택하며, 시간흐름을 관리하기 시작한 일종의 인식혁명으로부터 시작한다. 즉, 새마을운동은 제1, 2, 3차 산업혁명을 압축적으로 수용하고 산업과 사회체제를 관리할 수 있는 마음(mind), 태도(attitude), 행태(behavior)변화를 통해 진화하였다. 새마을운동은 특정 시대의 특정 문제를 해결하기 위한 사업이 아니라 어느 시대 어떠한 문제에도 대응할 수 있는 문제해결 접근방식이었던 것이다.

특히 새마을운동은 마을의 발전단계를 평가기준으로 수용하고 평가결과를 등급화하여 차등 지원함으로써 '진화의 사슬'을 확보하였다. 새마을운동에서 마을의 발전단계는 단순히 동일한 발전지표의 과거와 현재를 비교하는 것이 아니라 상황변화에 대처할 수 있도록 새로운 지표를 추가하여 설정되었다. 이러한 마을 발전 단계는 시간의 연속성과 주민들의 삶의 방식 변화를 포함하고 있어서 진화의 속성을 보여주고 있다.

이러한 새마을운동의 진화단계는 마을의 새마을사업 성취도에 따라 구분되었는데 이들 마을 수준별로 정부지원 내용이 달랐다. 마을 수준을 구분하는 기준은 모두 다섯 개 분야에 걸쳐 설정되었다. 우선 기초 새마을에서 자조적 새마을로의 승급기준은 첫째 농촌도로 분야에서 마을 중심도로가 완성되고, 마을 진입로가 정비되어야 하며, 둘째 주거환경 분야에서 70% 이상의 지붕개량이 이루어지고 마을 주요 하수구가 정비되어야 하며, 셋째 영농기반 분야에서 관개시설을 갖춘 농경지가 70% 이상이어야 하고 마을의 소하천이 정비되어야 하며, 넷째 협동생활 분야에서 마을회관, 창고 및 마을 공동작업장 중 하나 이상의 시설이 구비되고 마을 공동기금이 50만 원 이상 적립되어야 하며, 다섯째 소득사업 분야에서 1건 이상의 마을공동 소득사업이 실시되고 있고 가구당 소득이 80만 원 이상일 것 등이다.

자조적 새마을에서 자립적 새마을로의 승급기준은 일반 농촌마을과 읍/면(邑/面) 이상의 소도읍 소재 마을별로 달리 설정되었다. 우선 일반 농촌마을이 자립적 새마을로 분류되기 위해서는 첫째 농촌도로 분야에서 마을 중심도로가 완성되어야 하고 길이 20미터 미만의 교량이 완성되어야 하며, 둘째 주거환경 분야에서 80% 이상의 지붕개량이 이루어지고 역시 80% 이상의 담장이 개량되어야 하며, 셋째 영농기반 분야에서 수리시설을 갖춘 농경지가 85% 이상이어야 하고 마을 주변 소하천이 정비되어 있어야 하며, 넷째 협동생활 분야에서 마을회관, 창고 및 마을 공동작업장 중에서 2건 이상이 구비되어야 하고 마을 공동기금이 100만 원 이상 적립되어야 하며, 다섯째 소득사업 분야에서 농외소득사업이 추진되어야 하고 마을 가구당 평균소득이 140만 원 이상이어야 한다.

한편 소도읍 소재 마을이 자립적 새마을에 속하기 위해서는 첫째 가로정비 분야에서 간선도로 80% 이상이 정비되어야 하고, 지선도로 80% 이상이 정비되어야 하며, 둘째 시설정비 분야에서 상점과 간판이 모두 정비되어야 하고 시장과 정류장이 정비되어야 하며, 셋째 마을정비 분야에서 간선도로변 지선도로가 모두 정비되어야 하고 지붕개량이 90% 이상 완료되어야 하며, 넷째 협동생활 분야에서 마을회관, 창고 및 마을 공동작업장 중에서 2건 이상이 구비되어야 하고 마을 공동기금이 200만 원 이상 적립되어야 하며, 다섯째 소득사업 분야에서 농외소득사업이 추진되어야 하고 마을 가구당 평균소득이 140만 원 이상이어야 한다.

이러한 단계별 마을의 진화과정을 설정하였기 때문에 1979년 말부터 자립마을 다음 발전 단계인 2개의 자영마을이 지정되기 시작하였고, 이어서 새마을운동을 성공적으로 수행하여 마을발전을 크게 이룬 복지마을이 탄생하게 되었다. 이러한 새마을운동의 마을 수준별 발전단계설정은 곧 마을 공동체인식을 촉진하였고, 마을단위의 '잘 살기' 경쟁을 부추겼으며, 주민들의 공동책임을 촉발하고 이를 바탕으로 점차 상향적 지역사회발전 접근방식으로 자리잡아갔다. <표 12-8>은 1970년대 연도별 기초마을, 자조마을 및 자립마을 변천과정을 보여주고 있다. 이러한 마을등급의 변천과정은 새마을운동의 진화단계를 보여준다. 이들 단계별 마을발전은 주민들의 공동체 인식 정도에 따라 속도를 달리하였다. 결국 새마을운동 진화의 유전자는 '공동체 인식'이었다.

1972년까지 절대적 우세를 보였던 기초마을 수가 1973년 31%로 줄어들었고, 대신 1973년 말부터 1976년 말까지 자조마을이 절대 우위를 차지하였으며 1977년 말부터는 자립마을이 절대 우위를 차지하였다. 특히 1977년 말 이후엔 기초수준에 해당하는 마을이 한국에서 완전히 사라지게 되었다. 1980년 말에는 전국 35,530개 마을의 98.3%인 34,922개 마을이 자립마을이었고, 자영마을은 1.6%인 583개 마을, 그리고 복지마을은 0.1%인 25개 마을이었다. 그러나 1986년 말에는 전국 35,217개 마을 중에서 기초마을과 자조마을은 없고, 자립마을이 41.3%인 14,545개 마을, 자영마을이 54.3%인 19,132개 마을, 그리고 복지마을이 4.4%인 1,540개 마을로 늘어났다(기우걸 외, 1987).

이러한 성과는 새마을운동이 첫째, 혈연중심의 씨족마을 단위를 지연중심의

표 12-8 **연도별 기초마을, 자조마을 및 자립마을 변천과정**

구분	전체 마을 수 (개소)	자립마을		자조마을		기초마을	
		마을 수 (개소)	구성비 (%)	마을 수 (개소)	구성비 (%)	마을 수 (개소)	구성비 (%)
1972	34,665	2,307	7	13,943	40	18,415	53
1973	34,665	4,246	12	19,763	57	10,656	31
1974	34,665	7,000	20	21,500	62	6,165	18
1975	35,031	10,049	29	20,936	60	4,046	11
1976	35,031	15,680	45	19,049	54	302	1
1977	35,031	23,322	67	11,709	33	–	–
1978	34,815	28,701	82	6,114	18	–	–
1979	34,871	33,893	97	976	3	–	–

자료: 내무부자료(1980)에서 필자가 재작성

공동체로 전환하였고(지연적 공동체 의식을 통한 교량적 사회적 자본 축적), 둘째, 마을발전 단계별로 정부가 차등 지원함으로써 마을 공동체끼리의 경쟁을 유도하였으며(우성 유전자 전파를 통한 진화과정 작동), 셋째, 주민들 스스로 마을 공동체에 절실한 사업 우선순위를 결정하게 함으로써 자발적 참여를 촉발하였고(주민들의 주도권 행사), 넷째, 마을 특성을 고려한 공동사업계획을 주민들의 역량으로 접근하게 하여 마을 내부자원을 동원하도록 유도하였으며(주민들의 주인의식 제고), 다섯째, 사업결과에 대한 공정한 평가에 근거하여 주민들의 수혜와 책임을 연계하는 철저한 성과주의 방식을 따랐고(풀뿌리 민주주의 토양), 여섯째, 정부가 지속적이고 일관된 정책을 실시하여 공공부문(정부)과 민간부문(시민사회)의 적절한 역할분담(협치 구축)이 이루어졌기 때문에 가능하였다. 이와 같이 처음부터 새마을운동 접근방식은 지역사회 공동사업에 대한 자발적 주민참여와 결과의 공정한 분배 및 주민부담에서 약자에 대한 배려, 그리고 지역사회 공동이익에 대한 주민 책임감을 강조하여 지속적으로 진화할 수 있는 유전자를 가꾸었다.

결국 새마을운동은 시간과 공간의 상호작용을 통해 시장경제 변화에 적극적으로 대응할 수 있었고, 지역사회 공동 이익창출에 책임지는 주민들의 자발적

참여를 통해 '풀뿌리 민주주의 토양'을 구축할 수 있었다. 당시 한국의 정치구조
는 강력한 중앙집권체제와 정부의 독점체제로 평가되지만 적어도 주민들의 일상
생활 터전인 '마을' 단위에서는 새마을운동 추진과 함께 '풀뿌리 민주주의'가 살
아나고 있었다. 자발적 주민참여는 개인적인 덕목인 '자유'와 집단의 덕목인 '평
등'을 이어주는 '교량'과도 같다. 자발적 주민참여는 공동체 인식의 종속변수에
해당한다. 따라서 새마을운동이 시대상황에 적절히 대응하면서 진화할 수 있었
던 것은 '공동체'라는 유전자를 포함하고 있었기 때문이었다.

새마을운동 진화의 시 · 공간 좌표: 관련 인사와의 면담내용을 중심으로

3편

국내 새마을운동 성격과 관련한 시·공간 좌표

새마을운동은 1970년 4월 22일 중요 국정과제로 채택되었다. 오랜 역사만큼이나 새마을운동에 대한 오해와 편견도 크고 깊다. 이러한 오해의 한 부분에는 당시 정치상황에 대한 부정적인 시각을 새마을운동 추진체계에 덧씌운 탓도 있고, 다른 한 편에는 새마을운동 자체를 신화처럼 포장한 탓도 있다. 당시 정치상황을 부정적으로 비판하는 입장에서 보면 그러한 정치상황을 이끌었던 지도자가 추진했던 새마을운동도 좋게 보일 리가 없다. 즉, 당시 대통령이 한 일과 시대상황을 동일 맥락에서 보고 모든 걸 같은 시각으로 마름질하려 할 것이다. 또한 새마을운동을 신화처럼 부풀린 사람들 역시 당시 정치상황에 불만을 가지고 있는 사람들에게 거부감을 안겨주었다. 이러한 두 가지 인식의 깊은 골짜기는 사실과 관계없이 시간이 지나면서, 흐르는 강물이 계곡을 더욱 깊게 파듯이, 새마을운동에 대한 오해와 편견을 더욱 크게 만들고 있다.

저자 또한 그러한 시대의 혼돈을 겪으면서 학창시절을 보냈다. 결국 누가 한 일은 무조건 나쁘고 누가 한 일은 무조건 좋은 것처럼 들으며 살았다. 그러한 세간의 인식은 시간이 경과하면서 사실처럼 굳어졌고, 이로 인한 인식차이는 '그들의 새마을운동'처럼 먼 나라 이야기가 되었다. '아직도 새마을운동?'이라는 표현처럼 과거를 부정하고 싶은 성향이 역사적 사실을 종종 왜곡하는 경우가 있을 수 있다. 저자가 스스로 새마을운동에 대한 오해와 편견을 가지고 있음을 깨닫기 시작한 것은 마을 주민들이 기록한 새마을운동 관련 기록문건을 접한 때부터다. 저자는 실제 새마을운동의 주체가 마을 주민이었다는 사실에 관심을 갖고 그들이 기록한 새마을운동 회의록과 사업계획을 접하고서야 진정한 '우리들의 새마을운동'을 깨닫게 되었다.

이와 함께 저자는 당시 새마을운동 현장을 이끌었거나 정책 일선에서 새마을운동을 설계하는데 참여한 분들과의 면담을 통해 새마을운동에 대한 저간의 입장 차이가 사실관계에 근거하고 있지 않음을 알았다. 이러한 맥락에서 저자는 그분들과의 면담을 통해 새마을운동이 시간과 공간의 상호작용 과정을 어떻게 버텨왔는지, 그리고 왜 아직도 새마을운동이 필요한 지를 짚어보고자 한다. 민주주의에서 정치색깔은 소용돌이와 같아서 사실을 집어삼킨다. 따라서 이 책은 '우리의 새마을운동'을 찾아내고 담기 위해 정치색깔을 빼고 사실관계에만 집중하였다. 물론 면담내용은 당시 성공한 사례 중심의 기억들이어서 실패한 경우의 이야기가 많이 퇴색하였으리라. 그래서 현재 남은 기록 혹은 장점 위주의 저술은 시간흐름에 종속될 수밖에 없는 '진화'라는 표현으로 후세에 남기고자 한다. 어느 시대나 열성인자는 사라지고, 우성인자가 다음 세대로 전달되기 때문이다.

1 중앙정부 추진체계

1) 개요

새마을운동의 중앙정부 추진체계를 알아보기 위해 필자는 2012년 11월 11일 미얀마 출장길에 고건 전 총리(초창기 새마을 담당관 역임)와 같은 비행기 옆자리에 앉아 평소의 궁금증에 대해 질문할 기회를 가졌다. 고건 전 총리는 새마을운동의 초기인 1971년 내무부 지역개발담당관을 역임하면서 중앙정부 차원에서 새마을운동을 총괄하는 업무를 담당하였다. 고건 전 총리는 1981년 교통부 장관과 농림수산식품부 장관, 1987년 내무부 장관, 1988년 12월부터 1990년 12월까지 서울특별시장을 역임하였다. 그는 1997년 제30대 국무총리, 다시 2003년 제35대 국무총리를 역임하면서 새마을운동의 진화과정을 지켜보았다.

새마을운동의 추진체계와 관련하여 평소 저자가 궁금했던 사항은 다음과 같이 요약될 수 있다. 첫째는 1970년 4월 당시 박정희 대통령이 새마을운동을 직접 설계하고 국정과제로 채택하였는지에 대한 의구심이다. 세간엔 박정희 대통령이 뛰어난 영도력으로 마을 단위로부터 상향적 지역사회개발 프로그램인 '새마을운동'을 완벽하게 설계하여 시작한 것처럼 전하고 있기 때문이다. 처음부터 그렇게 완벽한 설계로 시작한 '새마을운동'이라면 그 안에 정치적 의도가 숨겨져 있을 것이라는 의구심도 있을 수 있다.

둘째는 새마을운동의 추진배경에 대한 의구심을 들 수 있다. 새마을운동의 초기 관심은 농촌지역사회의 근대화와 발전이라고 알려져 있다. 당시 정부는 1962년부터 추진해오던 국가 총량적 경제발전, 즉, 불균형 성장전략 맥락에서의 '산업화 정책'을 추진하고 있었다. 이러한 산업화 정책이 성과를 내기 시작하면서 국가로서는 추가적인 산업화 정책 투자가 긴요했을 것으로 사료되는데, 농촌지역사회에 초점을 둔 새마을운동의 국정과제 채택은 다소 의아하게 받아들일 수 있는 대목이다.

셋째는 시간이 경과하면서 새마을운동에 대한 정부의 관심이 높아지게 된 배경에 대한 의구심이다. 정책 속성상 초기의 큰 관심은 시간이 지나면서 쇠락하기 마련인데 새마을운동은 그렇지 않았다. 여기에는 그럴만한 이유와 정책수단이 있었을 것이다. 이러한 의구심은 당시 중앙정부 해당 업무를 담당했던 관료들의 기억을 토대로 풀어갈 수 있을 것이다. 이러한 의구심에 대한 당시 정책당국의 분위기는 현재 만연되고 있는 새마을운동에 대한 오해와 편견을 없애는데 중요한 단초를 제공할 수 있다.

2) 새마을운동의 설계

고건 전 국무총리(당시 새마을담당관)와의 면담을 통해 새마을운동이 국정과제로 채택될 당시의 정책설계와 관련한 몇 가지 사실을 발견할 수 있다. 첫째, 처음엔 새마을정신을 자주, 자립, 협동으로 정했다가 나중에 근면, 자조, 협동으로 바뀌었다는 점이다. 이는 1970년 국정과제로 채택될 때부터 새마을운동이 완벽하게 설계된 정책이 아니라 진행되면서 수정된, 즉 상황에 따라 진화하는 모습을 보여주었음을 알 수 있는 대목이다. 이와 같이 정신운동을 강조하면서 시작된 새마을운동이 성공할 수 있었던 것은 정책설계의 유연성과 적응력 때문이었다. 새마을운동의 정신이 이와 같이 변화하게 된 배경은 농한기에 농민들이 도박, 주벽 때문에 '비효율적'이던 주민생활을 개선하기 위해 우선 '근면'을 내세웠고, 주인의식(Ownership)을 부여하기 위해 '자조'를 강조하기 위한 것이었다. 즉, '정부는 스스로 돕는 마을을 돕는다.' 방식으로 새마을운동 정책기조를 정의하여 마을 스스로의 노력에 따라 다양한 정책지원을 염두에 두었다. 이는 당시 정부가 정책제안 단계부터 시행단계 및 성숙단계에 이르기까지 현장(마을) 상황을 반영하여 정책이 진화하도록 다양한 가능성을 열어놓은 증거로서 정책의 지속가능성을 확보하는데 기여하였다.

둘째, 새마을운동의 성공요인은 다양한 마을 사업을 주민들의 의사결정과 역량에 맡겼다는 점에 기인한다. 고건 전 총리가 들고 있는 새마을운동의 성공요인은 다음과 같다. ① 한국 정부는 새마을운동의 진행상황을 월 1회 개최되는 국무회의 보고안건에 포함시켰다. 당시 국무회의 안건 중 새마을운동에 관한 사항은 내무부 지방국장이 보고안건으로 작성하였다. 이 보고를 통해 각 부처별 새마을운동 관련 사업조정이 저절로 이루어지게 되었다. 매달 발생한 문제가 대통령 지시로 정리되고, 새마을지원중앙협의회가 국무회의 개최 전에 조정력을 지니게 되었다.

② 한국 정부는 새마을운동이 가시적인 성과를 낼 수 있도록 경지정리와 농로확장을 추진하여 농업 기계화를 촉진하였다. 비록 이러한 정책들이 새마을운동으로 추진된 것은 아니지만, 서로 맞물려 새마을운동 추진과 확산에 동력을 제공하였다.

③ 다수확품종 확대 보급과 고미가 정책(농림부 역할이 컸음)으로 농가소득이 증대되는 과정을 주민들이 직접 체감하게 된 점이다. 물론 다수확품종의 개발과 고미가 정책 자체는 주민들의 새마을운동 범주에 속하지 않았지만 새마을운동을 지원하는 정부의 의지를 보여주었다. 결국 새마을운동은 정부의 적절한 지원정책과 마을 주민들의 대응력이 일종의 '순환인과 과정'으로 가시화되도록 설계되었고 바로 이 점이 정책의 지속가능성을 높여준 셈이다.

3) 시간흐름에 따른 정부의 관심

정책의 일관성과 공정성, 투명성은 사업의 지속가능성으로 이어진다. 이에 더하여 성공사례의 전파는 정책의 지속가능성을 높이고, 이를 주관하는 정부와 주민들의 주도권 및 주인의식을 제고한다. 이와 관련하여 고건 전 총리가 새마을운동에 대한 정부의 관심도를 그림으로 나타낸 것이 <그림 13-1>이다. 우선 정부의 지원은 차등적으로 시행되어 주민들을 자극하였고, 주민들의 자발적 의사결정을 촉발하였으며, 동기유발에 기여하였다. 주민들의 능동적인 의사결정을 통해 협업이 이루어져서 주민참여를 증대시켰다. 이러한 과정은 가시적인 성과와 구체적인 이익으로 나타나 새마을운동이 일종의 '순환인과과정'을 띠게 되었다.

새마을운동의 이러한 '순환인과과정'은 종래 정책과는 다른 성과로 정부의 관심을 촉발하는 계기가 되었다. 산업화를 추진하던 정부 입장에서, 농촌의 상대

그림 13-1 **새마을운동의 순환인과과정(고건 전 총리와의 면담내용)**

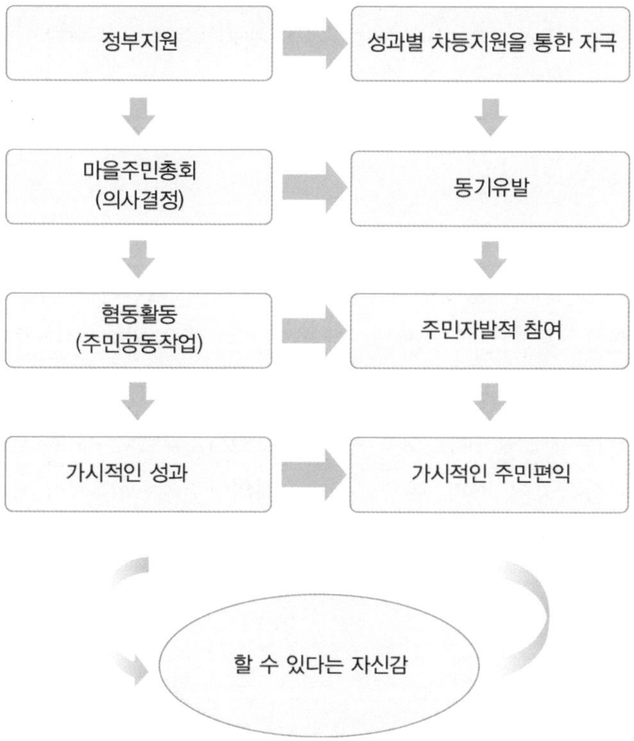

적 박탈감을 해소하고, 농촌을 발전 혹은 근대화 과정에 합류시킬 수 있는 새로운정책 도구를 발견한 셈이었다. 정부의 조그만 지원과 관심만으로도 정책효과를 높일 수 있다는 정부의 자신감이 새마을운동에 대한 애착을 키운 것이다.

특히 당시 대통령은 매월 경제동향보고회를 직접 주재하였고, 여기서 새마을사업보고를 들었는데, 이때 2개 마을의 새마을운동 성공사례가 소개되었다. 2개 마을의 성공사례는 각도에서 추천한 22개 마을 중에서 11곳을 선정하고, 이 중에서 대, 여섯 군데를 당시 내무부 새마을담당관이 직접 현지에 가서 보고 2개 마을로 압축하여 성공사례를 다듬고 시나리오를 직접 작성하여 보고하도록 하였다. 해당 군수도 참석했지만 마을 지도자가 직접 대통령 앞에서 성공사례를 발표했다.

딱딱한 경제동향보고를 듣다가 감성어린 새마을운동 성공사례를 들으며 대통령이 치하하고 새마을훈장도 달아주었다. 당시 대통령은 또 우수사례 새마을지도자와 오찬을 같이 하며 애로사항과 건의사항을 듣고, 내무부의 특별교부세 중 대통령 하사금을 마을에 주었다. 이와 같이 당시 내무부 특별교부세 일부는 새마을운동의 특수사업을 위해서도 사용되었다. 연 1회 열렸던 새마을전국지도자대회 상금도 내무부 특별교부세에서 나갔다. 대통령 격려금은 판공비에서 나왔다 한다.

경제동향보고회는 경제기획원에서 개최되었다. 월간 경제동향보고회를 경제기획원에서 한 이유는 경제부처가 새마을운동을 지원하라는 대통령 의지가 있었기 때문이었다. 월간 경제동향보고 내용은 일부 녹음되어 시나리오와 함께 국가기록원에 보관되어 있다. 당시 국무회의가 별칭으로 새마을국무회의라고 불렸을 정도로 새마을운동에 대한 정부의 관심이 컸다. 그만큼 새마을운동이 중요시되었고, 각부 장관들이 자기 부처 사안을 회의안건에 포함시켜 달라고 내무부 지방국장에게 부탁하기도 하였단다.

4) 새마을운동의 성격

1962년부터 국민재건운동이 시작되었으나 이는 정신개혁만 강조하였고,

1968년 농어촌소득증대사업은 경제적 측면만 강조하여 성공하지 못했다. 일예로 1968년 농어촌소득증대사업에서 소 5마리 이상 사육을 지원하는데, 농가에서 소 5마리를 키우기가 쉽지 않았다(기껏 2마리 정도가 적당함. 그리고 일정 기간 팔지도 못하게 하였음). 그리고 바닷가에서 당시 일본 사람들이 좋아하는 '조선백합조개' 종패사업도 거대한 돈이 투입되었으나 현실에 맞지 않아 결국 기업가만 득을 보게 되었다. 이에 비해 새마을운동은 정신개혁과 경제적 성과가 맞물려서 '하니까 되더라.' 즉, '배우면서 실천하는(Learning by doing)' 과정을 거쳐 확대재생산 되었다.

또한 새마을운동이 진화할 수 있었다면 그러한 진화의 환경도 중요하다. 새마을운동은 종합 보따리(package program) 성격을 띠고 있었다. 혁신적 정책은 경제적 유인 없이 정신적 측면만 강조해도 안 되고, 정신개혁 없이 경제적 활동만 강조해도 성공할 수 없다. 정부시책을 말단 마을까지 전달하는 과정은 1960년대 국가운용체계와 행정력으로는 다소 버거운 것이었다.

[조선의 취락] 상, 하 2권은 조선의 취락을 씨족촌, 잡성촌, 중간촌 등 3 유형으로 나누고 있는데, 일제는 조선의 토지만 조사한 게 아니고 마을구조, 관습, 문화 등 사회전반을 조사하였다. 이에 더하여 이만갑 교수의 광주군 돌마면 연구를 토대로 중앙정부시책이 말단부락까지 전달되도록 기반행정을 다지게 되었다. 즉, 이·동개발위원회를 만들고, 이후에 새마을운동이 시작되었다. 따라서 새마을운동 주민총회와 이·동개발위원회가 양립되었는데, 이 두 조직이 시너지 효과를 나타냈다. 결국 새마을운동은 사업이라기보다 하나의 정책 프로그램인 셈이다.

5) 면담결과의 함의

중앙정부 차원에서의 새마을운동 추진체계에 대한 고건 전 총리와의 면담이 시사하는 점은 다음과 같이 요약된다. 첫째, 새마을운동은 근대화이론을 수용하되 한국의 전통과 상황을 반영하여 한국정부가 설계한 종합적 농촌개발 전략이었다. 둘째, 새마을운동에 대한 한국정부와 지도자들의 관심은 추진과정에서 그 효과로 인해 더욱 증대되게 되었다. 즉, 새마을운동은 일종의 행동학습 즉, 배우면서 실천하는(Learning by Doing) 방식에 근거하여 현장에서의 상황변화에 적응하면서 진화를 거듭했던 것이다. 셋째, 새마을운동은 한국정부의 중요 정책과제로 채택되면서 새마을지도자를 중심으로 인적자원 충원과정을 혁신하고, 지역사회(마을)의 모든 잠재력을 동원할 수 있었다. 넷째, 새마을운동은 중앙정부와 지역사회 및 주민조직과의 상호작용을 촉진하여 마을 공동의 이익을 확대재생산하는 방식으로 진화하였다.

2 일선 지방행정기관의 추진체계

1) 면담개요

일선 지방행정기관의 새마을운동 추진체계는 새마을운동 초창기 평택군수를 역임하고 2009년 3월부터 4년간 새마을운동중앙회 회장을 역임한 이재창 회장과의 면담을 통해 접근되었다. 이재창 회장은 1936년 경기도 파주에서 태어나 1972년 8월부터 1974년 3월까지 경기도 평택군수를 역임하였다. 이후 당시 내무부 새마을담당관을 역임하였고, 1987년 제4대 인천직할시 시장, 교통부 차관, 경기도 도지사를 거쳐 1992년 6월부터 환경처 장관을 역임하였다. 이재창 회장은 1996년부터 제15대, 16대, 17대 국회의원을 지냈다. 이재창 회장과의 면담은 2013년 1월 21일 오전 11시 강남구 대치동 새마을운동중앙회 회장실에서 약 1시간 필자의 질문과 이재창 회장의 답변으로 진행되었다.

이재창 회장과의 면담 내용은 첫째, 새마을운동이 시작될 무렵 지방행정의 분위기, 둘째, 당시 새마을운동 추진과 관련하여 군청과 읍·면·동 공무원의 역할, 셋째, 중앙정부가 마을에 지원한 건축자재의 전달체계, 넷째, 지방 공무원들의 새마을운동 성과와 인사행정 등이다. 이러한 내용은 새마을운동 추진이 지방행정에 미친 영향을 파악하기 위해서도 중요하다. 또한 새마을운동에 대한 오해와 편견의 상당부분이 당시 일선 공무원들의 역할로 인한 것이어서 위의 네 가지 질문은 매우 중요하다.

2) 당시 지방행정의 분위기

새마을운동이 시작되기 전과 후의 지방행정 분위기는 다음과 같이 비교된다. 첫째, 새마을운동이 시작되기 전에는 지방행정도 사무실행정이어서 공무원들이 마을을 찾아가지 않았는데, 새마을운동의 시작으로 행정이 현장 중심으로 바뀌었다. 둘째, 행정의 성격 측면에서도 새마을운동 이전에는 규정에 의한 관리행정이었는데, 새마을운동 이후엔 개발행정으로 바뀌었고, 구체적인 성과위주로 접근하기 시작하였다. 셋째, 전달체계 측면에서도 새마을운동 이전엔 지방행정이 중앙정부나 상급기관의 지시를 계통을 밟아 전달하는 하향식이었으나 새마을운동이 전개되면서 주민의견을 청취하면서 주민들의 생각이나 의식을 청취하는 방식으로 전환하였다. 즉, 새마을운동을 추진하는 과정은 주민들의 의견을 듣고 개선방안을 모색하는 주민참여형 쌍방향 행정으로 뒷받침되었다.

또한 과거 관공서 분위기는 권위주의적이었으나 새마을운동 이후의 관공서는 새마을지도자를 언제라도 환영한다는 방식으로 개방되기 시작하였다. 즉, 새마을운동을 추진하면서 지방행정은 주민에게 일방적으로 지시하는 것이 아니라 먼저 주민의견을 듣고, 어려운 점을 묻는 쌍방향 소통으로 전환되었다. 새마을운동 이후엔 군수, 공무원이 아침 일찍 먼저 마을 현장에 나가 새마을사업 추진현황을 살펴보고, 사무실로 출근하여 기획, 지원방안을 구상하였으며 다시 퇴근하면서 마을 현장을 점검하는 방식으로 지방공무원 근무방식이 바뀌었다.

지방 공무원들이 현장을 챙기다보니 일선 지방행정기관은 인력이 부족하였다. 공무원들이 완전히 새마을운동에 매진하였기 때문이었다. 당시엔 공무원이 사생활이 없었을 정도로 바빴다. 따라서 새마을운동에 대한 원활한 지원을 위해 새마을지도과 등 부서가 생기고, 관리인원이 늘어났다. 공무원들은 당시 새마을지도과를 일이 많고, 신설된 부서라서 향후 영전, 승진에 대한 불안감으로 기피하는 풍조가 있었으나 새마을과장을 내무과장으로 영전시키다보니 새마을 관련 부서에 근무해야 영전할 수 있다는 기대감으로 새마을운동 성과에 크게 관심 갖기 시작하였다. 이재창 회장과의 면담을 통해 일선 지방행정기관의 장이 새마을운동의 지속적인 추진에 상당한 영향력을 미쳤음을 알 수 있다.

3) 새마을운동 추진에 대한 지방공무원들의 역할

새마을운동 이전에도 읍면 공무원은 담당 마을이 정해졌었다. 하지만 새마을운동이 시작되면서 공무원마다 담당 마을이 달라 일이 많은 곳과 적은 곳이 차이가 나고, 이때 일이 적은 마을 담당 공무원이 일이 많은 마을 담당 공무원을 지원하기도 하였다. 군청 과장은 읍, 면 하나씩을 맡았고, 계장은 몇 개 마을을 묶어서 담당하여 군청 공무원은 읍·면 공무원의 지원체제로 역할하였다. 새마을운동이 실시되면서 현장 문제를 덮어두거나 간과하지 않고, 1일 점검체제로 즉시 해결하거나 해결방안을 모색하여 '거버넌스'를 구축 즉, 군수가 아침, 저녁으로 회의를 통해 새마을운동 진행상황(조치사항과 남아있는 있는 문제 등)을 점검하였다. 그리고 이러한 회의에 필요시 읍, 면장을 배석시켰다.

4) 중앙정부 지원물자의 전달체계

당시 정부가 마을에 지원한 시멘트, 철근 등 건자재가 중간에 손실 없이 마을까지 전해졌다는데, 현재 다른 개도국 관점에서 보면 일종의 혁신이었다. 이러한 정부의 지원물자가 투명하게 말단 마을까지 전달될 수 있었던 과정은 당시 한국의 나라사정을 고려하면 지방행정의 일대 혁신에 속한다. 정부의 새마을운동 지원물자인 건자재는 '대한통운'에 일괄 위탁하여 전달되었다.

대한통운은 전국적 네트워크를 구축하고 있어서 전국적 배송망과 경험을 가지고 있었고, '관물'에 대해 각별한 관심을 가지고 임하여 단 한 건의 문제도 발생하지 않았다. 다만, 마을 자체에서 인수, 인계절차가 익숙하지 않아 간혹 정부가 제공한 건자재를 마을 어귀에 쌓아 둔 적도 있었으나, 대한통운이 다음날엔 다시 마을로 와서 인수, 인계 절차를 거쳤다. 또한 당시 주민들은 관물에 대해서는 '엄격한' 인식을 가지고 있었다. 간혹 적당한 보관창고가 없어서 담당 공무원들이 애를 태운 적은 있지만 '대한통운'의 체계적 관리 덕분에 전달체계의 투명성을 어느 정도 확보할 수 있었다.

5) 새마을운동의 성과와 지방 공무원의 인사고과

정량적으로나 정성적으로 새마을운동 성과를 담당 공무원 인사고과에 반영하는 명시적인 제도나 중앙정부의 지침은 없었다고 한다. 그러나 군수, 읍면장이 회의를 소집하고 이 회의에서 마을별로 새마을운동 추진현황을 점검하는 가운데, 어느 공무원이 마을 주민들을 설득하고, 주민들의 의견을 이끌어내는데, 얼마나 노력했는지를 알 수 있었고, 마을을 지원하는 공무원들의 능력이 분명하게 드러나게 되었다. 이러한 과정에서 성과가 좋은 마을 담당 공무원(군청 과장, 계장 및 읍면 마을 담당 공무원)이 인정받게 되었다.

평택군의 사례를 들면 현재 럭키전자공장이 위치한 '사리마을'에서 새마을사업이 잘 추진되어 당시 군수(이재창 회장)가 몇 번 방문하였는데, 성과가 좋아 다른 마을에 알려주기도 하였다. 이러한 과정에서 잘하는 마을 담당 공무원이 인정받게 되었다. 특히 1973년 전라남도 광주에서 전국새마을지도자 대회가 열렸는데, 그 이전에 잘 하는 마을을 가려내야 하니까 상호 교차 평가하게 되고 그 결과가 공무원들의 역량으로 반영되게 되었다. 새마을운동 성과를 공무원 인사고과에 반영하기 위한 지표나 평가표, 혹은 목록(체크리스트) 등은 없었으나, 자연스럽게 성과가 좋은 공무원들이 인사에서 우대받게 되었다. 새마을운동 성과는 마을마다 비교를 통해 객관적으로 접근되었기 때문에 공무원 승진, 영전의 기초자료로서 정확한 것으로 인식되었다.

그러다보니 부작용도 나타났다. 성과 위주로 마을을 비교하니 우열이 저절로 가려지게 되었다. 상호 교차평가를 통해 공무원 능력을 객관화할 수 있어서 편파적 인사가 줄어들게 되었다. 새마을운동이 잘 된 마을을 교차 방문하여 문제해결과정, 각종 사업수행과정(부지확보와 내부자원 동원과정 등)을 비교, 검토하는 과정에서 마을의 우열이 가려지게 되었다. 하지만 경쟁이 심할 때, 마을능력 이상으로 새마을운동 실적을 올리려고 일부 공무원들이 무리하게 일을 독려(일부 강제시행 유도)한 사례가 있었다.

당시 전통 마을은 '동티' 날까봐서 날을 잡아 지붕을 잇거나 땅을 팠는데, 일부 공무원들은 이에 개의치 않고 성과나 실적만 올리려고 주민들과 무리하게 마찰을 빚기도 하였다. 지붕개량의 경우 당시 초가지붕을 헐고, 슬레이트를 덮었는데, 수원에 위치한 '금강 슬레이트' 공장이 24시간 모두 가동을 해도 물량공급에 차질이 발생하여 공무원과 주민들 간의 갈등을 빚기도 하였다. 이와 같이 주민과 갈등을 유발한 공무원은 결코 업무수행능력에서 좋은 점수를 받기 어려웠다.

6) 지방행정기관에 대한 중앙정부의 새마을운동 독려

상급 기관은 수시로 새마을운동 현장을 시찰하였다. 도지사, 내무부 장관도 농구화 신고 각 시, 도, 일선 마을을 방문하였다. 당시 김현옥 내무부 장관이 열정을 가지고 지방에 가서 잘 못된 점을 질책하지 않고, 칭찬, 격려로 사기를 북돋아 주어 오히려 선의의 경쟁심을 자극하였다. 김현옥 장관이 사리마을을 방문하였을 때, 하천변 땅을 개간하여 이태리 포플라 묘목을 삽목하는 부녀회원들을 만나 회장(김○○)에게 가진 것이 없다며 입고 있던 잠바 속주머니에서 만년필을 꺼내 주며 추진하고 있는 일들을 잘 기록하라고 당부하기도 하였다. 이와 같이 당시 새마을운동을 이끌던 지도자의 덕목은 ① 현장을 가리지 않고 다니고, ② 질책보다는 사기진작을 통해 경쟁을 유발하였으며 ③ 성공사례 전파(김현옥 장관은 직접 수유리 내무부 연수원에서 시장, 군수, 경찰서장 등을 모아놓고 모범사례에 대해 직접 강의)를 통해 새마을운동의 확대재생산에 기여하였다.

7) 면담결과의 함의

이재창 회장과의 면담내용 함의는 다음과 같다. 첫째, 새마을운동의 초기엔 일선 지방행정기관보다 중앙정부의 관심이 더 컸다. 하지만 추진과정에서 지방행정기관도 성과를 올리기 위한 경쟁에 뛰어들어 새마을운동은 지역사회와 지방의 상황변화에 반응하는 방식으로 진화하였다. 둘째, 새마을운동은 지방공무원들의 업무수행 방식을 '사무실로부터 현장 중심'으로 혁신시키는데 기여하였다. 셋째, 새마을운동의 성과평가를 통해 공공부문과 민간부문의 상호작용이 전반적인 한국사회 작동체계를 효율화하였다. 특히 공정한 평가를 위해 마을 지도자들로 하여금 우수사례 마을을 견학하게 하여 마을끼리 경쟁을 유발하였고, 마을의 잠재력과 내부 자원을 동원하는데 기여하였다.

3 새마을운동에 대한 학계인식

1) 면담개요

새마을운동에 대한 학계인식은 서울대학교 명예교수인 김안제 박사와의 면담을 통해 접근되었다. 김안제 교수는 1936년 경상북도 문경에서 태어나 대한국토도시계획학회 회장, 한국지방자치학회 회장을 역임하였고, 1992년 제7대 한국지방행정연구원 원장을 지냈다. 이어 김안제 교수는 새마을운동중앙협의회 이사와 자문위원 등을 역임하였고, 1993년 새마을훈장 근면장을 받았다. 김안제 교수와의 면담은 2017년 11월 29일 성남시 소재 새마을운동중앙회 회장실에서 진행되었고 당시 새마을운동중앙회장을 맡고 있던 필자의 질문과 김안제 교수의 답변으로 진행되었다. 면담의 주요내용은 당시 새마을운동에 대한 정부의 관심과 학계의 관심정도 차이에 관한 것이었다.

2) 새마을운동에 대한 학계의 관심

김안제 교수는 기록을 잘 하는 분으로 알려져 있다. 그의 「인생백서」 제5장 제2절은 새마을운동에 대한 기록이다. 김안제 교수의 기록에 의하면 그는 1970년대 말 새마을운동중앙협의회 자문위원, 그 다음에 이사, 중앙연수원 교재편찬위원장, 박물관 심의위원, 장성에 소재한 새마을운동 남부 교육원 강의 등이 적혀있다. 특히 김안제 교수는 새마을운동 중장기발전계획을 수립하였다. 김수학(金壽鶴) 회장 때, 새마을운동중앙회는 새마을가족의 노래가사 응모를 추진하고, 전국에서 3,000여 통의 응모작 중에서 김안제 교수가 응모한 노랫말이 1등으로 선발되었다.

새마을운동은 종합적 접근(comprehensive approach)이라서 거기에는 공간구조를 다루는 도시계획, 지역계획, 그 다음에 지역경제, 또 지역발전을 책임지고 있는 공공부문(public sector)의 지방행정, 자치, 주민들의 의견을 수렴하는 과정이 모두 포함되어 있다. 이러한 새마을운동의 특성으로 인해 지역사회에서 협치가 이루어지고, 사회적 자본이 축적되었으며, 지속가능성이 실천될 수 있었다. 이와 같은 새마을운동의 종합적 접근방식은 풀뿌리 민주주의의 토양을 가꾸는데 기여하였다. 따라서 새마을운동은 지역개발학계, 행정학계, 도시계획학계, 사회학계 등 모든 분야에 걸쳐있어서 다양한 학문적 배경을 이루고 있다.

그렇지만 당시 학생들은 새마을운동에 대해 일종의 반감을 가지고 있었다 한다. 1972년 김안제 교수가 서울대학교 교수로 부임할 때 학계의 새마을운동에 대한 인식, 분위기는 매우 약했다. 또한 새마을운동에 대한 비판도 컸다. 당시 학계는 새마을운동이 '잘 살기운동', '누구나 고르게 잘 살기운동'이라는 선전문구를 받아들이지 않고 박정희(朴正熙) 대통령이 장기집권의 방편으로 삼기 위한 수단이라고 비판하였다. 또한 지식인들도 새마을운동은 그 이후에 시작된 유신체제를 합리화시키기 위한 하나의 수단이라고 비판하는 글을 신문에 기고하였다.

특히 학생들이 거의 다 새마을운동을 비판하는 방향으로 돌아가니까 새마을운동에 대해 공감하는 교수들도 강의하면서 학생들 앞에서 새마을운동의 본질과 장점을 말할 용기를 갖지 못했다. 서울대학교 본부에서 1975년 무렵, 직원을 대상으로(당시 직원이 1,000여 명) 대강당에서 새마을운동의 참뜻을 교육하라는 지침이 내려왔다. 당시 교강사는 환경대학원 김안제 교수와 농대 이질현(李瓆鉉) 교수가 추천되었는데, 이질현(李瓆鉉) 교수는 거부하였고, 결국 김안제 교수가 강의를 맡았다.

그 후 한 달 뒤에 서울대학교 본부에서 다시 학생들을 상대로 새마을운동에 대한 강의지시가 내려왔다. 그러나 새마을에 대해서는 학생들이 내용을 이해하려 하지 않고 당시 강압적인 정부가 추진하고 있는 정책이라는 이유만으로 거부감을 가지고 있었다. 따라서 학생들을 상대로 한 새마을운동 강의는 예정된 60분을 못 채우고 30분 만에 중단되었다. 학생들은 새마을운동에 관여한 이질현 교수 연구실을 폐쇄하기도 하였다. 따라서 1970년대 초반에 학창시절을 보낸 세대는 새마을운동을 사실관계에 관계없이 비판하거나 외면하는 것이 지성인의 마음가짐처럼 생각하였다.

4 공장새마을운동의 진화

1) 면담개요

공장새마을운동은 1974년부터 본격적인 교육이 이루어지면서 확산되었다. 당시 정부에서 공장새마을운동을 관장한 부처는 산업부였고, 실행은 전국 조직을 가지고 있는 대한상공회의소가 맡았다. 저자는 공장새마을운동의 진화과정을 추적하기 위해 당시 대한상공회의소 전무를 맡아 교육을 담당하고 새마을운동중앙협의회에 파견되어 근무한 강승일 씨와의 면담을 진행하였다. 면담은 2017년 8월 2일 오전 11시 40분부터 성남 새마을운동중앙회 접견실에서 약 1시간 진행되었다.

2) 공장새마을운동의 시작과 본질

1970년대 대통령이 새마을운동에 큰 관심을 가지고 있으니 장관들마다 서로 하려고 경쟁이 일어났다. 농림부장관, 내무부장관, 상공부장관, 보사부장관이 서로 새마을운동 한다고 할 때 상공부 장예준 장관은 경제단체하고 공업단지, 공단에 현장감이 있는 간부들을 소집하여 새마을운동 추진방향을 논의하기 시작하였다. 당시 상공부 실무책임자는 남계영 직원이었다. 이때 대한상공회의소 측에서 참석한 강승일 전 전무는 공장에서 새마을운동을 실시할 경우에 필요한 두 가지를 제시하였다. 하나는 정부가 시작하더라도 기업이 스스로 필요하다는 것을 느끼게 해야 하고, 다른 하나는 계량화를 통해 성과를 측정할 수 있어야 한다는 점이었다. 이 회의에서 도출된 결론은 첫째, 종업원이 공장에 대하여 주인의식 갖는 것, 둘째는 공장새마을운동을 통해 노사가 일체감을 조성하는 것이었다.

이렇게 시작된 공장새마을운동은 "근로자는 공장을 내 집처럼, 공장 일을 내 일처럼, 또 기업체는 근로자를 내 가족처럼"이라는 목표를 내세워 시작되었다. 당시 노동조합이 활동을 못했기 때문에 노사협의회를 만들어 근로자 입장을 대변하도록 하였다. 기업체의 경영목표를 수립할 경우 노사협의회에서 근로자 대표와 사용자 대표가 협의하여 승인하는 방식을 도입하였다. 이러한 절차의 목적은 첫째, 근로자로 하여금 주인의식을 갖게 하는 것이고, 둘째는 기업체도 근로자 입장을 헤아리자는 것이었다. 셋째는 기업이 이윤을 확대하기 위해 에너지와 물자를 절약하고, 생산성을 높이는 것이었다. 이러한 공장새마을운동의 세 번째 목표는 품질관리운동으로 접근하였다.

당시 품질관리운동은 규격협회가 담당하고 있었는데, 후에 표준협회로 이름이 바뀌었다. 당시 규격협회는 조직이 제대로 정비되지 않아 품질관리 운동을 맡을 역량이 부족하여 대한상공회의소가 그 책임을 맡게 되었다. 당시 대한상공회의소는 전국적으로 52개 지방조직을 가지고 있었다. 처음 공장새마을운동은 200개의 표본 기업을 대상으로 대한상공회의소가 주축이 되어 경제 4단체가 모두 참여하는 방식으로 추진되었다. 대한상공회의소는 원활한 공장새마을운동을 추진하기 위해 공장새마을운동추진본부를 설치하였다. 따라서 대한상공회의소 회장이 공장새마을운동추진본부장을 맡고, 나머지 경제 3단체 상근부회장이 부본부장을 맡았다. 공장새마을운동추진본부는 지방의 공업단지에 추진지부를 설치하였고, 36개 대기업에는 그룹본부를 설치하여 새마을운동을 추진하였다.

공장새마을운동의 지침은 추진본부에서 작성하여 배포하였고, 이러한 지침에 의거하여 대기업은 한 달에 한 번씩 품질향상 관련 교육을 실시하고, 그 결과를 매달 추진본부에 보고하였다. 전국 52개 대한상의 지부는 공장새마을운동 일환으로 품질관리 향상에 관한 무료 강의를 실시하기 시작하였다. 규격협회도 품질관리 향상에 관한 강의를 시작하였는데 수강료를 받았다. 이러한 공장새마을운동의 성과는 국산제품의 품질향상과 노사화합으로 요약되는데, 결국 수출확대로 이어졌다. 이와 같이 기업이 공장새마을운동을 통해 추가적인 이윤을 확대할 수 있게 되어 근로자에 대한 다양한 복지가 제공되기 시작하였다. 정부도 이러한 공장새마을운동에 고무되어 월간경제동향보고에 공장새마을운동 우수 성공사례 하나씩 발굴하고 소개하였다.

공장 새마을운동을 통한 성과는 품질향상과 생산성향상이었다. 이러한 성과도 공장 새마을운동의 초기 목표 "근로자는 공장을 내 집처럼, 공장일을 내 일처럼, 또 기업체는 근로자를 내 가족처럼"을 달성하는 과정에서 공장을 중심으로 '공동체 인식'이 형성, 유지되었기 때문에 가능한 것이었다. 실제 한국의 수출증가 추세는 공장 새마을운동의 성과가 매우 컸음을 부여준다. 한국의 수출증가세는 새마을운동이 시작된 1970년 이전에는 <그림 13-2>에서 처럼 그리 크지 않았다. 특히 공장 새마을운동이 시작된 1974년 이후 한국의 수출은 급격히 늘어나서 1995년 1,250억 달러를 넘었다.

그림 13-2 **한국의 수출증가세**

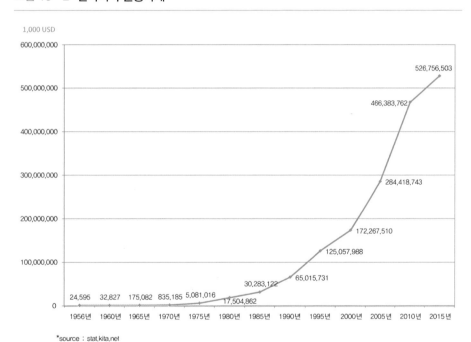

5 | 새마을운동조직의 위기 대응능력

1) '애국가락지 모으기 운동'

새마을운동중앙협의회와 새마을부녀회중앙연합회는 나라경제 살리기 운동의 일환으로 '3조원 저축운동'을 전개해오고 있었다. 그러나 1997년 한국이 외환위기에 처하자 새마을부녀중앙연합회는 모든 국민이 힘을 합하여 외환위기를 극복하자는 취지로 '3조원 저축운동'을 '애국가락지 모으기 운동'으로 전환하여 추진하였다. 새마을부녀회중앙연합회(회장 정행길)는 새마을지도자와 회원 및 사회 지도층이 '구한말 국채보상운동' 정신을 계승하여 외환위기를 극복하자는 취지로 1997년 11월 20일 '애국가락지 모으기 운동'을 선포하고 같은 해 12월 8일까지 금으로 된 물건을 모아 국가에 헌납하기로 결의하였다.

이러한 새마을부녀회중앙연합회 활동은 1997년 12월 3일 국무총리 주재로 열린 비상경제대책추진위원회에 보고되었고, 이에 고무되어 '애국가락지 모으기 운동'은 탄력을 받게 되었다. 새마을부녀회중앙연합회가 1997년 12월 10일 서울 한국프레스센터 20층 국제회의장에서 특별 금 모음전을 갖기 위해 전국 새마을부녀회 회원 및 사회지도층에게 보낸 서한문은 다음과 같다.

> "우리 경제가 최악의 상황을 맞고 있습니다. 그러나 지금부터라도 정신차리고 다함께 노력한다면 우리는 다시 일어설 수 있습니다. 우리에겐 위기때마다 발휘하는 민족 저력이 있기 때문입니다. 이제 우리 모두가 당장 해야 할 일은 마른 수건을 다시 짜는 심정으로 허리띠를 졸라매고 열심히 일해야 합니다. 더 아끼고 덜 쓰면서 저축을 늘려야 합니다. 이것만이 위기를 극복하는 길입니다. 우리 새마을부녀회에서도 힘을 보태겠습니다. 舊韓末 나랏빚을 갚기 위해 손가락에 낀 가락지는 물론 귀중한 패물까지 아낌없이 받친 옛 여성들의 애국심─이제 저희가 그 정신을 이어 받겠습니다. 그래서 『애국가락지 모으기』 운동을 펼칩니다. 장롱속에 숨어있는 반지도 꺼내고 사용하지 않는 가락지도 기꺼이 내어 놓겠습니다. 경제가 살아야 나라도 살고 우리 모두가 사는 길이 아닐까요? 우리 부녀회에서는 오는 12월 10일 프레스센터에서 『애국가락지 모으기』 참여 분위기 조성을 위해 특별모음전 행사를 갖습니다. 이날 행사에는 각 여성단체장을 비롯한 지도층 여성들께서도 많이 참여해주실 것으로 믿고 있습니다. 이번 『애국가락지 모으기』 운동이 나라경제를 살리는데 여성들의 힘을 모을 수

있는 좋은 기회가 될 것으로 기대됩니다. 여성 여러분들의 많은 참여와 아울러 국민 여러분들의 성원을 부탁드립니다."

이어 다음 날인 1997년 12월 11일부터는 각 시·도, 시·군·구 새마을부녀회 주관으로 '애국가락지 모으기 운동'이 전개되어 전국적으로 확산되었다. 이러한 새마을부녀회 활동은 1997년 각 시·도, 시·군·구 새마을부녀회 평가대회와 병행 실시되었다. 1997년 12월 10일 새마을부녀회중앙연합회가 특별모음전을 통해 거둔 실적은 금 2,445돈, 은 133돈, 외화 28달러, 한화 7,012천원이었다. 새마을부녀회중앙연합회는 1998년 2월 '애국가락지 모으기 운동'을 종료하고 그동안 모은 금, 은, 외화 등을 국가에 무상으로 헌납하였다.

대한민국 국민들은 새마을부녀회중앙협의회가 시작한 '애국가락지 모으기 운동'에 자극받아 금모으기 운동에 동참하였고, 1998년 1월 5일 한국방송(KBS)은 'KBS 금모으기 캠페인'을 시작하였다. 하지만 새마을부녀회중앙협의회 '애국가락지 모으기 운동'에 자극받아 다른 기관과 단체에서 전개한 '금모으기 운동'은 새마을부녀회중앙연합회처럼 나라 외환위기 극복을 위한 무상 헌납방식이 아니라 보상방식으로 추진되었다. 국민은행, 주택은행, 농협중앙회 등 각 금융기관도 금모으기 운동 창구역할을 하였다. 새마을부녀회중앙연합회가 시작한 나랏빚 갚기 위한 금모으기 운동은 351만 명이 참여하여 금 225.79톤을 모았고, 당시 연간 금 수입액 약 60억 달러를 줄이는 효과도 가져왔다. 이와 같이 새마을부녀회중앙연합회의 '애국가락지 모으기 운동'은 나라 공동체를 강화하기 위해 개인의 욕망을 희생한 증거다.

2) 국가적 행사 지원 및 재난대처

새마을운동중앙회는 1986년 '아시안게임', 1988년 '서울올림픽게임', 2018년 2월 '평창동계올림픽게임' 등 세계적 행사에 자원봉사활동 조직을 만들어 행사진행, 안내, 행사장 주변 청소 및 안전점검 등 업무를 지원하였다. 새마을지도자 및 회원들은 정파, 지역, 종교에 관계없이 지역사회 공동체를 강화하기 위해 주류(主流)에 동참하는 특성을 지니고 있다. 이러한 조직의 특성으로 인해 새마을

조직은 정권이 바뀔 때마다 오해와 편견의 대상이 되었다. 하지만 그와 같은 오해와 편견은 양 극단에서 바라볼 때 나타나는 현상으로 항상 지역사회 중심을 지켜온 새마을 조직과는 상관이 없는 것이다.

이러한 맥락에서 전국의 새마을운동 조직은 각종 커다란 자연재난으로부터의 피해를 복구하는데 앞장 서왔다. 2007년 충남 태안 앞바다에서 유조선과 해상크레인이 충돌하고 유조선으로부터 기름 12,457리터가 유출되어 주변 생태계를 오염시키는 사건이 발생하였다. 전국의 새마을 지도자들은 시·도지부와 시·군·구 지회별로 자원봉사 조직을 구성하여 오염된 주변 지역을 정화하는데 앞장섰다. 이 사건은 피해도 피해이지만 피해복구에 참여한 자원봉사자가 123만 명에 이르러 세계를 놀라게 했다. 기름유출로 인한 생태계 피해를 복구하기 위해 이와 같이 대규모 자원봉사자가 참여할 수 있었던 것은 이미 환경공동체를 구축하고 경험한 새마을지도자 및 회원들이 중심에 있었기에 가능했다.

2017년 충북 청주시 및 괴산군 일대에 내린 집중 폭우로 인해 이 지역 주민들이 큰 피해를 입었을 때에도 전국의 새마을운동 조직은 이 지역의 피해복구 중심에 섰다. 전국의 새마을운동 조직은 피해 주민들이 외부에서 온 자원봉사자들로 인해 번거로움을 느끼지 않도록 시·도지부와 시·군·구 지회별로 날짜와 작업구역을 조정하여 피해복구 작업에 참여하였다. 때마침 새마을운동중앙연수원에서 10박 11일의 초청연수에 참여하던 아프리카 앙골라 연수생들도 폭우로 인한 피해복구 작업에 참여하여 새마을운동의 공동체 정신을 체험하였다.

2019년 중국 우한에서 발생한 신종 코로나바이러스가 한국에 퍼지기 시작하자 경기도새마을회는 이의 지역사회 감염을 방지하기 위해 나섰다. 즉, 새마을지도자경기도협의회와 새마을부녀회는 2020년 1월 30일 회장단 및 지도자 모임을 갖고 신종 코로나바이러스 지역사회 감염을 방지하기 위한 대책을 논의하였고, 이후 각 시·군 새마을지회가 앞장서서 지방정부 방역작업에 참여하였다. 특히 신종 코로나바이러스는 일상생활 주변을 통해 감염되는 만큼 새마을운동 조직은 개인위생, 집단위생과 관련한 예방수칙을 주민들에게 전파하기 시작하였다. 또 경기도 내 31개 시·군 새마을가족들이 나서 자체 방역태세를 확인하고, 방역활동에 필요한 사항들을 수시로 점검하였다(뉴시스 lpkk12088@hanmail.net 보도).

6 새마을운동의 성격과 관련한 시·공간 좌표 특성

새마을운동은 1970년 4월 22일 중요 국정과제로 채택되었다. 오랜 역사만큼이나 새마을운동에 대한 오해와 편견도 크고 깊다. 이러한 오해의 한 부분에는 당시 정치상황에 대한 부정적인 시각을 새마을운동 추진체계에 덧씌운 탓도 있고, 다른 한 편에는 새마을운동을 신화처럼 포장한 탓도 있다. 당시 정치상황을 부정적으로 비판하는 입장에서 보면 그러한 정치상황을 이끌었던 지도자가 추진했던 새마을운동도 좋게 보일 리가 없다. 즉, 당시 대통령이 한 일과 시대 상황을 동일 맥락에서 보고 모든 걸 같은 시각으로 마름질하려 할 것이다.

또한 새마을운동의 추진과정을 신화처럼 부풀린 사람들 역시 당시 정치상황에 불만을 가지고 있는 사람들에게 거부감을 안겨주었다. 새마을운동 성과를 뛰어난 개인의 영도력으로 표현하다보면 다른 지도자를 상대적으로 평가절하 하는 꼴이 될 수도 있다. 이러한 두 가지 인식의 깊은 골짜기는 사실과 관계없이 시간이 지나면서, 흐르는 강물이 계곡을 더욱 깊게 파듯이, 새마을운동에 대한 오해와 편견을 더욱 크게 만들고 있다.

저자 또한 그러한 시대의 혼돈을 겪으면서 학창시절을 보냈다. 결국 누가 한 일은 무조건 나쁘고 누가 한 일은 무조건 좋은 것처럼 들으며 살았다. 그러한 세간의 인식은 시간이 경과하면서 사실처럼 굳어졌고, 이로 인한 인식차이는 '그들의 새마을운동'처럼 먼 나라 이야기가 되었다. '아직도 새마을운동?'이라는 표현처럼 과거를 부정하고 싶은 성향이 역사적 사실을 종종 왜곡하는 경우가 있을 수 있다. 저자가 스스로 새마을운동에 대한 오해와 편견을 가지고 있음을 깨닫기 시작한 것은 마을 주민들이 기록한 새마을운동 관련 기록문건을 접한 때부터다. 저자는 실제 새마을운동의 주체가 마을 주민이었다는 사실에 관심을 갖고 그들이 기록한 새마을운동 회의록과 사업계획을 접하고서야 진정한 '우리들의 새마을운동'을 인식할 수 있었다.

이와 함께 저자는 당시 새마을운동 현장을 이끌었거나 정책 일선에서 새마을운동을 설계하는데 참여한 분들과의 면담을 통해 새마을운동에 대한 저간의 입장 차이가 사실관계에 근거하고 있지 않음을 깨닫게 되었다. 이러한 맥락에서 저자는 그 분들과의 면담을 통해 새마을운동이 시간과 공간의 상호작용 과정을 어떻게 버텨왔는지, 그리고 왜 아직도 새마을운동인지를 짚어보았다.

새마을운동 조직과 새마을 지도자는 어느 시대, 어느 정권에서든 한국사회의 주류를 이루었다. 따라서 양 극단에 서있는 입장에서 보면 새마을운동 조직과 새마을지도자는 때로는 '서운함', 때로는 '경계'의 대상으로 인식되었을 것이다. 새마을운동에 대한 오해와 편견의 상당부분은 이러한 '서운함'과 '경계'로부터 출발한다. 새마을운동 조직은 때로는 정권에 나약한 모습을, 때로는 정치색깔로 함몰되는 듯 보였을지 모른다. 하지만 새마을지도자 및 회원들이 풀뿌리에 해당하는 지역사회 현장을 지켰기 때문에 결국 새마을운동 조직은 50년 넘게 한국의 주류사회를 이끌고 있다.

새마을운동은 정부의 손길이 미치지 못하는 혹은 정부가 할 경우 막대한 국민적 부담을 수반하는 '반드시 필요하지만 혼자서는 엄두를 내지 못하는 우리 공통의 일'을 대상으로 하고 있다. 한국의 지역사회는 항상 새마을운동과 함께 진화해오고 있고, 지역사회의 큰 줄기는 새마을운동 조직으로 이루어져 있다. 우리나라 과거 50년의 지도층은 새마을운동을 통해서 혹은 새마을운동과 관련하여 검증받고 인정받아 충원되었다. 한국의 국민 모두는 본인 혹은 가까운 피붙이가 새마을지도자였거나, 새마을운동에 참여한 경험을 가지고 있다.

인류사회에서 정치색깔은 소용돌이와 같아서 사실을 집어삼킨다. 따라서 이 책은 '우리의 새마을운동'을 담기 위해 그로부터 정치색깔을 빼고 사실관계에만 집중하였다. 물론 면담내용은 당시 성공한 사례 중심의 기억들이어서 실패한 경우의 이야기가 많이 퇴색하였으리라. 그래서 현재 남은 기록 혹은 장점 위주의 저술은 시간흐름에 종속될 수밖에 없는 '진화'라는 표현으로 후세에 남기고자 한다. 어느 시대나 열성인자는 점차 사라지고, 우성인자가 다음 세대로 전달될 가능성이 높기 때문이다.

14장 지구촌 새마을운동의 시·공간 좌표

2016년 10월 18일 강원도 평창에서 개최된 '지구촌 새마을 지도자 대회 (GSLF, Global Saemaul Leaders Forum)'에서 새로운 국제기구인 '지구촌새마을운동 연맹(SGL, Saemaul Undong Global League)'이 탄생하였다. 이러한 SGL의 탄생 배경은 한국의 경제성장과 이에 대한 국제사회의 관심 증대와 연계되어 있다. 특히 세계에서 가장 가난했던 한국이 오늘날과 같은 경제강국으로 발전한 사례는 많은 개발도상국가의 관심대상이다. 물론 한국의 고도 경제성장은 새마을운동 때문만은 아니다. 그러나 세계의 많은 개발도상국 혹은 저개발국가들도 경제성장 정책을 표방했지만 그들이 바라던 경제성장을 한국만큼 이루지 못했다. 이러한 차이에 대한 국제사회의 관심은 가난으로부터 벗어나는 과정을 모두 보여준 새마을운동 추진체계에 집중하고 있다. 새마을운동 접근방식, 즉, 마을 단위의 지역사회 공동체 형성은 구조적 혁신을 통해 새로운 기능을 도입할 여건을 조성하고, 기능을 효율화하여 구조적 갈등을 최소화하면서 한국 사회를 진화시킨 유전자로 작동하였다.

국제사회가 주목하고 있는 사항은 선진국과 개발도상국 혹은 저개발국가의 구분과 차이가 아니라 개발도상국가와 저개발국가라도 스스로의 역량을 통해 자신들의 위상을 결정할 수 있다는 실천논리다. 발전은 외부로부터 주어지는 것이 아니라 국가 혹은 집단이 내부로부터 가꾸고 실천해야 할 가치에 속한다. 그러한 가치는 국가 혹은 집단의 존재이유와 이를 스스로 지킬 수 있는 역량의 산물이다. 따라서 발전은 스스로의 선택에 근거해야지 남의 방식을 일방적으로 따라 해서는 실현하기 어렵다. 한국의 새마을운동은 주민들이 마을 공동체를 형성하고, 지역사회와 국가의 존재이유를 인식하며 이를 가꾸기 위한 최소 공동체 단위(마을)의 노력이었다는 점에서 국제사회가 인정하는 '역량강화'의 실천논리를 보여주고 있다.

이러한 맥락에서 '지구촌새마을운동연맹(SGL)'은 한국에서 성공한 새마을운동 경험을 그대로 개발도상국가에 적용하는 것이 아니라, 나라마다 다른 공동체 특성을 반영하고(현지화, Localization), 과거로부터 비롯된 문제를 현재의 수단으로 접근하여 미래를 재설계하려는 방식(현재화, Redesigning the past successful experiences to fit the current situation for the future goal)을 지향한다. 결국 회원국마다 특성을 살려 차별화된 발전현상을 도모하고, '지구촌새마을운동연맹(SGL)'을 통해 이를 가치사슬(value chains)로 연결한다면 선진국과 개발도상국이라는 이분법적 깊은 골짜기는 더 이상 건너지 못하는 장애물이 아니다. 따라서 '지구촌새마을운동연맹'은 나라마다 다른 잠재력에 근거하여 '차별화의 이점'을 극대화하고, 이들 다양성을 '가치사슬'로 연결하여 회원국 전체의 포용발전(inclusive development)을 도모한다. 포용발전은 공간정의(spatial justice)를 실현하기 위한 요건이고, 가치사슬은 공간정의를 실천하기 위한 수단이다.

1 국제기구의 새마을운동

1) 면담개요

새마을운동에 대한 국제기구의 관심은 21세기 들어 본격화되었다. 2000년 UNESCAP 사무총장에 취임하여 새마을운동을 전세계적으로 농촌빈곤을 해결한 '우수사례(best practice)'로 선언한 김학수 전 사무총장과 면담이 이루어졌다. 면담은 2017년 11월 9일 성남 소재 새마을운동중앙회 회장실에서 이루어졌고, 면담은 저자(당시 새마을운동중앙회 회장)의 질문과 김학수 전 사무총장의 답변으로 진행되었다. 김학수 사무총장은 1938년 강원도 원주 출신으로 2000년부터 2007년까지 UNESCAP 사무총장을 역임하였다.

2) 국제기구가 새마을운동에 주목하게 된 배경

국제연합 아시아·태평양 경제사회이사회(UNESCAP)는 제56차 연차회의에서 한국의 새마을운동을 '빈곤퇴치의 우수사례(best practice in poverty reduction)'로 지정하고 2003년부터 캄보디아, 네팔, 라오스를 대상으로 새마을운동 시범사업을 추진하였다. 김학수 전 UNESCAP 사무총장은 국제연합 개발프로그램(UNDP)에 근무하다가 한국에 들어와 대외경제정책연구원(KIEP)의 북방실장을 지냈다. 당시 김학수 북방실장은 노태우(盧泰愚) 대통령 때 추진되었던 북방정책에 따라 유엔디피(UNDP)가 수행하는 두만강개발계획의 총괄책임을 맡았다.

그 이후 김학수 사무총장은 콜롬보 플랜(Colombo Plan) 사무국장으로 일하면서 콜롬보 플랜을 성공적으로 개혁하였다. 이러한 개혁의 성과로 김학수 박사는 에스캅(ESCAP) 사무총장이 되었다. 2000년 7월 1일자로 에스캅(ESCAP) 사무총장에 부임한 김학수 박사는 우선 에스캅(ESCAP)의 새로운 역할을 정립하기 위해 조직 구성원들과 많은 이야기를 나누었다. 국제연합(UN, The United Nations)은 2000년 9월 새천년발전목표(MDGs, Millennium Development Goals)를 공표하였는데, 여기서 빈곤퇴치가 국제개발협력의 중요과제로 등장하여 김학수 사무총장은 이에 대한 성공사례를 수집, 분석하기 시작하였다.

김학수 사무총장은 ESCAP의 농촌도시개발국장(이후에 조사국장으로 명칭변경)에게 빈곤퇴치의 성공사례로 입증된 경험(proven successful best practice)을 수집하도록 지시하였다. 검토 끝에 농촌도시개발국장이 제시한 빈곤퇴치 성공사례는 첫째가 한국의 '새마을운동', 둘째는 필리핀의 '가와 칼링가(Gawad Kalinga)', 셋째는 스리랑카의 '스와보다'였다. 이러한 조사결과에 근거하여 김학수 사무총장은 당시 KOICA 신장범 총재에게 100만 달러를 기탁 받아 2003년부터 캄보디아, 네팔, 라오스 세 나라에 새마을운동 시범사업을 실시하였다. 이들 3개국에서의 새마을운동 시범사업은 2005년 종료되었다. 필자는 2005년 KOICA 전문가로 위촉되어 두 차례에 걸쳐 캄보디아, 라오스, 네팔 등 3개국의 새마을운동 시범사업을 평가하였다.

2 지구촌 새마을운동의 진화

1) 면담개요

지구촌 새마을운동의 진화는 필리핀 현지에서 새마을운동을 전파하고 있는 신용기 회장(G-FACE 필리핀 새마을운동 NGO)과의 면담을 통해 살펴보았다. 신용기 회장은 1935년 6월 15일 일본 교또에서 태어나 1945년 해방을 맞아 귀국하여 마산 창신중·고등학교를 다녔다. 신 회장은 부산수산대학교를 졸업한 후 수산개발공사에 다녔고, 1965년 프랑스 정부 장학금을 받아 3년간 프랑스에 유학하여 수산냉동분야 공부를 하였다. 신용기 회장은 프랑스에서 귀국 후 1968년 과학기술처가 주관하는 응용산업분야 기술사 시험에 합격하였고, 같은 해 한국 정부(농림부) 월남파견 사절단(총 5명) 일원으로 파견되어 1972년까지 한국군 주둔지역에서 월남 주민들을 상대로 농업기술을 전수하였다.

신 회장은 1972년 ADB(아시아개발은행)에 특채되어 농어촌 지역개발업무를 수행해오다 1995년 농어촌 지역개발담당관(Senior officer)으로 정년퇴직하였다. ADB 퇴직 후 신용기 회장은 잠시 필리핀에서 한글학교 교장을 지냈고, 1995년 한국대사관 추천으로 Ramos 필리핀 대통령 자문관을 지냈다. 1998년 Ramos 대통령 임기가 끝나자 필리핀 지방정부연맹과 협력하여 필리핀 농촌지역에 새마을운동을 접목하기 위해 'G-FACE'라는 필리핀 새마을운동 국제 NGO를 만들어 현재 회장으로 활동하고 있다. 신용기 회장과의 면담은 필자의 연구실인 가천대학교 가천홀 935호실에서 2019년 6월 25일 오후 2시 30분부터 5시까지 진행되었다.

2) 면담을 통해 본 해외 새마을운동의 진화

신용기 회장(G-FACE 필리핀 새마을 국제 NGO)이 필리핀에서 새마을운동을 전파하게 된 배경은 그의 아시아개발은행 근무경험과 밀접하게 관련되어 있다. 신용기 회장이 ADB에서 1995년 정년퇴직할 무렵 필리핀 Fidel Valdez Ramos

(1928. 3. 18~) 대통령(재임기간 1992. 6. 30~1998. 6. 30)은 한국 대사관을 통해 필리핀 농어촌을 한국처럼 발전시키기 위해 한국의 전문가를 물색하고 있었다. Ramos 대통령은 한국전쟁 참전용사(1952년 육군 수색 소대장으로 참전) 출신으로 전쟁으로 인한 잿더미에서 1986년 아시안게임, 1988년 올림픽게임을 치러내는 한국의 발전상에 고무되어 한국의 발전모델을 본받기로 하고 한국의 전문가를 초빙하기로 결심한 것이다.

Ramos 대통령은 대통령 선거 캠페인에서 자신이 대통령이 된다면 필리핀 전체 80개 주 중 가난한 20개 주에서 놀랄만한 변화가 있으리라는 공약을 내걸었다. 이 때문인지 Ramos 대통령은 한국발전에 기여가 크다고 생각하는 새마을운동방식을 필리핀에 적용할 생각을 한 것 같다. 필리핀 정부의 요청으로 주 필리핀 한국대사관은 수소문 끝에 필리핀에 친숙한 ADB 출신 신용기 회장을 추천하였다. 신용기 회장은 1995년 ADB 퇴직 후 잠시 필리핀에서 '한글학교' 교장을 맡고 있었는데, 한국 대사관에서 그를 필리핀 정부가 요청한 한국 전문가의 적임자로 판단한 것이다.

신용기 회장은 1995년부터 3년간 Ramos 대통령 자문관으로 필리핀 대통령궁 '마라깐양'에서 일했다. 신용기 회장은 원래 ADB 퇴직 후에 한국에 와서 보유한 기술사 자격증을 활용하여 일할 생각을 하였고, 한국의 친지들도 그가 한국으로 와서 일할 사무실과 집기를 마련해놓고 있었다. 그는 Ramos 대통령 자문관으로 일하면서 필리핀 농어촌개발과 관련하여 우리나라의 새마을운동을 접목하기 위해 고심하기 시작하였다.

신용기 회장이 필리핀 대통령 자문관으로 한 일은 다음과 같다. 당시 필리핀 국민들은 외국이나 국제기구로부터 원조 받는데 능숙하여 스스로 거주하는 Barangay(우리나라 마을보다는 크고 읍·면 보다는 작은 자치단체로 책임자와 Barangay 의원을 주민들이 직접 선출) 발전에 책임감이 없고, 국가나 외국 원조기관에서 설치한 기반시설도 고장나면 방치되어 지속가능하지도 않았다. 이러한 상황에서 신용기 회장은 농어촌개발이 사람 중심으로 추진되어야 한다고 생각하고, 우리나라의 새마을운동을 필리핀 실정에 맞도록 적용할 생각을 하게 되었다.

Ramos 대통령도 취임하자마자 우리나라의 새마을운동 성과를 높이 평가하여 실제 몇 개의 시범 Barangay를 선정하고 시멘트 등 건축자재를 제공하였다. 하지만 주민들은 정부에서 제공한 시멘트를 모두 농구장 바닥을 포장하는데 사용하였다. Ramos 대통령은 한국의 새마을운동이 정부가 지원한 건축자재를 생산활동과 연계되는 기반시설을 구축하는데 사용한 반면 필리핀 주민들은 정부의 지원을 비생산적인 농구장 만드는데 사용하는 걸 보고 한국의 전문가를 초빙하기로 결심하였단다. 신용기 회장은 이러한 상황을 보고받고, 시범 지역 선정과 관련하여 기준을 정하고, 우선 필리핀 20개 주 주지사에게 서한을 보내 각 주에서 가장 가난한 시·군 2개씩 추천해달라고 부탁하였다. 그리고 다시 주지사가 추천한 시·군에게 각 1개의 Barangay를 추천하도록 하여 모두 40개 Barangay를 추천받았다.

추천된 Barangay는 북부 루손 섬에서 20개, 중부에서 10개, 남부 민다나오 섬에서 10개였다. 그는 6개월 동안 이들 40개 Barangay를 순방하면서 현장 조사보고서를 작성하였다. 필리핀 Barangay 주민들은 대통령 궁에서 한국의 전문가가 왔다고 하니까 크게 기대하는 눈치였다. 그는 종래의 외국 원조로는 잘 살 수 없다고 전하면서 스스로의 노력이 중요함을 역설하였다. 자신들의 노력으로 부유해질 수 있음을 강조한 것이다. 그렇게 하여 실시한 시범사업은 변화의 한 단계에 지나지 않았다.

농어촌 지역개발은 주로 농로, 관개시설, 시장 접근 등에 한정하여 실시되었는데, 이들 기반시설을 활용하는 주체는 주민이다. 따라서 주민들의 역량이 강화되지 않으면 어떠한 지역개발정책도 성공할 수 없다. 실제 신용기 회장은 이 기간 동안 Nepal에서 사업을 해봤는데, 주민들이 물고기를 먹고 싶다고 하여 기금을 빌려주고 양어장을 만들어 기른 물고기를 팔아 원금과 이자를 상환하도록 하니 성과가 나타났다. 이러한 방식을 아프리카개발은행(AfDB)과 협력하여 시범적으로 실시한 적도 있다.

1998년 6월 30일 Ramos 대통령 임기가 끝나고 신용기 회장은 필리핀 Local Government Unit(일종의 지방정부 협의체)와 협력하여 새마을운동을 현장에 접목하는 선도사업 책임자(Pilot Operator)로 일했다. 당시 필리핀에서는 은행의 문턱도 높았지만 대출금이 상환되지 않고 사유화되는 게 보통이었다. 결국 초기 기금이 필요하여 2006년 무렵 신용기 회장은 한국에 와서 새마을운동중앙회 당시 강문규 회장을 만나 새마을운동방식에 대한 필리핀 국민들의 기대감을 전했다. 이때 새마을운동중앙회를 통해 신용기 회장은 경기도 새마을운동지부를 소개받았고, 이어 인천광역시 새마을운동지부도 소개받았다.

신용기 회장은 2007년 경기도 새마을운동지부에서 95만 페소(추가로 출연한 모든 기금을 합하면 141만 페소, 당시 한화 약 3,000만원), 인천광역시 새마을운동지부에서 75만 페소(한화 약 1,700만원)를 지원받아 필리핀 농촌에서 새마을운동 시범사업을 펼칠 수 있게 되었다. 2007년 10월 경기도 새마을운동지부에서 지원한 95만 페소는 Pantihan Ⅳ Barangay에 투입하고, 인천광역시 새마을운동지부가 지원한 75만 페소는 Urdaneta Barangay에 투입하기 시작하였다. 2개 Barangay에서 비교적 담보능력도 있고 신용이 높은 사람이 책임자가 되고 모두 5명 회원제로 Group을 만들어 사업자금을 신청받았다. 5명의 Group 회원들이 일종의 연대보증체계를 구축한 셈이다.

처음엔 한 Group 당 15만 페소씩 빌려주고 소 키우기, 돼지 키우기, 사탕수수 재배 등 사업을 하도록 하고 1년 뒤 원금과 이자(연 이자율 12%)를 상환하도록 하였다. 결과는 놀라웠다. 처음 한 개의 Barangay에서 5개 Group을 지원하였는데, 5년 뒤부터는 기금이 늘어나서 수혜 Group 수를 늘려갈 수 있게 되었다. 현재 Pantihan Ⅳ Barangay에는 12개 Group이, Urdaneta Barangay에는 7개 Group이 활동 중이다. 2014년부터 충청북도 새마을운동지부에서 지원한 105만 페소로 Dalusag Barangay에서 역시 한 Group당 15만 페소를 빌려주어 현재 7개 Group이 활동하고 있고, 2017년부터는 서울특별시 새마을운동지부가 지원한 120만 페소로 Lumampong Balagbag Barangay에서 현재 8개 Group이 활동하고 있다.

새마을운동 시범사업이 실시되고 있는 Barangay에도 3년간 모든 Group이 성과를 통해 원금과 이자를 상환하는 과정을 거치면 마을회관을 무상으로 지어주는데, 부지나 노동력은 모두 주민들이 제공한다. 즉, 건축자재만 지원하여 마을회관을 건립하고 있다. 따라서 2017년부터 새마을운동을 시작한 Lumampong Balagbag Barangay에는 아직 마을회관이 건립되지 않았다.

신 회장이 필리핀에서 실시하고 있는 새마을운동의 특징은 다음과 같다. 우선 2007년부터 실시하기 시작한 2개 Barangay에서의 새마을운동 시범사업은 주민들의 자발적 의욕에 기반하고 있다. 해당 Barangay에서 태어난 사람만이 Group 회원이 될 수 있고, 비교적 담보능력과 신용이 높은 주민이 Group 책임자가 되어 회원을 구성한다. 따라서 Group은 하나의 공동 운명체와 같다. 혼자로서는 감당할 수 없지만 Group은 연대하여 공동 책임을 질 수 있는 공동체이다. Group별 사업은 철저하게 Group 회원들이 스스로 정하게 하였는데, 처음엔 하나의 Barangay에서 13개 Group이 만들어졌다. 이들 주민들은 성경을 믿기 때문에 성경에 쓰여 있는 대로 '제비뽑기' 방식으로 5개 Group을 선정하였다.

새마을운동이 실시되고 있는 Barangay에는 Business Center를 만들어 지방 정부에 등록하고 일종의 법인격을 부여받아 독립적인 회계처리가 가능하도록 하였다. 따라서 Group의 지도자는 Business Center에 책임을 지며, 1년 뒤 원금과 이자를 상환하고 다시 사업을 위해 기금을 대출받는 방식으로 사업을 추진한다. 법정 이자율 12%는 물가상승률을 고려할 때 사업기금의 지속가능성을 보장할 수 있는 수준 이상이고, 사업자금은 은행권 문턱이 높은 농촌 Barangay 주민들에게는 좋은 기회에 속한다. 특히 각 Group은 사료의 공동구매와 생산물의 공동판매를 통해 수익을 높일 수 있는 네트워크를 구축할 수 있게 되었고, 사업성과나 대출금 및 이자의 상환을 놓고 서로 경쟁하기 시작하였다.

따라서 경기도, 인천, 충북, 서울시 새마을운동회는 처음의 기금 출연만으로 필리핀 현지에서의 새마을운동을 지속적으로 확대, 지원한 셈이다. 이렇게 필리핀 농촌 주민들은 새마을운동 시범사업을 통해 신용의 중요성을 깨닫고, Group별로 공동체 인식을 배양하여 결과적으로 자신들이 거주하는 지역사회의 주도권과 주인의식을 키우게 되었다. Pantihan IV Barangay와 Urdaneta Barangay에서의 새마을운동 시범사업 성과로 기금이 늘어나서 그 이자로 2014년 10월 27일 두 개의 Barangay가 속한 '까비떼' 주 21명의 대학생에게 새마을 장학금 수여식이 열렸다. 이와 같이 초창기 지구촌 새마을운동은 한국의 전문가를 통해 현지 주민 중심으로 확산되고 있다. 그러나 새마을운동 방식이 현지화 되면 한국 전문가의 도움 없이도 현지 주민에 의해 주변지역으로 확산되는 양상을 보인다.

1) 지구촌새마을운동연맹(SGL) 출범

2016년 10월 18일 강원도 평창에서 개최된 '지구촌 새마을 지도자 대회 (GSLF, Global Saemaul Leaders Forum)'에서 새로운 국제기구인 '지구촌새마을운동 연맹(SGL, Saemaul Undong Global League)'이 결성되었다. 2016년 결성 당시 36개 회원국가로 출발한 SGL은 2017년 회원국이 41개로 늘어났고, 2018년 46개로 늘어났다. 이러한 SGL의 탄생 배경은 한국의 경제성장과 이에 대한 국제사회의 관심 증대와 연계되어 있다. 특히 세계에서 가장 가난했던 한국이 오늘날과 같은 경제강국으로 발전한 사례는 많은 개발도상국가의 관심대상이다. 물론 한국의 고도 경제성장은 새마을운동 때문만은 아니다.

그러나 세계의 많은 개발도상국 혹은 저개발국가들도 한국처럼 경제성장정책을 표방했지만 이들 정책목표였던 경제성장을 한국만큼 이루지 못했다. 이러한 차이에 대한 국제사회의 관심은 가난으로부터 벗어나는 모든 과정을 보여준 새마을운동에 집중하고 있다. 새마을운동은 '마을'이라는 작은 지역사회 공동체 단위에서 개별 주민(경제주체)들의 행동양식을 포함하고 있어서 발전정책이나 개발계획의 실천, 실행과정을 보여주었기 때문이다.

이러한 맥락에서 다양한 계층의 세계시민들이 한국의 새마을운동을 배우고, 또 자국에 전파하고 있다. 새마을운동 접근방식 즉, 마을 단위의 지역사회 공동체 형성은 구조적 혁신을 통해 새로운 기능을 도입할 여건을 조성하고, 기능을 효율화하여 구조적 갈등을 최소화하면서 한국 사회를 진화시킨 유전자로 작동하였다.

한국의 급속한 경제발전은 외부 입장에서 종종 '기적'으로 표현된다. 그러나 '기적'이라는 표현은 새마을운동을 통한 한국 국민들의 노력을 과소평가하고 있다. 경제개발정책이 일정 기간 달성할 목표와 그러한 목표에 도달하기 위한 절차 및 수단을 포함하고 있지만 이의 작동체계는 별도의 설명을 필요로 한다. 즉, 경제성장정책이 포함하고 있는 목표와 수단의 연결과정에 대한 설명이 필요하다. 어느 시점에서 자원을 얼마만큼 어떻게 투입하는 것과는 별도로 그러한 자원투입이 어떻게 작동했는가에 대한 설명이 필요하다.

이러한 경제개발정책은 사람의 일, 즉, 사람의 태도변화와 활동변화를 통해 목표와 연계되어 있다. 따라서 새마을운동을 이해한다면 한국의 경제성장을 하늘에서 뚝 떨어진 '기적'으로 표현하지 않았을 것이다. 또한 기적은 작동체계가 알려져 있지 않기 때문에 남이 따라 할 수 없다. 결국 한국의 경제성장은 경제개발정책만으로 설명될 수 없고, 그러한 정책이 현장에서 작동하게 된 과정을 통해 접근되어야 한다. 한국의 급속한 경제성장을 따르고자 하는 많은 개발도상국들이 '지구촌새마을운동연맹(SGL)'에 가입한 이유가 여기에 있다. <표 14-1>은 2018년 현재 '지구촌새마을운동연맹'에 가입한 회원국 명단이고 <그림 14-1>은 이들 회원국을 표시한 세계지도이다.

표 14-1 지구촌새마을운동연맹 회원국 현황(2020년 현재)

구분	국가명
정회원 (25)	아프가니스탄(Afghanistan), 부룬디(Burundi), 캄보디아(Cambodia), 코트디봐르(Côte d'Ivoire), DR 콩고(Democratic Republic of the Congo), 에티오피아(Ethiopia), 피지(Fiji), 온두라스(Honduras), 인도네시아(Indonesia), 요르단(Jordan), 키르기스탄(Kyrgyzstan), 라오스(Lao People's Democratic Republic), 마다가스카르(Madagascar), 몽골(Mongolia), 미얀마(Myanma), 네팔(Nepal), 파푸아뉴기니(Papua New Guinea), 필리핀(Philippines), 대한민국(Republic of Korea), 세네갈(Senegal), 스리랑카(Sri Lanka), 동티모르(Timor-Leste), 우간다(Uganda), 탄자니아(United Republic of Tanzania), 베트남(Vietnam).
준회원 (21)	앙골라(Angola), 아르메니아(Armenia), 방글라데시(Bangladesh), 콜롬비아(Colombia), 도미니카공화국(Dominican Republic), 엘살바도르(El Salvador), 가나(Ghana), 과테말라(Guatemala), 케냐(Kenya), 키리바시(Kiribati), 말라위(Malawi), 말레이시아(Malaysia), 파나마(Panama), 파라구아이(Paraguay), 페루(Peru), 솔로몬군도(Solomon Islands), 남아프리카(South Africa), 남수단(Southern Sudan), 타지키스탄(Tajikistan), 잠비아(Zambia), 짐바브웨(Zimbabwe).

* 주 1: 국명은 UN 등록 기준, ABC 순서

그림 14-1 지구촌새마을운동연맹 회원국 현황

회원국 46국 SGL Member countries 46 Countries

- 정회원국 : 25국 Full members : 25 Countries
- 준회원국 : 21국 Associate members : 21 Countries

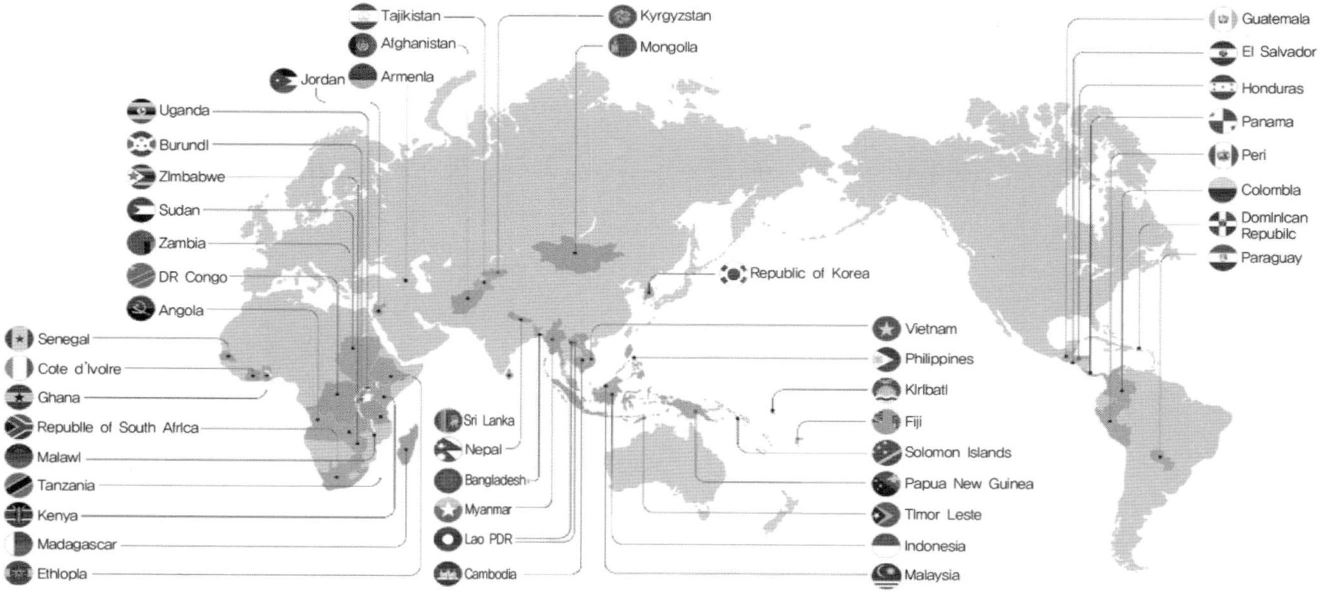

Guatemala
El Salvador
Honduras
Panama
Peru
Colombia
Dominican Republic
Paraguay

Vietnam
Philippines
Kiribati
Fiji
Solomon Islands
Papua New Guinea
Timor Leste
Indonesia
Malaysia

Republic of Korea

Kyrgyzstan
Mongolia

Sri Lanka
Nepal
Bangladesh
Myanmar
Lao PDR
Cambodia

Tajikistan
Afghanistan
Armenia
Jordan

Uganda
Burundi
Zimbabwe
Sudan
Zambia
DR Congo
Angola

Senegal
Cote d'Ivoire
Ghana
Republic of South Africa
Malawi
Tanzania
Kenya
Madagascar
Ethiopia

2) 지구촌 새마을운동의 추진방향

1948년 미국이 제2차 세계대전으로 파괴된 유럽의 복구를 지원하기 위해 시작한 '마셜플랜(The Marshall Plan)' 이후 다양한 목적의 국가 간 원조가 있었다. 근대화 이론에 근거하여 세계의 다양한 국가들은 국민총생산(GNP) 혹은 산업화의 잣대로 선진국과 후진국으로 구분되기 시작하였다. 이러한 구분은 선진국이 후진국 문제에 개입할 수 있는 빌미를 제공하였고,[1] 이를 계기로 선진국과 후진국의 관계가 과거 식민지배라는 총체적 의존관계로부터 정치, 경제, 군사 등 분야별로 세분된 '영향력 지배구조'로 겉모습을 바꾸었다. 즉, 많은 신생 후진국들은 정치적으로는 과거 자국을 식민통치했던 선진국을 경계하면서도 경제적으로는 선진국의 발전경험을 답습하기 위해 새로운 관계를 모색하고 있다.

그러나 후진국과 선진국의 새로운 관계설정에서 후진국이 선택할 수 있는 방법에는 한계가 있었다. 이에 비해 선진국은 경제적으로 어려움을 겪고 있는 신생 독립국가에 대해 지원과 관련하여 다양한 방식을 제시할 수 있었다. 이러한 '선택의 폭 차이'가 종종 '의존 혹은 종속관계'를 고착화하는데 기여하고 있다. 제2차 세계대전 이후 국가끼리의 '발전 서열'이 큰 변화 없이 유지되고 있는 현실이 이를 입증하고 있다. 즉, 20세기 중반 다른 나라에 원조를 제공하고 있던 국가는 21세기에도 여전히 원조 공여국으로 남아 있고, 원조를 받아오던 국가는 여전히 원조를 받고 있다. 도움은 한시적이어야 하지 고착화되면 종속관계로 전환된다. 한국도 제2차 세계대전이 종료되면서 여러 선진국들로부터 많은 원조를 받았다. 그러나 한국은 2011년 공식적으로 개발원조위원회(DAC) 회원국이 되어 많은 나라에 원조를 제공하고 있다. 국제사회가 한국의 발전경험에 주목하고 있는 이유다.

제2차 세계대전 종료 이후 국제연합(UN) 등 다양한 국제기구가 탄생하면서 다자간 국제사회가 지역별, 분야별 이해관계에 따라 구역(Block) 중심으로 재편되기 시작하였다. 이러한 구역중심의 국제사회는 때마침 시작된 이념갈등, 즉,

---

[1] 산업화를 통해 풍요에 길들여진 인류는 경제성장이 가난, 질병 및 전쟁으로부터의 자유를 신장시켜 주리라고 믿게 되었다. 이미 경제가 일정 수준 이상으로 성장한 선진국 경험은 후진국과 개발도상국의 본보기로 여겨져서 새로운 국가 간 의존관계를 형성하였다. 이러한 국가 간 새로운 의존관계는 과거처럼 무기를 앞세운 전쟁이 아니라 자본을 앞세운 시장(market)을 통해 고착화되었다.

동·서 냉전(Cold War)에 휩싸여 겉으로는 제2차 세계대전 이전 식민통치에 의한 특정 국가끼리의 수직적 '지배구조'가 수평적 '동맹구조'로 바뀌는 듯했다. 이 과정에서 '동맹'은 일부 지도자들의 수식어에 불과했고, 국가끼리의 인본주의는 지진 등 자연재해로부터 피해를 입은 제한적 상황에서만 확인될 수 있었다. 즉, 국제사회의 원조는 자연재해로 인한 피해복구의 경우를 제외하고는 모두 원조 공여국의 이해관심도를 반영하고 있다.

국제사회의 원조는 영토지배의 낡은 식민통치 방식을 '영향력 행사'라는 새로운 방식으로 포장하고 있다. 원조공여국은 여전히 원조공여국으로 남아 있고, 원조를 받던 나라들은 이들 원조공여국의 영향권에서 헤어나지 못하고 '원조의 덫(Aid Trap)'에 갇혀있다. 이에 비해 '지구촌새마을운동연맹(SGL)'은 기존 원조방식의 한계와 문제점을 지적하고, 개발도상국가가 '원조의 덫'에서 빠져나와 스스로 선진국으로 전환할 수 있는 방법론을 제시하면서 탄생하였다. 이러한 방법론의 실효성을 한국의 새마을운동 경험이 입증하고 있는 셈이다.

국제사회에서의 공적개발원조(ODA, Official Development Assistance) 혹은 국제개발협력의 당위성은 다음과 같다. 공적개발원조의 첫 번째 당위성은 식민통치와 관련되어 있다. 오늘날 대부분의 선진국들은 과거 다른 국가 혹은 지역을 식민통치하면서 산업화에 필요한 1차 원료를 값싸게 확보할 수 있었다. 미개발지역에 대한 식민통치는 식민지로부터 자원수탈의 수단이었던 것이다. 따라서 과거 식민지를 거느리면서 산업화에 성공한 오늘날 선진국들은 그들 식민지의 낙후성에 일종의 책임감을 가져야 한다는 추론이 가능하다. 이러한 관점에서 선진국들은 과거 식민지였던 신생 독립국가에 대해 일정 부분 보상하는 차원에서 공적개발원조를 제공하여야 한다는 것이다.

두 번째 공적개발원조의 당위성은 오늘날 기후변화 등 지구환경문제와 관련되어 있다. 기후변화 등 지구환경 문제는 '국지적 환경오염의 피해가 전 지구적으로 영향을 미친다.'는 경험에 근거하여 오염자와 피해자의 입장차이를 크게 벌리고 있다. 과거 값싼 화석연료를 사용하면서 산업화에 성공한 국가들은 선진국 반열에 올라 기후변화에 대응할 수 있는 역량을 갖추었지만, 새롭게 산업화를 도모하려는 국가들 입장에서 보면 산업화에 필요한 새로운 동력자원을 확보하기가 어렵게 되었다.

　그렇다고 개발도상국가가 현 시점에서 선진국들이 과거 그러했듯이 화석연료
를 사용하면서 산업화를 추진한다면 기후변화 등 전 지구적 환경재앙을 더욱 빠
르게 초래할 것이다. 분명 오늘날 기후변화 등 환경재앙의 원인 제공자는 과거
값싼 화석연료를 사용하여 산업화에 성공한 선진국들이다. 결국 기후변화 등 전
지구적 환경재앙에 아무런 방비 없이 노출된 개발도상국에 대한 선진국들의 공
적개발원조가 인류문명의 지속가능한 발전을 실현할 수 있는 수단이라는 주장이
있을 수 있다.

　공적개발원조의 세 번째 당위성은 국제사회의 긴장완화와 관련되어 있다. 유
럽사회가 가난과 폭력으로부터 벗어나려는 아프리카, 중동 일부지역으로부터의
난민문제로 사회안전망에 대한 심각한 고민에 빠졌다. 미국도 중·남미 국가의
사회불안과 경제파탄으로 국경을 넘는 난민문제로 정책갈등을 겪고 있다. 이와
같이 주변 국가의 극심한 빈곤과 사회불안은 인접 국가에 긴장과 경계심을 초래
한다. 따라서 국제사회의 빈곤문제와 사회안전망 구축은 선진국과 개발도상국
모두에게 큰 비용을 요구한다.

　이러한 상황에서 선진국은 자국과 국제사회의 안전망 구축을 위해 개발도상
국의 빈곤문제와 사회안정을 외면할 수 없다. 특정 국가 안에서도 같은 주장이
있을 수 있다. 건전한 사회를 만들고 유지, 관리하기 위해서는 모든 구성원이 사
회 주류에 합류할 수 있을 정도의 생활수준을 누릴 수 있어야 한다. 결국 선진
국이 스스로의 사회안전망을 유지, 관리하기 위해서는 주변 개발도상국이 비굴
하지 않아도 될 정도의 생활수준을 영위할 수 있도록 도와주어야 한다.

　공적개발원조의 마지막 당위성은 '인도주의 입장'을 들 수 있다. 인도주의 입
장에서의 대표적인 공적개발원조는 지진, 홍수 등 자연재해로부터의 피해에 대
해 상호부조하는 것이다. 또한 선진국이 확보하고 있는 권력과 자본, 지식과 정
보, 기술은 국경 안에서만 순환 혹은 작동하지 않는다. 이들 권력과 자본, 지식
과 정보, 기술은 상대편의 노력과 역량 수준에 따라 공간좌표에서 이동한다. 그
러나 이동을 통해 영향력을 행사하는 권력과 자본, 지식과 정보, 기술은 일정 범
위의 위상 범위를 벗어나면 더 이상 순환하거나 작동하지 않고 정체된다. 따라

서 권력과 자본, 지식과 정보, 기술을 필요로 하는 인간사회의 맥락을 유지하기 위해서는 같은 인간으로서 최소 수준의 삶을 보장받을 수 있는 '대가(代價) 없는 도움'이 필요하다. 국가끼리의 관계도 마찬가지다.

한국은 다른 나라를 식민통치한 경험이 없다. 또한 한국은 기존 선진국들에 비해 값싼 화석연료를 통해 산업화에 성공한 국가도 아니다. 한국사회가 국제사회의 안전망을 저해할 만큼 불안하지도 않다. 또한 한국은 주변 국가의 빈곤과 사회불안에 책임져야 할 일을 하지 않았다. 결국 한국이 다른 나라를 도와주는 이유는 순전히 '인도주의 입장'에서다. 특히 한국은 가장 가난한 나라에서 선진국 반열에 접근한 우수한 국가발전 경험을 가지고 있다. 이러한 한국의 경험은 선진국과 개발도상국의 구분체계와 선진국 경험을 모형화한 '근대화이론(modernization theory)'의 한계를 극복한 사례로 주목받고 있다.

국제사회가 주목해야 할 사항은 선진국과 개발도상국 혹은 저개발국가의 구분과 차이가 아니라 개발도상국가와 저개발국가라도 스스로의 역량을 통해 자신들의 위상을 결정할 수 있는 실천논리인 것이다. 발전은 외부로부터 주어지는 것이 아니라 국가 혹은 집단이 내부로부터 가꾸고 실천해야 할 가치에 속한다. 그러한 가치는 국가 혹은 집단의 존재이유와 이를 스스로 지킬 수 있는 역량의 산물이다. 따라서 발전은 스스로의 선택에 근거해야지 남의 방식을 일방적으로 따라 해서는 실현되기 어렵다. 한국의 새마을운동은 주민들이 마을 공동체, 지역사회, 국가의 존재이유를 인식하고 이를 가꾸기 위한 최소 공동체(마을)의 노력이었다는 점에서 국제사회가 인정하는 '역량강화'의 실천논리를 보여주었다.

이러한 맥락에서 '지구촌새마을운동연맹(SGL)'의 설립목적은 한국에서 성공한 새마을운동경험을 그대로 개발도상국가에 적용하는 것이 아니라, 나라마다 다른 마을공동체 특성을 반영하고(현지화, Localization), 과거로부터 비롯된 문제를 현재의 수단으로 접근하여 미래를 재설계하려는 방식(현재화, Redesigning the past successful experiences to fit the current situation for the future goal)을 지향한다.

결국 회원국마다 특성을 살려 차별화된 발전을 도모하고, '지구촌새마을운동연맹(SGL)'을 통해 이를 가치사슬(Value Chains)로 연결한다면 선진국과 개발도상국이라는 이분법적 깊은 골짜기는 더 이상 건너지 못하는 장애물이 아니다(So, J. K.

2019). 따라서 '지구촌새마을운동연맹'은 나라마다 다른 잠재력에 근거하여 '차별화의 이점'을 극대화하고, 이들 차별화된 다양성을 '가치사슬'로 연계하여 회원국 전체의 포용발전(inclusive development)을 도모한다. 포용성장은 공간정의(spatial justice)를 실현하기 위한 요건이고, 가치사슬은 공간정의를 실천하기 위한 수단이다(소진광, 2018).

참고문헌

고병호. (2010). 국가균형발전을 위한 지역정책 패러다임의 변화와 방법론. 「도시행정학보」, 23(2): 169 – 197.

곽현근. (2009). 지역발전의 보완적 패러다임으로서 동네 거버넌스의 실험. 「한국지방정부학회학술대회 자료집」. 53 – 93.

권태준. (1977). 사회개발과정으로서의 새마을운동. 「미래를 묻는다」, 5: 50 – 59.

기우걸 외. (1987). 마을 단위 새마을사업의 모형과 그 전개방안에 관한 실증적 연구. 「새마을운동 학술논문집」. 12(1): 347 – 388.

김승호·부만근 (1984). 새마을지도자의 자질향상과 관리방안 연구, 「새마을운동 학술논문집」.

김안제. (1979). 「환경과 국토」. 서울: 박영사.

김안제. (1988). 「지역개발과 지방자치행정」. 서울: 대명출판사.

김일영. (2006). 박정희 시대와 민족주의의 네 얼굴, 「한국정치외교사논총」, 28(1): 223 – 256

김형국. (1996). 「국토개발의 이론연구」. 서울: 박영사.

김영모. (2003). 「새마을운동연구」. 서울: 고헌출판부.

김영미. (2009). 「그들의 새마을운동」. 서울: 푸른역사.

김영표·김선희 외. (2008). 「국토60년사: 상전벽해」. 국토연구원편.

김정렬. (2005). 지역발전 패러다임의 전환과 지방정부의 책임성. 「한국거버넌스학회 학술대회 자료집」, 3 – 34.

김종호. (1979). 「새마을운동과 지도이념」.

남치호. (1984). 새마을운동 민간조직의 활성화 방안. 「새마을운동학술논문집」. 새마을운동중앙본부 지역개발조사연구단편.

내무부. (1980). 「새마을운동10년사」.

내무부. (1981). 「영광의 발자취: 마을단위 새마을운동 추진사」.

내무부. (1973,1974,1975,1976,1977,1978,1979,1981,1982,1983,1984,1987). 「새마을운동 시작에서 오늘까지」.

노화준. (2018). 「새마을운동의 세계화: 사회적 혁신을 통한 공익가치의 창조」. 서울: 법문사.

노화준. (2013).「한국의 새마을운동: 생성적 리더쉽과 사회적 가치의 창발」. 서울: 법문사.

박양호. (2002). 지역균형과 지방분권의 통합 패러다임과 전략. 국토(구 국토정보), (구 국토정보다이제스트), 6–13.

박진환. (2001).「독농가 하사용씨의 성공사례와 1970년대의 새마을운동」. 농협대학 농촌개발연구소.

박태균. (2014). 한국전쟁의 극복,「대한민국 역대 정부 주요 정책과 국정운영(제1권: 이승만·장면 정부)」, 한국행정연구원 편, pp. 228–252.

배응환. (2005). 로컬거버넌스: 갈등에서 협력으로.「지방행정연구」, 19(2): 187–216.

변필성·이동우. (2008). 영국 지역정책 변화 동향과 우리나라에의 시사점.「한국경제지리 학회지」, 11(1): 111–129.

새마을운동중앙회중앙연수원. (2012).「새마을교육40년사」. 새마을운동중앙회중앙연수원.

새마을운동중앙회중앙연수원. (2011).「2011 새마을운동 세계화 사업 백서」.

소진광. (1991). 지역획정에 관한 기초연구: 지역의 공간화를 중심으로.「경원대학교 학술논문집」. 1991: 615–633.

소진광. (1998). 삶의 질 개념과 도시정책적 함의.「지역사회발전연구」, 23(1): 65–84.

소진광. (1999). 사회적 자본 형성을 위한 지역사회개발논리.「지역사회발전연구」. 24(1): 29–47.

소진광. (2000a). 지방자치와 사회적 자본.「한국지방자치학회보」, 12(4): 93–122.

소진광. (2000b). Social Capital and Regional Development Paradigm.「한국지역개발학회지」, 12(3): 1–16.

소진광. (2004a). 사회적 자본 측정지표에 관한 연구.「한국지역개발학회지」. 16(1): 89–118.

소진광. (2004b), 사회적 자본 형성을 통한 지방자치와 지역발전의 연계화 방안,「지방행정연구」, 18(2); 67~90.

소진광. (2005).「지방자치와 지역발전」, 서울: 박영사.

소진광. (2006a). 새마을운동 추진방법, 주요 이슈.「중국 신농촌 건설과 한중 농업협력」. 한–중 공동세미나(KIEP/AMR) 발표논문(경주 현대호텔, 2006년 7월 6일, 7일).

소진광. (2006b). 지역균형발전 정책대상으로서의 지역격차인식과 개별 기업의 공간선택 한계.「한국지역개발학회지」. 18(4): 1–24.

소진광. (2007a). 지역사회 거버넌스와 한국의 새마을운동.「한국지방자치학회보」. 19(3): 93–112.

소진광. (2007b). 아시아 개발도상국에서의 새마을운동 시범사업 성과평가: 라오스와 캄보디아를 중심으로. 「한국지역개발학회지」, 19(4): 179-202.

소진광. (2008). 「아프리카 지역개발에서 새마을운동의 적용방안 연구」. Seoul: UNPOG.

소진광. (2009). Cultural Sustainability in Urban Management: A Theoretical Framework of Functional Structure for Sustainable Development. 「도시행정학보」, 22(2): 265-289.

소진광. (2010). 새마을운동을 통한 지역사회 공동가치 창출. 「새마을운동과 지역사회개발 연구」. 6: 29-46.

소진광. (2011a). 근린자치의 경제적 효과. 월간 「지방행정」. 행정공제회. 통권 제696호 (2011. 10). pp.14-17.

소진광. (2011b). 새마을운동 경험을 활용한 한국 공적개발원조의 방향. 「사회과학연구」. 경원대학교. 17: 65-95.

소진광. (2012). 고건 전 총리 면담자료(2012. 11. 11부터 15일까지. 미얀마 출장 중).

소진광. (2013a). 「2012 경제발전경험모듈화사업: 새마을운동과 정부혁신」. 기획재정부·새마을운동중앙회·KDI국제정책대학원.

소진광. (2013b). 이재창 새마을운동중앙회장 면담자료(2013. 1. 21일).

소진광. (2014a). 새마을운동을 통한 한국 지방행정의 혁신. 「지방행정연구」. 28(4): 3-38.

소진광. (2014b). 새마을운동. 「대한민국 역대 정부 주요 정책과 국정운영(제2권 박정희 정부 편)」. 한국행정연구원 편. pp. 144-182.

소진광. (2016). 지역발전 패러다임 연구. 「지방행정연구」. 30(1): 3-39.

소진광. (2018). 공간정의 관점에서의 지역격차와 지역균형발전. 「한국지역개발학회지」. 30(4): 1-26.

소진광. (2019). 지방분권의 명분과 실익: 민주주의와 지역발전, 「한국사회와 행정연구」, 30(2): 1-30.

소진광. (2020). 지역균형발전의 접근논리 탐색: 지역격차 인식을 중심으로, 「지방행정연구」, 34(1): 3~48.

소진광 편저. (2001). 「지방정부의 혁신」. 경원대학교 출판부.

소진광·임경수·임형백. (2012). 「새마을운동 ODA 초청연수 효과성 제고방안 연구」. 행정안전부.

소진광·임형백·김철우. (2013). 「새마을운동 세계화 사업 성과평가 모듈개발에 관한 연구」. 새마을운동중앙회.

소진광·정갑진·임형백. (2011). 「새마을운동 ODA 시범사업의 추진방안 연구」. 행정안전부.

소진광·김선희. (2011). 「공적개발원조(ODA) 사업으로서 새마을운동 활용방안」. 국토연구원.

소진광·임경수·이한성·임형백. (2011). 「농촌 정신문화운동 추진방안 마련을 위한 연구(농어촌 활력창출 방안)」. 농림수산식품부.

안두순. (2009). 「혁신의 경제학: 진화하는 경제, 제한적 합리성과 국가혁신시스템」, 서울: 아카넷.

안윤식. (2018). 「새마을운동의 역사와 세계화」. 대구: 밝은 사람들.

양길현. (2009). 「버마 그리고 미얀마: 네윈과 아웅산수지」, 서울: 도서출판 오름.

양찬우. (1963). 「인간몰못트: 도지사의 수기」. 대도문화사.

엄석진. (2011). 동원과 참여 사이에서: 1970년대 농촌 새마을운동 과정에서 지방공무원의 역할. 「한국행정학보」, 45(3): 97-123.

엄한진, 안동규. (2009). 사회적 경제와 대안적인 지역개발 패러다임. 「한국사회학회 사회학대회 논문집」, pp. 517-526.

원광희. (2000). 변화시대 지역정책 패러다임의 전환. 「충북발전연구원 학술세미나 (뉴밀레니엄시대의 지역경제 경쟁력강화 전략)」, pp. 65-91.

유병용·최봉대·오유석. (2001). 「근대화전략과 새마을운동」. 서울: 백산서당.

유종일. (2011). 「박정희의 맨얼굴」. 서울: (주)참언론 시사IN북.

육성으로 듣는 경제기적 편찬위원회. (2015). 「숨은 기적들: 농촌 근대화 프로젝트, 새마을운동」. 서울: 나남.

윤원근. (2013). 농촌지역 개발정책의 새로운 패러다임. 국토(구 국토정보), (구 국토정보 다이제스트), pp. 2-4.

이경준·김의철. (2011). 「박정희가 이룬 기적: 민둥산을 금수강산으로」, 서울: 기파랑.

이병동·김일철. (1981). 80년대 새마을운동추진조직의 육성에 관한 연구, 「새마을운동 연구보고서」, 내무부 새마을분과정책자문위원회.

이세영. (2003). 「풍덕마을의 새마을운동」. 서울문화인쇄(주).

이승종 외. (2008). 「지방정부의 역량과 정책혁신: 국내·외 사례연구」. 서울: 박영사.

이양수. (2007). 참여정부 지역발전정책 패러다임의 평가: 지역혁신체제이론을 중심으로. 「한국지방자치연구」, 9(1): 1-17.

이원희. (2014). 제1장 경제성장 정책: 경제개발 5개년계획, 「대한민국 역대정부 주요 정책과 국정운영: 박정희 정부 편」, 한국행정연구원 편.

이윤재·최승훈·허목화. (2009). 낙후지역 발전 패러다임의 변화와 낙후성 전환에 관한 탐색적 분석. 「한국사회학회 사회학대회 논문집」, pp. 935－958.

임경수. (2011). How to Cultivate and Develop Global Saemaul Undong Model Village. 「한국지역개발학회지」, 23(4): 89－106.

임경수·소진광. (2005). "지역사회 빈곤퇴치와 사회적 자본". 「한국지역개발학회지」. 17(1): 35－54.

임동원. (1967). 「혁명전쟁과 대공전략: 게릴라전을 중심으로」. 탐구당.

임형백. (2011). 새마을운동의 아프리카 공적개발원조(ODA) 적용 방향. 「한국지역 개발학회지」. 23(2): 47－70.

임형백. (2012). 공적개발원조 적용을 위한 새마을운동의 상황적 특수성의 동태적 분석. 「아시아연구」. 15(3): 79－108.

장지순. (2012). 새마을운동 ODA의 활성화를 위한 인적자원개발 연구: 아시아 국가를 중심으로. 「아시아연구」, 15(3): 57－77.

정갑진. (2008). 「한국의 새마을운동」, 도서출판 케이빌더.

정동일·성경륭. (2010). 창조적 지역발전과 그룹지니어스: 신활력사업 대상 낙후지역을 중심으로, 「한국사회학」, 44(1): 60－97.

정주진. (2014). 국가안보와 사회경제적 관점에서 본 새마을운동 태동과정에 관한 연구. 가천대학교 대학원 박사학위논문.

정주진. (2017). 「우리의 새마을운동」. 아이엔티.

정지웅·임상봉. (1999). 「지역사회개발학」. 서울대학교 출판부.

조남건. (2004). 국토연구원－노무라종합연구소 공동세미나－한국의 고속철도개통에 따른 국토지역개발의 신패러다임. 국토(구 국토정보), (구 국토정보다이제스트), pp. 126~134.

조명래. (2007). 생태적 지역발전 패러다임의 모색. 「한국지역개발학회지」, 19(3): 87－106.

조진철·김일석. (2009). 세계은행－국토연구원 공동정책세미나. 국토(구 국토정보), (구 국토정보다이제스트), pp. 164－169.

좌승희. (2009). 국토 및 지역발전정책의 새로운 패러다임. 경기개발연구원 CEO Report 1009, No.3, pp. 1~17.

중소벤처기업부. (2019). 「중소기업기술통계조사(2017년)」

짐 아이프(Jim Ife). (2005). 「지역사회개발」. 류혜정 역, 서울: 인간과 복지.

최상호. (2004). 「지방시대 지역사회개발론」. 서울: 박영사.

최영출·최외출·김학실. (2011). 신문사설에 나타난 「새마을운동」 정책의 네트워크 텍스트 분석, 「한국비교정부학보」, 15(3): 45－70.

최외출 외 6인. (2013). 새마을운동의 인식과 성과평가에 관한 비교연구: 새마을운동 국민의식조사 비교를 중심으로, 「한국지방행정학보」, 10(1): 49－75.

하성규. (2011). 지역개발학의 정체성과 발전방향. 「한국지역개발학회지」, 23(4): 1－17.

한국경제 60년사 편찬위원회. (2010). 「한국경제 60년사」. 한국개발연구원.

한국국제협력단. (2008). 「국제개발협력의 이해」. 서울: 한울아카데미.

한국군사혁명사편찬위원회. (1963). 「한국군사혁명사」 제1집 (상). 동아서적주식회사.

한국행정연구원. (2014). 「대한민국 역대 정부 주요 정책과 국정운영」. 서울: 대영문화사.

한도현. (2010). 1970년대 새마을운동에서 마을 지도자들의 경험세계: 남성 지도자들을 중심으로, 「사회와 역사」, 88: 267－305.

행정안전부 국제행정발전지원센터. (2012). 「새마을협력관 워크숍 특강 자료」. 2012년 6월 13일.

행정자치부. (2001). 「조직변천사(1948－1977)」.

Amsden, A. (1989). *Asia's Next Giant: South Korea and Late Industrialization*, London: Oxford University.

Amsden, A. (2003). *The Rise of "The Rest": Challenges to the West from Late－Industrializing Economies*, Oxford: Oxford University Press.

Arndt, H. W. (1987). *Economic Development: The History of an Idea*. The University of Chicago Press.

Bailly, Antoine S; Philippe Brun; Roderick J. Lawrence; Marie－Claire Rey. (eds). (2000), *Socially Sustainable Cities; Principles and Practices*. ECONOMICA.

Ban, S. W; Moon. P. Y. & D. H. Perkins. (1980). *Rural Development: Studies in the Modernization of the Republic of Korea. 1945－1975*. Cambridge: Harvard University Press.

Baker, Wayne. (2000). *Achieving Success through Social Capital*, University of Michigan Business School Management Series. Jossey－Bass Books.

Barnett, Jonathan. (ed). (2001). *Planning for a New Century: the regional agenda*. Island Press.

Batten, T. R. (1957). *Communities and Their Development*, Oxford University Press.

Batten, T. R. (1967). *The Non—Directive Approach in Group and Community Work*, Oxford University Press.

Batten, T. R. (1974). The Major Issues and Future Direction of Community Development, in Gary Craig, Keith Popple and Mae Shaw, (eds). (2008). *Community Development in Theory and Practice: An International Reader*, SPOKESMAN.

Bauer, P. T. (1979), *Dissent on Development*, Harvard.

Becker. G. (1964). *Human Capital*. New York: National Bureau of Economic Research.

Berg, Peter. (1978). Reinhabiting a Separate Country: A Bioregional Anthology of Northern California.

Bernard, Jessie. (1973). *The Sociology of Community*, Scott, Foresman and Company

Bevir, Mark. (2012). *Governance: A Very Short Introduction*, Oxford University Press.

Black, Jan Knippers. (1999). *Development in Theory and Practice, Westview*.

Bloomfield, Pamela. (2006). The Challenging Business of Long—term Public—Private Partnerships: Refelections on Local Experience. *Public Administration Review*, 66(3): 400—411.

Boudeville, J. R. (1966). *Problems of Regional Economic Planning*. Edinburgh U. P.

Bourdieu. P. (1986). The Form of Capital. In J. G. Richardson (ed.). *Handbook of Theory and Research for the Sociology of Education*. New York: Greenwood, pp. 241~258.

Brown, Lawrence A. (1988). Reflections on third world development: ground level reality exogenous forces, and conventional paradigms. *Economic Geography*, 64(3): 255—278.

Byung—Kook Kim & Ezra F. Vogel(eds). (2011). *The Park Chung Hee Era: The Transformation of South Korea*, Harvard.

Campfens, H. (ed). (1997). *Community Development Around the World: Practice, Theory, Research, Training*, Toronto: University of Toronto Press.

Carroll, Michael C. & James Ronald Stanfield. (2001). Sustainable Regional

Economic Development. *Journal of Economic Issues*, 35(2): 469 – 476.

Carlstein, T., Parkes, D.N., Thrift, N.J.(editors), (1977). *Timing space and spacing time in socio – economic systems*, London: Edward Arnold.

Choe, Chang Soo. (2005). Key Factors to Successful Community Development: The Korean Experience, Discussion Paper No. 39, Institute of Developing Economies.

Chung, Kap Jin. (2010). *Experiences and Lessons from Korea's Saemaul Undong in the 1970s.* KDI.

Cohen, J. (1987). Integrated Rural Development: The Ethiopian Experience and the Debate, Uppsala: The Scandinavian Institute of African Studies.

Coleman, J. (1988). Social Capital in the Creation of Human Capital, *American Journal of Sociology*, 94: 94 – 121.

Coleman, James S. (1974). *Power and the Structure of Society: Comparative Modern Government.*

Collier, P. (1998). "Social Capital and Poverty", Center for Institutional Reform and the Informal Sector(IRIS), University of Maryland, Working Paper No. 4.

Dahl, Robert A. (1961). *Who Governs?* New Haven: Yale University Press.

Dahl, Robert A. (1998). *On Democracy*, New Haven: Yale University Press.

Dasgupta, P. & K. G. Mäler. (1995). Poverty, Institutions and the Environmental Resource Base, in J. Behrman and T. N. Srinivasan (eds.), Handbook of Development Economics, vol.3, Amsterdam: Elsevier.

Dickinson, R. E. (1964). *City and Region: A Geographical Interpretation.* Routledge and Kegan Paul.

Dierwechter, Yonn & Andy Thornley. (2012). Urban Planning and Regulation: The Challenge of the Market. In Rachel Weber & Randall Crane. (eds). *The Oxford Handbook of Urban Planning*, Ch.3. Oxford University Press.

Doucette, J. & Muller, A. R. (2016). Exporting the Saemaul spirit: South Korea's Knowledge Sharing Program and the 'rendering technical' of Korean development, *Geoforum 75C*, 76: 29 – 39.

Dreier, Peter; John Mollenkopf; Todd Swanstrom. (2001). *Place Matters*, Kansas.

Forrer, John; James Edwin Kee; Kathryn E. Newcomer; Eric Boyer. (2010). Public – Private Partnerships and the Public Accountability Question. *Public Administration*

Review, 70(3): 475−484.

Francois, Patrick, 2002, *Social Capital and Economic Development: Fundamentals of Development Economics*, London & New York: ROUTLEDGE.

Freeman, C.; Clark, J.; Soete, L. L. G. (1982). *Unemployment and technical innovation: a study of long waves and economic development*, Frances Pinter.

Friedmann, John & Clyde Weaver. (1979). *Territory and Function: The Evolution of Regional Planning.* University of California Press.

Fukuyama, Francis. (1995). *Trust: the Social Virtues and the Creation of Prosperity.* New York: Free Press.

Fukuyama, Francis. (1999). The Great Disruption: Human Nature and the Reconstruction of Social Order, *The Atlantic Monthly* (May. 1999): 55−80.

Ghosh, Arun. (1995). Development Paradigms: China and India since 1949. *Economic and Political Weekly*, 30(7/8): 355−358.

Glasson, John. (1974). *An Introduction to Regional Planning.* Hutchinson.

Godkin, M., Emker, I. (1976). Time−space budget studies in Sweden: a review and evaluation. In Holly, B.P., editor, (1976). 1−20, also as University of Lund.

Goh, Kun. (2014). Saemaul Movement in Korea: Factors of the Success & Their Transferability. Special Lecture delivered at The 1stGlobal Saemaul Leadership Forum2014 (in Korea, on 22nd October 2014).

Gore, Charles. (1984). *Regions in Question: Space, Development Theory and Regional Policy*, London and New York: Methuen.

Green, Gary Paul. (2016). *Assets Building & Community Development.* e−book by Amazon.

Green, Jeffrey D. (2005). *Public Administration in the New Century: A Concise Introduction.* Thomson Wadsworth.

Grootaert, Christiaan & van Bastelaer, Thierry. (2001). Understanding and Measuring Social Capital: A Synthesis of Finding and Recommendations from the Social Capital Initiative, Center for Institutional Reform and the Informal Sector(IRIS), University of Maryland, Working Paper No. 24.

Guoli, Gao. (2002). Urban and Regional Development in China and new Paradigm for 21 Century. 「도시행정학보」, 15(1), 219−231

Ha, Seong-Kyu. (2005). The role of NGOs for low-income groups in Korean society, Environment and Urbanization, SAGE Publications.

Hägerstrand, Torsten. (1970). How about people in regional science? *Papers of the Regional Science Association*, 24: 7-21.

Hägerstrand, Torsten. (1975). Space, time and human conditions. In Karlqvist, Anders; Lundqvist, Lars; Snickars, Folke. Dynamic allocation of urban space. Lexington, MA: Lexington Books. pp. 3-14.

Hägerstrand, Torsten. (1982). Diorama, path and project, *Tijdschrift voor Economische en Sociale Geografie*, Vol., 73: 323-329.

Haggett, P. (1965). *Locational Analysis in Human Geography*, London: Edward Arnold.

Han, Do Hyun & Larry L. Burmeister. (2015). *The Saemaul Movement: A Sourcebook*. AKS Press.

Haq, Mahbub ul. (1995). *Reflections on Human Development*, Oxford University Press.

Harrison, Lawrence E. & Samuel P. Huntington, (eds). (2000). *Culture matters: How values shape human progress*, Basic Books.

Hayek, F. A. (1944). *The Road to Serfdom*. The University of Chicago Press.

Healey, Michael J. & Brian W. Ilbery. (1990). *Location & Change: Perspective on Economic Geography*. Oxford University Press.

Higgins, Benjamin & Donald J. Savoie. (1995). *Regional Development Theories & Their Application*, Transaction.

Hodge, Graeme A. & Carsten Greve. (2007). Public-Private Partnerships: An International Performance Review, *Public Administration Review*, Volume 67, Issue 3, pp. 545-558.

Kelly, Eric Damian & Barbara Becher. (2000). *Community Planning: An Introduction to the Comprehensive Plan*, Island Press.

Kim, Soon-Yang. (2007). Consolidating the Authoritarian Developmental State in the 1970s Korea: Chosen Strategies, *International Review of Public Administration*, 12(1): 119-132.

Knack, Stephen and Keefer, Philip. (1997). Does Social Capital Have an Economic

Payoff?: A Cross — Country Investigation, *Quarterly Journal of Economics*, 112(4): 1251 — 1288.

Kneese, Allen V.; Robert U. Ayres; Ralph C. D'arge. (1970). *Economics and the Environment: A Materials Balance Approach*, RfF.

Kok, J. A. A. M. and P. H. Pellenbarg. (1987). Innovation Decision — Making in Small and Mediumsized Firms: A Behavioural Approach Concerning Firms in the Dutch Urban System, in B, V, D, Knapp and E. Wever eds. (1987). *New Technology and Regional Development*. London : CROOM HELM, pp. 145 — 164.

Koppenjan, Joop F. M. & Bert Enserink. (2009). Public — Private Partnerships in Urban Infrastructures: Reconciling Private Sector Participation and Sustainability. *Public Administration Review*, Volume 69, Issue 2, pp. 284 — 296.

Kuhn, Thomas S. (1962). *The Structure of Scientific Revolutions*. The University of Chicago Press.

Lee, Hoybin. (2003). *The New Community Movement: An Integrated Approach to Rural Development in case of South Korea*. Global Affairs Institute.

Levy, Marion J. Jr. (1965). Patterns (Structures) of Modernization and Political Development, *The ANNALS of the American Academy of Political and Social Science*, Vol. 358, Issue 1. pp. 29~40.

Long, N. N. (1977). *An Introduction to the Sociology of Rural Development*. London: Tavistock Publications Limited.

Mabogunje, Akin L. (1989). *The Development Process: A spatial perspective*, 2nd Edition, Unwin Hyman.

Martin, Ron & Peter Sunley. (1998). Slow Convergence? The New Endogenous Grow Theory and Regional Development. *Economic Geography*, Vol.74. No.3, pp. 201~227.

Martin, Ron. & Peter Sunley. (1996). Paul Krugman's Geographical Economics and Its Implications for Regional Development Theory: A Critical Assessment. *Economic Geography*, Vol.72. No3, pp. 259~292.

Maslow, A. H. (1943). A theory of human motivation. *Psychological Review*, 50(4), pp. 370~96.

Mayntz, Renate. (2003). From government to governance: Political steering in modern societies, A paper presented at Summer Academy on IPP(September 7—11, 2003).

Meadows, Donella H.; Dennis L. Meadows; Jørgen Randers; William W. Behrens III. (1972). *The Limits to Growth: A Report for the Club of Rome's Project on the Predicament of Mankind.*

Meehan, Island Elizabeth. (2003). From Government to Governance, Civic Participation and 'New Politics' the Context of Potential Opportunities for the Better Representation of Women, Occasional Paper No. 5, Centre for Advancement of Women in Politics, School of Politics and International Studies, Queen's University Belfast.

Meyerson, E. (1930). *Identity and Reality* (translated by K. Loewenberg). London: Allen and Unwin.

Ministry of Home Affairs of The Republic of Korea. (1981). *History of Saemaul Undong*, Seoul: MHA.

Molander, Per. (2016). *The Anatomy of Inequality.* London: Melville House

Moore, Wilbert E. (1980). *Social Change 2nd Edition*, Prentice—Hall Foundations of Modern Sociology Series.

Morse, David A. (1970). Unemployment in Developing Countries. *Political Science Quarterly*, 85(1): 1—16.

Moseley, M. J. (2003). Rural Development: Principles and Practice, London: SAGE.

Moulton, Stephanie & Charles Wise. (2010). Shifting Boundaries between the Public and Private Sectors: Implications from the Economic Crisis. *Public Administration Review*, Volume 70, Issue3, pp. 349~360.

Nelson, R. R. and S. G. Winter. (1977). In Search of Useful theory of innovation. *Research Policy.* Volume 6, pp. 36~76.

OECD/DAC. (2006). *Peer Review—The United States.* Paris: OECD.

Osborne, David & Plastrik. Peter. (1997). *Banishing Bureaucracy: The Five Strategies for Reinventing Government.* Assison—Wesley Publishing Company. Inc.

Ostrom, Elinor. (1990). *Governing the Commons: The Evolution of Institutions for Collective Action.* Cambridge University Press.

Park, Yung Chul. (2002). Does East Asia Need an New Development Paradigm?. Brookings Trade Forum, pp. 211~226.

Parsons, Talcott. (1951). *The Social System*. New York: The Free Press.

Plastrik. Peter. (2001). The strategies for reinventing local governments, in 소진광 편저. (2001). 「지방정부의 혁신」. 경원대학교 출판부.

Pred, Allen. (1977). The Choreography of Existence: Comments on Hägerstrand's Time-Geography and Its Usefulness, *Economic Geography*, 53(2): 207-221.

Pred, Allen. (1973). *Urban growth and the circulation of information: the United States system of Cities 1790-1840*, Harvard University Press.

Putnam, Robert. (1993). *Making Democracy Work: Civic Traditions in Modern Italy*. Princeton University Press.

Putnam, Robert. (1995). Bowling Alone: America's Declining Social Capital, *Journal of Democracy* 6(1): 65-78

Putnam, Robert. (2000). *Bowling Alone: The Collapse and Revival of American Community*. New York: Simon & Schuster.

Reyes, Giovanni E. (2001). *Four Main Theories of Development: Modernization, Dependency, World-System, and Globalization*, University of Pittsburg.

Reynaers, Anne-Marie. (2014). Public Values in Public-Private Partnerships. *Public Administration Review*, 74(1): 41-50.

Roberts, Peter. (2004). Wealth from Waste: Local and Regional Economic Development and the Environment. *The Geographical Journal*, 170(2): 126-134.

Rogers, Everett M. (2003). *Diffusion of Innovations*, 5th Edition, Free Press.

Rostow, W. W. (1959). The Stages of Economic Growth, *The Economic History Review, Second Series*, XII(1): 1-16.

Sachs, Ignacy. (1974). Alternative Patterns of Development; Environment and Development. *SCOPE*, pp. 385~390.

Samuelson, Paul. (1948). *Economics: An Introductory Analysis*.

Sanderson, Stephen K. (1990). *Social Evolutionism: A Critical History*, Basil Blackwell.

Schumacher, E. F. (1973). *Small is beautiful*. William Collins Sons & Co Ltd.

Schumpeter, Joseph A. (1939). *Business Cycles*. New York: McGraw Hill. ISBN 9781578985562.

Schumpeter, Joseph A. (1942). *Capitalism, Socialism and Democracy*, Virginia: Impact Books. ISBN 978-1617208652.

Seers, D. (1967). *The Meaning of Development. IDS Communication 44*, Brighton, UK: Institute of Development Studies.

Sen, Amartya. (1982). *Poverty and Famines: An Essay on Entitlement and Deprivation*. Oxford University Press.

Sen, Amartya. (1999). *Development as freedom (1st ed.)*. New York: Oxford University Press.

Shaffer, James D. (1984). Elements of a Paradigm for Rural Development: Discussion. *American Journal of Agricultural Economics*, 66(5), Proceedings Issue, pp. 701~702.

Shafritz, Jay M.; Russell. E. W.; Christopher P. Borick. (2007). *Introducing Public Administration 5th Edition*. Pearson Longman.

Simon, Herbert. (1957). A Behavioral Model of Rational Choice, in *Models of Man, Social and Rational: Mathematical Essays on Rational Human Behavior in a Social Setting*. New York: Wiley.

Smith, Adam. (1776). *The Wealth of Nations*, Bantam Classic Edition(printed in 2003).

Smith, D. M. (1966). A theoretical framework for geographical studies of industrial location. *Economic Geography*, 42: 95-113.

Soja. Edward W. (2010). *Seeking Spatial Justice*. Minneapolis: University of Minnesota Press.

Soja. Edward W. (1971). The Political Organization of Space, *A.A.G*, Resource Paper. No. 8.

So, Jin Kwang. (2019). Inclusive growth through Saemaul Undong in Korea, *Area Development and Policy*, 4(4): 399-415. DOI: 10.1080/23792949.2018.1549503.

So, Jin Kwang. (2016). The Outcomes and Evolution of Saemaul Undong, A paper presented at '2016 Global Saemaul Leadership Forum' in Pyeongchang on October 18th 2016.

So, Jin Kwang. (2005). *The Final Evaluation Report for "Replication of best practices on rural community development (Saemaul Undong)"*, KOICA &

UNESCAP.

So, Jin Kwang. (2000). Social Capital and Regional Development Paradigm, *Journal of The Korean Regional Development Association*, 12(3): 1−16.

Sonn, J. W. & Dong−Wan, G. (2013). South Korea's Saemaul (New Village) movement: an organizational technology for the production of developmentalist subjects, *Canadian Journal of Development Studies*, 34(1): 22−36.

Stöhr, Walter B. & D. R. Fraser Taylor. (1981). *Development from Above or Below?*. John Wiley and Sons.

Stiglitz, Joseph E. (2012). *The Price of Inequality: How Today's Divided Society Endangers Our Future*, New York: W.W. Norton & Company.

Taylor, Nigel. (1998). *Urban Planning Theory since 1945*. SAGE Publications.

Tönnies, Ferdinand. (1887). *Gemeinschaft and Gesellschaft*.

Tönnies, Ferdinand. (1957). *Community and Society*. edited and translated by Charles P. Loomis. New York: Harper Torchbook.

Törnqvist, Gunnar. (1977). The Geography of Economic Activities: Some Critical Viewpoints on Theory and Application, *Economic Geography*, 53(2): 153−162.

United Nations. (1951). *Measures of the Economic Development of Underdeveloped Countries*. New York.

Virmani, Arvind. (2002). A New Development Paradigm: Employment, Entitlement and Empowerment. *Economic and Political Weekly*, 37(22): 2145−2154.

Williamson, Thad; David Imbroscio; Gar Alperovitz, (2002). *Making a Place for Community: Local Democracy in a Global Era*, Routledge.

Woolcock, M. (1998). Social Capital and Economic Development: Toward a Theoretical Synthesis and Policy Framework, *Theory and Society*, 27: 151−208.

World Commission on Environment and Development. (1987). *Our Common Future*, Oxford University Press.

Yi−Fu Tuan. (1978). Space, Time, Place: A Humanistic Frame in *Making Sense of Time*, (eds) by Carlstein, T., Don Parkers and Nigel Thrift. pp. 7−16.

Yin, Wang. (2009). A Broken Fantasy of Public−Private Partnerships, *Public Administration Review*, 69(4): 779−782.

ー www.unescap.org

ー http://theme.archives.go.kr/next/semaul/time01.do

http://science.jrank.org/pages/8501/Bureaucracy ー Criticisms ー Practice ー
  Bureaucracy.html

http://govinfo.library.unt.edu/npr/whoweare/history2.html

http://news.chosun.com/site/data/html_dir/2010/04/22/2010042200079.html(인터넷
  조선일보 2010년 4월 22일 사회면).

찾아보기

저자 소진광(蘇鎭光)은 충남 부여군에서 태어나 서당(書堂), 부여초등학교, 부여중학교, 서울에서 용산고등학교를 다녔고, 서울대학교 사범대학(지리교육 전공, 경제학 부전공)을 졸업하였으며 서울대학교 환경대학원에 재학 중, 해군 장교로 군복무를 마치고 복학하여 도시계획학 석사와 행정학 박사(지방자치와 지역개발전공) 학위를 받았다. 저자는 서울특별시 도시계획상임기획단 연구위원, 내무부 지방행정연수원 교수를 역임하고, 1990년 3월 경원대학교(현 가천대학교)로 옮겨와 현재 행정학과 교수로 근무하고 있다. 또한 저자는 가천대학교로 통합하기 전 법정대학장, 사회정책대학원장을 역임하였고, 통합한 이후 대외부 총장을 지냈다. 저자는 한국지역사회개발학회 총무위원장과 학회지 편집위원장, 한국행정학회 부회장, 한국지역개발학회 학회지 편집위원장과 부회장 및 제14대 회장, 한국지방자치학회 총무위원장과 학회지 편집위원장 및 부회장을 역임하고 제11대 회장을 역임하였다. 저자는 지방이양추진위원회 실무위원, 지방분권위원회 위원 및 자문위원, 국토교통부 전략환경평가위원과 신도시자문위원 및 중앙도시계획위원, 행정자치부 중앙투자심사위원과 지방채발행심사위원, 행정안전부 지방자치단체 합동평가단장 및 정책 자문위원, 환경부 중앙환경정책위원, 법제처 국민법제관, 농림축산식품부 국민공감농정위원, 대통령 지방자치발전위원회 자문위원, 교육부 두뇌한국 21(BK21) 플러스 사업 총괄위원 등 다양한 정부자문 업무를 수행하였고 2012년 8월부터 6년간 국무총리실 산하 경제인문사회연구회 이사와 이사장 직무대행을 역임하였다. 특히 저자는 20여 년 간 우리나라 대외 원조사업에 관여하여 베트남 하노이건축대학교 초빙교수, 알바니아 수도 티라나시청 정책자문관을 역임하였고, 아프가니스탄, 이라크, 방글라데시, 캄보디아, 라오스, 네팔, 몽골, 우즈베키스탄, 과테말라, 모로코, 가나, 에티오피아, 우간다, 탄자니아 등 개발도상국에 대한 원조사업의 평가업무 및 타당성 검토업무를 수행하였다. 저자는 2016년 3월부터 2018년 2월까지 새마을운동중앙회 회장을 역임하면서 '새마을운동지구촌연맹(SGL, Saemaul Undong Global League)'을 결성하여 초대 의장(Chairman)으로 추대되었고, 현재 46개 개발도상국가가 이 국제기구의 회원국으로 가입되어 있다. 저자는 150여 편의 학술논문을 발표하였고 20여 권의 학술도서(공동 저자 포함)를 출판하였다.

시간과 공간의 상호작용 – 한국의 새마을운동 사례

초판발행   2020년 4월 22일
중판발행   2023년 7월 10일

지은이   소진광
펴낸이   안종만 · 안상준

편 집   한두희
기획/마케팅   김한유
표지디자인   조아라
제 작   고철민 · 조영환

펴낸곳   (주) **박영사**
             서울특별시 금천구 가산디지털2로 53, 210호(가산동, 한라시그마밸리)
             등록 1959. 3. 11. 제300-1959-1호(倫)

전 화   02)733-6771
f a x   02)736-4818
e-mail   pys@pybook.co.kr
homepage   www.pybook.co.kr
ISBN   979-11-303-0975-0 93350

* 파본은 구입하신 곳에서 교환해 드립니다. 본서의 무단복제행위를 금합니다.

정 가   34,000원